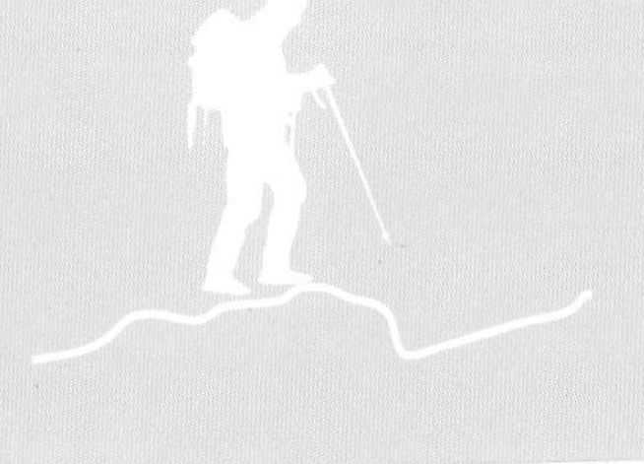

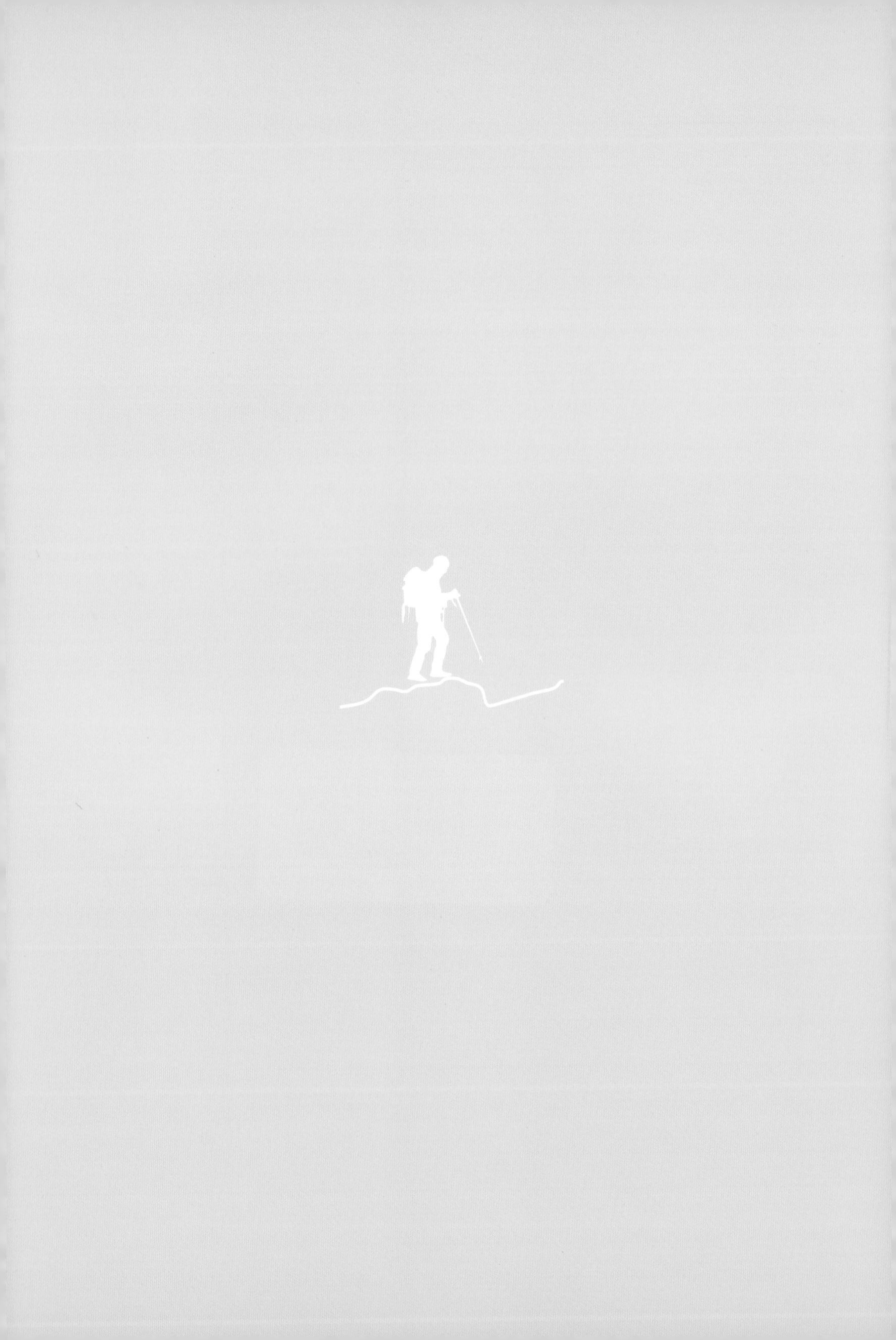

台灣地圖 029

台灣郊山地圖 北部篇（北桃竹苗）

作者／
黃育智（TONY）

晨星出版

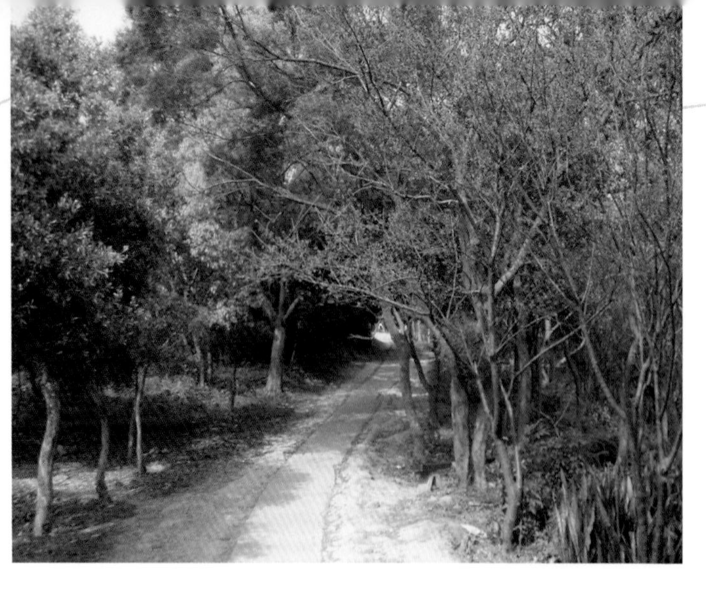

作者序

台灣的自然環境，山地佔土地面積三分之二，極適合發展登山活動，早在一九二六年，即有登山社團「台灣山岳會」的成立。民國六〇年代，登山前輩林文安、刑天正、丁同三及蔡景璋選定了一百座三千公尺以上具有代表性的台灣山峰，命名為「台灣百岳」。自此以後「百岳」成為登山客所嚮往的登山目標。台灣百岳之中，如玉山、雪山、大霸尖山等，早已成社會大眾耳熟能詳的名山。

不過，高山百岳，海拔高聳，地處偏僻，攀登困難，對一般人而言，可望而不可及。相對地，低海拔的山峰容易攀登，往往一日或半天之內即可往返，而成為一般民眾日常運動或休閒的好去處。近年來，隨著國民所得提高及實施週休二日，國人從事登山休閒的風氣逐漸蓬勃發展。

行政院體育委員會為推廣全民登山運動，曾結合國內登山團體之力，甄選出一百座具代表性，且適合民眾攀爬的郊山，命名為「台灣小百岳」，以提供民眾做為登山的參考。小百岳涵蓋台灣全島各縣市，包括外島的澎湖、蘭嶼、金門、馬祖，也都有山峰入選。由於山峰分佈較廣，對於有志從事登山休閒的一般民眾來說，攀登台灣小百岳，仍是不小的挑戰。

而從事登山多年，我個人一直秉持的信念是，登山的歷程，可從自己家鄉熟悉的郊山爬起，由近而遠，由低而高，循序漸近，誠如古人所云：「登高必自卑，行遠必自邇」。

這本書即是基於這樣的登山理念，挑選了北台灣值得一爬的一百座郊山，以提供住在北部地區，有志於登山的朋友們做為入門的參考。本書所選的山峰，以符合交通便利、路線清楚、山容具有特色者，列為優先入選的條

方式從事登山活動。

件。書中對每一座山都有實用的圖文介紹，使讀者可以按圖索驥，以自導的方式從事登山活動。

這一百座郊山，以大台北地區（台北市縣、基隆市）為主，共佔八十五座，另外桃竹苗地區有十五座。所選山峰，海拔高度多低於一千公尺，一千公尺以上的山峰僅有八座，其中最高者為北插天山，海拔一七二七公尺，已屬於中級山，具相當的挑戰性。許多計劃攀登高山百岳的登山客，常以登北插天山做為攀登百岳的行前訓練，足見此山的份量。我將北插天山選入本書，做為北台灣郊山之最。當你有一天成功登頂北插天山之際，將可感受到台灣高山百岳已向你伸出雙臂，歡迎你的造訪。

北台灣的郊山，超過千座以上，要從中挑選出一百座值得一爬的郊山，並非容易的事。構思之初，承蒙《獨步山林間》網站版主蕭郎兄與諸多山友協助，提供建議，使我受益良多，藉著本書出版之際，謹此表達衷心的謝意。

Tony 黃育智

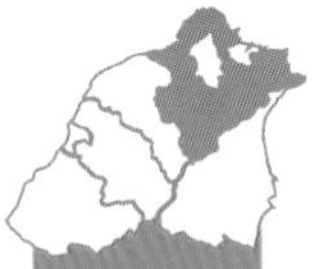

新北市（台北縣）、基隆市

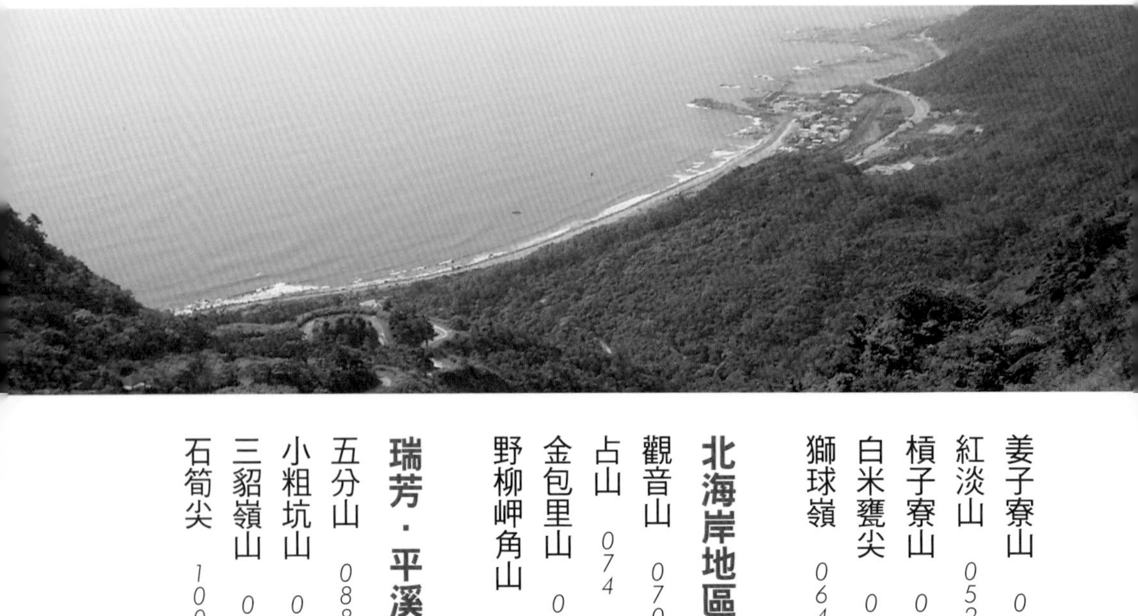

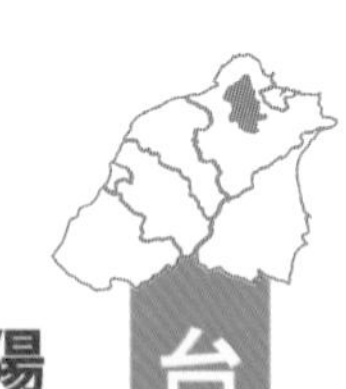

台北市

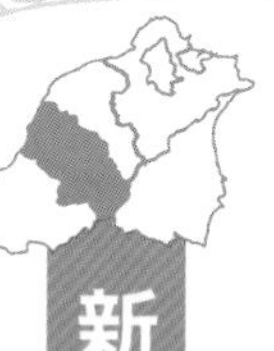

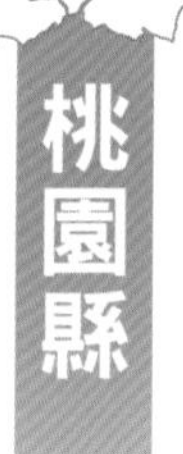

桃園縣

新竹縣市

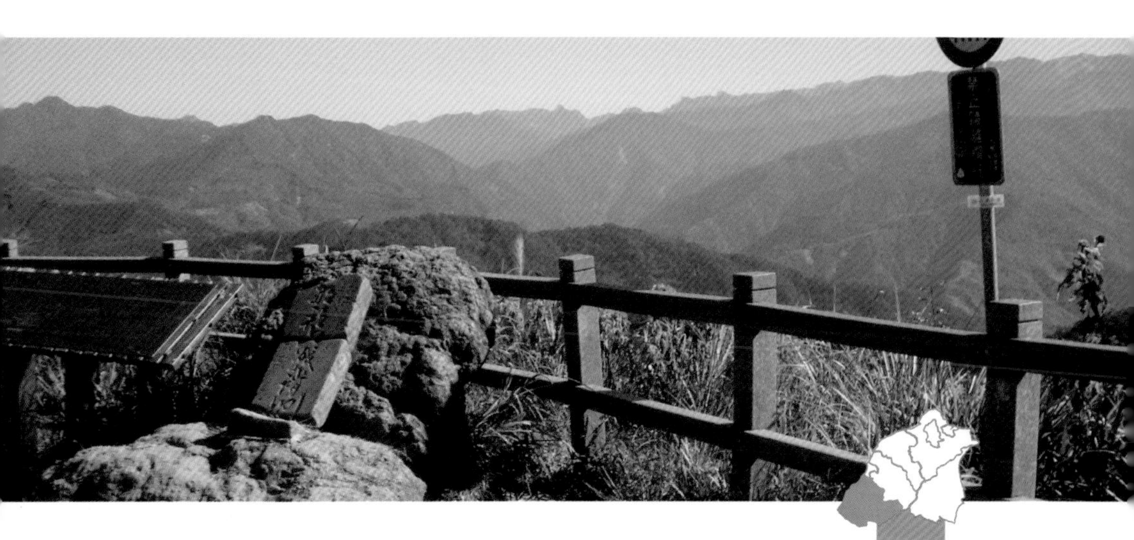

苗栗縣

如何使用本書？

本書提供100座郊山實用的登山資訊，包括摘要、本文、地圖、路程、路線評價、建議及注意事項、交通資訊等，讓您一書在手，享受登山的樂趣。

摘要

每篇的山名標題之下，附有這座山的基本資料，包括山名、海拔高度、三角點、GPS座標、座落位置、山容特色等，讓您可以對這座山有大略的認識。

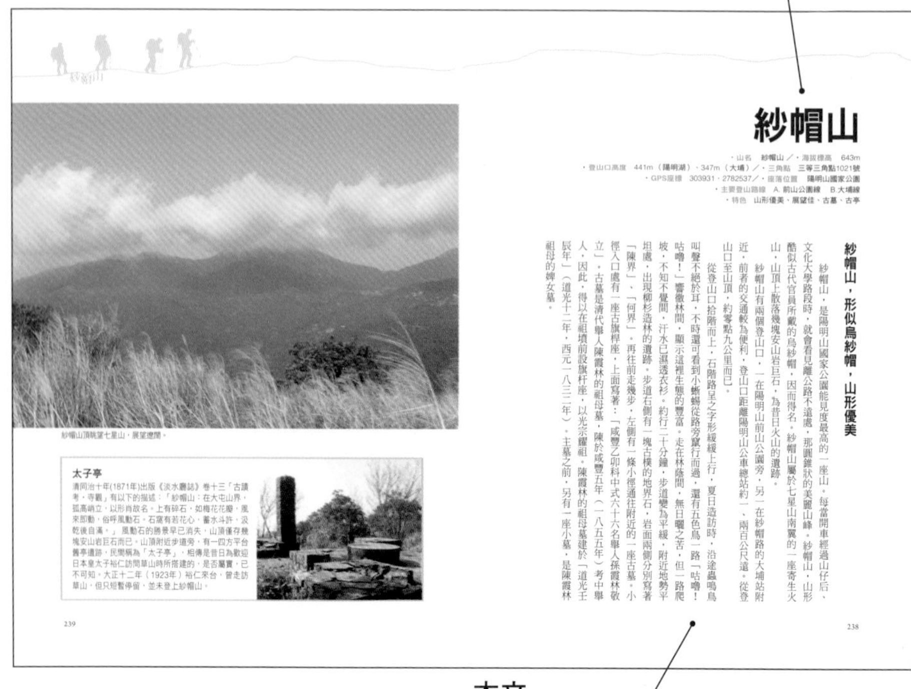

紗帽山

・山名　紗帽山／・海拔標高　643m
・登山口高度　441m（陽明湖）、347m（大埔）／・三角點　三等三角點1021號
・GPS座標　303931，2782537／・座落位置　陽明山國家公園
・主要登山路線　A. 前山公園線　B.大埔線
・特色　山形優美、展望佳、古墓、古亭

紗帽山，形似烏紗帽，山形優美

紗帽山，是陽明山國家公園能見度最高的一座山。每當開車經過山仔后、文化大學路段時，就會看見離公路不遠處，那圓錐狀的美麗山峰。紗帽山，山形酷似古代官員所戴的烏紗帽，因而得名。紗帽山屬於七星山南翼的一座寄生火山，山頂上散落幾塊安山岩巨石，為昔日火山的遺跡。

紗帽山有兩個登山口，一在陽明山前山公園旁，另一在紗帽路的大埔站附近，前者的交通較為便利，登山口距離陽明山公車總站約一、兩百公尺遠。從登山口至山頂，約零點九公里而已。

從登山口拾階而上，石階路呈之字形緩緩上行，夏日造訪時，沿途蟲鳴鳥叫聲不絕於耳，不時還可看到小蜥蜴從路旁竄行而過，還有五色鳥一路「咕嚕！咕嚕！」響徹林間，顯示這裡生態的豐富。走在林蔭間，無日曬之苦，但一路爬坡，不知不覺間，汗水已濕透衣衫。約行二十分鐘，步道變為平緩，附近地勢平坦處，出現柳杉造林的遺跡。步道右側有一塊古樸的地界石，岩面兩側分別寫著「陳界」、「何界」。再往前走幾步，左側有一條小徑通往附近的一座古墓。小徑入口處有一座古旗桿座，上面寫著：「咸豐乙卯科中式六十六名舉人孫霞林敬立」。古墓是清代舉人陳霞林的祖母墓，陳於咸豐五年（一八五五年）考中舉人，因此，得以在祖墳前設旗杆座，以光宗耀祖。陳霞林的祖母墓建於「道光壬辰年」（道光十二年，西元一八三二年）。主墓之前，另有一座小墓，是陳霞林祖母的婢女墓。

238

紗帽山頂眺望七星山，展望遼闊。

太子亭

清同治十年(1871年)出版《淡水廳誌》卷十三「古蹟考・寺觀」有以下的描述：「紗帽山：在大屯山界，孤高峭立，以形肖故名。上有碎石，如梅花花瓣，風來即動，俗呼風動石。石窩有若花心，蓄水斗許，汲乾復自滿。」風動石的勝景早已消失，山頂僅存幾塊安山岩巨石而已。山頂附近步道旁，有一四方平台舊亭遺跡，民間稱為「太子亭」，相傳是昔日為歡迎日本皇太子裕仁訪問草山時所搭建的，是否屬實，已不可知。大正十二年（1923年）裕仁來台，曾走訪草山，但只短暫停留，並未登上紗帽山。

239

本文

以圖文並茂呈現這座山的登山路線及沿途景觀，讓您能清楚理解這座山的實際面貌及特色。

路程時間

詳述登山路線沿途各段的步行時間，讓您可確實掌握登山行程，避免發生誤判及滯留的風險。

地圖

做為輔助工具，讓您可以按圖索驥，參照本文，以自導方式順利完成登山行程。

注意及建議事項

作者對這條路線的行程建議，包括適合到訪的季節、如何安排路線等建議。

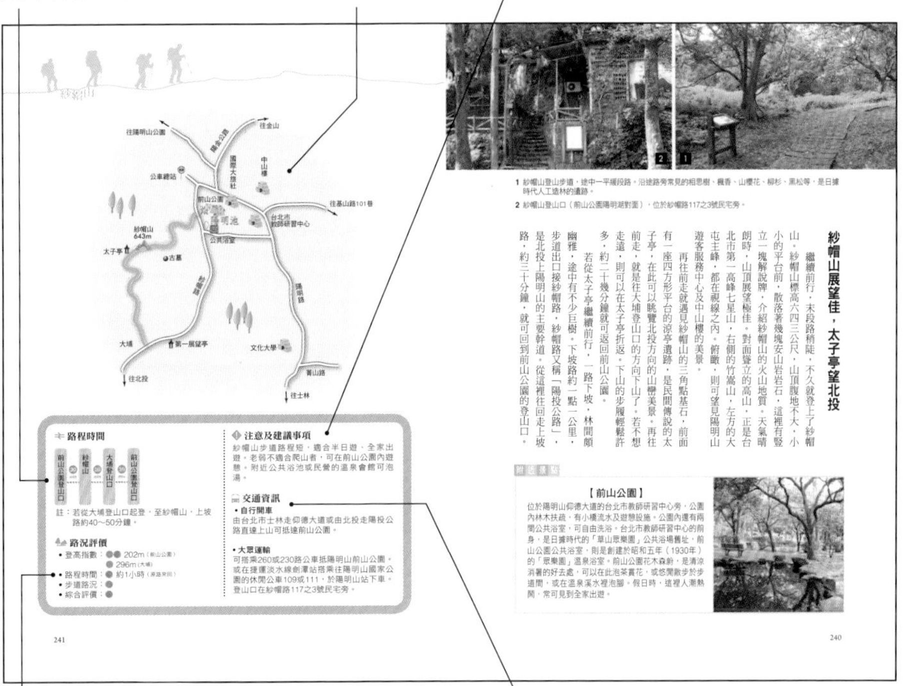

紗帽山

路程時間

前山公園登山口 — 紗帽山 — 大埔登山口 — 前山公園登山口

註：若從大埔登山口起登，至紗帽山，上坡路約40～50分鐘。

路況評價

- 登高指數：●● 202m（前山公園）● 296m（大埔）
- 路程時間：● 約1小時（原路來回）
- 步道路況：●
- 綜合評價：●

注意及建議事項

紗帽山步道路程短，適合半日遊，全家出遊。老弱不適合爬山者，可在前山公園內遊憩。附近公共浴池或民營的溫泉會館可泡湯。

交通資訊

- 自行開車

由台北市士林走仰德大道或由北投走陽投公路直達上山可抵達前山公園。

- 大眾運輸

可搭乘260或230路公車抵陽明山前山公園。或在捷運淡水線劍潭站搭乘往陽明山國家公園的休閒公車109或111，於陽明山站下車。登山口在紗帽路117之3號民宅旁。

241

1 紗帽山登山步道，途中一平緩段路。沿途路旁常見的相思樹、楓香、山櫻花、柳杉、黑松等，是日據時代人工造林的遺跡。

2 紗帽山登山口（前山公園陽明湖對面），位於紗帽路117之3號民宅旁。

紗帽山展望佳，太子亭望北投

繼續前行，末段路稍陡，不久就登上了紗帽山。紗帽山標高六四三公尺，山頂腹地不大，小小的平台前，散落著幾塊安山岩岩石，這裡有豎立一塊解說牌，介紹紗帽山的火山地質。天氣晴朗時，山頂展望極佳。對面聳立的高山，正是台北市第一高峰七星山，右側的竹嵩山，左方的大屯主峰，都在視線之內。俯瞰，則可望見陽明山遊客服務中心及中山樓的美景。

再往前走就遇見紗帽山的三角點基石，前面有一座四方形平台的涼亭遺跡，是民間傳說的太子亭，在此可以眺覽北投方向的山巒美景。再往前走，就是往大埔登山口的方向下山了。若不想走遠，則可以在太子亭折返。下山的步履輕鬆許多，約二十幾分鐘就可返回前山公園。

若從太子亭繼續前行，一路下坡，林間頗幽雅，途中有不少巨樹。下坡路約一點一公里，步道出口接紗帽路，紗帽路又稱「陽投公路」，是北投上陽明山的主要幹道。從這裡往回走上坡路，約三十分鐘，就可回到前山公園的登山口。

附近景點

【前山公園】

位於陽明山仰德大道的台北市教師研習中心旁，公園內林木扶疏，有小橋流水及遊憩設施。公園內還有兩間公共浴室，可自由洗浴。台北市教師研習中心的前身，是日據時代的「草山眾樂園」公共浴場舊址，前山公園公共浴室，則是創建於昭和五年（1930年）的「眾樂園」溫泉浴室。前山公園花木森尉，是清涼消暑的好去處，可以在此泡茶賞花，或悠閒散步於步道間，或在溫泉溪水裡泡腳。假日時，這裡人潮熱鬧，常可見到全家出遊。

240

路線評價

以大眾熟悉的紅黃綠三種顏色代表路況難易，紅色代表困難，黃色代表普通，綠色代表簡易，由難至易分別為紅●、紅黃●●、黃●、黃綠●●、綠●五個等級。讓您從顏色即可迅速理解攀登這座山的難易程度。評分標準如下：

(1) 登高指數：
主峰標高－登山口標高＝登高指數（公尺）
●：0 - 300 公尺
●：301 - 600 公尺
●：601 - 1000 公尺

(2)路程時間：登山口至主峰（來回時程）
●：0 - 3小時
●：3 - 6小時
●：6 小時以上

(3)步道路況：
●：全程鋪設步道
●：未完全鋪步道或傳統泥土山徑
●：路況有起伏陡峭情況。

(4)整體評價：
●：老少咸宜（普通級）
●：小心注意（輔導級）
●：健腳行程（限制級）

交通資訊

包括自備交通工具及搭乘大眾運輸工具到達登山口的相關資訊。

登山裝備

適合的裝備，可以讓你在登山時，行動舒適，同時也可減少發生意外的機率。登山裝備，依功能及材質，從簡便型到專業級，依等級不同，價格差異極大。一般來說，爬郊山僅需基本的登山裝備即可，無須花大錢，添購頂級或超乎需求的裝備。因此，處於登山入門階段，建議不必急著添購各式齊全的登山勁裝，而是隨著登山次數增多，體驗及產生需求後，再逐漸添購或升級現有裝備。以下為登爬郊山所需的基本裝備：

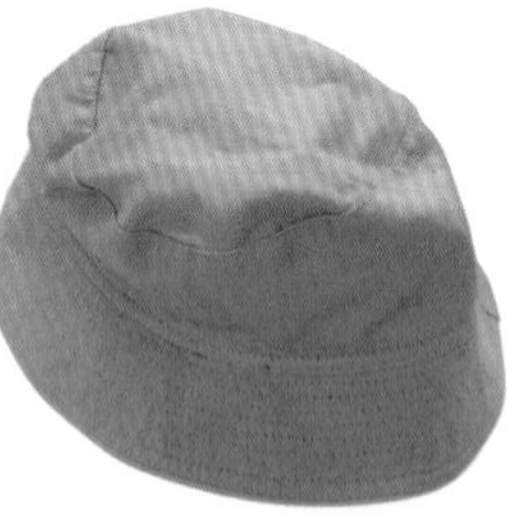

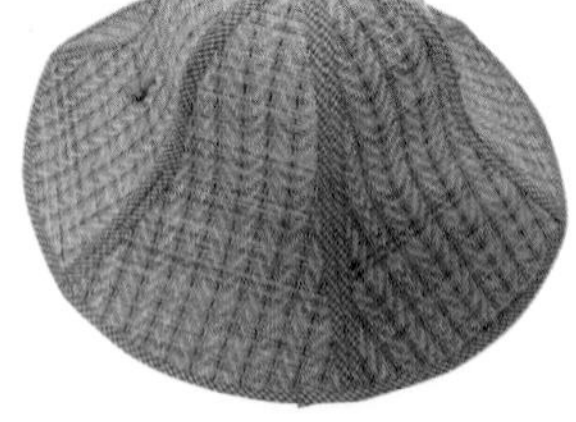

遮陽帽

夏天可遮陽並防蚊蟲，冬天可避免頭部受寒。寬邊或後罩式的帽子（可遮頸及耳朵）比一般鴨舌帽有更佳的遮蔽效果。

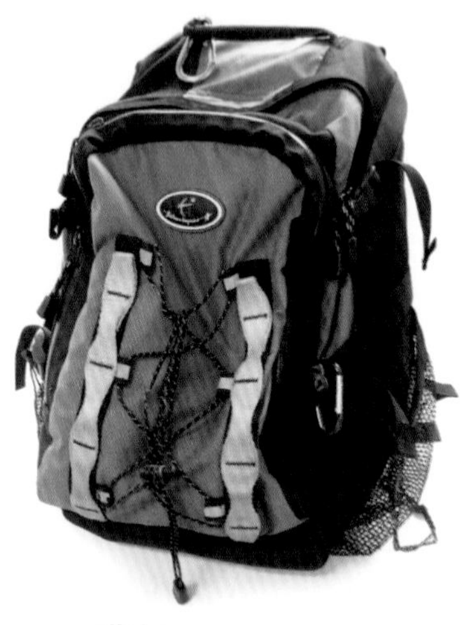

背包

小容量（30公升以下）的背包較適合郊山。選購時，以背負的舒適性為考量點。另外可考慮添購背包套，以避免雨天時背包受雨潮溼。

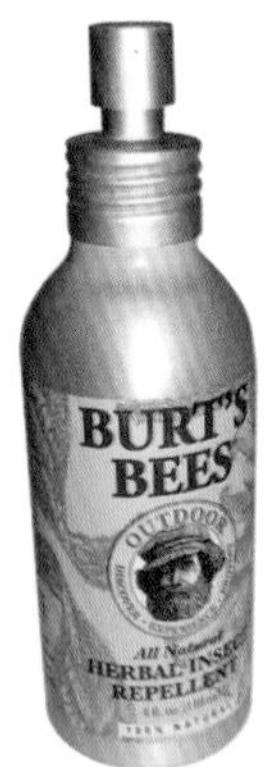

防蚊蟲液

山林常有小蚊蟲出沒，一定要準備防蚊蟲液，以防止蚊蟲叮咬。

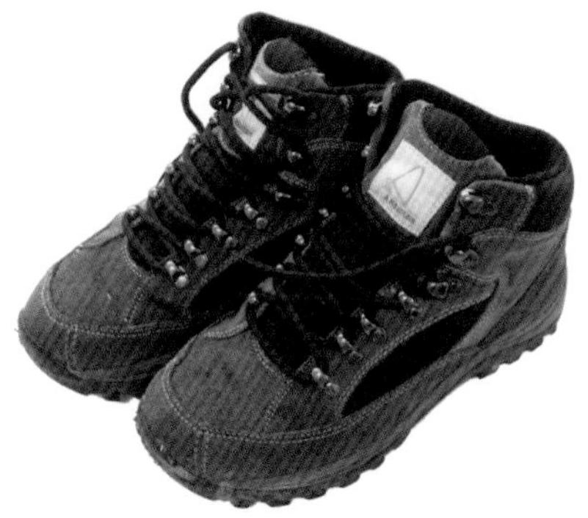

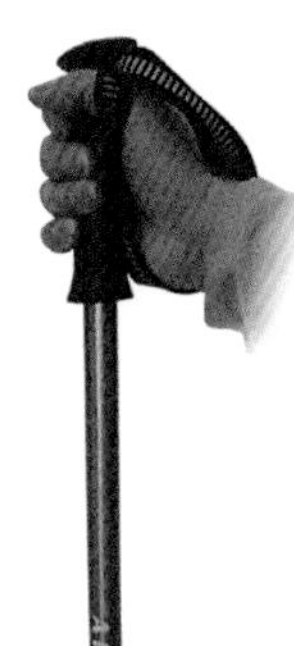

登山杖

登山客的好助手，上坡時，可提供腳助力，減少消耗體力；下坡時，可避免膝蓋損傷。走在崎嶇山徑，可以協助身體平衡。遇到凶猛的野狗時，也可用來驅狗及自我保護。選購時，以材質輕、有彈性、可收納的登山杖為佳。

登山鞋

選擇一雙耐磨、防滑、防水，穿起來舒適的登山鞋，是登山最基本的裝備。

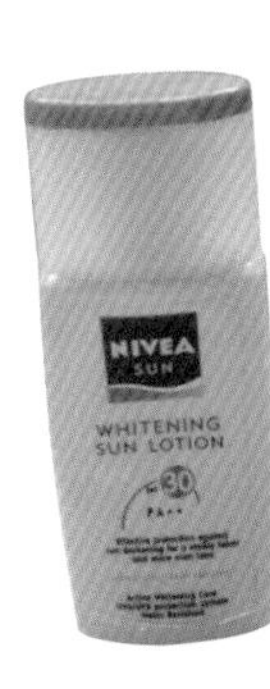

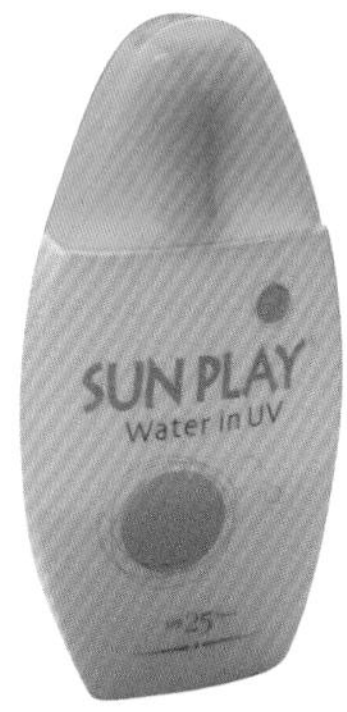

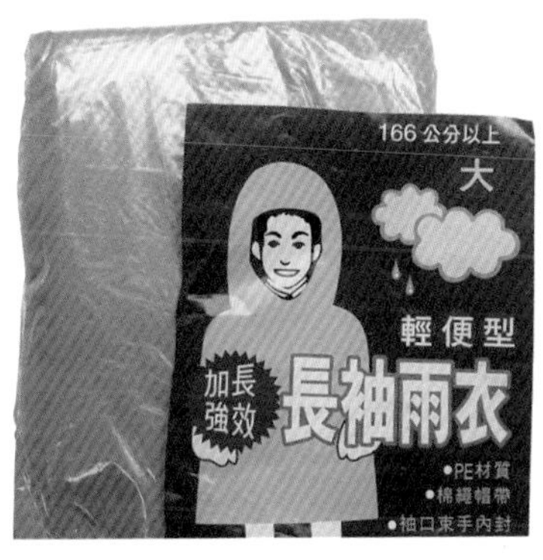

防曬油或霜

夏日登山，最好準備太陽眼鏡、防曬霜，以免長時間在戶外，受紫外線曝曬，造成皮膚的損傷。

雨衣

不管氣象局天氣預測如何，最好在背包裡放一件小雨衣，以備不時之需。

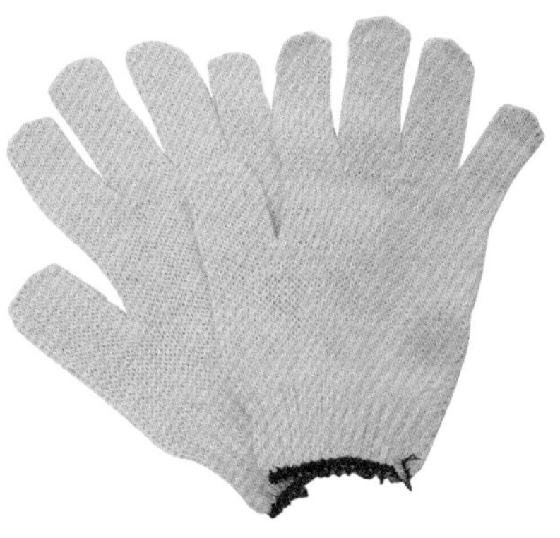

手套

部份崎嶇山徑須抓繩拉索，或有時穿越樹林草叢時，手套可以防止手部擦傷。使用一般粗棉手套即可。

排汗衣褲

登山時身體流汗多，造成衣服溼冷，身體會覺得不舒適，吹風時也容易感冒。最好穿著排汗佳、透氣快乾的排汗衣，可使皮膚保持乾爽。衣褲以長袖長褲為宜，以防蚊蟲叮咬或樹草割傷皮膚。

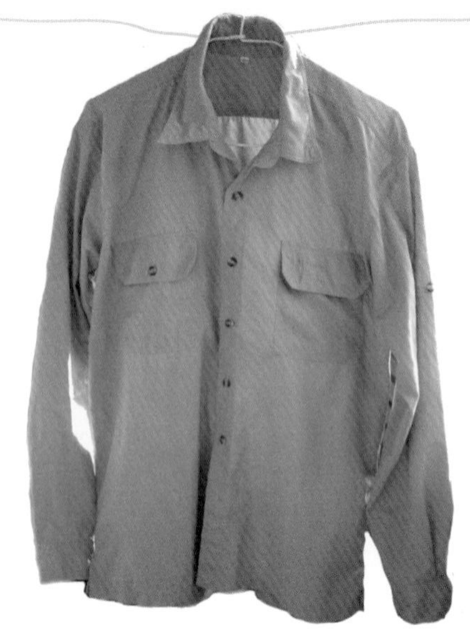

水壺

記得攜帶足夠的飲水，以補充登山流汗造成的身體水份流失。另外，視路程遠近，最好準備餅乾點心或食物餐點，以補充體力。

小手電筒或頭燈

雖然用到的機會不大，但最好在背包裡放置一支小手電筒（或頭燈），以備不時之需（例如因意外狀況延誤，而須摸黑下山的時候）。

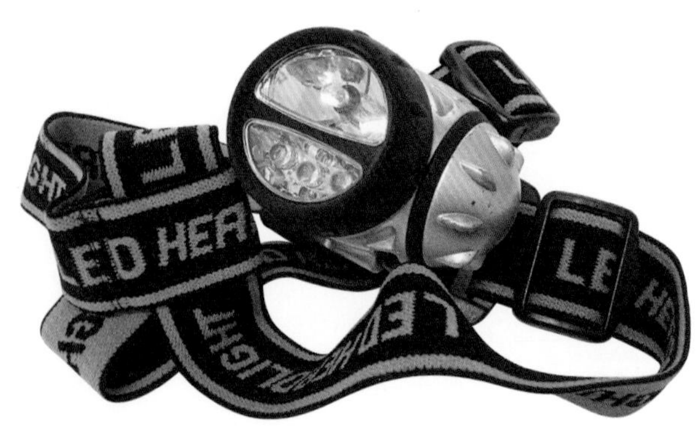

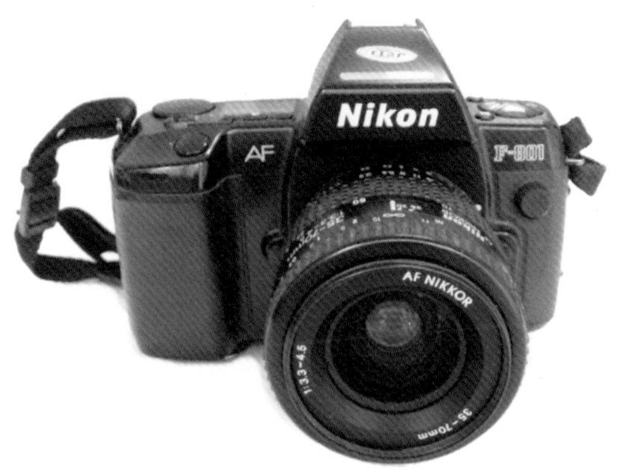

照相機

雖然不是必要的登山裝備，但別忘了帶相機，為你的行程留下美好記錄及回憶。

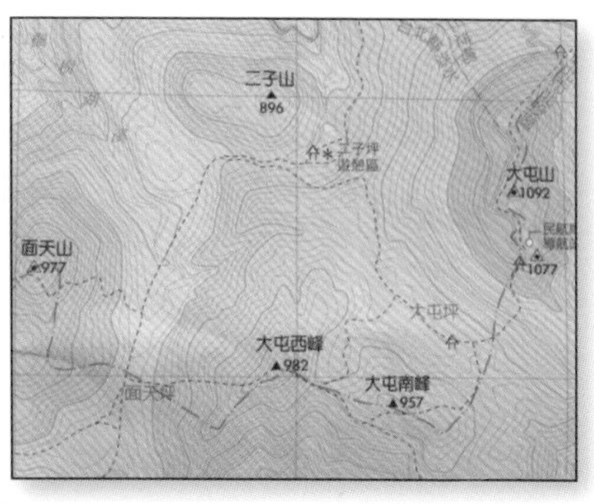

地圖

前往攀登不熟悉的山峰或較冷門的山系，應備妥登山地圖，以免因沿途指標不清楚或路況不熟悉而迷路。

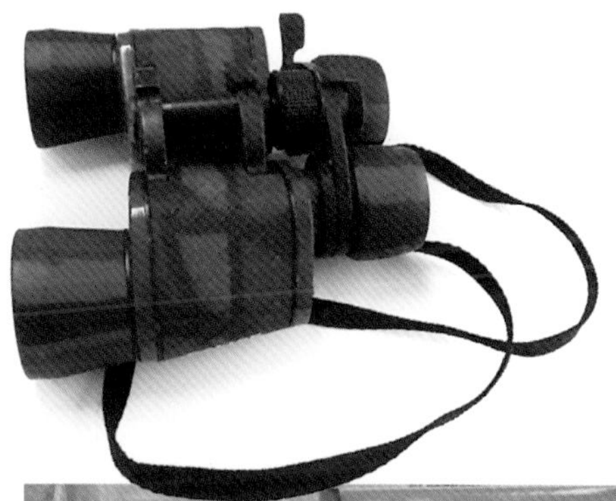

其它裝備或用品

以下裝備或用品，可視個人需求而決定是否準備：

---GPS衛星定位儀／指北針
---小型急救包
---保暖衣褲
---登山襪、綁腿、護膝套
---多備一套衣褲以備衣褲淋溼或汗溼更換
---口哨、小刀
---望遠鏡

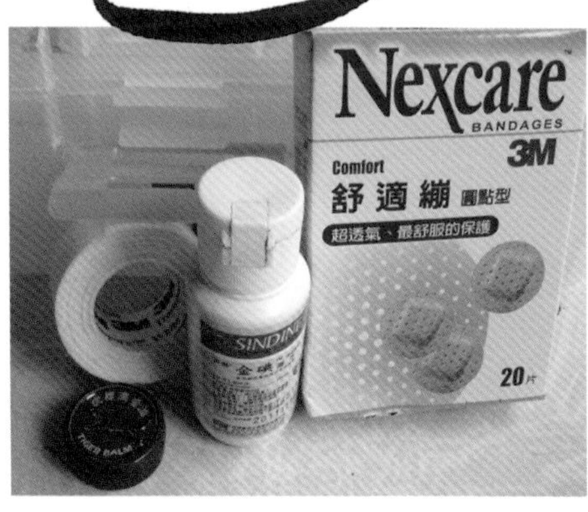

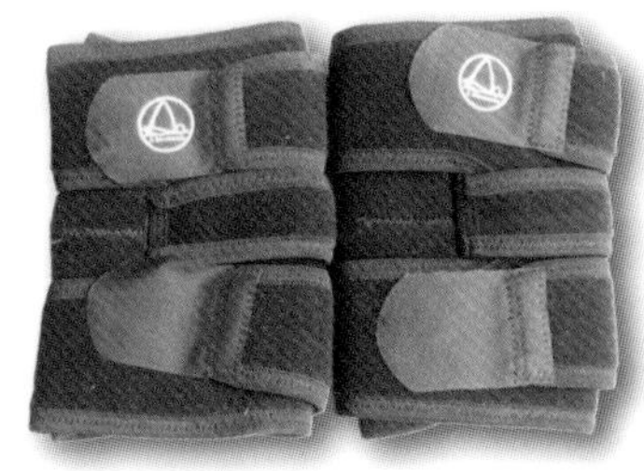

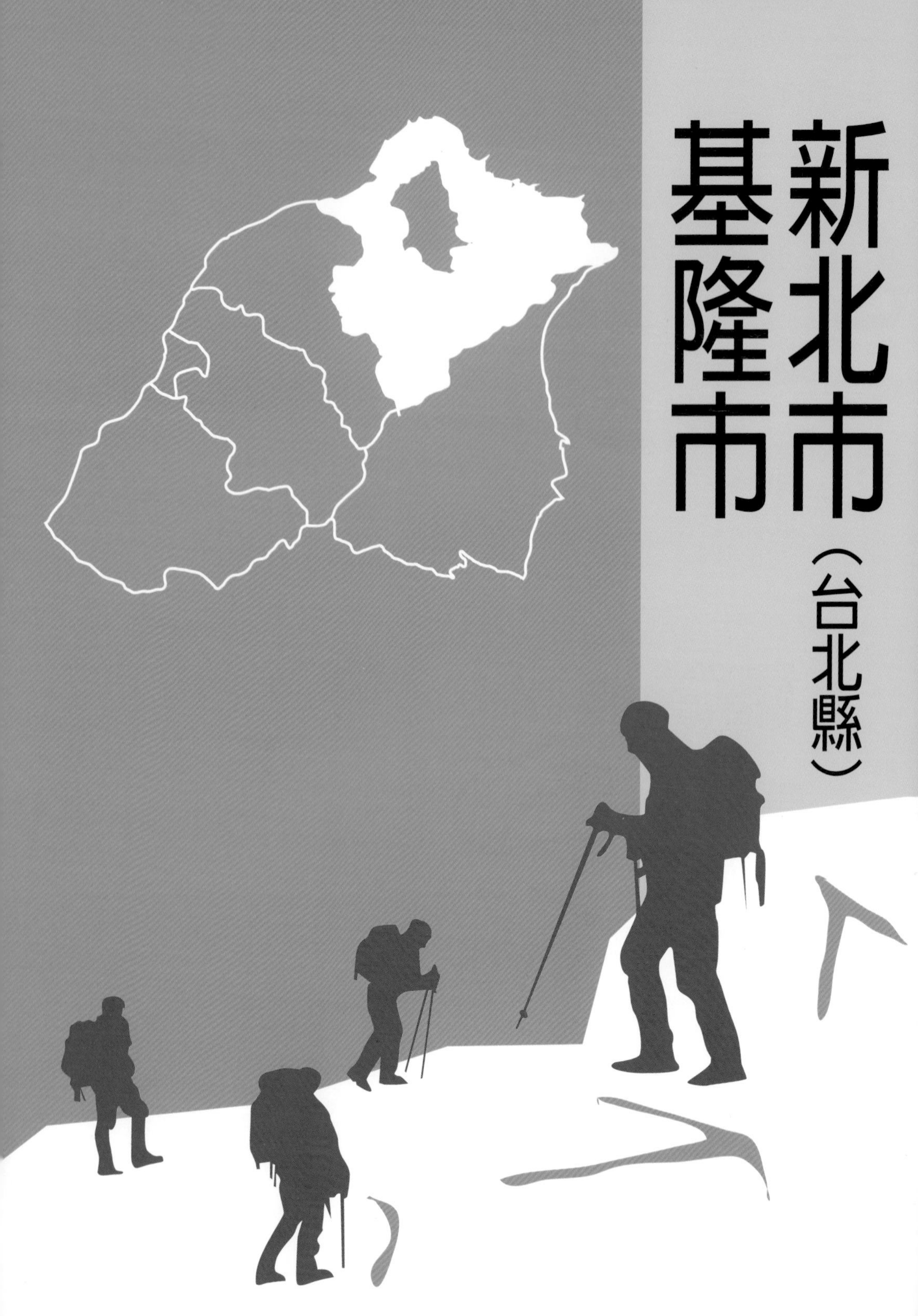
新北市（台北縣）
基隆市

東北角地區

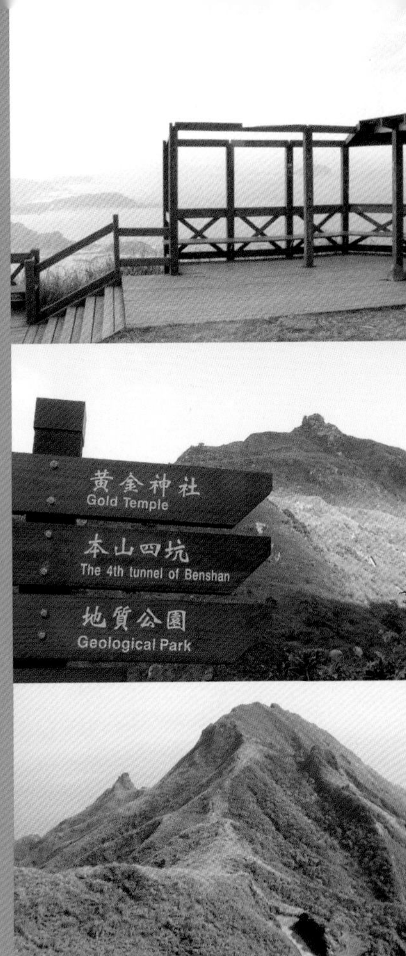
黃金神社
Gold Temple
本山四坑
The 4th tunnel of Benshan
地質公園
Geological Park

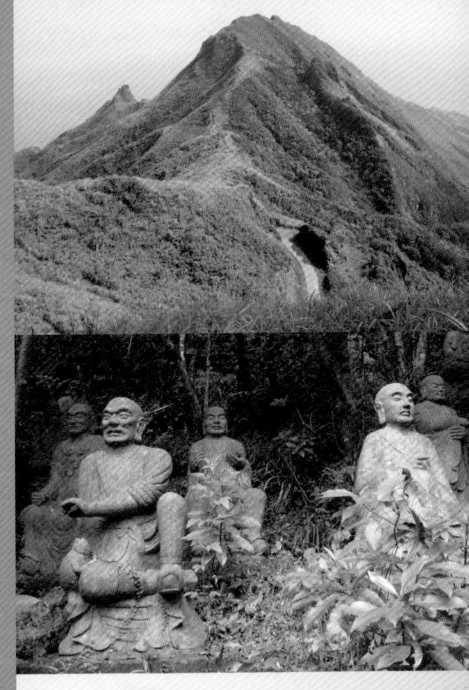

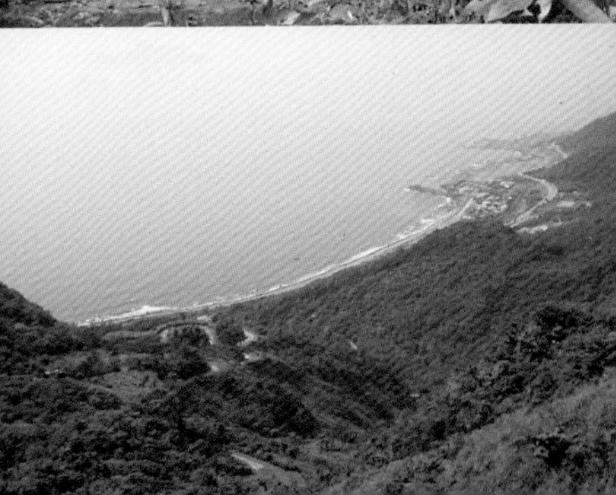

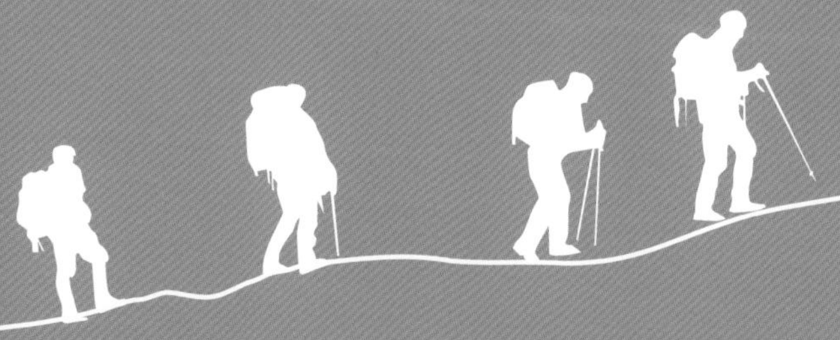

荖蘭山

・山名　荖蘭山／・海拔標高　387m
・登山口高度　210m／・三角點　圖根點
・GPS座標　347380・2768143／・座落位置　台北縣貢寮鄉
・特色　宗教朝山步道、宗教建築、山海風光

步道旁設置500尊羅漢雕像。

荖蘭山，福隆附近的宗教聖地——靈鷲山

荖蘭山，位於福隆附近，可登高眺覽附近山海風光。荖蘭山因有著名的「靈鷲山無生道場」，反而以「靈鷲山」而知名。目前車輛可行駛山路直達靈鷲山無生道場的入口，只要爬三分鐘的石階路，即可登上荖蘭山。

登荖蘭山，可考慮從荖蘭山半山腰的「四大名山步道」登山口起登，較能享受登山的樂趣，也能體驗靈鷲山的宗教氣氛。四大名山步道全線以石塊鋪成的步道，僅一開始有陡峭的石階路，接著步道變為平緩，迂迴穿梭於山間樹林，漸漸盤升。沿途步道旁側設置了五百尊各種造形的羅漢雕像，取材於五百羅漢追隨佛陀修行的故事。途中也可看見具有西藏寺廟風格的寺塔及「佛陀的腳印」等宗教建築，充滿濃郁的宗教氣息。

四大名山步道的名稱，則是取材自中國佛教四大名山——山西五台山、浙江普陀山、安徽九華山以及四川峨眉山。相傳這四大名山是佛經當中四大菩薩——文殊師利、大悲觀世音、大願地藏、普賢菩薩所應化的道場，分別象徵著「智慧、慈悲、接引和普渡眾生」。靈鷲山無生道場設有四大名山道場，這條步道，即是希望讓來靈鷲山朝聖者，能沿途省思，體會菩薩的悲心願力。

步道出口，接柏油馬路，續前行約一分鐘，即可看見荖蘭山的登山步道口。而更往前走，前面就是靈鷲山無生道場的入口了。爬往荖蘭山，寬闊的花崗石石階步道一路陡上，一會兒就可登頂。荖蘭山的山頂設有一座金色十一面觀音塔。三角點基石就在塔旁的空地上。從荖蘭山頂俯瞰靈鷲山無生道場，一座十二公尺高的黑面金身觀音神像矗立於另一山頭，周遭塔林環繞，遠處山腳下即是卯澳漁

村，再更遠，便是煙波浩瀚的太平洋了。宗教人文與自然風光交融，景色壯麗。

荖蘭山，宗教人文與自然風光交融，景色壯麗

從荖蘭山頂另有一條山徑可通往拱南宮，從另一方向下山。這條山徑較少人走，沿途路段溼滑，抵達普陀巖，旁有小路可通往靈鷲山的後門，但未對外開放。因此最好由荖蘭山循原路返回登山口，然後由靈鷲山無生道場的大門進入參觀。

靈鷲山的入口處有一座造型獨特的山門，橫樑上方高懸一對銳利的鷹眼，稱為「天眼門」。「天眼」象徵「虛空之眼，佛的智慧之眼」。兩側門柱可以看見世界各國宗教的古老修行的圖騰。進入天眼門，步道一分為二，右往觀音道場及塔林，來到剛才看見的巨尊黑面金身觀音所在的觀音道場。這座的山頭，稱為瑪陵尖，附近的山坡有造型不同的五十三座雕飾精緻的佛塔。此處一面臨海，一面臨山，展望極佳。繞行塔林一圈，返回步道岔路，再往靈鷲山的主殿，沿途有聞喜堂、客堂、華藏海等殿及各個修行的道場，不妨放慢腳步，靜心領略靈鷲山的宗教精神。

1 四大名山步道的入口，位於朝山大道的途中。（香蘭街5-2號民宅旁）

2 從靈鷲山俯瞰靈鷲山觀音道場。

3 荖蘭山登山步道，約3分鐘路程即可登頂。

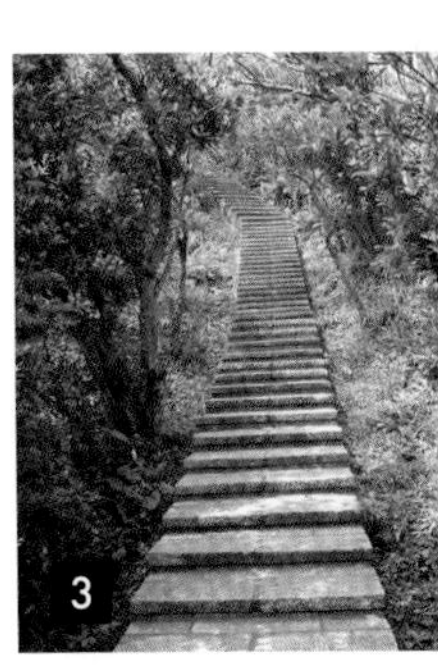

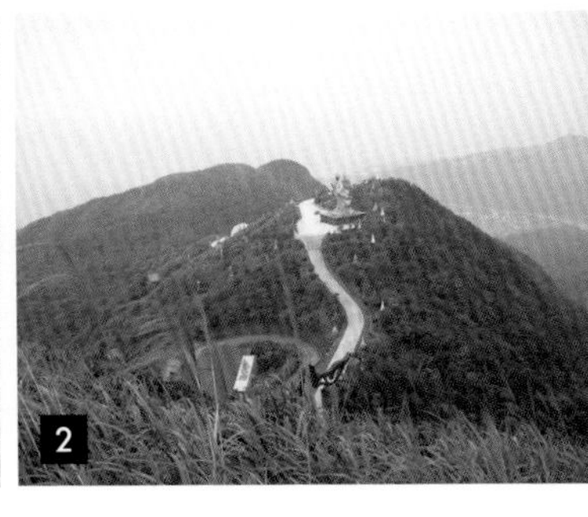

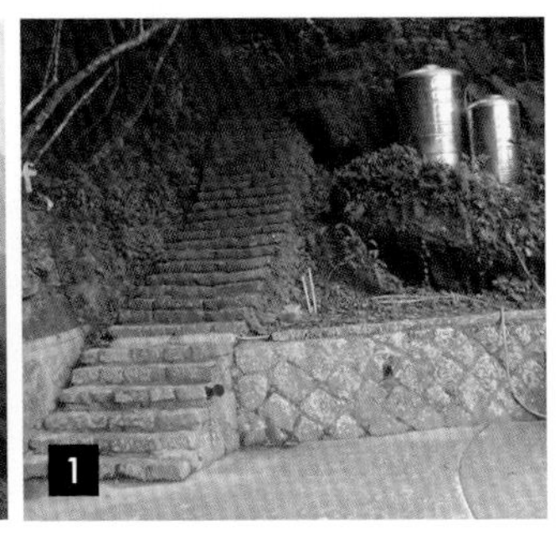

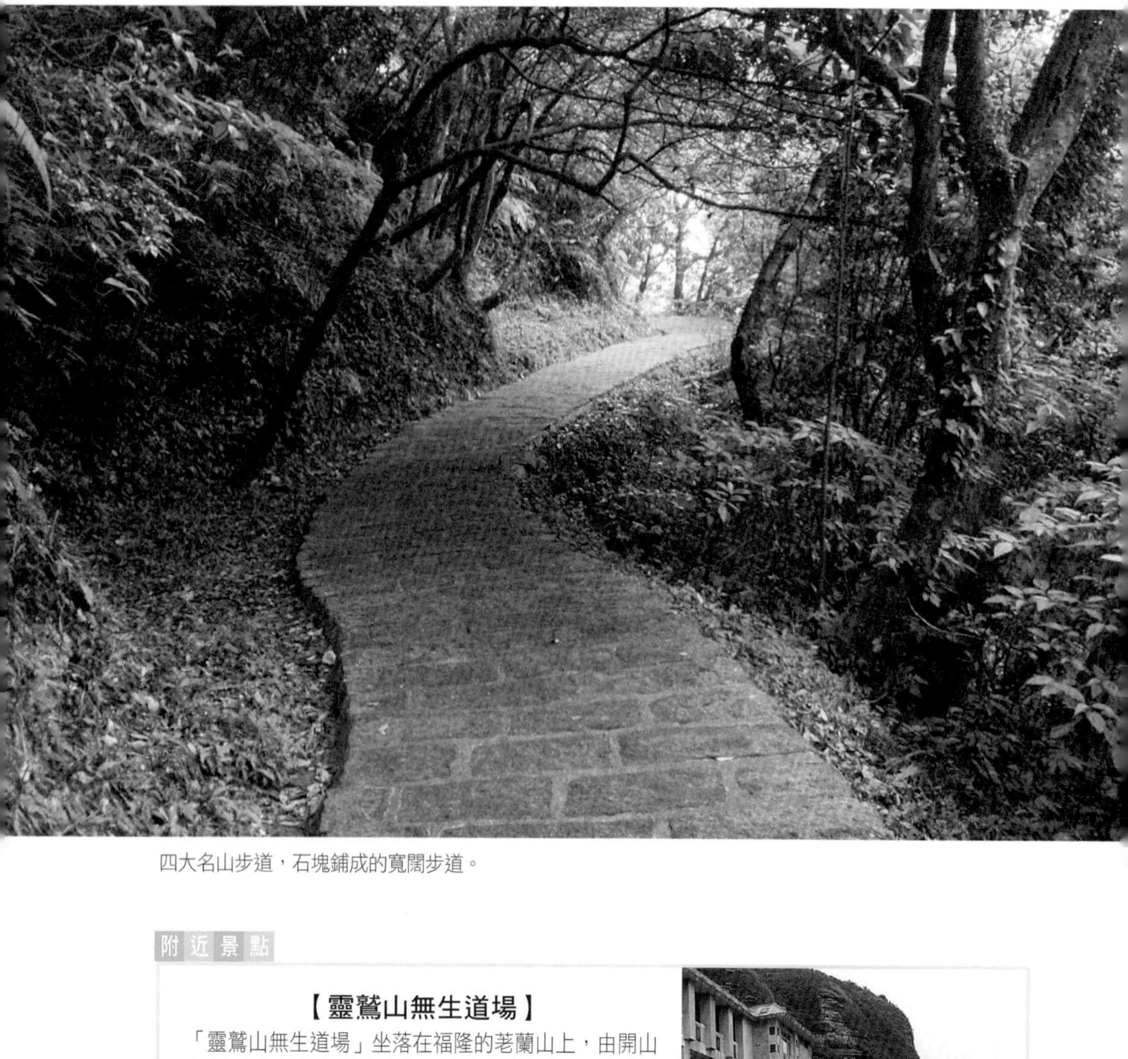

四大名山步道，石塊鋪成的寬闊步道。

附近景點

【靈鷲山無生道場】

「靈鷲山無生道場」坐落在福隆的荖蘭山上，由開山祖師心道法師於民國72年（1983年）所創建。心道法師當年在荖蘭山閉關苦修，悟道出關後，創立「靈鷲山無生道場」。靈鷲山，是紀念大乘佛教發源地印度靈鷲山而特別命名的。道場內有祖師殿、大雄寶殿等殿堂，並闢有四大名山、十一面觀音、舍利塔林、五百羅漢步道等戶外道場，而背山面海的地勢，前俯東北角的太平洋的海天迷人景致，使靈鷲山不僅為宗教聖地，亦為一處絕佳的健行遊憩景點。

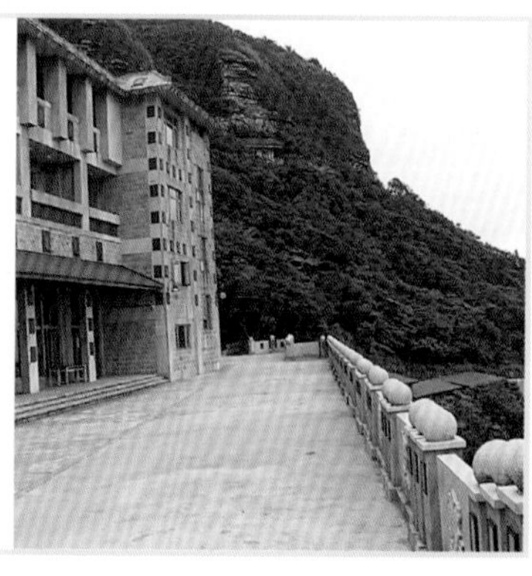

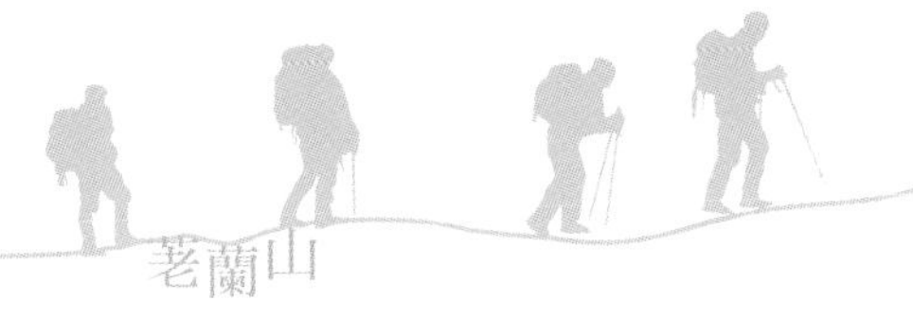

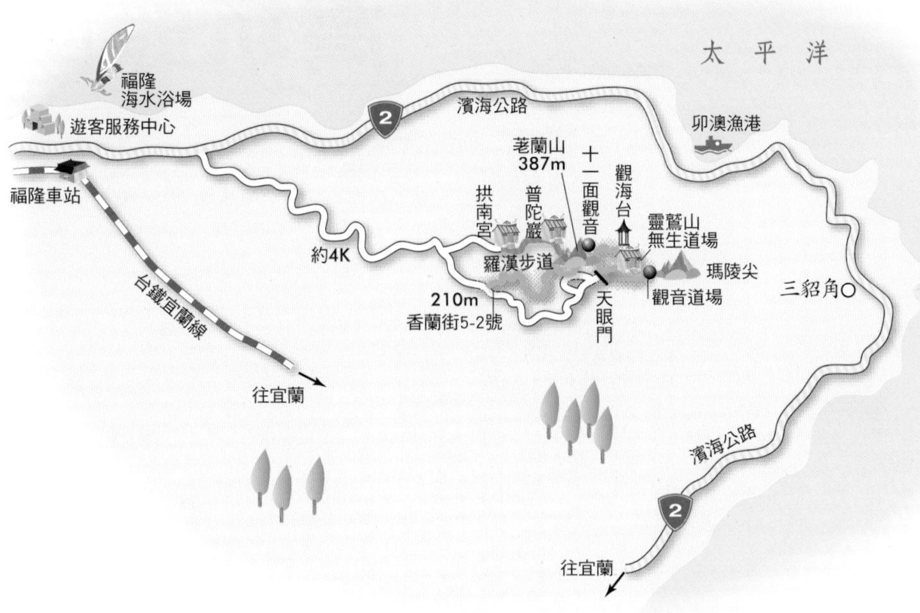

路程時間

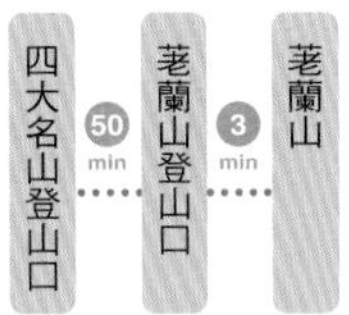

路況評價

- 登高指數：177m
- 路程時間：（來回約2小時）
- 步道路況：
- 綜合評價：

注意及建議事項

荖蘭山步道完善，適宜全家同行，兼具健行及宗教朝聖之旅。行程若以參訪靈鷲山無生道場為主，則可直接開車至靈鷲山天眼門旁的停車場，登頂荖蘭山只需3分鐘路程。若以登荖蘭山健行為主，則建議從四大名山的登山口出發，較能體驗健行登爬的樂趣。

交通資訊

• 自行開車

由台北走中山高下暖暖交流道，接台62快速公路至東北角瑞濱，循台二線至福隆；過「東北角風景管理處」約850公尺，由右邊入口上山，過靈鷲山第一入口，前行至香蘭街5-2號，即為四大名山入口，續直行可抵達靈鷲山無生道場。

• 大眾運輸

搭乘台北往宜蘭、羅東或花蓮線火車，在福隆站下車。或國光客運台北羅東濱海線，於福隆站下車。靈鷲山無大眾運輸，可搭計程車上山，或搭乘靈鷲山交通接駁車上山，可事先向靈鷲山查詢接駁班次時刻表。

濂坑頭山

・山名　濂坑頭山／・海拔標高　616m
・登山口高度　28m（大里天公廟）／・三角點　二等三角點1181號
・GPS座標　341094・2763502／・座落位置　台北縣貢寮鄉、宜蘭縣頭城鎮交界
・主要登山路線　A.草嶺線 B.內寮線 C.石觀音線　D.大溪線
・特色　古道丰采、草原景觀、山海美景

濂坑頭山，東北角海岸風景區熱門山峰

濂坑頭山位於台北縣貢寮鄉和宜蘭縣頭城鎮交界，海拔六一六公尺，登山步道沿著稜線而建，俯臨太平洋，沿途視野遼闊，有草坡綠地、碧海藍天，景色優美，為東北角海岸風景區熱門的山峰。

濂坑頭山有四條路線可抵達，分別為草嶺線、內寮線、石觀音線、大溪線，其中草嶺線經由草嶺古道的埡口，爬往濂坑頭山，登山同時可以兼訪古道，是值得推薦的一條登山路線。

從草嶺古道南口的大里遊客服務中心出發，來到草嶺古道南口的大里天公廟，古道就在廟的後殿旁側。天公廟至草嶺古道埡口，約兩公里，前一小段走在碎石子產業道路及柏油路，途中轉入古道石階路。隨著高度爬升，漸有展望，可俯瞰大里海岸線。途中經過林務局的護管所，以及一處的客棧遺址。這客棧是昔日淡蘭古道中途的落腳休息點，如今只剩斷垣殘壁，默默訴說著古道的過往情事。

上行約一小時，抵達古道越嶺的「埡口」。所謂埡口，是指兩山交會點，自然形成的凹地，就是地理學所稱的「鞍部」，這裡有一座石砌的古老土地公

草嶺古道虎字碑

草嶺古道是先民在台灣東北部開闢淡水廳（台北縣舊稱）到噶瑪蘭廳（宜蘭縣舊稱）間「淡蘭古道」的一段，途經二縣分界的山嶺－草嶺。草嶺古道途中有兩處三級古蹟「雄鎮蠻煙」摩碣及「虎字碑」。同治六年（1867年）台灣總兵劉明燈率兵北巡噶瑪蘭，途經草嶺古道時題字勒石，以鎮邪避兇，為古道珍遺的歷史遺跡。

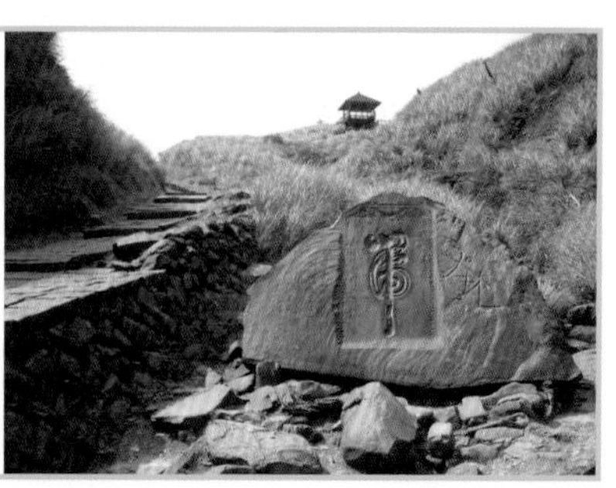

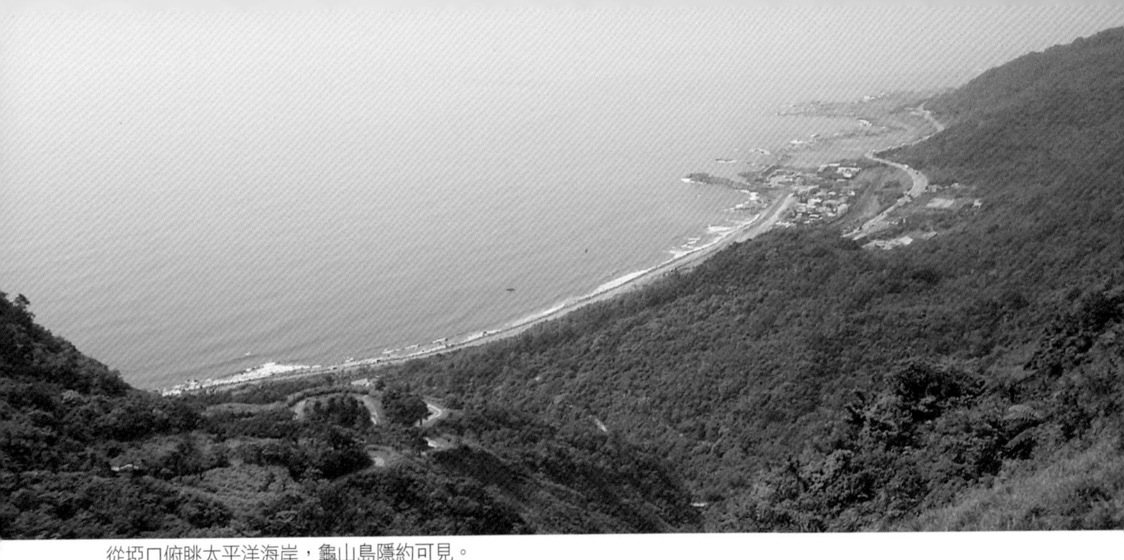

從埡口俯眺太平洋海岸，龜山島隱約可見。

廟，默默庇佑著往來的行旅商客。埡口位處東北季風的迎風面，強風吹襲，終年不斷，高大的喬木難以生存，只見低矮的芒草及地被植物。山頭的景觀以芒草為主，因此被稱為「草嶺」。

灣坑步道俯臨太平洋，遠眺龜山島，景色秀麗迷人

草嶺古道越過埡口，續往貢寮方向北行，往前約一百公尺左右，有著名的「虎字碑」古蹟，可順往參觀。前往灣坑頭山，則在埡口往西行，走往桃源谷的方向，這條步道稱為「灣坑步道」，全長四點五公里。灣坑頭山位於埡口與桃源谷之間，大約兩公里至二點五公里之間。

轉往灣坑步道，入口有一座觀景台，可居高臨下，欣賞海景。由觀景台前行，石板步道開始爬向高處，步道沿稜線而行，得翻過幾座起伏的山丘。稜線迎向風面，植物多為低矮的風衝矮林、芒草或草地，毫無遮蔭，視野非常開闊，俯臨太平洋，遠眺龜山島，走至更高處，甚至可回望東北角的福隆蔚藍海岸，山海交融，景色秀麗迷人。

山稜高處的涼亭，是眺覽的極佳位置。草坡谷地，則見牛群悠遊其間。經過兩座涼亭之後，抵達草嶺山，嶺上有一塊「站在高崗上」的解說牌。石椅旁有一顆三角點水泥基石。續前行，抵達「四方亭」，這裡擁有四方展望，恰如其名。灣坑頭山就在前方不遠處。這附近的植被以低矮的箭竹林為主。石階一路向上，不久就登上灣坑頭山。灣坑頭山，海拔六一六公尺，以山形雄壯，被列為台灣百大名山，展望視野非常棒。

繼續前行，約一個小時可抵達桃源谷，接大溪線登山步道下山至大溪火車站，然後搭火車返回大里，但路途頗遠。灣坑頭山至桃源谷約二點五公里，桃源谷至大溪約五公里，還得走上好幾個小時。

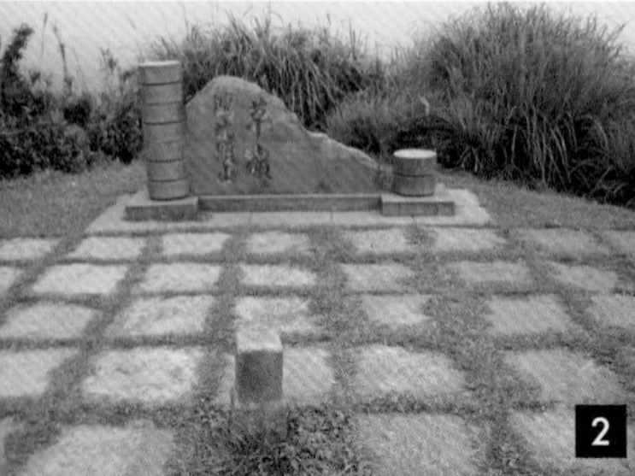

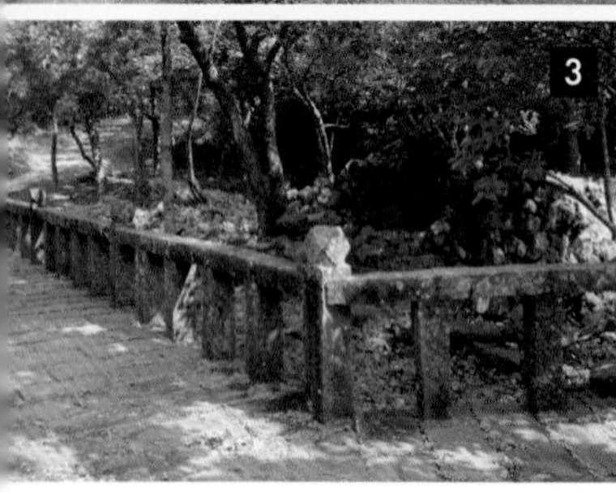

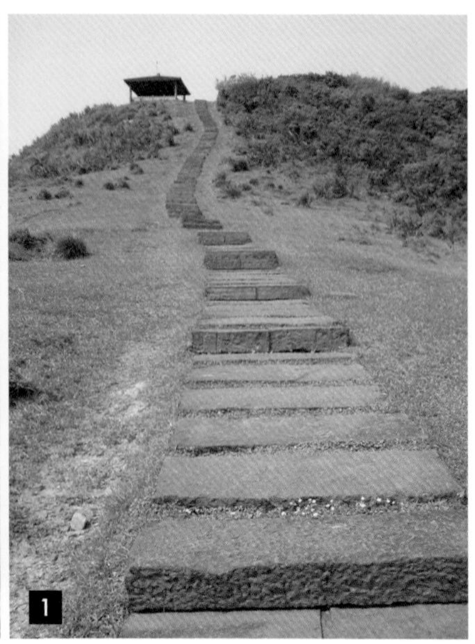

1 灣坑步道，從埡口爬往灣坑頭山，約2公里多。

2 灣坑頭山，有一顆二等三角點基石。

3 草嶺古道途中的客棧遺址。

附近景點

【桃源谷大草原】

桃源谷，位於台北縣貢寮鄉與宜蘭縣頭城鎮交界處，擁有一片綿延三公里的廣闊草原。桃源谷位於山海交會的山稜之上，坐臥於海拔500公尺的草原，俯瞰壯闊的太平洋與龜山島，草原風光與海天麗景相互輝映，宛若世外桃源，故名為「桃源谷」。桃源谷有四條登山步道可抵達，分別為草嶺線、內寮線、石觀音線及大溪線。其中以內寮線距離桃源谷最近，從貢寮鄉吉林村內寮的蕭家莊登山口起登，僅1公里路程，約20分鐘即可抵達。若由草嶺古道埡口前往，約4.5公里，途經草嶺山、灣坑頭山上下起伏的山稜，須費時3小時。

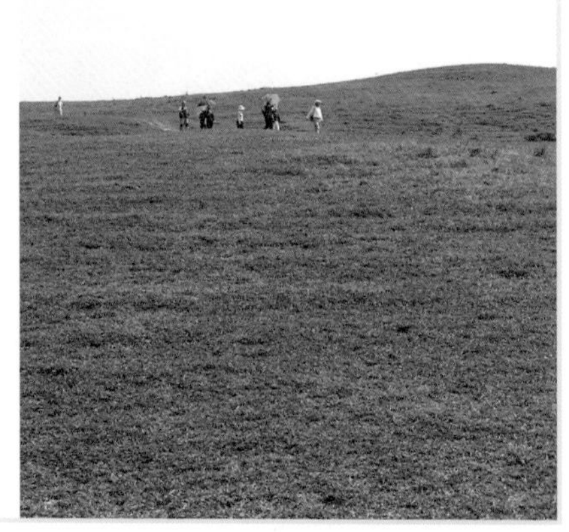

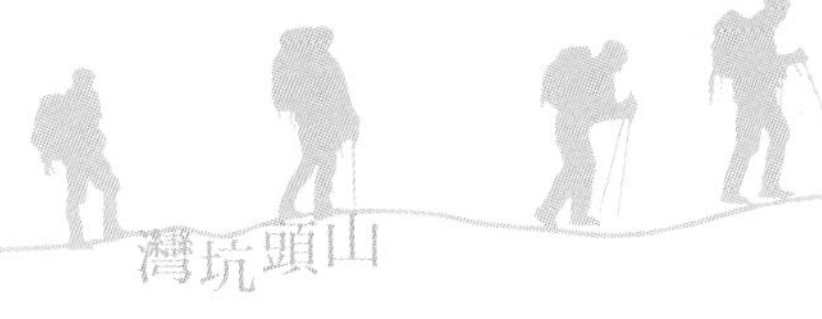

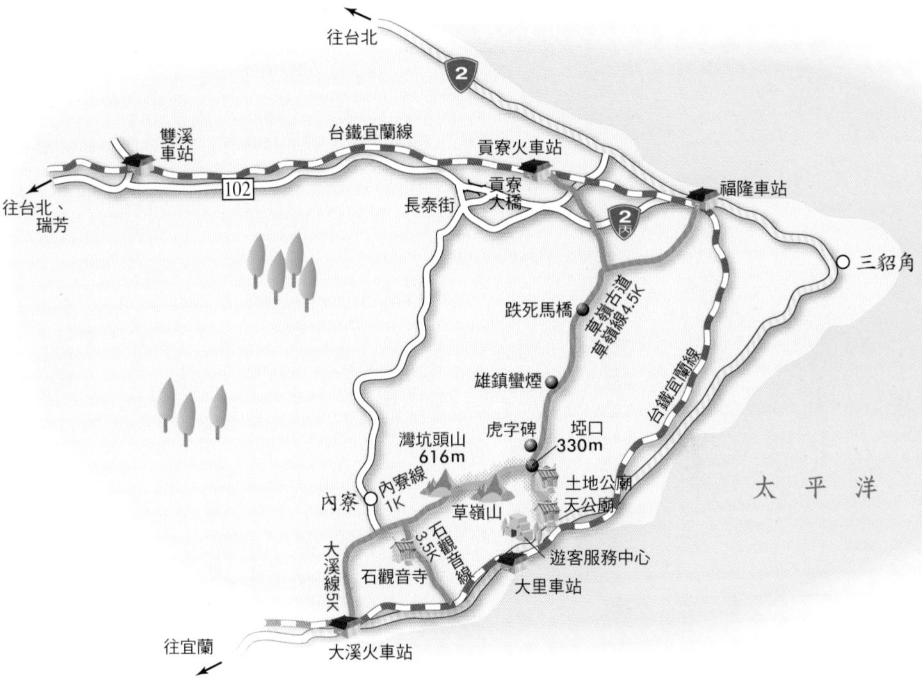

路程時間

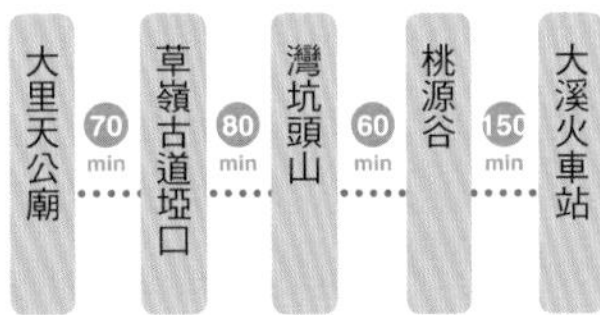

路況評價

- 登高指數：●● 588m
- 路程時間：●（來回約5小時）
- 步道路況：●
- 綜合評價：●

注意及建議事項

草嶺古道埡口至灣坑頭山（灣坑步道）沿途無遮蔭，最好選擇陰涼天氣時行走，夏日避免烈陽下行走，以免中暑或曬傷。從大里天公廟至灣坑頭山，來回約9公里，海拔落差近600公尺，幼童不適宜。

交通資訊

• 自行開車

台北走中山高至暖暖，接台62快速公路至瑞濱，沿台二線經三貂角至宜蘭頭城鎮大里天公廟。或走北宜高速公路至礁溪，接台二線往頭城鎮大里天公廟。

• 大眾運輸

台鐵宜蘭線或北迴線普通列車大里站下車，步行約5分鐘，即可抵達大里天公廟。或搭乘國光客運（台北－羅東）至大里站下車。

1 基隆山（金瓜石方向遠眺）。

2 基隆山步道，沿途無遮蔭，應避免在烈日下攀登。

3 基隆山步道沿途的涼亭，九份山城就在基隆山腳下。

基隆山

・山名　基隆山／・海拔標高　588m
・登山口高度　321m／・三角點　三等三角點1109號
・GPS座標　334803・2779425／・座落位置　台北縣瑞芳鎮
・特色　山形優美、展望極佳

基隆山，山形獨特，百變多姿

基隆山，海拔五八八公尺，位於台北縣瑞芳九份、金瓜石、水湳洞之間，因形似雞籠而得名。基隆，古稱「雞籠」，光緒元年（一八七五年），沈葆楨奏請開辦台灣基隆煤礦獲准，基隆煤礦成為中國第一座投產的現代煤礦，當時為取其「基地昌隆」之意而將雞籠改為「基隆」。基隆山矗立挺拔，毗臨東北角海域，是台灣岬角地形最發達的海岸，基隆山頂擁有接近三百六十度的環繞視野，為欣賞東北角山海美景的好地方。

基隆山的山形多姿，從九份、金瓜石、水湳洞等不同地方仰視，山形風貌截然不同，從九份仰觀，圓錐狀的基隆山就像一個雞籠，而從金瓜石遠眺，山形則似仰臥的孕婦，所以又名為「大肚美人山」；而從水湳洞遠望，基隆則像是一隻面海的石猴；所謂「橫看成峰側成嶺」，正可形容基隆山的百變多姿。

基隆山展望佳，東北角山海美景盡收眼底

基隆山的登山口在九份的的隔頂停車場附近，登山口立有「雞籠山登山步道」石碑。登山步道全程都是石階路，筆直地循著基隆山稜線爬往山頂，須爬升二百六十幾公尺，坡度陡，沿途共設置四座涼亭，供遊客休息。隨著海拔高度漸高，九份山城已在腳下，而東北角的海天美景逐漸浮現於眼前，視野愈為遼遠壯闊。而步道位於稜線，所以左右兩側都有景色可欣賞，一山一海，美不勝收。

接連經過三座涼亭之後，約半個小時至四十分鐘，就已快接近山頂。這時可

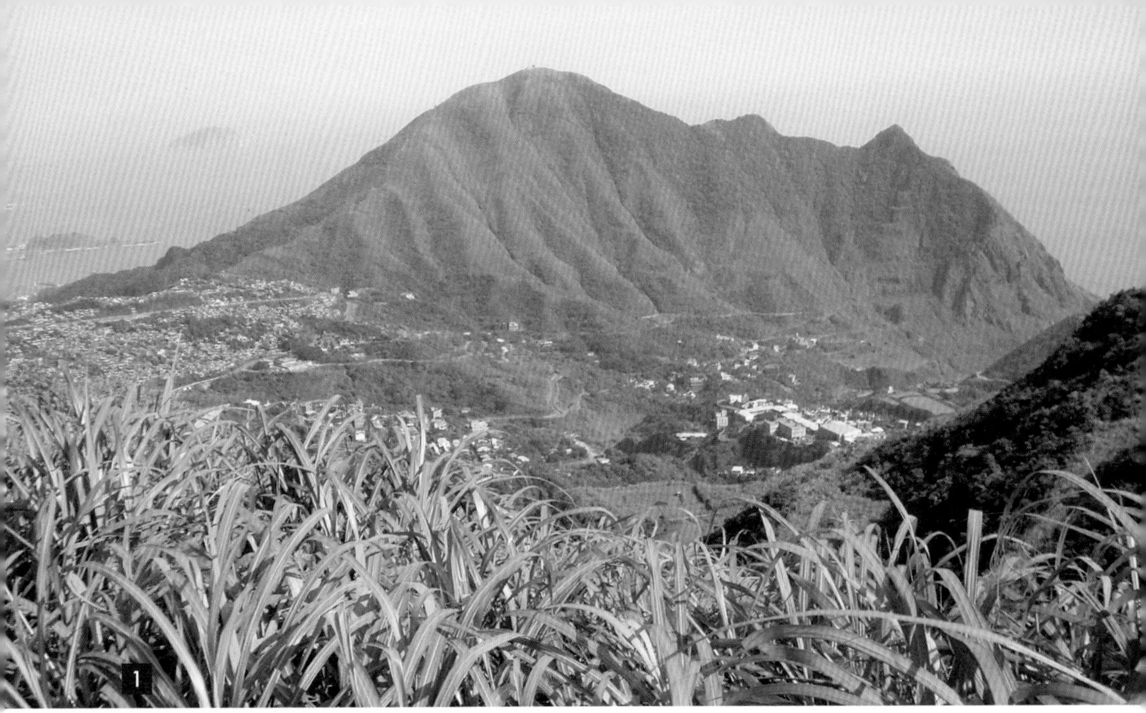

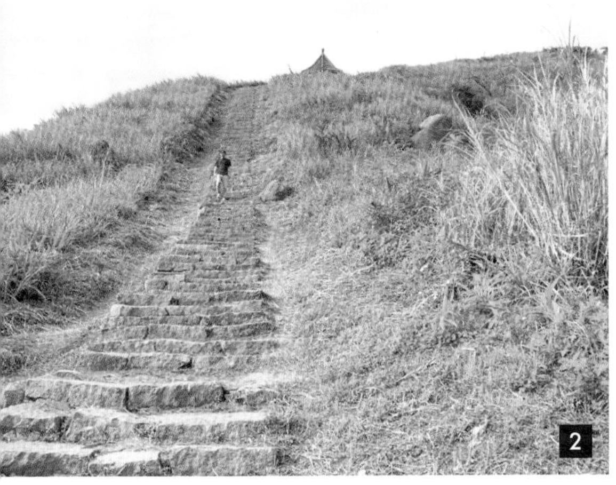

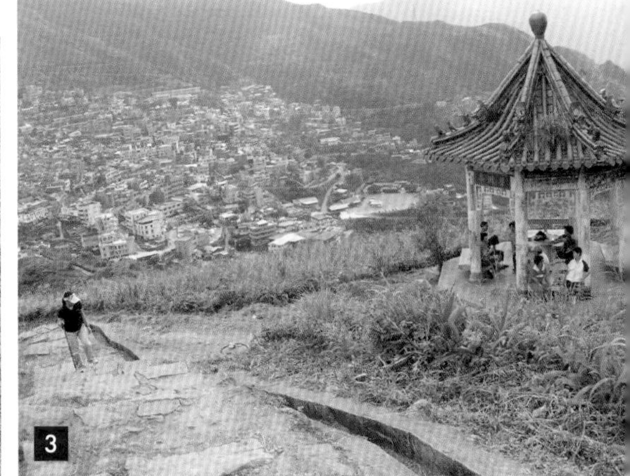

基隆火山群

基隆火山群與大屯火山群並列為北台灣兩大火山群，然而基隆火山群並沒有大屯火山群常見的溫泉、硫氣孔等後火山作用的景象，這是因為當年基隆火山群的岩漿並未噴出地表，而是在地表下方形成火成岩體，這種岩體主要是由含有石英顆粒的安山岩組成。這些火成岩體侵入原來的地層時，曾引發一些特殊的礦化現象，因此基隆火山群一帶蘊藏豐富的金銅礦產資源。尤其是金瓜石，因盛產黃金，而成為著名的亞洲金都。

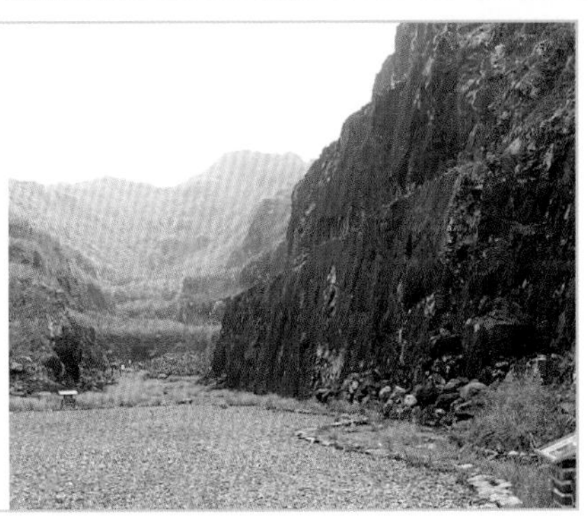

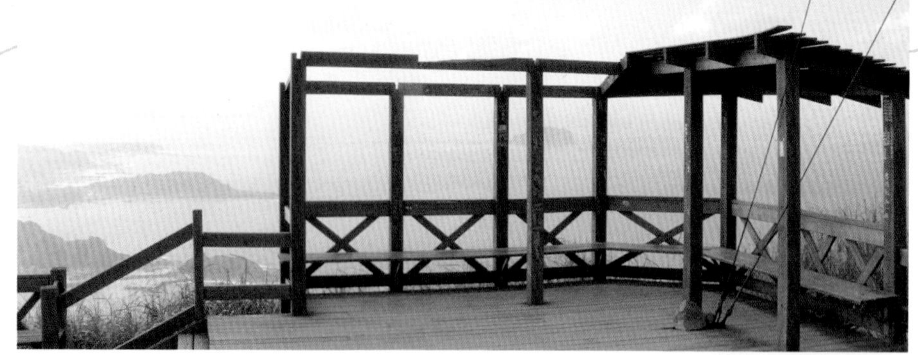

基隆山頂的觀景平台。

附近景點

【九份】

九份原本只是純樸的山城小村，據說清朝時代這裡只有九戶人家，每當有村民下山採買時，村民都委託代購民生用品，故買時皆備妥「九份」，因而得名。清末光緒年間，基隆河上游的大粗坑溪發現金礦後，淘金客溯溪而上，在九份發現黃金，引起淘金熱，九份因而繁榮起來。日據時代採礦黃金時期，九份有「小香港」、「小上海」的美號。九份有「上品輸九份、次品輸台北」的俗諺，顯示當年繁華程度。而隨著礦藏枯竭，小鎮便沒落，而留下寂寥的老街、廢棄的礦坑及礦場設施。但也因九份保有獨特的礦山人文景觀而吸引遊客，成為北台灣著名的觀光小鎮。

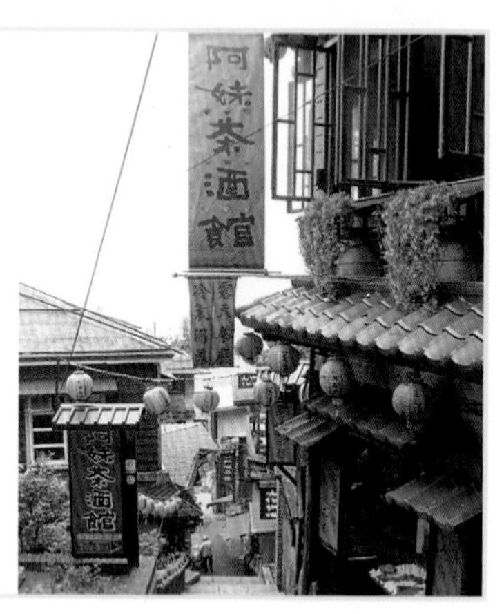

以發現步道旁有一舊界柱碑，斑駁的字跡寫著「共業主顏雲年、蘇維仁、盛地界」。日據時期，金瓜石、九份地區礦權，就是以通過基隆山頂之正南北稜線為界，也就是現在所走的這條步道。稜線以西的九份地區，礦權為顏雲年所有，以東的金瓜石則屬於日本人所經營的會社。因管理風格不同，金瓜石、九份發展出不同的礦業與消費文化。

從界碑再往上走約一兩分鐘，就抵達基隆山。山頂的三等三角點基石位於天線圍牆旁。山頂開闊，有涼亭與觀景平台。站在基隆山眺望山海，美景令人震撼。東北角海岬，由近而遠，深澳漁港的番仔澳、八斗子的望幽谷、基隆的和平島，甚至遠及北海岸的野柳岬角及富貴角；而附近的名山，茶壺山、半平山、燦光寮山、南子吝山都歷歷在目，鼻頭角也遙遙可見。遼遠的海洋，蒼穹的天際，嶙峋的海岸，壯闊的山巒，一一呈現於眼前。

基隆山登山步道石階較為陡峭，一般遊客走起來頗感辛苦，現在新修了一條較平緩迂迴的步道支線，提供遊客登頂的另一選擇。不妨去回程走不同的路線，以領略不同的基隆山風情。

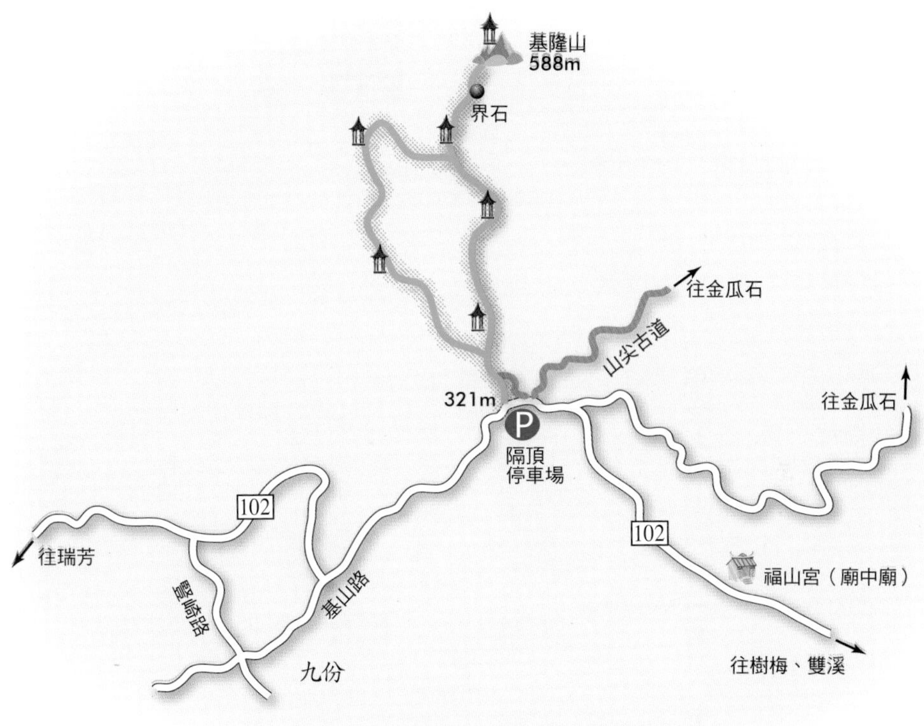

路程時間

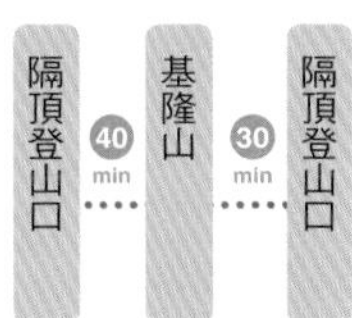

路況評價

- 登高指數：●● 267m
- 路程時間：●1 - 1.5小時（來回）
- 步道路況：●
- 綜合評價：●

注意及建議事項

基隆山步道毫無遮蔭，建議選取清晨或傍晚，或是氣候涼爽時節登基隆山，才能享受登臨眺覽的樂趣。

交通資訊

• 自行開車

中山高經濱海公路交流道，再接台62快速公路至瑞芳，沿2丁省道至瑞芳市區，再右轉102縣道即可抵達九份。

• 大眾運輸

搭乘火車至瑞芳站下車，再搭乘叫客計程車至九份。或從基隆搭往金瓜石的基隆客運班車，於九份站下車，約10至20分鐘一班。

南子吝山

・山名　南子吝山／・海拔標高　196m
・登山口高度　15m／・三角點　土地調查局圖根點
・GPS座標　338084・2779693／・座落位置　台北縣瑞芳鎮
・特色　南雅奇岩、山海美景

南子吝山，東北角海天美景盡收眼底

南子吝山峙立於東北角濱海公路83K的海岸邊，前俯東北角精華的南雅奇岩海岸，背倚半平山著名的「黃金稜線」使南子吝山擁有國家級的山海景觀。南子吝山海拔只有一九六公尺，從登山口起登，路程還不到一公里，約半個小時就可登頂。登山途中，東北角海岸美景一路相伴，且隨地勢上升，景色愈見美麗。

南子吝山的登山口就位於南雅漁村內。從南雅「南新宮」旁，穿過社區活動中心與民宅之間的巷道，過水泥橋，即可看見南子吝山的指標，前行一、兩分鐘，望見南子吝山的登山口。從登山口起，就是陡上的棧道階梯，約二百八十級，爬來雖然有點累喘，但隨即可以俯望南雅漁村延伸向鼻頭角岬角的美麗岬灣景色。風景美，「哇！哇！」的驚嘆聲會不時蓋過喘息聲。

爬過兩百八十級階梯，山路變為緩升，寬闊的石階土路呈之字形爬向南子吝山。中途有一木亭可休息。到了木亭，則已過半路。距離山頂只剩零點四公里而已。

南子吝山擁有三百六十度環繞視野

接近南子吝山時，山路兩側都是芒草景觀，而草山、半平山、茶壺山綿延的山巒已矗立於眼前。不久，抵達一處轉彎處，有三、四張水泥椅，右側有一條山徑，約步行五十公尺，抵達南子吝山東峰。

東峰臨懸崖，無護欄，須謹慎小心。站在在這裡，面對著一百八十度的壯闊

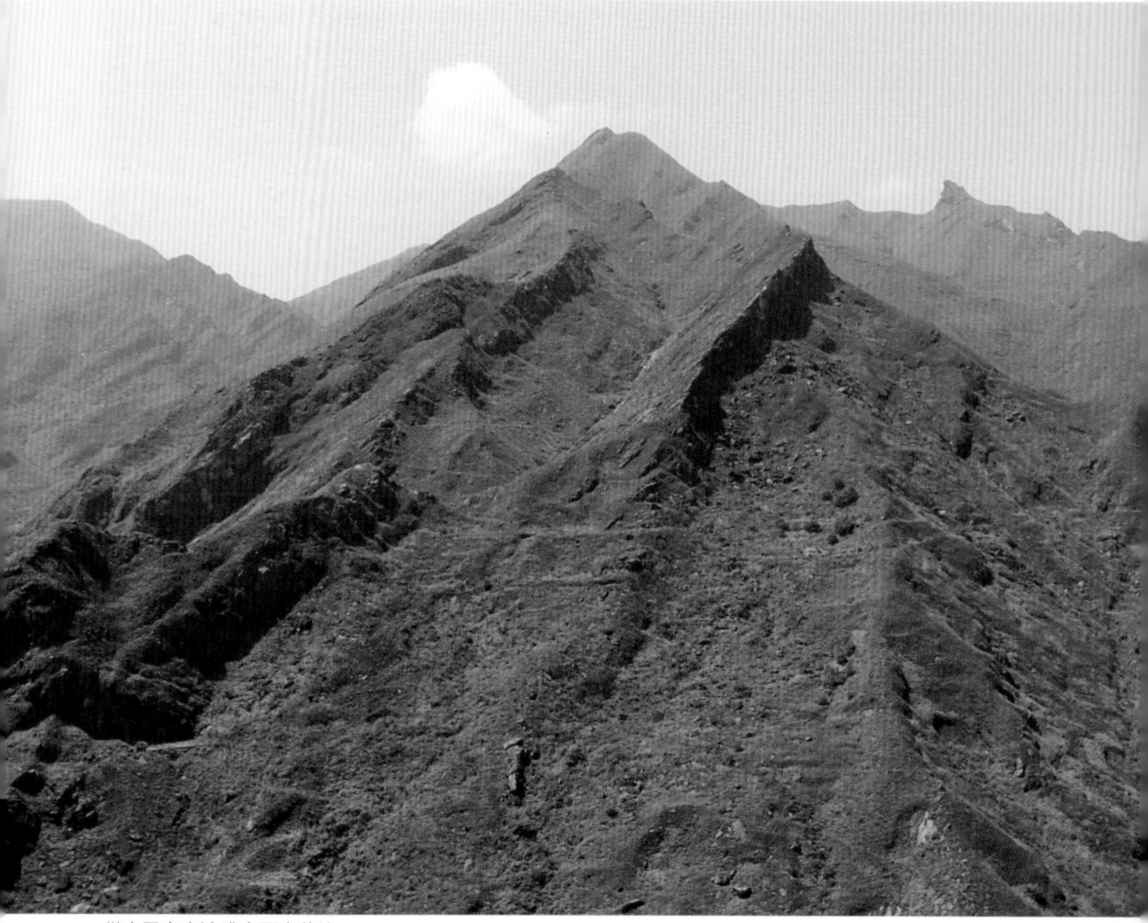

從南子吝山遠眺半平山稜線。

南雅

舊稱「南仔吝」，據說是指平埔族社名，是「多雨」的意思，後改名為南雅。一百多年前，著名的基督教長老會馬偕醫師前往宜蘭時，路過南雅，曾投宿於這個小漁村。南雅漁村，隨著時代變遷，村內的傳統石頭厝漸漸消失，大多已改建為現代水泥樓房。

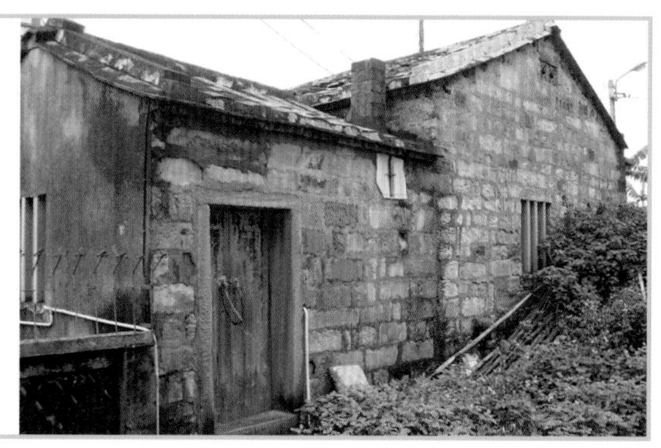

附近景點

【南雅地質步道】

南雅地質步道自南雅漁港至南雅奇岩區，約位於東北角濱海公路84至85K之間，全長約700公尺，沿途可以欣賞南雅海岸經百萬年來風吹、日曬、雨淋、海蝕等侵蝕作用所形成的各種奇岩怪石，如風化紋、岩峰、蜂窩岩、海崖、海蝕平台等。步道沿途設有詳細的解說牌，起點及終點也都設有停車場，供遊客使用。步道來回約40分鐘。

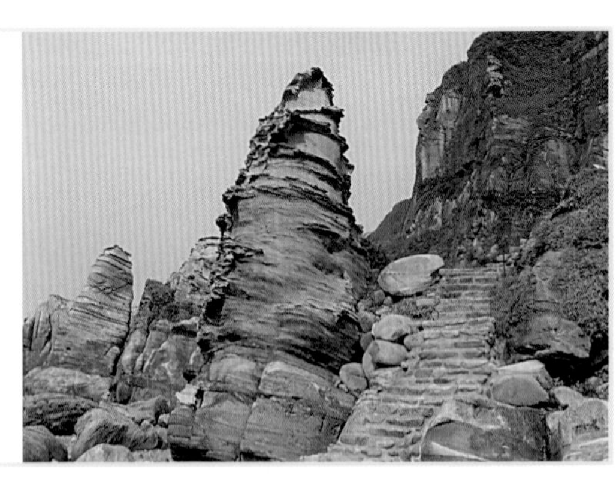

大海，可俯瞰國寶級的南雅海蝕奇岩地形。濱海公路的明隧道就在正下方。明隧道是為了防止南子吝山懸崖落石掉落而修築的，可見山崖的險峻。

由東峰岔路處繼續沿主要步道上行，再經一處轉彎，很快就抵達南子吝山的主峰，山頂有一小平台，平台中心有星狀指標，西指基隆山，西南指無耳茶壺山，東南指苦苓嶺，東北指向鼻頭角等，中心點位置有一顆土地調查局圖根點基石。

南子吝山的展望極佳，擁有三百六十度的環繞視野、一百八十度的海景、一百八十度的山景。向西眺望，台金公司煉銅場、濱海公路、水湳洞、基隆山、深澳岬角盡收眼底；向東眺望，則有南雅漁港至鼻頭角的岬灣美景；向南眺望，則見苦苓嶺、草山、半平山、茶壺山的峻嶺麗景。

循原路返回南雅漁村，可以順道進漁村逛逛。漁村內的傳統建築大多已改建為水泥樓房，但在巷弄深處，還可以看見少數舊式的石頭厝。南新宮對面，南雅漁港旁有停車場可停二、三十部車輛，這裡也是南雅地質步道的起點，亦可順道一遊。

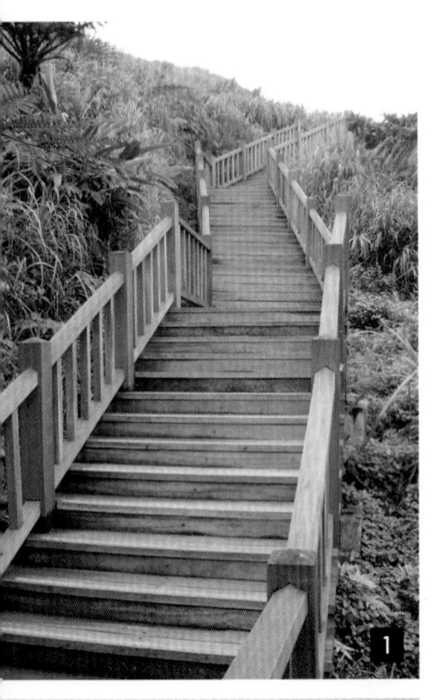

1

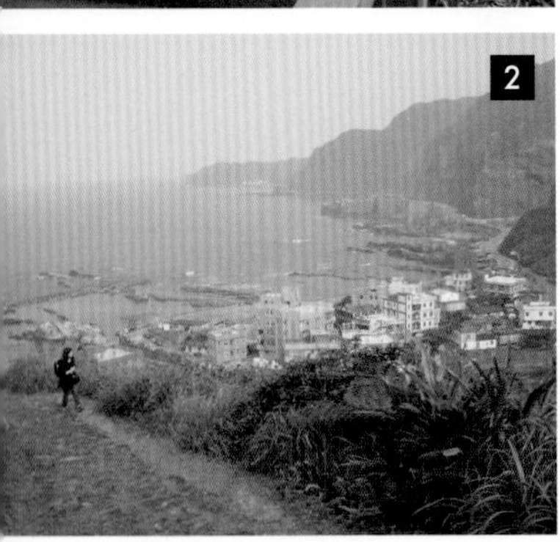

2

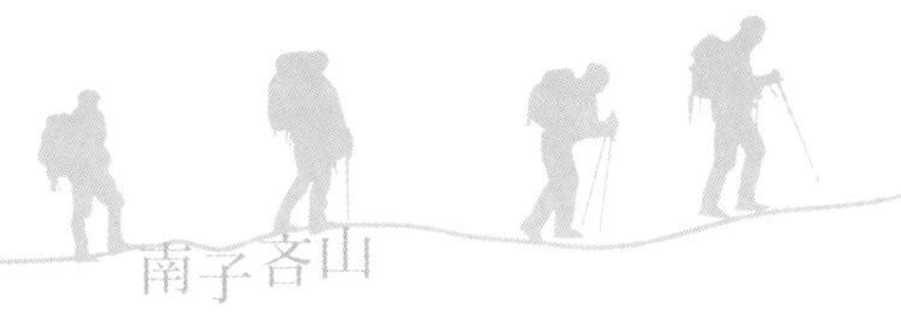

1 棧道階梯爬向南子吝山。

2 南子吝山登山步道沿途可欣賞南雅至鼻頭角一帶岬角海岸風光。

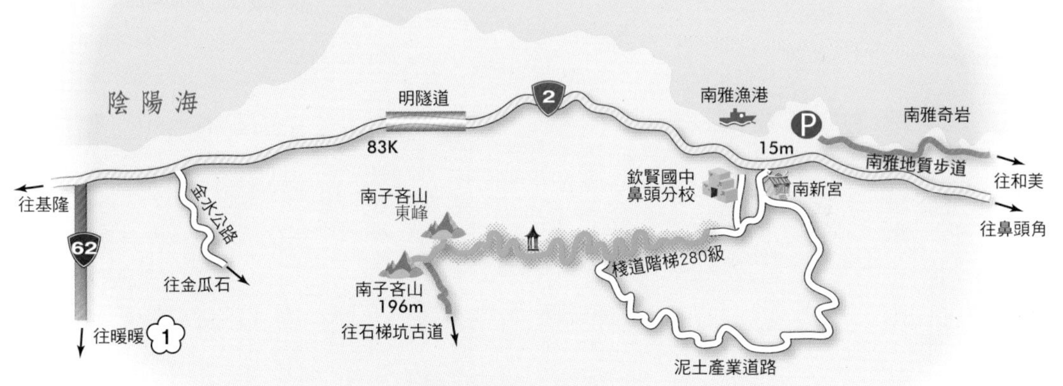

路程時間

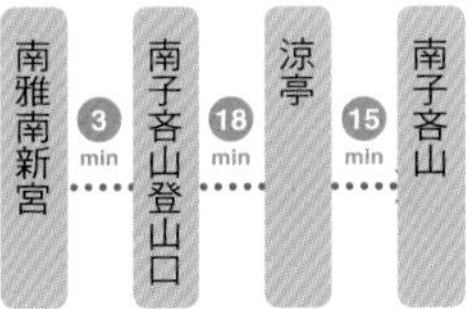

路況評價

- 登高指數：184m
- 路程時間：約1小時（來回）
- 步道路況：
- 綜合評價：

注意及建議事項

南子吝山登山步道全程無遮蔭，應避免於夏日烈陽下登爬。南雅位於東北角海岸風景特定區，附近景點頗多，可順遊南雅地質步道，或附近的鼻頭角遊憩區。

交通資訊

• 自行開車

走中山高北上，下暖暖交流道（往東北角），接台62快速公路至瑞濱，接台2省道（濱海公路），過83K的明隧道後，即抵達南雅漁村。漁港旁有停車場可停車。

• 大眾運輸

國光客運（台北－羅東）、基隆客運（基隆－福隆）於南雅站下車。

燦光寮山、半平山

・山名　燦光寮山、半平山　／・海拔標高　738m、714m
・登山口高度　640m／・三角點　一等三角點（燦光寮山）、無基點（半平山）
・GPS座標　336479・2776562（燦光寮山）、336788・2777598（半平山）
・座落位置　台北縣雙溪鄉、瑞芳鎮
・特色　展望絕佳、東北角山海美景

東北角兩大名山，三百六十度絕佳展望

燦光寮山、半平山是東北角兩座著名的山峰，與金瓜石的無耳茶壺山連成一直線。三座山連走，向來是山界熱門的挑戰路線。燦光寮山，海拔七百三十八公尺，為基隆火山群的第一高峰，擁有一等三角點及一等衛星控制點，三百六十度的展望，傲視周遭群山。半平山則山形雄偉，具有大山氣勢，險峻的稜脊，享有「黃金稜線」的美譽。

燦光寮山及半平山的登山口在草山戰備道路約二點三公里處，一在道路右側，一在道路左側，相隔不遠。半平山登山口設有路標及導覽圖，續往前走道路約二十公尺，即可看見右側草叢有一條山徑，即是燦光寮山的登山口。入口並無路標，僅有些許登山條而已。

進入山徑，得先穿過一小段芒草區。不久，爬上稜線，才擺脫惱人的雜草，視野也變得開闊。回頭即可望見半平山及無耳茶壺山獨特的山形。半平山宛如一隻朝向大海的劍龍，背脊及尾部擺向燦光寮山，山形極為雄奇優美。

翻越三座起伏不大的小山稜，愈爬愈高，視野愈為遼闊。宛如大肚美人的基隆山出現在視線內，然後基隆嶼也浮現，從深澳岬角一直延伸至野柳、金山的海岸一覽無遺。不久，攀上一處小峭壁，再

燦光寮

每到深秋時，燦光寮一帶的芒花綻放，微紅的芒花，相當壯觀，成為「燦光寮」地名的由來。清朝時代設有燦光寮庄，嘉慶10年，設置燦光寮塘汛。噶瑪蘭廳設立後，淡蘭之間官方交通頻繁，曾在本地設置燦光寮舖（類似今日郵局），負責傳遞公文文書。今仍有一條燦光寮舖古道繞行燦光寮山的山麓，通往雙溪鄉牡丹村。

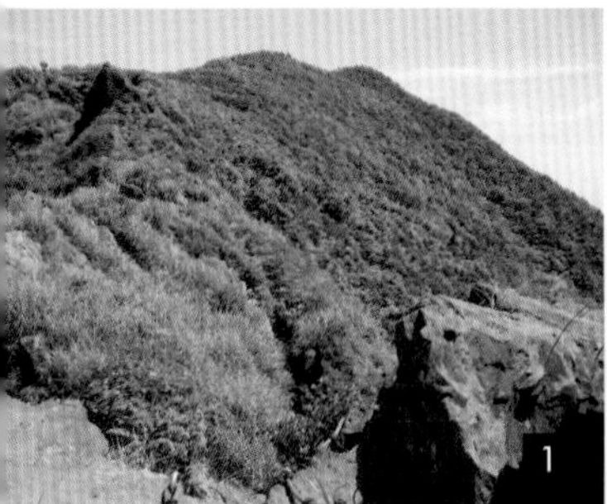

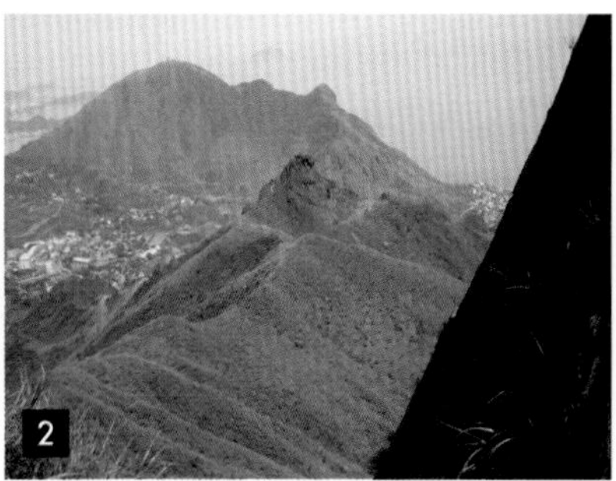

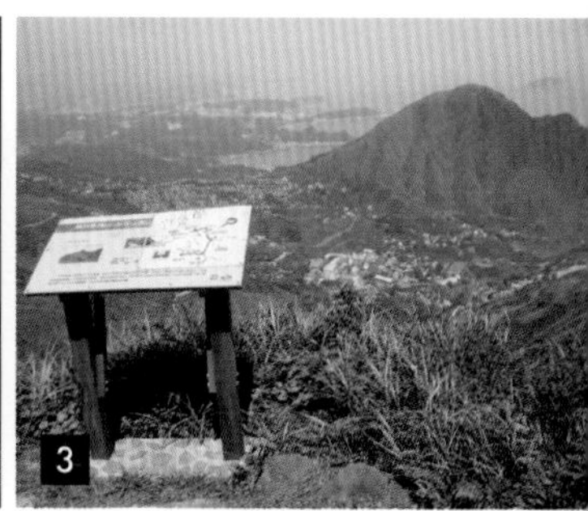

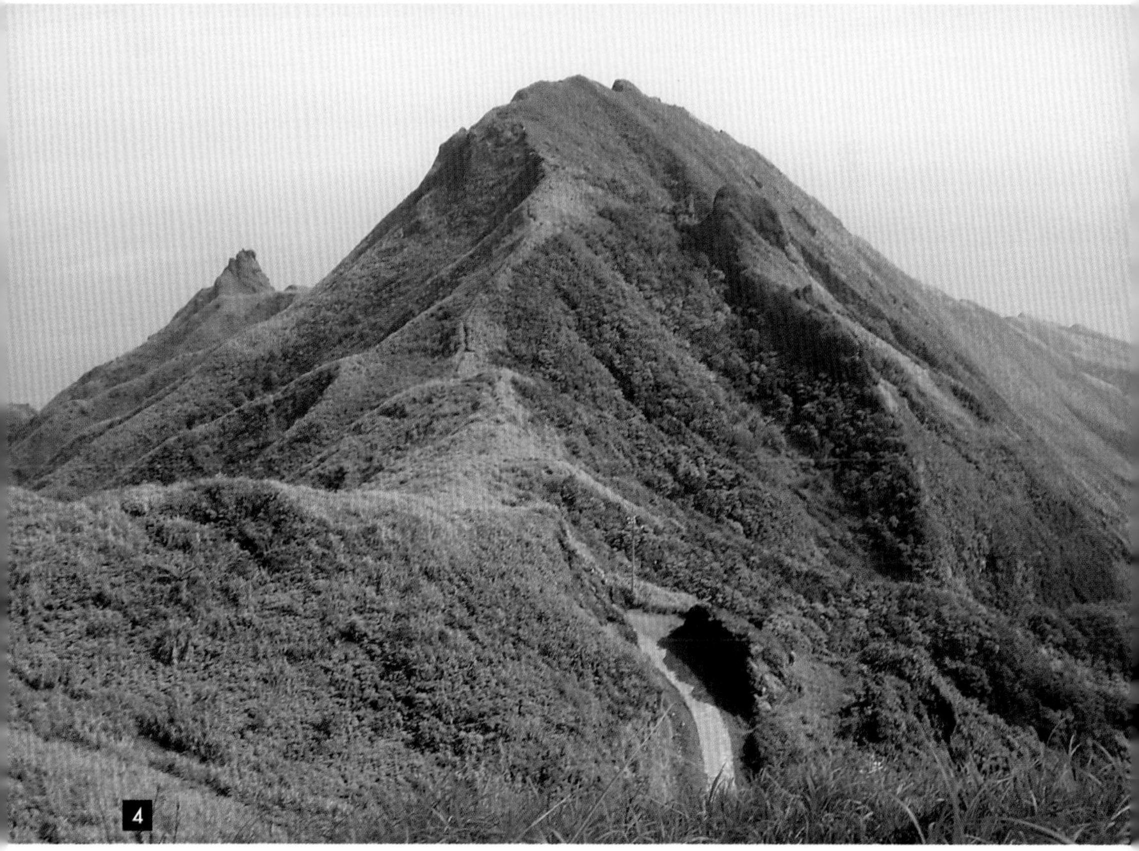

1 半平山，具備大山氣勢。

2 半平山崖壁、無耳茶壺山、基隆山、基隆嶼（由近而遠）。

3 半平山山頂，俯瞰金瓜石及基隆山。

4 登燦光寮山途中，回望半平山，似一隻巨大的劍龍。

附近景點

【貂山古道】

貂山古道的登山口位於草山戰備道約1.5公里處，入口處有一座石砌土地公廟。這條古道是緣於日本明治31年（1898年）因溪流中發現砂金，繼而發現金礦，自此採礦者趨之若鶩，先後築造運送礦產之輕便車路，與興建礦務所醫療站等設施。此路成為先民來往瑞芳、九份與雙溪、牡丹從事買賣工作所必經之路。昔時行人絡繹於道，同時亦營造出似真似幻浪漫淒美之山中傳奇「無緣之墓」的故事。古道全長約2.7公里，出口接雙溪鄉三貂村。

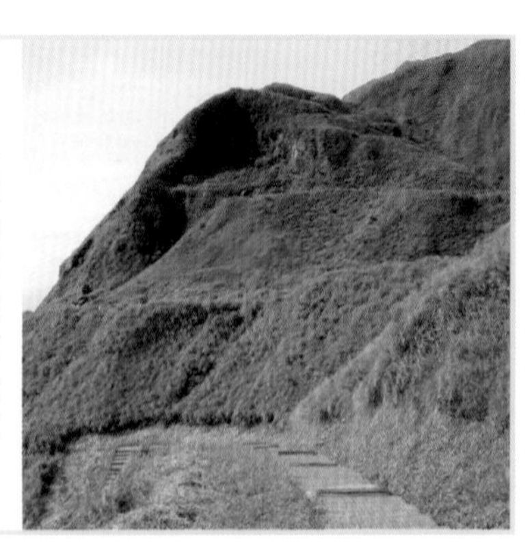

踏著錯落的稜脊岩塊，約二十幾分鐘，登上燦光寮山。燦光寮山展望絕佳，三百六十度的視野，從北海岸的金山至東北角的福隆、三貂角的海岸都盡收眼底。瑞芳五分山、平溪石筍尖、雙溪蝙蝠山等著名山峰都一一清楚可指。

半平山，山形雄奇，具備大山氣勢

循原路返回登山口，續爬往半平山。半平山部份的路段已鋪設枕木步道，然而生命力旺盛的芒草仍是霸佔步道，又得鑽過一小段的芒草區。撥開高長的芒草，底下的路徑相當清晰。穿過芒草區，爬上稜線高處，視野開展起來，便能感受到半平山的大山氣勢。半平山，山形獨特，稜脊巨石累累，山的兩側山坡，一陡一緩，似被利刃削去半邊，故名為「半平山」。

稜線上岩塊嶙峋錯落，得小心攀爬。沿途周遭美麗的景色令人不時駐足流連。回頭望，燦光寮山、草山正與半平山遙遙相對；向前望，則半平山與無耳茶壺山、基隆山幾成一線相對。俯瞰則見金瓜石美麗的山城聚落。而望向一〇二公路，則是綿綿山巒，以芒草為主的山景。約三十分鐘，爬上半平山。居高遠眺，壯闊的山海美景，令人動容。

從半平山山頂續沿著稜線前行，愈走愈險，盡頭無路，接著便是攀岩好手才敢挑戰的黃金稜線了。附近有一險峻的崖壁，可垂下繩索，通往無耳茶壺山。路程約二十至三十分鐘，但沿途芒草高長，路況較差，攀登茶壺山的壺頂具有危險性，最好循原路折返較為安全。

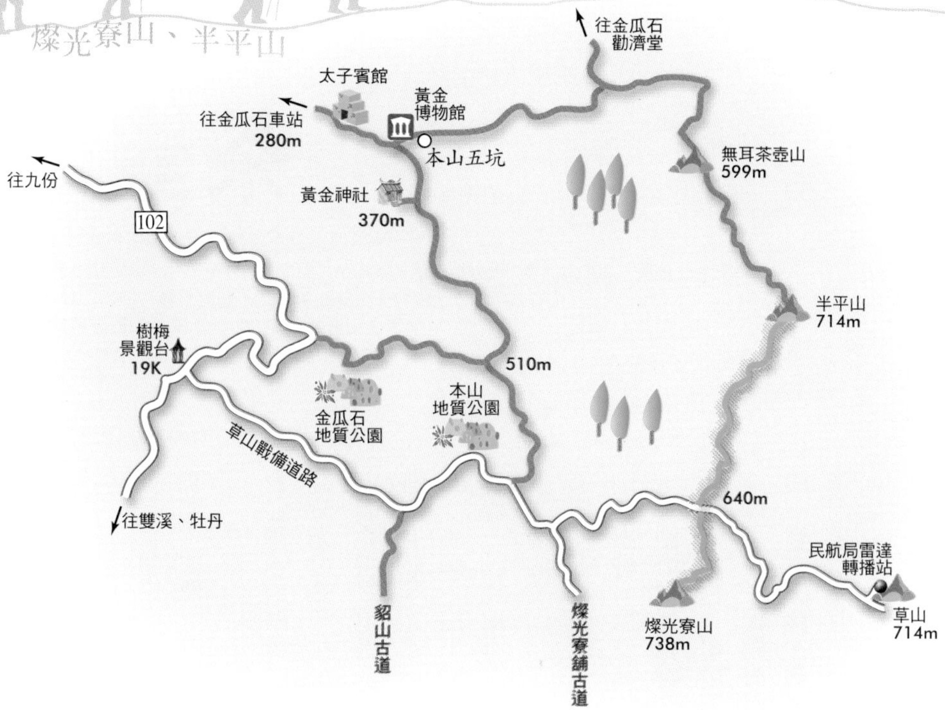

燦光寮山、半平山

往金瓜石勸濟堂
太子賓館
往金瓜石車站 280m
黃金博物館
本山五坑
往九份
102
黃金神社 370m
無耳茶壺山 599m
半平山 714m
樹梅景觀台 19K
510m
本山地質公園
金瓜石地質公園
草山戰備道路
往雙溪、牡丹
640m
民航局雷達轉播站
貂山古道
燦光寮鋪古道
燦光寮山 738m
草山 714m

路程時間

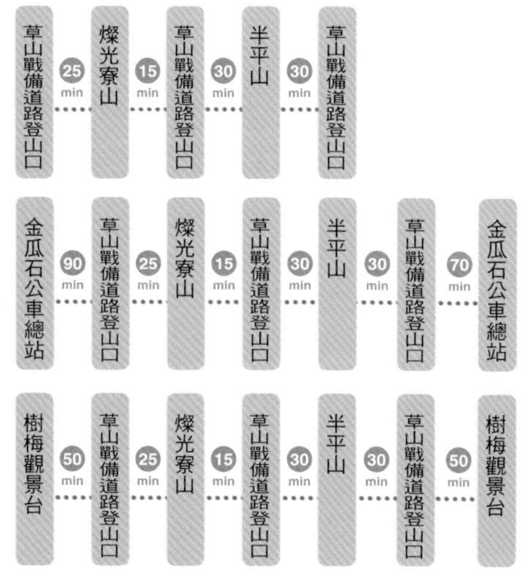

路況評價

- 登高指數：98m（草山戰備道登山口）
- 路程時間：（來回各約1小時）
- 步道路況：（雜草較多，兒童不宜）
- 綜合評價：

注意及建議事項

草山戰備道路大部份為碎土石路，路況不佳，開車進入請小心行駛。若停車於102公路19K的樹梅觀景台停車場，步行至燦光寮山登山口，約40至50分鐘。途中有右岔路往燦光寮鋪古道，岔路口指標寫著「燦光寮步道」，勿進入右岔路，仍取直行，沿著草山戰備道前行，即可抵達半平山及燦光寮山登山口。若搭乘公車至金瓜石公車總站，經黃金博物館、黃金神社、本山地質公園至燦光寮山登山口，路程約90分鐘。

交通資訊

• 自行開車

中山高經濱海公路交流道，再接台62快速公路至瑞芳，沿2丁省道至瑞芳市區，再右轉102縣道，經過九份，至19K附近左轉草山戰備道路，前行約2.3K，即可抵達燦光寮山及半平山登山口。

• 大眾運輸

從基隆或瑞芳搭往金瓜石的基隆客運班車，於金瓜石站下車。

茶壺山

・山名　茶壺山／・海拔標高　580m
・登山口高度　286m（勸濟堂後方）、296m（黃金博物館）／・三角點　無基石
・GPS座標　336479・2778049／・座落位置　台北縣瑞芳鎮
・主要登山路線　A. 勸濟堂線　B.黃金博物館線
・特色　山形優美，展望佳，金礦人文遺跡

無耳茶壺山，酷似茶壺，金瓜石最獨特的地標

茶壺山，是金瓜石最明顯的地標，從九份往雙溪的102號公路望去，山形就像是一只沒有耳朵的茶壺，所以被稱做「無耳茶壺山」。而若從金瓜石派出所前眺望，則像一隻伏臥的獅子，因此早期本地人稱為「獅子岩」（獅仔石山）。

茶壺山，本身是一個礦體，岩石主要是由矽化的砂岩和頁岩所構成的，向地表延伸達二百多尺，日據時代日本人曾在茶壺山採金銅礦，並以索道運送下山。台灣光復後，台金公司繼續開採，並開闢一條通往茶壺山的土石產業道路。金瓜石黃金博物園區成立後，這條土石路已鋪上柏油，可抵達距離茶壺山頂附近。以往登頂約需一小時的路程，已縮短為二十分鐘左右，因此更容易親近這座山。

不過，由山腳下的登山口，一步步爬往茶壺山，沿途隨著高度漸增而變化的景觀，以及步道沿途隨處可見的礦場遺跡，才更能領略茶壺山的美。茶壺山有兩個主要的登山口，一在勸濟堂的後方，一在黃金博物館附近的內九份溪旁。可以選擇左去右回或右去左回，繞一圈。若是開車前來金瓜石，則可選擇由勸濟堂登山口出發。勸濟堂的後方有大型的停車場，停車較為便利。

勸濟堂，創建於清末日據初期，祀奉關聖帝君，為金瓜石宗教信仰的中心。最著名的是一座高三十五台尺、重二十五噸的純銅關聖帝君神像，成為金瓜石的地標之一。從勸濟堂後方的停車場，即可看見一舊運礦隧道，穿過隧道，不久，即來到登山口。然後就踏著石階步道，爬往茶壺山，全長約二公里。茶壺山與基隆山步道類似，沿途都沒有遮蔭，因此最好避開正午烈陽時候，以免炙熱難耐。建議可選在下午四點左右上山，並準備手電筒及頭燈，這樣既可避免日曬，也可

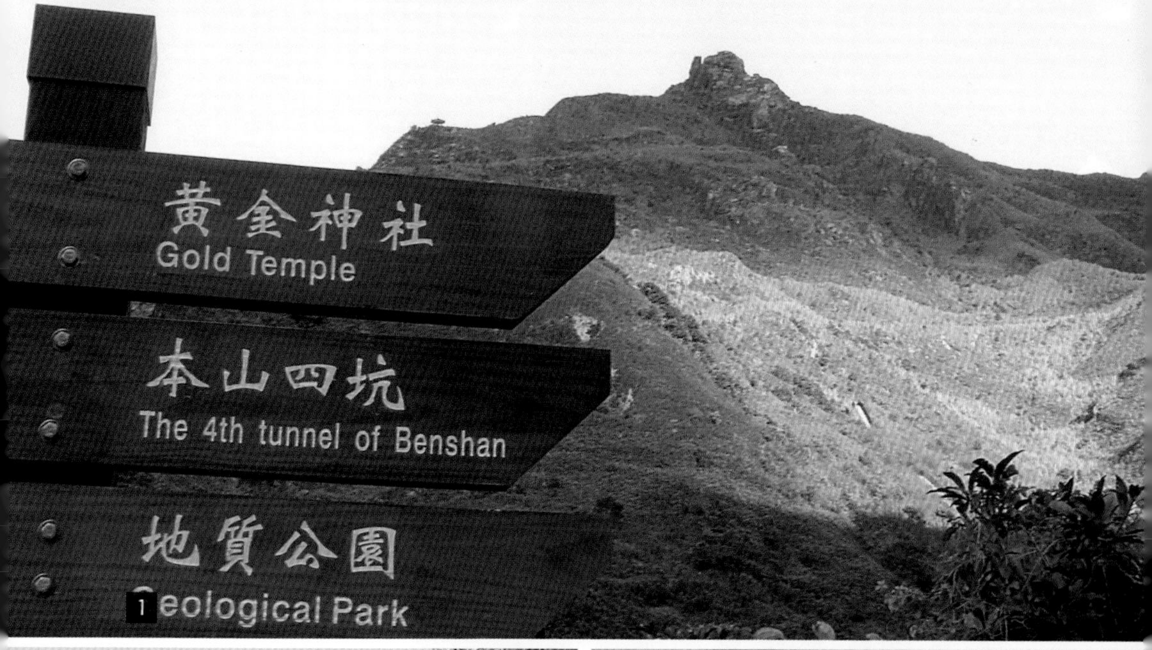

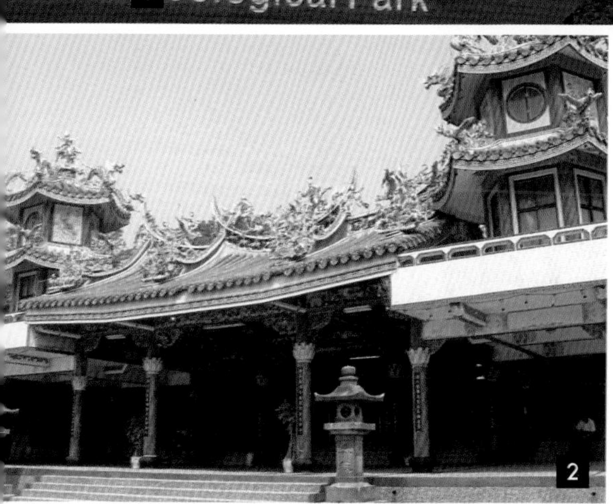

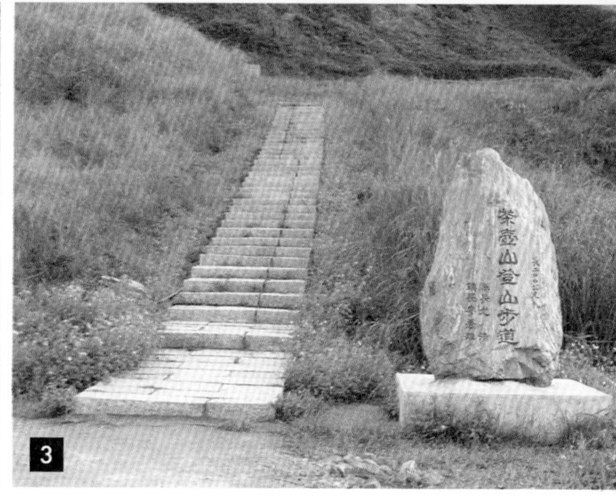

1 茶壺山，因形似一只無耳的茶壺而得名。

2 茶壺山的登山口在勸濟堂後方。勸濟堂，建於清末日據初期，祀奉關聖帝君。

3 茶壺山登山口（勸濟堂後方）。

獅子岩礦體

茶壺山屬於獅子岩礦體的露頭。獅子岩是一個矽化的角礫岩礦筒，是台金公司第三長仁地區的金銅礦體之一。這些礦體是由地下高溫的熱水礦液產生的高壓，向上擠破岩層所造成的構造。礦體內部具有破碎的角礫，參差的混在一起，破碎帶的外型常呈圓筒狀，所以稱為「角礫岩礦筒」。金瓜石的角礫岩礦筒，除了少部份像獅子岩這樣部分出露地表，大部份都未露出地表。

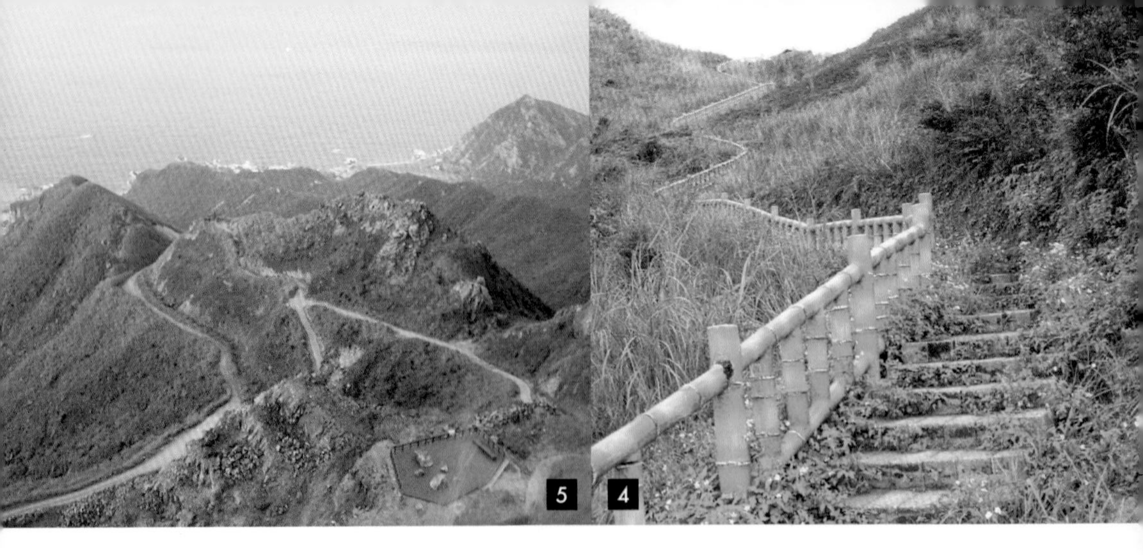

4 茶壺山登山步道，石階路陡上，沿途無遮蔭。
5 從寶獅亭俯眺東北角山海美景。

在山頂欣賞基隆山夕陽美景以及金瓜石夜景，尤其是深澳漁港夜晚漁船出港，水湍洞附近海域漁火點點與海水輝映，更是明媚迷人。

茶壺山，眺望陰陽海、大肚美人山

茶壺山步道沿途與基隆山一樣，設有幾座涼亭，以供遊客休憩遮陽。爬至「朝寶亭」附近，另一條由黃金博物館上山的山徑也在此處會合，接上產業道路。繼續往前行，就抵達產業道路終點，接最後一段石階路及棧道階梯。由此爬往茶壺山，僅剩約二十分鐘路程。途中有一觀景平台，視野佳，附近的舊採金坑口遺跡，以及山下水湍洞附近陰陽海，基隆山及整個金瓜石聚落也都盡收眼底。

續上行，來到最後一座涼亭「寶獅亭」。寶獅亭距離茶壺山頂只剩一、兩百公尺而已。一直走到距離山頂約三十公尺處，才變為陡斜的泥土徑。拉著繩索上爬，抵達茶壺山頂的巨岩。巨岩有岩洞，洞口貼著危險勿入的警語。山頂的視野極佳，可遠眺金瓜石地區，基隆山宛如嬌媚橫臥的大肚美人，正與茶壺山隔著山谷相望，而基隆嶼浮現於基隆山之後的海面上。順著山谷延伸向東，則見陰陽海奇異的海色徘徊於水湍洞外的海域。

循原路下山，先經寶獅亭，再抵達朝寶亭，然後沿著產業道

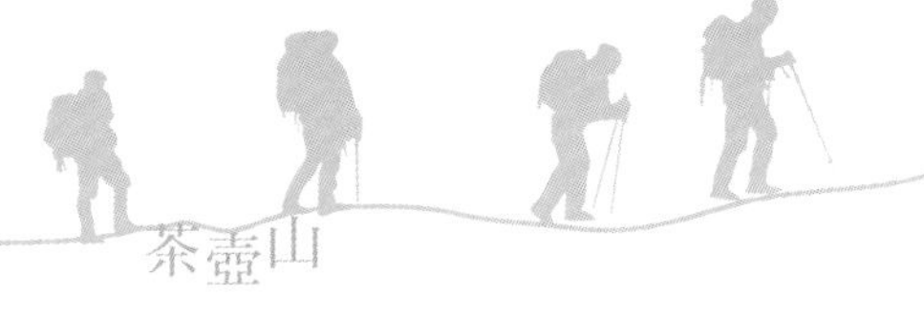

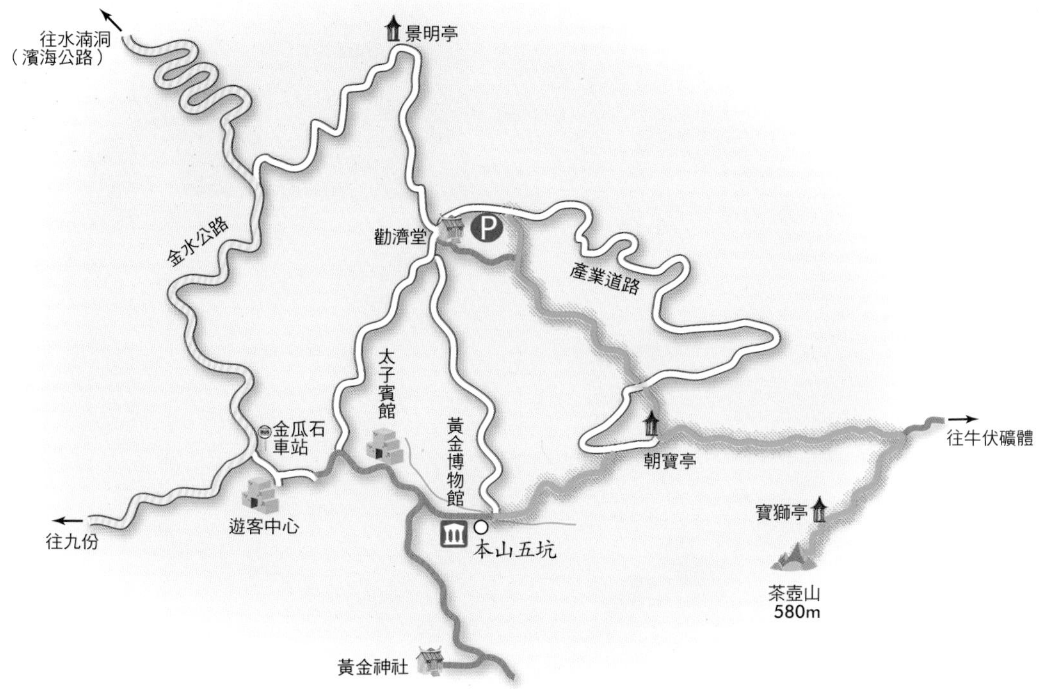

往水湳洞（濱海公路）
景明亭
金水公路
勸濟堂
產業道路
太子賓館
黃金博物館
金瓜石車站
遊客中心
往九份
本山五坑
朝寶亭
往牛伏礦體
寶獅亭
茶壺山 580m
黃金神社

路程時間

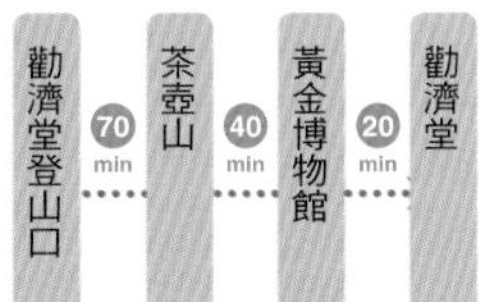

路況評價

- 登高指數：●●294m（勸濟堂登山口）
- 路程時間：●（來回約2小時）
- 步道路況：●（僅最後一小段路陡峭）
- 綜合評價：●●

注意及建議事項

步道沿途無遮蔭，避免烈日下攀登。若體力不佳，可考慮直接開車至寶獅亭附近，但上山的產業道路彎曲狹窄，且道路終點附近停車空間有限，假日車多時，應避免開車上山。

交通資訊

• 自行開車

循中山高下濱海交流道，至暖暖，再接台62快速公路至瑞芳，沿2丁省道至瑞芳市區，再右轉102縣道抵達九份，由隔頂轉入北34鄉道（金水公路）則可抵達金瓜石勸濟堂。

• 大眾運輸

搭台鐵北迴線至瑞芳站下車，轉搭叫客計程車或基隆客運金瓜石線。或由台北捷運忠孝復興站搭基隆客運直達金瓜石。或台北市中崙站搭往金瓜石的大有巴士。或基隆火車站搭往金瓜石的基隆客運。

附近景點

【黃金博物園區】

黃金博物園區位於金瓜石山城裡，主要館舍規劃包含有：介紹與展示礦業文化及黃金物理特性的「黃金博物館」；讓民眾能夠深入礦坑坑道體驗採礦情景的「本山五坑坑道體驗」；展示金瓜石地區生態環境與地質礦體特色的「環境館」；充滿日式宮廷庭園之美的「太子賓館」；此外，還有地質公園、黃金神社、茶壺山、戰俘營、黃金瀑布等人文生態地質景觀。

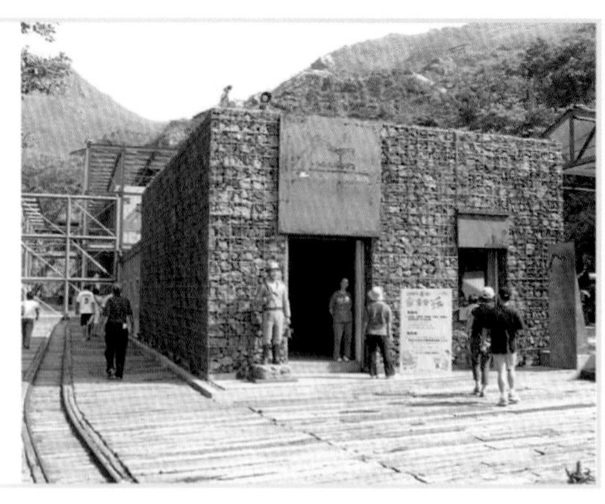

路前行，約一、二分鐘，就可以看見左側的石階步道，轉入步道後，一路下山，沿途可望見山谷對面的黃金博物館及黃金神社。約十五分鐘抵達本山五坑旁的黃金博物館。可以購票進入博物館參觀，體驗本山五坑礦坑內的實景。

黃金博物館左右都有巷路可繞往勸濟堂，可隨個人興趣，繞進金瓜石老街巷弄，或依指標參觀黃金博物園區內各個景點，例如黃金神社、太子賓館、黃金樓、日式宿舍、三毛宅等。

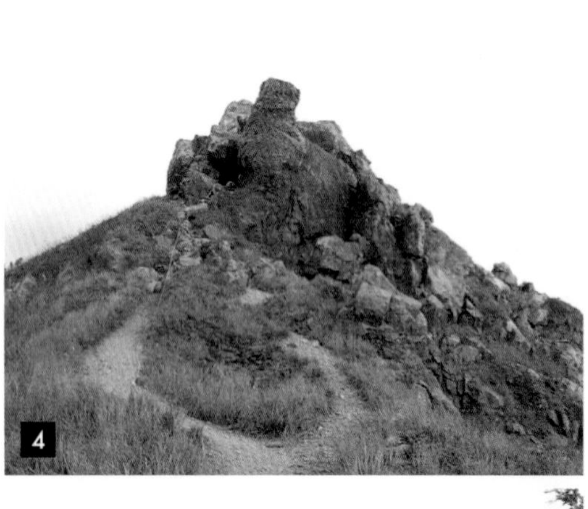

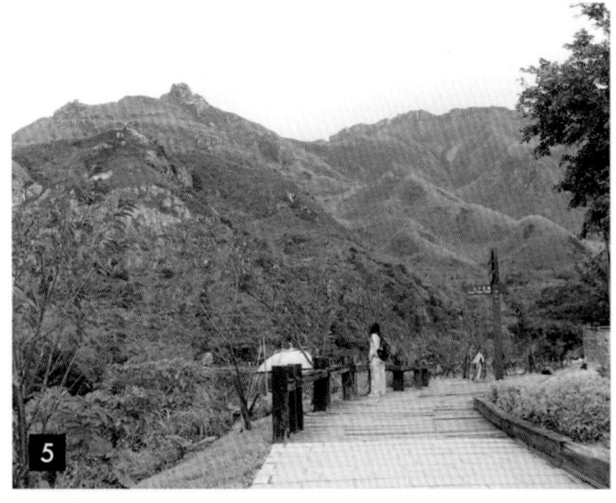

4 茶壺山，最後30公尺須拉繩攀爬而上。

5 由黃金博物館遠眺茶壺山。

基隆市

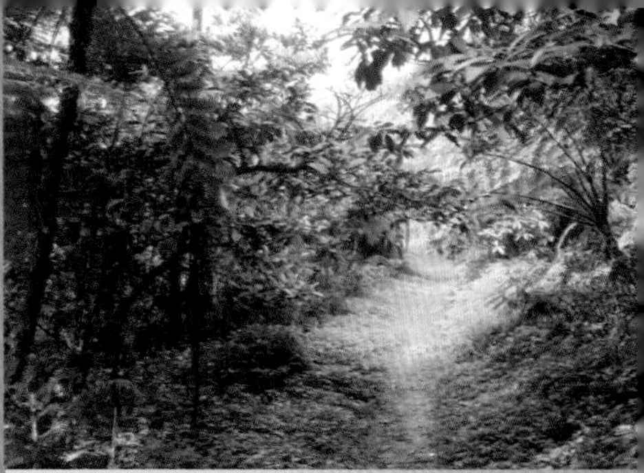

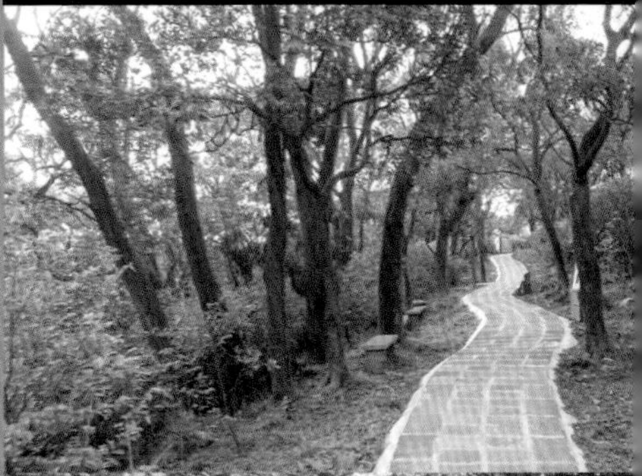

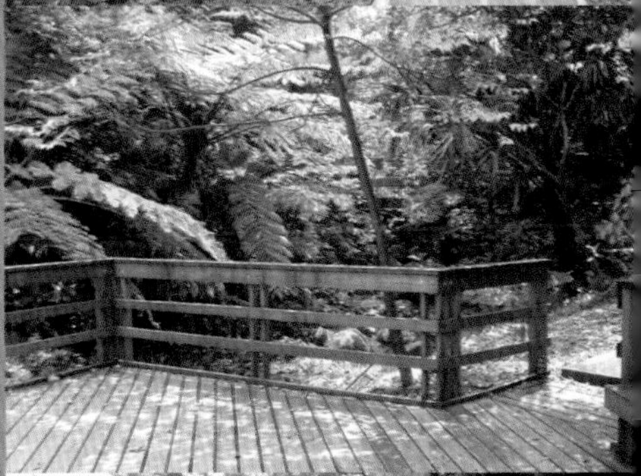

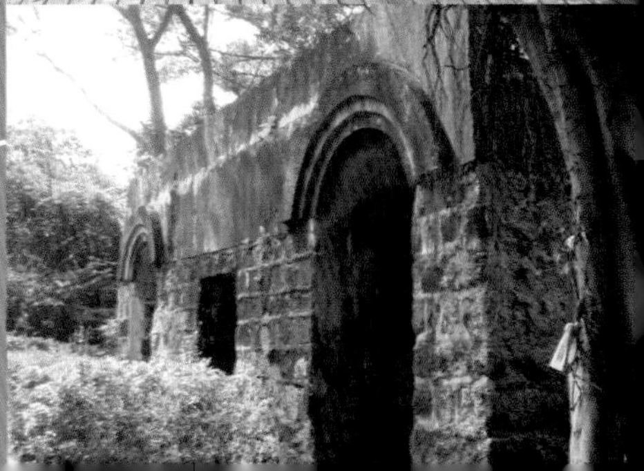

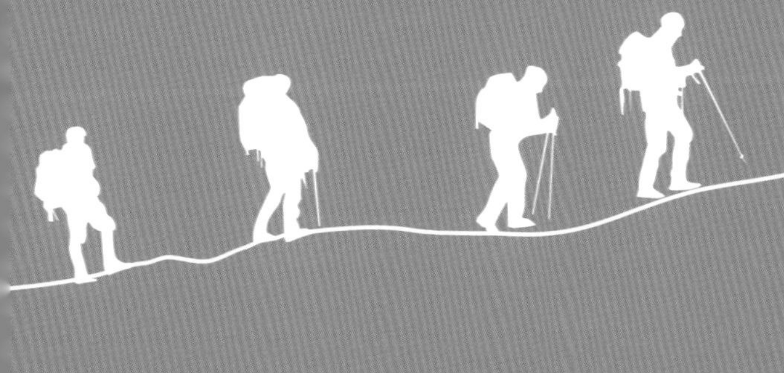

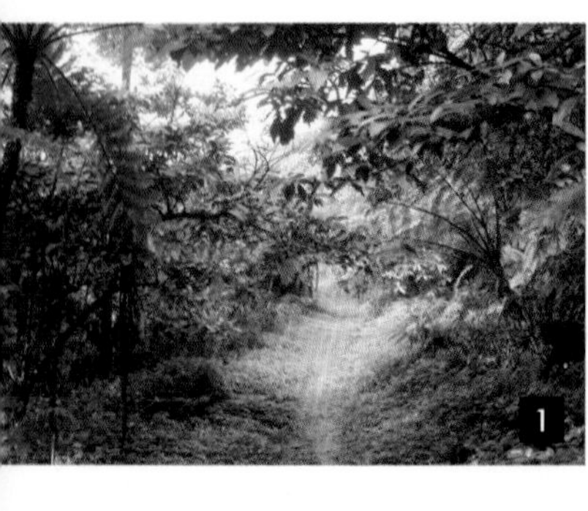

石獅山

・山名　石獅山／・海拔標高　160m
・登山口高度　30m／・三角點　三合8號
・GPS座標　318661. 2778089／・座落位置　基隆市七堵區
・主要登山口　A. 葉山藥園　B.創昇公司
・特色　山形雄偉優美、俯瞰高速公路橋景

石獅盤據瑪陵坑，險峻岩壁氣勢雄壯

從台北往基隆的北二高路上，途經七堵收費站時，大多數人都會注意到高速公路右側不遠處有一座矗聳的山峰，險峻的岩壁散發出威武懾人的氣勢。這座山，盤據在七堵的瑪陵坑，宛如一頭雄獅，就是著名的石獅山。

瑪陵坑地名的起源，據日據時代學者安倍明義的研究，認為與西班牙人稱呼凱達格蘭平埔族的Kimari社有關，地名已有三、四百年歷史。瑪陵坑位於七堵僻遠的山區，瑪陵坑溪流經其間。基隆客運有公車抵達這裡，但班次並不多。北二高瑪東交流道系統與萬瑞快速道路通車後，經由大埔交流道，接近了瑪陵坑與台北都會區的距離，石獅山變得容易親近。不只從高速公路遠眺石獅山，現在也可以很輕鬆地爬上石獅山，俯瞰高速公路的瑪陵橋及附近交流道系統所構成的公路景觀。

石獅山的兩個主要的登山口，都位於瑪陵坑的大成街。從大華二街轉入福興橋，經過達克公爵山莊，在「葉山藥園」前三十公尺的左側馬路護牆旁為第一個登山口，入口綁有許多登山條。由這個登山口起登，距離石獅山較近，但路況較差，沿途雜草多，舊有石階路多已崩塌歪倒，末段陡峭，須拉繩而上，約十七、十八分鐘抵達稜線。再續行三分鐘，即可抵達石獅山。

若想舒適地登石獅山，則可從第二個登山口出發，路程僅比第一登山口多十分鐘左右而已。從大成街的「葉山藥園」前行約三、四分鐘，抵達創昇工業公司，登山口就在這家工廠旁側。

入口處有菜園，進入之後，為寬闊的泥土產業道路，緩緩上行。沿途有不少

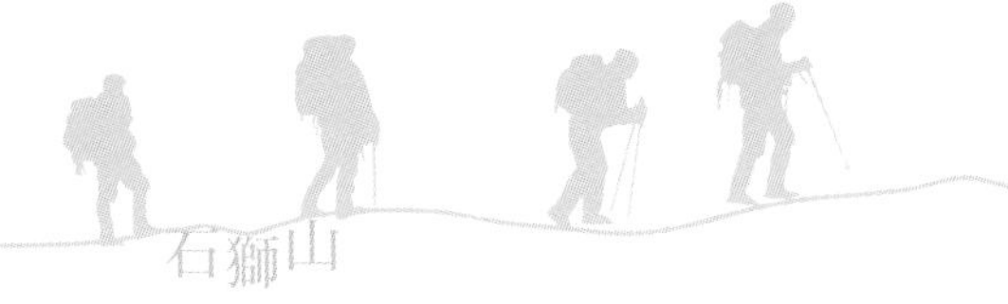

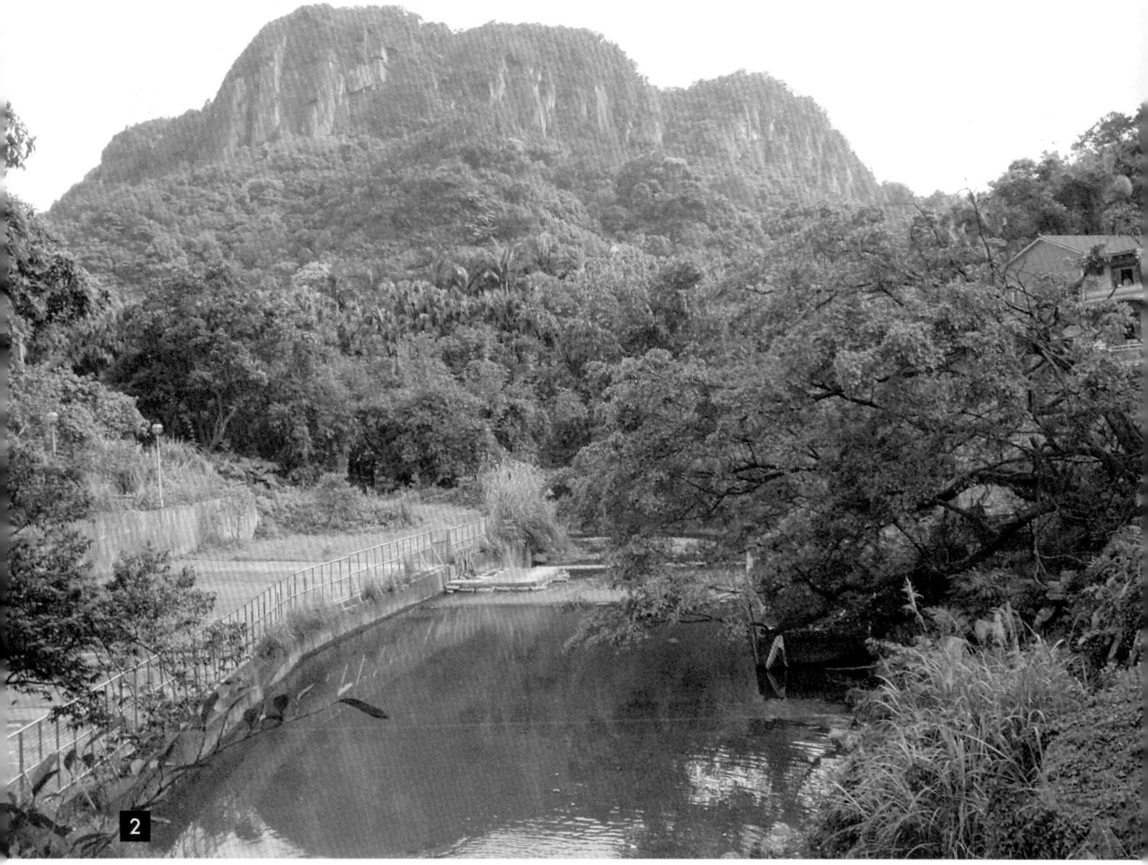

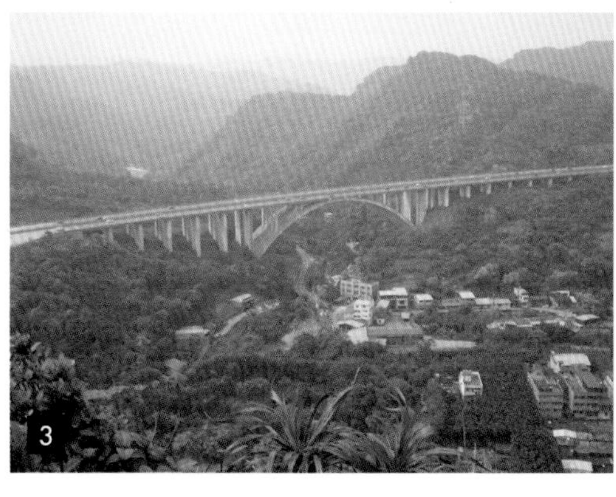

1 石獅山登山步道，為傳統的泥土路山徑，沿途林蔭怡然，路況佳。

2 石獅山。

3 從石獅山眺望北二高瑪陵橋橫越瑪陵坑溪谷。

附近景點

【瑪陵坑溪古橋及水圳路遺跡橋】

瑪陵坑翠谷橋旁的溪谷有一座日據時代的糯米橋，六角形的石橋墩，古樸美麗。橋下溪谷有小瀑及壺穴地形，還可看見昔日的水圳路遺跡。這條水圳為「五堵圳」，在翠谷橋頭築壩，將溪水導入水圳，然後水圳沿著保甲路，將水引至北五堵（今百福社區），灌溉大片的稻田。古橋下方的溪谷巨岩上，還可看見當年在岩面鑿出的圳道遺跡。過古橋後的水泥路，為昔日的保甲路，橋旁有保甲路解說文。沿途還可以看見一些紅磚古厝，走在其間，頗具思古幽情。

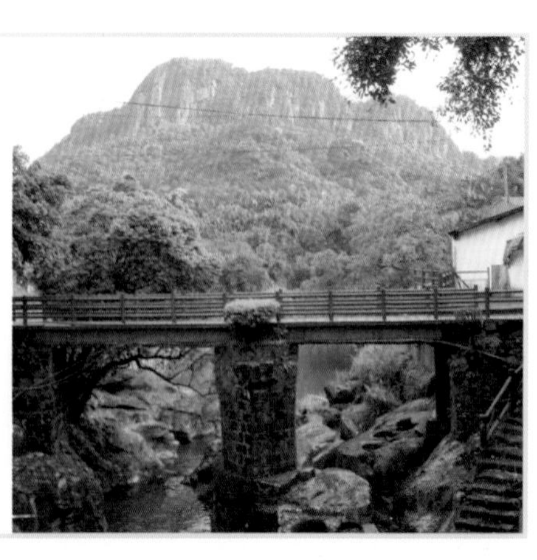

筆筒樹，抬頭也可仰望石獅山南側的巨峭岩壁。約十分鐘，抵達岔路口，右往石象山。取左行，循著稜線山徑爬往石獅山。山徑路況甚佳，林間明亮，走來怡然，兩旁頗多蕨類植物。接近山頂時，與第一登山口上來的山徑會合，續前行，隨即抵達石獅山。

石獅山登高遠眺，欣賞瑪陵坑及北二高工程美景

石獅山臨懸崖，因此展望甚佳，面對著北二高巨碩的瑪陵橋橫越瑪陵坑溪谷。瑪陵橋分南北向，為雙橋構造，上承式拱橋，北上橋樑長四百四十五公尺，南下橋樑長三百四十五公尺，橋寬則各約十五公尺，拱橋橋頂距溪谷深達六十公尺，氣勢極為磅礡。目光移往北方，則見北二高與萬瑞快速公路交流道系統所構成的公路交錯的環狀景觀。

從登山口至石獅山，僅短短半個小時而已，可以輕鬆登頂，飽覽風景優美的瑪陵坑溪谷及欣賞北二高凌空跨越瑪陵坑的工程美景。

循原路下山，抵達登山口，續前行，右側有一條昔日的保甲路，走進瑪陵坑聚落，終點抵達翠谷橋。此處可欣賞瑪陵坑溪谷的壺穴地形、水圳及古橋橋墩遺跡。附近也有休閒農莊餐廳可享用美食料理。

路程時間

登山口（鹿瑪高幹75） → 10 min → 往石象山岔路口 → 20 min → 石獅山

路況評價

- 登高指數：●130m
- 路程時間：●1小時（來回）
- 步道路況：●●
- 綜合評價：●●

注意及建議事項

石獅山兩個主要登山口都位於瑪陵坑大成街，相距路程約3分鐘，位於創昇公司旁的第二登山口路況較佳，沿途路跡明朗，路況佳。建議由這個登山口上山。登山口並無指標，入口處有菜園，對面的電線標編號為登山口對面電線桿編號為「瑪鹿高幹＃75」。途中遇岔路，可順登石象山，路程約15至20分鐘，但山徑較狹窄，多雜草，路況稍差。如要順登石象山，請特別小心。

交通資訊

• 自行開車

北二高過七堵收費站，下瑪東系統交流道，接台62快速公路於大埔交流道下右轉，遇T字路口左轉，直行，於福興橋右轉大成路，至創昇工業公司旁的登山口。或走中山高速公路下八堵交流道，右轉明德一路，接俊德街，再右轉大華一路續行至大華二路福興橋左轉。

從台北市區南港走南港路接大同路，至七堵左轉實踐路，經實踐路、工建西路、俊賢路，左轉俊德街，再左轉大華二路至瑪陵坑。

• 大眾運輸

由七堵分站搭乘基隆客運701前往瑪陵坑。或於基隆市公車總站搭乘瑪陵線休閒公車，休閒公車每只有4個班次，且僅假日及夏季時段行駛，最好先洽詢基隆客運班次時刻。

姜子寮山

・山名　姜子寮山／・海拔標高　729m
・登山口高度　441m（泰安路底）／・三角點　三等三角點1047號
・GPS座標　322838・2772109／・座落位置　基隆市
・特色　基隆第一高山，展望極佳

基隆第一高峰，擁有三百六十度絕佳視野

姜子寮山為基隆市最高峰，是著名的觀看日出景點，但昔日路況不佳，山頂部附近多芒草，路徑不明，遊客難以親近。民國九十三年六月基隆市政府鋪設姜子寮枕木登山步道，以方便遊客登頂眺望美景。新設的登山步道入口位於基隆七堵區的泰安產業道路底，成為登姜子寮山的新登山口。路程約五十分鐘，即可登頂。

從七堵轉入泰安產業道路，前行三公里左右，經過泰安瀑布後，產業道路蜿蜒而上，續行約四、五公里，抵達道路終點的登山口，附近設有一小型停車場，並豎立一塊「姜子寮山步道」標誌。

登山口旁設有觀景台，視野極佳，遠眺七堵、八堵、基隆一帶，展望遼遠，令人心曠神怡。不少遊客開車上山來看看風景，夜景亦十分迷人。

進入姜子寮山登山步道，先是一段寬闊平緩的泥土路，兩旁種植山櫻花，初春時，櫻花盛開，嬌豔迎人。不久，出現枕木階梯步道。步道相當完善，上坡路段用枕木鋪成階梯，平緩路段則維持質樸的泥土路，由於整修步道採用自然工法，枕木間鋪以細碎石，踏踩之間，感覺柔軟，走起來相當舒適。

枕木步道舒適好走，森林步道明亮怡然

走在森林中的步道上，稀疏的林木不能完全遮蔽陽光，陽光穿透林間，使步道顯得明亮爽朗。沿途起伏平緩，一段上坡之後，接一段平路，偶爾還會有小段

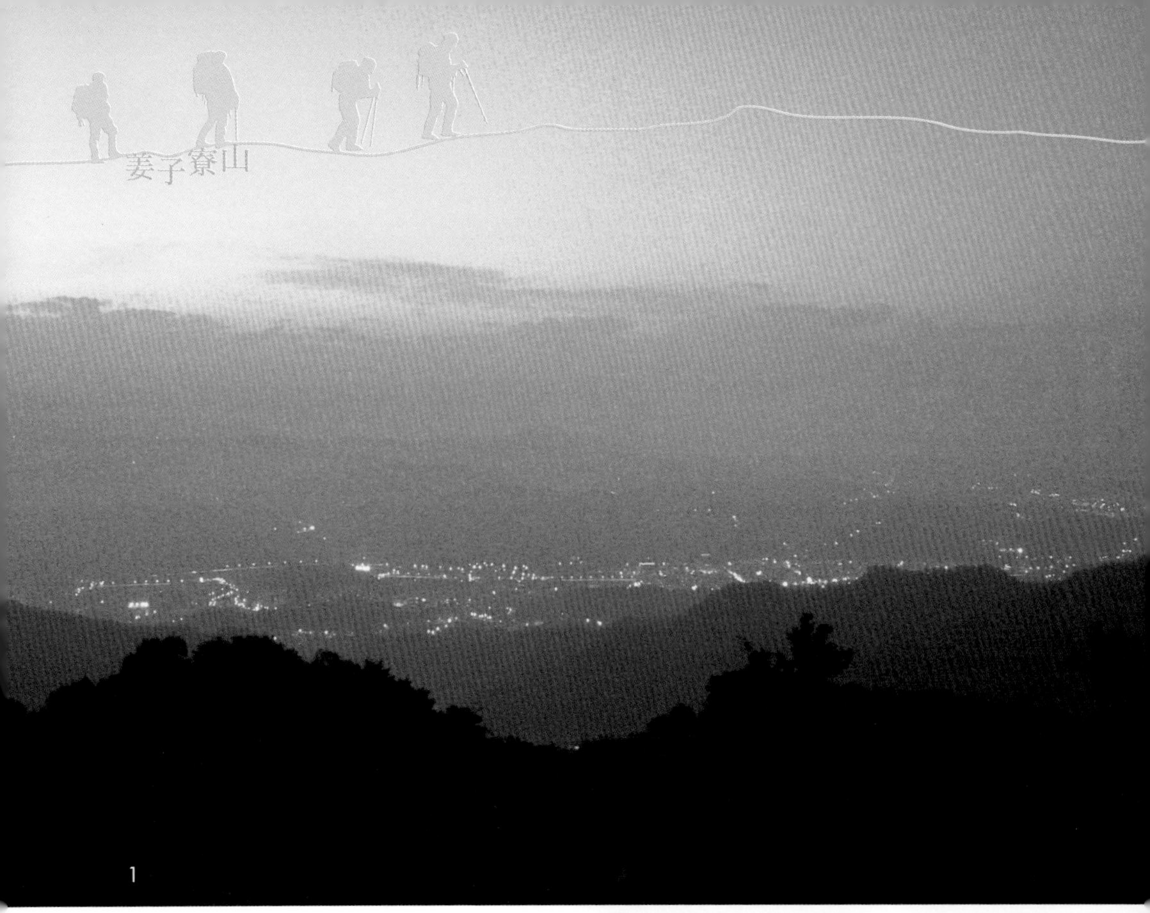

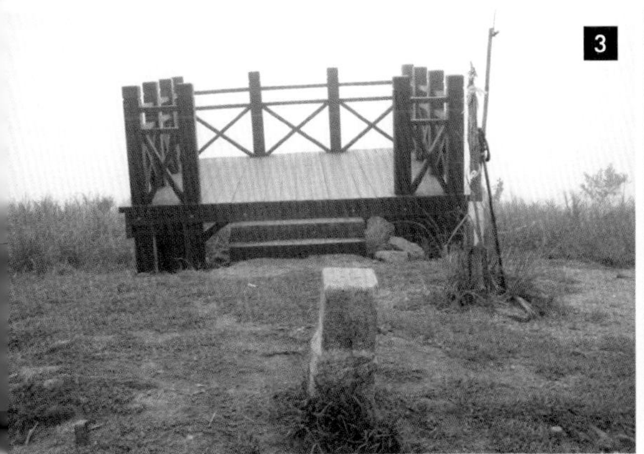

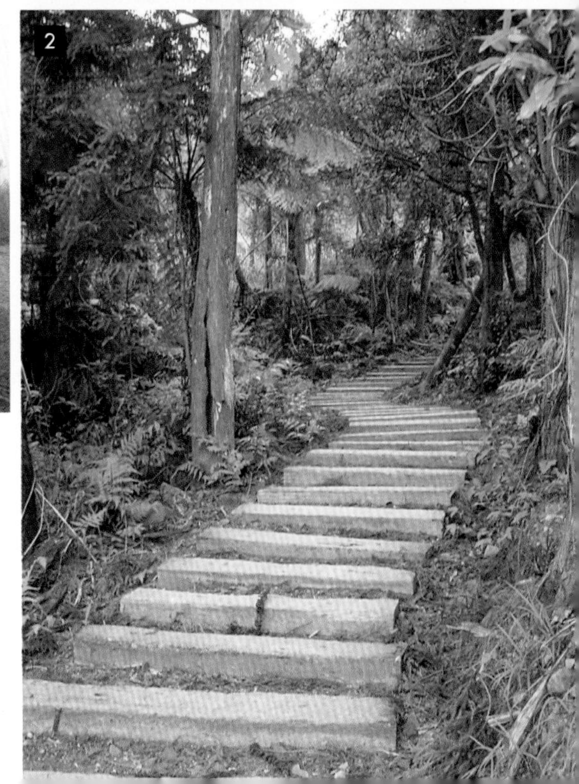

1 姜子寮山夜景，眺望七堵、八堵方向。

2 姜子寮山枕木登山步道，設施完善，踩踏舒適。

3 姜子寮山頂，三角點基石與觀景台。

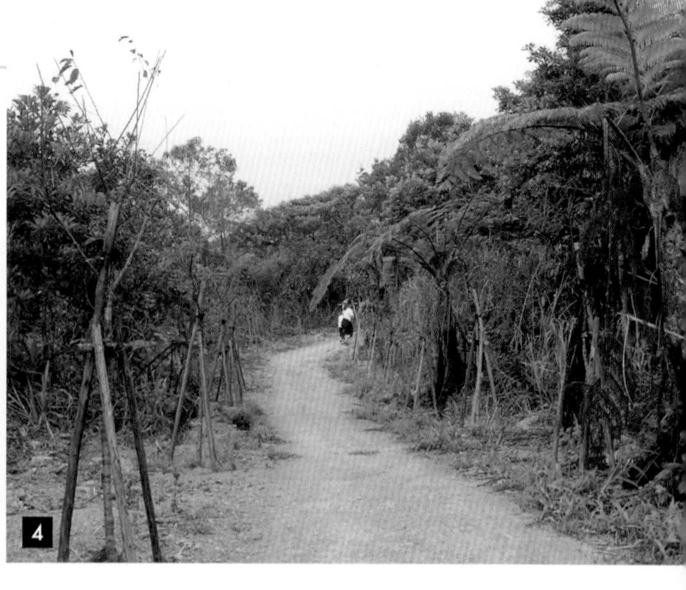

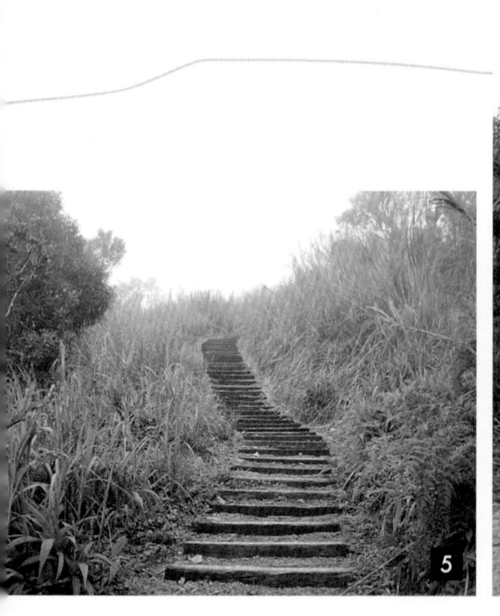

的下坡路，然後再上坡。上下坡交替前進，走起來不會覺得太過疲累。枕木寬約一公尺，阻隔路旁蔓草，所以走來相當自在。

隨著高度漸增，出現零星的柳杉林，森林步道的感覺愈來愈棒。不久，開始出現芒草景觀，這表示快到山頂了。登上姜子寮山，視野頓時開闊起來。姜子寮山是附近最高峰，三百六十度的視野，峰頂東西南北方向各設一座觀景平台，晴空萬里時，展望極遠，台北一〇一大樓、淡水河、觀音山、基隆嶼、基隆港、基隆山、五分山上的氣象站、102公路、東北角海岸都盡收眼底。這麼美麗的景致頓時讓人將攀爬的辛勞忘得一乾二淨。

附近景點

【泰安瀑布】

泰安瀑布位於七堵南方的草濫山區，又稱草濫山瀑布，瀑高約1、20公尺，自山壁灑瀉而下，聚成一泓水潭，附近設有烤肉區、戲水區。距離泰安產業道路僅3分鐘路程，相當容易親近。沿著瀑布旁的環山步道可繞行草濫山一周，亦有山路可爬往姜子寮山。

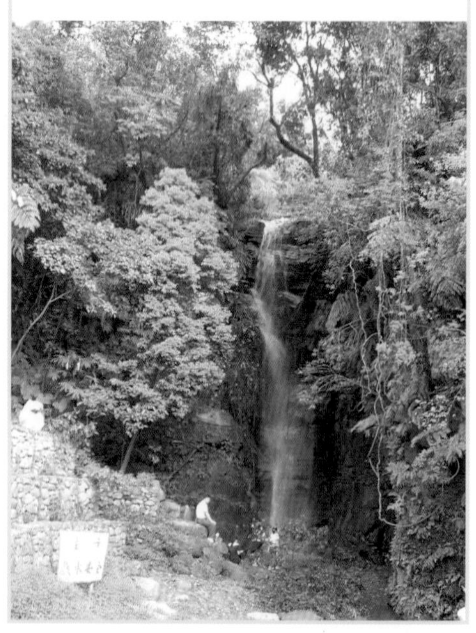

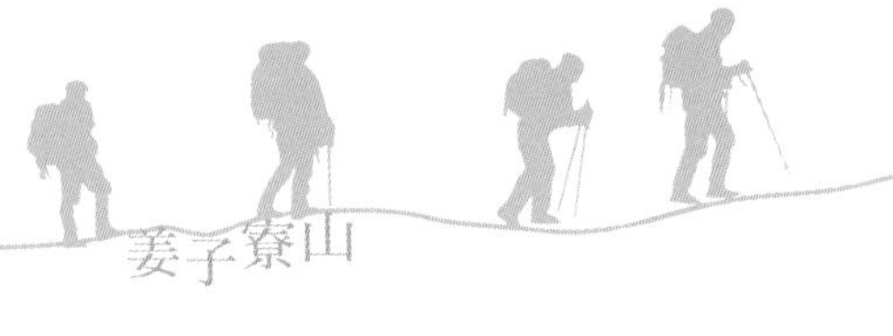

4 姜子寮山登山口。

5 接近山項時，變成以芒草為主的景觀。

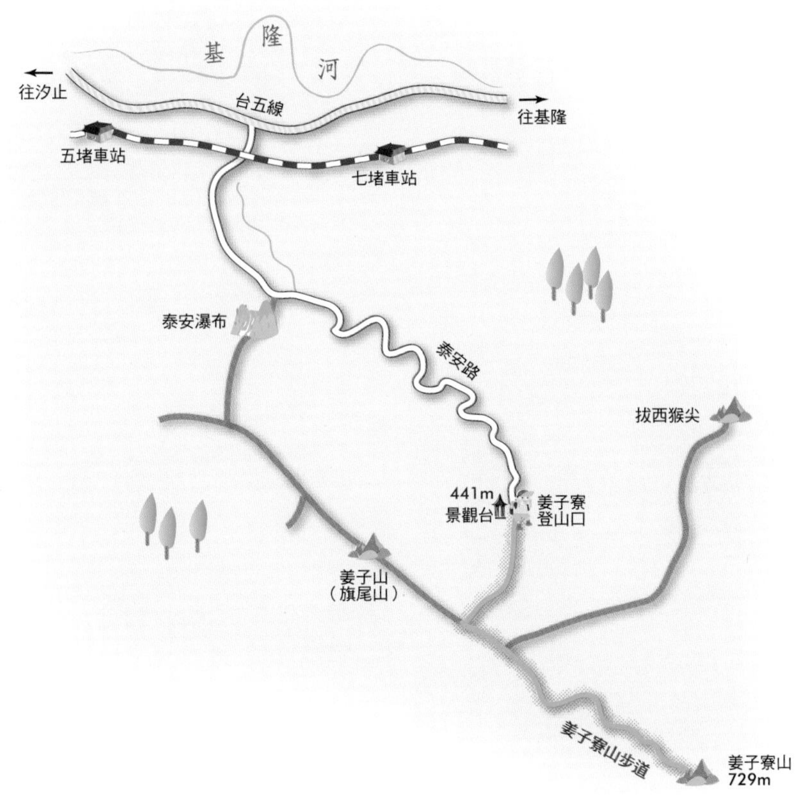

路程時間

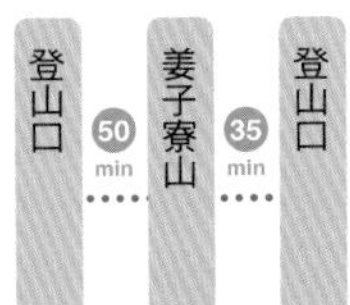

路況評價

- 登高指數：288m
- 路程時間：（來回約2小時）
- 步道路況：
- 綜合評價：

注意及建議事項

春天可兼賞櫻，秋高氣爽亦適宜，夏季較酷熱。可順遊泰安瀑布。

交通資訊

• 自行開車

走中山高，下五堵交流道，走台五線，至七堵，循「泰安瀑布」指標，過南七堵地下道，轉往泰安產業道路，約3公里處，過泰安瀑布風景區，再前行4、5公里，抵產業道路終點，即是登山口。若走北二高，則下汐止交流道，走新台五路，至七堵，其餘同前。

• 大眾運輸

無大眾運輸工具抵達姜子寮登山口。

紅淡山

・山名　紅淡山／・海拔標高　208m
・登山口高度　10m（南榮路463巷）／・三角點　三等三角點1024號
・GPS座標　325003・2779385／・座落位置　基隆市
・特色　港灣風情、寺廟古蹟

登紅淡而小基隆，最熱門的基隆郊山

紅淡山，海拔只有二〇八公尺，但俯臨基隆港，視野極佳，有「登紅淡而小基隆」之美譽，獲選為台灣小百岳，擁有怡人林蔭步道與美麗櫻花的生態公園。由於緊臨市區，紅淡山的出入口非常多，例如劉銘傳路、愛四路、愛七路、愛九路、月眉路新一坑、南新街、南榮路393巷及463巷寶明寺等，都有山路上山，而步道四通八達，岔路口都有路標圖示，可任選登山口上山或下山。

對外來遊客而言，位於縱貫線南榮路463巷口的寶明寺登山口，是較理想的選擇。拾階而上，便來到寶明寺的山麓門。續行約十分鐘，來到寶明寺。寺入口處有一古城牆門。城門額寫著「寶明寺」。

寶明寺的建築新舊雜陳，大殿為中國式廟宇風格，東西兩殿廂房則帶有部份日據時期的風格，門口一對石獅子和石大象，造型古樸別緻，有相當的歷史。入口的古城門牆則更為古樸。根據地方文史人士的調查，寶明寺城門的石砌圍牆和基石，其工法及樣式，與一級古蹟海門天險砲台相似。清法戰爭時，法軍的地圖標示這附近有清軍的堡壘，這個城門，極可能就是清法戰爭時，清軍營盤的遺址之一。

由寶明寺旁的山徑往上走，約十分鐘，來到更高處，山區路徑也變為紛歧，指標指向不同景點，如仁愛山莊、小溪頭、大肚園等民眾闢建的山莊涼亭。循著指標走往高處的扶輪社觀景亭，這裡是眺望風景最佳的地點。

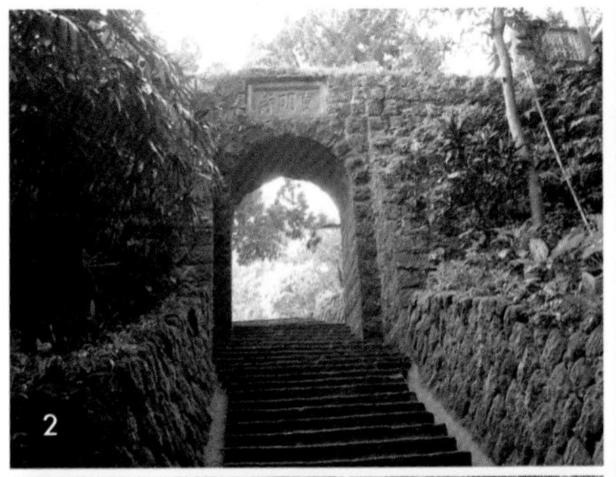

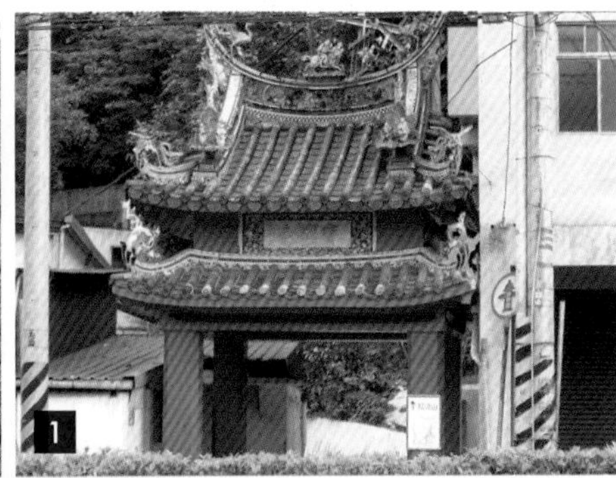

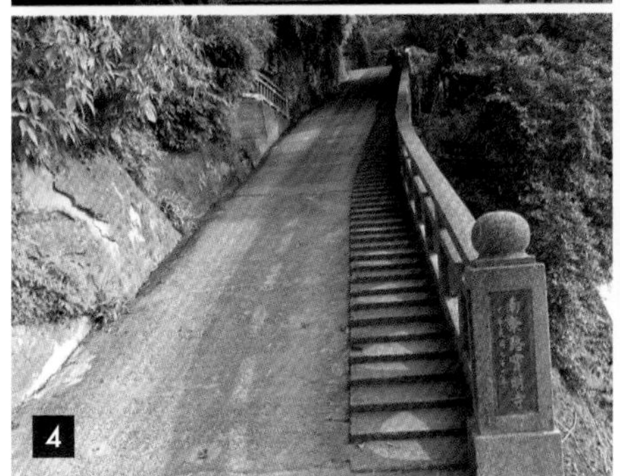

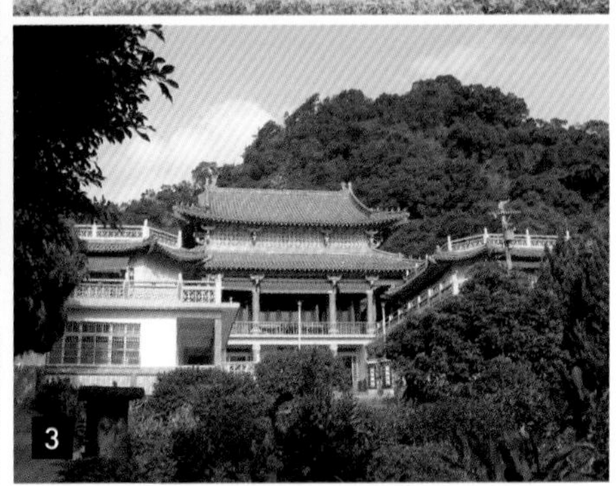

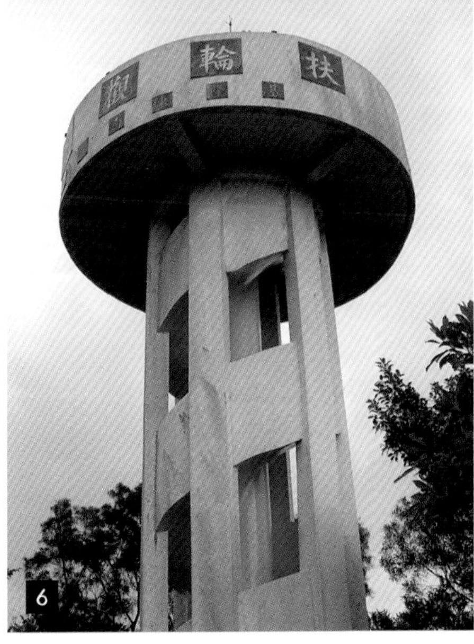

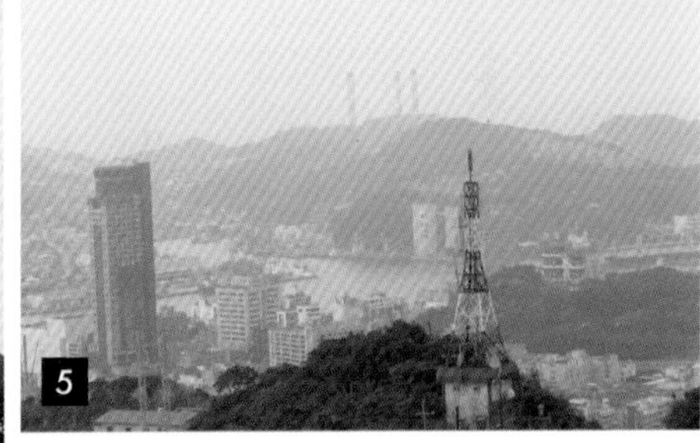

1 紅淡山登山口之一，寶明寺牌樓，位於南榮路463巷。

2 寶明寺古城門。

3 寶明寺。

4 石階步道爬向寶明寺。

5 從觀景台眺望基隆港。

6 紅淡山的扶輪觀景台，可眺望五基之美。

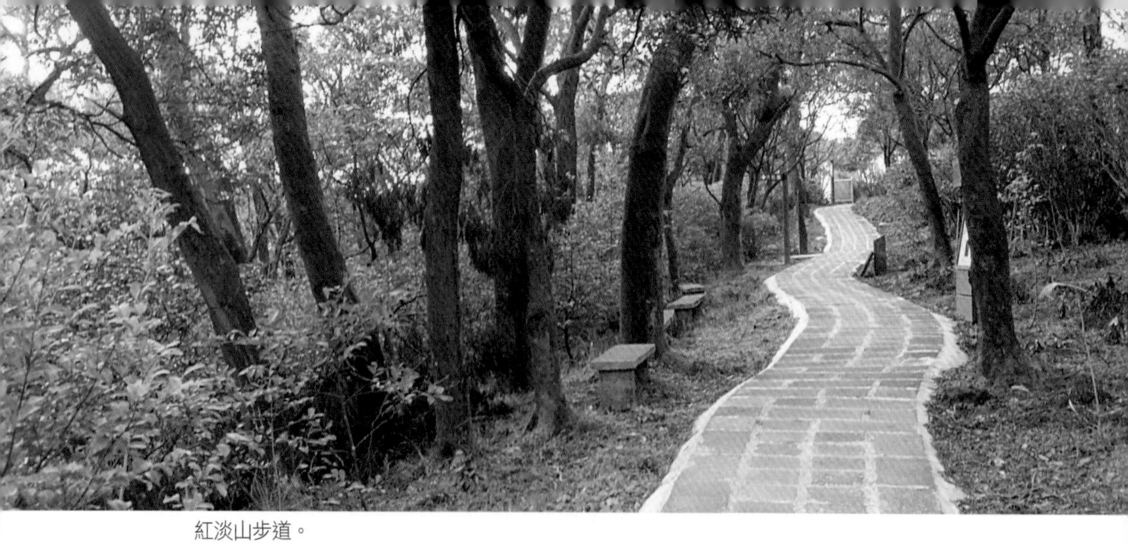
紅淡山步道。

登紅淡山觀景台，五基之美一覽無遺

觀景台有三層樓高，擁有三百六十度環繞視野，天氣良好時，基隆「五基」之美，都一覽無遺。「五基」是指基隆港、基隆河、基隆山、基隆嶼、基隆市區。而紅淡山下的基隆港、港灣燈塔、碼頭船隻、貨櫃升降、車船繁忙，散發著迷人港都風情。

循著稜線繼續走，大約十分鐘，就抵達紅淡山的基石處，有一座三等三角點。此處為一展望良好的制高點。這裡也是一百二十年前清法戰爭時的清軍堡壘「竹堡」之所在地。站在這裡，面對基隆港與遼闊的大海，除了欣賞美麗的港灣海景之外，也多了一分歷史的懷想。

從基石處下來，紅淡山上步道四通八達，可以循著路標，穿梭漫步於紅淡山的森林步道。紅淡山除了寶明寺以外，還有好幾間寺廟分佈其間，其中還有一佛光洞，建廟於一天然岩穴內。紅淡山，是基隆市區一塊大的森林綠地，堪稱為「基隆之肺」。基隆市政府積極規劃，在步道沿途種植櫻花，成為民眾春季賞櫻的踏青好去處。若是二、三月間造訪，應可欣賞到滿山櫻花盛開的景象。

附近景點

【廟口夜市】

基隆廟口夜市，是指奠濟宮附近仁三路與愛四路的小吃攤，呈L型，約三、四百公尺，小吃遠近馳名，聚集了近百個攤位，小吃內容豐富多樣，每到夜晚時分，整條夜市，摩肩接踵，人潮不斷；較著名的有泡泡冰、天婦羅、營養三明治、豆簽羹、蝦仁肉圓等，為全台知名的夜市之一。

位置：自基隆火車站循忠一路步行約10分鐘，右轉愛四路，即可抵達「廟口」。

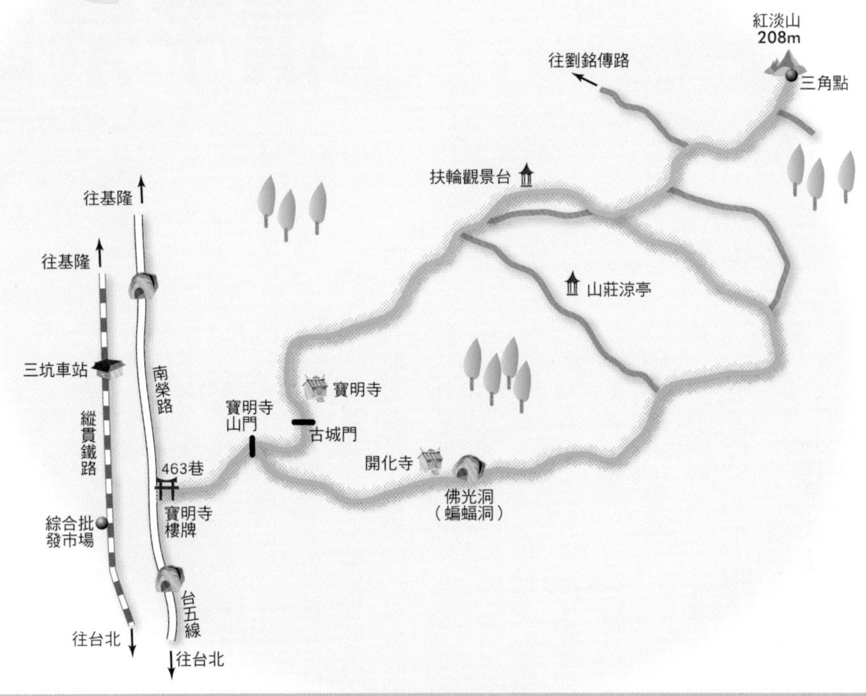

路程時間

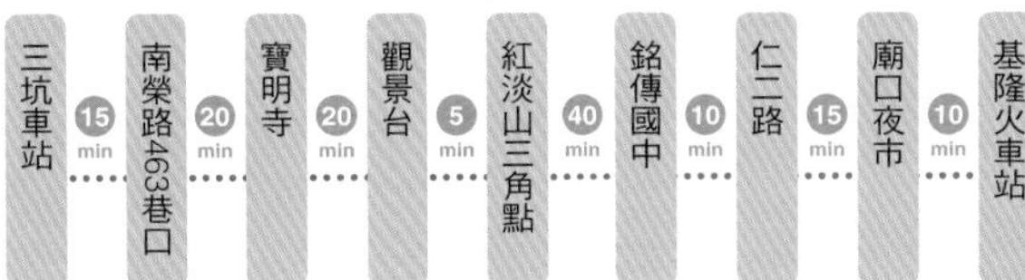

路況評價

- 登高指數：198m
- 路程時間：2至2.5小時（來回）
- 步道路況：
- 綜合評價：

注意及建議事項

從寶明寺登山口上山，可選擇由劉銘傳路下山，順遊基隆廟口夜市。往劉銘傳路方向下山，步道終點為銘傳國中旁，沿著柏油路走，約十分鐘，抵達仁二路交岔路口，左轉仁二路，約三十分鐘可抵達基隆火車站，途中會經過仁三路附近，是著名的基隆廟口夜市，可順道一遊。

交通資訊

• 自行開車

走台五線(縱貫線)往基隆，過「蓬萊第一洞」隧道，紅淡山的寶明寺登山口位於南榮路（縱貫線）463巷口，巷口對面是基隆市綜合批發市場，有醒目的招牌；463巷口有寶明寺牌樓。

• 大眾運輸

1. 搭市基隆客運601、602、603、基隆-板橋線在寶明寺站下車。

2.搭火車在三坑站下車，出車站，右轉走南榮路（往八堵方向），步行約15分鐘，抵達南榮路463巷口的寶明寺牌樓 。

槓子寮山

1 龍崗步道擁有豐富的生態環境。

2 沿著產業道路走往槓子寮山登山口。

3 槓子寮砲台，為國家二級古蹟。

4 龍崗步道入口，步道沿著溪澗畔緩緩上行。

・山名　槓子寮山／・海拔標高　163m
・登山口高度　15m／・三角點　二等三角點1168號
・GPS座標　327380・2782088／・座落位置　基隆市
・特色　砲台古蹟、海洋風情

槓子寮山兼具自然生態與人文古蹟之美

槓子寮山位於基隆市海洋大學的後山，附近有著名的歷史古蹟槓子寮砲台。槓子寮山的登山口就在海洋大學龍崗校區內，這條登山步道被稱為「龍崗步道」，是一條著名的自然步道。根據基隆市野鳥學會的調查，龍崗步道沿途，有超過兩百種植物、一百種昆蟲、三十種以上的鳥類，以及十三種兩棲類，生態資源相當豐富。由於這裡處於海濱與山丘交界，氣候潮溼溫暖，所以蘊育多樣的物種，環狀的龍崗步道，全長約兩公里，因環境屬性，又細分為溪谷型、山坡型、濱海型及陡壁型的植被生態。

從海洋大學龍崗校區的大門口進入，直行，爬一段小坡後，來到第一餐廳的噴水池，左往男生一宿舍的方向，即可看見龍崗步道的導覽圖。續行，即抵達宿舍旁的龍崗步道入口，有兩條小溪在此交會，步道分別沿著南溪谷及北溪谷，構成環形的步道。

進入南溪谷步道，沿著小溪澗緩緩上行，潺潺流水，不時傳來鳥鳴蟲聲，溪畔潮溼的環境，使這裡成為螢火蟲的居住環境，也是兩棲類動物的天堂，而闊葉林的森林環境，也吸引鳥類築巢於此，躲避東北季風。沿途不時可以看見蝴蝶在樹林間翩翩飛舞。

地勢漸高，步道離開溪谷，轉而陡峭，經過一座電塔之後，抵達岔路口，右往槓子寮山，左往北溪谷步道，可繞回海洋大學。取右行，上爬約三分鐘，抵達一處平台，可俯瞰海洋大學校區及更遠處的和平島。

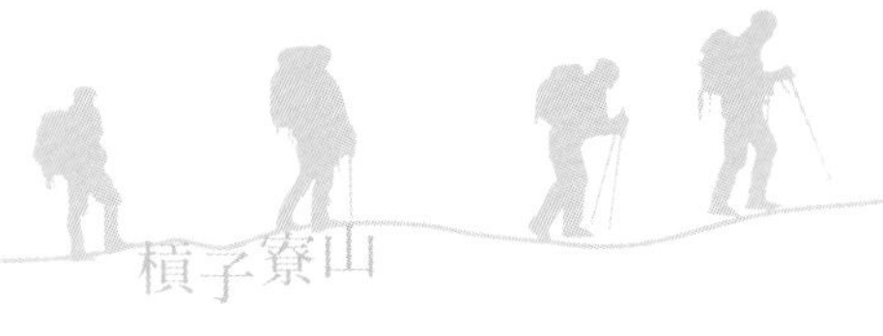

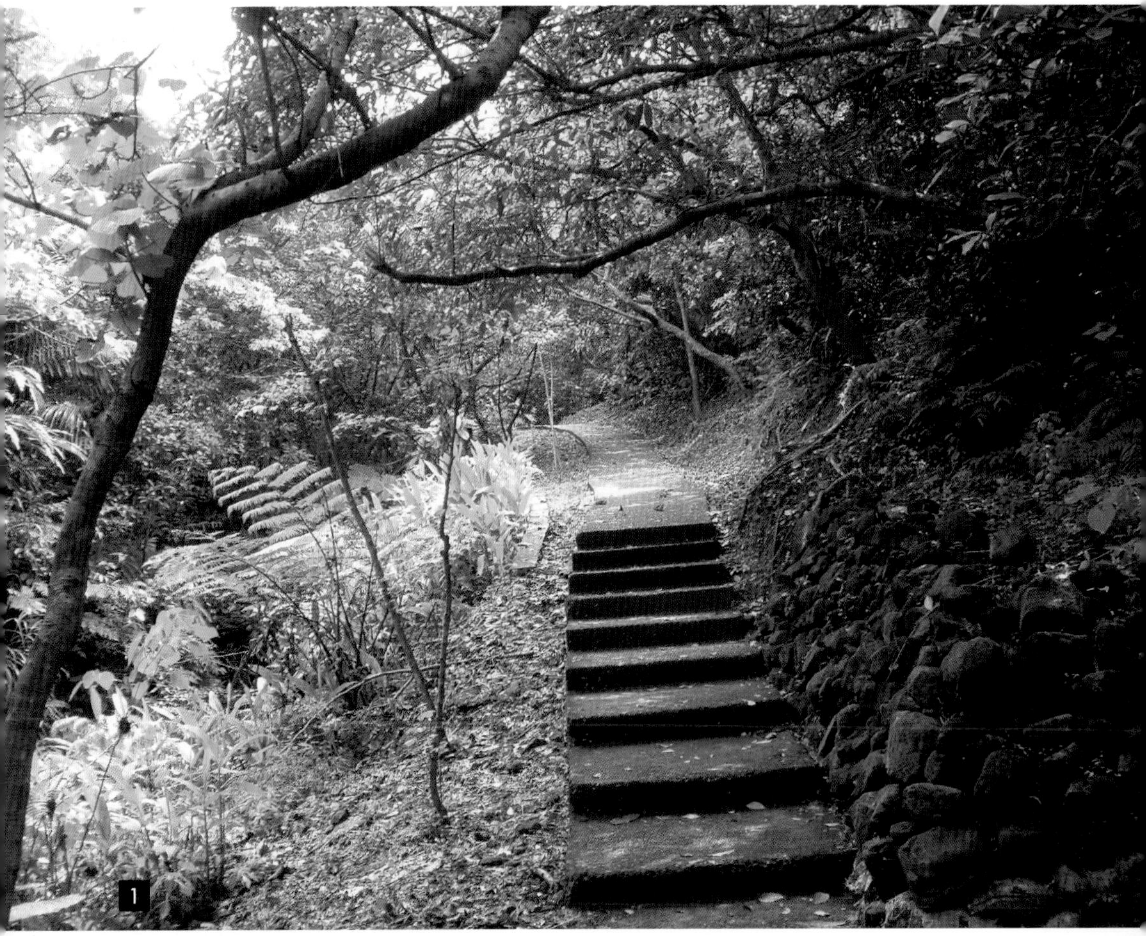

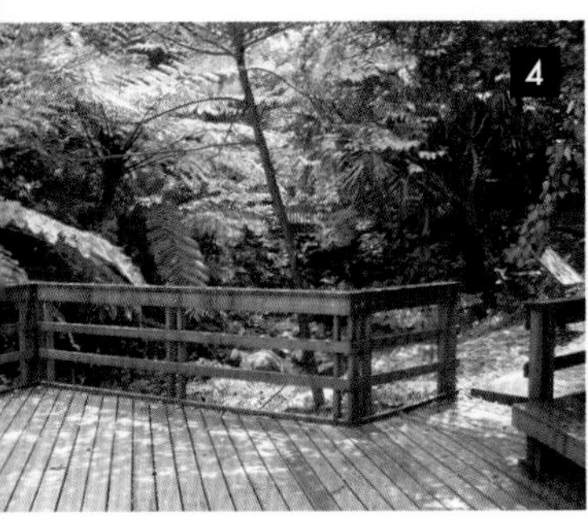
4

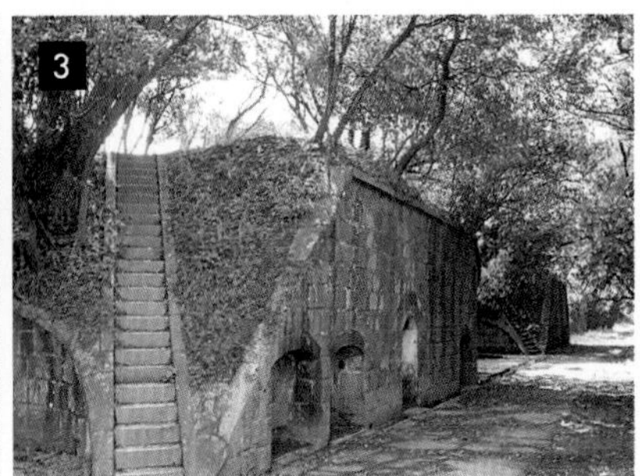
3

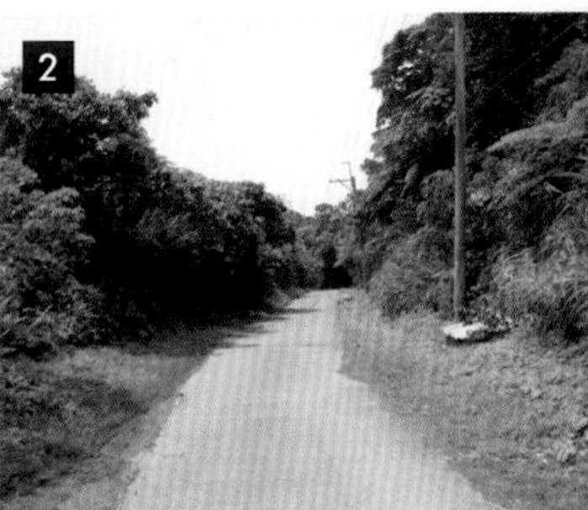
2

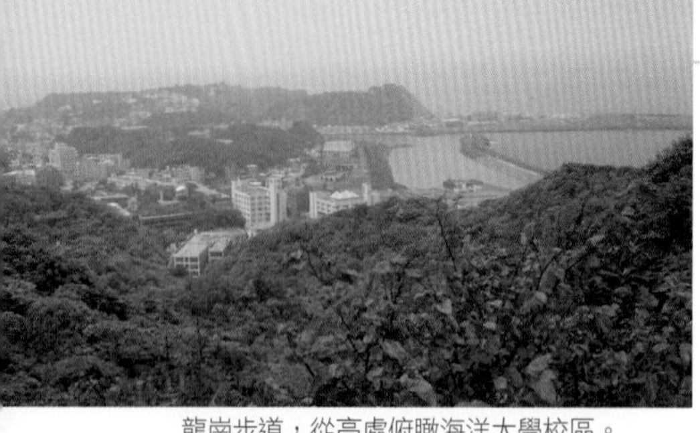

龍崗步道，從高處俯瞰海洋大學校區。

槓子寮山，遠眺基隆嶼，體驗海洋風情

步道在此處接產業道路，取左行可通往槓子寮砲台，槓子寮山則在右側。先取右行，沿著柏油路往下坡方向前行。約三分鐘，先遇第一個登山口，這條山徑路況較差；續行約四分鐘，遇第二登山口，從這裡爬往槓子寮山，沿途路況佳，約二、三分鐘，登上槓子寮山。槓子寮山，擁有一等衛星控制點及二等三角點基石，山頂腹地狹小，但展望頗佳，可眺望基隆外海的基隆嶼。

循原路回到產業道路，取左行，前往槓子寮砲台。槓子寮砲台為二級古蹟，建於清朝光緒年間，現在的砲台格局則是日據時期遺留下來的。槓子寮砲台是基隆現存砲台古蹟中，規模最大且保存最完整的。砲台遺跡包括崗哨、交誼廳、營舍、指揮所、碉堡、隧道、彈藥庫、機槍陣地、砲盤區等。站在砲台稜線上，視野更佳：基隆嶼、和平島、碧砂漁港、八斗子、深澳岬角，碧海藍天，遼闊壯觀。

參觀完砲台，回程改走龍崗步道北溪谷步道下山，步道的出口在男一宿舍旁，剛好走一圈○形路線。短短一兩個小時的路程，爬一趟槓子寮山，同時可以體驗自然生態與人文古蹟之美。

附近景點

【和平島】

和平島位於位於基隆港港口東側，原名「社寮島」，為北台灣最早有西方人足跡的地方。西元1626年，西班牙人曾佔領社寮島，建築聖薩爾瓦多城，展開殖民北台灣，與佔領台灣南部的荷蘭人南北對峙。直到1642年，才被荷蘭人驅逐。和平島迄今仍遺留有「蕃字洞」的遺跡。和平島的海岸以海蝕景觀聞名。由於終年受到東北季風吹襲，及海浪沖擊侵蝕的影響，海濱岩石出現風化岩石和海蝕地形，充滿奇岩怪石。和平島曾為軍事管制區，今已設立和平島海濱公園。基隆市政府並計劃重建400年前的聖薩爾瓦多古堡，以重現當年的歷史風貌及發展和平島的觀光。

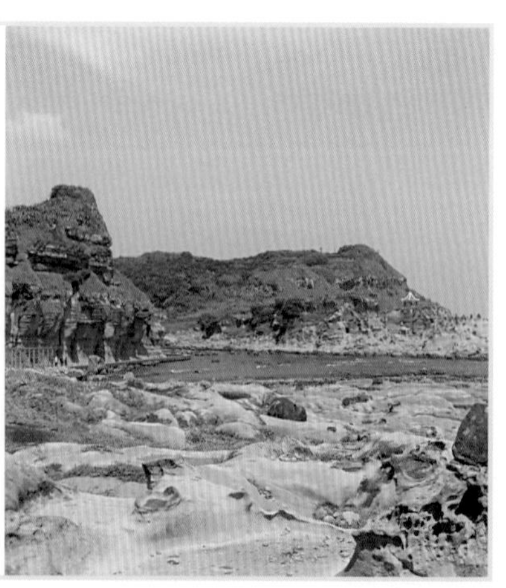

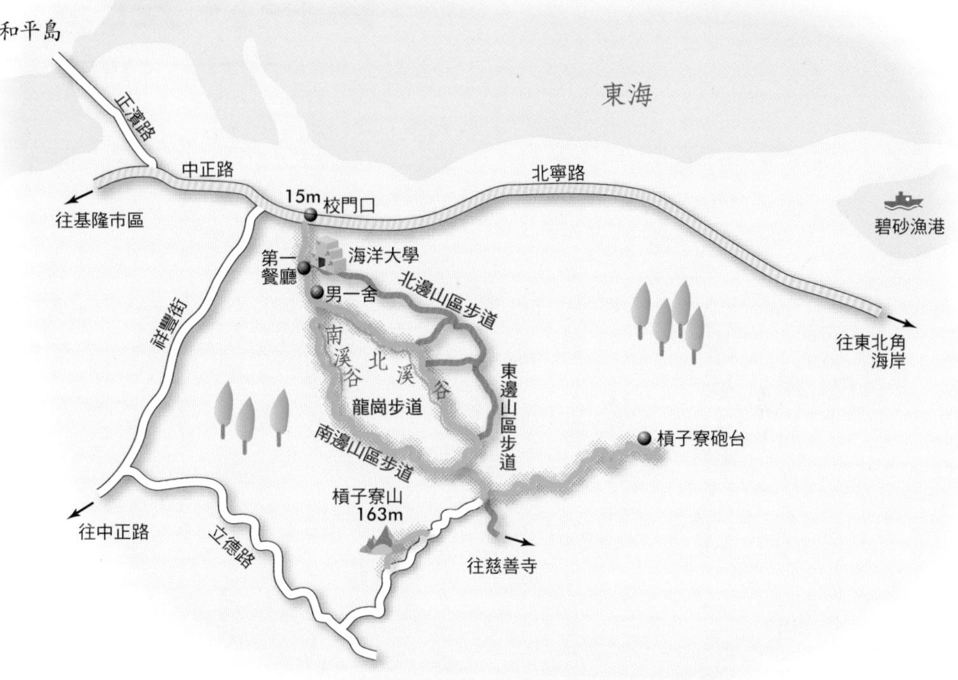

路程時間

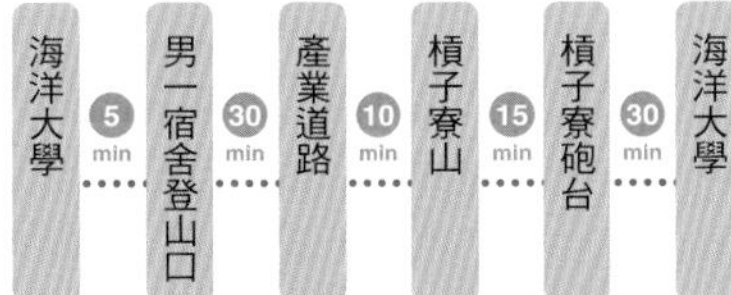

路況評價

- 登高指數：148m
- 路程時間：2小時
- 步道路況：
- 綜合評價：

注意及建議事項

登槓子寮山以從海洋大學出發，走龍崗步道最適宜，全線為水泥石階步道，路況佳。登槓子寮山最後一小段山路為泥土山徑，路徑清晰。前往槓子寮山，亦可由祥豐街轉入立德路，經二信中學，抵達槓子寮登山口及槓子寮砲台入口。

交通資訊

• 自行開車

中山高速公路北上，出大業隧道後，進入基隆市區，在第一個出口右轉，高架道路接中正路。沿中正路直行，接北寧路，可抵達海洋大學門口。

• 大眾運輸

搭乘台鐵基隆站下車，轉搭基隆客運103、104至海洋大學（育樂館站）。

白米甕尖

・山名　白米甕尖／・海拔標高　102m
・登山口高度　11m／・三角點　無名基石
・GPS座標　324205・2783456／・座落位置　基隆市
・特色　砲台遺跡、港灣海景

砲台古蹟，港灣美景

白米甕尖，位於基隆港西側的山丘上，著名的古蹟白米甕砲台，就座落於白米甕尖。民間相傳荷蘭人曾在此地修築砲堡壘堡，俗稱為「荷蘭城」。根據歷史學者翁佳音教授的考證，所謂的「荷蘭城」，其實不是荷蘭人建的，而是西班牙人所建立的。西班牙人比荷蘭人更早抵達基隆，西元一六二六年，西班牙人就在基隆社寮島（今和平島）建立城堡，將基隆、淡水一帶納入其殖民勢力範圍。

白米甕尖，海拔一百零二公尺，雖然海拔不高，卻毗臨大海，控扼基隆港進出門戶，而擁有美麗港灣風情。從山腳下的光華路37巷巷口，循著車道往上走，大約十至十五分鐘即可抵達白米甕砲台區；亦可以直接開車駛抵砲台區，但上山的道路，巷道狹窄且陡峭，不易會車，假日車多時，最好停車在山腳下，以步行的方式上山。

砲台區入口的下方處，有一棟建造於日據時代的白米甕砲台營舍，現已列為基隆市歷史建築。再沿著車道再往上走，就抵達上方的砲台區。這裡已興建停車場，供遊客停放。

白米甕尖看落日，米甕晚霞自古為基隆名勝

白米甕砲台，始建於清朝光緒年間，現在的規模則是日據時代修建的。砲台區的範圍不大，但格局特殊，砲台設置位於狹長的山丘上，指揮所、四座砲台及觀測台呈一字橫列排開。指揮所在最左側，觀測台則位於最右側的白米甕尖

1 白米甕砲台區眺望鄰近的協和火力發電廠三支大煙囪。

2 白米甕砲台，遠處為白米甕尖。

3 砲台區彈藥庫。

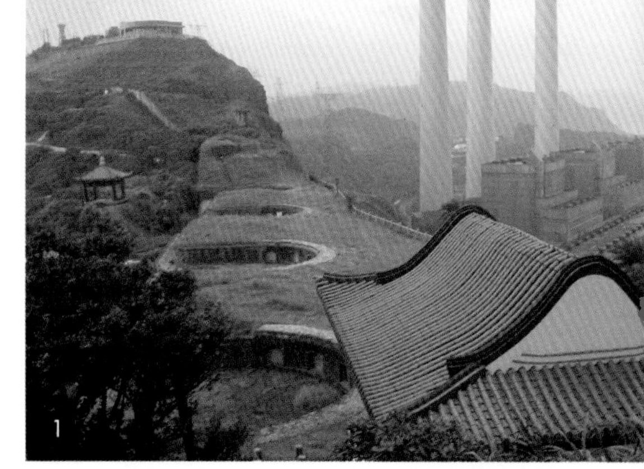
1

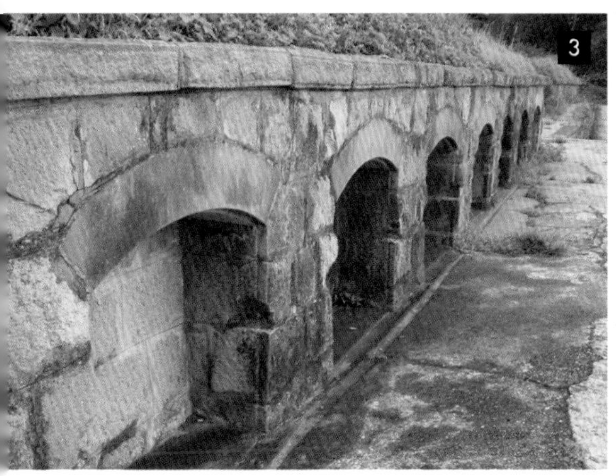
3

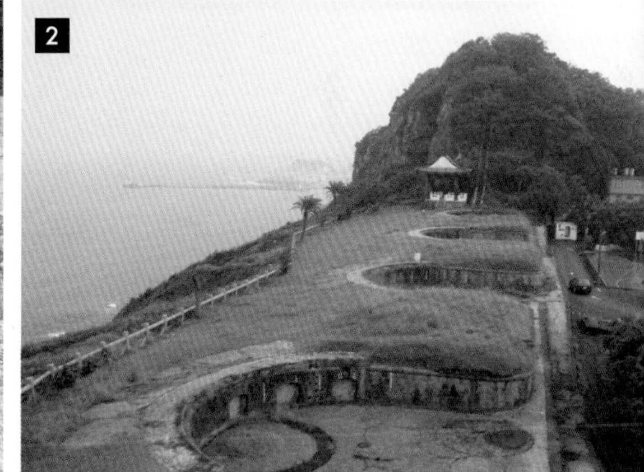
2

荷蘭城的傳說

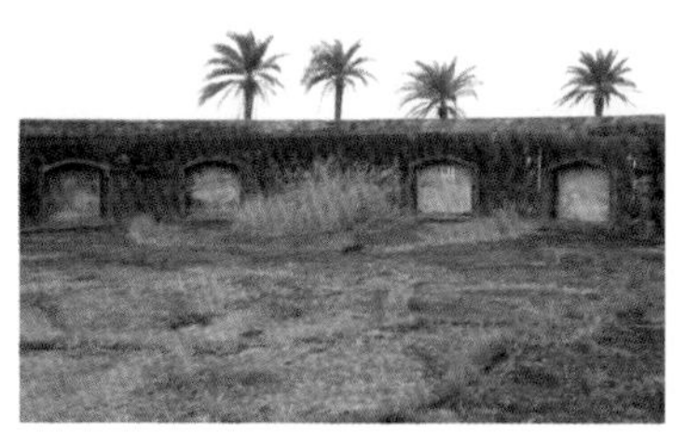

白米甕砲台，民間俗稱為「荷蘭城」，相傳三百多年前荷蘭人曾在此地設堡壘。根據荷蘭人於西元1654年繪製的《淡水與其附近村社暨雞籠島略圖》，曾標示出基隆港灣附近的一些堡壘及建築名稱。然而歷史學者翁佳音教授考證這張古地圖，引述荷蘭文獻《臺灣日記》與《巴達維亞城日記》，得知當時西班牙人在基隆附近興建了四座堡壘，其中有一座堡壘，名為「Milaen」，位於基隆港入口處。翁佳音教授認為這座堡壘即是民間傳說中的「荷蘭城」，其實不是荷蘭人建的，而是西班牙人所建立的。

西班牙人雖然在基隆港興建了四座堡壘，用來防守基隆港，但由於後來日本實施鎖國政策，西班牙喪失與日本的貿易機會，雞籠做為東亞貿易航線中繼站的重要性降低，許多堡壘也都因兵力不足而裁撤。「Milaen」堡壘後來也遭到廢棄。

高處；中間設置的四座砲台已拆除，只剩空蕩的砲盤區。砲盤區呈半圓形，直徑約十五公尺，從上面俯瞰，宛如四個大圈圈排在山丘上。

白米甕砲台所在的山丘上，有青青草原；圍欄外，大海滄茫。在此遠眺海天，大海遼闊浩渺，基隆嶼就在不遠的外海，不時可見巨洋貨輪進出基隆港。砲台面向大海，是欣賞海景的好地方，也是欣賞夕陽的佳處，自清代以來，即有「米甕晚霞」的美譽。砲台緊臨協和火力發電廠，電廠內三根高聳直立的大煙囪，是基隆地標之一。砲台右側大涼亭旁，有陡峭的步道可白米甕尖。約三至五分鐘，就可登上白米甕尖，山頂腹地狹小，有砲台壕溝遺跡，是昔日砲台的觀測所。

基隆為天然港灣，形勢優良，三百八十年前，西班牙人即侵入此地，據為己有。鴉片戰爭（一八四〇年）時，英艦曾闖入基隆港，清法戰爭（一八八四年），法艦也曾攻進基隆港，甚至佔領基隆八個月。佇立於白米甕尖，俯瞰砲台遺址，望向基隆港外飄渺無際的大洋，心中也會泛起無數的歷史感觸。

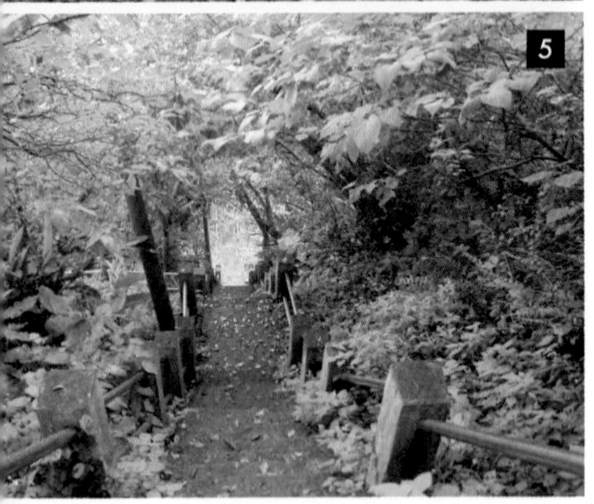

4 砲台觀測所陣地。

5 石階步道爬上白米甕尖。

附近景點

【協和發電廠】

台灣電力股份有限公司協和發電廠，民國62年動工，民國74年全部完工，裝置容量為五十萬千瓦之汽輪發電機組四部，總容量達二百萬千瓦，為台灣北部地區最大的火力發電廠。三支水泥大煙囪已成為基隆著名的地標。從白米甕砲台可以眺望協和發電廠巨碩的電廠建築。

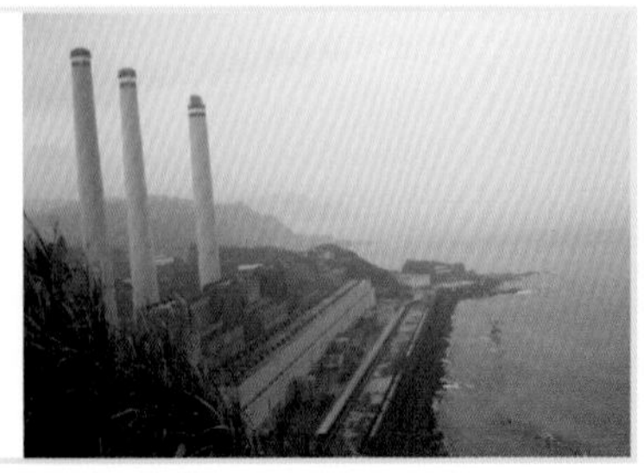

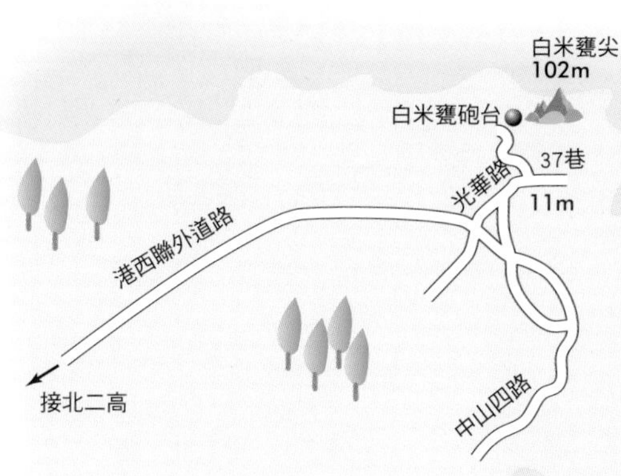

路程時間

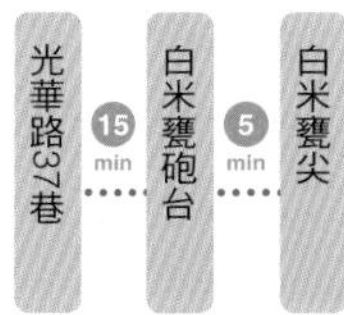

路況評價

- 登高指數：91m
- 路程時間：1小時（來回）
- 步道路況：
- 綜合評價：

注意及建議事項

光華路37巷經山腰的太白社區，巷道極為狹窄，部份路段僅容單向通行，假日時避免直接開車上山，以免會車困難。

交通資訊

• 自行開車

北二高至基隆終點，接港西聯外道路，下中山四路，再右轉光華路，由光華路37巷左轉上坡至山頂停車場。

• 大眾運輸

搭乘基隆市公車301路太白里線至太白里站，再由光華路37巷左轉上坡至山頂。

獅球嶺

・山名　獅球嶺／・海拔標高　120m
・登山口高度　40m／・三角點　台灣省政府圖根點
・GPS座標　323286・2779583／・座落位置　基隆市
・特色　歷史古蹟、眺望基隆港

獅球嶺擁有兩處歷史古蹟

獅球嶺位於中山高速公路基隆起點的大業隧道上方，地勢險要，控扼基隆進出台北盆地的門戶，自古以來即是兵家爭奪要地。清法戰爭時，清軍曾據守此地與法軍激戰；一八九五年日本佔領台灣，清軍亦曾與日軍在獅球嶺發生戰役。獅球嶺，擁有兩處歷史古蹟，一為獅球嶺隧道，一為獅球嶺砲台。

獅球嶺因鄰近市區，成為附近居民休閒場所，山上闢建許多早覺會涼亭及廣場，山路亦縱橫紛歧，有不少登山口可爬往獅球嶺。從安樂區崇德路底的登山口起登，是一條值得推薦的路線，可以遊覽獅球嶺隧道、獅球嶺砲台兩處古蹟，中途還可順遊基隆最大的土地公廟平安宮。

獅球嶺隧道的北口就位於崇德路底的登山口旁。獅球嶺隧道是台灣第一座鐵路隧道，完工於清朝光緒十六年（一八九〇年），隧道全長二三五公尺，為劉銘傳主政台灣時所推動的建設，現列為國家三級古蹟，已重新整修，假日時可供民眾入內參觀。

登山口位於隧道前的「先生祠」小廟旁，水泥石階步道沿著民宅後方的菜園陡上，不久，遇岔路，取左行，抵達南山早覺會的活動廣場，這裡岔路多，但有指標，取直行走往獅球嶺砲台。

前行一小段，步道接上水泥車道。車道沿途經過環保公園，有山徑可通往附近的砲台山。馬路旁也有當地社區設置的遊客服務中心，提供民眾休憩之用。再往前走，抵達平安宮的參道入口。寬闊的石階大道爬向平安宮，沿途步道兩側設置了各三座日據時代大正十四年（一九二五年）的日式石燈籠。步道的終點，遇

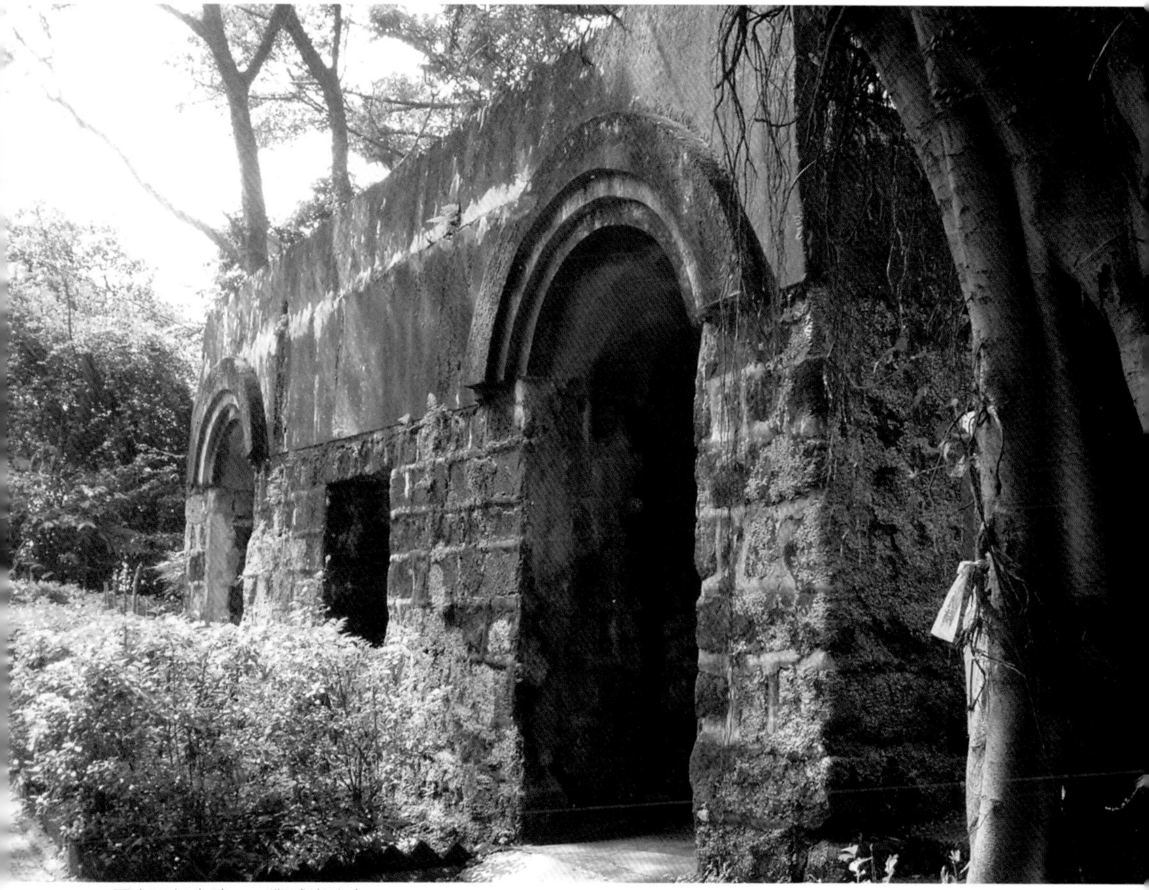

國家三級古蹟——獅球嶺砲台。

獅球嶺隧道

清光緒十一年（1855年）台灣巡撫劉銘傳主理台政時，積極建設台灣，推行洋務運動，並力倡設置鐵路。光緒十三年（西元1887年）獲准設立「全台鐵路商務總局」。鐵路開工後，首築基隆經台北至新竹一段，其中位於基隆獅球嶺的隧道工程最為艱鉅。獅球嶺隧道全長約二百三十五公尺，據文獻記載，當時因土質複雜，北段為堅硬的岩石，南段為潮濕的軟土，開鑿極為困難。二十世紀初年由於鐵路改道，獅球嶺隧道才漸遭荒廢。近年為了保存維護這處深具歷史文化價值的古蹟，被列為台閩地區的三級古蹟。（引自獅球嶺隧道古蹟解說文）

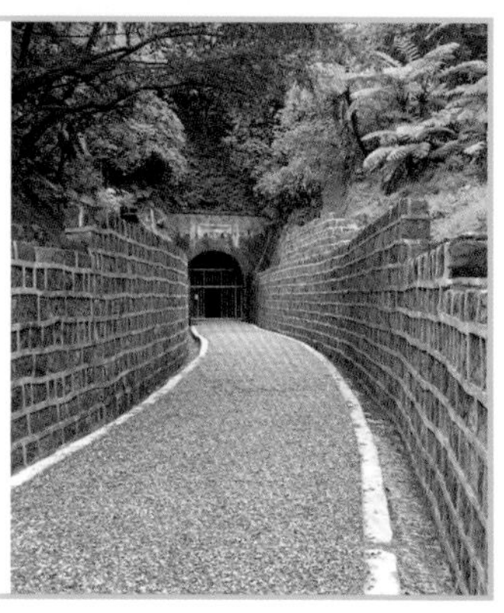

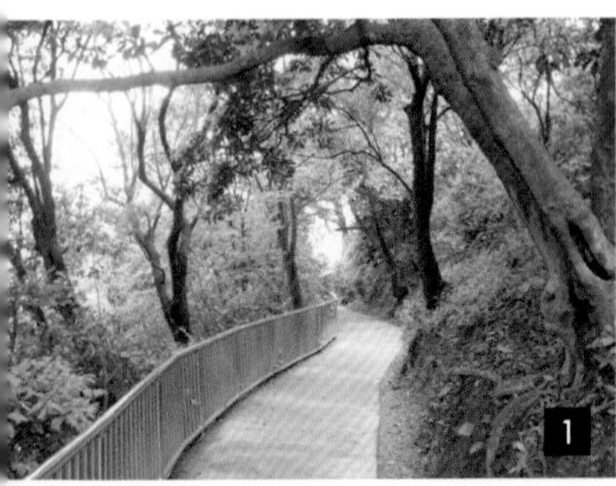

1 從南山早覺會廣場走往獅球嶺的步道。

2 寬闊的石階參道，爬向平安宮。

3 國家三級古蹟－獅球嶺隧道，位於安樂區崇德路底。

4 平安宮，基隆最大的土地公廟。

5 從獅球嶺基石俯瞰基隆港。

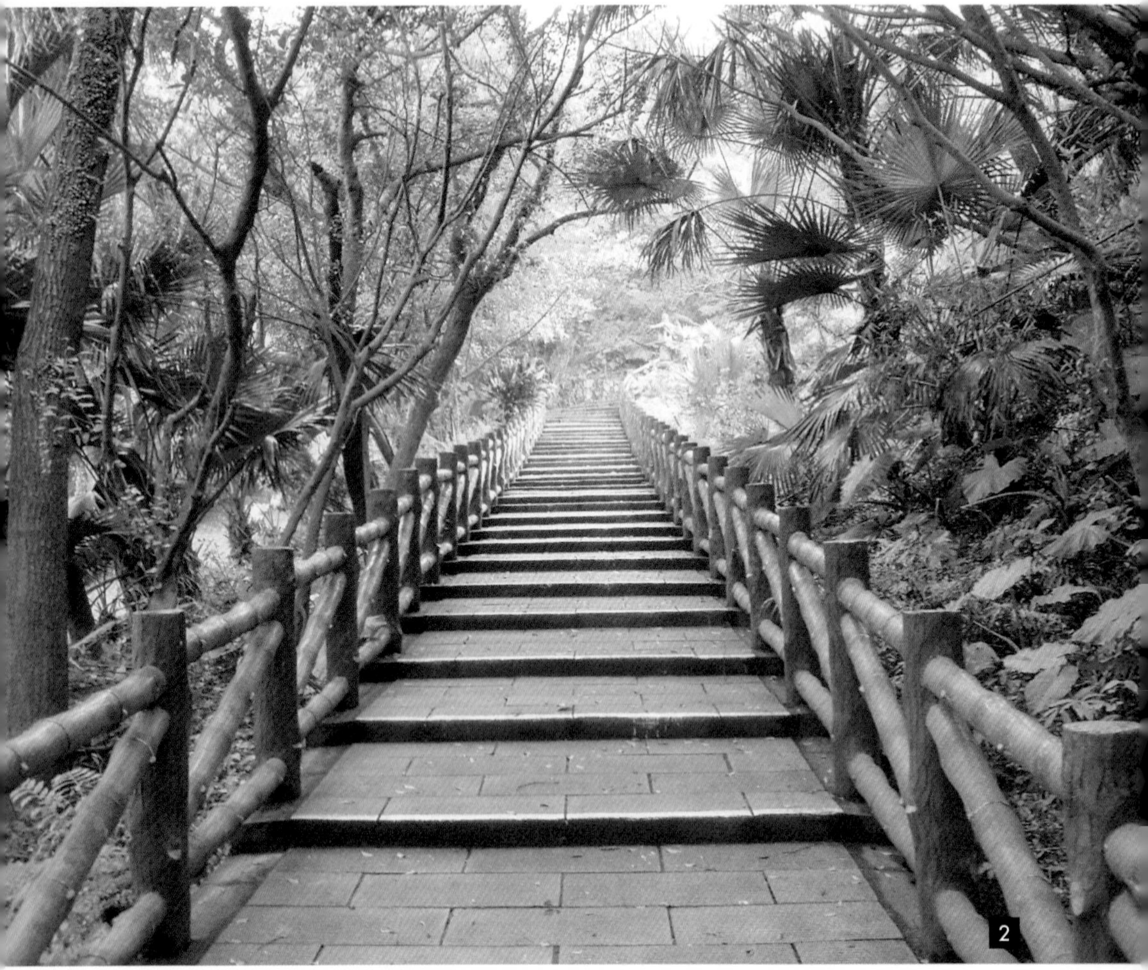

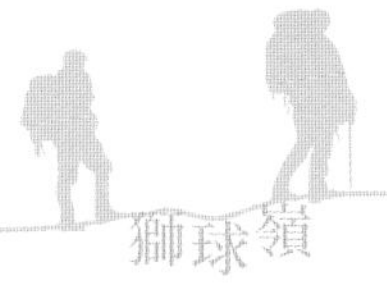

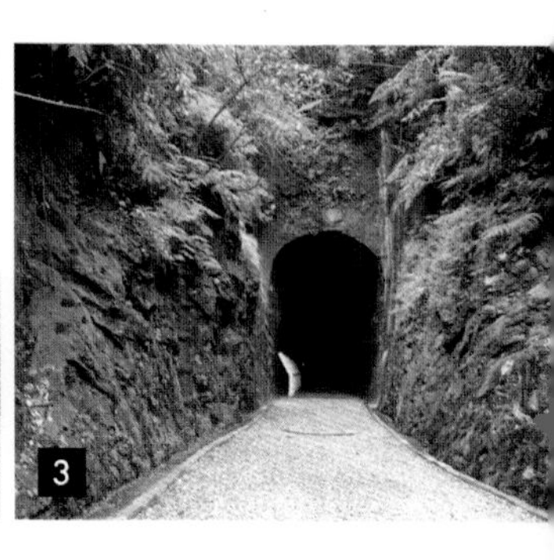
3

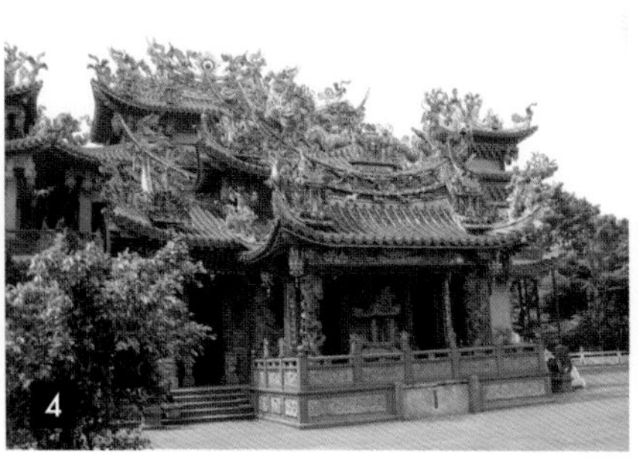
4

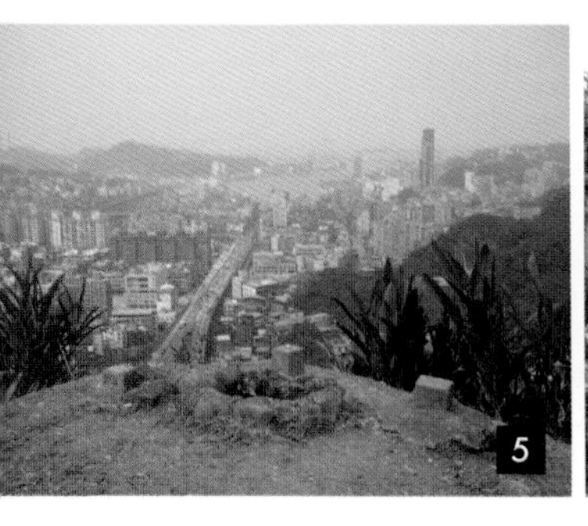
5

岔路，右往平安宮，左往獅球嶺砲台。

獅球嶺砲台眺望基隆港，欣賞基隆港灣與古蹟之美

走往平安宮，牌樓旁有大正十三年民眾捐款改築獅球嶺道路的紀念碑。平安宮廟宇宏麗，是難得一見的大型土地公廟。廟前廣場可眺望基隆港，景致極佳。平安宮始創於嘉慶元年（一七九六年），歷史已超過兩百年，廟旁有幾塊平安宮歷年修建的石碑。歷經改建，平安宮華麗有餘，古味不足，僅剩石碑、石燈籠、石獅子等舊物。

參觀完平安宮，回到岔路口，續往獅球嶺砲台的方向前行，約幾百公尺，就抵達獅球嶺砲台。附近設有展望台，可眺望基隆港。獅球嶺砲台是清法戰爭前，劉銘傳主持台灣防務時所建造的。日據時代逐漸荒廢，僅剩一座石造指揮所及一處砲座保存較為完整。

獅球嶺的基石就位於碉堡上。站在基石處，居高俯瞰基隆港，高速公路就在前方的山腳下。站在此處，面對基隆港，更可強烈感受到昔日獅球嶺在軍事防衛上的重要地位。

從獅球嶺續行，可經長壽公園、南極仙翁、三角洲嶺北峰，走往八堵麥金路的五十人公祠，抵達八堵火車站，路程約一個小時。惟沿途有不少岔路須多留意路標，應以原路折返為宜。

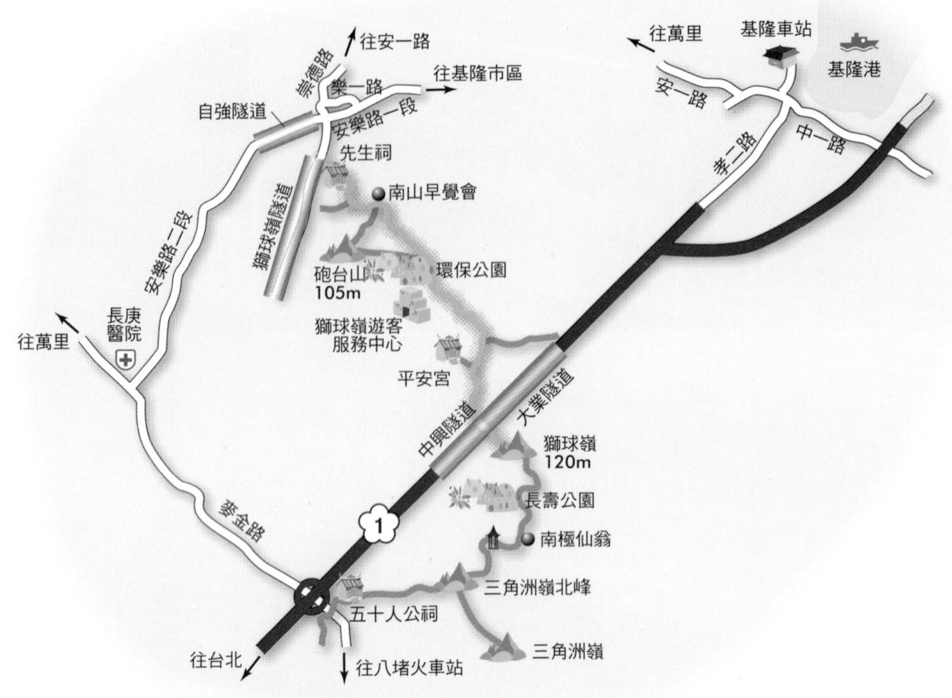

路程時間

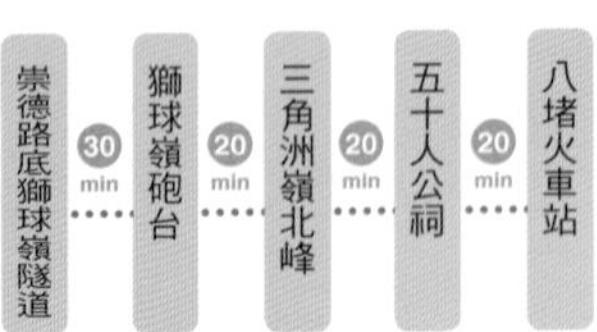

路況評價

- 登高指數：● 80m
- 路程時間：●1小時（來回）
- 步道路況：●
- 綜合評價：●（僅至獅球嶺）

注意及建議事項

獅球嶺登山步道大多已整修為水泥石階路，路況良好，設施完善。獅球嶺隧道平日只接受團體預約參觀，週六及週日上午九點至下午四點，開放供民眾自由參觀。

交通資訊

• 自行開車

中山高基隆交流道下，自基隆火車站左側港西路，繞行至中山一路左轉，直行過高架橋底後不久，經三岔路口右轉上坡走安樂路後到崇德路，在自強隧道前右轉樂一路，即可到達崇德街底的獅球嶺隧道。或從八堵交流道下，左轉麥金路，至長庚醫院前右轉安樂路，過自強隧道後，遇紅綠燈，左轉樂一路，即可抵達。

• 大眾運輸

在基隆搭乘501、502、505公車，在自強隧道站下車，再走樂一路上坡接崇德路即可到達獅球嶺隧道。若直接前往獅球嶺砲台，可搭乘201、202、205等基隆客運於仁五路站下車，循成一路、獅球路上行約30分鐘即可到達。

北海岸地區

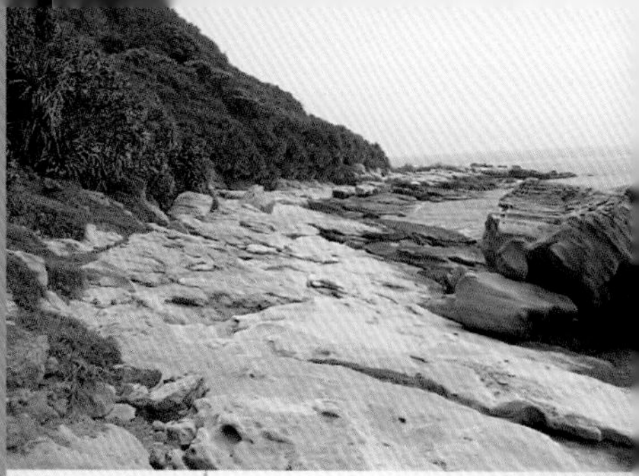

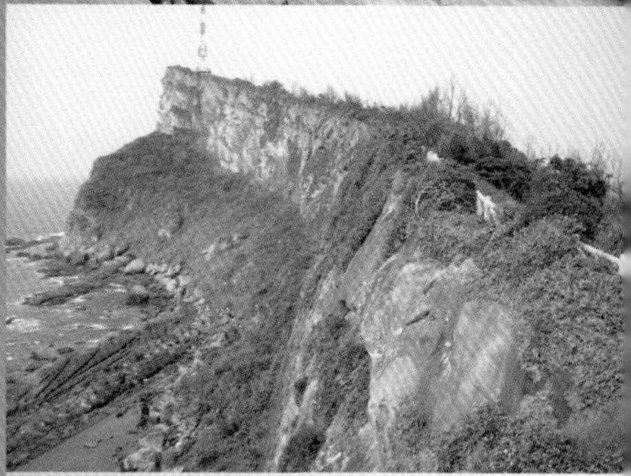

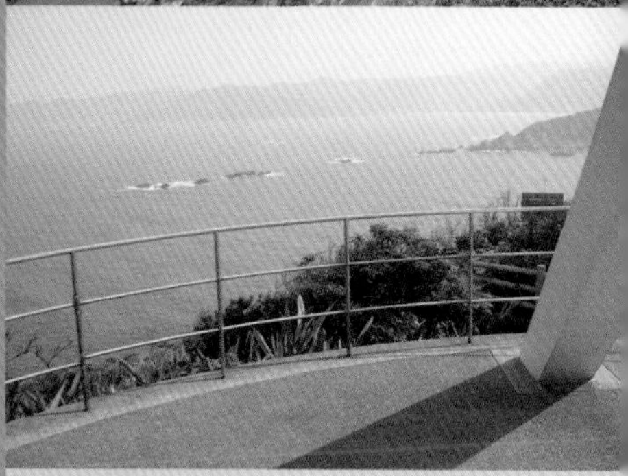

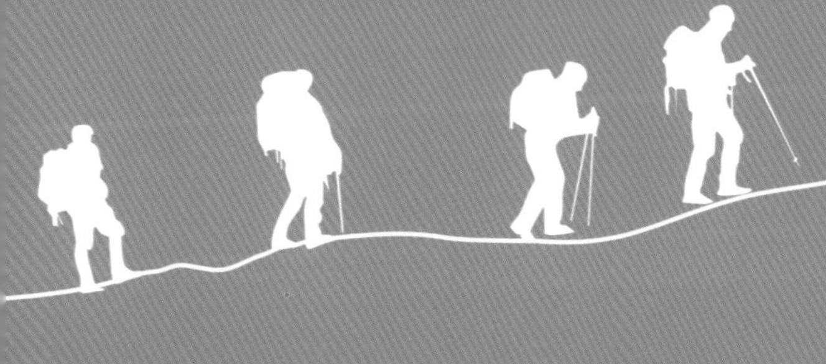

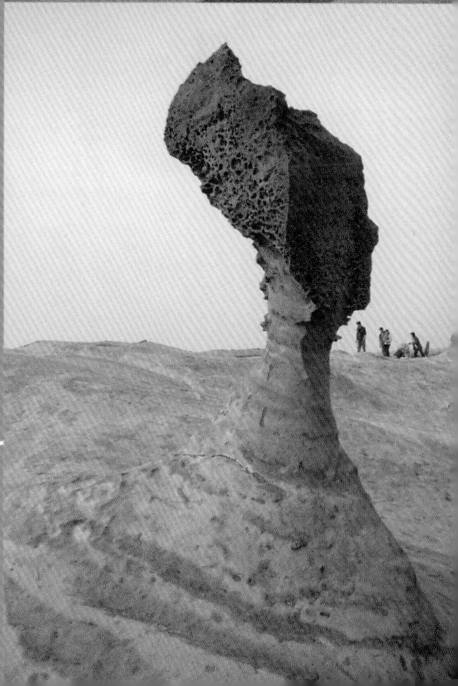

觀音山

・山名　觀音山／・海拔標高　616m
・登山口高度　310m（凌雲禪寺）／・三角點　規量隊三角點第7號
・GPS座標　291196・2781133／・座落位置　台北縣五股、八里鄉
・特色　坌嶺吐霧、觀音賞鷹、展望絕佳

觀音山，酷似觀音菩薩，「坌嶺吐霧」，為淡水勝景

觀音山位於淡水河口左岸，為北台灣著名的山峰之一。觀音山的形成，是台北盆地數十萬年前經過三次火山爆發堆積，而演變成今日的風貌，整個區域由十八座山峰所組成，從淡水河對岸的淡水、竹圍眺望觀音山，山形酷似一尊仰臥朝天的觀音菩薩，因而得名。

觀音山緊臨淡水河口，登高俯瞰，淡水河口美景如畫，而來自海上的潮濕氣流遇到觀音山的山勢攔阻而形成霧氣，繚繞於山頂，自古以來，「坌嶺吐霧」為淡水八景之一。觀音山區步道密佈，山路錯綜，可從八里、五股不同方向攀登觀音山主峰，而最大眾化的健行路線為「硬漢嶺步道」。

緣自於民國五十年（一九六一年）憲兵學校的受訓成員在此地做體能訓練，開闢了一條登頂的步道，名為「硬漢路」，並於觀音山山頂建一拱門，門額書寫「硬漢嶺」。觀音山主峰，因此又名「硬漢嶺」。硬漢嶺步道全長約一點六公里。

硬漢嶺上好風光，淡水風情盡現腳下

硬漢嶺步道的登山口位於凌禪寺停車場上方馬路轉彎處。拾階而上，沿途走於林蔭中，雖無日曬，但頗費腳力，約爬坡二十五分鐘，抵達一處涼亭。至此處，已大約至半路，可稍休息喘口氣。續前行，仍是石階路，步道兩側有成排的竹林，左側有一條民眾開闢的山徑可取捷徑上稜線。仍取直行，循主步道前行，

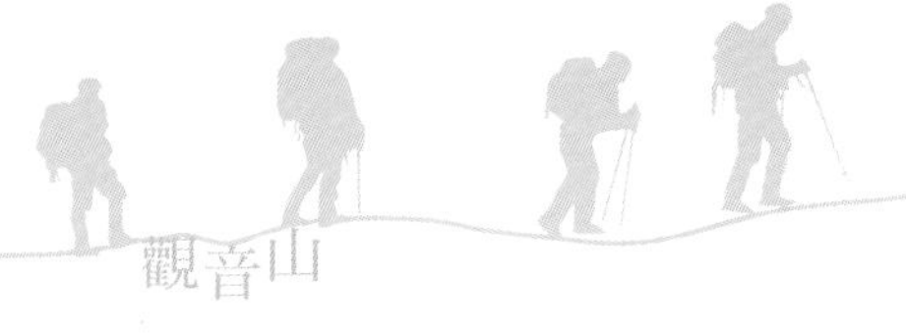

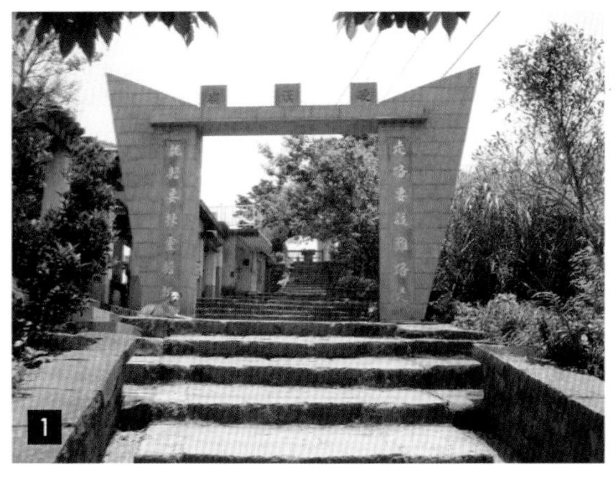

觀音山石

幾十萬年前，觀音山歷經三次火山噴發，噴出的火山熔岩安山石，成為著名的觀音山岩，因質地堅硬，不易風化，從清朝時就成為石雕及建築的石材，也造就觀音山腳下蓬勃的石雕產業。近年來因保護山林環境，限制開採，產量已大幅減少。圖為凌雲寺旁，以觀音山石砌造的石頭屋民宅。

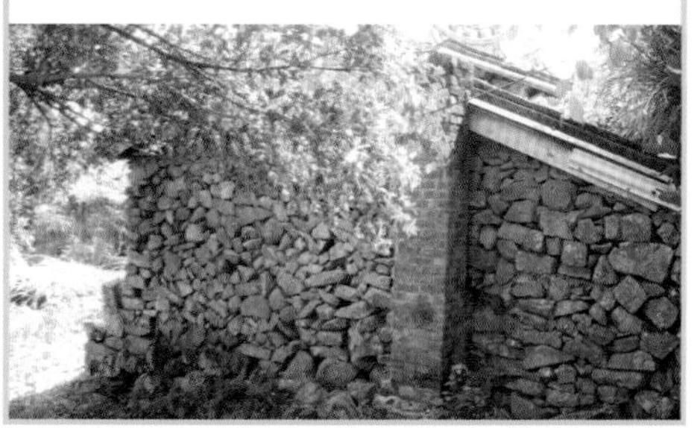

1 硬漢嶺牌樓。

2 從硬漢嶺俯瞰占山及淡水河。

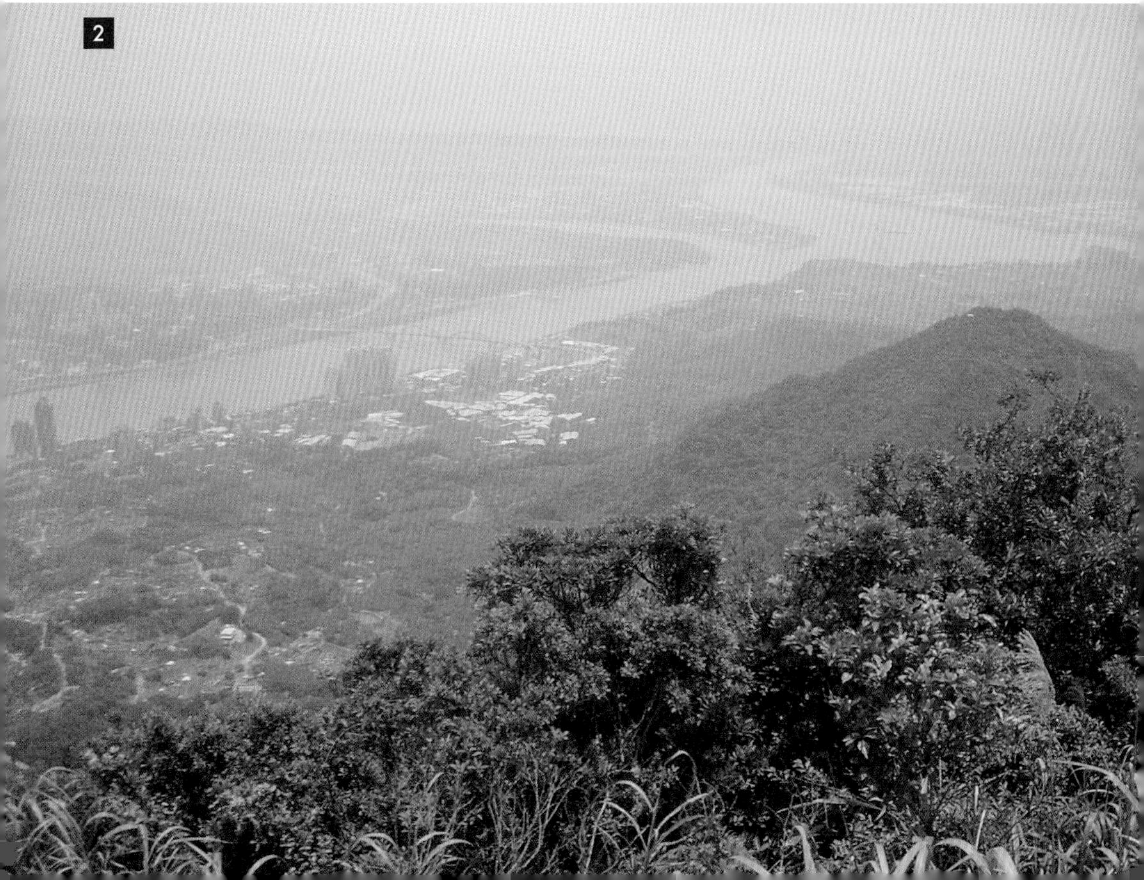

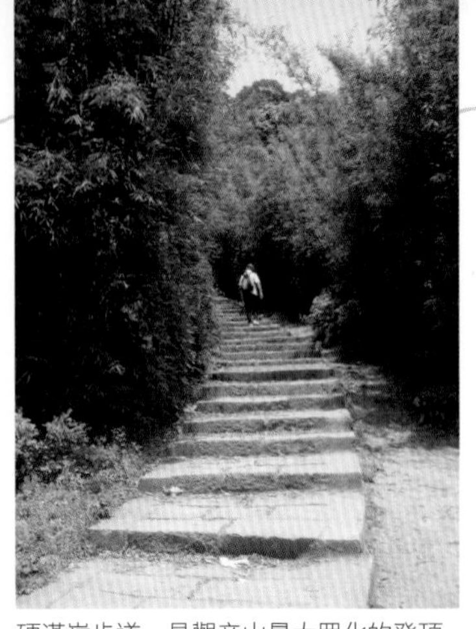

硬漢嶺步道，是觀音山最大眾化的登頂路線。

約十分鐘，右岔路有一醒目的建築，為觀音山中繼站，目的為防洪之用，可將淡水河的水情資料傳遞至經濟部水利署防洪指揮中心。從此處可望見觀音山主峰硬漢嶺。

續前行，抵達岔路口，與剛才的竹林來的捷徑會合，這裡也有一條石階路可通往「觀音山遊客服務中心」，路長約一點二公里。續前行，約十餘分鐘，抵達硬漢嶺下方的「眾樂園」。這裡腹地寬廣，設有涼亭及公廁，也有觀景台，可俯瞰淡水河口及八里附近的海岸。

續往上爬，約一、兩分鐘，就登上觀音山的主峰硬漢嶺了。硬漢嶺的牌樓前後對聯各寫著「走路要找難路走，挑擔要揀重擔挑」、「為學硬漢而來，為作硬漢而去」。從平台俯瞰淡水河口及淡水小鎮，淡水風情盡現於此，展望極佳；而回望台北盆地，基隆河、淡水河、關渡大橋、圓山飯店、台北一〇一等河川城市美景亦盡覽無遺。

觀音山也是賞鷹的最佳地點，台灣二十八種猛禽，其中有二十四種都可在觀音山發現蹤影，最常見的是灰面鵟鷹、赤腹鷹、大冠鷲、鳳頭蒼鷹，尤其是每年三至五月赤腹鷹過境時，經常可看見老鷹遨翔於山嶺。

回程時，可考慮由觀音山遊客服務中心下山，順道參觀遊客中心展示館，這裡有詳盡的旅遊資訊，並展出觀音山自然、人文資料，可以讓遊客更深入認識觀音山之美。

附近景點

【觀音山遊客服務中心】

位於凌雲路三段130號，紅瓦白牆的建築，館內展示觀音山的旅遊與登山資訊，並展出觀音山的自然人文圖片，包括觀音山西北麓大坌坑遺址出土的史前陶器。旅客中心旁則有一座石雕公園，委託石雕家王秀杞先生創作巨型石雕作品，以紀念觀音山的採石歲月，作為觀音山國家風景區的精神地標。遊客服務中心旁有步道可登觀音山硬漢嶺，長約1.2公里。

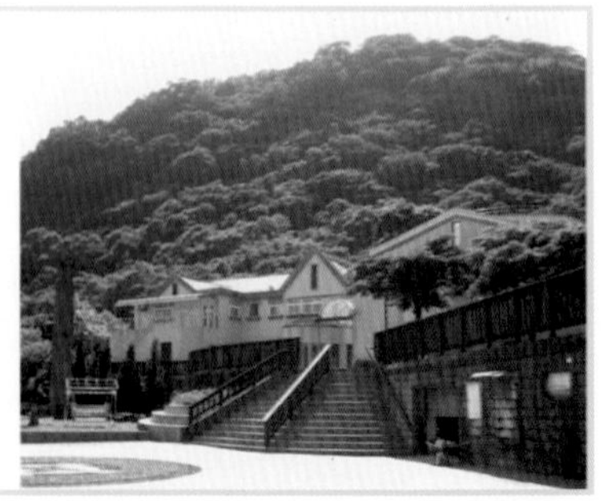

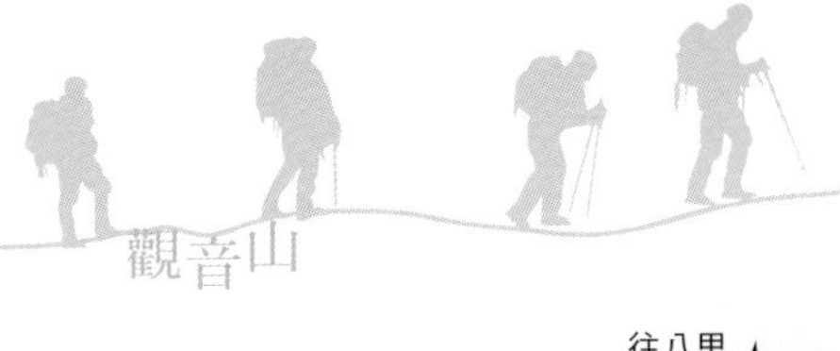

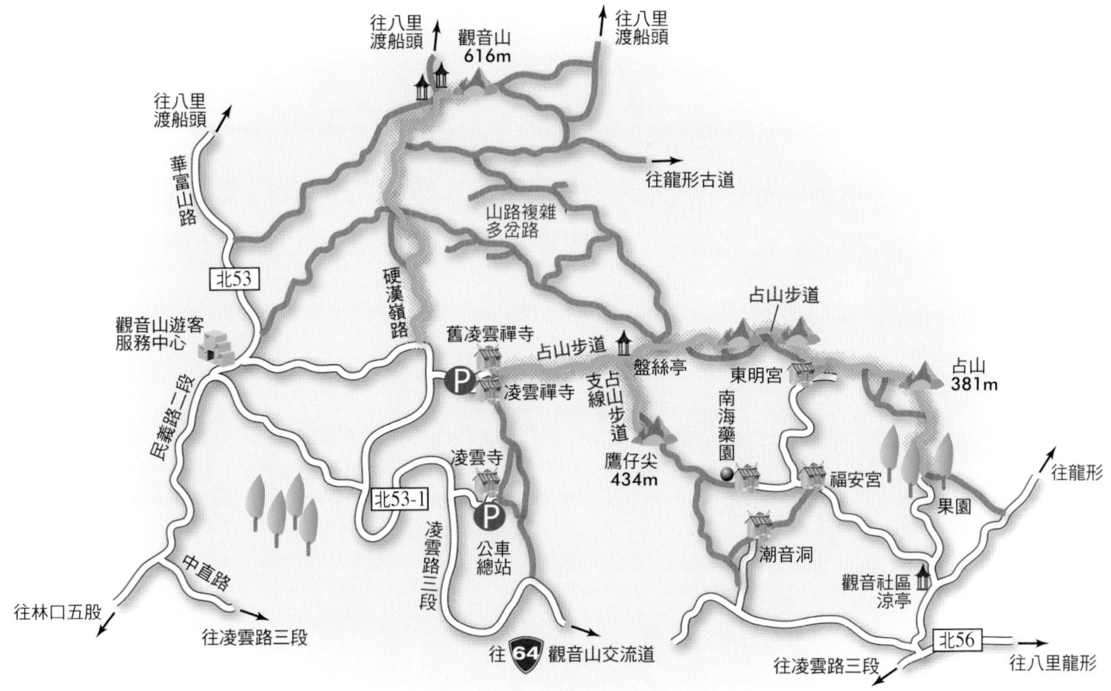

路程時間

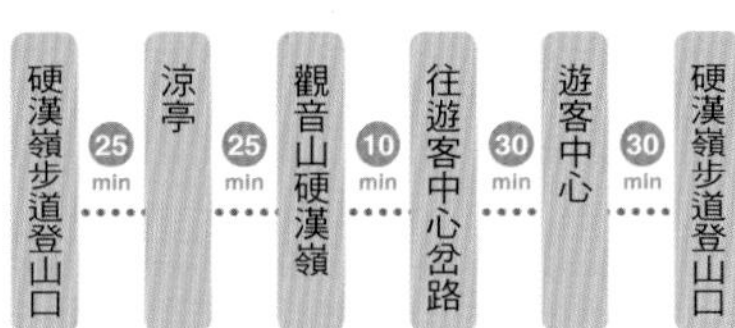

路況評價

- 登高指數：●● 306m
- 路程時間：●（來回約2小時）
- 步道路況：●
- 綜合評價：●

注意及建議事項

觀音山原有二等及三等三角點基石已遺失，現有一「規量隊三角點」第七號，位於面向淡水河觀景台的下方。觀音山現為國家級風景區，區域內有多條登山步道及寺廟古蹟，建議可前往「觀音山遊客服務中心」參觀，館內展出資料相當豐富，可對觀音山有更深入的認識與了解。

交通資訊

• 自行開車

中山高速公路經五股交流道，轉台64快速公路，再下觀音山交流道，銜接北53-1縣道（凌雲路），至凌雲路三段凌雲禪寺停車場。

• 大眾運輸

從塔城街搭乘三重客運（北門－觀音山），至終點凌雲寺站下車。「北海岸及觀音山國家風景區」提供假日免費公車接駁服務，從八里渡船頭（天后宮站）往返觀音山遊客中心、凌雲寺。可搭捷運淡水線至淡水，坐渡船至八里，再徒步至天后宮搭乘觀音山免費接駁公車。

占山

・山名　占山／・海拔標高　381m
・登山口高度　150m（觀音社區涼亭）／・三角點　土地調查局圖根點基石
・GPS座標　293118・2780157／・座落位置　台北縣五股鄉、八里鄉交界
・特色　欣賞淡水河景、連峰縱走

占山眺覽淡水河，美不勝收

觀音山風景區，擁有大小山峰約十八座，觀音山主峰（硬漢嶺）最有名，其次是位於觀音山東南方的占山，因山形酷似日本的富士山，且俯臨淡水河，又有「淡水富士山」的美名。占山與硬漢嶺之間有連綿起伏的八座山峰，而享有「占山連峰」的美譽，是一條適合攀爬，具有挑戰性的路線。

占山目前已建有完善的「占山步道」，可通過占山連峰其中的三座，此外，途中另有支線步道可攀登附近的「鷹仔尖」，其間還有民眾自行開闢的山徑縱橫交錯其間。

占山的登山口位於「北56鄉道」（田埔巷）的觀音社區。從淩雲路三段「淩雲二橋」前的岔路右轉田埔巷，前行約七、八百公尺，即看見往占山的指標；左轉岔路，續前行不遠，抵達觀音社區的涼亭，涼亭旁有上坡的小車道通往占山步道的入口。

這水泥小車道狹窄，不適合行車，建議採步行方式；通過小墓區及幾戶農家之後，抵達山坡果園附近，即可看見步道入口的指標。步道是寬約三尺的石階路，路況佳，走於綠蔭怡人的闊葉森林中，但一路陡上，不時得停下腳步休息。零點四公里的上坡路，約二十分鐘，終於抵達占山，土地調查局圖根點基石就位於涼亭旁。

附近有一早覺會的闢建的「占亭」，前有平台，可俯瞰淡水河景。大屯山與占山隔著淡水河遙遙相對，關渡大橋、基隆河與淡水河交會的美景盡在腳下。

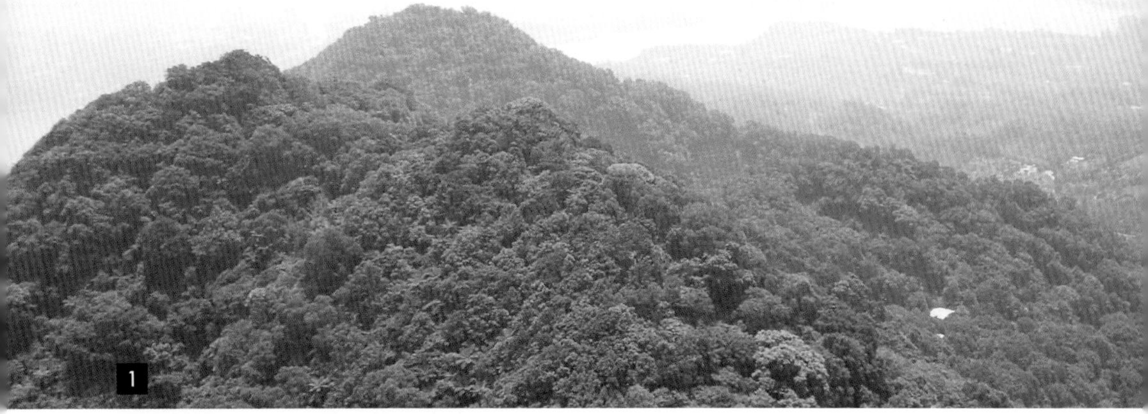

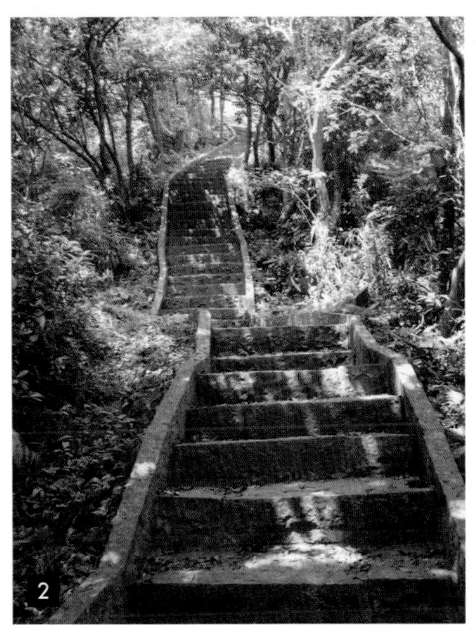

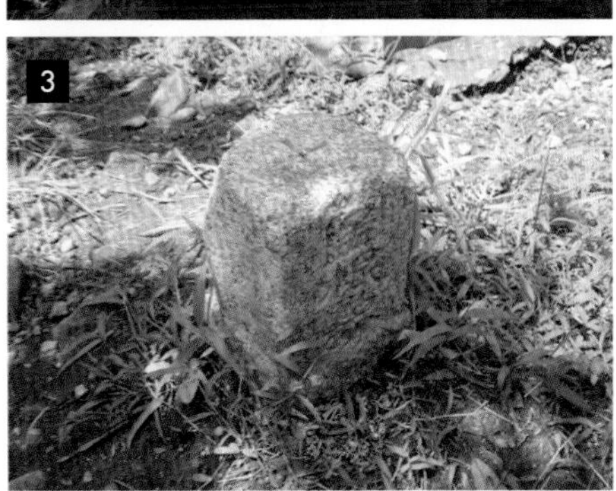

占山連峰

占山連峰，是指占山與觀音山之間的八座山頭，占山為第一峰，觀音山為第八峰，中間還有六座山頭，占山、占山二峰、占山三峰已鋪設石階步道，第七峰及第八峰也已鋪設步道，其餘的三、四、五、六為傳統的陡峭山徑，須要拉繩攀爬，其中有落差20公尺的峭壁，頗具挑戰性，攀爬也相當刺激，適合有經驗的山友。

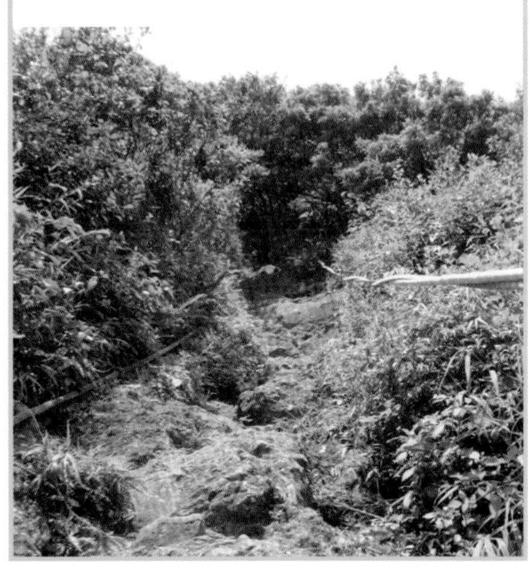

1 占山，位於觀音山東南方，俯臨淡水河，又名「淡水富士山」。

2 占山連峰，石階路相當陡峭。

3 占山圖根點基石。

附近景點

【凌雲禪寺】

「凌雲禪寺」位於凌雲路三段116號，就位於「開山凌雲寺」的後上方，建於日據時代明治42年（1909年），受當時西方流行的巴洛克建築風格影響，寺正殿立面採洋樓式，並有繁複的雕飾拱門，典雅古樸，後來因後山崩塌危及殿堂而封閉，現已另建新殿於舊殿之前，為中國式的寺廟建築。位於下方的開山凌雲寺，建於清朝乾隆4年（1739年），俗稱內岩（巖），為五股鄉歷史最悠久的寺廟，後遭焚毀，目前的建築格局是日據時代昭和2年（1927年）所建。

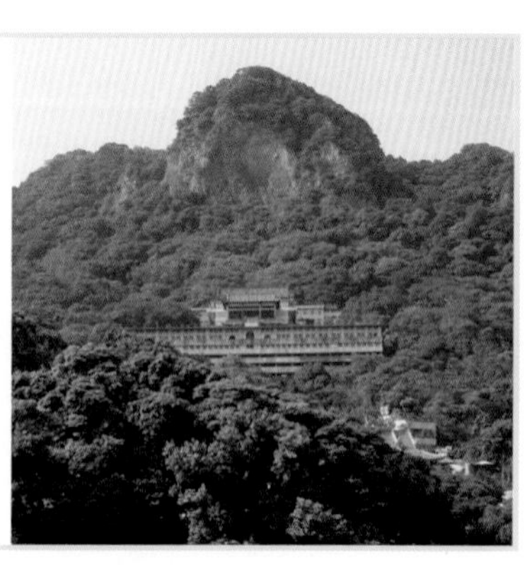

占山連峰縱走，考驗體力耐力

由占山前行，步道隨即變為陡下，剛才辛苦爬升的海拔高度，一下子又退了回去。抵達低處的鞍部，附近有一間「東明宮」，接著又是陡上的石階路，爬向占山二峰；登頂後，又是陡下石階路，然後又陡上爬占山三峰，讓人充份領教占山連峰的挑戰。幸好側旁也有山友自行闢建的腰繞小徑，若體力不濟，則可走小徑腰繞過山頭，以節省力氣。

過占山三峰後，來到一處三岔路口，直行有兩條山路，都可爬往觀音山主峰；一條循稜線，即是著名的占山連峰主線，沿途須拉繩攀岩，頗具挑戰性；另一條是腰繞的平緩山路，俗稱「北橫古道」。占山步道則是取左行，仍是石階路，但步道變為平緩。不久，抵達「盤絲亭」，旁盤有一棵老榕樹，樹根盤錯如絲。由盤絲亭續行主步道，約零點四公里，抵達占山步道的終點－觀音山凌雲禪寺。

「盤絲亭」的對面有一條占山步道支線，可爬往「鷹仔尖」，路程短，約三百公尺而已。約七、八分鐘即可登上鷹仔尖。鷹仔尖，原名「凌雲山」，海拔四百三十四公尺，山有樹林遮蔽，較無展望，有一圓形木亭「呼風亭」供遊客休憩。

若由鷹仔尖續行，山徑陡峭，落差大，須拉繩索攀降，途中遇岔路時取左行，不久，抵達「南海藥園」，接產業道路；抵達「福安宮」後，循著水泥車道下山，即可返回觀音社區涼亭。

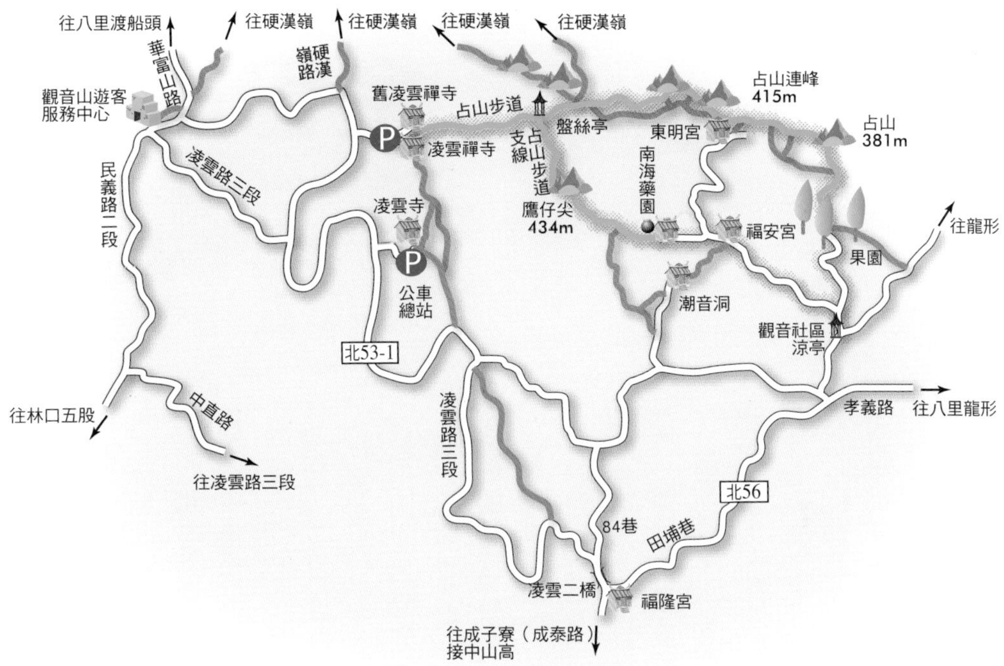

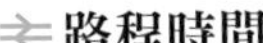路程時間

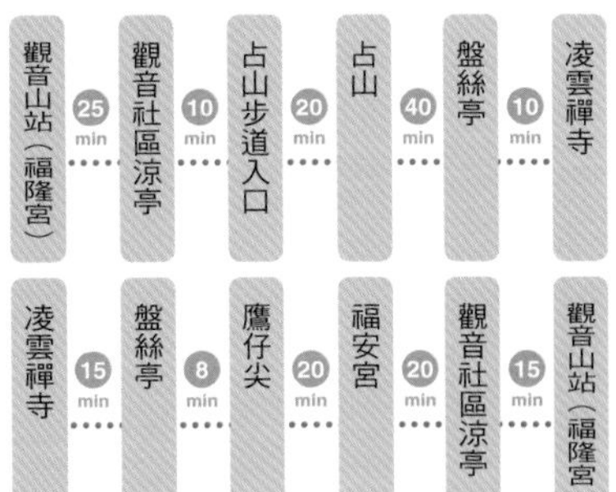

路況評價

- 登高指數：● 231m（連峰起伏多）
- 路程時間：● 3小時（O形含鷹仔尖）
- 步道路況：●●（主步道●）
- 綜合評價：●（主步道●●）

注意及建議事項

觀音社區涼亭登山口無公車直接抵達，從凌雲路三段觀音山站至步道入口，須步行約1.7公里的道路。可考慮由凌雲禪寺起登，登頂占山後，循原路返回盤絲亭，再走支線至占山，然後循原路返回凌雲禪寺，來回約2小時，交通較便利，全程為石階路。

交通資訊

• 自行開車

中山高速公路經五股交流道，轉台64快速公路，再下觀音交流道，銜接北53-1縣道（凌雲路）；至凌雲路三段「凌雲二橋」前的福隆宮，右轉田埔巷，前行約七、八百公尺，再左轉岔路至觀音社區涼亭。

或可由淡水方向過關渡大橋，接龍米路、再右轉孝義路（北56），至觀音社區涼亭。

• 大眾運輸

從塔城街搭乘三重客運（北門－觀音山），於觀音山站下車。由福隆宮右轉田埔巷，前行約七、八百公尺，再左轉岔路至觀音社區涼亭。

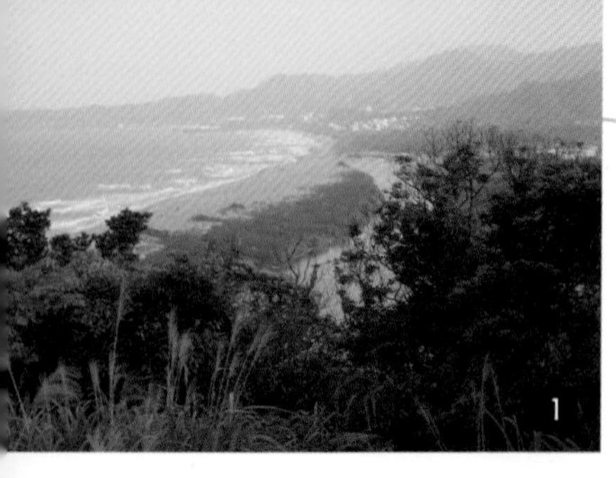

金包里山

・山名　金包里山／・海拔標高　67m
・登山口高度　30m／・三角點　三等三角點1023號
・GPS座標　314364・2791135／・座落位置　台北縣金山鄉
・特色　燭臺雙嶼、岬角風光、海岸奇岩

金包里山位於金山岬角，燭臺雙嶼為北海岸勝景

金包里山位於金山岬角，就是一般遊客所熟知的金山海水浴場旁的獅頭山公園，以燭台雙嶼景點著稱。金山是北海岸著名的景點，擁有豐富的觀光資源，老街美食、溫泉浴湯、海水浴場、海岸奇岩，很適合全家老少一日輕鬆悠遊。

金包里山的登山口在公園路口的金山遊客中心。遊客中心旁設有停車場，由此出發，沿著馬路步行，約兩、三百公尺，抵達獅頭山公園的入口。踏著寬闊的人行柏油道路上山，約三、四分鐘，抵達步道岔路，右岔路有指標往彌勒佛像，金包里山的基石就在這條岔路上行約兩分鐘的步道左側。建議可先前往燭台雙嶼，回程再登金包里山及參觀彌勒佛像較為順路。

由主步道續前行，遇右岔路，可通往水尾漁港，岔路口附近有涼亭供遊客休憩，涼亭旁有廢棄的軍事碉堡。金山岬角昔日為軍事管制區域，所以至今步道沿途仍可看見廢棄的營舍、碉堡及坑道。

續前行，主步道旁別有小徑，可通往附近涼亭，眺望海岸風光，沿途栽種花木，林木扶疏，步道平緩好走，走來舒適自在。大約二十分鐘路程，就可抵達獅頭山公園的岬角盡頭，望見燭臺雙嶼了。燭臺雙嶼是海中隆起的礁岩，高約六十公尺，岩基相連，出水後分歧為雙嶼，外形像蠟燭台相對

金包里

金山，舊稱金包里，源於當地原為平埔族「基包里社」居住之地。「基包里」象徵豐收之意。1632年西班牙人書中所載，土番採硫磺之地為Taparri。1646年至1656年間荷蘭戶口表中曾記載為Tapanre或Tappar，裨海紀遊、諸羅縣誌均有記載。後來相傳有人發現金礦，因此又稱「金包里」。日據時代，日本人改名為「金山」，沿用至今。

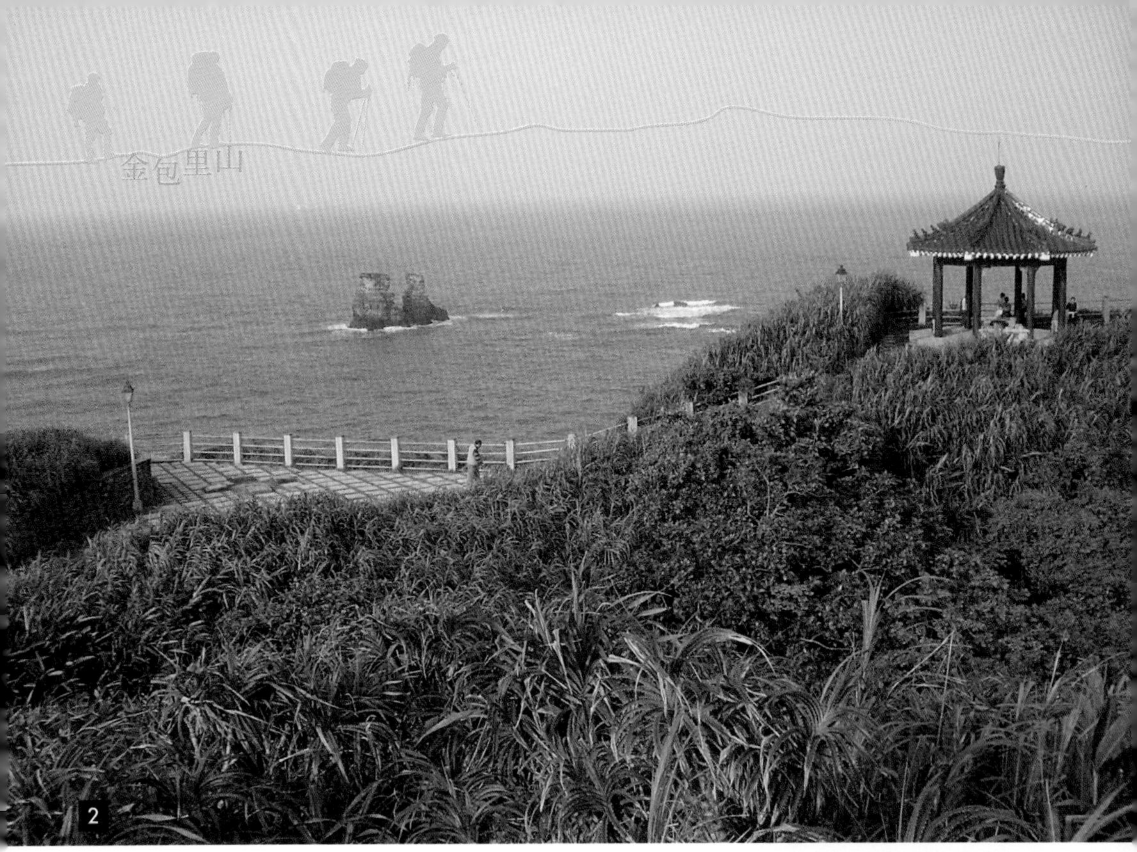

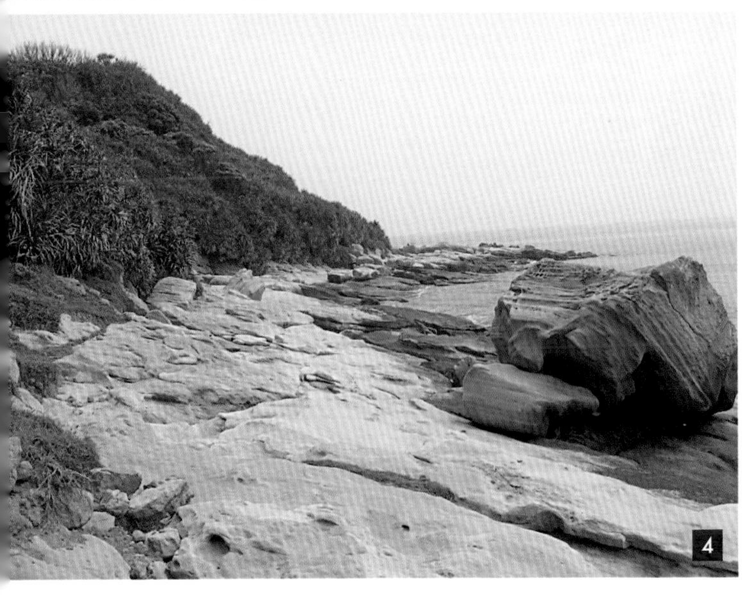

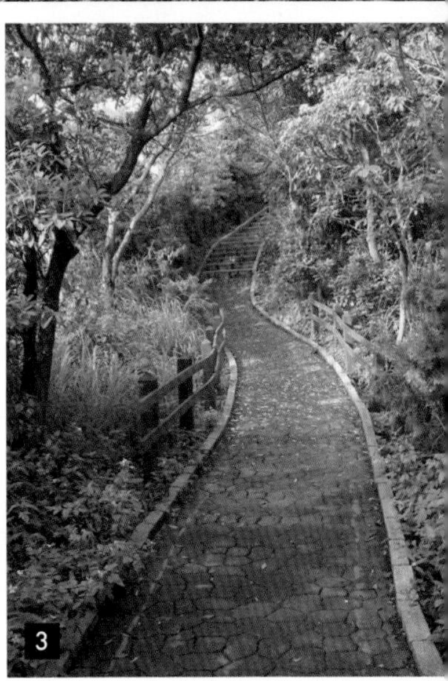

1 從彌勒佛像遠眺舊金山海灘及遠處的野柳岬角。

2 中正亭與燭臺雙嶼。

3 金包里山步道途中一景。

4 「神祕海岸」。

附近景點

【金包里慈護宮】

金包里慈護宮位於金包里老街入口，俗稱「金包里媽祖廟」，為金山鄉的信仰中心，鄉人尊稱為「大廟」。相傳清嘉慶年間，有一尊「金面媽祖」神像漂流擱淺於野柳海岸石洞，後來金包里街先賢黃士進公，捐獻廟地及山林、水田為廟產，地方人士群起籌募緣金，興築建廟，嘉慶十四年（1809年），廟宇落成，命名「天后宮」，由野柳恭迎媽祖鎮座奉祀。其後香火鼎盛，更名為「慈護宮」。慈護宮創建後，歷年均有重修擴建，而成為今日的規模。

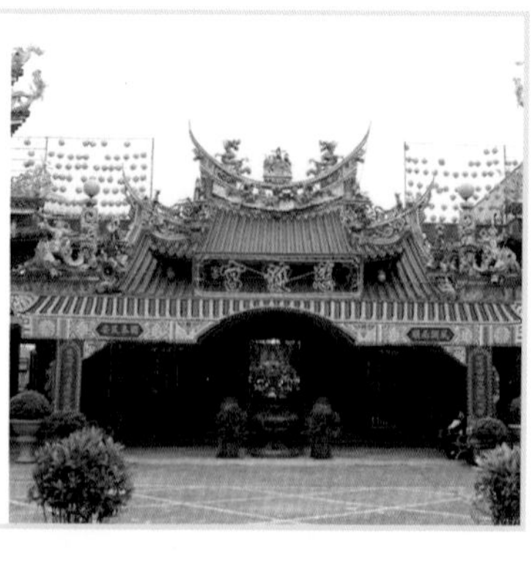

峙，故名為「燭臺雙峙」。清朝同治十年（一八七一年），《淡水廳志》將此勝景列為「淡北外八景」之一。在此眺望海景，視野絕佳。

神祕海岸驚艷奇石，金包里山彌勒佛像展望佳

崖頂附近有一小徑可下抵海濱，海岸處有美麗細白的紋理岩石，岩石形狀嶙峋，附近海水蔚藍，景色怡人，過去因軍事管制，遊客無法接近，而享有「神祕海岸」的美譽。海岸線有小徑可繞過岬角的一線天岩洞，抵達水尾漁港，然後可由漁港的步道爬回獅頭山公園的主步道。

循原路折返，至涼亭岔路時，走往彌勒佛像的步道，不久即會看見步道左側有一顆編號一〇二三號的基石，這就是金包里山主峰的二等三角點，基石就座落於步道旁。

續前行，約三分鐘，抵達彌勒佛像，是一尊巨型金身彩衣坐姿的彌勒佛像。這裡展望佳，正對著水尾漁港旁延伸至野柳岬角美麗的彎形海岸沙灘。接著步道沿稜線林間前行，約十分鐘，即可返回遊客服務中心，金山遊客服務中心內有詳細的當地旅遊資訊，還提供自行車出租服務。

在這裡租一台腳踏車，可以盡情遨遊磺港漁港或水尾漁港附近的鄉間小道，領略金山的海岸及鄉野之美。

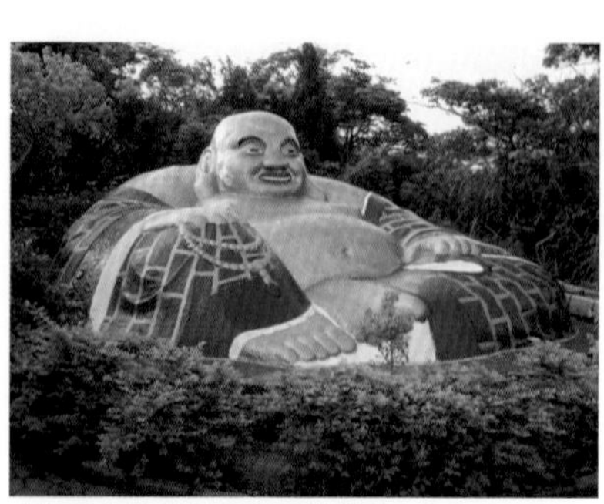

金包里山途中的巨型彌勒佛像。

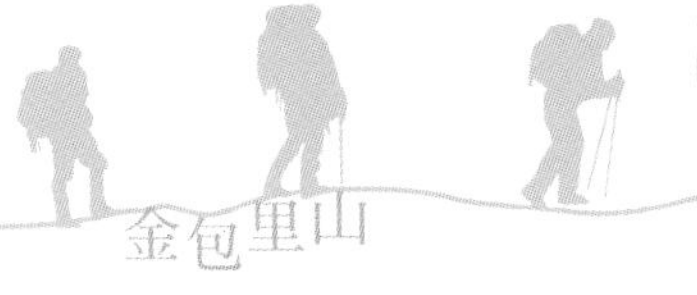

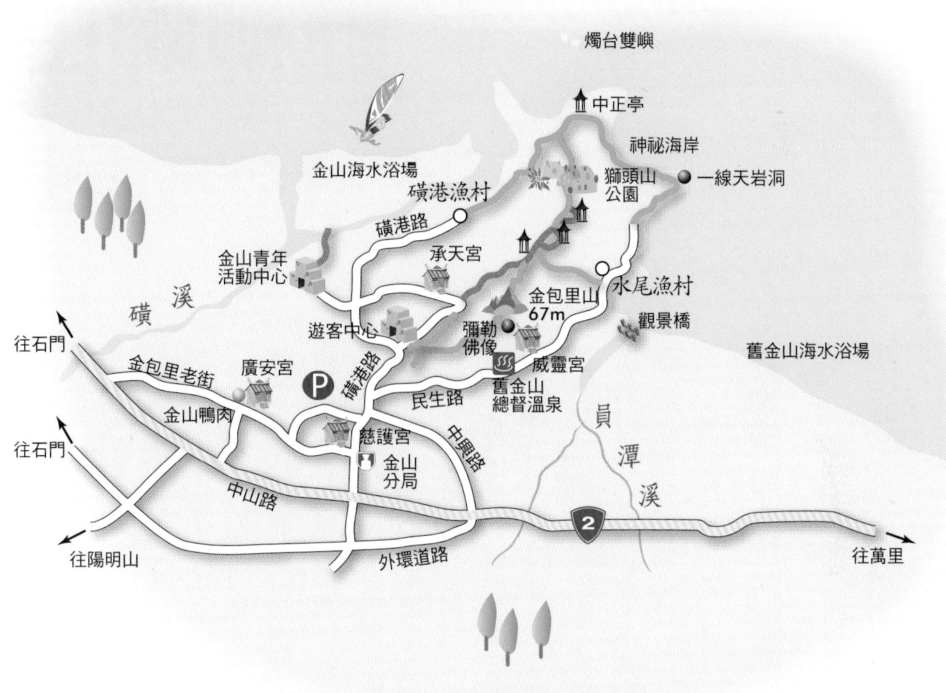

路程時間

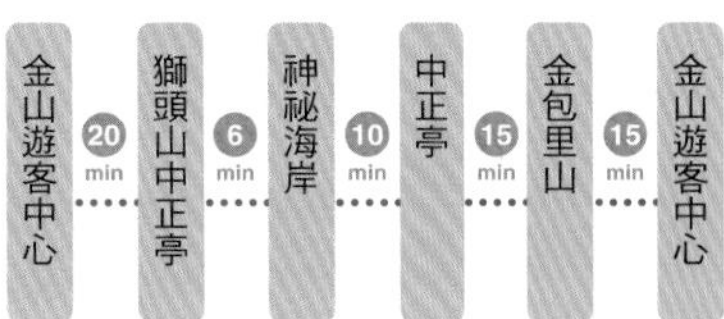

路況評價

- 登高指數：● 37m
- 路程時間：●（來回約1至1.5小時）
- 步道路況：●
- 綜合評價：●

注意及建議事項

金包里山沿途皆為石階步道，路況良好。由獅頭山公園中正亭往神祕海岸繞往水尾漁港，沿著海岸行走，無正式步道，且本區地質脆弱，易有崩落。幼兒不宜，下雨過後，亦不宜前往，請特別注意。

交通資訊

• 自行開車

由淡水走台二線經三芝、石門至金山市區，左轉往金山活動中心方向，至磺港路，再右轉公園路，即可抵達。或走北二高至基金交流道，循台二省道經萬里至金山。或由台北市區走仰德大道、陽金公路（台二甲）至金山。

• 大眾運輸

行駛基隆、淡水間的基隆客運或淡水客運班車至金山。或搭國光客運、皇家客運由台北至金山。

1 野柳地質公園的地標 —— 女王頭。

野柳岬山

・山名　野柳岬山／・海拔標高　93m
・登山口高度　5m／・三角點　二等三角點內補003
・GPS座標　319445・2789872／・座落位置　台北縣萬里鄉
・特色　海蝕地質景觀

野柳岬山位於野柳地質公園內，以地質景觀聞名

野柳岬山，位於台北縣萬里鄉，就是著名的野柳風景區，現已劃入北海岸及觀音山國家風景區，更名為「野柳地質公園」。野柳岬角延伸入海，位於岬角頂處有一座單面山，山頂豎立一座醒目的鐵塔，即是野柳岬山的主峰基石所在。

野柳岬山位於國家級的野柳地質公園內，步道設施相當完善，雖然園內導覽圖並無標示野柳岬山的位置，但由於目標明顯，只要朝岬角頂端那座鐵塔的方向走去，就可以抵達山頂。沿途可以順道一遊野柳地質公園。

野柳地質公園是台灣最獨特的海岸風景區，由於受到風化與海蝕的影響，岩石軟的部份凹陷，堅硬部份突起，形成千奇百怪的形狀。進入地質公園，首先來到第一處地質區，左側的海蝕平台上有各種蕈狀石，接著過橋通過岬角最狹處，有分支步道可繞往海蝕平台上欣賞著名的女王頭、仙女鞋、蕈狀石等。沿著主步道前行，至盡頭處有一名為「瑪玲鳥石」的奇岩，步道至此一分為二，右線通往海蝕溝及情人洞海岸，左線循石階步道爬往岬角高處的野柳岬山。途中，步道又分為沿著稜線及山腰的兩條步道。選擇稜線步道前行，沿途不時有眺望點可俯瞰懸崖下的海蝕地形。

野柳岬山，位於野柳岬角最高處，為單面山地形

中途有小徑可拉繩索爬上右側一座小山頭，山頂有內政部衛星控制點。峰頂大約位於野柳岬角的中點，突起的山頭成為俯瞰野柳岬角最佳的角度，既可回望

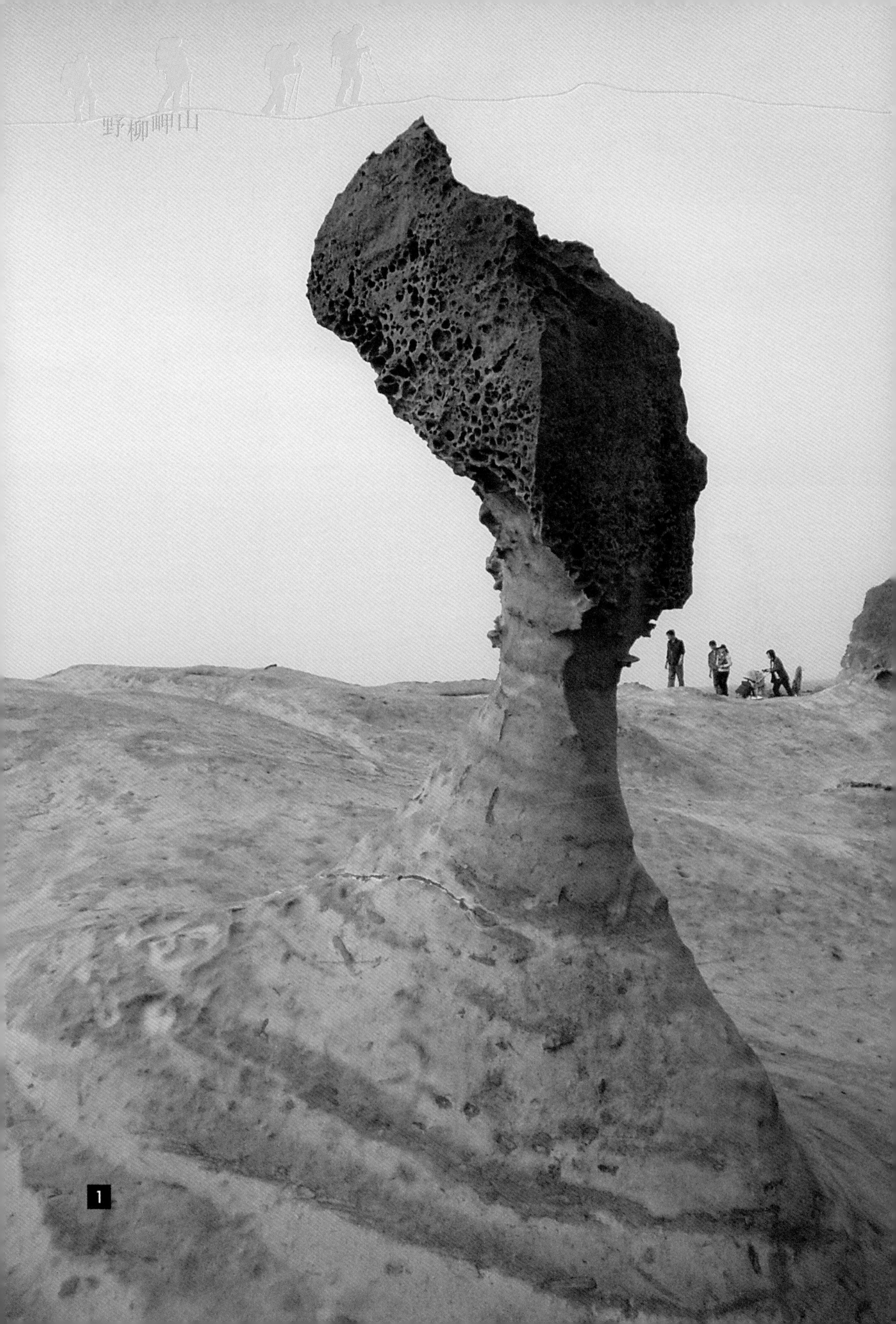

1

野柳地質公園的全景，也可迎面眺望野柳岬山的英姿。但峰頂臨崖無安全設施，務必小心，勿靠近崖邊。

返回步道，續續沿著稜線步道前行，約十分鐘抵達鐵塔處，其旁有一紅頂白柱的燈塔，下方為觀景平台，展望頗佳。這裡就是野柳岬山，基點則位於燈塔旁最高點欄杆的外側，可從鐵塔旁的小徑前往。小徑雜草稍多，但撥開後即可清楚看見路徑。

從野柳岬山的步道續前行，可通往岬角頂端的涼亭。涼亭處三面臨海，視野遼闊，東可遠眺基隆嶼，西可望及金山的燭臺雙嶼，亦可近距離欣賞野柳岬山西北側險峻的懸崖絕壁。這裡也是野柳地質公園步道的盡頭。由涼亭處往回走，途中有岔路，石階路陡下，通往東南側的海蝕溝及情人洞，可經由海岸的海蝕平台繞回野柳地質公園的入口。沿途不妨放慢腳步，細心品味這經過數百萬年時間浸染才能形成的海岩地質奇景。

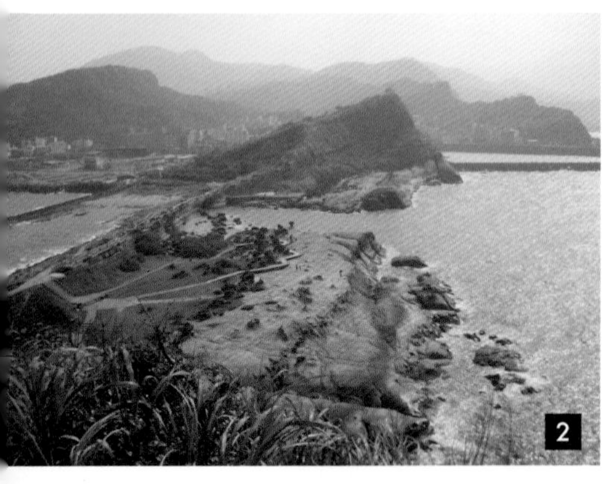

野柳岬角

野柳（ia-liu）地名，在1626年西班牙人佔領北台灣時就已出現。根據學者的考證，野柳地名起源於西班牙文的punto Diablos（意即「魔鬼的岬角」）的「Diablos」（魔鬼）一字（D與B兩個子音消失）。由於岬角突入海面，為北台灣海域明顯的地標，自古以來即為海上航行的重要指標，地名出現於西班牙人及荷蘭人當時的地圖紀錄中。

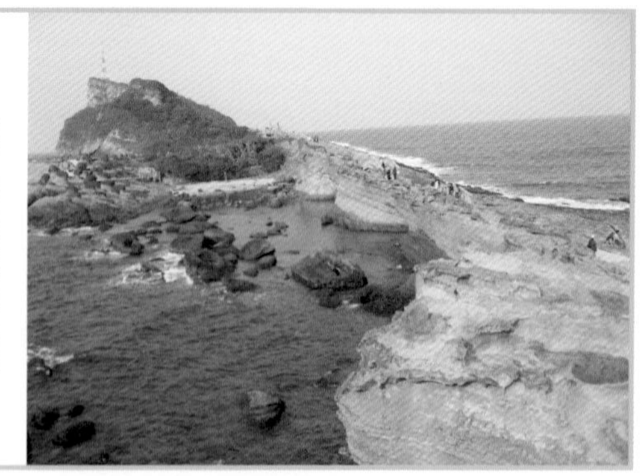

2 從中途的小山頭回望野柳地質公園入口方向。

3 野柳地質公園，奇形怪狀的蕈狀石。

4 野柳岬山山頂處的燈塔觀景台，面對大海，視野佳。

5 近觀野柳岬山，為明顯的單面山地形。

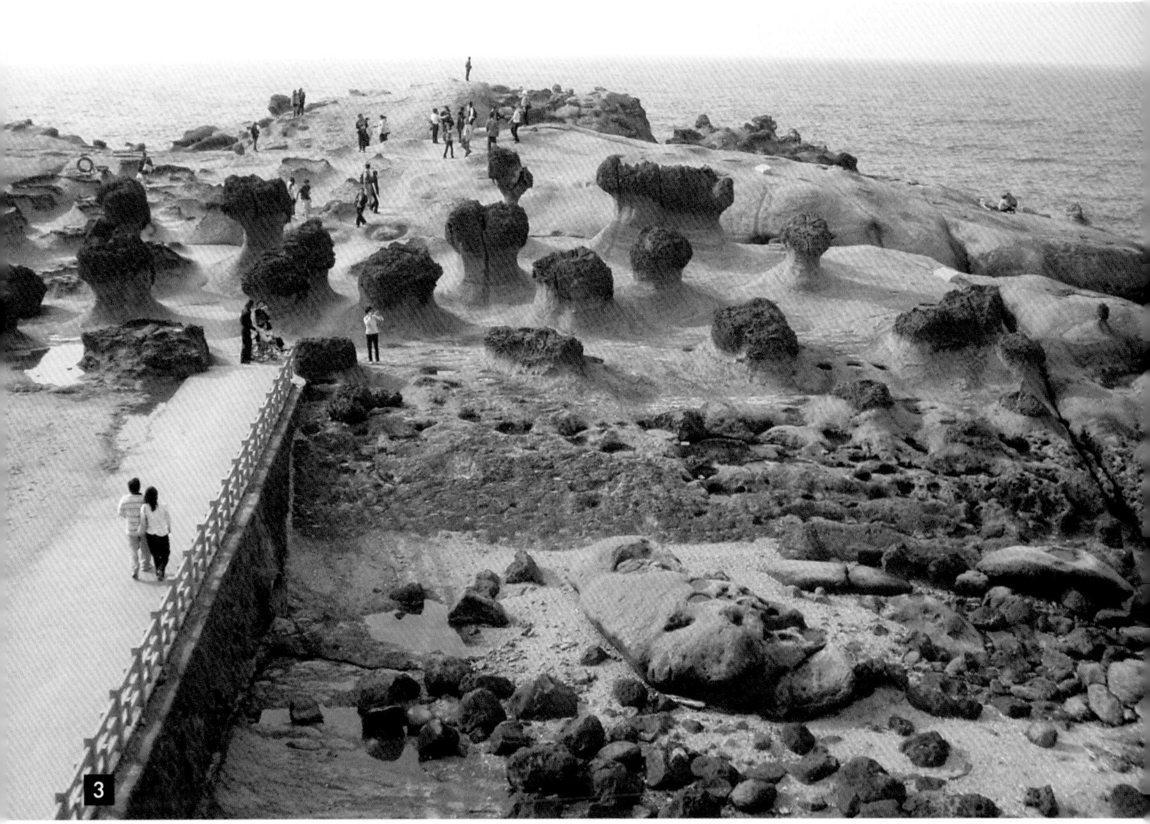

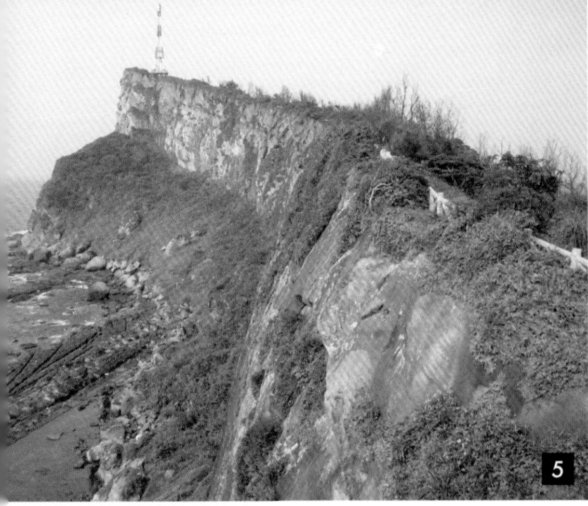
5

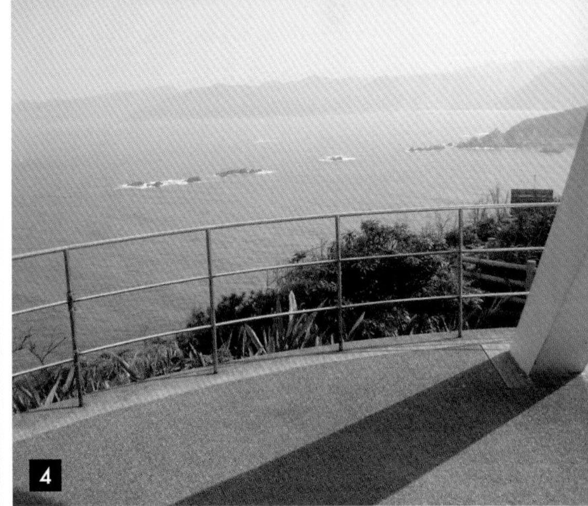
4

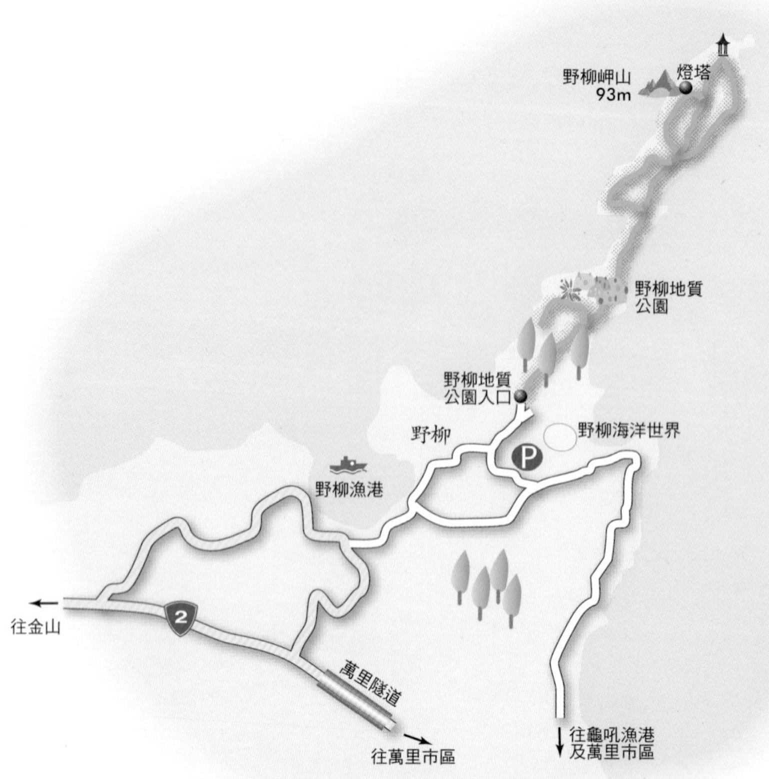

路程時間

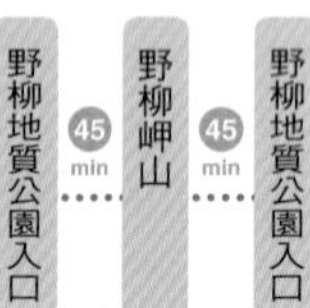

路況評價

- 登高指數：88m
- 路程時間：（來回約1.5小時）
- 步道路況：
- 綜合評價：

注意及建議事項

野柳岬山位於國家風景區內，步道安全無虞。登野柳岬山之後，若選擇走往東南側海濱，經由海蝕溝及情人洞返回園區入口，這個路段無步道設施，須走於海蝕平台，雖然地形平緩，通行無礙，但若遇雨天或風浪大時，應避免走這一路段，以免發生危險。

交通資訊

• 自行開車

北二高下基金交流道，沿台2線至萬里隧道前右轉經龜吼漁港至野柳；或者過萬里隧道，再右轉往野柳。若從淡水方向，則走台2線，經三芝、石門、金山至萬里隧道前左轉至野柳。

• 大眾運輸

搭乘淡水線捷運至淡水站，轉乘開往基隆方向的淡水或基隆客運，在野柳風景區站下車。或由基隆搭乘基隆客運至野柳風景區站。或於台北北站搭乘國光客運（台北－金山線），於野柳站下車。

瑞芳・平溪・雙溪

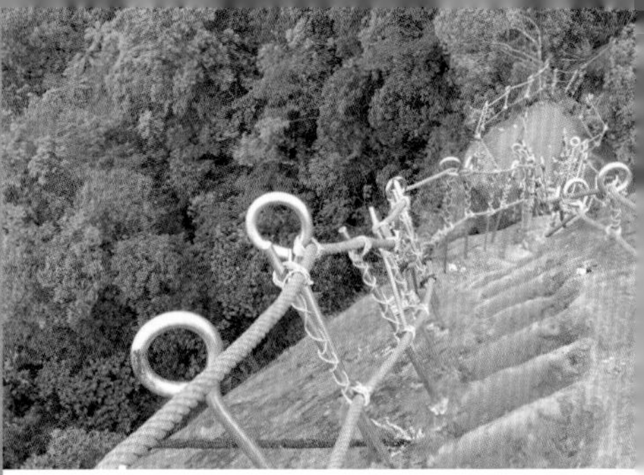

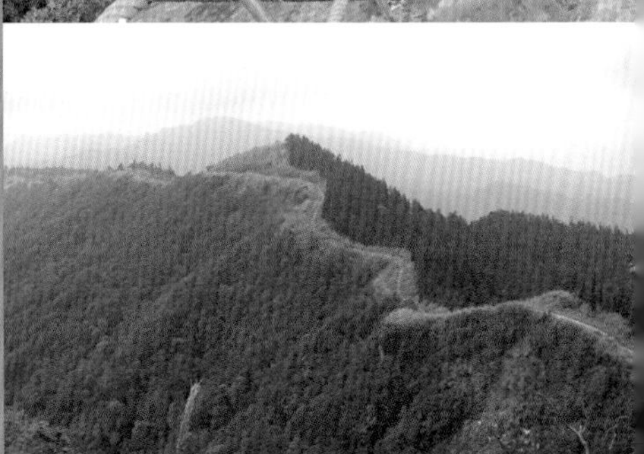

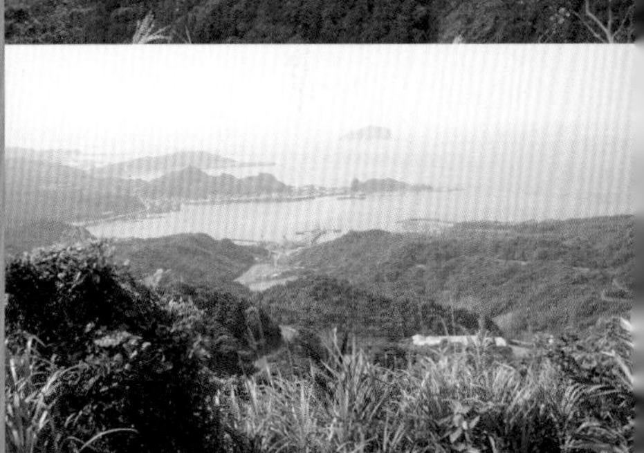

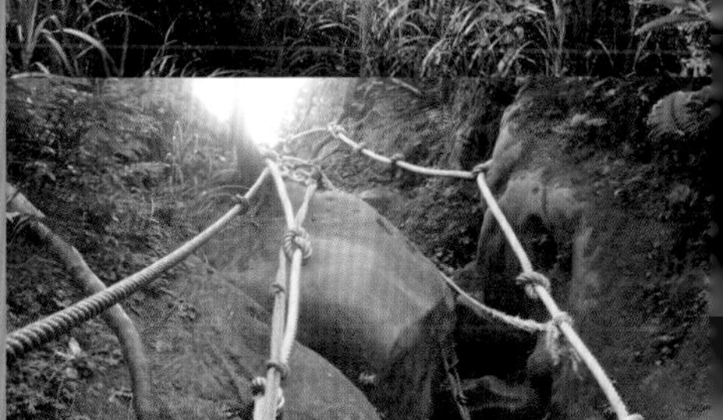

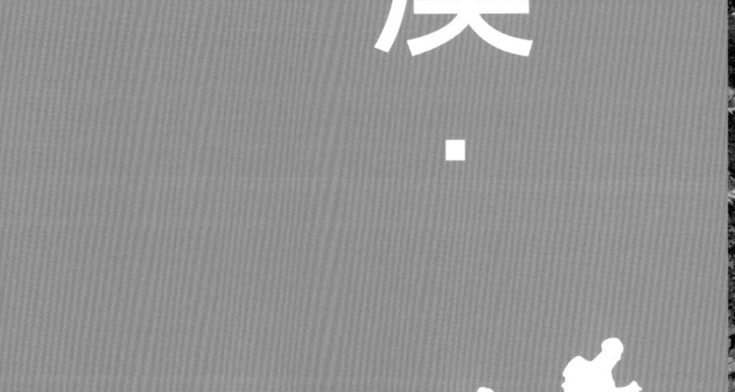

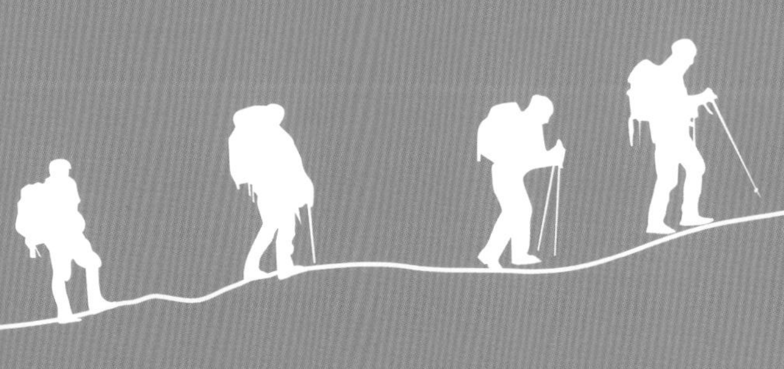

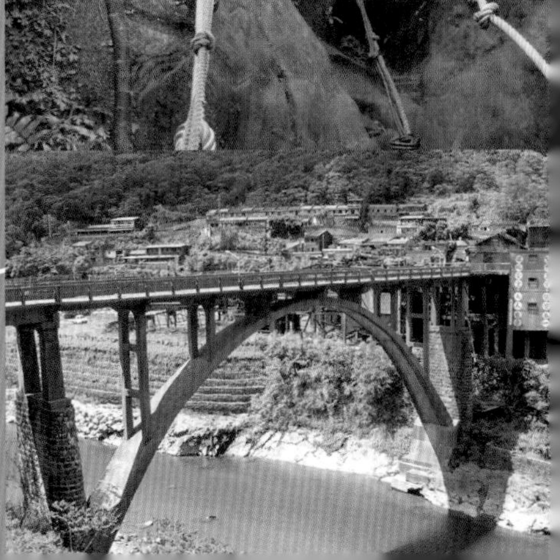

1 五分山步道位於五分山稜線，遠望有如萬里長城。

2 五分山氣象雷達站附近的登山口，路況最佳，登頂最輕鬆。

3 光孝祠登山口，這條山徑路況較差。

4 五分山步道，稜線兩側山坡截然不同的植物生態。

五分山

・山名　五分山／・海拔標高　757m

・登山口高度　190m（台灣煤礦博物館）、435m（光孝祠）、721m（五分山氣象站步道口）

・三角點　三等三角點1038號

・GPS座標　327929. 2774100／・座落位置　台北縣瑞芳鎮

・主要登山口　A. 台灣煤礦博物館　B.光孝祠　C.五分山氣象站

・特色　秋芒盛景、稜線長城、展望極佳

五分山展望遼闊，中央氣象局設置氣象雷達站

五分山為瑞芳、平溪之間的界山，山頂一顆醒目的白色巨球，是中央氣象局五分山氣象站的雷達。五分山，海拔七百五十七公尺，為附近的最高山峰，視野開闊，所以被選為氣象雷達設置地點。五分山迎向東北季風，山頂高處以耐寒的芒草植被為主，以秋芒美景著稱。

五分山傳統的登山口位於106縣道七十三公里處的李家祖祠（光孝祠），穿過宗祠的山麓門，爬上石階，抵達光孝祠，祠堂旁的小徑即是五分山登山口，約六十至八十分鐘，可抵達五分山，但五分山氣象站公路完成後，這條山徑漸少人走，目前路況不好，尤其接近山頂時得鑽於芒草箭竹中，辛苦找路。

五分山公路完成後，車子可以直接抵達五分山頂的雷達站，距離五分山頂已不遠，縣政府則沿著五分山稜線興建一條步道，通往平溪鄉的台灣煤礦博物館，全長三點二公里，秋季走於這條步道上，沿途秋芒夾道，賞心悅目。這條稜線步道建於稜線之上，隨山勢起伏，自遠處眺望，猶若萬里長城，非常壯觀。

新的五分山登山口，起點從平溪鄉的台灣煤礦博物館，全程皆鋪石階路，部份路段有崩塌，小心行走無礙。石階路一路陡上，約六十分鐘，抵達五分山越嶺鞍部，這裡有一座古老的福德宮。福德宮附近，有一條山徑陡下，往暖東峽谷的「菁寮坑礦業生態博物園區」，路程約四十分鐘。這條連繫暖暖及平溪之間的山路為昔日淡蘭古道支線之一，稱為「十分古道」，或稱「暖東舊道」。福德宮旁有一條山徑，可順登附近的頂子寮山。

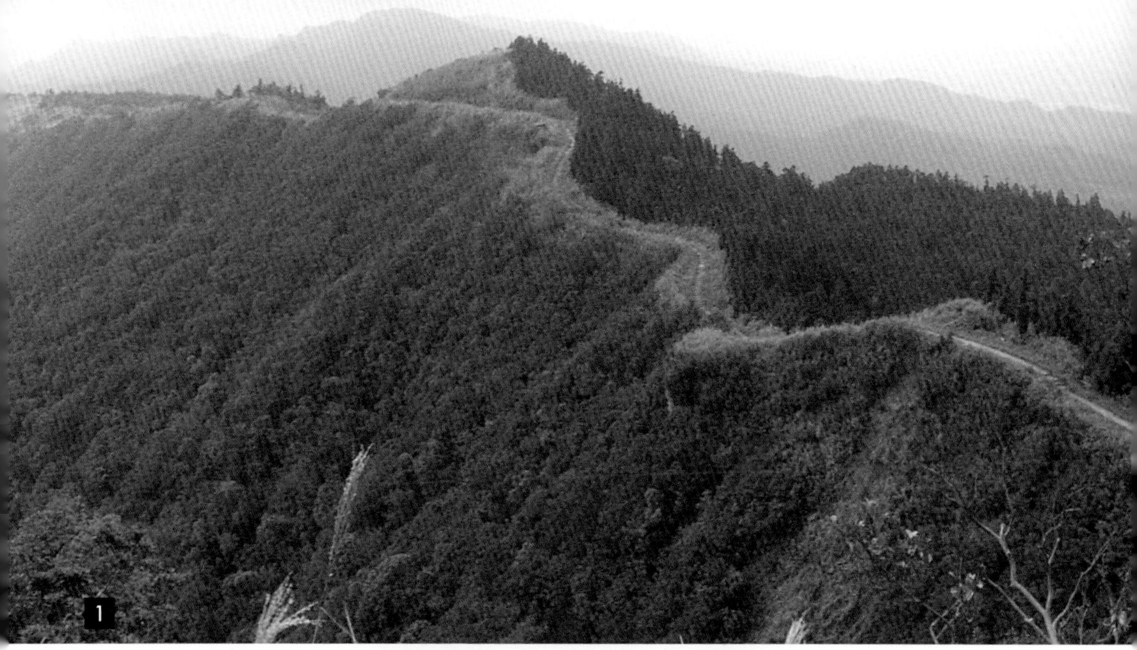

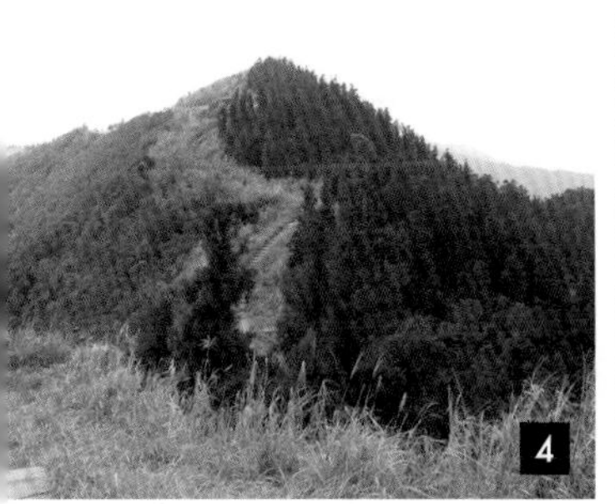

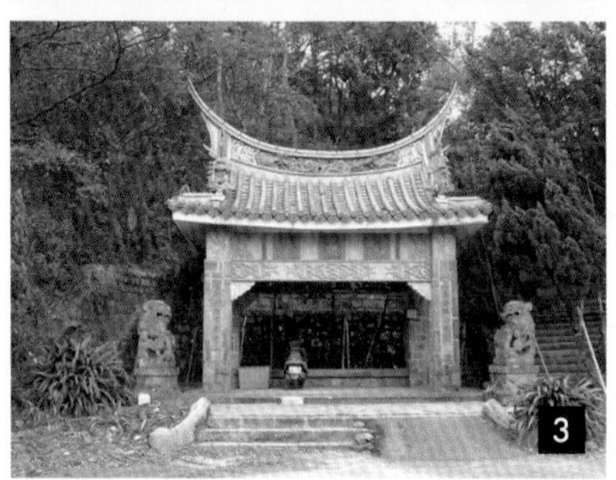

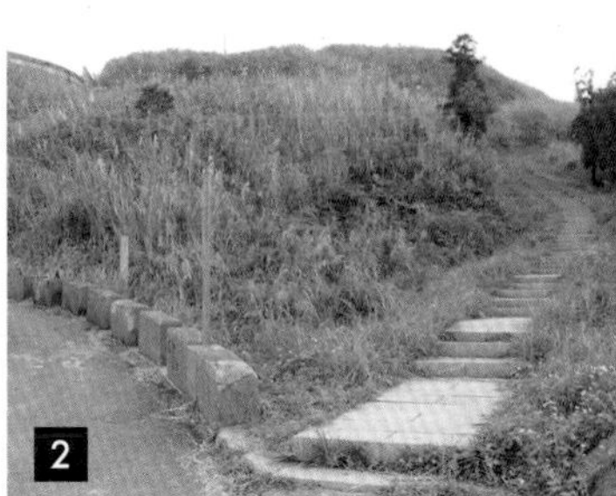

中央氣象局五分山氣象雷達站

由於花蓮、高雄兩氣象雷達因受中央山脈阻擋及地球曲度影響，所以台灣北部海上、陸上形成偵測涵蓋面的空隙，因此中央氣象局設立五分山氣象雷達站，以對北部颱風進行更嚴密的追蹤監視。中央氣象局原本屬意於七星山建立氣象雷達站，但受陽明山國家公園限建影響，後來至東眼山、燦光寮山、姜子寮山、觀音山、五分山及大屯山等地進行現場實地勘查，進行電波測試及可能阻擋評估。最後選定五分山做為建站地點。民國85年（1996年）完成五分山氣象站道路及站房工程，同年氣象雷達安裝安成，開始運作。

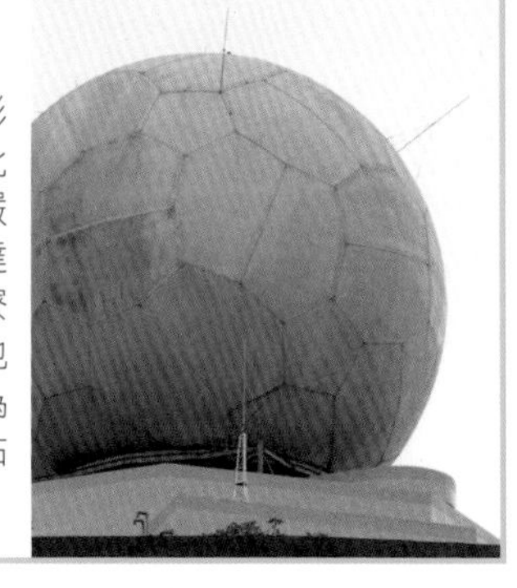

附近景點

【台灣煤礦博物館】

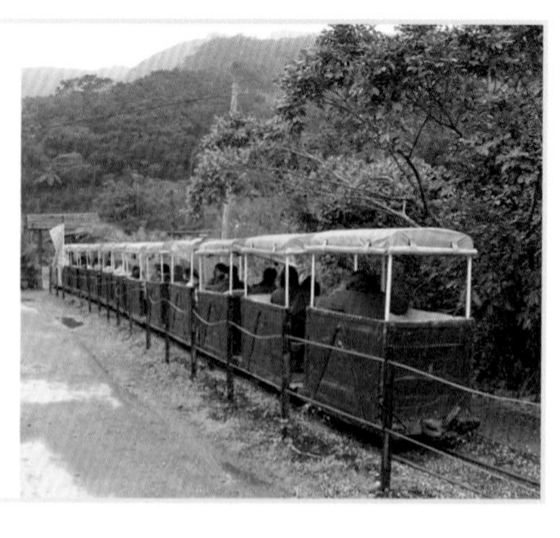

台灣煤礦博物館位於平溪鄉新寮村，原為新平溪礦坑，礦場結束後，轉型成立煤礦博物館，以保存礦業開採過程所使用的機具、廠房及相關的歷史文物資料，陳列解說使遊客了解台灣煤礦業的歷史。礦場內還有一段30公尺長的模擬坑道，使遊客體驗實際的採礦過程。昔日用來載運煤礦的獨眼小火車，是台灣第一部電氣化的火車，現已改裝成為園區的觀光列車，遊客可從十分車站附近搭乘觀光列車前往台灣煤礦博物館。

五分山秋芒迷人，眺望海天美不勝收

沿著稜線步道前行，沿途仍有不少陡坡，部份步道被生長旺盛的芒草所侵掩。五分山以稜線為界，兩邊山坡的植物景觀截然不同，迎向北方的坡地有造林遺跡，為單一針葉杉林的樹種，南邊則以雜木林為主。步道位於稜線高處，兩旁以芒草為主。隨著地勢愈高，展望漸佳，平溪、雙溪、石碇、坪林一帶山巒疊嶂起伏，歷歷在目。約六十分鐘，抵達五分山西峰，這裡設有一座涼亭。西峰涼亭是五分山步道視野最佳之處，遠眺基隆河谷、台北盆地、七星、大屯山，其間溪谷、平原、山巒交錯，構成一幅潑墨山水美景。

續前行，約五分鐘，右側有一山徑岔路，登往五分山主峰的基石。小徑鑽過茂密的芒草箭竹，路徑不清。所幸路段並不長，約兩、三鐘，就來到芒草箭竹叢所圍繞的一小空地處，兩顆小巧的基石隱身於此。

循原路退回，再往前走，約一分多鐘，就抵達步道終點，接上五分山公路。沿著公路往上走約兩百公尺，就是五分山氣象站了。氣象站為機關用地，並未對外開放。天氣好時，在這附近的五分山公路上，除了欣賞芒花飛舞，也可遠眺基隆外海的海天美景。

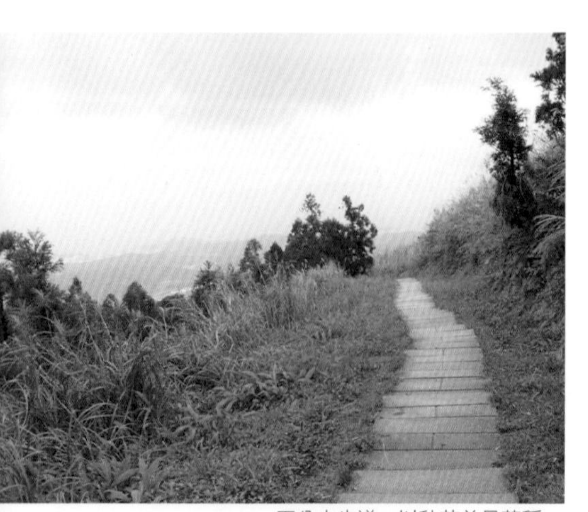

五分山步道，以秋芒美景著稱。

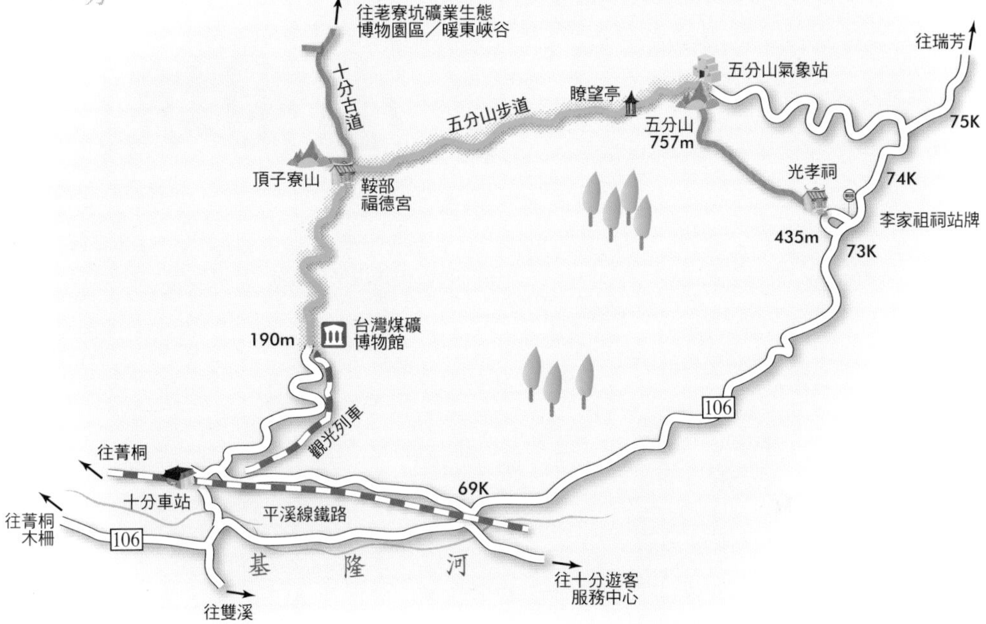

往菁寮坑礦業生態博物園區／暖東峽谷
十分古道
五分山步道
瞭望亭
五分山氣象站
往瑞芳
五分山 757m
75K
74K
光孝祠
李家祖祠站牌
435m
73K
頂子寮山
鞍部福德宮
台灣煤礦博物館
190m
觀光列車
106
往菁桐
十分車站
69K
往菁桐 木柵
106
平溪線鐵路
基隆河
往十分遊客服務中心
往雙溪

路程時間

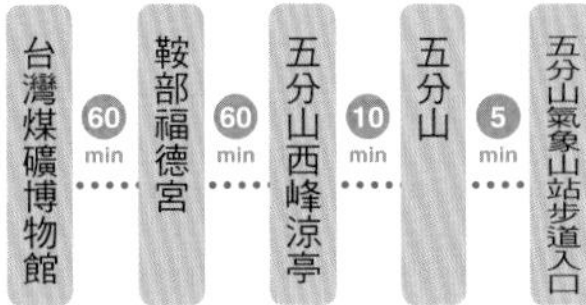

路況評價

- 登高指數：
  - ● 567m（台灣煤礦博物館）
  - ●● 322m（光孝祠）
  - ● 36m（五分山氣象站站道入口）
- 路程時間：
  - ● 4至5小時（台灣煤礦博物館至五分山來回）
  - ●● 2.5小時（光孝祠至五分山來回）
  - ● 30分鐘（至五分山來回）
- 步道路況：
  - ●●（五分山步道）
  - ●●（光孝祠至五分山）
- 綜合評價：●●（台灣煤礦博物館至五分山氣象站）

注意及建議事項

光孝祠登山口上山的傳統山徑，路況較差，非登山人士，勿嘗試這條路線。由台灣煤礦博物館起登，海拔落差較大，單程約須2至2.5小時才能登頂。體力較差者，建議直接開車走五分山公路，由五分山氣象站附近的步道口進入。五分山步道位於稜線，無遮蔭，最好避開夏日酷熱季節。

交通資訊

• 自行開車

中山高下暖暖交流道，接瑞八公路至瑞芳，轉106公路，至74.5K右轉五分山公路，約4公里，至五分山氣象站前的轉彎處，即可看見五分山步道入口。

由木柵走106公路，或北宜高下石碇交流道接106公路，往平溪，過十分車站後，至106公路約68.6K，左轉，循指標往台灣煤礦博物館。

• 大眾運輸

1. 由瑞芳搭乘平溪線觀光列車至十分站，然後於附近搭乘台灣煤礦博物館觀光列車至博物館。如採步行，則約25至30分鐘。
2. 自台北市搭公車 236、237、251、252 線於木柵（馬明潭）站下車；轉搭台北客運1076路線由馬明潭往平溪。由木柵搭台北客運在十分寮站下車。
3. 基隆客運瑞芳火車站往平溪線，於李家祖祠站下車（光孝祠登山口）。

小粗坑山

・山名　小粗坑山／・海拔標高　485m
・登山口高度　96m／・三角點　台陽62號基石
・GPS座標　333808. 2777665／・座落位置　台北縣瑞芳鎮
・特色　古道聚落遺址、山海風光、九份老街風情

小粗坑古道，令人驚豔的聚落遺址

小粗坑山位於猴硐的小粗坑與九份之間，兩地都是因礦業而興盛的聚落，小粗坑更是九份礦業鉅子顏雲年的發跡之處。昔日兩地之間往來的越嶺山路，為「小粗坑古道」。小粗坑採礦結束後，聚落隨之蕭條沉寂，居民外移，房屋廢棄，古道亦淪於荒煙蔓草之中。直到幾年前，登山客發現小粗坑聚落遺址，這條令人驚豔的古道才為人們所熟知。後來，台北縣瑞芳風景特定所整修古道，而成為一條熱門的登山路線。

小粗坑古道登山口位於猴硐弓橋社區旁，從猴硐火車站步行至此，約三十分鐘路程。進入古道，有一小段水泥小車道，沿途偶然會發現路旁的芒草及樹林間有斷垣殘壁，是居民遷走，留下荒廢的房屋。前行約十分鐘，漸漸聽見小粗坑溪的潺潺流水聲，不久，道路與溪水貼近。溪淺水潺，清澈沁涼，可以在溪畔稍作休憩。

領略古道情懷，眺望山海之美

車道至此消失，接著變為山徑。沿途斷斷續續出現古樸石階，呈之字型往上走，沿途經過兩座鐵橋。約十餘分鐘，抵達一處岔路，右岔路不遠處有一座水泥亭，亭內有一古樸的土地公廟。續往前行，古道越溪，附近林間可見殘垣，多已佈滿青苔藤蔓。

愈往上走，森林愈見幽靜。大約二十分鐘，出森林，抵達一處岔路口。附

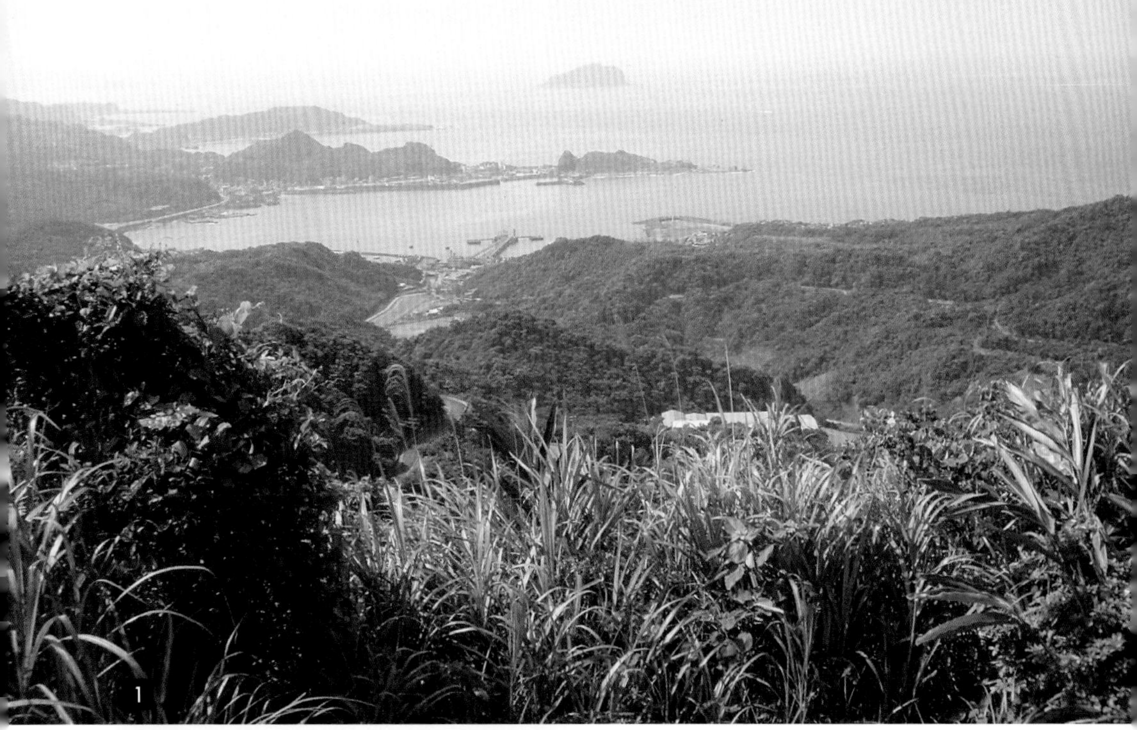

1 從途中遠眺深澳岬角及基隆嶼，視野遠及野柳岬角。
2 小粗坑聚落的小山國小遺址。
3 小粗坑古道，古樸的石階路。

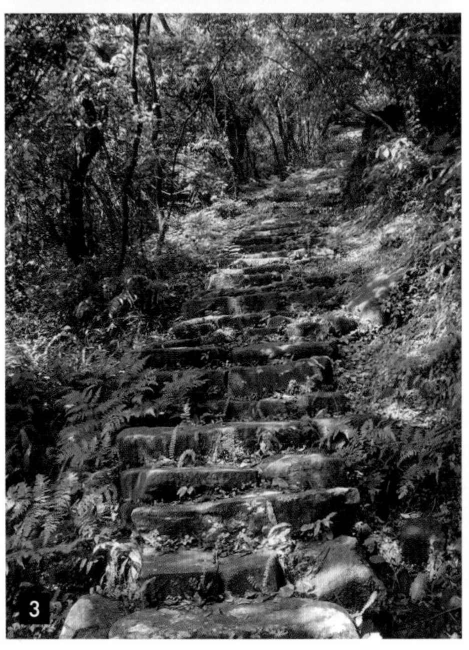

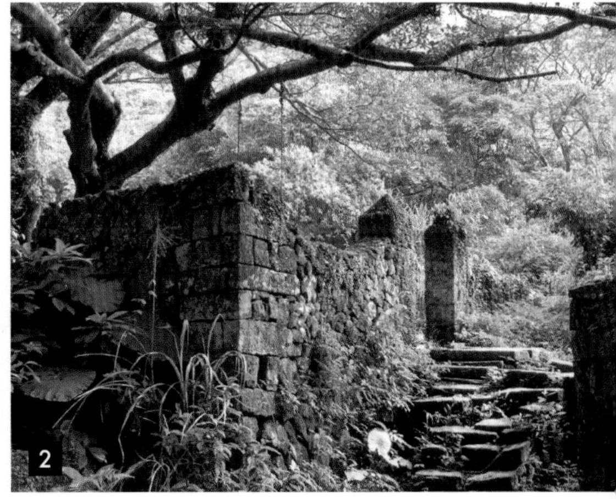

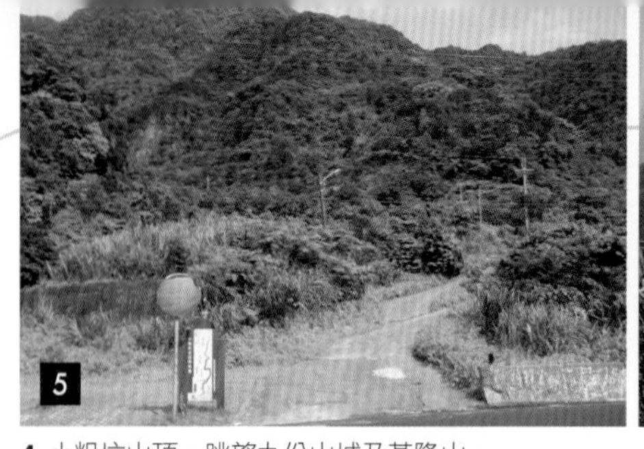

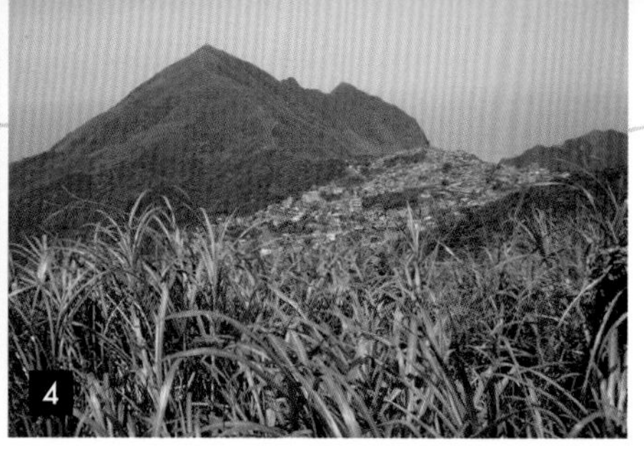

4 小粗坑山頂，眺望九份山城及基隆山。

5 小粗坑古道的入口，猴硐弓橋社區旁。

近草叢林間，有不少殘壁石牆錯落其間。這裡就是小粗坑聚落了。岔路右徑有一較完整的民宅，尚有人居，左岔路則通往附近的小山國小（猴硐國小小粗坑分校）遺址。學校門垣，已被青苔染成一片碧綠，校舍前的小草地角落，有殘遺的旗桿台座。校牆旁有三棵老樹，空空蕩蕩的鞦韆，孤寂地垂懸於樹下。由小山國小續前行，可抵達粗坑口山，有一觀景台，可眺望猴硐方向的基隆河谷。

從小粗坑聚落遺址續往上爬，沿途有完整的舊石階路。上行約十分鐘，抵達一間山神廟。日據時代，礦坑附近都設有山神廟，使深入地下採礦的礦工們精神上有所寄託。隨著採礦事業結束，山神廟亦變得寂寞冷清。續往上爬，石階路消失，山徑變為一般泥土路，約二十分鐘抵達越嶺鞍部。小粗坑山位於鞍部右岔路約五十公尺遠而已。山頂有一顆台陽62號基石。

從鞍部起，開始下坡路，走往九份，植被景觀不變。九份端的古道因迎向東北季風，變成以耐寒的芒草為主，沿途少有遮蔭。但視野變得開闊。沿途可以望見九份的地標——基隆山，矗立於九份山城旁，而北海岸從金山、野柳至基隆，深澳的海岸及岬角美景一覽無遺。沿途多為枕木步道，路況更佳，約三十分鐘的下坡路，便抵達九份的頌德公園，園內有一座頌德碑，以紀念顏雲年。沿著頌德公園前的輕便路前行，不久，就進入熱鬧的九份老街了。

顏雲年

日據時代，板橋林家、霧峰林家、彰化辜家、高雄陳家、基隆顏家號稱為五大家族。基隆顏家的奠基者，即是顏雲年。顏雲年原為瑞芳警察署巡捕，1895年，日本佔領台灣，接管九份金礦，但不諳台人習性，無法有效管理礦區，造成虧損連連，於是將小粗坑礦區委託精通日語的顏雲年承辦開採。顏雲年銳力經營，逐步擴大事業規模，後來成立「台陽礦業株式會社」，而成為九份平溪一帶的礦業鉅子。

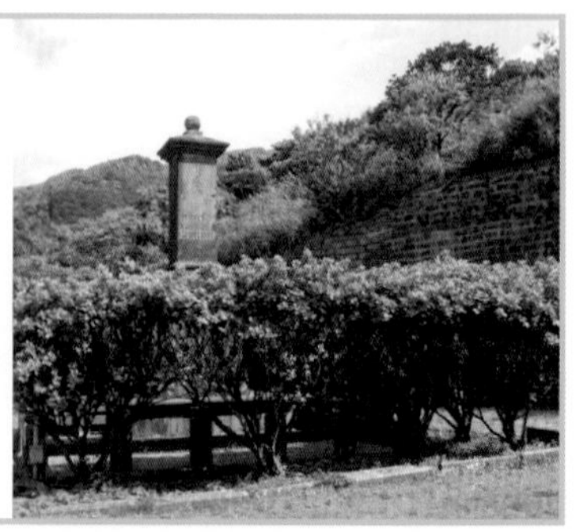

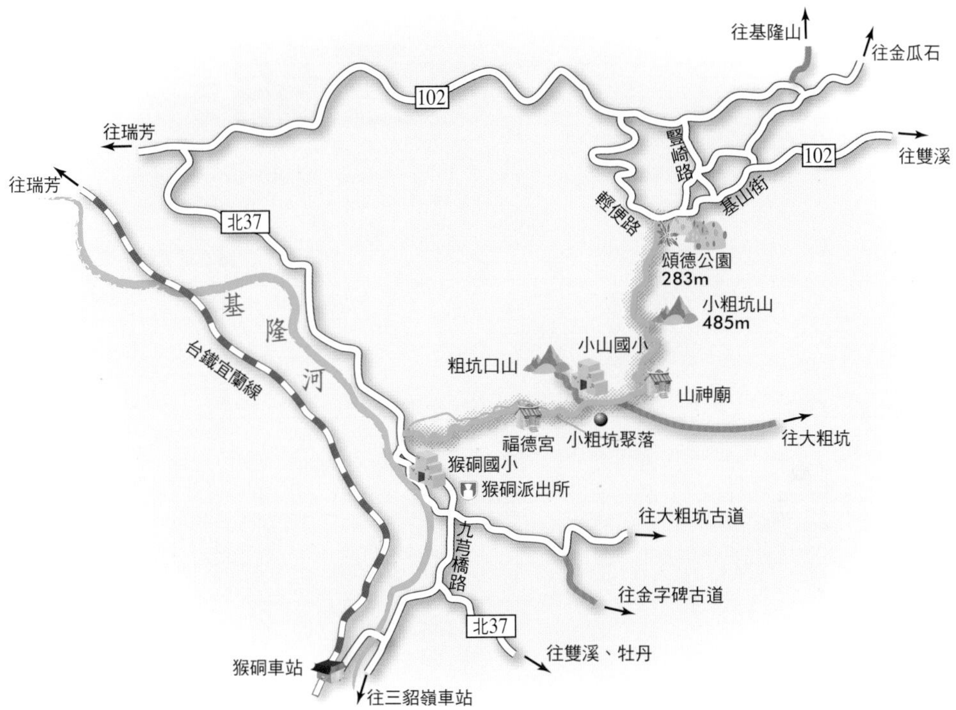

往基隆山
往金瓜石
102
往瑞芳
往瑞芳
豎崎路
往雙溪
102
輕便路
基山街
北37
頌德公園
283m
基
隆
小粗坑山
485m
台鐵宜蘭線
河
粗坑口山
小山國小
山神廟
福德宮
小粗坑聚落
往大粗坑
猴硐國小
猴硐派出所
九芎橋路
往大粗坑古道
往金字碑古道
北37
往雙溪、牡丹
猴硐車站
往三貂嶺車站

路程時間

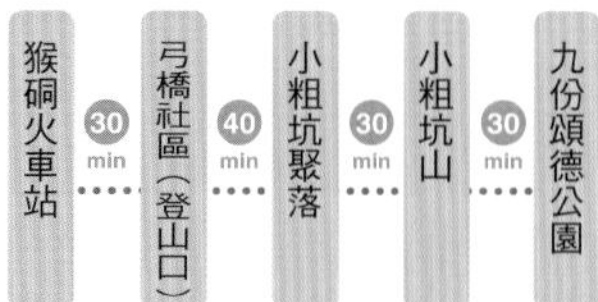

路況評價

- 登高指數：389m
- 路程時間：（單程約2至2.5小時）
- 步道路況：
- 綜合評價：

注意及建議事項

這條登山路線，從猴硐的弓橋社區出發，經過小粗坑聚落遺址，再越嶺小粗坑山，抵達九份的頌德公園，全長約2.5公里，海拔落差近400公尺。行程安排最好以單程越嶺方式，由猴硐越嶺至九份，順遊九份老街，然後由九份搭車下山。若再走原路，由九份越嶺返回猴硐，則路程較遠，且相當耗費體力。

交通資訊

• 自行開車

中山高經濱海公路交流道，至暖暖，再接台62快速公路至瑞芳，沿2丁省道至瑞芳市區，右轉102縣道，再右轉北37鄉道，約前行2公里，在弓橋社區標誌前，有左岔路，即是小粗坑古道登山口。

• 大眾運輸

搭乘台鐵東部幹線至猴硐站，步行柴寮路、侯硐路、九芎橋路，約25-30分鐘，至弓橋社區前的右轉岔路，即是小粗坑古道登山口。或從瑞芳火車站搭乘基隆客運808至粗坑口站下車。

1 金字碑古道越嶺鞍部，有一座探幽亭及立於咸豐元年的奉憲示禁碑。

2 金字碑。

3 猴硐車站附近瑞三礦業公司的運煤橋。

三貂嶺山

・山名　三貂嶺山／・海拔標高　550m

・登山口高度　173m／・三角點　水泥基石（無編號）

・GPS座標　333977・2775193／・座落位置　台北縣瑞芳鎮

・特色　淡蘭古道遺跡、礦業風華

淡蘭古道三貂嶺段，金字碑名聞遐邇

三貂嶺山以淡蘭古道的三貂嶺段而著名，三貂嶺段的淡蘭古道又稱「金字碑古道」。登三貂嶺山，可以選擇搭宜蘭線火車，在猴硐車站下車。從車站開始的行程，可說是一條充滿礦業滄桑與古道氣氛的登山路線。

猴硐曾是欣欣向榮的礦城，如今已繁華落盡。車站前黑色的瑞三礦業選洗煤場是猴硐的地標，目前政府已將廢棄的煤場及辦公室，打造成一座煤礦博物園區。

走出猴硐車站，取左行，沿著柴寮路前行至介壽橋。過橋，有一懷德亭及介壽橋紀念碑。沿著亭前的猴硐路前行，進入侯硐社區，經過保安宮廟口、瑞三保安三村，不久，過九芎橋，就可看見金字碑古道的路標，向右轉，沿著大粗坑溪畔的產業道路上行，約五百公尺，抵達淡蘭橋。過了橋，便是金字碑古道的登山口。

金字碑古道是淡蘭古道的一段，清朝同治六年（一八六七年）台灣總兵劉明燈率兵北巡，由淡入蘭，有感於先民開疆拓土的艱辛，與山道雄偉磅礡的風景，於是題下「金字碑」、「虎字碑」、「雄鎮蠻煙碑」於古道沿途以供人瞻仰。其中的金字碑就位於三貂嶺段。

從登山口起登，踏著寬闊的洗石子水泥石階路上行，旁有小溪澗，林相豐盛。石階路一路爬升，步道設有解說牌，介紹沿途植物如筆筒樹、台灣桫欏、水桐木、油桐樹等。約三十分鐘，抵達一處林間的休憩平台，長條木椅，可以稍稍休息。

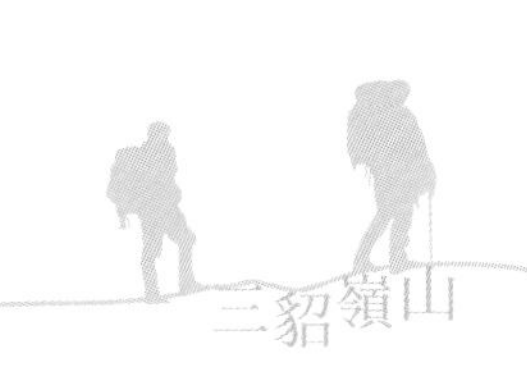

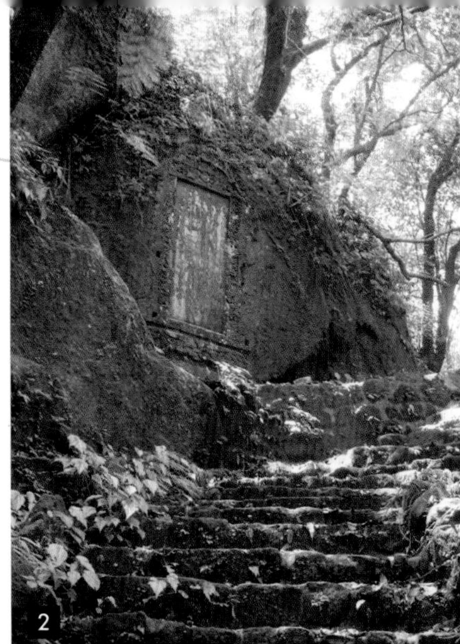

2

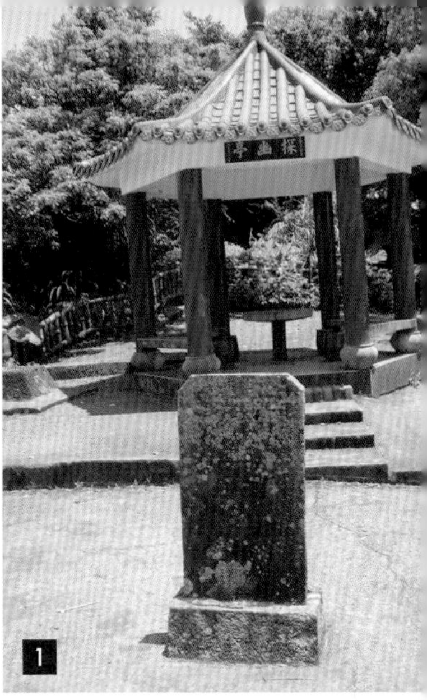

1

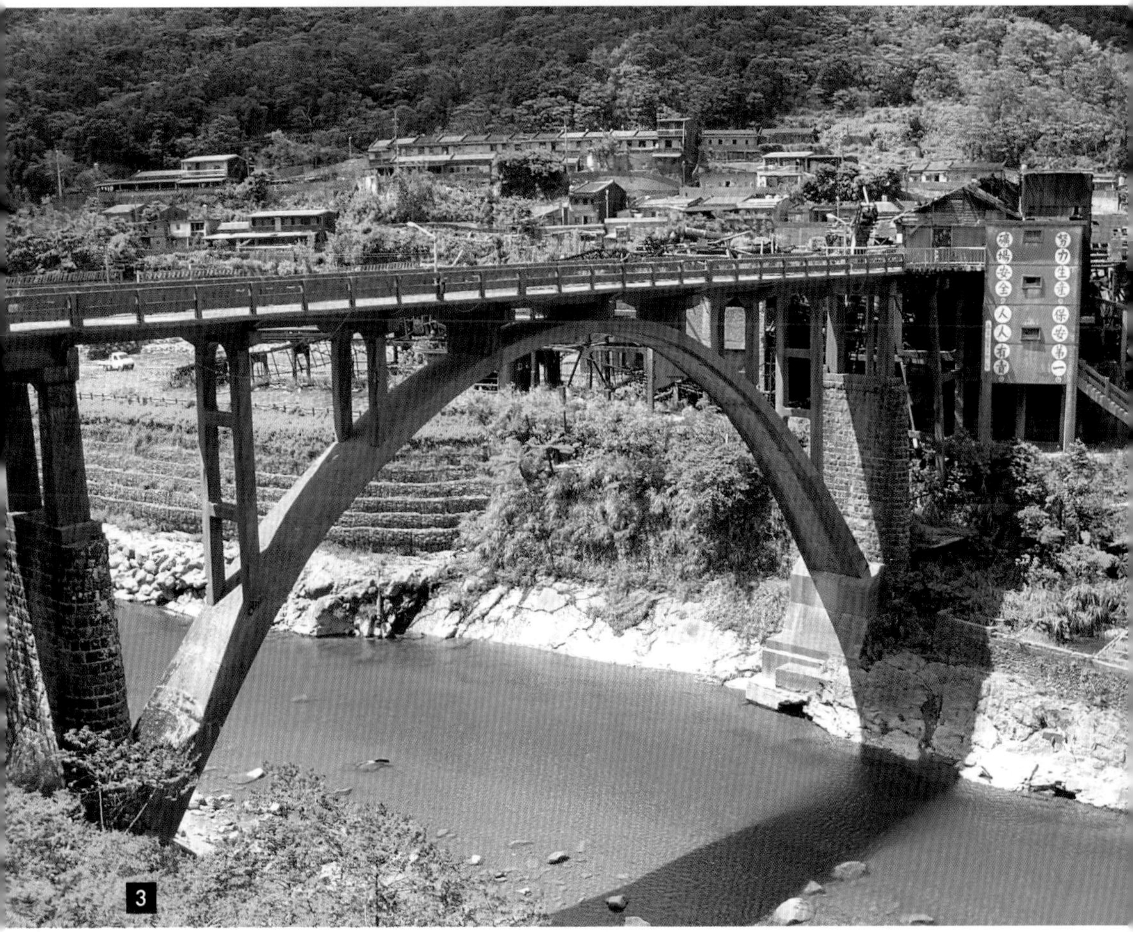

3

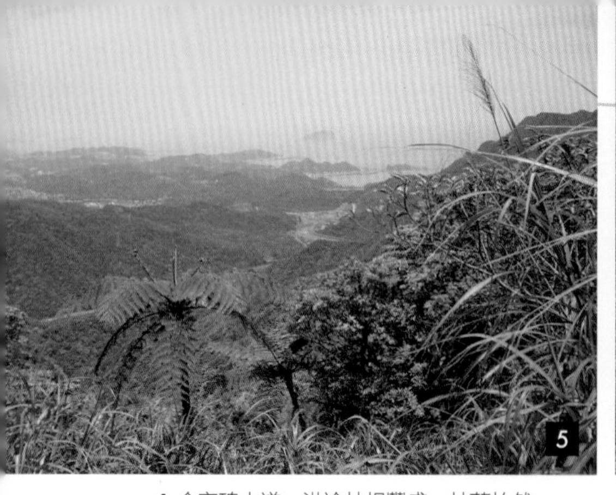

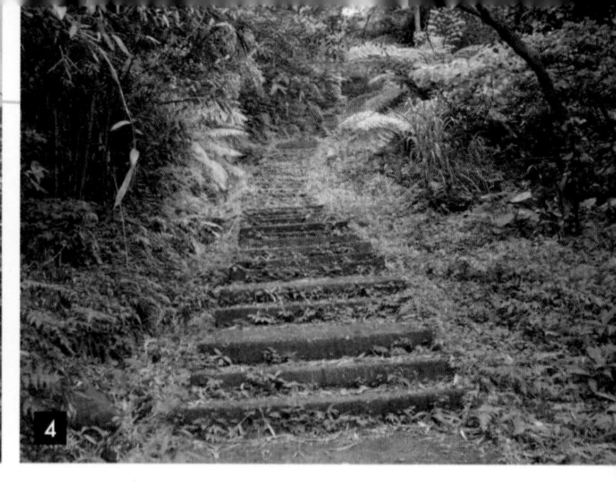

4 金字碑古道，沿途林相豐盛，林蔭怡然。

5 探幽亭回望猴硐方向，視野遠及北海岸的基隆嶼、野柳岬角。

台灣最早的環保碑文，奉憲示禁碑位於古道越嶺鞍部

續往上爬，仍是石階路，坡度稍緩。約十五至二十分鐘，抵達金字碑下方的休憩平台。抬頭望，石階路上坡左側有一巨大砂岩上刻著長條形的碑文，即是著名的三級古蹟金字碑。

由金字碑往上爬，約十分鐘，抵金字碑古道的最高點。此處位於兩山間的鞍部，有一座「探幽亭」及簡樸的土地公廟。這裡是瑞芳鎮、雙溪鄉的交界處。涼亭前廣場立有一座清朝咸豐元年（一八五一年）的「奉憲示禁碑」，內容大致為警告路人勿濫砍濫伐附近山林，此碑被喻為是台灣最早的環保碑文。

從探幽亭回望猴硐，視野可及東北海岸深澳漁港、基隆嶼，甚至遠及野柳、金山岬角。望向雙溪，則見群山峻嶺，層層疊疊，遠至宜蘭的海岸線都隱約可見。

從探幽亭對面的小土地公廟旁，有一條山徑，可爬向附近的三貂嶺山，路程約十五分鐘，但路況崎嶇，得穿梭於樹林草叢，才能辛苦爬上三貂嶺山。三貂嶺山，腹地狹小，周遭有樹林遮蔽，展望平平而已。若從探幽亭往下走，約三分鐘，即可抵達金字碑古道的終點，接上102公路。

金字碑

清朝同治六年（1867年）冬季，台灣總兵劉明燈率兵北巡，路經此地的題詩，以篆體鐫刻於岩壁，因碑文嵌上金箔，而被稱為「金字碑」。其詩文如下：

雙旌遙向淡蘭來，此日登臨眼界開。
大小雞籠明積雪，高低雉堞挾奔雷。
穿雲十里連稠隴，夾道千章蔭古槐。
海上鯨鯢今息浪，勤修武備拔良材。

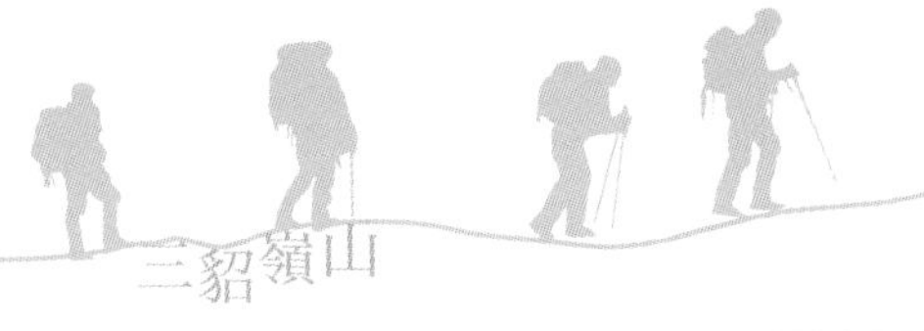

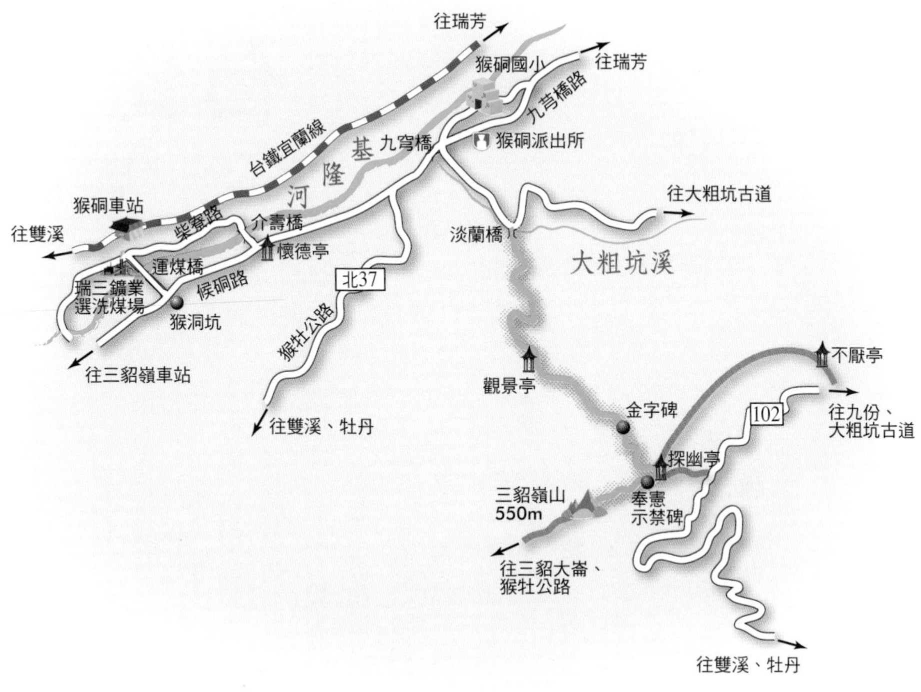

路程時間

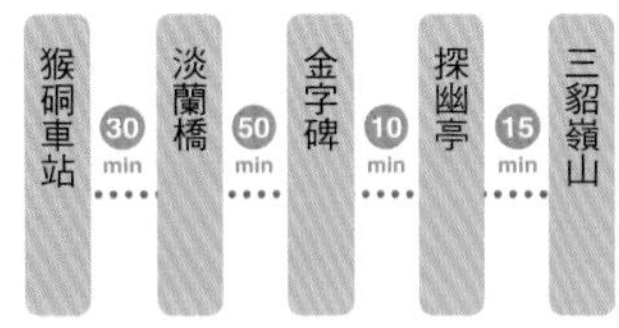

路況評價

- 登高指數：● 377m
- 路程時間：●（來回約2小時）
- 步道路況：●
- 綜合評價：●

注意及建議事項

金字碑古道全線皆鋪設石階路，路況良好。但古道最高點的探幽亭至三貂嶺山的路況崎嶇，又多雜草，山頂狹窄，無展望，建議以探幽亭為行程終點，原路折返。金字碑古道的終點約位於102公路22公里處，沿著102公路上行，步行約1個小時（3公里）可至大粗坑古道入口，下行約1個小時，可返抵金字碑古道入口的淡蘭橋。這種O形走法路程較遠。102公路沿途景觀佳，但無遮蔽，不宜在夏日時行走。

交通資訊

• 自行開車

中山高經濱海公路交流道，至暖暖，再接台62快速公路至瑞芳，沿2丁省道至瑞芳市區，右轉102縣道，再右轉北37鄉道，過猴硐派出所，在九芎橋前左轉，上行約500公尺，即抵達淡蘭橋。

• 大眾運輸

搭乘台鐵東部幹線猴硐站，步行柴寮路、侯硐路，過九芎橋右轉，上行約500公尺，即抵達淡蘭橋。或由瑞芳火車站搭乘基隆客運808往猴硐，於芎橋里站下車。

1 石筍尖，酷似出土的竹筍。

2 石筍尖山頂，有一天然石椅，俗稱為「皇帝椅」。

石筍尖

・山名　石筍尖／・海拔標高　520m
・登山口高度　242m／・三角點　無基點
・GPS座標　321965・2769630／・座落位置　台北縣平溪鄉
・主要登山路線　A. 石山線　B.二坑線
・特色　山形獨特，展望絕佳

石筍尖，平溪三尖之一，酷似竹筍而著稱

石筍尖為平溪三尖，位於菁桐車站北側，因山形如竹筍破土而出，聳峙山頂，因此而得名。石筍尖有兩個登山口，一在菁桐二坑口，一在菁桐的石山，兩個登山口距離菁桐火車站都不遠。以菁桐車站為出發點，可從石山登山口上山，然後由二坑口下山，再繞回菁桐車站。

從菁桐車站下車，出車站後左轉，沿著鐵軌旁的菁桐街前行五百公尺的岔路，即可看見石筍尖的指標。左轉跨過平溪線鐵道，遠遠便可望見形狀特異的石筍尖。循著車道前進，沿途有幾戶農家，雞犬聲相聞。不久，抵達登山步道口。由此起登，距離石筍尖約一點三公里。

初走時，花崗岩步道平坦好走，接連經過兩座古樸的小廟，一為有應公廟，一為土地公廟，這條沿著溪畔的登山步道正是昔日的汐止與菁桐坑之間往來的古道之一。土地公廟旁有岔路，可通往汐平公路。續前行，進入桂竹林，前行約十五分鐘，抵達一處圓形空地岔路口，直行往三坑山，左往石筍尖，石階路轉為陡上，上行十五分鐘，步道終點，前有矗聳的巨岩，須攀爬而上。

石筍尖，擁有三百六十度視野，展望極佳

戴手套，踏著岩階，接繩索而上。攀上巨岩高處後，山路循稜而行，變為平緩的林間小徑，約六、七分鐘，右側有一小徑，可爬向附近的小丘，樹林開闊處，是觀看石筍尖的絕佳位置，石筍尖一柱擎天，栩栩如生。返回主步道，續前

菁桐車站

菁桐車站是平溪線鐵路的終點站，也是平溪線僅存的木造車站，建於1929年，曾獲選為台灣歷史建築百景之一。平溪線鐵路的誕生是基於採礦的需求。日據時代明治四十年（1907年）平溪首次發現煤田露頭，然而因交通不便未能開採。直到大正七年（1918年），潘炳燭說服藤田組與顏雲年合資，組成「台北炭礦株式會社」(「台陽礦產株式會社」前身)，才開始進行採礦，並修築平溪線鐵路以運送煤炭。平溪線鐵路完工於大正十年（1921年），開啟了平溪的繁榮契機。

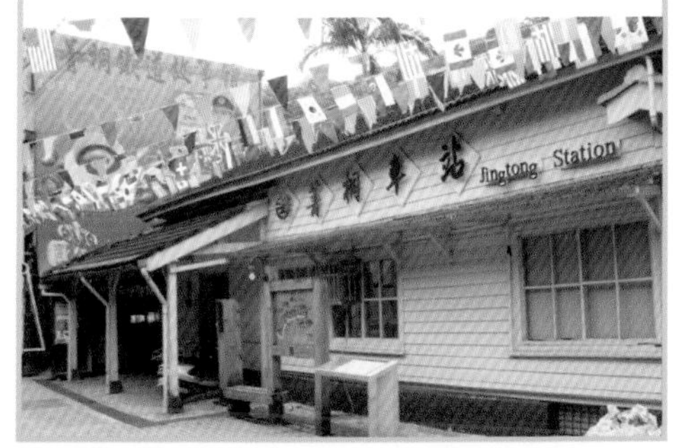

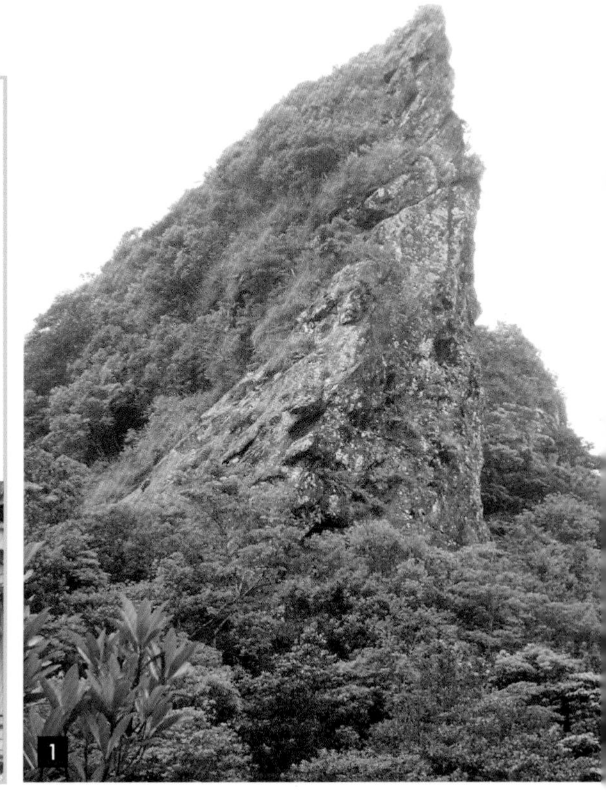

1

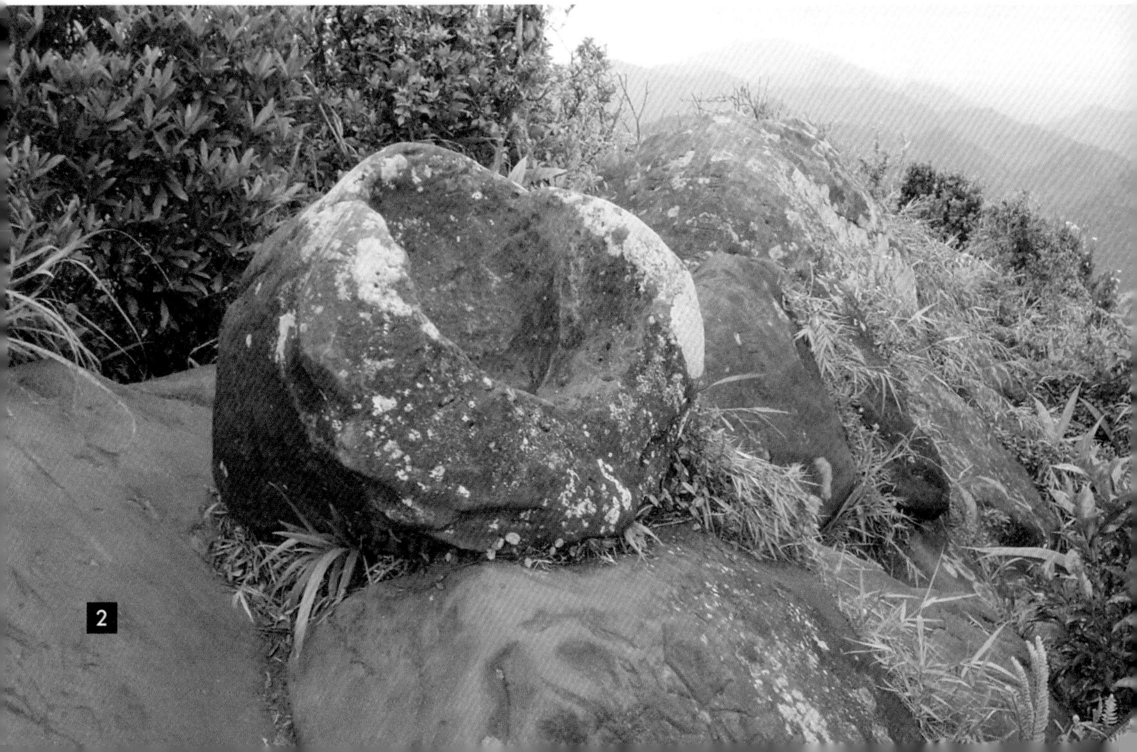

2

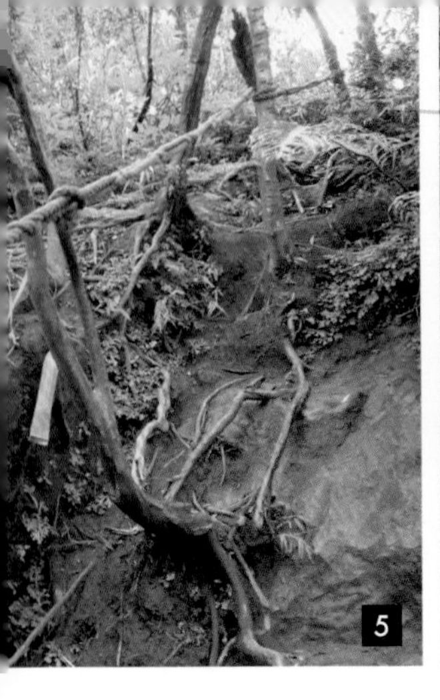
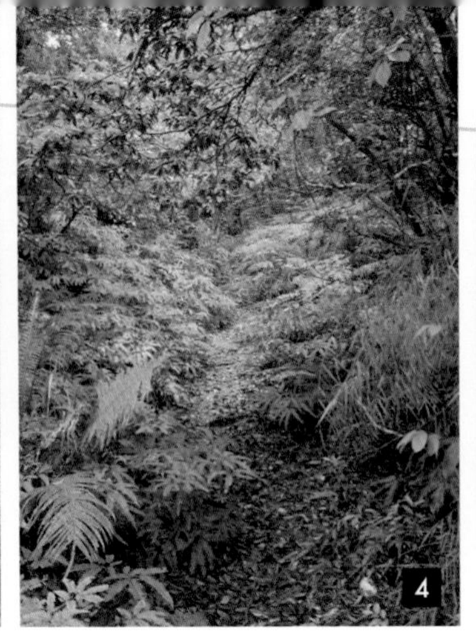
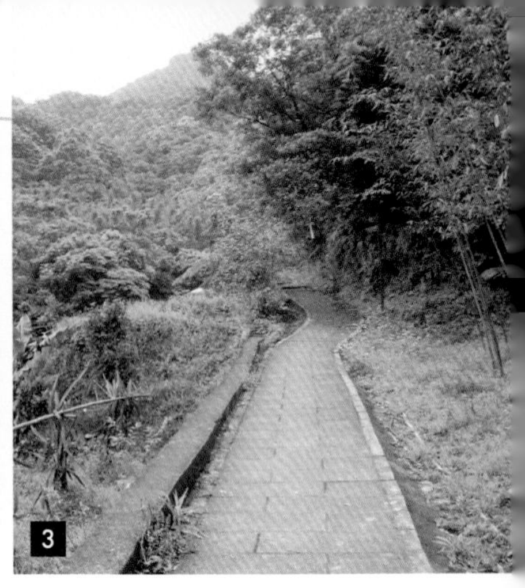

行，繞過大石壁，隨即與二坑登山步道上來的山徑會合。接著山徑陡上，踏著樹根攀爬岩壁直上，便登上了石筍尖。

石筍尖，海拔五二〇公尺，山頂有一塊天然石椅，俗稱「皇帝椅」，因此石筍尖又稱「皇帝椅山」。山頂狹小，為一巨大裸岩，僅容數人站立。登頂眺望，三百六十度的環繞視野，可一一唱名周遭群山，亦可俯瞰菁桐、平溪地區的基隆河谷及聚落。視野遼闊，使人心曠神怡。

循原路返至岔路口，往二坑口下山。一路須拉著繩索，穿梭樹林陡坡下行，約十五分鐘，接上花崗岩石階路，途經一片幽雅的柳杉林，樹草蒼鬱。約十五分鐘，抵達二坑登山口。然後沿著車道向下行，約五百公尺，即可返回菁桐車站。車站旁的「菁桐礦業生活館」，展出菁桐坑的礦業歷史及景點資訊，可以先進去參觀蒐集資料，再順遊菁桐老街各個景點。

3 石筍尖登山步道，前段為平緩的花崗岩石階路。

4 循著稜線山徑爬向石筍尖。

5 最後攻頂，攀爬陡峭的山壁。

附近景點

【菁桐老街】

平溪線鐵路終點的菁桐坑，曾是繁華的煤礦聚落，至今完整保留昔日採礦時代的礦坑、選洗煤場、礦場房舍、儲煤場、卸煤櫃、運煤台車道、員工宿舍等，充滿懷舊氣氛。其中，菁桐車站、選洗煤場、台陽俱樂部（俗稱「太子賓館」），入選為台灣歷史建築百景。車站旁利用鐵路宿舍舊屋改建的菁桐礦業生活館，展示菁礦業的文史資料，值得遊覽參觀。

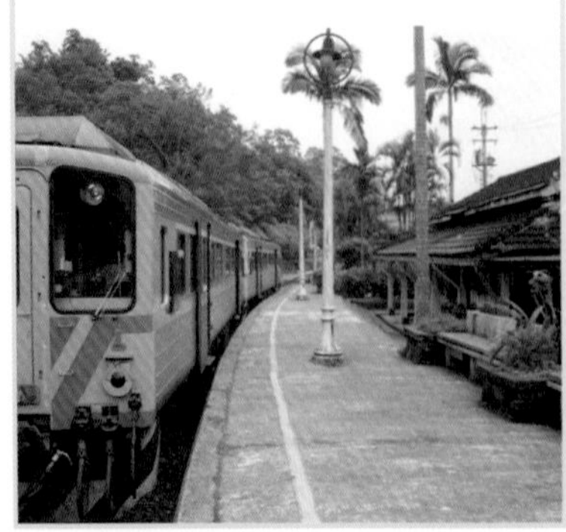

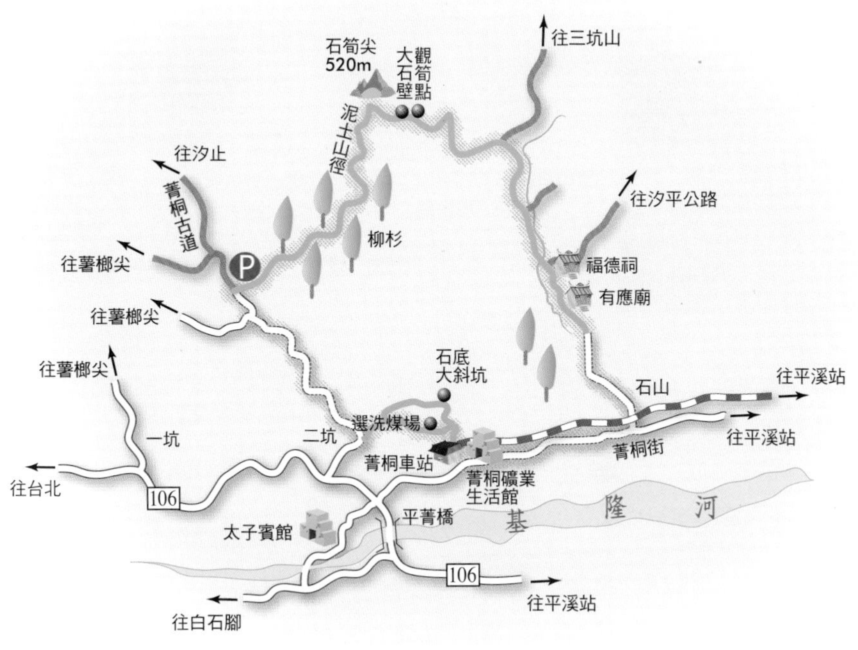

路程時間

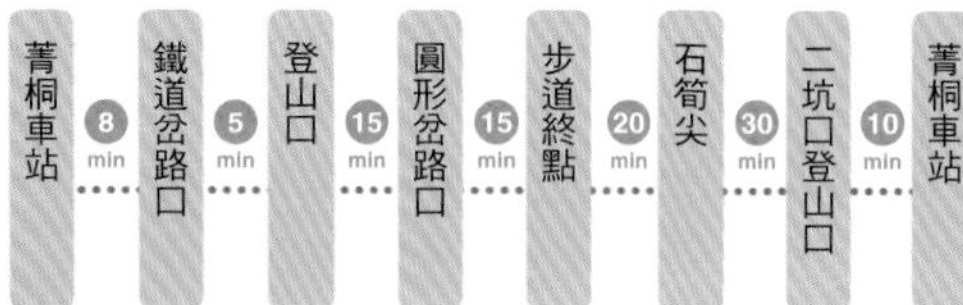

路況評價

- 登高指數：●● 278m
- 路程時間：●來回約2小時
- 步道路況：● 前段● 尾段
- 綜合評價：●●

注意及建議事項

石筍尖兩個登山口，無論從二坑或石山出發，前段都為花崗岩石階步道，路況良好，但後段則須手腳並用，攀爬陡坡及岩壁，最好準備手套。攀爬的路段不長，約15分鐘左右，但仍不宜兒童。

交通資訊

• 自行開車

北宜高下石碇交流道，沿著106公路，往平溪方向，即可抵達菁桐。至雙菁路76號民宅時，循指標左轉，往菁桐古道登山口方向，即可抵達石筍尖二坑登山口。或由平菁橋前左轉菁桐街，經菁桐車站，續前行500公尺即可抵達石山登山口。這兩條車道都相當狹窄，不易會車，請小心駕駛。

• 大眾運輸

搭乘台鐵火車至瑞芳站轉乘平溪線觀光列車，於終點菁桐站下車。或於台北搭乘公車236、237、251、252 線於木柵馬明潭站下車，再轉搭台北客運1076路往平溪，至菁桐站下車。

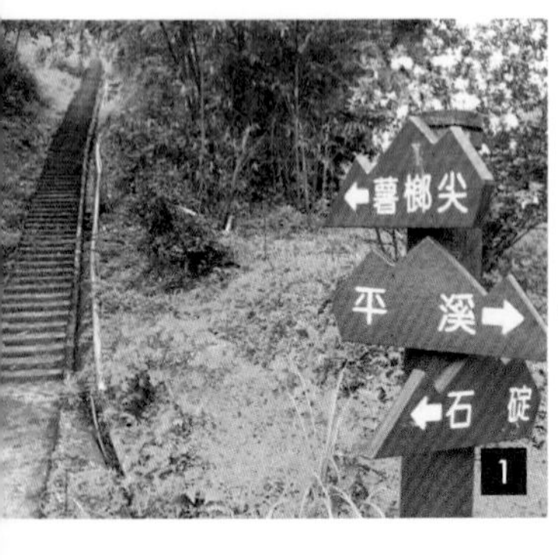

薯榔尖

・山名　薯榔尖 ／・海拔標高　622m
・登山口高度　244m (二坑口)、250m (一坑口)／・三角點　野牛4號基石
・GPS座標　321156・2769343／・座落位置　台北縣平溪鄉
・主要登山路線　A.一坑口路線　B.二坑口路線
・特色　錐狀山形，又名「平溪富士山」，展望極佳

薯榔尖，形似日本富士山，又名「平溪富士山」

薯榔尖為「平溪三尖」之一，海拔六二二公尺，為三尖之首。薯榔尖位於菁桐坑的西北，從菁桐坑礦場的日式宿舍區遠眺薯榔尖，山形宛如日本的富士山，因此又稱為「平溪富士山」。這樣的山名及山形，撫慰了早期遠渡重洋來台，在此參與採礦的日籍工作人員的鄉愁。

登薯榔尖，有兩條主要的路線，一坑口及二坑口；前者是傳統的山徑，後者則是花崗岩步道直達山頂。一坑、二坑，都與早期開採煤礦有關。登薯榔尖，以二坑口路線較為安全便捷。

從菁桐火車站下車，穿越鐵軌，踏石階路而上，就看見上方有一棟醒目的紅磚建築物，是被文建會列入「台灣歷史建築百景」之一的菁桐地標──石底煤礦選洗煤場。選洗煤場上方的「石底大斜坑」，是台灣開採最久、面積最廣的礦坑。當年因石底大斜坑開鑿成功，帶動了菁桐坑繁榮，煤礦停採後，菁桐一度變為寂寥，如今已規劃為礦業博物園區，成為遊客喜愛的平溪線景點之一。

薯榔

薯榔村舊稱「薯榔寮」，早年到此地開墾的先民以種植薯榔為生，薯榔為多年生塊根草本植物，薯榔不能吃但塊莖可做染料，而薯榔寮乃往昔種植薯榔的人搭寮之地，故以此為名。

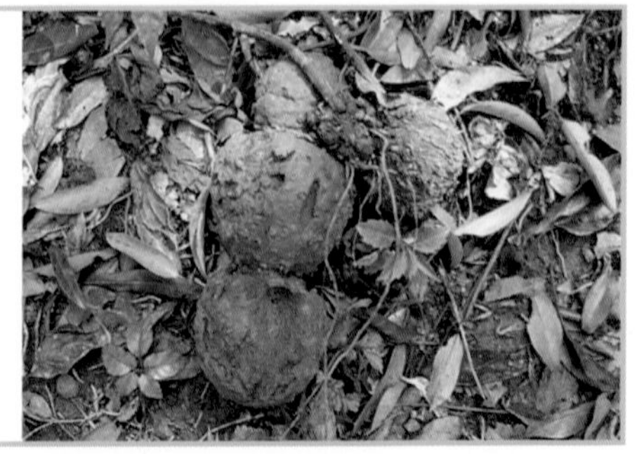

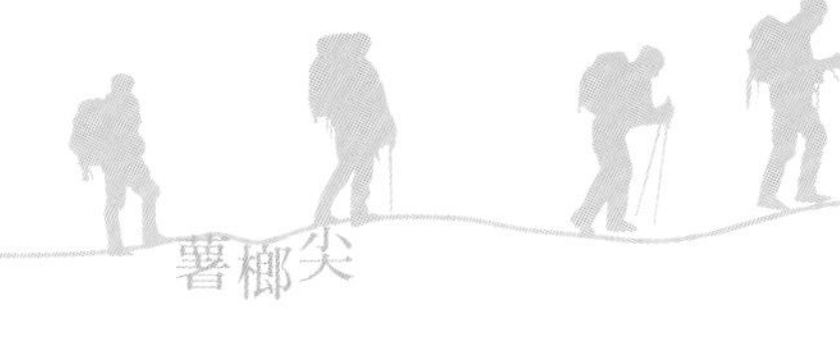

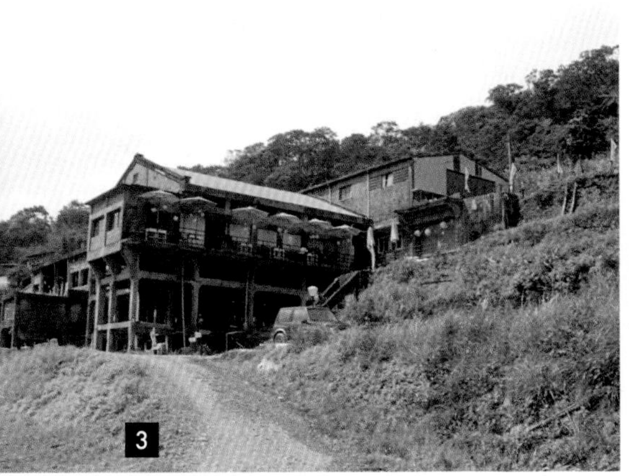

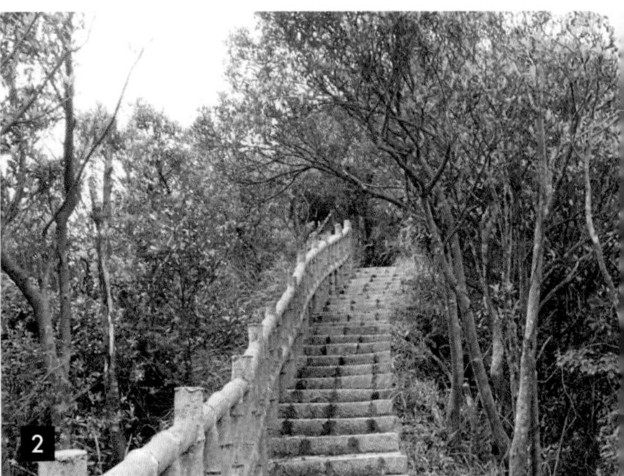

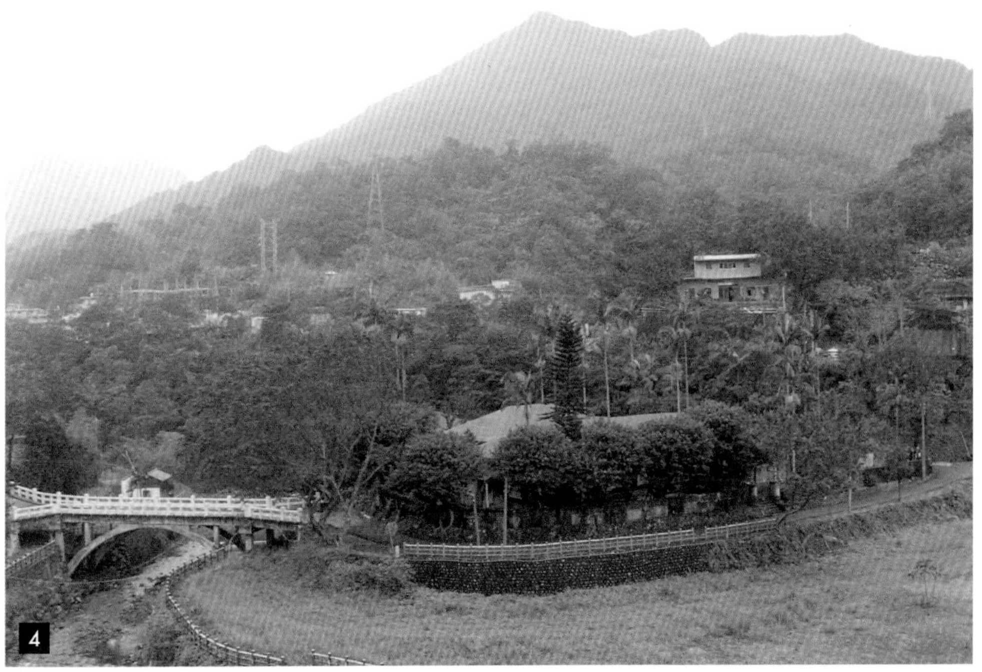

1 薯榔尖二坑口登山口。

2 薯榔尖登山步道，完善的石階步道直通山頂。

3 石底煤礦選洗煤場。

4 薯榔尖，為平溪三尖之一。近處基隆河畔為菁桐太子賓館。

薯榔尖路況佳，石階路直通山頂

選洗煤場前的小徑，接水泥車道，通往二坑聚落。沿途可見日式的礦場舊宿舍、傳統的閩南紅磚古厝，也有古老的土地公廟，充滿懷舊氣氛。途中有右岔路，可通往昔日菁桐坑的舊變電所遺址。

沿著小車道前行，順著指標進入二坑聚落後，就看到了登薯榔尖的花崗岩步道。寬大的花崗石石階路，筆直向上。薯榔尖步道短短還不到一公里，但海拔落差近四百公尺，幾乎是一路陡上，約四十分鐘左右，就可登上薯榔尖。雖然攀登辛苦，走得汗流浹背，但站在薯榔尖頂，居高臨下，俯瞰菁桐坑，小鎮一覽無遺。而聘目極望，平溪鄉崇山峻嶺，綿延無盡，視野極佳，遠至瑞芳的五分山，汐止、基隆交界的姜子寮山都在視線內。

回程，可循原路下山，或由一坑口方向下山。一坑口路線較為陡峭，路況亦較差。若沒把握，應循原路下山。若嫌石階路堅硬，喜歡接受挑戰，則可以考慮由一坑口上山，會比較有爬山的感覺，回程再由二坑口下山。

從一坑口登薯榔尖，可順道參觀一坑聚落，沿途可看見早期的礦工工寮、古樸的紅磚厝，頗具思古幽情。通過一坑聚落，抵達路底的水泥橋岔路時，即可看見往薯榔尖的指標。這條傳統山徑為泥土路，又陡峭，須手腳並用，約五十分鐘，就可登上薯榔尖。

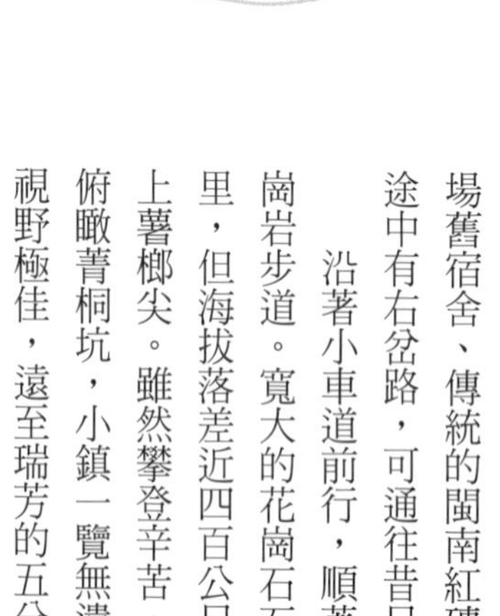
薯榔尖頂遠眺平溪山巒，美不勝收。

附近景點

【一坑聚落】

一坑口，是指「石底一坑」，是菁桐坑地區最早採煤的礦區，也成為地名的由來。日據時期大正年間，前後在山上開鑿三坑 (舊一坑、一坑、新一坑)，坑口附近有採礦事務所、公會堂、酒保、工寮等，是菁桐坑最早形成礦業聚落的地方。昭和六年（1931年）時，興建六棟工寮，被稱為「新寮」，目前還保存兩棟，位於地勢較低處，又稱「下座」，因是礦場電工所居住，故又稱「電工寮」。民國51年美國經援，陸續興建13棟工寮，稱為「上座」。

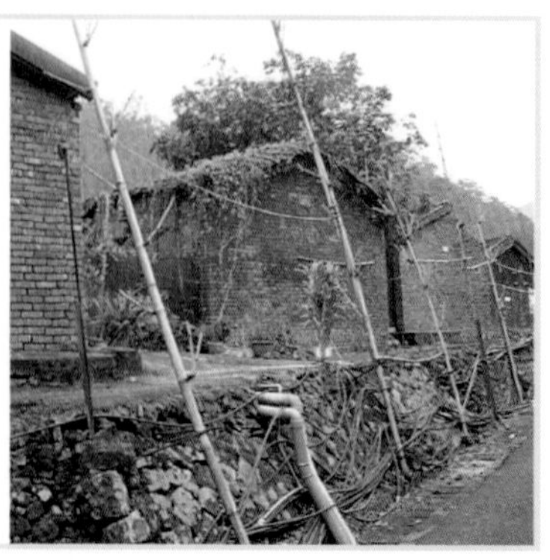

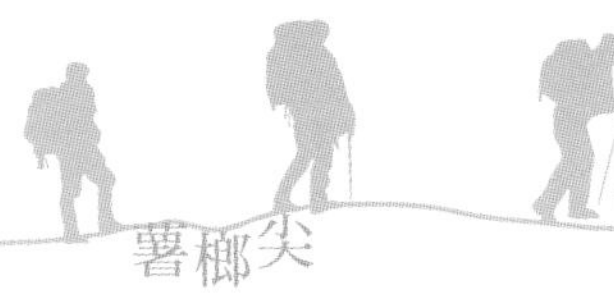

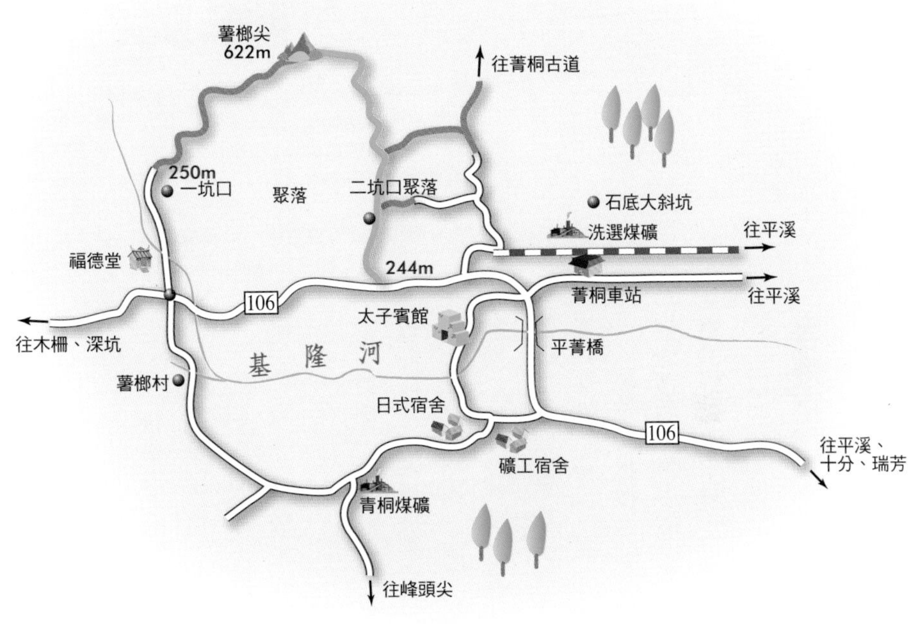

路程時間

菁桐車站 —10 min— 二坑登山口 —40 min— 薯榔尖

菁桐車站 —20 min— 一坑聚落 —10 min— 一坑登山口 —50 min— 薯榔尖

路況評價

- 登高指數：378m
- 路程時間：（來回約2小時）
- 步道路況：（二坑口）(一坑口)
- 綜合評價：

注意及建議事項

二坑口路線全程路況佳，可考慮原路來回為主。一坑口距離菁桐車站較遠，且為傳統泥土山徑，下雨過後路滑，不宜攀登。

交通資訊

• 自行開車

北宜高下石碇交流道，沿著106公路，往平溪方向，即可抵達菁桐二坑口或一坑口。

• 大眾運輸

台北客運15 、1076路班車於一坑口站下車，再步行約10分鐘，至一坑口登山口；或二坑口站下車，即可看見二坑口薯榔尖登山口。或搭平溪線火車於菁桐站下車，再步行前往一坑或二坑口。

1 由瓜寮坑出發，前半段路經平緩的「東勢格越嶺步道」。每年桐花季節，可觀賞到桐花雨的美景。

2 白石腳路線距離較短，以森林景觀為主，較少岩稜路。

3 由瓜寮坑登峰頭尖，沿著稜線，一路攀越七、八座山頭。

4 峰頭尖，為著名的平溪三尖之一。

峰頭尖

・山名　峰頭尖／・海拔標高　609m
・登山口高度　240m（白石腳）、227m（藤寮坑）、218m（瓜寮坑）、329m（玉桂嶺）
・三角點　內務局補助三角點／・GPS座標　321293・2766882
・座落位置　台北縣平溪鄉
・主要登山路線　A. 白石腳線　B.藤寮坑線　C.瓜寮坑線　D.玉桂嶺線
・特色　平溪三尖之一，山形尖峭優美

平溪三尖中最難爬的一尖

峰頭尖是著名的「平溪三尖」中，最偏遠、也最難爬的一座山。其它兩尖——石筍尖、薯榔尖都已鋪上石階步道，可抵達峰頂附近，唯獨峰頭尖仍屬於傳統的登山路徑，是一條充滿挑戰的路線，一般遊客切勿嘗試。

峰頭尖有四條主要的登山路線，一從藤寮坑，一從白石腳，一從瓜寮坑，一從玉桂嶺。落差最小的是從玉桂嶺登峰頭尖，但這條路線是新闢的山徑，較少人行走，路況不明，且交通不便利，須自備交通工具。其它三條路線，以白石腳的路程較短、通過較少的岩稜路，路線最安全。而路程最遠，最具挑戰性，但風景也最棒的，就是瓜寮坑路線了，它最能領略峰頭尖岩稜美景。

瓜寮坑路線，由平溪國中對面的登山口出發，拾階而上，不久，接「東勢格越嶺步道」，沿著瓜寮坑溪谷而行，步道平緩，風景怡人。行至瓜寮坑溪上游時，遇右岔路往峰頭尖。一開始循乾溪溝前行，溪石濕滑，稍難行，通過一巨岩壁後，路況漸佳，就一路陡上，爬往稜線。

抵達稜線後，便是精彩的岩稜路。中間約有七、八座山峰，不斷上上下下，沿岩稜而行，中途不少危險的臨崖路段，充滿刺激。首先來到擁有三百六十度視野的峰頭尖東峰，可望見不遠處另一座以尖峭聞名的平溪名山——中央尖。

岩稜路起起伏伏，精彩刺激

從峰頭尖東峰向主峰而行，路程還相當遙遠，一路走在岩稜，頗類似於石

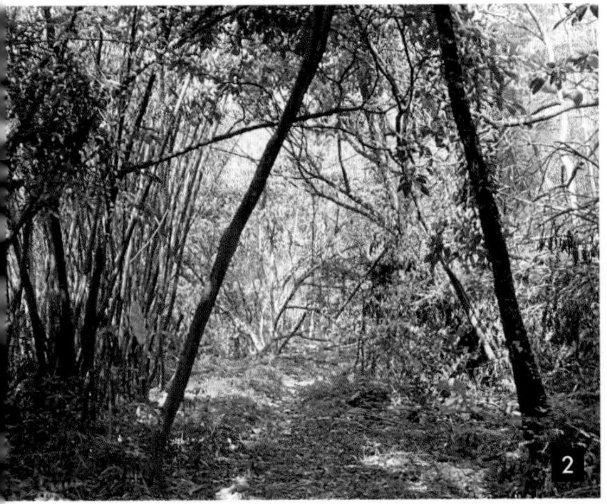

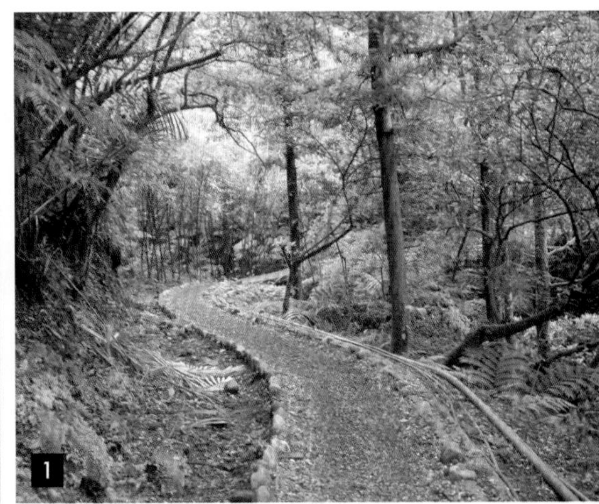

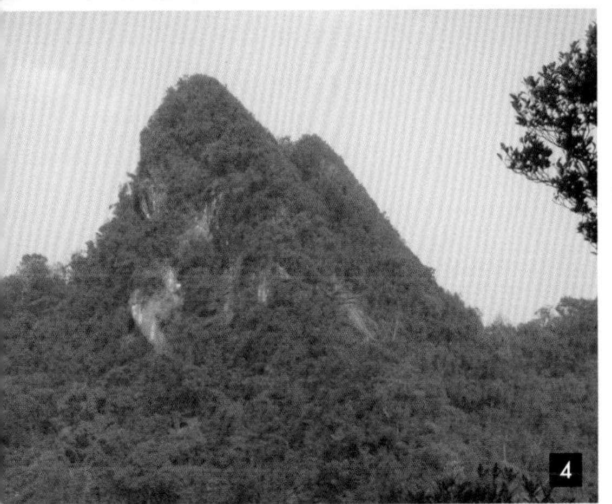

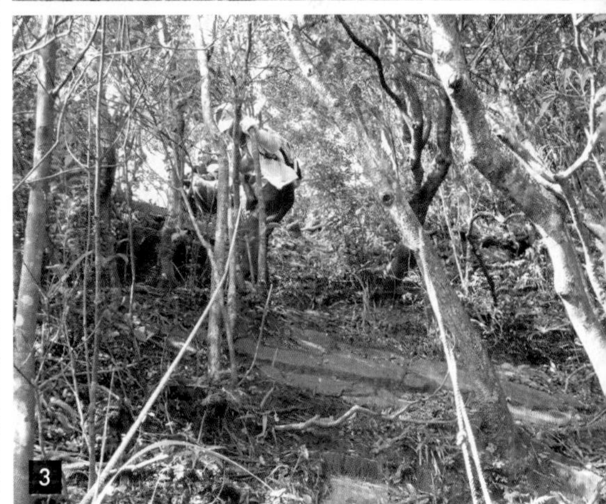

青桐煤礦

位於白石腳42號，青桐煤礦是石底煤礦礦苗漸枯竭後，由美國經濟援助開闢的新礦坑，於民國44年開坑，民國46年生產，民國76年結束營運。礦場最初命名「白石腳煤礦」，後改稱為「石底新坑」，最後正式定名為「青桐煤礦」。坑口前有事務所、機電設備室、倉庫、更衣室、浴廁等建築。坑口塵封近二十年，但礦坑口保存完整。

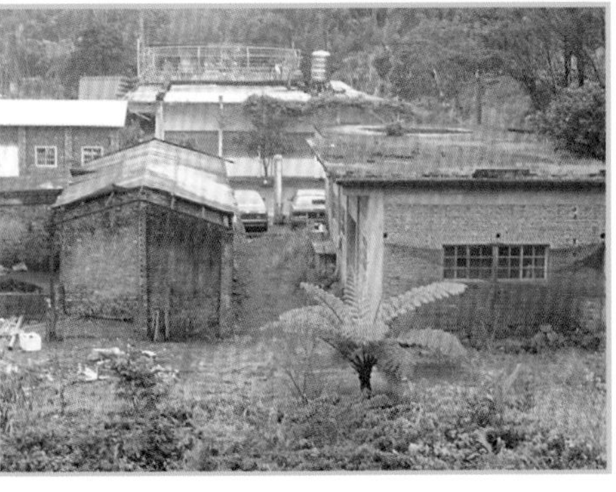

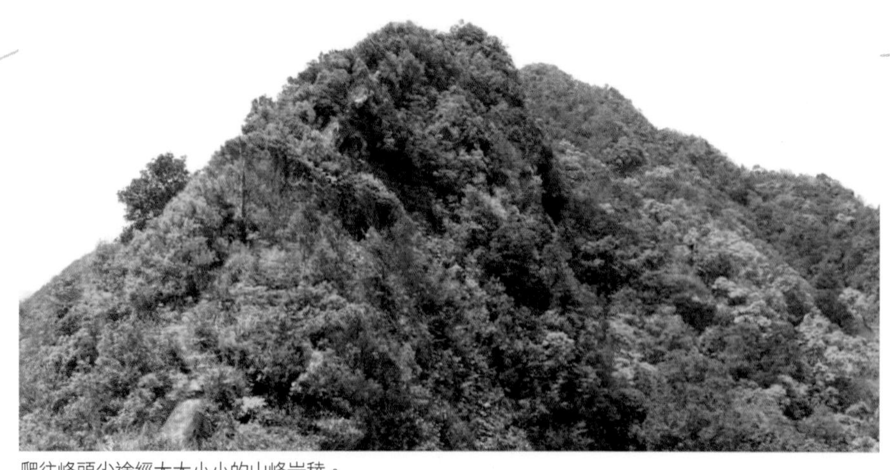

爬往峰頭尖途經大大小小的山峰岩稜。

碇皇帝殿、筆架山的情景，但峰頭尖並沒有像皇帝殿、筆架山那樣設置人工防護措施，充滿自然原味，相當具有挑戰性。一路上行經山峰大都在六百公尺左右，起伏不大，空曠處可以休息，並眺望附近的山巒遠景。

在稜線上前進兩個多小時，遇到往白石腳的岔路時，離峰頭尖約只剩十分鐘的路程。繼續前行，拉著繩索爬上最後一段陡坡之後，就登上峰頭尖。峰頭尖，海拔六〇九公尺，周遭被樹林遮蔽，展望平平而已。

由峰頭尖下山，可續前行，從藤寮坑登山口下山，或者退回剛才的岔路口，由白石腳下山。就交通接駁而言，由白石腳下山較為便利，路程也較短。往白石腳的下山路，山徑一路陡下，沿著乾溪溝走，沿途山徑所經之處，植物茂盛、大樹濃蔭，又有巨石岩壁，頗有原始蠻荒森林的感覺。抵達山麓時，出現竹林，山溝溪水漸豐，也有小瀑及小潭，附近出現農地。不久，就可望見山腳下的房舍。抵達登山口，再沿著民宅前的柏油路車道往下走，接白石腳的青桐煤礦。再步行經過昔日礦場的日式宿舍區，抵達菁桐車站。

附近景點

【菁桐太子賓館】

菁桐太子賓館，為日據時代，台陽礦業株栻會社為迎接日本皇太子巡台而準備的接待所，但皇太子並未蒞臨石底礦場。屋內的建材使用高級木材，建造精緻；客間、主間、次間、客廳、會議、大廳均有壁龕，作為裝飾花卉書畫陳列之用。館側隨從房屋有數十種窗櫺、門花、花樣繁複精美，精細雕刻而成。至今保存良好，文建會列入「台灣歷史建物百景」之一。

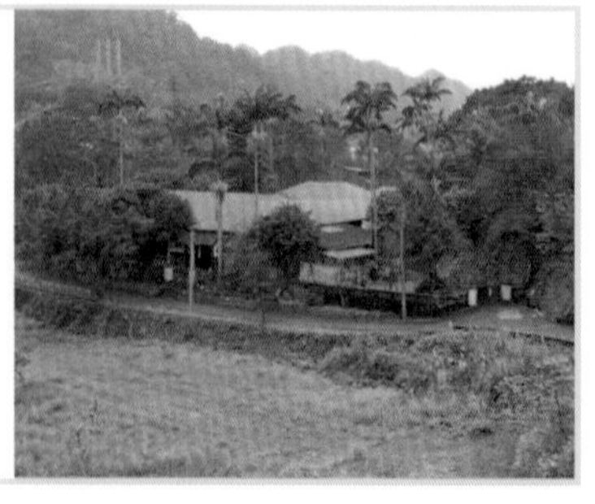

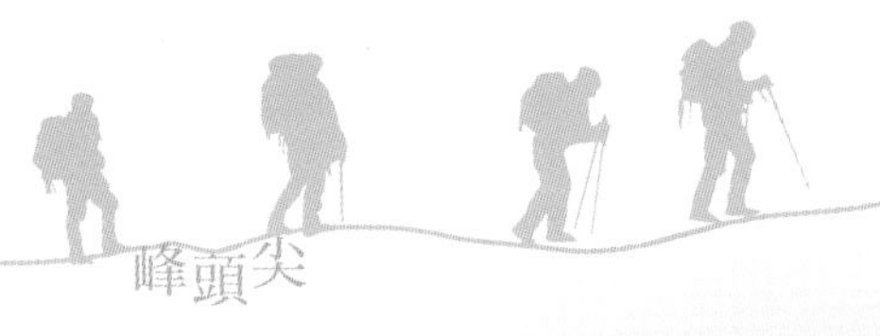

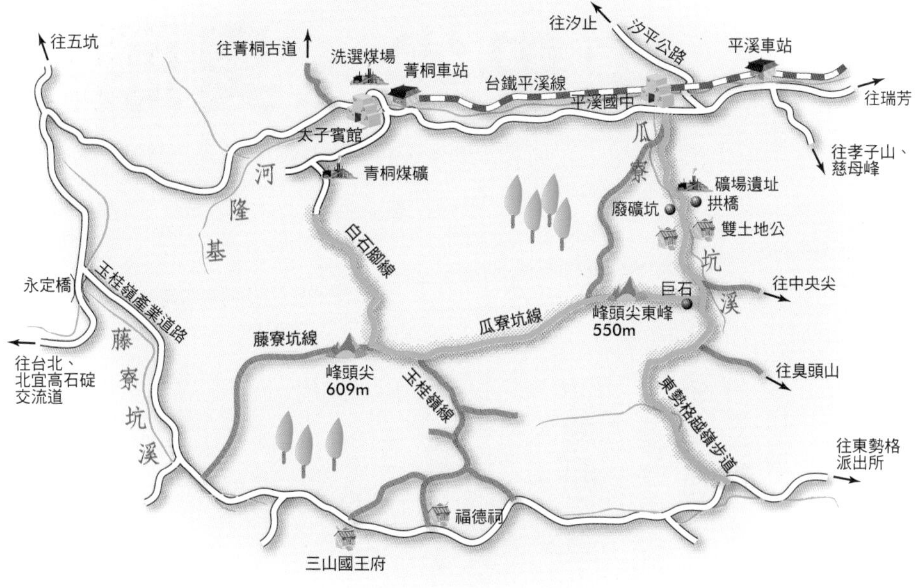

路程時間

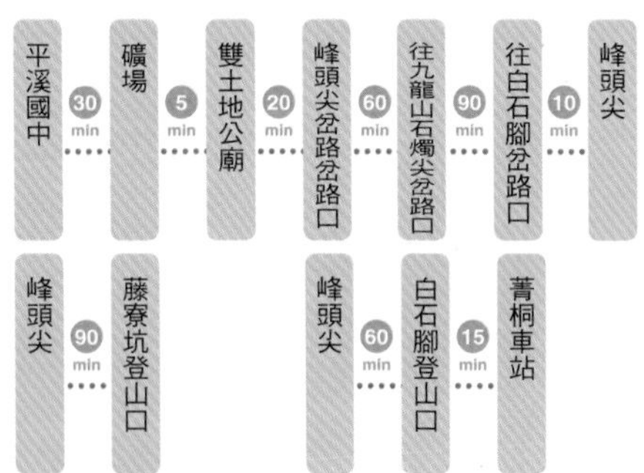

路況評價

- 登高指數：●● 391m（瓜寮坑線）
- 路程時間：● 5小時（瓜寮坑線 + 白石腳線全程）
- 步道路況：●（瓜寮坑線）
- 綜合評價：●●

注意及建議事項

瓜寮坑線沿途經過七八座岩稜山峰，部份路段臨瘦脊峭崖，天雨過後，岩稜濕滑，切勿行走。峰頭尖4條登山路線皆不適合老弱及兒童。

交通資訊

• 自行開車

藤寮坑線：北宜高下石碇交流道，沿著106公路，往平溪方向，至永定橋右轉藤寮坑，藤寮坑線登山口位於「石平高分」40、41號電線桿之間。若續行至石碇、平溪鄉界的土地公廟，即為玉桂嶺線登山口。

白石腳線：106公路續前行至菁桐，過平菁橋後右轉，往白石腳，至青桐煤礦，由礦場旁左轉至路底，白石腳線登山口在民宅後方，位置不明顯，須留意登山條。

瓜寮坑線：106公路至菁桐，過平菁橋後，若續往前行約1、2公里，至平溪國中，瓜寮坑線登山口在學校對面。

• 大眾運輸

藤寮坑線：搭台北客運1076路班車至藤寮坑站下車，步行約30分鐘，至藤寮坑線登山口。

白石腳線：搭乘平溪線火車至菁桐站，出站後由平菁橋旁下坡路至太子賓館、日式宿舍區、青桐煤礦，由礦場旁左轉至路底的登山口。

瓜寮坑線：搭乘平溪線火車至平溪站，出站後走出平溪街（平溪老街），過石底橋右轉，沿著106公路至平溪國中。

中央尖、臭頭山

・山名　中央尖、臭頭山／・海拔標高　580m、476m
・登山口高度　218m（平溪國中）
・三角點　無（中央尖）、三等三角點1008號（臭頭山）
・GPS座標　323803. 2767787（中央尖）323518. 2767381（臭頭山）
・座落位置　台北縣平溪鄉／・主要登山路線　A.右線（岩稜）B.左線（崖壁）
・特色　山峰尖峭優美，岩稜路，攀岩

中央尖，媲美「平溪三尖」的名山

平溪著名的「三尖」，分別是石筍尖、薯榔尖及峰頭尖，但也有人認為，應該以中央尖取代峰頭尖。中央尖，夠尖，也夠美，位置又座落於孝子山步道系統的精華區域，不像峰頭尖那麼孤立、偏遠難爬。中央尖是平溪附近海拔最高的一座山，尖峭的山峰，鶴立群山之中，極為偉峻。

平溪不是只有「三尖」而已，如普陀山，都以尖峭著名。平溪鄉內連綿起伏的尖山峭巒，隨便數一數，至少也有七、八尖，可以用「尖尖相連」來形容。

登中央尖，有兩條路線，一條從正面的大崖壁攀岩直攻而上，一是從背脊的岩稜攀爬而上。正面崖壁幾近垂直，背脊岩稜則平緩許多。體力差或有懼高症者，應避免從正面攀崖。若選擇從正面攀岩攻頂，然後由背脊岩稜下山，這樣可以走一圈O形路線，回程時就不必走原路。

壯麗的崖壁小徑，險峻的崖壁攀岩

從普陀山觀音寺的孝子山登山口出發，一路拾階而上，約七、八分鐘，抵達十字岔路口，可左登孝子山，可直登慈母峰，或取右行往中央尖。我選擇直行越嶺慈母峰，是為了從嶺上眺望孝子山美麗的尖峰。登慈母峰後，由另一側下山，接往中央尖的步道。

接回主步道，繼續朝中央尖前進，這段步道明顯轉為冷清。不久，石階步道終了，變為泥土山徑。之後，山徑緊貼於岩壁之下，岩壁幾近垂直，小徑狹窄，

山林投

在臭頭山附近的山徑旁生長著很多山林投。山林投，別稱蔓阿檀、山露兜、林投舅、台灣蔓露兜，可提煉香料，做為髮油的芳香劑；一般做為防砂及籓籬使用。葉線狀披針形，先端漸尖而具小鋸齒，基部作鞘狀並具粗銳鋸齒，長約60公分，寬2-3公分，硬革質；葉尖長尾狀，葉基漸狹形，葉背中肋上有散生的小刺。

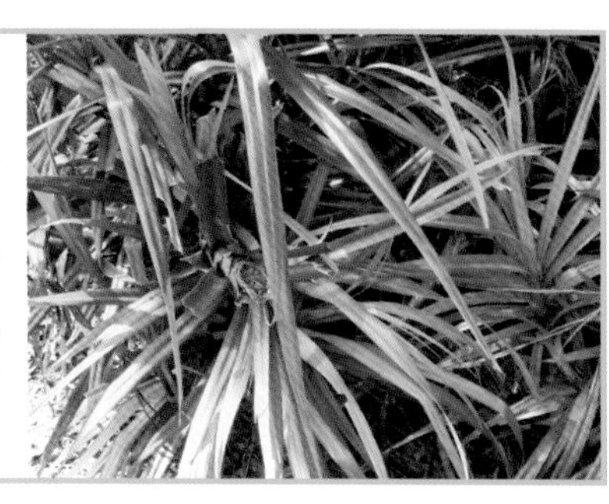

約如肩寬而已。這是北台灣難得一見的壯麗絕壁小徑，最狹處，與岩壁擦肩而過。

通過岩壁小徑，遇岔路。可往右登上慈母嶺，眺望附近山景。取左，朝中央尖前進。由此而去，路標寫著「往中央尖約五十分鐘」，為傳統的山林小徑。一路翻越幾座小山頭，略有上下，但坡度都不陡。沿途有不少雙扇蕨的蹤影，也有堆置的枕木及路標，正準備施工，以改善路況。

前行約四十幾分鐘，終於望見中央尖的大崖壁了。對攀岩有恐懼者，確實不宜走此路，否則走那麼遠的路，抵達這裡卻不敢攀岩，又無法繞過，只能黯然回頭。

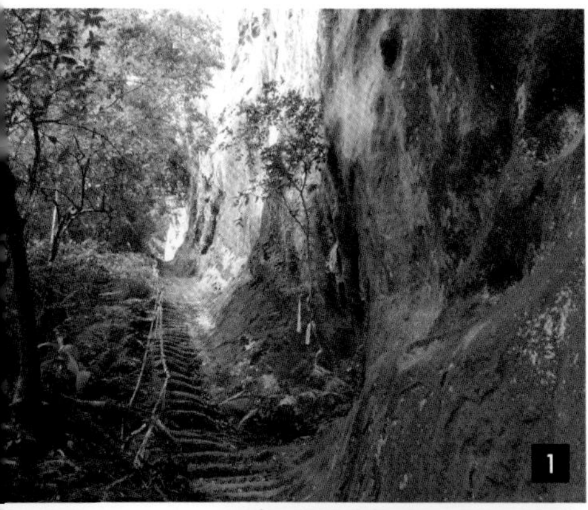

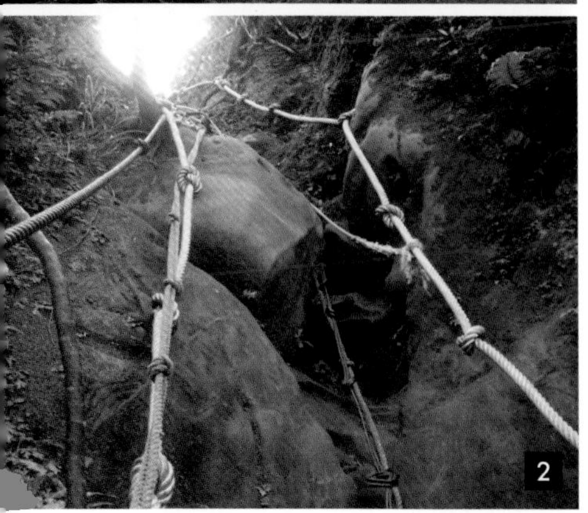

1 山徑緊貼崖壁之下，為北台灣難得一見的壯麗絕壁小徑，最狹處，與岩壁擦肩而過。

2 中央尖登頂前的大崖壁，非常險峻，具有危險性。

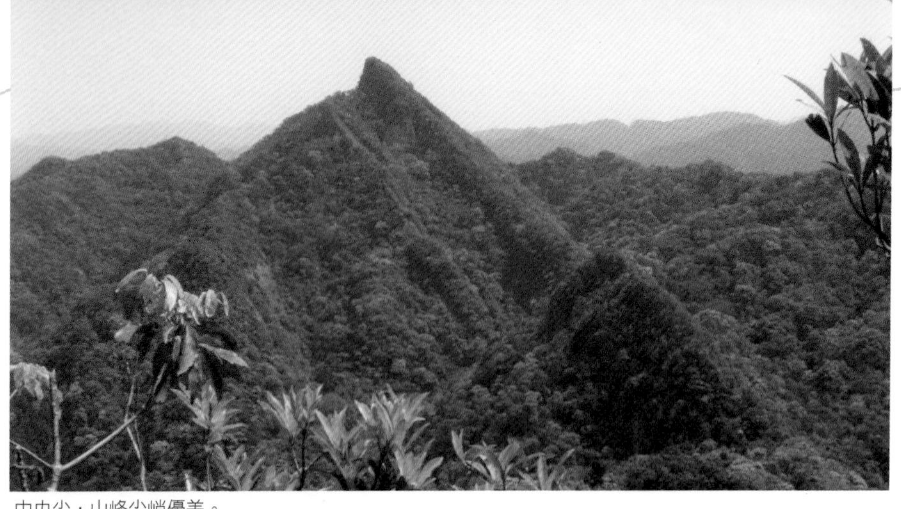
中央尖，山峰尖峭優美。

中央尖展望遼闊，東勢格古道幽致怡人

謹慎踩踏，拉著繩索順利攀上崖壁，再往上走沒幾步，就登上了中央尖。中央尖，海拔五八〇公尺，因山尖，峰頂腹地狹窄。登高遠眺，平溪盡在腳下。接著，循稜脊而行，狹窄的岩稜都已設欄索，似石碇的皇帝殿，但只有一小段岩稜而已。隨後，山徑轉為陡下，穿林而下。這條山徑無需攀崖，所以安全許多。約二十分鐘，抵達往臭頭山的岔路。若覺得行有餘力，還可爬往臭頭山。

循著山徑而上，陡峭的坡處，已設置枕木，路況不錯。臭頭山附近的山徑兩旁，頗多山林投，穿過林投樹，便抵達臭頭山。臭頭山，海拔四七六公尺，因山頭有裸岩巨壁，從東勢格的方向遠觀有如瘌痢頭，所以得名。

從臭頭山下山，約十分鐘，就接上了東勢格越嶺步道。由步道向北行，經瓜寮坑溪上游的雙土地公廟、舊礦場遺址，由運煤舊台車改建而成的步道，既寬闊又平緩，沿途林蔭怡然，走來極為舒適。步道終點可出平溪國中或接孝子山虎嘴口停車場，離平溪車站不遠，約十分鐘路程而已。

附近景點

【東勢格古道】

東勢格古道，為昔日平溪東勢格居民往返平溪市區的一條越嶺古道，現已經過整條，稱為「東勢格越嶺步道」，全長3.4公里，沿途有有礦場遺跡、古老的土地公廟及溪谷、草原景觀，兼具自然及人文之美。登中央尖或臭頭山，可行經這條古道。

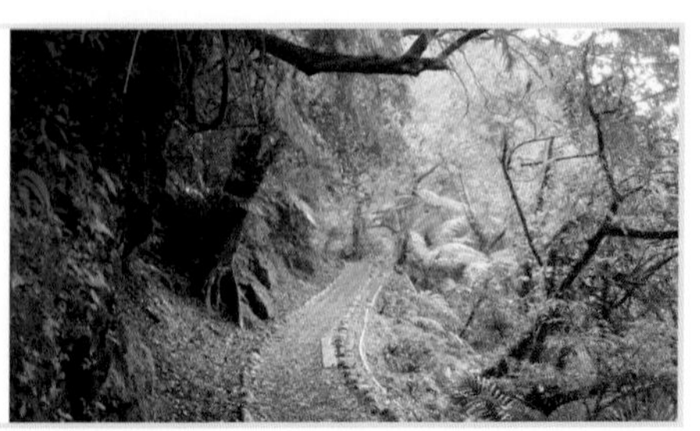

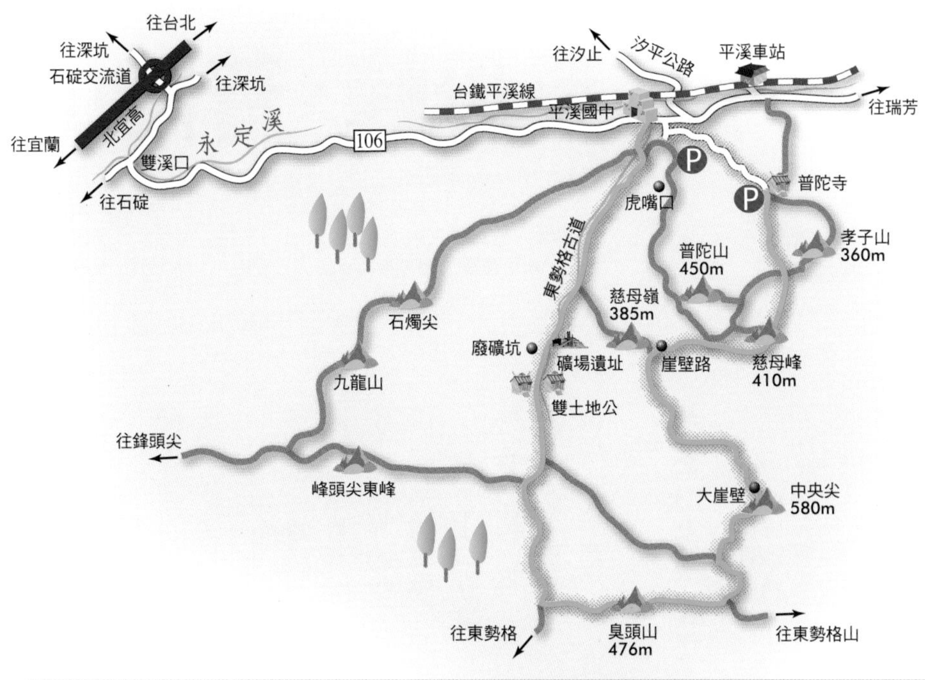

路程時間

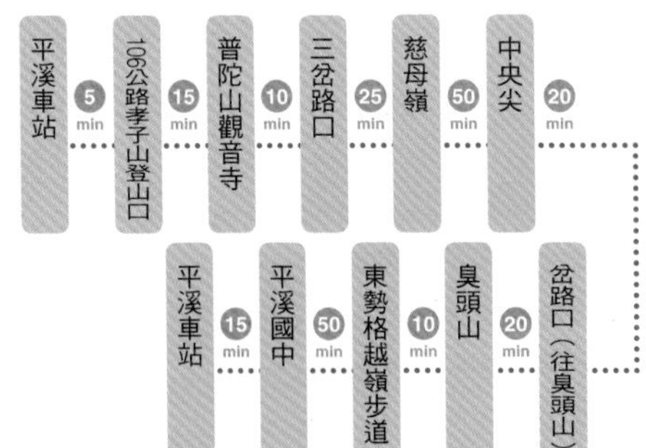

路況評價

- 登高指數：●● 262m
- 路程時間：●（O形路線約4小時）
- 步道路況：●崖壁路線●●岩稜路線
- 綜合評價：●●

注意及建議事項

中央尖崖壁幾近垂直，具有危險性，雖有繩索可供輔助，攀爬時仍應謹慎；天雨過後，切勿攀登。體力差或有懼高症者，勿嘗試，可選擇由臭頭山方向的岩稜路線攀登中央尖。

交通資訊

• 自行開車

北宜高下石碇交流道，沿著106公路，往平溪方向，過菁桐，續往前行約1、2公里，經過平溪國中後，右側有岔路。路口有標誌，往孝子山登山口。轉入車道，不久遇右岔路，可通往虎嘴口停車場。若直行，則約1公里多，可抵達普陀山觀音寺旁的登山口。

• 大眾運輸

搭乘平溪線火車至平溪站，出站後走出平溪街（平溪老街），過石底橋，從106公路對面的小瀑布旁登山口起登，約15分鐘，可抵達普陀山觀音寺旁的孝子山登山口。或者沿106公路往平溪國中方向，約5分鐘，左側有車道上山，上行不久再轉右岔路，可至虎嘴口登山口。

孝子山、慈母峰、普陀山

・山名　孝子山、慈母峰、普陀山／・海拔標高　360m、410m、450m
・登山口高度　214m／・三角點　無基石
・GPS座標　孝子山 323825・2768430、慈母峰 323678・2768319、普陀山 323667・2768381
・座落位置　台北縣平溪鄉／・特色　山形特殊，尖峭優美

孝子山，平溪具代表性的山峰

台北縣平溪鄉群山之中，以孝子山最著名，山峰險峭，極具特色。孝子山旁的慈母峰及普陀山，也以山峰陡峭著稱，這三座山一向受遊客喜愛，成為最多人造訪的平溪名山。

爬孝子山，可考慮搭乘台鐵平溪觀光列車，順遊平溪線沿途明媚的風光。在平溪站下車後，沿著平溪老街走出來到106縣道，孝子山登山口就在石底橋斜對面，入口有一座小瀑布，旁有登山導覽圖。從登山口起登，約十五分鐘，抵達普陀山觀音寺，步道在此處接柏油馬路，旁有停車空地。這裡是孝子山第二登山口。若是開車前來，則可由106公路上往孝子山的車道岔路開車上來。

從登山口直行為主步道，通往孝子山、慈母峰，左岔路有一步道，路標寫著「往普陀山六百公尺」，卻是錯誤的指標，切勿進入。應選擇直行，一路沿梯而上，不久，抵達十字岔路口，可往登孝子山，直登慈母峰，右往昔普陀山。可按順序，先登孝子山，再登慈母峰及普陀山。

孝子山尖峰聳立，慈母峰岩階陡峭

在岔路口取左行，隨即為陡上的石階路，石階稍濕滑，幸好兩旁有鐵欄鍊繩輔助，約五分鐘左右，就可抵達孝子山最後的峭壁下方。最後的登頂路，岩壁幾近垂直，以一斧斧敲鑿堅硬的岩稜，形成一階階的沿階。雖然設有鐵梯、鐵柱、繩索，但還是讓人心生恐懼。抓牢繩索，謹慎地一步步踏踩，專注於腳下的岩

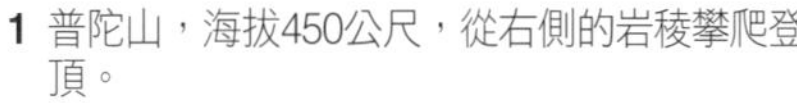

1 普陀山，海拔450公尺，從右側的岩稜攀爬登頂。

2 慈母峰陡峭的岩階。

3 孝子山幾近垂直的岩階路。

4 孝子山登山步道，沿途林木蒼翠，綠意怡人。

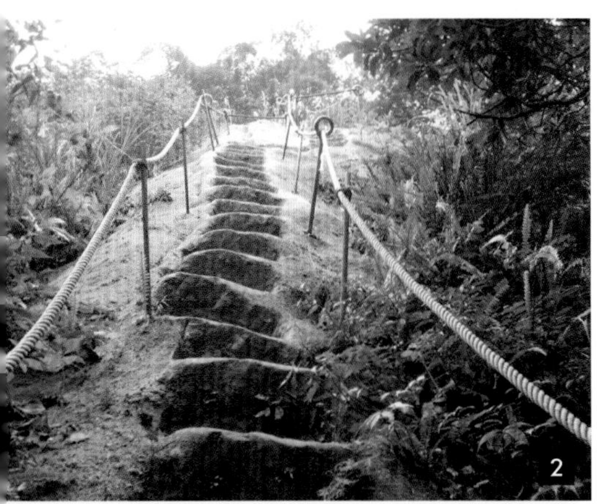

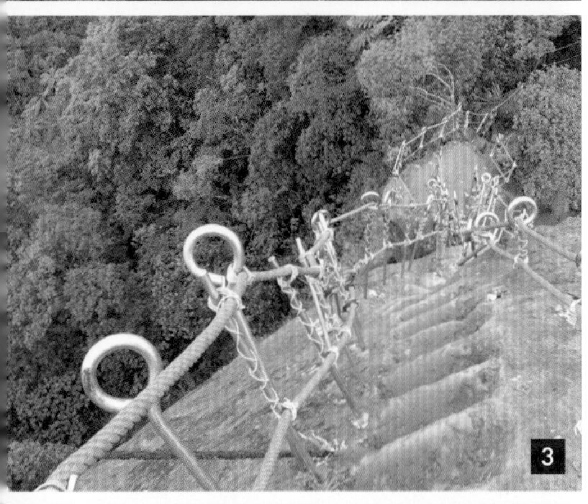

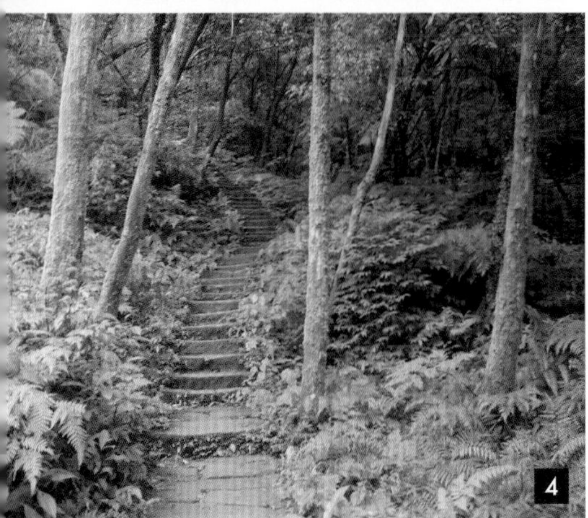

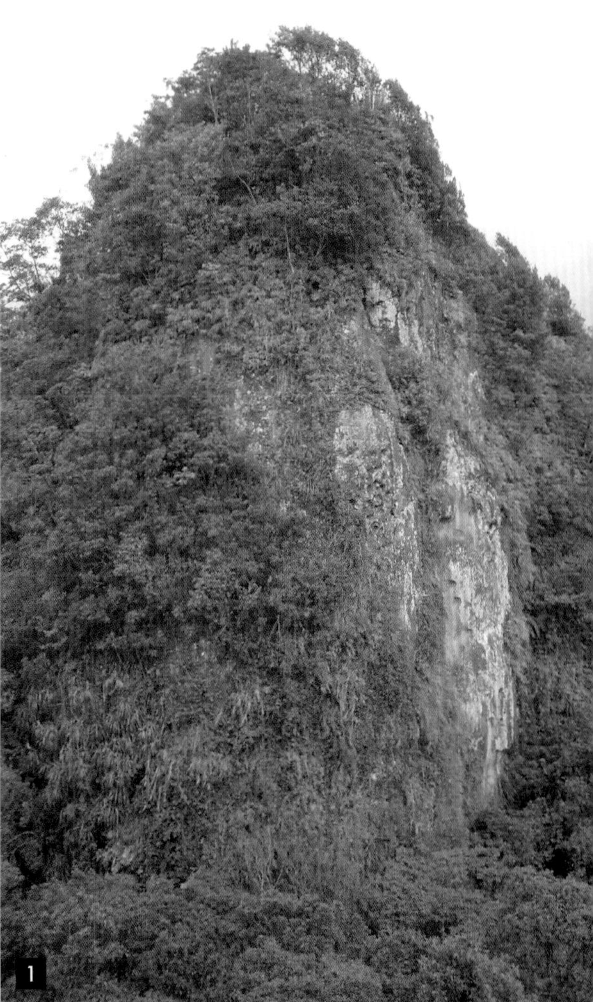

平溪線

平溪線為台鐵四條鐵路支線之一，沿途以基隆河明媚的自然風光及煤礦遺跡聞名。平溪線完工成於日據時代大正十年（1921年），由台陽礦業株式會社所興建，從三貂嶺至菁桐坑間，全長12公里，為運煤鐵道。目前平溪線以觀光為主要用途，設有三貂嶺、大華、十分、望古、嶺腳、平溪、菁桐等站。

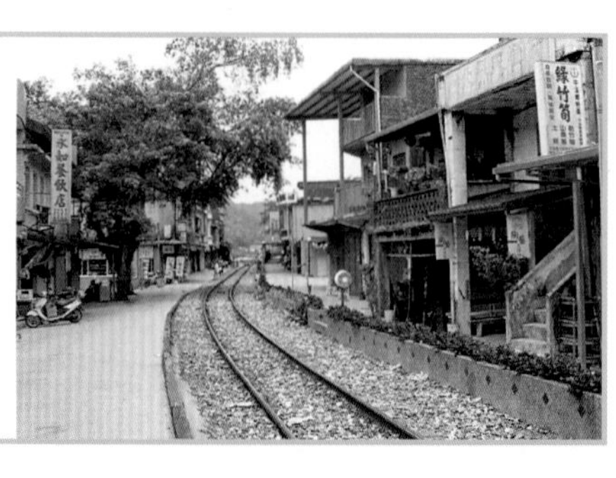

階，避免向下探望，就可稍減恐懼的心理。

接近峰頂時，岩階愈狹窄。登上孝子山，站在峰頂時有一股克服恐懼的成就感。峰頂極狹窄，僅能容數人站立，視野極好，與鄰近的慈母峰及普陀山互相對峙，三座山都相當險峻。

從孝子山下來，返回十字岔路處，爬往慈母峰，隨即面對陡峭的岩階路。慈母峰，宛如一塊聳然矗立的超級巨岩。岩石形狀似等腰三角形，兩腰岩壁陡峭，被鑿出一直線如天梯般的岩階，斜度起碼在六十度以上。岩階同樣設有欄杆及繩索，若抓緊繩索，攀爬並不危險。

攀爬至岩階路的中途，轉身坐在岩階上，正好可與孝子山隔空相對。孝子山，是平溪群山中最具代表性的自然地標。瘦骨嶙峋的尖峰如一柱擎天，有「小黃山」的美譽。

慈母峰、普陀山，陡峭的登頂岩階路

慈母峰不高，爬上陡峭的岩階路，就抵達山頂。峰頂有兩條小徑可下山，取右側山徑，繞過陡峭的山壁迂迴而下，接回步道。左往中央尖，右往普陀山。取右行，不久遇左側山路，爬往普陀山，先腰繞，然後再循著陡峭的岩階登頂。普陀山，海拔四五〇公尺，是三座山最高的一座，站在峰頂，展望極佳。

從普陀山循原路下山回到步道，再往山的方向走。不久就回到十字岔路口，然後再循原路下山，經由普陀山觀音寺，返抵平溪老街。

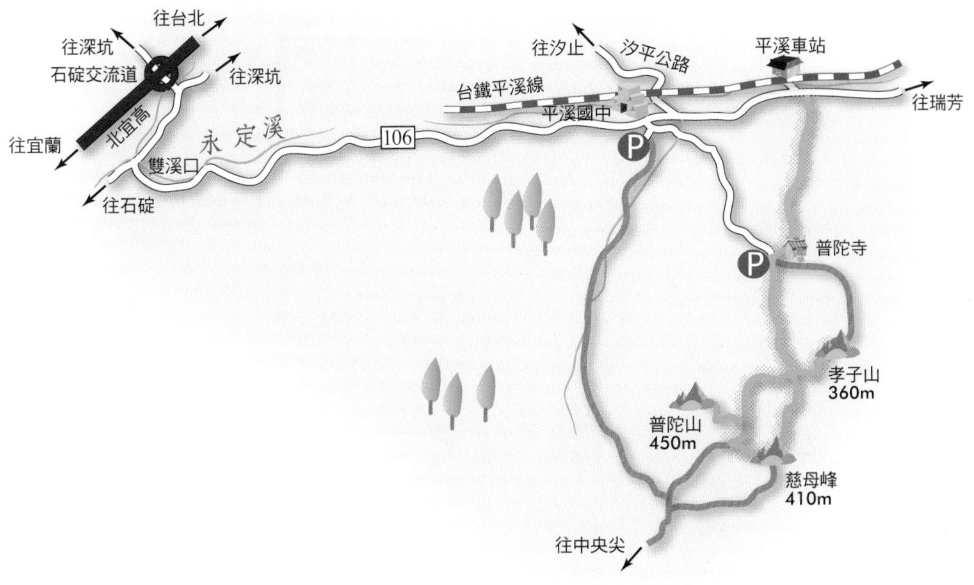

路程時間

平溪車站 —5 min— 106公路旁登山口 —15 min— 普陀山觀音寺 —3 min— 第二登山口（車道終點） —15 min— 十字岔路口 —5 min— 小鞍部 —15 min— 孝子山 —15 min— 十字岔路口 —15 min— 慈母峰 —5 min— 石階步道 —10 min— 普陀山 —8 min— 石階步道 —8 min— 十字岔路口 —15 min— 普陀山觀音寺 —10 min— 106公路旁登山口 —5 min— 平溪車站

路況評價

- 登高指數：● 236m (106公路登山口---普陀山)

- 路程時間：●2.5小時（全程來回）
- 步道路況：●
- 綜合評價：●

注意及建議事項

孝子山、慈母峰、普陀山都十分陡峭，但皆設有牢固安全的欄索，可供遊客攀扶，但攀爬時仍應謹慎小心，以避免發生意外；有懼高症者不宜攀爬。

交通資訊

• 自行開車

北宜高下石碇交流道，沿著106公路，往平溪方向，過菁桐，續往前行約1、2公里，經過平溪國中後，右側有岔路。路口有標誌，往孝子山登山口。轉入車道上行約1公里多，即抵達普陀山觀音寺旁的登山口。

• 大眾運輸

搭乘平溪線火車至平溪站，出站後走出平溪街（平溪老街），過石底橋，從106公路對面的小瀑布旁登山口起登，約15分鐘，可抵達普陀山觀音寺旁的孝子山登山口。

千階嶺

・山名　千階嶺／・海拔標高　354m
・登山口高度　197m／・三角點　無基點
・GPS座標　328251・2770720／・座落位置　台北縣平溪鄉
・特色　一千階枕木土階

千階嶺，一千級階梯，小而美的登山步道

千階嶺位於平溪鄉的南山村，離十分車站不遠，原是一座不知名的山峰，經當地南山社區熱心居民胡先生整建一條木板工法的土梯登山步道，以供大眾休閒健身之用，因步道土階約一千階，故稱為「千階嶺」。

雖然有一千階，但全程都處於林蔭裡，無日曬之苦，嶺上展望佳，可遠眺瑞芳最高山五分山、基隆最高山姜子寮山，以及俯瞰十分車站附近基隆河曲流的河道美景，是一條小而美的登山步道。

搭乘平溪線火車至十分站，下車後沿著鐵道往十分老街走。十分小鎮有獨特迷人的鐵道景觀，老街狹窄，火車就從兩排房子的中間通過，沒有任何柵欄隔離，人與火車是如此親近、沒有距離。附近有靜安吊橋、十分大橋、南山橋跨越基隆河，靜安吊橋是有名的觀光吊橋，走過靜安橋，左轉，沿著106縣道直行，陸續經過十分大橋、南山橋，仍取直行，約前行零點五公里，即可抵達南山社區千階嶺步道的入口。

千階嶺俯瞰十分聚落、基隆河及遠近山巒美景

入口位於南山坪115號民宅旁的上坡右彎處，立有一塊小標誌，寫著「千階嶺・頂峰步道」，左側有一座小涼亭，循著車道來到上方的籃球場。籃球場左右兩側各有一條步道，殊途同歸，在半山腰相會。左側的步道為主線，有一小牌樓，寫著「景南山千階嶺」，進入後，即是木板工法的土階步道。

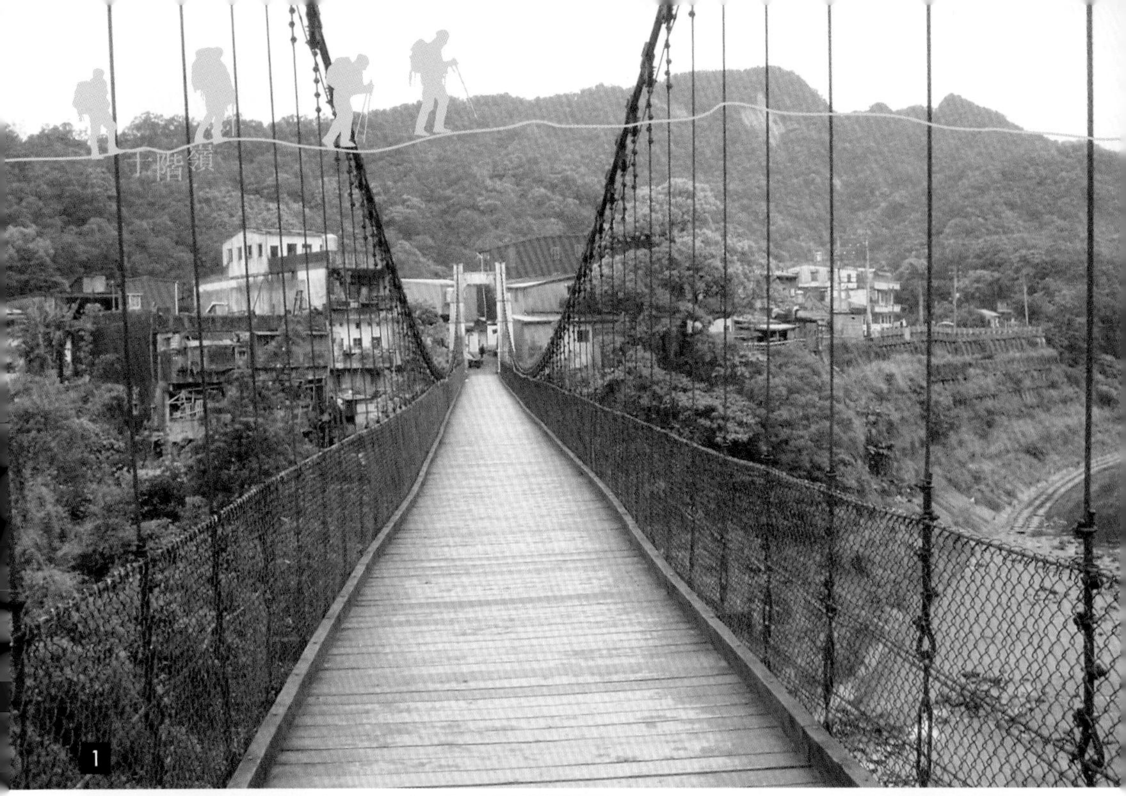

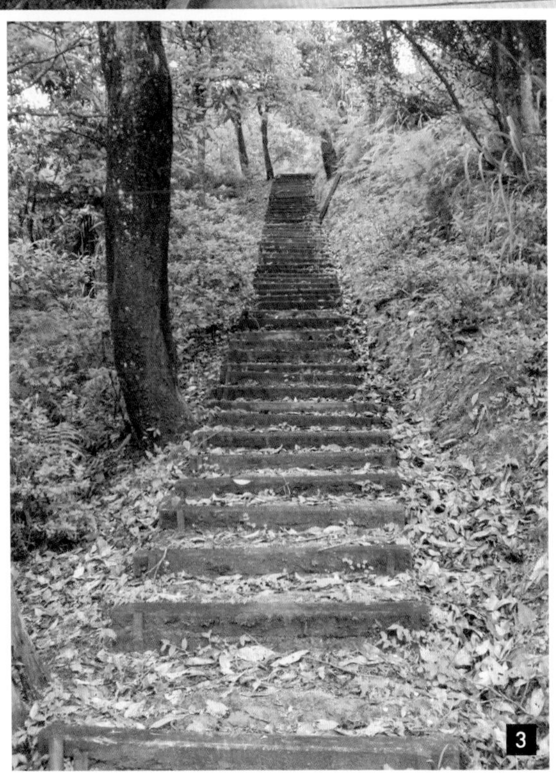

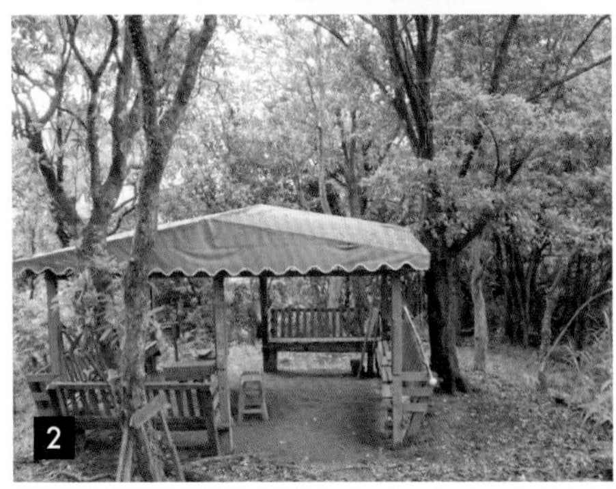

1 靜安吊橋。

2 千階嶺步道終點，有一座木製涼亭。

3 千階嶺步道，筆直的階梯陡上。

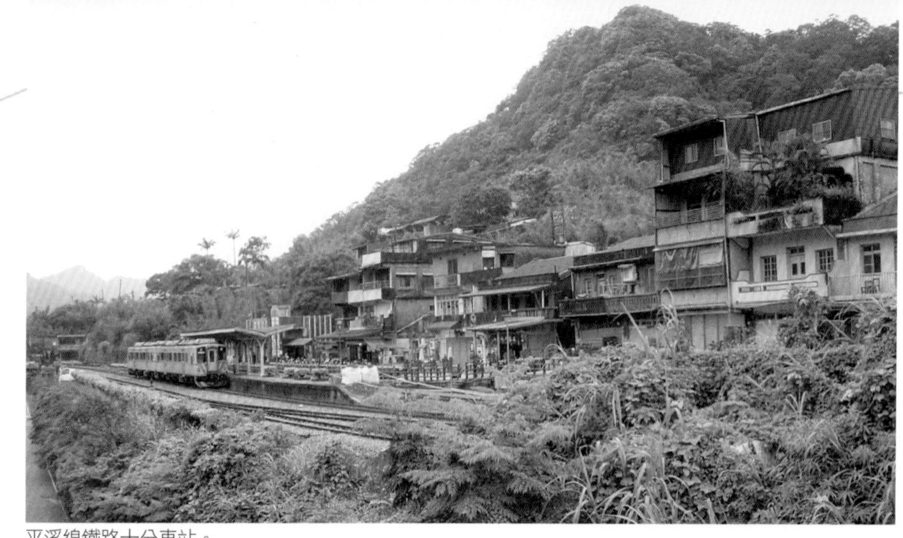
平溪線鐵路十分車站。

土階取直，一路陡上，沿途各種蕨類盛長，樹木繁茂、林蔭怡然，讓人走來不覺疲累。上行約七、八分鐘，與右線上來的土階步道會合，到達此處，路程已走一半。續往上行，仍是筆直的土階步道。又約八、九分鐘，爬至稜線，附近空間寬敞，設置了一座木製涼亭。涼亭上有一小木板，寫著捐款修建這條步道的熱心民眾姓名，捐款金額兩萬五千元，以自助方式，用微小的經費就能完成這麼一條怡人的步道，著實令人感動。

一千階的步道至涼亭為止，接著循稜前進，變成傳統的泥土路山徑，踏著林間落葉石塊前行，更有一分幽意，約兩分鐘，即抵達一處岩丘，上面豎立一面國旗，這裡就是千階嶺了。站到岩丘之上眺覽，果然風光明媚。五分山、姜子寮山等附近山巒歷歷在目，而十分車站附近的聚落及基隆河谷地形一覽無遺。

由千階嶺續行，有山路通往番子坑山及平湖森林遊樂區，並可越嶺至雙溪鄉後番子坑，不過後段的路況差，較少人行，不宜深入。

靜安吊橋

長128公尺，跨越基隆河，建於民國三十六年(1947年)，由工礦公司所屬的十分礦場建造，做為運煤之用，台車往來於吊橋之上。這座吊橋同時也供南山、十分兩村居民行走。民國五十一年，礦場結束經營後，這座橋仍然供當地居民使用。民國八十二年及八十七年整建，美化橋墩及周遭環境，而模樣，成為一條觀光吊橋。

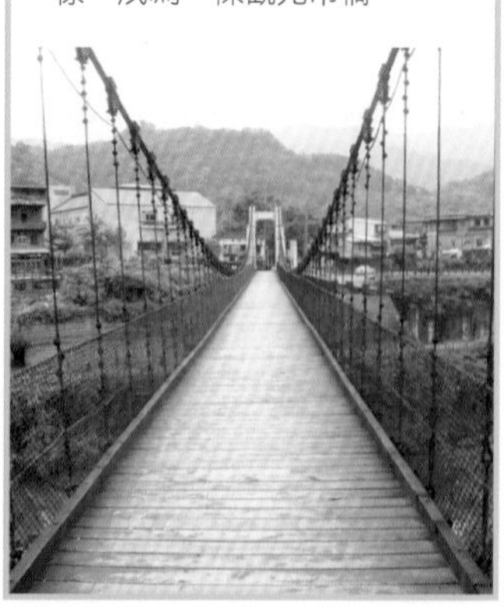

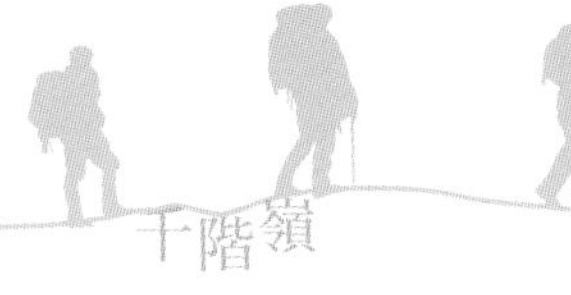

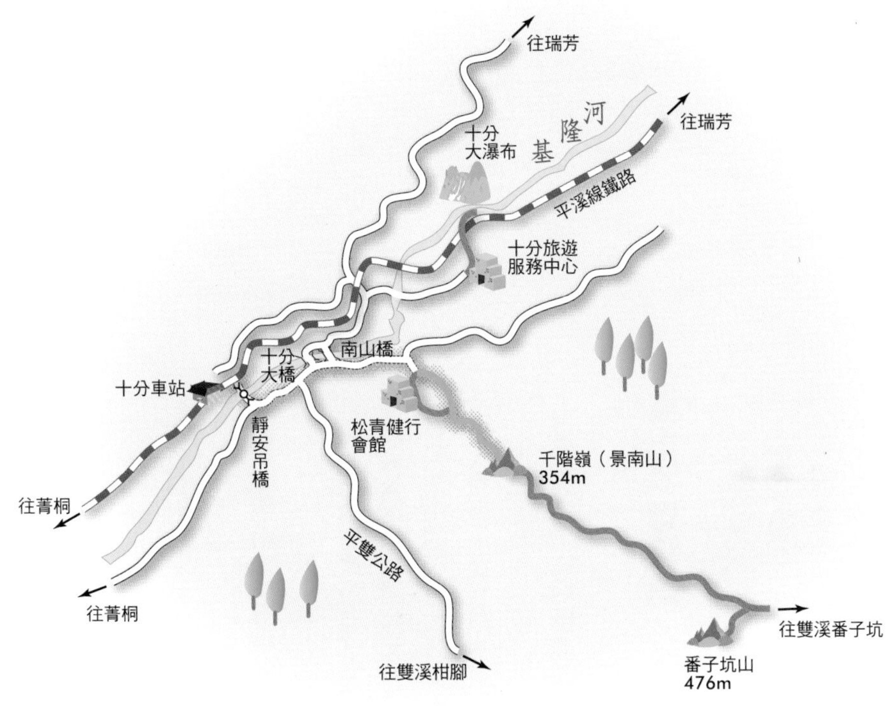

路程時間

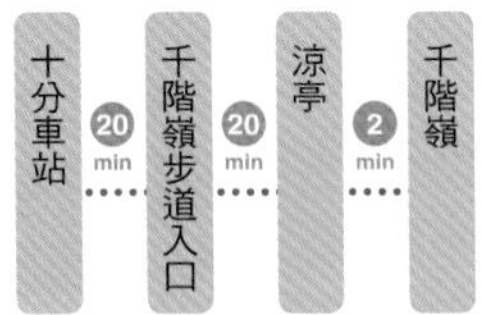

路況評價

- 登高指數：● 157m
- 路程時間：●（來回約1.5小時）
- 步道路況：●
- 綜合評價：●

注意及建議事項

千階嶺步道路況良好，千階嶺循前進，約50-60分鐘，可抵達番子坑山，稜線山路路徑清晰好走，為傳統泥土路山徑。從番子坑山可續行至雙溪鄉後番子坑，但較少人走，路徑冷清。若無經驗者，不宜深入。

交通資訊

• 自行開車

中山高下暖暖交流道，接瑞八公路至瑞芳，轉106公路，過十分大橋後左轉，往南山坪，前行約500公尺抵達。

由木柵走106公路，或北宜高下石碇交流道接106公路，往平溪，至十分大橋時，勿過橋，取直行，往南山坪，前行500公尺抵達。

• 大眾運輸

由瑞芳搭乘平溪線觀光列車至十分站，過靜安吊橋後左轉，步行前往南山坪。或搭乘樹林經板橋至疇野人谷的台北客運1076路班車公車，至南山社區站下車。或從瑞芳搭乘往平溪方向的基隆客運，至南山社區站下車。

1 蝙蝠山頂俯瞰雙溪市區及雙溪火車站。
2 蝙蝠山頂遠眺雙溪河口及福隆。
3 蝙蝠山頂俯瞰宜蘭線鐵路及雙溪河流。
4 蝙蝠山，土地調查局圖根點基石。
5 蝙蝠山登山步道。

蝙蝠山

・山名　蝙蝠山／・海拔標高　252m
・登山口高度　30m／・三角點　土地調查局圖根點
・GPS座標　336512・2769781／・座落位置　台北縣雙溪鄉
・特色　360度視野，展望絕佳

雙溪八景之一，蝙蝠山展望絕佳

雙溪蝙蝠山是雙溪近郊最高的一座山，因山形酷似蝙蝠而得名。站在登山口明天宮的廣場眺望廟後的蝙蝠山，確實像一隻展翅的蝙蝠，主峰是蝙蝠頭，主峰兩側各有一峰似蝙蝠雙翼。蝙蝠山以展望絕佳著稱，「蝠山遠眺」為雙溪八景之一。

登蝙蝠山，最方便的方式是搭宜蘭線火車，在雙溪車站下車，步行至「明天宮」約二十分鐘。明天宮的入口有一「逸仙山風景區」的牌樓。蝙蝠山，又名逸仙山，是地方政府為了發展觀光而在蝙蝠山興建登山步道，山頂建立瞭望台，並豎立國父銅像，因此又名逸仙山。

蝙蝠山的步道入口位於廟旁的農家菜園溪畔，隔著溪，各有一條石階步道爬向蝙蝠山，剛好可以繞一圈。可左去右回，或右去左回。選擇有左邊的石階路上行，經過山坡的檳榔園，隨即穿入茂密的森林裡。

登山步道陡峭，挑戰體力耐力

蝙蝠山雖然海拔只有二五二公尺，但沿路幾乎都是陡峭的石階，爬來相當吃力，令人氣喘噓噓。沿路設有水泥石椅供遊客休息之用，途中有一「觀海亭」，但被周遭樹林遮蔽，無展望可言。過觀海亭之

雙溪

雙溪鄉境內的牡丹溪和平林溪合流之後，稱為雙溪，流向福隆入海。雙溪市區，正好位於兩條溪的匯流處，成為雙溪地名的由來。雙溪周遭環山，河流迂迴，擁有令人稱羨的山光水色。昔日詩人詠嘆的「雙溪八景」為南天花苑、聖寺晨鐘、苕谷觀瀑、蘭溪消夏、蝠山遠眺、貂山春色、虎豹清潭、嶺頭觀日。

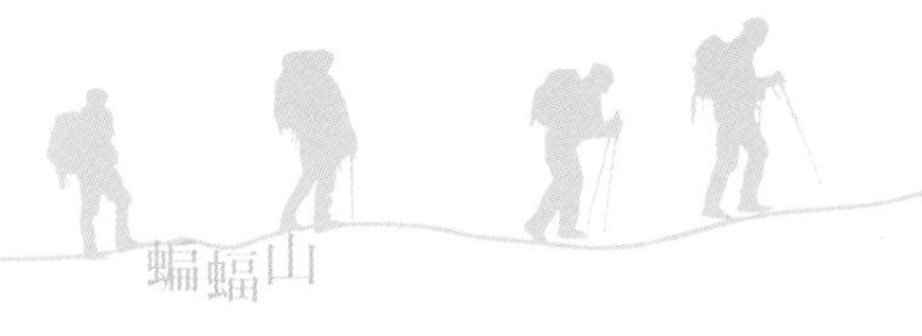

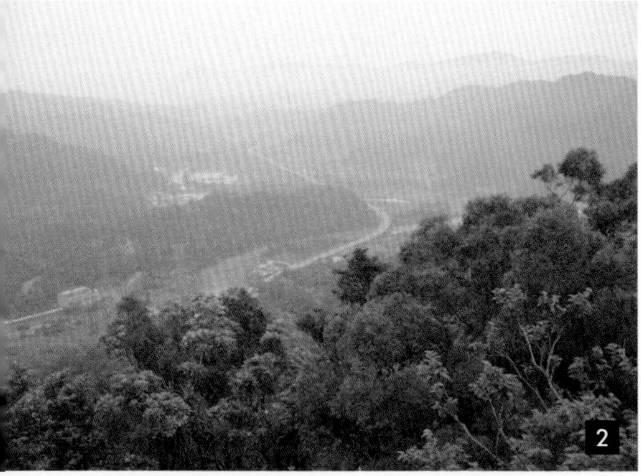

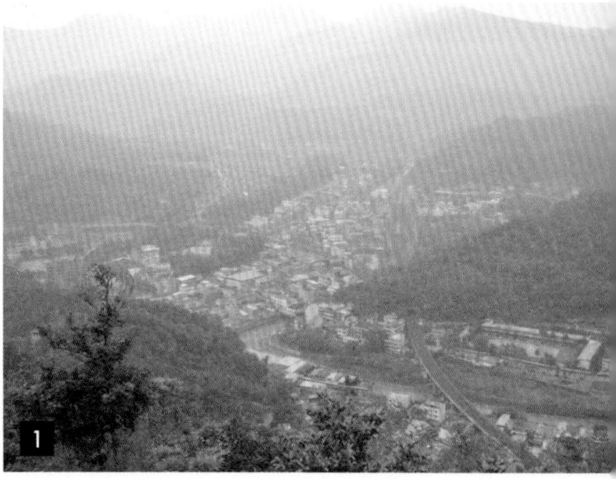

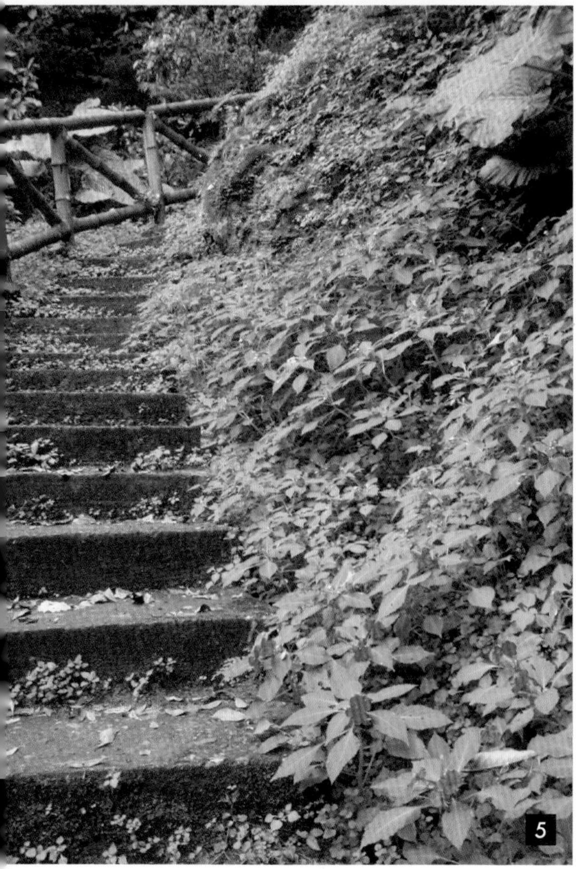

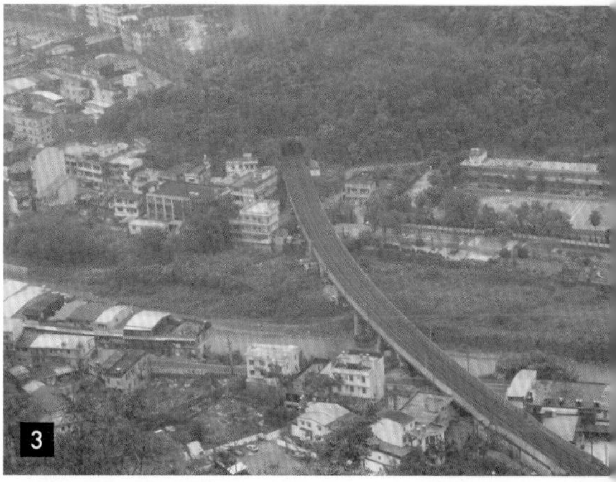

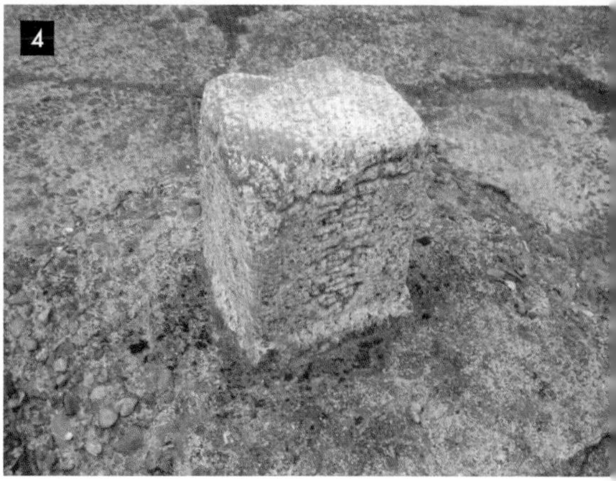

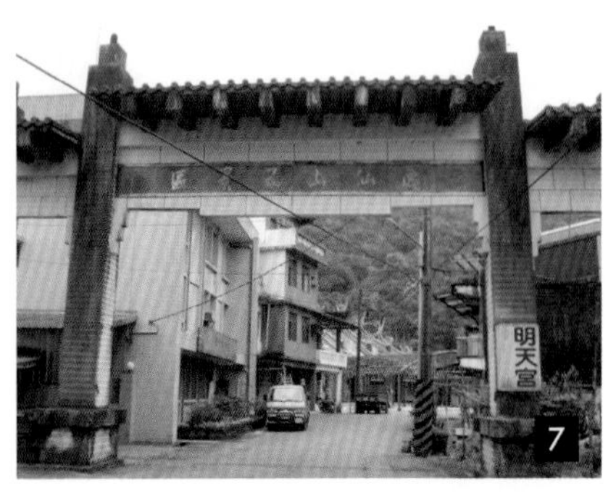

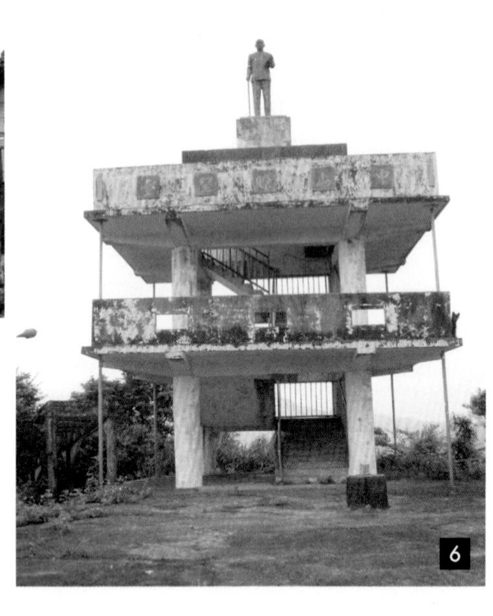

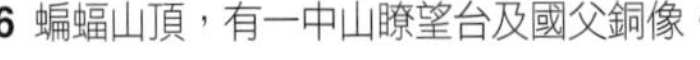

6 蝙蝠山頂，有一中山瞭望台及國父銅像。

7 蝙蝠山登山口，有逸仙風景區的牌樓。

8 步道一路陡上，爬來相當吃力。

後，有一小段平緩水泥步道，接著又是陡峭的石階路。或許是當初步道的規劃施工過於陡斜，因此不適合老年人或幼童登爬，因此雖有風景區之名，但沿途石椅多已蒙塵積垢，相當可惜。沿途森林濃密，綠意盎然，但因環境潮溼，部份路段的石階青苔相當濕滑，得小心踏踩。

辛苦登爬大約半個多小時，終於登上蝙蝠山。山頂有一平台，建造一座三層樓高的「中山瞭望台」，台頂有一國父塑像。銅像基座前面鐫刻〈禮運大同篇〉，後面則有大理石碑文記敘蝙蝠山易名為逸仙山的緣起。蝙蝠山氣勢雄偉、地勢險要，可監控山腳下的雙溪市區，日據時代初期，雙溪鄉民曾以此山為據點抵抗日軍，擊斃數名日軍於蝙蝠山西麓的苕谷坑。

登上瞭望台頂樓，三百六十度的視野，雙溪山水一覽無遺，風景如畫。雙溪火車站及雙溪聚落就在前方山腳下，遠處的燦光寮山清晰可見。雙溪河流，公路蜿蜒東流，遠近村落景致，盡收眼底，甚至可遠眺福隆海濱，水天一色。而雙溪上游的牡丹、平林、上林等村落山水景色皆映入眼簾，景色絕佳，令人心曠神怡。

瞭望台旁有另一條步道繞下山，沿途有優雅的桂竹林，步道的路況較佳，但石階路仍然十分陡峭，部份路段濕滑，得小心踩踏。途中有一「逸仙亭」可休憩及眺望風景。下山體力負荷較輕，約二十餘分鐘，即可返抵明天宮。

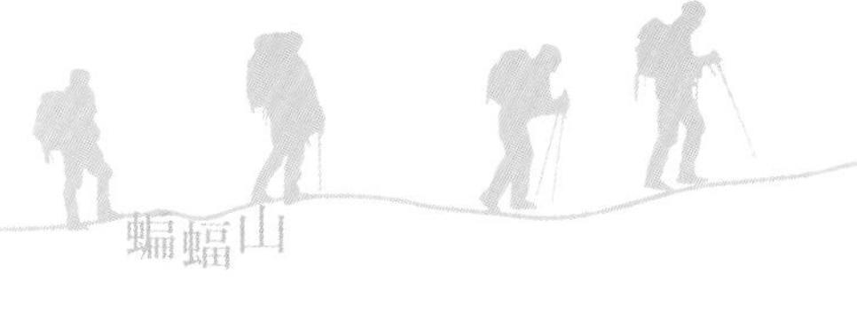

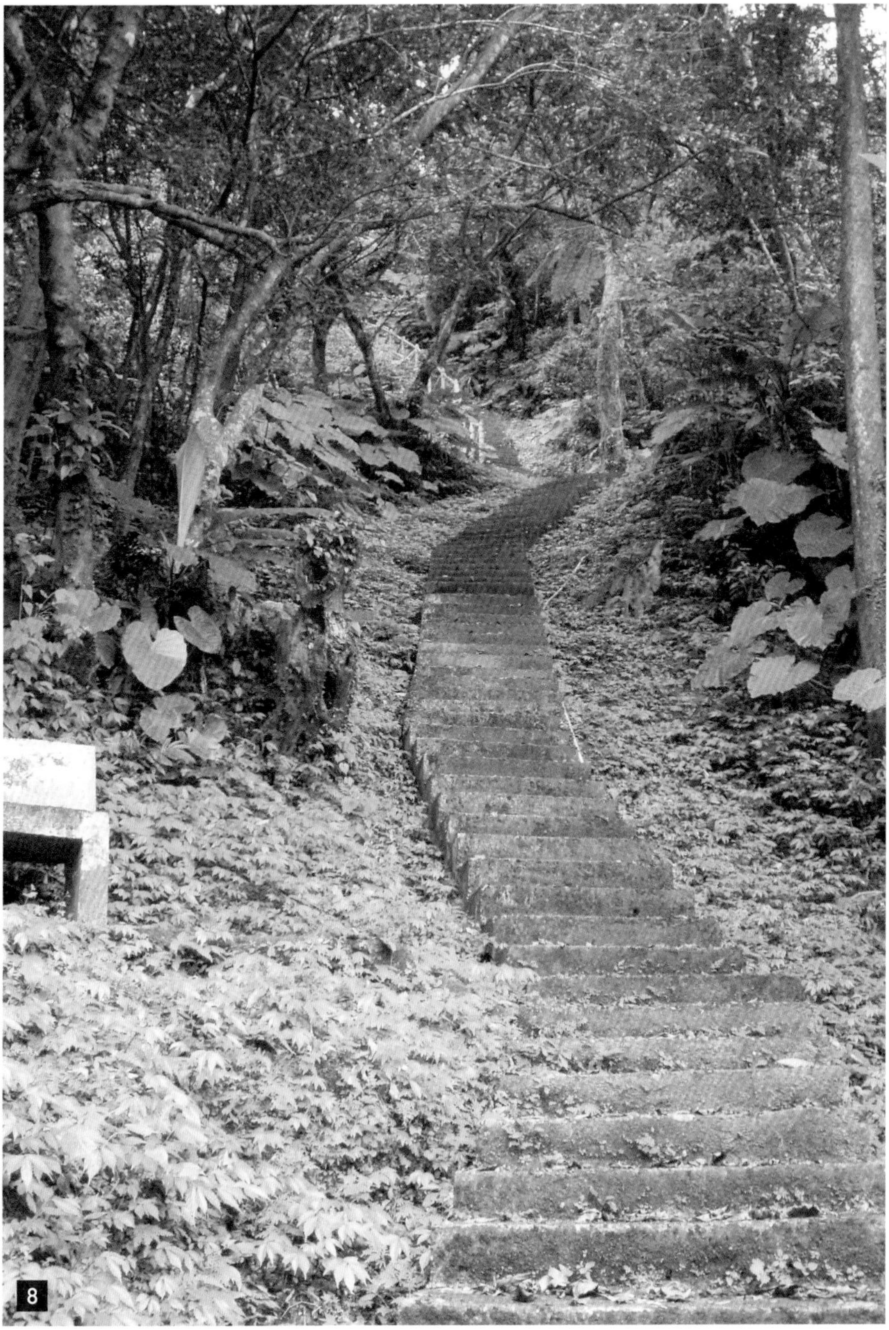

8

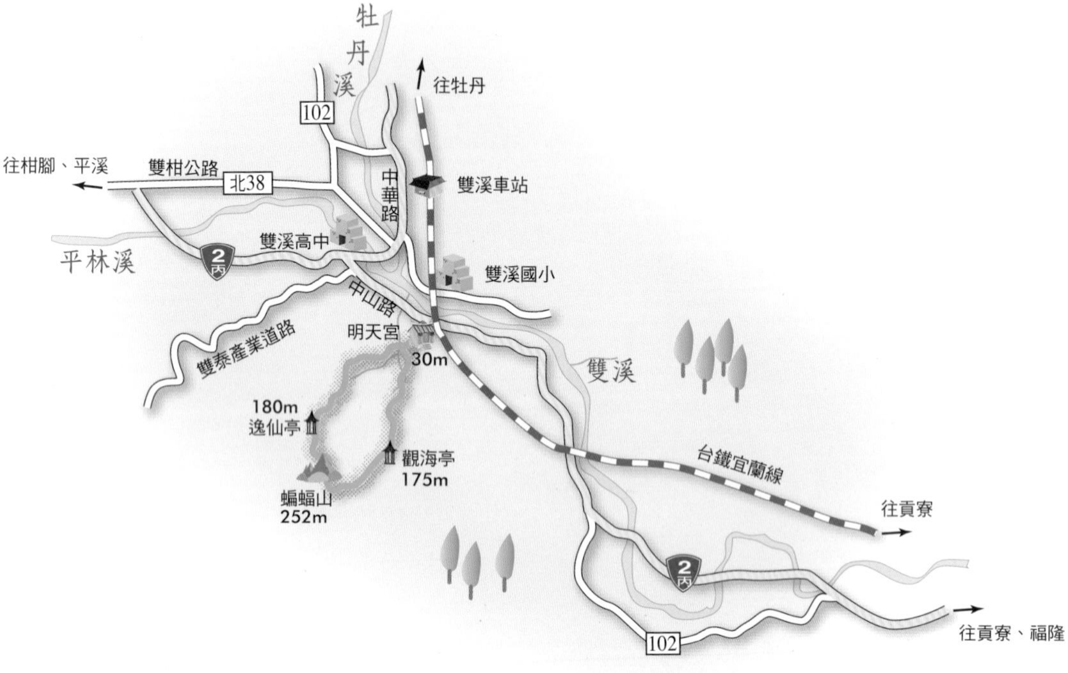

路程時間

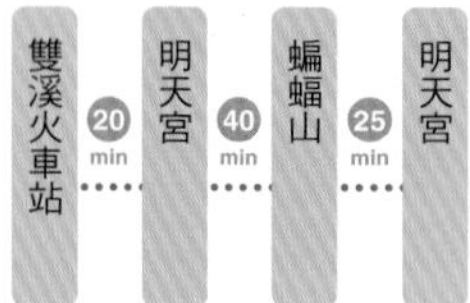

路況評價

- 登高指數：● 222m
- 路程時間：●
- 步道路況：●●
- 綜合評價：●

注意及建議事項

蝙蝠山登山步道，路程不遠，但步道相當陡峭，建議放慢步伐，以調節體力。部份石階路有青苔潮滑，宜小心踩踏。天雨過後，不宜攀登。

交通資訊

• 自行開車

北宜高速公路下石碇交流道，走106縣道至平溪十分寮，右轉平雙公路，至雙溪，續沿102公路，往貢寮方向，遇雙溪高中後，遇鐵路高架橋時，明天宮即在公路右邊巷內。

• 大眾運輸

台鐵宜蘭線雙溪火車站下車，直行，左轉中華路，過平林橋後，沿著102公路走往貢寮方向，，遇鐵路高架橋時，明天宮即在公路右邊巷內。

汐止·深坑·石碇

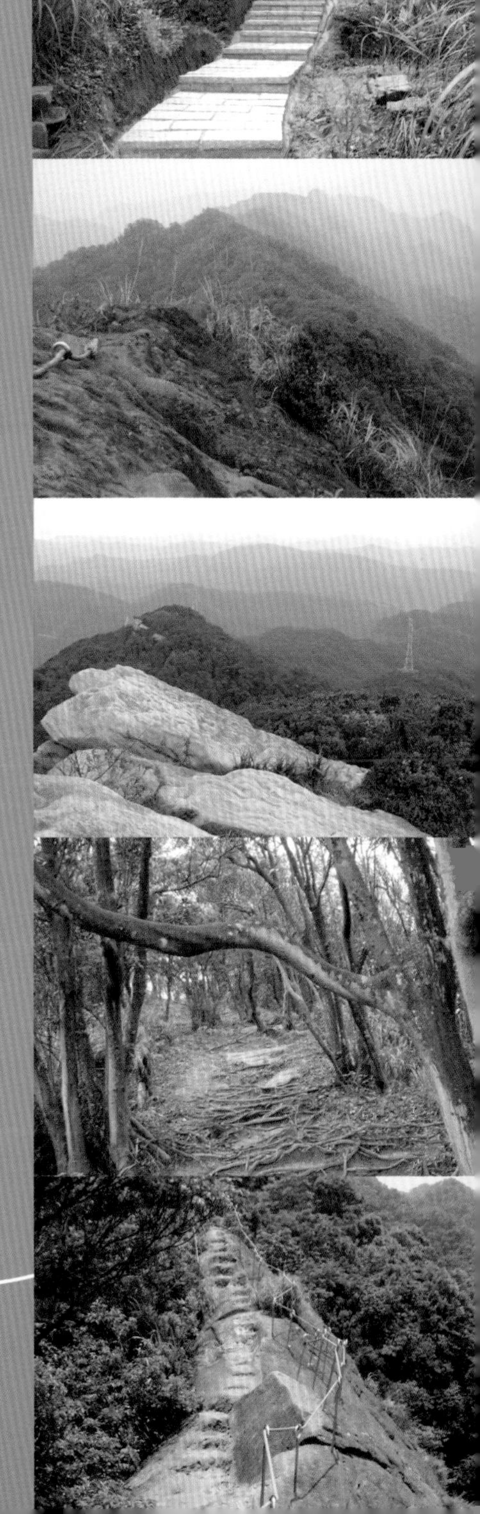

大尖山、四分尾山

・山名　大尖山、四分尾山／・海拔標高　460m, 641m／・登山口高度　239m（天秀宮）
・三角點　大尖山：土地調查局圖根點　四分尾山：二等三角點1060號、三等三角點837號
・GPS座標　316586・2771852、317855・2770740／・座落位置　台北縣汐止市
・特色　展望佳

大尖山，汐止最熱門的登山步道

大尖山風景區是汐止近郊最熱門的登山步道，汐止市公所修築了完善的石階步道，沿途廣植杜鵑花，並設置涼亭及石桌椅，成為市民休閒的好去處。大尖山位於五分山姜子寮山系的尾端，從大尖山沿著山稜線可以縱走至四分尾山，沿途山徑平緩，更是一條極佳的森林浴路線，而大尖山步道附近更有秀峰、茄苳、大尖三座瀑布，可隨個人腳力與興趣選擇一二探訪。

登大尖山，可從山腳下的秀德宮或山腰的天秀宮起登。一般以從天秀宮出發較為輕鬆。天秀宮是大尖山風景區的核心區域，可由汐止勤進路車道上山抵達，廟旁設有停車場，附近林間有石桌椅及步道，也有休閒餐廳提供餐飲及卡拉OK歡唱。天秀宮廣場有咖啡雅座及簡易的兒童遊樂設施，假日時十分熱鬧。天秀宮，海拔二四〇公尺，坐東朝西，面向台北盆地，也是眺望夕陽的好景點。

天秀宮附近的林蔭步道遍植杜鵑及山櫻花，花季時，紅白粉紫的花色，將附近山林點綴得千嬌百媚。這附近林間，不時可看見低海拔的鳥類。

大尖山頂，展望遼闊、視野超讚

從天秀宮右側的大尖山登山口，有詳細的導覽地圖，由天秀宮爬往大尖山，約零點七公里而已，全程已鋪花崗岩石階路。大尖山步道的路程雖短，但在短距離間海拔爬升近兩百二十公尺，因此石階步道頗陡，幾乎是一路陡上，走來頗費腳力。僅中途一處小鞍部有平緩處可稍喘息，這裡的林間種植杜鵑花，環境

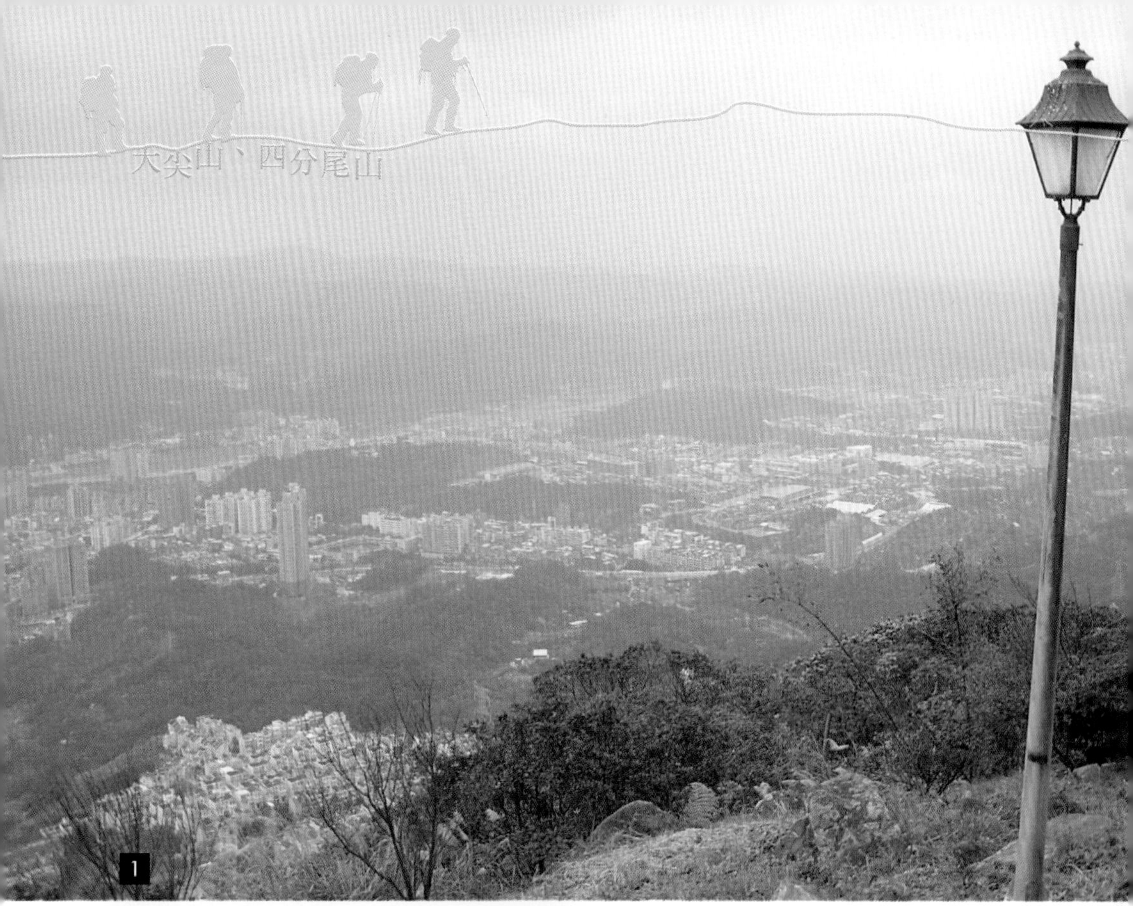

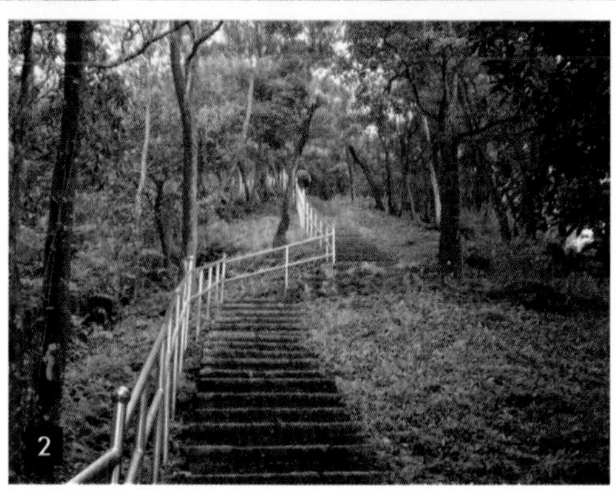

1 大尖山頂視野開闊。

2 大尖山步道陡上的石階路。

秀峰

大尖山為汐止著名的山峰，由於風景優美，自古以來，即有「秀峰」的美稱。至今，大尖山腳下還有秀峰路、秀峰中學等地名及學校名稱。大尖山因山明水秀，因此廟宇特別多，例如慈航寺、聖德宮、天秀宮、天道清修院等。其中，慈航寺為台灣第一位肉身菩薩慈航大師的修行地，更是遠近馳名。

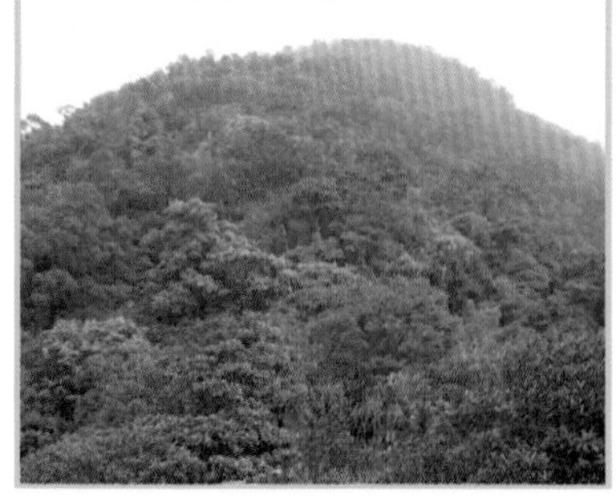

雅緻，也有一座日據時代昭和年間的古墓。過了此處，又是急陡石階路。

約半個小時，通過最後的之字形石階路後，就登上大尖山。大尖山標高四六〇公尺，有一土地調查局圖根點基石。山頂已新建一座涼亭。大尖山視野極佳，西邊的台北盆地，樓宇萬數，東邊從汐止延伸至基隆港外海的基隆嶼都在視線之內。向北遠眺，則陽明山國家公園的名山峻嶺都一字排開，盡呈現於眼前。

由大尖山走往四分尾山，約二點二公里，距離較遠，但海拔落差只有一百八十公尺左右，稜線起伏小，山路平緩，走來相當適意。中途分別有岔路可通往大尖瀑布及秀峰瀑布，也有岔路通往天道清修院，接勤進路，再繞回天秀宮。繼續取直行往四分尾山，平緩的山徑，已無鋪設石階，而是傳統的泥土路，踩踏柔軟舒適。約三十分鐘，抵達往茄苳瀑布的岔路口，續前行，遇到一段陡坡，爬上之後，便登上了四分尾山。

四分尾山，又名茄苳腳山，有二等三角點及三等三角點基石各一顆。山頭圓緩平坦，四周群山環伺，視野遼闊。山頂腹地不大，約半個籃球場大而已，但以草地為主，適合坐臥休息。由四分尾山續前行，約一、兩分鐘，便抵達產業道路，走出去後，可接石汐路，再接勤進路，雖然可繞公路回到天秀宮，但得走一個多小時，應以原路折返較為適宜。

附近景點

【秀峰瀑布】

秀峰瀑布是大尖山三座瀑布中最容易親近的一座，就在天秀宮附近。沿著勤進路上行約兩百多公尺，即抵達秀峰瀑布的登山口。登山口至秀峰瀑布約0.5公里，約10至15分鐘即可抵達。走於幽雅的林蔭中，沿途平緩。接近秀峰瀑布時，有一線天的巨岩，當地人稱為「龍船洞」。秀峰瀑布高30公尺，瀑布水量不豐，常呈細涓狀態，溪谷清幽，溪岸有石椅可坐，在此賞瀑聽淙，怡然自在。登大尖山、四分尾山時，可在回程時，由天道清修院與大尖山之間步道岔路下行，約30分鐘，可抵達秀峰瀑布。

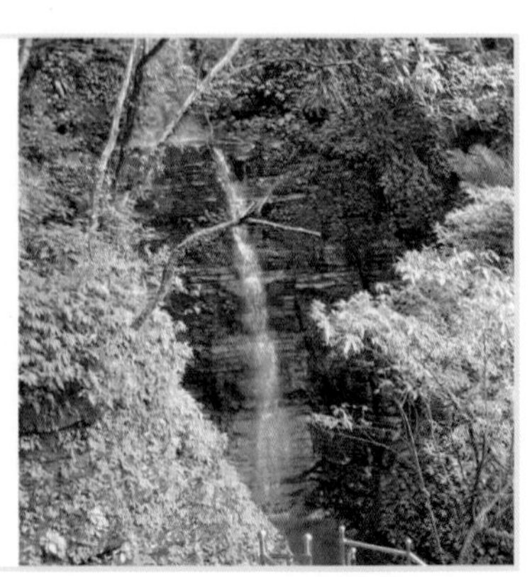

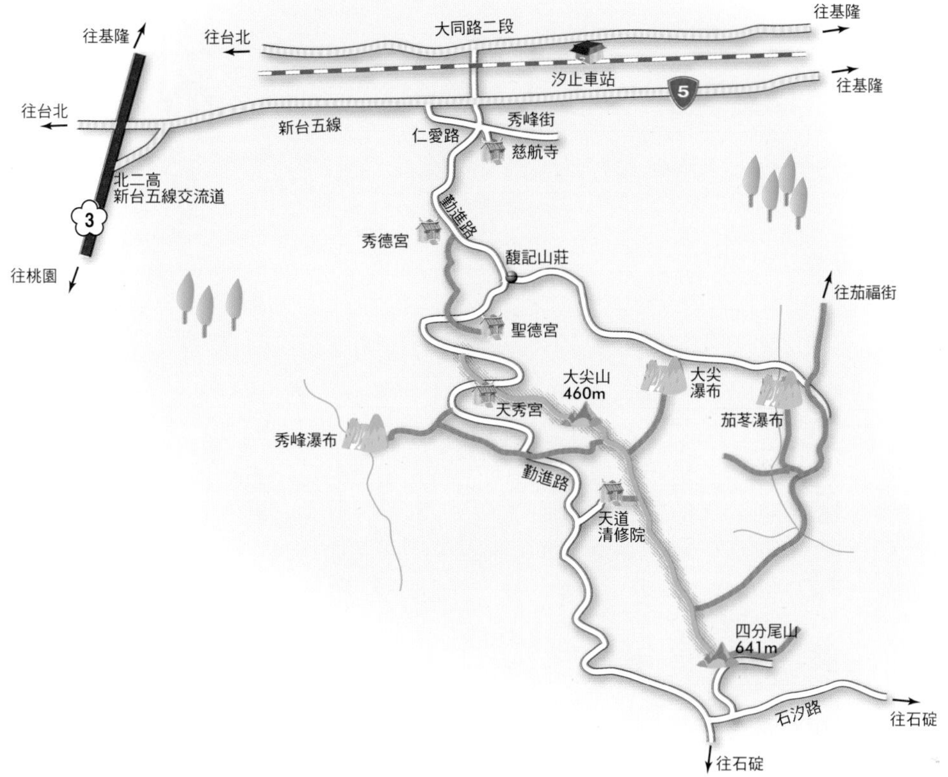

路程時間

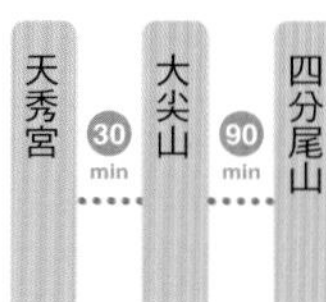

路況評價

- 登高指數：402m（天秀宮－四分尾山）
- 路程時間：約4小時（來回）
- 步道路況：
- 綜合評價：

注意及建議事項

由天秀宮起登是最輕鬆的方式，但須自備交通工具。汐止社區巴士大尖山線雖可抵達天秀宮，惟班次不多。若搭乘大眾運輸工具至汐止火車站，由車站步行至秀峰路、勤進路口約10至15分鐘。由勤進路進入，約前行700公尺，抵達秀德宮登山口，然後循步道上行，約30分鐘可抵達天秀宮。

交通資訊

• 自行開車

從北二高下汐止交流道，接新台五路，往汐止方向，右轉仁愛路，再右轉勤進路，即可通往大尖山風景區，循指標抵達天秀宮。或中山高下汐止交流道，由汐止車站前轉入秀峰路，再接勤進路，即可抵達大尖山風景區。

• 大眾運輸

搭台鐵火車至汐止站下車或公車51、311、605路、福和客運板基線至汐止站下車，再轉搭計程車或搭乘汐止社區巴士11號（大尖山線）至大尖山風景區。

1 新山稜線上嶙峋的岩石，稜線之上，視野遼闊。

2 枕木步道爬向新山稜線。

3 夢湖。

4 新山夢湖舊登山口，森林泥土小徑通往夢湖。

新山

・山名　新山／・海拔標高　499m
・登山口高度　230m／・三角點　野牛2號基石
・GPS座標　313036・2780560／・座落位置　台北縣汐止市
・特色　湖泊景觀、稜岩、展望佳

具有大山氣勢的新山

新山位於友蚋山往南延伸的支稜上，山稜以岩塊為主，東北側的稜線岩石嶙峋突出，俯臨深壑絕谷，氣勢雄偉，使得海拔僅四九九公尺的新山具有大山的氣勢，適合登高遠眺，視野極佳。夢湖，則是美麗的山中小湖，位於新山山腰，海拔三二五公尺，由於冬季的午後常有山嵐霧起，使湖邊周邊如夢似幻，因而得名。

從汐止汐萬路三段二號橋前轉入夢湖路，前行約兩公里多，即可抵達新山、夢湖的登山口。這裡是舊的登山口，若續往前行，約零點五公里，可抵達新的登山口。由舊登山口至夢湖約十分鐘，而新登山口至夢湖只需二、三分鐘而已，而且已鋪上花崗岩石階路，可以很輕鬆抵達夢湖。若不趕時間，不妨選擇由舊登山口出發，穿過幽靜的森林小徑及小溪澗，踩踏舊石階，享受一點登爬的樂趣，然後翩然來到夢湖。

夢湖是台北盆地難得一見的中海拔湖泊，周遭山林環繞，湖岸邊有豐盈的水草，湖水碧綠，波光瀲灩，如夢似幻，讓人有超塵絕俗的神悅。光是漫步於夢湖湖畔，足以消磨一個午后時光。由於容易親近，夢湖也成為新人選擇拍攝婚紗的景點。

新山壯闊險峻，夢湖婉約迷人

夢湖兩側各有山徑可以爬往新山，剛好可以右去左回繞一圈。右去的山徑較

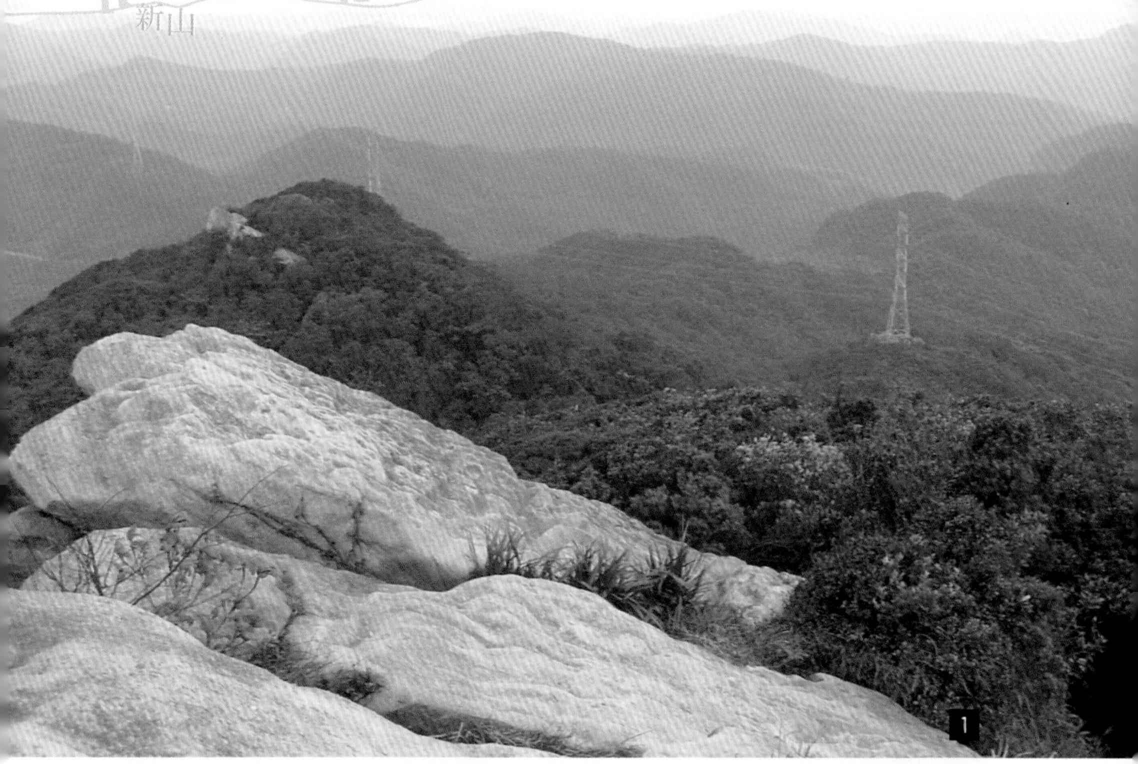

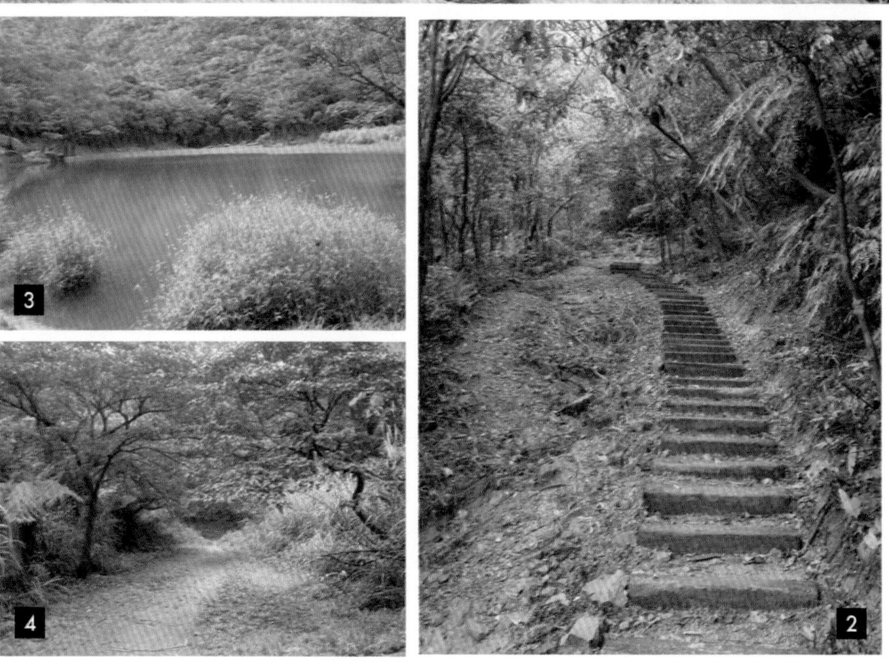

蓋斑鬥魚

蓋斑鬥魚曾經遍佈全台各地的溪流、池塘和圳渠，後來受都市化、工業汙染，棲地環境惡化，瀕臨絕種的危機。夢湖為蓋斑鬥魚的復育地，生態資源極為珍貴。夢湖因交通便利，有遭受汙染的潛在危機，因此遊客來此遊憩時，應多珍惜夢湖的美好環境，勿任意丟棄垃圾破壞環境。

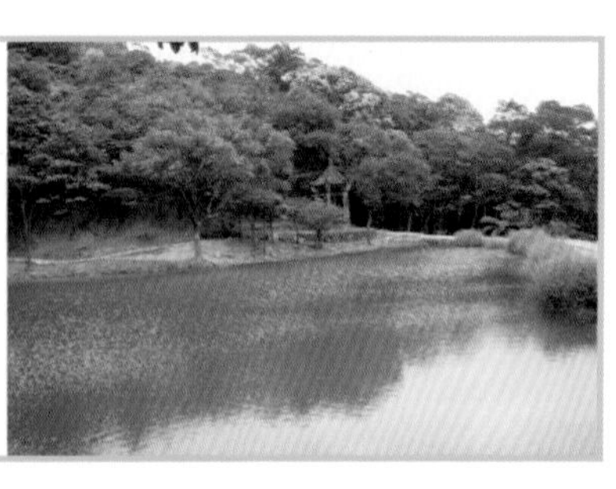

為寬闊，為昔日台電的保線路，原本的泥土路已鋪設枕木階，以方便登爬。從夢湖至新山約零點八公里，路程約三十至四十分鐘。上行約六、七分鐘，會遇到岔路。左岔路離新山主峰較近，右岔路則是繞往新山的東稜線，然後沿著稜線爬往新山，這是傳統登新山的路徑，雖然較遠，但走在稜線上，可以充份體驗新山稜岩之美。

新山的稜線山徑時而突出於稜岩，時而鑽進樹叢間，稜脊山徑不像皇帝殿岩稜那麼危險，行走之間，可以欣賞嶙峋怪奇的岩塊，而稜岩起伏處，則須手腳並用，靠繩索攀爬上下。路線充滿刺激，美景不斷，是一條力與美的路線。

約三十分鐘，抵達新山。山頂有一塊突出的巨岩，孤佇於懸崖深谷之上，周遭無其它山峰遮阻，因此山勢奇偉、視野遼闊。天氣晴朗時，能夠看到北海岸，遠至基隆嶼、基隆山、鼻頭角都在視野內。這一刻的美景，讓人忘卻攀爬過程的辛苦。

從新山頂續前行，遇岔路，取左岔路下行，約二十分鐘就可以繞回夢湖。新山、夢湖，性格分明不同，新山壯闊險峻，夢湖婉約迷人，新山須辛苦攀爬，夢湖則容易親近。新山、夢湖適合全家大小同遊，不想爬山的老少，可以留在夢湖輕鬆遊憩，而年輕力壯者可以去登新山自我挑戰，大約一個小時就可以繞一圈新山回到夢湖。登新山之後，在夢湖湖畔休憩，欣賞湖光山色、聆聽鳥語蟲鳴，度過逍遙閒適的一天。

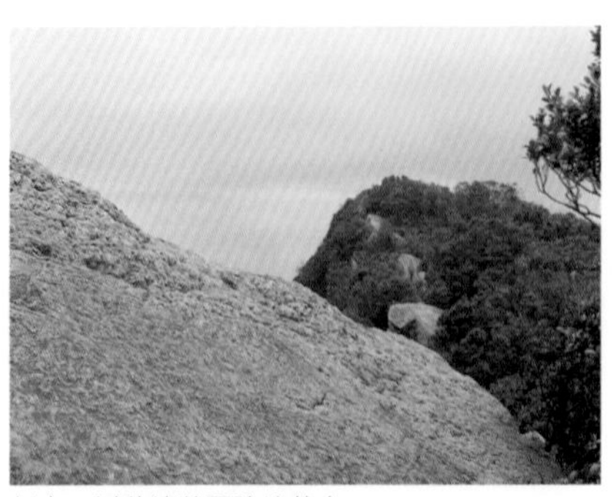

新山，以稜線壯闊險峻著名。

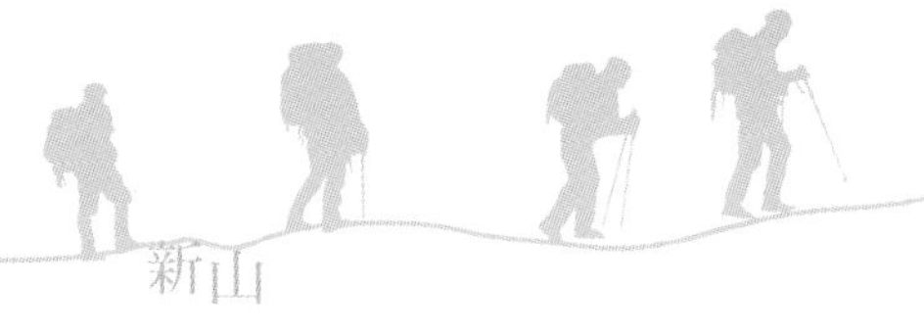

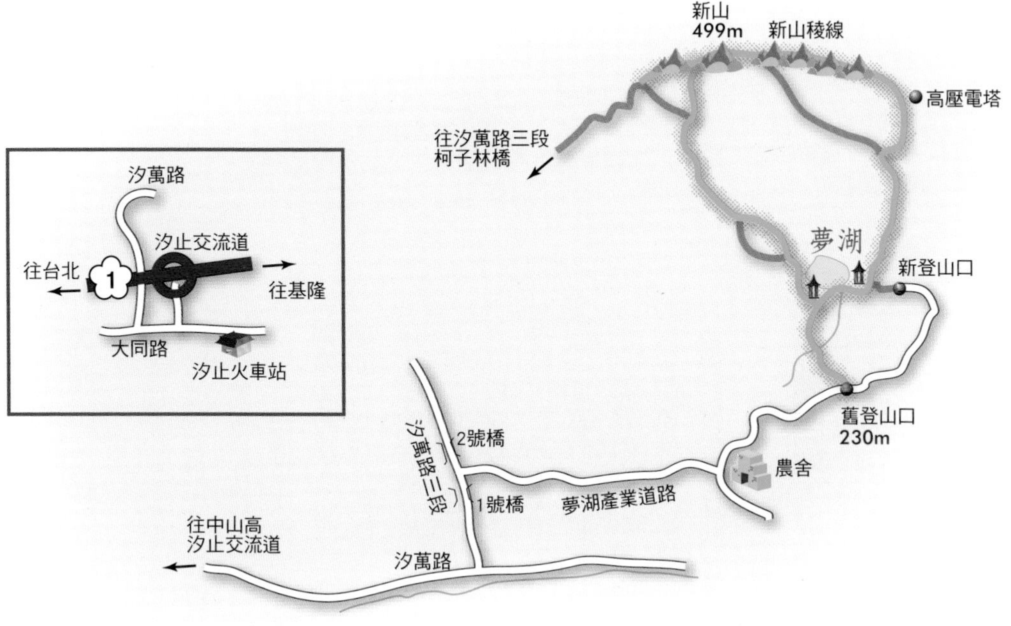

路程時間

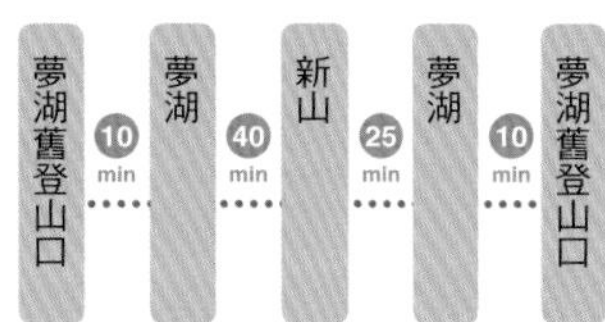

路況評價

- 登高指數：●● 174m
- 路程時間：●（來回約1.5小時）
- 步道路況：●（新山稜線）
- 綜合評價：●

注意及建議事項

新山夢湖步道經過整建，新登山口至夢湖為花崗石步道，老少咸宜。夢湖至新山的路段，亦有改善，惟部份山徑有起伏，部份稜線路段險峻，老弱不宜。

交通資訊

• 自行開車

從台北出發，走南港路，接汐止大同路，左轉汐萬路，至萬路三段，在一號橋與二號橋之間，右轉「夢湖路」，路口有「新山夢湖」的指標。進入夢湖路，前行約2公里多，即抵達舊登山口，續前行約0.5公里，抵達新登山口。

• 大眾運輸

台北至汐止公車605、311（紅）、福和客運（板橋後站至基隆）、基隆客運（台北捷運忠孝復興站至基隆線）或台鐵火車於汐止站下車。再轉搭汐止社區巴士9號（五指山線）至夢湖路口。再步行約50分鐘，抵達夢湖登山口。汐止社區巴士班次不多，最好事先查詢時刻表。

1 內溝里康樂街261巷通往內溝山登山口，鄉間小路上，附近田畦常見白鷺鷥覓食。

2 翠湖，為昔日開採煤礦所造成的堰塞湖。

3 稜線山徑爬向內溝山。

4 通天梯，極為陡峭的木梯。

內溝山

・山名　內溝山／・海拔標高　137m
・登山口高度　25m／・三角點　台陽62號基石
・GPS座標　312457・2776018／・座落位置　台北縣汐止市
・特色　翠湖豐富生態、自然觀察

內溝山，翠湖畔的美麗山丘

內溝山位於汐止翠湖畔，為台北市內湖與汐止的界山。自從台北市東湖聯外山區道路通車後，東湖與大湖之間的車程大為縮短。台北人前往位於東湖的內溝山，變得極為便利。

從內溝里康樂街261巷口福安宮出發，走進鄉間小路，沿著小路走至路底，過水泥石橋，跨越內溝溪，順著指標繞過民宅。登山口就在民宅後方。泥土山徑緩緩而上，沿途有茂林修竹，亦可看見大型蕨類「觀音座蓮」的蹤跡。山路先緩後陡，約十幾分鐘，便爬抵內溝山的鞍部。越過鞍部便可直下翠湖。鞍部取左行，可循稜爬往內溝山。

取左行，幾公尺外的山稜處有一巨岩臨崖，設有石桌石椅。在此俯瞰山下的翠湖，但見翠湖隱於青山綠叢間，遠遠而望，翠湖含羞帶嬌，頗有韻味。翠湖是當年採礦造成的堰塞湖，湖水常呈黃濁。翠湖其實並不翠。翠湖之美，不在水色，而在山容。這附近山區迎向東北季風，雨量充份，環境溼冷，因此森林蓊鬱，山色翠碧，生態豐富，多蝴蝶、蜻蜓等昆蟲，亦多鳥類，湖畔常可看見台灣藍鵲的蹤影。因為這豐富的動植物生態，所以才撐得起翠湖的名氣。

翠湖幽靜，以油桐五月雪著名

這裡有石階步道可通往翠湖，路程約十分鐘。繞翠湖一圈，在湖的另一岸，另有山徑可爬往內溝山及老鷹尖。沿途為茂密的森林，可以體驗翠湖豐富的生

翠湖

翠湖位於汐止市金龍湖附近，原是新益興礦場北港二坑礦場用廢土將北峰溪上游堵塞成壩，所形成的人工堰塞湖，以提供礦工民生用水。礦場停採廢礦之後，堰塞湖無人管理。後來，山界因湖水周遭翠碧而稱之為翠湖，名稱沿用至今。後來汐止市公所加以整闢，在湖畔設置石桌椅及鋪設步道，以供市民遊憩。民國九十一年荒野保護協會出版《翠湖步道》，介紹此地豐富的生態環境，翠湖的知名度更為提高，每年五月油桐花開時，翠湖五月雪，更是遊人如織。

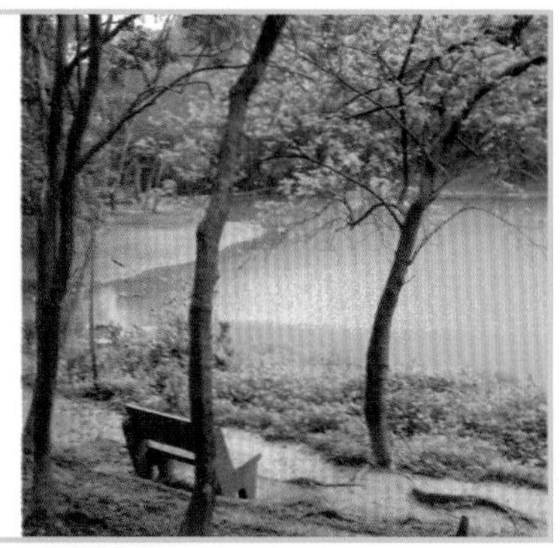

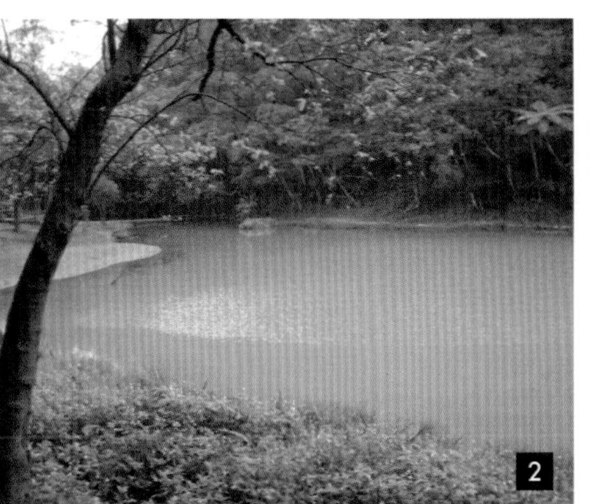

2

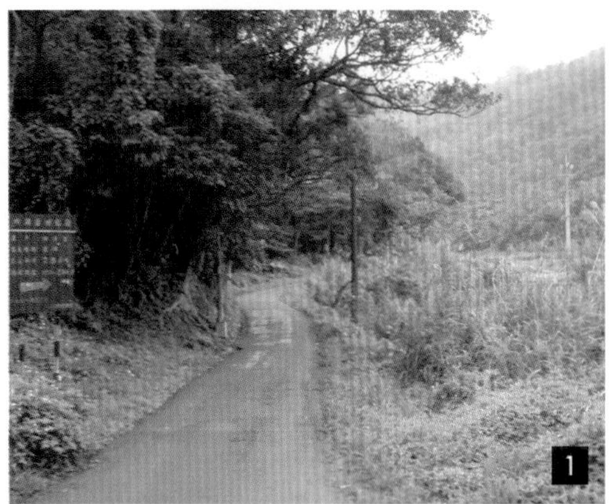

1

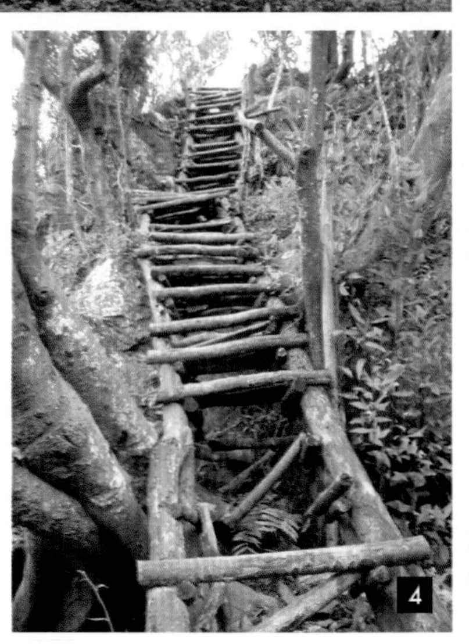

4

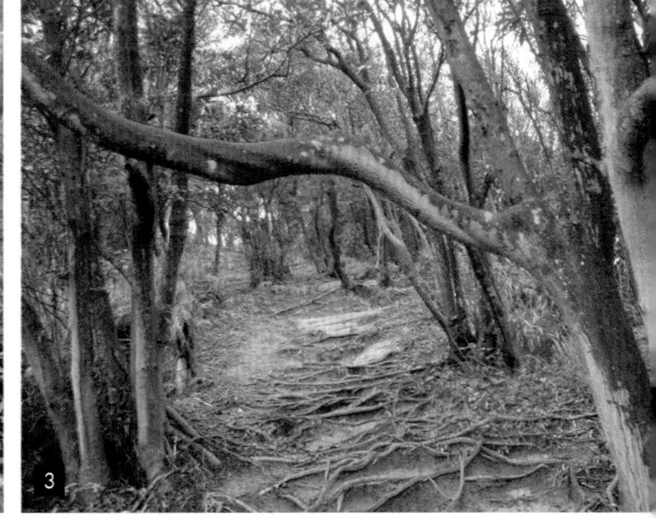

3

附近景點

【內溝溪生態展示館】

內溝溪生態展示館位於內溝溪畔，原為內溝區民活動中心，經改建成為以內溝溪為主題的生態展示館。內溝溪生態展示館以蒐集內溝溪附近的生態資源做為展示重點，並提供解說服務，做為國中小學生及社區居民的生態學習場所。沿著生態館後方的步道，前行約5分鐘，可至附近參觀海蝕洞地質景觀。地址：台北市內湖區康樂街236之3號。電話：02-2634-7851，來電預約導覽。

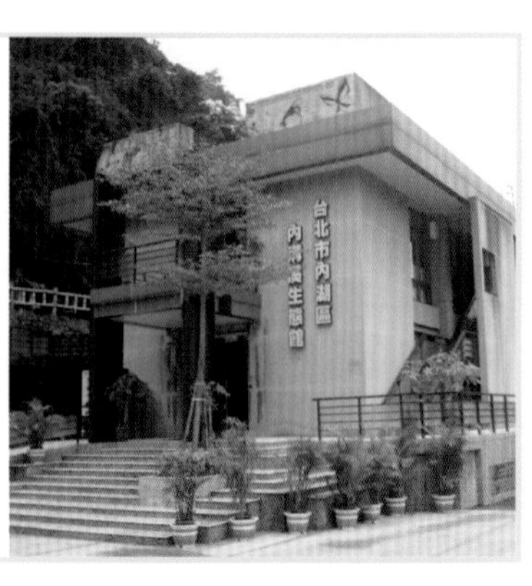

態。也可原路爬回鞍部附近。繼續循稜前進，約兩、三分鐘，即抵達內溝山。內溝山，海拔一三七公尺，又稱「大尖坪山」，有一土地調查局圖根點。山頂展望佳。

若意猶未盡，可以續爬老鷹尖。由內溝山前進，山徑突然變為陡下，竟遇見架木的陡梯由險崖攀降而下，宛如筆架山、五寮尖的場景，這陡峭的攀崖木梯，稱為「通天梯」，由下往上仰望，宛如消防車的雲梯，直直伸向天際。

老鷹尖，眺望遼闊視野佳

過通天梯之後，山徑變為平緩，循著山稜，爬向老鷹尖。沿途不時遇到左右岔路，右岔路都可繞向翠湖，左岔路則通往內溝里。整個地區交錯的山徑頗多，可以走出各種不同的路線組合。

往老鷹尖的途中，植被面貌漸漸改變，由於山稜迎風，闊葉林木變為稀疏，耐寒耐乾的芒萁漸多。約三十幾分鐘，抵達老鷹尖。老鷹尖，海拔一九三公尺，又稱「老鷲尖」。腹地狹小，只有半邊有展望，但廣闊遼遠，可眺望新山、五指山一帶綿延的山脈。

老鷹尖附近有岔路，可由康樂街275巷下山。然後沿著內溝溪旁的康樂街返回261巷的福安宮。途中，在明山橋旁，昔日的內溝里社區活動中心，已整修為「內溝溪生態展示館」，假日時開放參觀。

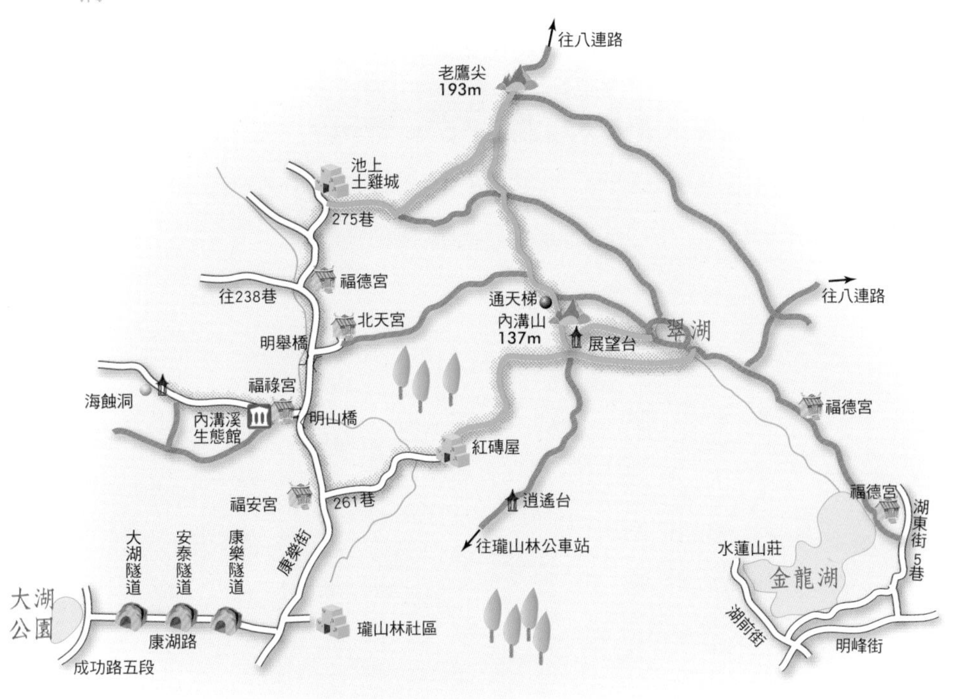

路程時間

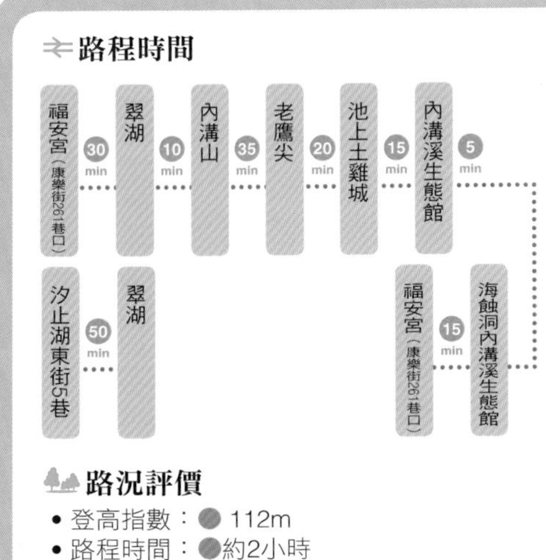

路況評價

- 登高指數：112m
- 路程時間：約2小時
- 步道路況：
- 綜合評價：

注意及建議事項

部份步道為傳統山徑，內溝山至老鷹尖有一小段陡峭的通天梯，須稍注意，其餘路況大致良好。經內溝里261巷底民宅時，須提防住宅的狗群。

交通資訊

• 自行開車

由內湖成功路五段轉東湖聯外山區道路（康湖路），過隧道後，左轉康樂街，直行至261巷口的福安宮旁。從金龍湖端進入，則可開車至汐止明峰街，再轉入湖東街5巷，停車於金龍湖畔的福德宮。

• 大眾運輸

由捷運昆陽站轉搭小1公車至登山口。或搭630、284、287、281、203、903、藍12到，在轉搭小公車或步行至261巷口。或從金龍湖端進入，則可於汐止火車站搭817公車至明峰街金龍里站下車，再步行前往翠湖。

皇帝殿東峰、西峰

・山名　皇帝殿東峰、西峰／・海拔標高　593m, 579m
・登山口高度　280m／・三角點　無基石
・GPS座標　318617・2765668東峰、317213・2765306西峰／・座落位置　台北縣石碇鄉
・特色　瘦稜深壑、攀岩走壁

皇帝殿，一條驚險刺激的限制級登山路線

石碇鄉的皇殿帝是台北近郊非常熱門的登山路線，東峰與西峰之間長達兩公里的稜脊，多處瘦狹的岩稜，僅容單人通過，岩稜兩側則是峭壁深壑，是一條危險的登山路線。近年來，石碇鄉公所為保障登山者的安全，已將部份危險的稜線加裝鐵鍊繩索。

皇帝殿有幾個登山口，可分別從石碇鄉的淸窟、小粗坑、番子后、大溪墘等地爬向皇帝殿東西峰；或者由甲地入，由乙地出，縱走皇帝殿稜線；若考慮由同一地點進出，則小粗坑登山口是最理想的選擇。

小粗坑登山口由左右兩條花崗石步道，分別爬向皇帝殿東峰及西峰。因此，可先爬往西峰，再繞至東峰，然後由東峰步道下山，返回小粗坑登山口。從登山口出發，花崗岩石階步道寬大好走，一路陡上，約十五分鐘，抵達「天王廟」，廟下方附設雜貨店有提供冷飲小吃。

由天王廟起，變為泥土路小徑，穿越陡峭的山坡樹林，約十分鐘，抵達稜線的一處平台。取右可通往天王峰及東峰，取左行則是通往皇帝殿的西峰。

先爬往西峰。約二十分鐘的岩稜路，途中有高達三十公尺的岩壁，須攀爬鍊梯而上。皇帝殿西峰，海拔五七九公尺，展望極佳，亦可眺望皇帝殿的稜線美景。由西峰循原路折返，然後爬往天王峰及東峰。

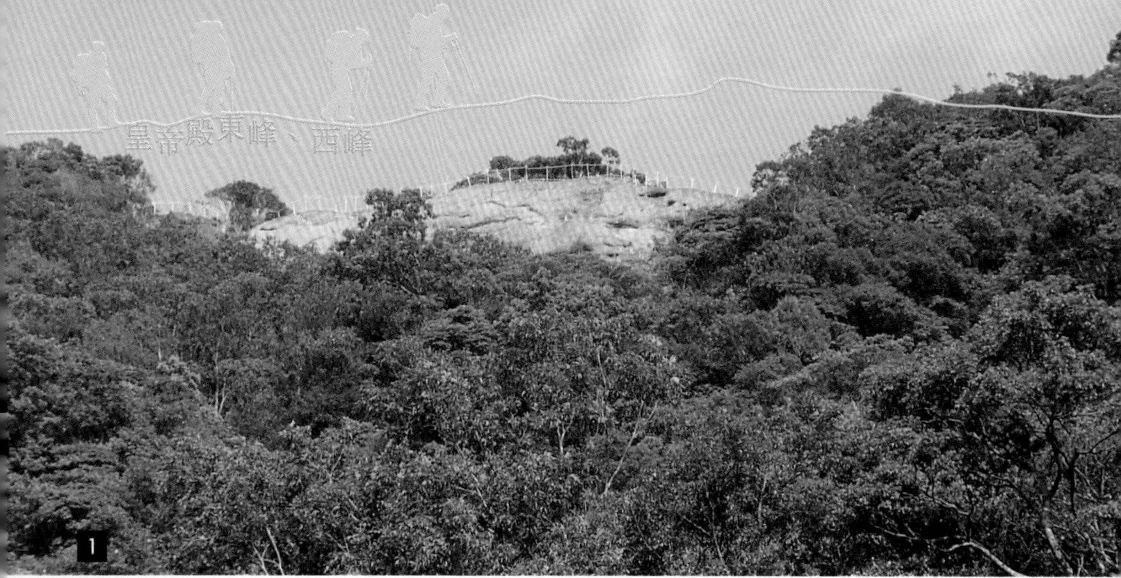

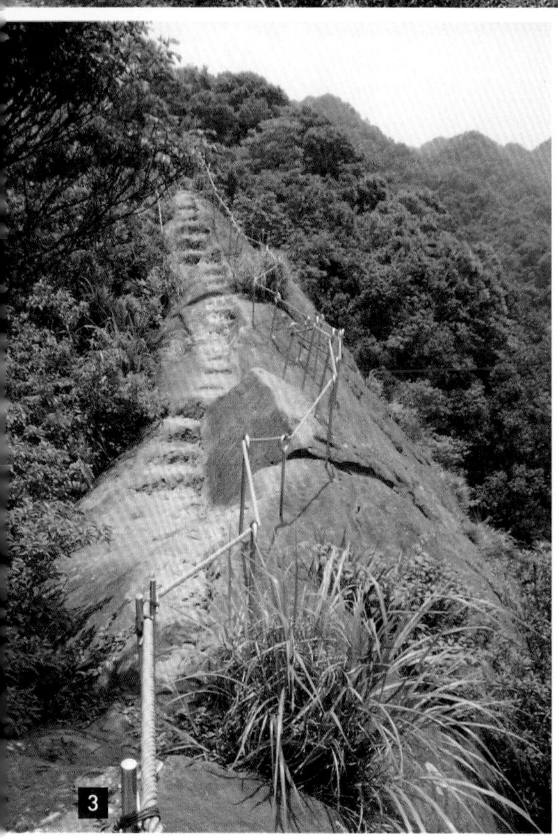

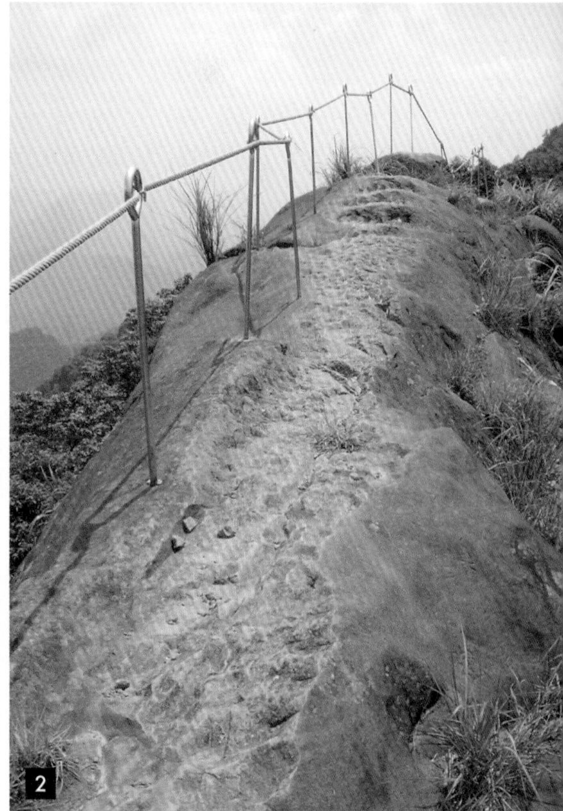

1 從小粗坑登山口仰望皇帝殿驚險的岩稜。

2 皇帝殿岩稜，瘦脊危險路段已設置安全護索。

3 皇帝殿岩稜，部份路段無安全設施，須小心通過。

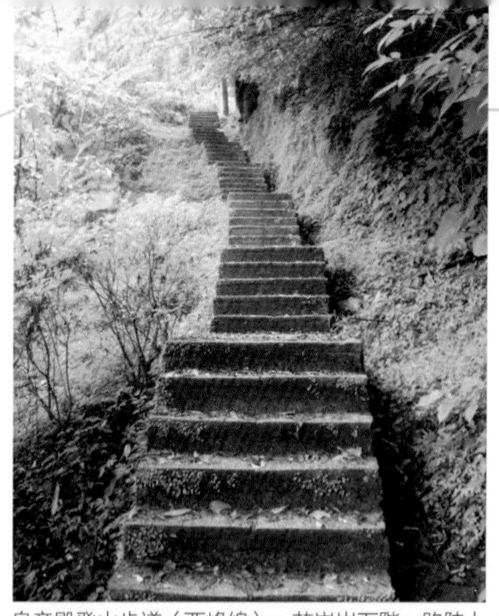
皇帝殿登山步道（西峰線），花崗岩石階一路陡上。

皇帝殿

皇帝殿名稱之由來乃得自於稜線下方的天王廟，「皇帝殿」為天王廟之別稱。據廟內沿革記述，一位謝姓居士，民國五十九年在馬祖北竿服役，一日於海灘拾獲一尊漂流而來的神像，退伍後帶回台灣供奉，一日因神託夢而尋至石碇此處建廟供奉該神，即這座天王廟。目前在天王廟附近往東峰的步道途中，又另外在岩壁鑿出一間「皇帝殿」的小廟。

皇帝殿東西峰之間，長達二公里的稜線，挑戰登山客膽識

拉著索鍊攀上岩稜，眼前出現的綿延的瘦削稜脊，就是皇帝殿最有名的岩稜了。一眼望去，稜線延伸至石碇鄉永定村的石霸尖，直線距離將近四公里。稜脊瘦狹處，旁側即是懸崖深壑，萬一失足，後果難以想像。走在岩稜上，扶著鍊索謹慎前行，狹窄的岩稜僅容單人通行，假日人多時，往往造成「塞車」，一排排人等著通行，有如「螞蟻過門檻」的景象。因此時間不易掌控，快則半個小時，慢則一小時才能通過。

通過岩稜區，抵達一處平台，有小徑可繞回天王廟下方的西峰登山步道。續前行，前面有一巨岩，攀爬上去，岩上有一旗杆座，這裡即是天王峰。續前行，循著稜線走，約十分鐘，遇右岔路，可繞回小粗坑登山口，約一點八公里，全為花崗岩步道。若不往東峰，則可考慮由此下山。

續往東峰，多是起伏不大的稜線林間小徑，偶遇陡峭的岩塊須攀爬。約三十分鐘，又遇右岔路，亦可繞回小粗坑登山口。續前行，有路標寫著「往東峰八十公尺」，卻是錯誤的指標，大約還得走十分鐘路程，才能抵達東峰。皇帝殿東峰是一塊巨大的裸岩，突出於山頭，視野開闊。可遠眺石霸尖、小霸尖。

從東峰巨岩有兩條路，左往玉京山，由大羅上仙府下山；直行則前往石霸尖。兩條山路的出口都在石碇鄉永定村的大溪墘附近。循路折返，回到剛才的岔路口，然後走往小粗坑的登山口。大約三十分鐘，即可返回登山口。

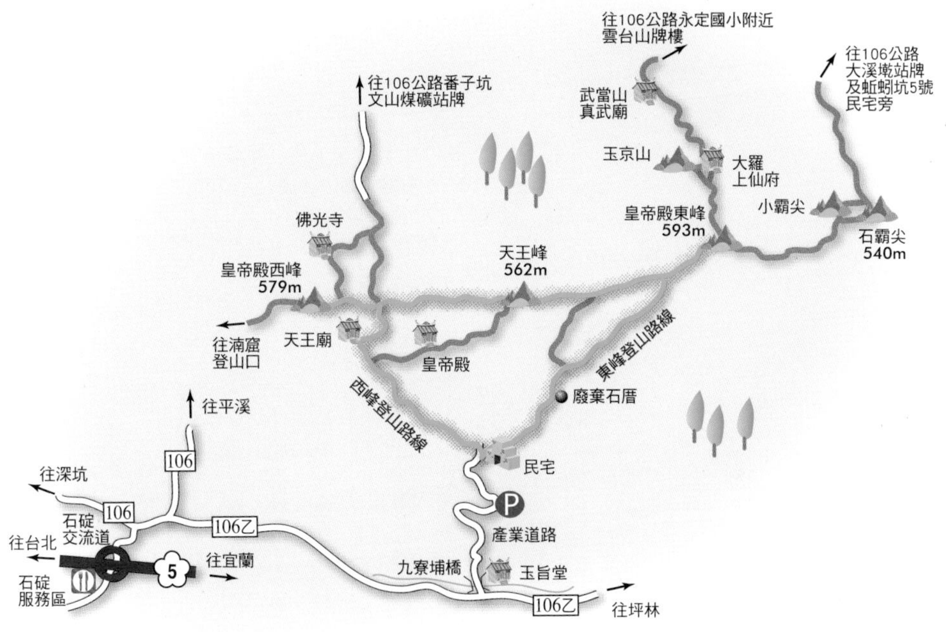

路程時間

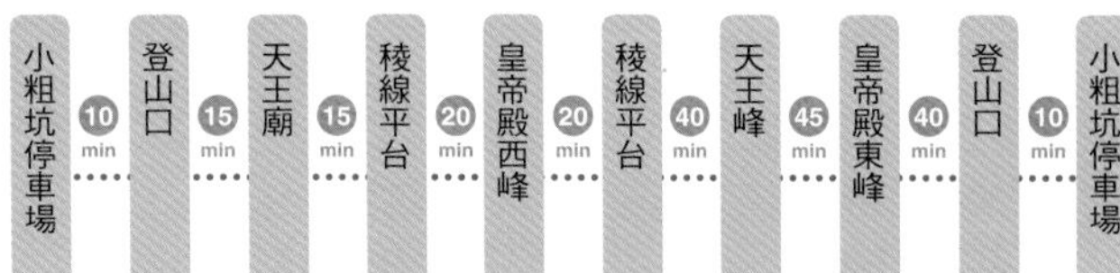

路況評價

- 登高指數：● 313m（東峰）
- 路程時間：●（來回約3.5至4小時）
- 步道路況：●
- 綜合評價：●●

注意及建議事項

皇帝殿岩稜具有危險性，須謹慎行走；幼兒、老弱或膽小者，切勿嘗試。皇帝殿精華的岩稜段在西峰與天王峰之間，若僅走此段，則由小粗坑登山口上行，繞一圈岩稜，由東線登山步道下山，路程約1.5至2小時。爬皇帝殿，記得要準備手套，以備攀爬之用。登山口民宅的小型雜貨店有販售手套。

交通資訊

• 自行開車

北宜高速公路下石碇交流道，接106縣道，至雙溪口，直行106乙縣道，至9.5K九寮埔橋左轉，上行約1.5公里，即可抵達皇帝殿風景區停車場。

• 大眾運輸

從捷運景美站或木柵站搭乘666公車，經石碇，至皇帝殿站下車，步行約2公里，至小粗坑登山口。

筆架山

・山名　筆架山／・海拔標高　585m
・登山口高度　110m（石碇員潭子坑橋）、576m（深坑綠豆湯鞍部）
・GPS座標　312822・2763366／・座落位置　台北縣深坑、石碇交界
・特色　北台灣郊山三大岩場之一，精彩刺激攀岩

著名的三大岩場，精彩刺激攀岩路

筆架連峰位於台北縣深坑、石碇鄉之間，由綿延起伏的山峰所組成，西帽子岩、炙子頭山、筆架山是其中主要的山峰。筆架連峰，陡峭起伏，與皇帝殿、五寮尖並稱為北部三大岩場。

筆架連峰登山口之一，位於石碇西街的「員潭子坑橋」旁，山徑沿小溪谷旁的山腰盤繞而上，路徑平緩，轉個彎後，遇見一間土地公廟。過小水泥橋，出溪谷之後，出現一段樸拙的舊石階路。不久，來到上方的農宅，是一棟用當地石材砌造的百年石頭厝。過了農家，進入林間，山徑變為陡上，踏著崎嶇不平的石塊上行。爬上稜線的電塔之後，就是著名的筆架連峰了。

由此而去，一路是高低起伏的稜線路。比起皇帝殿、五寮尖，筆架山的路況較為安全。筆架連峰的山徑大多行走於稜線裸岩下方的樹林裡。山徑雖然崎嶇不平，但有繩索可攀拉，有樹幹可倚靠，有樹根山石可踏踩，而皇帝殿、五寮尖則有時走於瘦窄的稜脊，俯臨懸崖，令人神經緊繃。相較之下，筆架山，有點挑戰，但又不會太過挑戰。

筆架山連綿的稜岩路，由石碇向深坑而來，主要的山峰有西帽子岩、炙子頭山、筆架山。

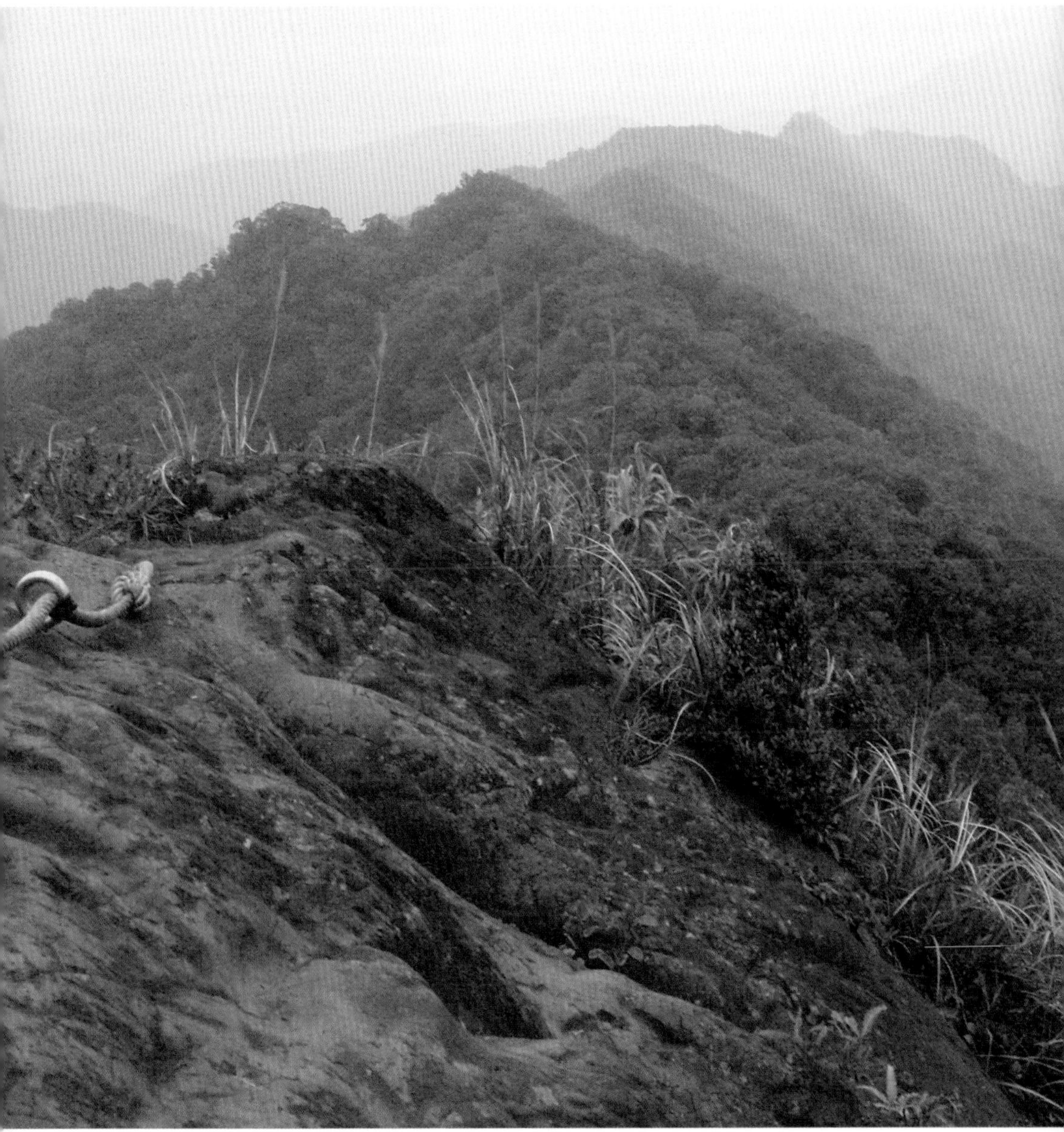

岩場

石碇鄉山區地質年代尚屬幼年期，故多懸崖深壑、尖石插天等特殊景觀，是難得的天然岩場。岩場就是做為攀岩的場所，地形陡峭且裸露的巨岩，是攀岩的理想場所。石碇的皇帝殿、筆架山及三峽的五寮尖都擁有狹脊裸岩，成為北台灣著名的岩場。

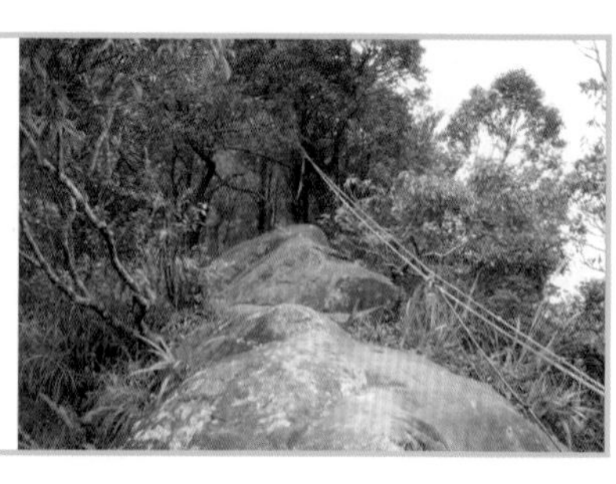

眺望石碇北宜高速公路奇觀

走在稜線附近，無樹林遮蔽時，便可飽覽遠近山巒。石碇多山，地質年代又多屬幼年期，尖石危崖，山稜多奇。北宜高速公路通過石碇，架高橋、鑿隧道，在筆架連峰的稜線上，正可俯瞰這奇絕的公路景觀。

尖峭的山峰，頂處狹窄，僅容兩、三人立足。但見兩塊巨岩凌空對嘴，宛如深情擁吻。接著的路段，起落更大，陡下陡上，時而貼緊危壁，時而奮力苦戰，辛苦攀爬；時而柳暗花明，視野宕開；時而路徑忽由陡峻轉為舒緩。終於來到炙子頭山。筆架連峰沿線多為狹窄稜岩，這裡卻擁有寬敞的腹地，設有幾張長條木椅，木椅旁有一塊日據時代土地調查圖根點基石，此地適合休息用餐。從山下的農宅爬到這裡，約費時兩小時。

筆架山，山形似筆架而得名

繼續朝筆架山前進，仍是上下起伏的山徑，不時得手腳並用。不久，在稜岩開闊處，終於望見筆架山的身影，兩座明顯的山峰緊緊相偎，中間稍陷，果然像一座筆架。接著又陡下，然後再向上攀爬，才終於抵達筆架山的鞍部。鞍部狹窄，左右各有小徑，可爬上兩側的筆架峰頂。靠石碇端的山峰視野佳，峰頂有巨石，站上巨石，凌空遠眺，一一細數剛才爬過的山稜，成就感油然而生。

鞍部

連接兩山或兩高地之間的低凹地帶，因形狀似馬鞍，所以稱為鞍部。鞍部通常是越嶺古道或山徑交會之處。

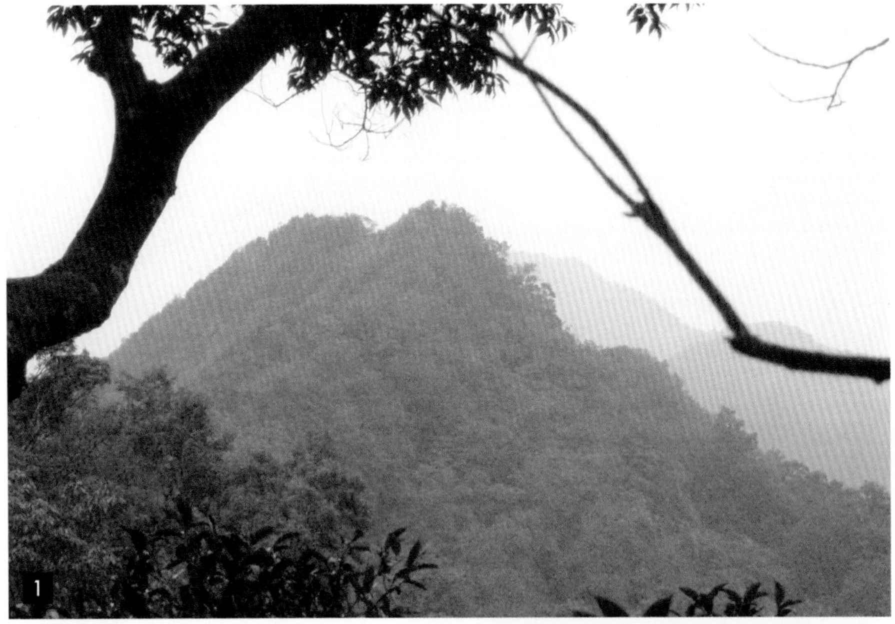

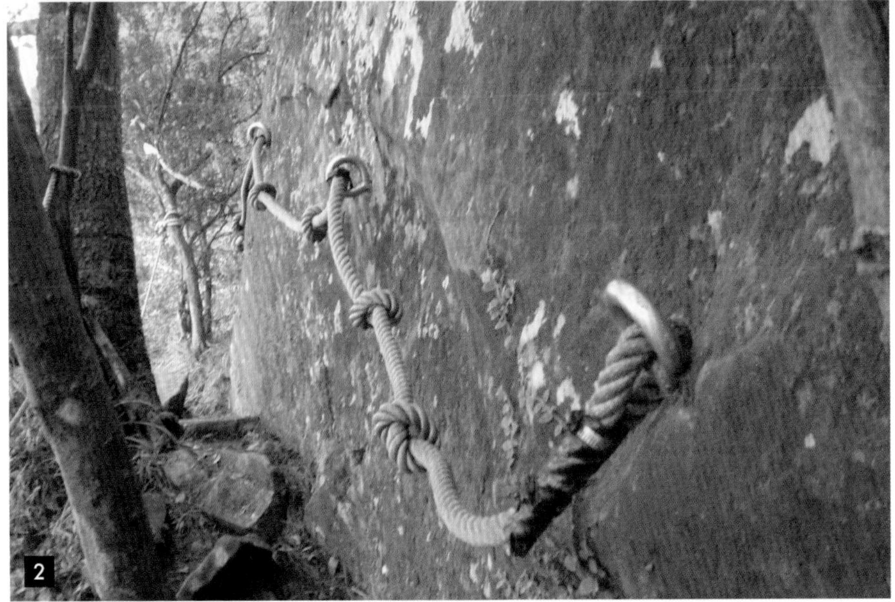

1 筆架山，山形猶如筆架。

2 筆架連峰，有不少險峻的稜脊及險峻的山壁，都已架設繩索，以保障登山客的安全。

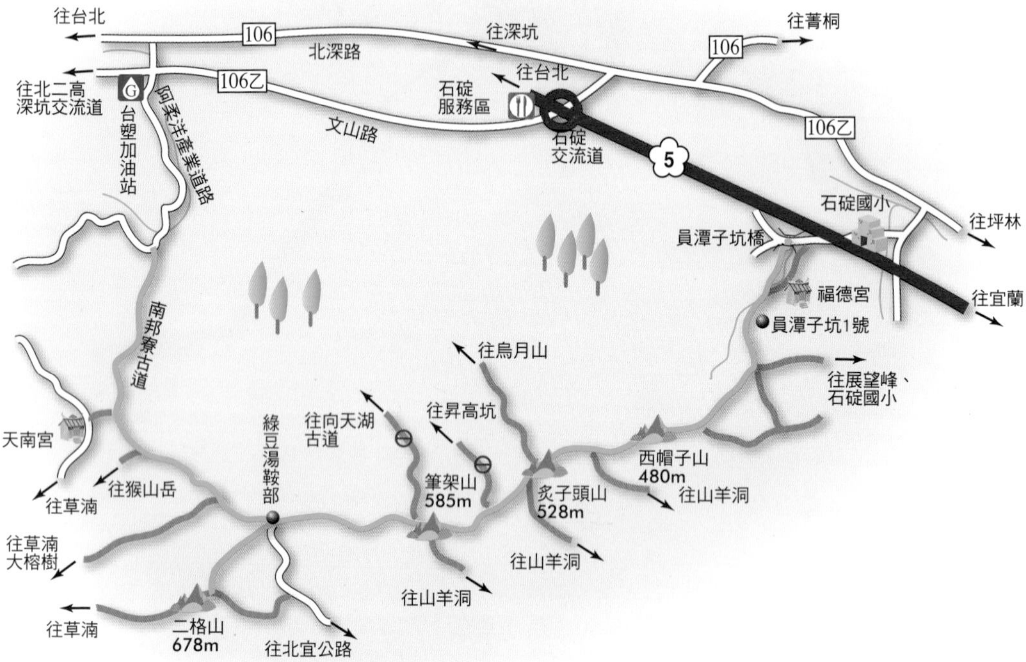

往台北
106
北深路
往深坑
往菁桐
106
往台北
往北二高
深坑交流道
106乙
台塑加油站
阿柔洋產業道路
石碇
服務區
文山路
石碇
交流道
5
106乙
石碇國小
往坪林
員潭子坑橋
福德宮
往宜蘭
員潭子坑1號
南邦寮古道
往烏月山
往展望峰、
石碇國小
天南宮
往向天湖
古道
往昇高坑
綠豆湯鞍部
西帽子山
480m
往山羊洞
往猴山岳
往草湳
筆架山
585m
炙子頭山
528m
往草湳
大榕樹
往山羊洞
往山羊洞
往草湳
二格山
678m
往北宜公路

筆架連峰六點一公里的路，只剩一點五公里而已。續往前走，約一個小時，抵達著名的「綠豆湯鞍部」。這裡是四路交會處，登山客眾多，因此假日有商販在此販賣綠豆湯及麵食。這裡也是筆架山的登山口之一。有一條產業道路通往北宜公路（台九線）的柺寮。若想輕鬆爬筆架山，可以從綠豆湯涼亭這個登山口出發，來回才三公里路而已。

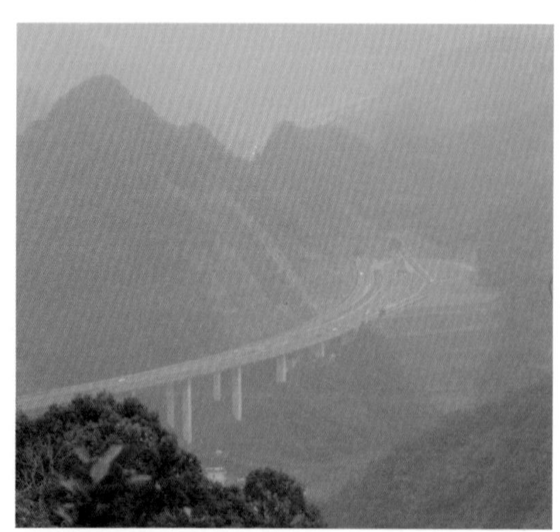

筆架連峰的稜線上，可俯瞰北宜高速公路高架道路穿過石碇山區的奇景。

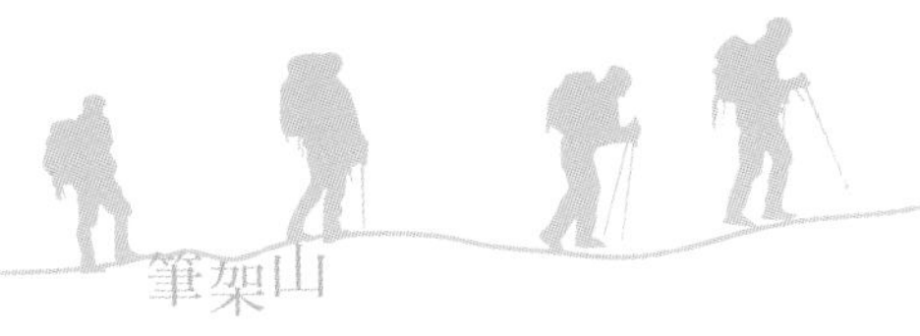

附近景點

【石碇老街】

石碇老街聚落沿著石碇溪岸臨水而居，許多房子突出半懸於石碇溪，下方以一根根石柱支撐著，形成獨特的「吊腳樓」。台灣的舊建築，在街道兩旁房屋的一樓通常會向內縮，留出公共通道供行人避雨及行走，俗稱「亭仔腳」，石碇老街因腹地有限，在石碇東街有一段只有亭仔腳而無街道，形成以亭仔腳做為街巷通路的有趣景致。由於亭仔腳受屋樑遮蔽，即使在白天仍然暗無天日，故稱為「暗街」。

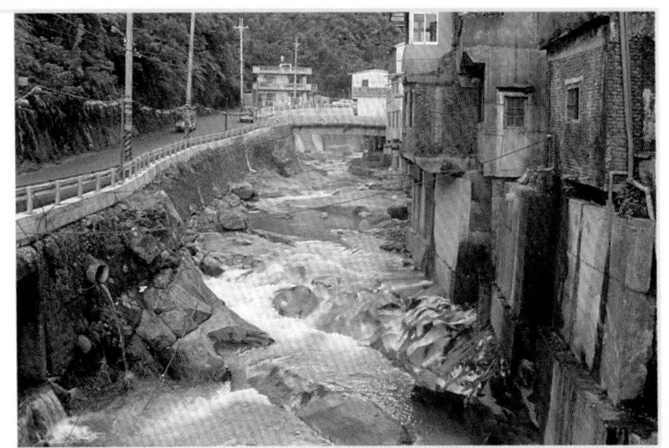

路程時間

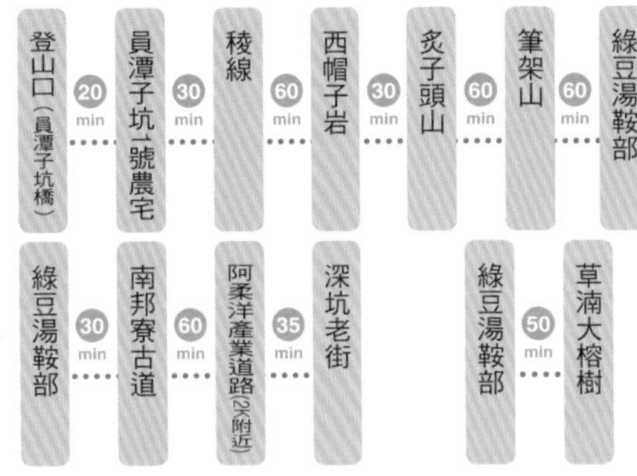

路況評價

- 登高指數：
  - 475m（員潭子坑橋—筆架山）
  - 99公尺m（綠豆湯鞍部—筆架山）
- 路程時間：
  - 4.5小時（員潭子坑橋—筆架山—綠豆湯鞍部，單程）
  - 2小時（綠豆湯鞍部–筆架山–綠豆湯鞍部）
- 步道路況：●
- 綜合評價：●●

注意及建議事項

體力差者，應考慮由綠豆湯鞍部登山口出發，來回筆架山，約3公里，路程較無負擔。

筆架山稜岩路沿途都有繩索及網狀護網，只要謹慎踏查，通行應無困難。

沿途有山徑岔路可下山至深坑高昇高坑及南天湖，但山徑陡峭及路徑不明，應循主步道而行，以免迷路。

此路線兒童不宜；下雨過後，岩石濕滑，亦不宜前往攀登。

從綠豆湯鞍部可循指標前行至草湳大榕樹，轉搭小10公車下山。

交通資訊

• 自行開車

1. 走北宜高速公路，下石碇交流道，走106縣道，至雙溪口岔路，直行走106乙縣道，約4至5公里，抵達石碇老街時，右轉北47鄉道；右轉之後，再右轉過萬壽橋，至石碇西街。石碇西街後段狹窄不易會車，可停車於石碇國小前的廣場。再步行至員潭子坑橋登山口。
2. 走北二高，下新店交流道，走新烏路，接北宜公路，至栳寮站，左轉栳寮產業道路，至道路終點的綠豆湯鞍部登山口。

• 大眾運輸

1. 搭乘666公車至石碇老街，再步行至員潭子坑橋登山口。
2. 可搭小10號公車至草湳大榕樹，再爬往綠豆湯鞍部登山口。
3. 搭往坪林的皇家客運或新店客運，於栳寮站下車，步行50分鐘至綠豆湯鞍部登山口。

土庫岳

・山名　土庫岳／・海拔標高　389m
・登山口高度　47m（舊莊路二段122巷）、69m（紅葉山莊12巷）
・三角點　一等三角點、三等三角點1134號
・GPS座標　313307・2768719／・座落位置　台北縣深坑鄉
・主要登山口　A.南港區舊莊街二段122巷　B.深坑鄉紅葉街12巷
・特色　槍孔屋遺跡、先民古道

土庫岳，擁有一等三角點

土庫岳，又稱大坪山，海拔三八九公尺，是深坑、南港的界山，相傳清朝年間在山頂上建立瞭望台，由武裝更夫守衛，稱為「更寮」或「望高寮」。土庫岳目前設有一等三角點、衛星點、重力點、及一等天文點基石各一座，是國防與測量上的重要地標，與北方七星山、西方大棟山，南方的獅子頭山，為台北盆地擁有一等三角點的山峰。

土庫岳有兩條主要的登山路線，一從南港舊庄，一從深坑土庫尖。這條聯絡南港、深坑的越嶺山路，也是昔日運送農作物的一條古道，南港段稱「更寮古道」，深坑段稱「土庫尖古道」，無論從南港或深坑登土庫岳，登山步道的設施都很完善，相當方便。

南港的登山口在舊莊街二段一二二巷巷口，古道已鋪上花崗岩石階路，雖然路面變得更安全，但也喪失了原本舊石階的古道氣氛。沿著石階路上行，途中可以俯瞰北宜高速公路的身影。不久，經過農家，接產業道路，然後再接古道，最後抵達往「椿萱農場」附近的岔路，附近有潘氏祖宅的槍孔屋遺跡，是當地僅存的槍孔厝。潘氏的祖先曾是駐守望高寮的兵勇，在此地建立祖厝，這棟老房子見證了更寮古道曾經不平靜的歷史歲月。

登土庫岳，尋訪望高寮的歷史腳印

返回岔路，走往椿萱農場，農場前有步道支線，亦可爬向土庫岳。椿萱農

望高寮

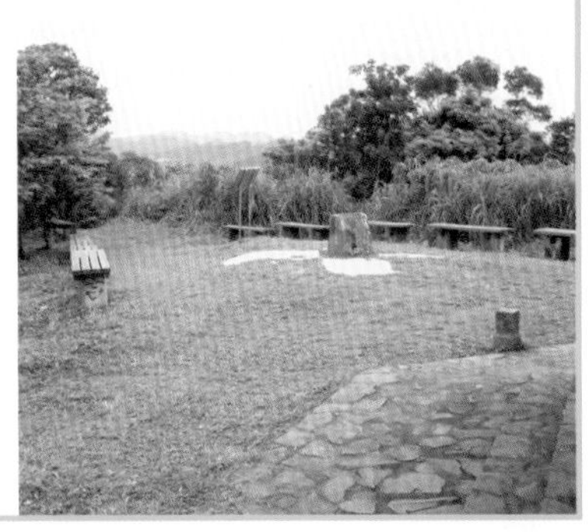

土庫岳，又稱「更寮」或「望高寮」，北麓山腳下的地名，就稱為更寮腳，開墾於清朝乾隆晚期，大部份是來自福建安溪籍的移民。相傳清朝年代在山頂設有瞭望更寮，有武裝更夫駐守，以防禦原住民出草及盜匪侵擾，以烽煙示警及燈火傳遞信號。日據時代，望高寮被日本軍警持續使用，搭建高聳瞭望樓並架設高射炮台。據當地耆老口述，昔日木造的瞭望台樓高數層，爬上頂處，可以望見基隆外海。後來因木頭腐朽，有安全顧慮而被拆除，改建為水泥涼亭。

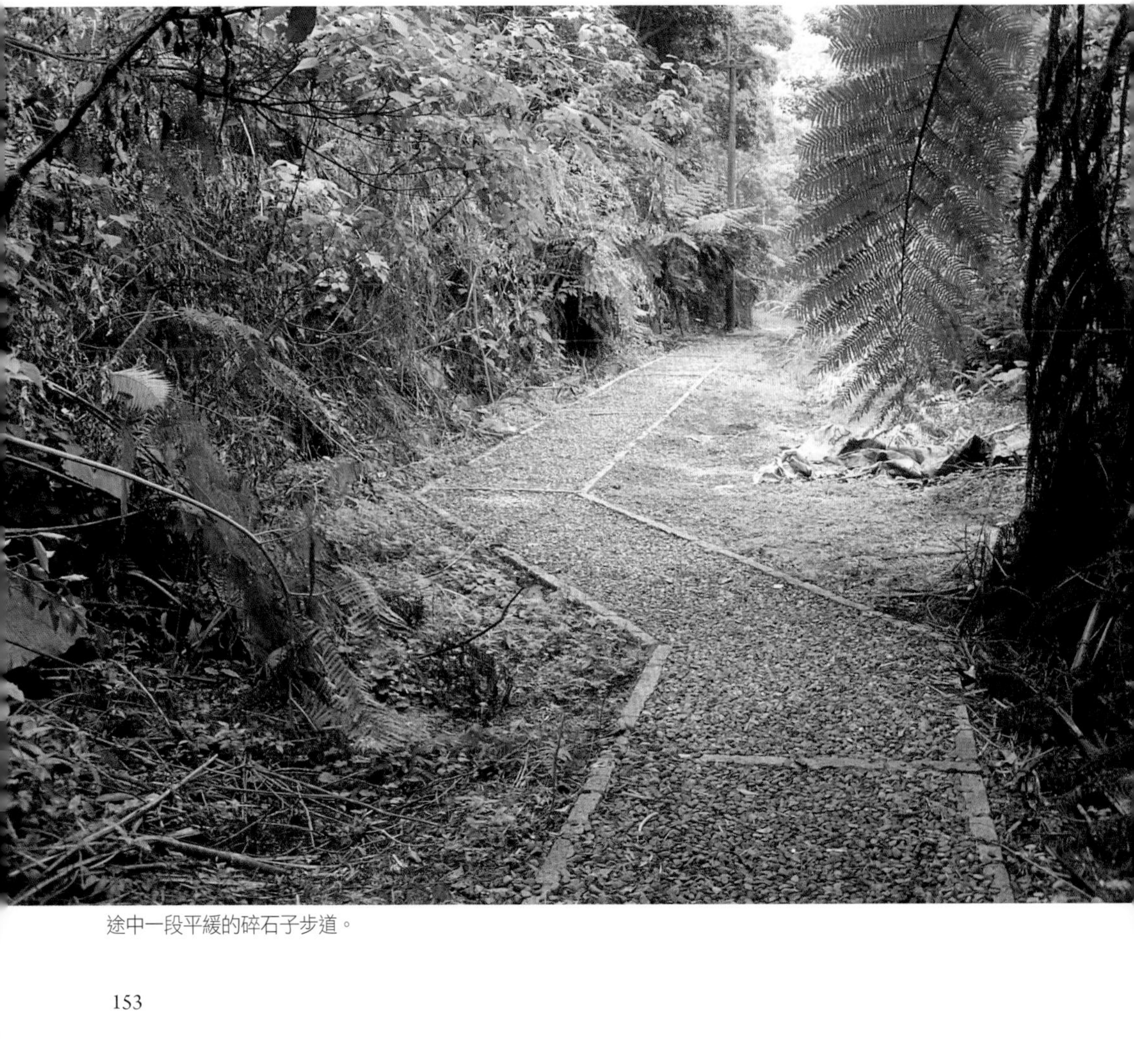

途中一段平緩的碎石子步道。

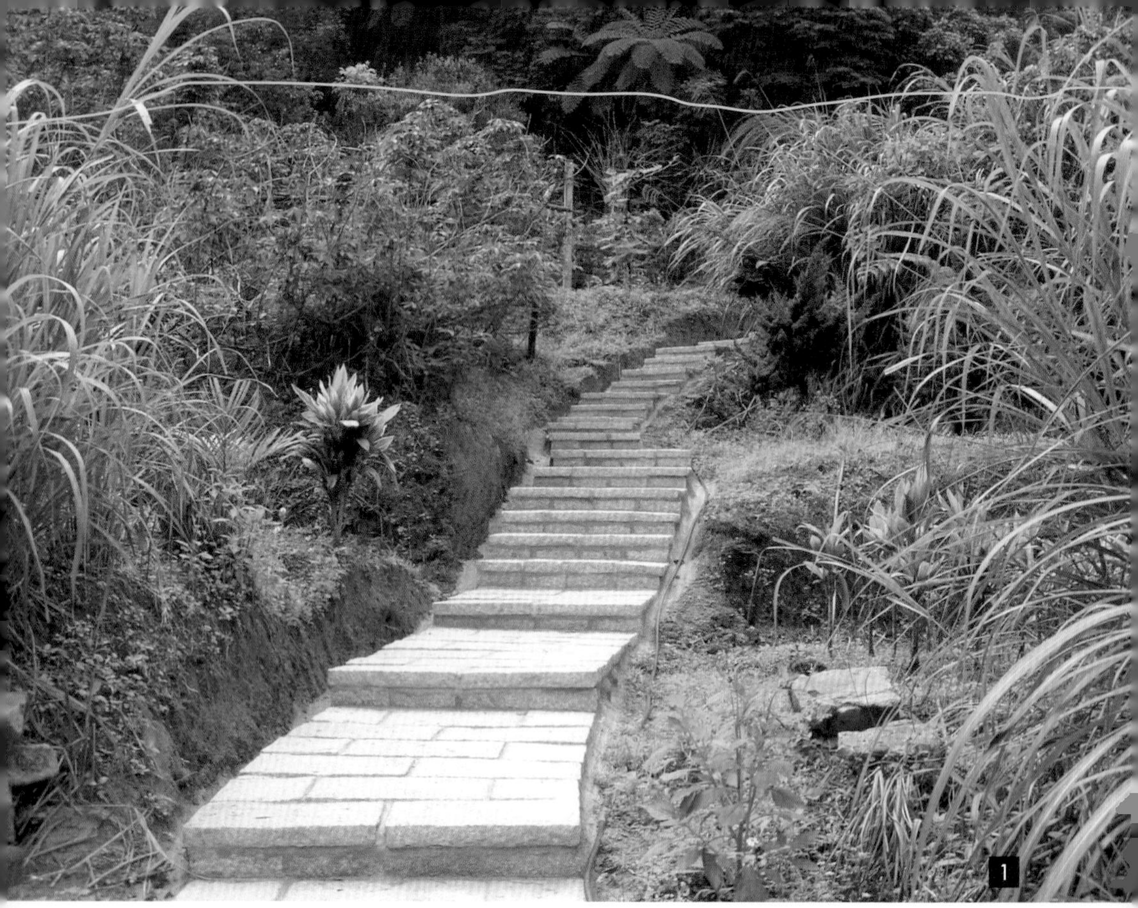

1 更寮古道，已鋪上花崗岩石階路。

2 步道途中俯瞰北宜高速公路。

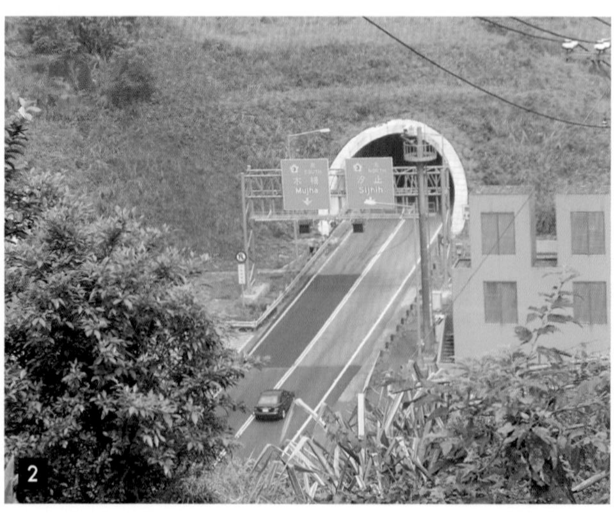

場是由傳統三合院改造，熱心的農場主人提供不少土庫岳的生態導覽圖片資料，供遊客觀賞。過了農場，以往的山徑都已鋪上花崗岩石階路，一路都是上坡路，抵達稜線，有一座木亭可供休憩。取左行，循稜線步道上爬，坡度變緩，幾分鐘後，與深坑大坪街上來的步道相會，續往上爬，不久就登上土庫岳了。

土庫岳的山頂已無瞭望台的遺跡，改建一座水泥涼亭，雖然導覽資料說這裡視野極佳，可俯瞰大台北盆地，但由於周遭被長高的樹林遮蔽，故展望平平，僅零星一隅勉強可眺望附近山巒而已。將來若能重新搭建望高寮，一則可以懷古，二則可以登高眺遠。以土庫岳的位置，若能擺脫樹林遮蔽，則視野遼闊，東可眺見基隆外海，西可遠望林口台地。

從土庫岳可走支線步道返回椿萱農場，中途另有岔路可走往舊莊路232巷的魏靜時故居，再走柈寮古道下山，返抵登山口。

若從土庫岳走往深坑，花崗石步道變成了泥土路及枕木步道，是土庫岳登山步道最舒適怡人的一段，沿途走在充滿綠意的森林環境。約一公里，抵達大坪街底的「望高寮土雞城」。走出大坪街，途中再接枕木步道，然後接土庫尖路。沿著土庫尖路前行，不久再轉入右岔路，走石階路下山，途經「智慧亭」，俯眺附近山景，視野遼闊。這條山路是昔日土庫尖居民對外聯絡的保甲路，又稱「土庫尖古道」，但已鋪上水泥石階。石階路的盡頭，抵達紅葉山莊紅葉街12巷，出口接北深路。紅葉山莊，是土庫岳在深坑鄉的主要登山口。

附近景點

【深坑老街】

深坑老街的形成，是因為昔日淡水河可上溯至深坑與石碇之間景美溪的楓子林，因此深坑成為淡蘭之間來往的孔道之一，附近的茶葉及染料亦以深坑為集散地，於是帶動老街的繁榮。深坑老街前的百年茄苳老樹、美味的豆腐小吃，遠近馳名。老街附近著名的古厝有永安居（三級古蹟）、德興居、福安居、德鄰居（陳秋菊故居）等，也值得一遊，領略深坑的古厝之美。

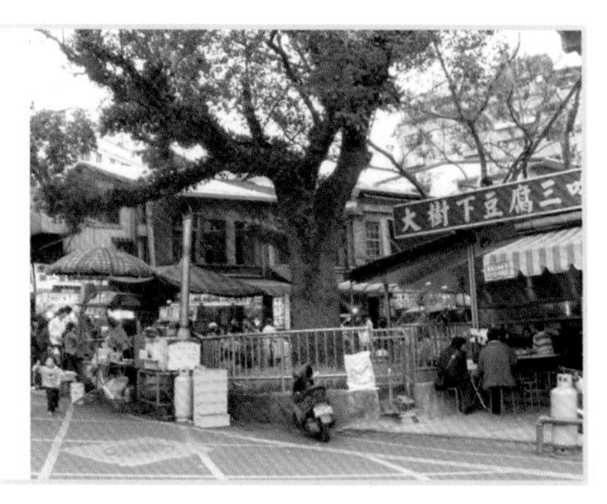

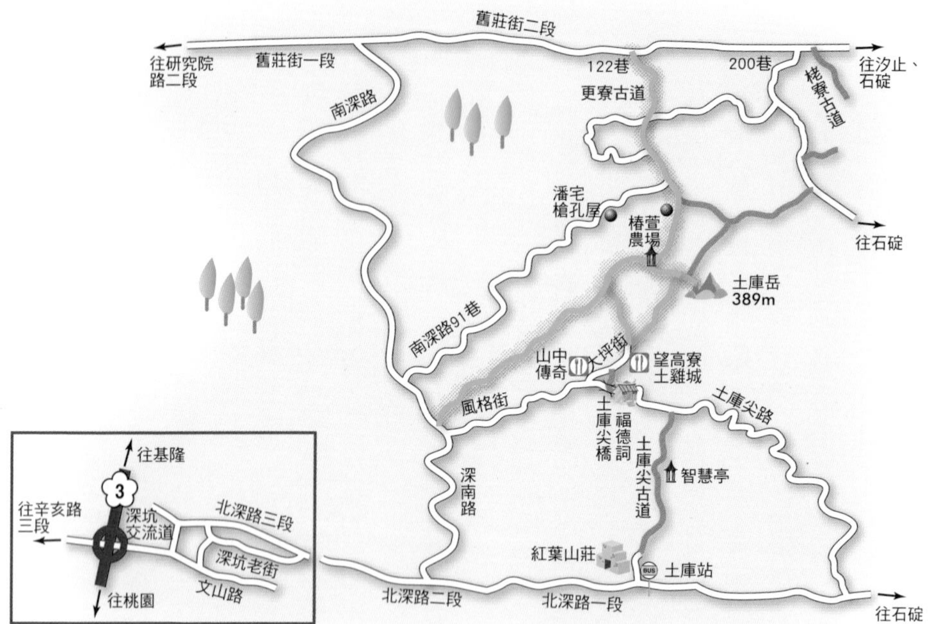

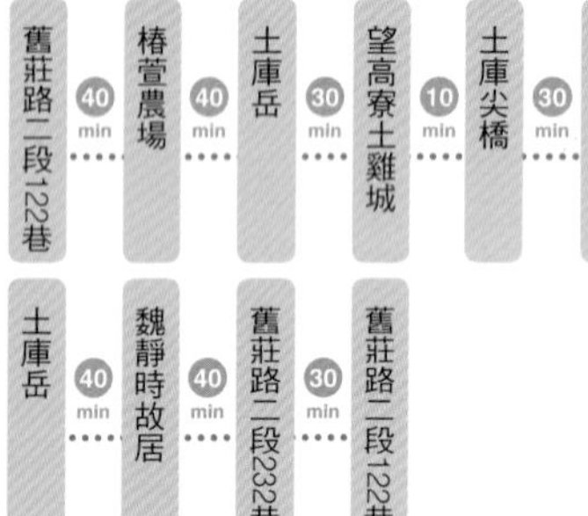

路程時間

舊莊路二段122巷 —40 min— 椿萱農場 —40 min— 土庫岳 —30 min— 望高寮土雞城 —10 min— 土庫尖橋 —30 min— 紅葉山莊12巷

土庫岳 —40 min— 魏靜時故居 —40 min— 舊莊路二段232巷 —30 min— 舊莊路二段122巷

路況評價

- 登高指數：● 320m - 342m
- 路程時間：●約2.5至3小時（土庫岳原路來回或越嶺）
- 步道路況：●
- 綜合評價：●●

注意及建議事項

可採越嶺路線，由深坑至舊庄，或由舊庄至深坑，體驗古道風情，交通方式則以搭乘大眾運輸工具為宜。若只登土庫岳，自備交通工具者，可開車由舊莊路二段200巷上山至潘宅槍孔屋，或由南深路91巷進入至巷底，或由深坑土庫尖路進入，至大坪街底的望高寮土雞城。其中，望高寮土雞城登土庫岳的枕木步道路程短，步道最為舒適。

交通資訊

• 自行開車

南港舊莊路登山口：由台北市區走忠孝東路至七段底右轉研究院路，接舊莊路，直行至舊莊路二段122巷。

深坑紅葉山莊登山口：
北二高下深坑交流道，接文山路，第一個紅綠燈左轉，接北深路，直行，至土庫站牌，左轉紅葉山莊。若直接前往望高寮土雞城，可由北深路左轉深南路，至崩山右轉風格街，至大坪街、土庫尖路岔路口時，取左至大坪街底，即可看見土雞城招牌。

• 大眾運輸

1. 南港登山口：聯營公車212、276、306、645，坐到終點「舊庄」公車總站下車，再步行10至15分鐘，至舊莊路二段122巷登山口處。或捷運昆陽站下車換搭小5公車（班次較少）至舊庄二站。
2. 深坑登山口：捷運木柵站轉660、666、台北客運1076路，在土庫站下車，進入紅葉山莊，右轉紅葉街12巷至巷底。

中和・新店・烏來

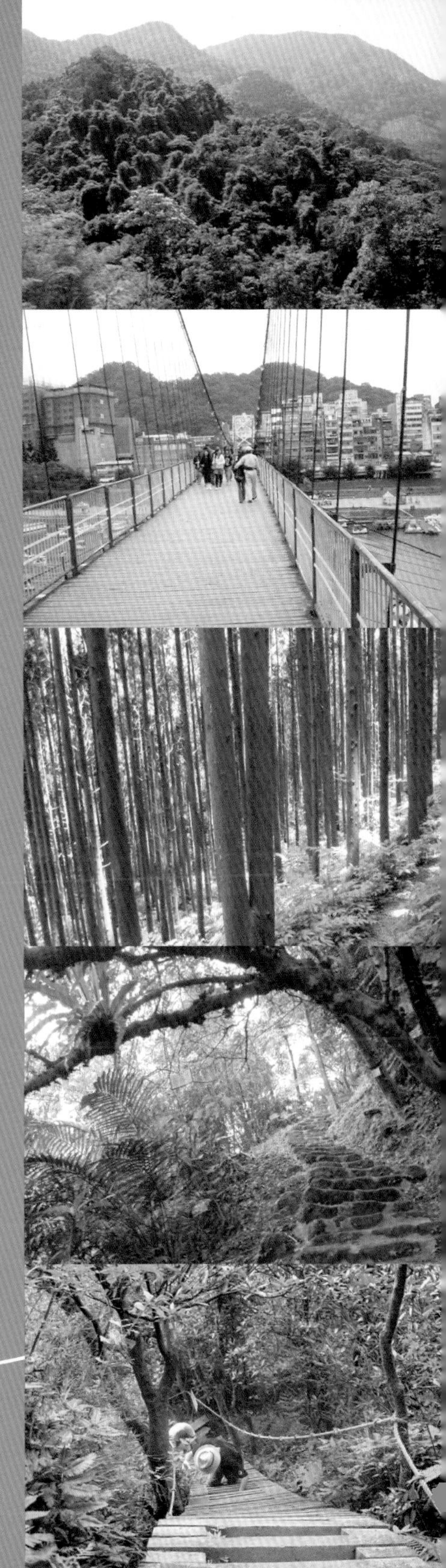

南勢角山

・山名　南勢角山／・海拔標高　302m
・登山口高度　47m／・三角點　三等三角點654號
・GPS座標　299228・2762697／・座落位置　台北縣中和市
・特色　烘爐地寺廟名勝

烘爐地，北台灣著名的土地公廟

烘爐地遠近知名，為北部著名的土地公廟。開車經過北二高中和、安坑隧道之間的路段時，矗立於烘爐地山腰的巨大土地公像，總會吸引人們的目光。南勢角山，一般民眾習慣稱為「烘爐地」，這座山擁有許多寺廟，其中以南山福德宮歷史最悠久。烘爐地風光秀麗，山頂平坦開闊、展望佳，可俯瞰台北盆地、大漢新店二溪，遠眺觀音、大屯火山群及淡水出海口，因而吸引許多遊客前來。

南勢角山屬於天上山列延伸最東端的山頭，山徑四通八達。最受歡迎且便捷的登山路線是由南山福德宮起登，除了爬山，可以順道參觀這座著名的土地公廟。此外，南勢角山山麓也有文昌帝君、觀音寺、竟南宮等寺廟。

前往南勢角山，可搭乘捷運中和線至南勢角站，再轉乘中和市公所免費接駁公車至烘爐地，交通相當方便。若是從山腳下起登，則登山口在文昌帝君廟旁，踏著寬闊的石階路，途中可經過觀音寺及竟南宮，步道與車道不時交會或並行。約二十多分鐘，即可抵達烘爐地南山福德宮的大型停車場。

南勢角

乾隆13年（1748年）漳州人呂德進開墾此地，因地處中和南方的山麓，山勢突入平原，故稱為南勢角。由枋寮向南延伸，依序為「外南勢角」、「內南勢角」、「頂南勢角」。

巨大土地公遠近馳名，山頂眺望台北盆地美景

烘爐地停車場旁就矗立著烘爐地的地標——巨大的土地公像。停車場前有

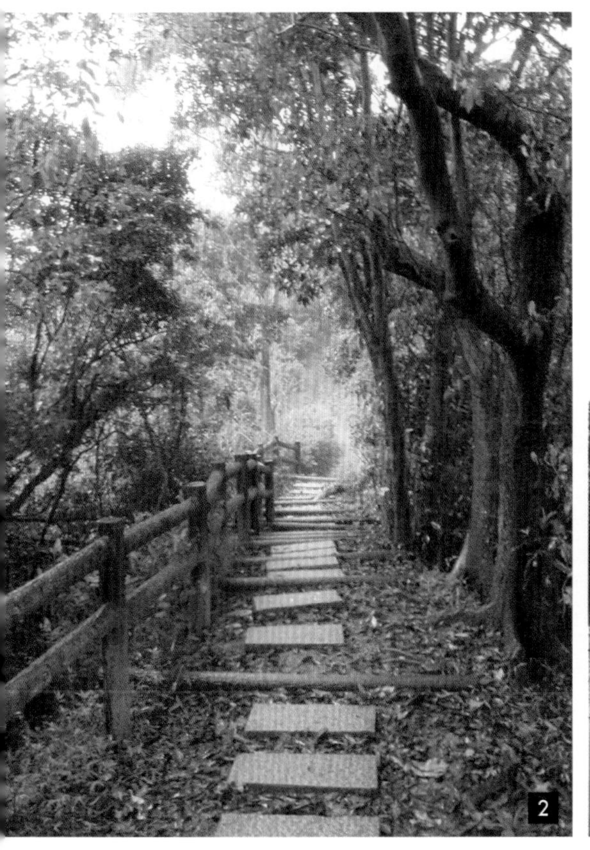

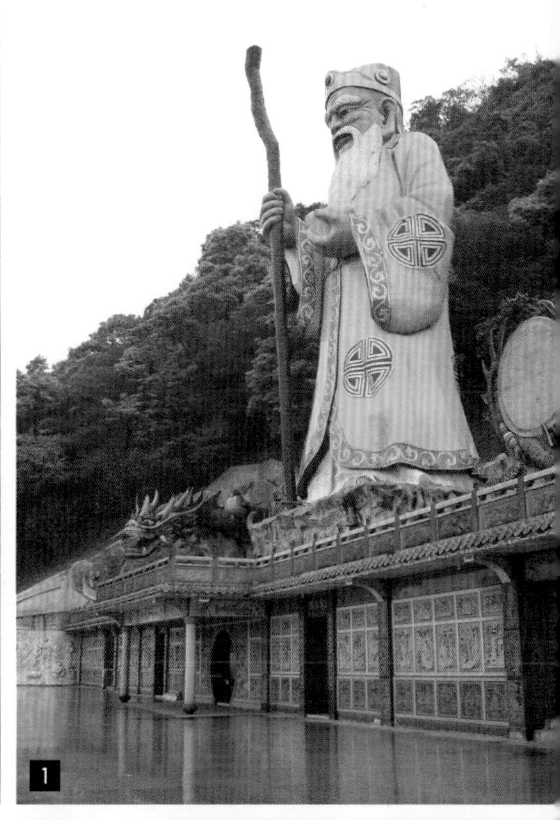

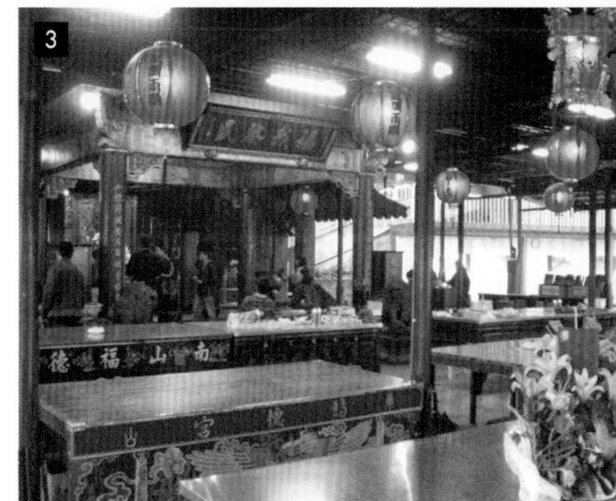

1 南勢角山（烘爐地）的地標——巨大的土地公像。

2 步道平緩，爬往南勢角山。

3 南山福德宮，為廟中廟的格局，歷史已有兩百多年。

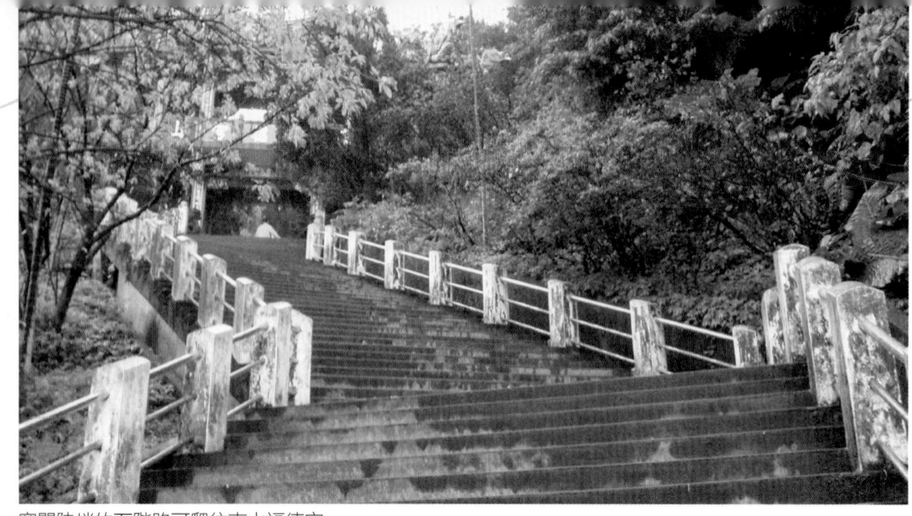
寬闊陡峭的石階路可爬往南山福德宮。

展望平台，可俯瞰山腳下北二高熙來攘往的車潮及台北盆地。從土地公像旁的寬大石階步道上行，路線曲折，後段頗為陡峭，通過兩個山門之後，就抵達南山福德宮。

烘爐地南山福德宮，創建於清朝乾隆二十年（一七五五年），距今已有兩百五十年歷史，為漳州移民呂德進拓墾南勢角時所建。最初僅以三塊石板砌成簡陋的小廟，信徒漸多之後陸續增修，仍維持小廟風貌，直到民國五十七年（一九六八年）才擴建成今日的規模，原本的小廟則被完整保留，形成廟中廟的格局。南山福德宮地勢高，展望也比其它寺廟佳。

廟的兩側都可繞往廟後上方，林間有休憩石桌椅，水泥步道的盡頭，即可看見南山福德宮登山步道導覽圖，水泥步道至此變為山路，土階步道陡上，不久抵達一小觀景台，再經過一小段棧道之後，變成泥土山徑，起伏平緩，走來輕鬆，僅十分鐘左右，便抵達南勢角山。基石就位於步道中央，其旁有一座木亭。這裡展望極佳，天氣晴朗時，台北盆地北側群山，如五指山、七星山、大屯山、觀音山及淡水河口、林口台地都盡入眼簾。

由南勢角山續前行，可爬往新店及土城天上山沿途各山；循原路返回南山福德宮，途中有岔路，可由華夏工專下山，或爬往附近的柴埕尖或外控子山。

烘爐地

南山福德宮的位置，相傳為風水極佳之地，廟址左右各有突出的山頭，狀似烘爐，成為「烘爐地」名稱的由來。南山福德宮的下方約五十公尺處，有一塊巨石，地理師稱此石為烘爐的「火母」，因此烘爐能生生不息，而為難得的福地。

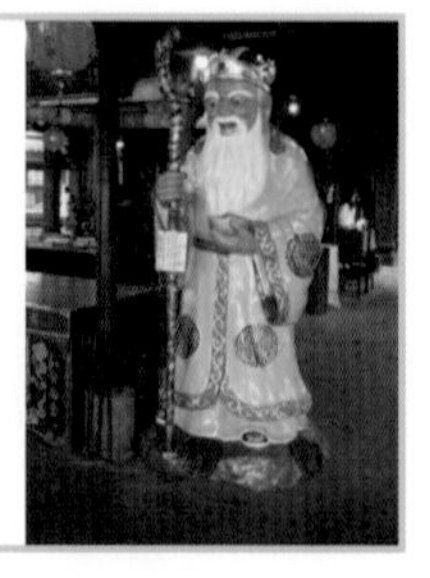

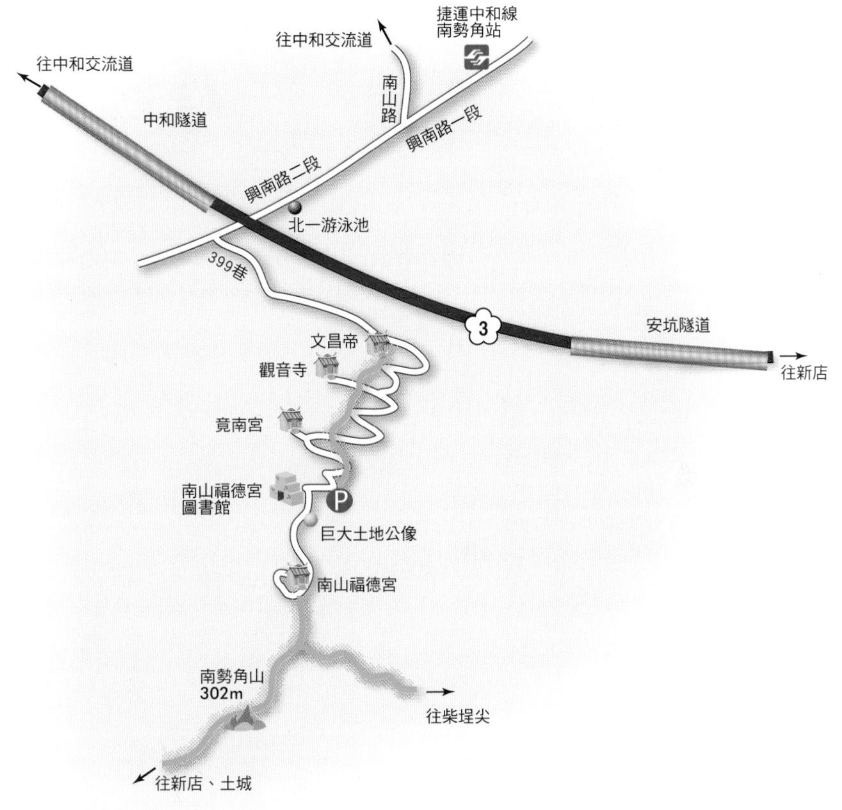

路程時間

文昌帝君廟登山口 …35 min… 烘爐地停車場 …10 min… 烘爐地南山福德宮 …12 min… 南勢角山

路況評價

- 登高指數：● 255m
- 路程時間：●（來回約2小時）
- 步道路況：●
- 綜合評價：●

注意及建議事項

全程步道以石階及水泥步道為主。南山福德宮至南勢角山為泥土山徑，除一小段石階路稍陡峭，幼童小心注意，其餘路段平緩，安全無虞。

交通資訊

• 自行開車

由北二高中和交流道下，右轉中正路前行至南山路右轉，再接興南路直行，過北二高涵洞後，左轉興南路二段399巷上山即可到達。

• 大眾運輸

搭乘捷運中和線至南勢角站，再轉乘中和市公所免費接駁公車至烘爐地。或搭乘聯營公車89、670、249至橫路里，轉乘接駁公車或再步行至文昌帝君廟登山口。

1 小獅山，位於新店碧潭附近，擁有絕佳的湖光山色展望。

2 碧潭吊橋。

3 從小獅山頂俯瞰新店市區。

小獅山

・山名　小獅山／・海拔標高　196m
・登山口高度　43m／・三角點　台灣省精密點
・GPS座標　304012・2761569／・座落位置　台北縣瑞芳鎮
・主要登山口　A. 中興路　B.檳榔路　C.文中路　D.新光路
・特色　古道聚落遺址、山海風光、九份老街風情

新店獅頭山，山界習慣稱為「小獅山」，以有別於新店另外一座有名的獅仔頭山。小獅山，位於新店捷運站旁，北二高的「碧潭隧道」穿過小獅山，橫越捷運站，然後以雄壯的拱橋飛渡新店溪。橋下湖光山色，就是著名的碧潭風景區。小獅山以展望優美而著稱，北二高公路橋景、碧潭綠波蕩漾、新店溪水岸風情，共同交織成一幅山水麗景，盡顯於小獅山山腳下。

小獅山毗鄰市區，至少有十個登山口，步道錯綜複雜，如何安排登山路線呢？小獅山共有「三峰十一亭」，「三峰」是指三座主要的山頭，分別是一峰、二峰及三峰，每一山峰都建涼亭，一峰為「獅子壽亭」，二峰為「蘭亭」，三峰為「長壽亭」，另外還有八座涼亭散佈在各步道途中，供民眾休憩。小獅山的登山路線，只要以「三峰三亭」為目標，即可掌握小獅山的精華。小獅山的主峰位於二峰蘭亭，而三峰長壽亭則是小獅山海拔最高處。小獅山周遭的檳榔路、中興路、文中路、長春路，都有登山口，可選擇交通便利的新店捷運站附近的兩個登山口，由中興路五十六號登山口上山，再由文中路的竹林禪寺下山，左去右回，繞一圈○形路線。

從中興路五十六號登山口出發，一開始是老舊的水泥石階步道，一路陡上，穿過山麓的住宅。漸爬漸高，水泥石階路變為古樸的舊石階，景觀漸入佳境，路旁植物變為豐富。不一會兒，就可望見北二高、碧潭橋與新店溪交織而成的水岸美景。接著來到一處景觀台，展望更佳。再往上走，來到天籟亭，緊接著抵達梅花獅子亭。

由天籟亭起，山徑愈見幽雅，以枕木步道為主，多了一分自然野趣，沿途有幾棵巨大的雀榕，路旁也有佈滿青蘚的巨岩，岩壁則有草書刻字。途中遇岔路

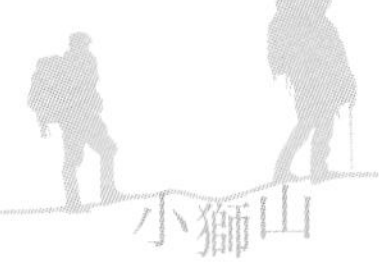

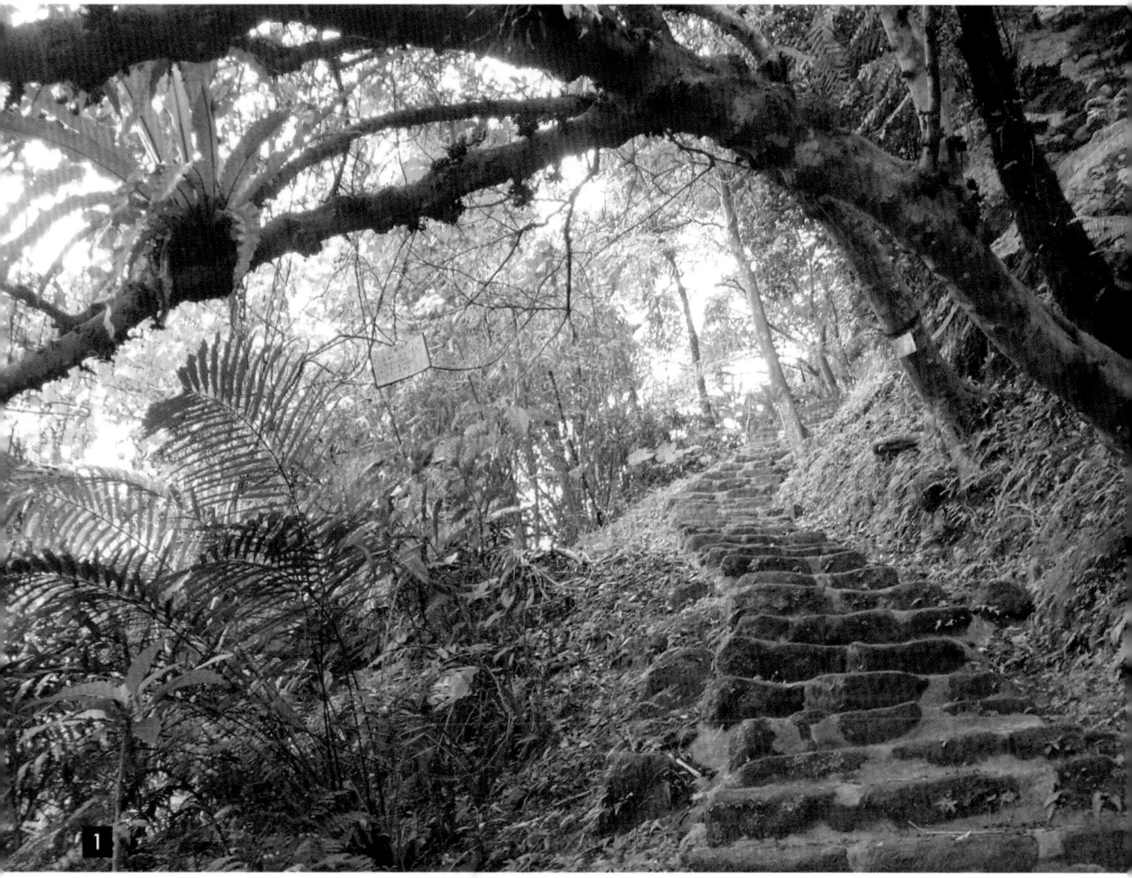

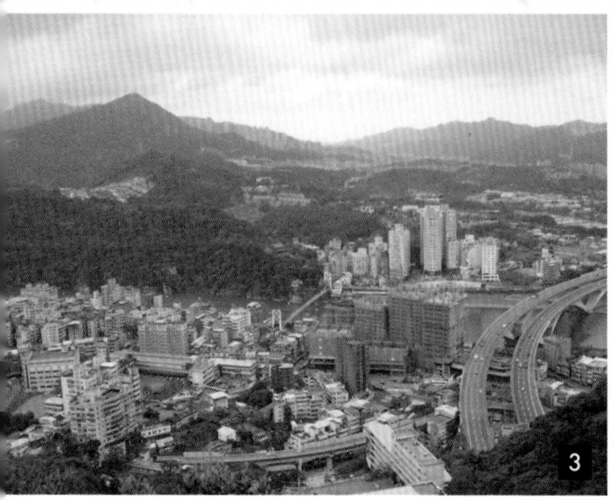

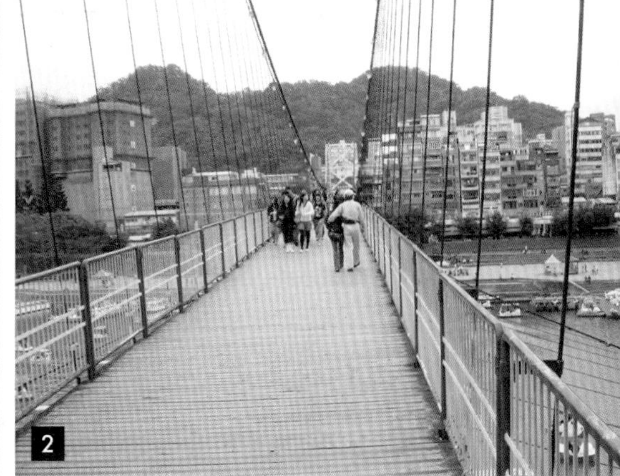

時，都選直行陡上。不久，抵達一峰所在的獅子壽亭。涼亭為紅柱橘瓦的舊式水泥六角亭。一峰，海拔一七七公尺，展望佳，面對著碧潭橋，但見新店溪緩緩流向北方。

登上一峰，繼續往二峰的方向前行。途經獅子祿亭後，步道轉為陡上，開始爬向二峰。約十分鐘，抵達山頂，有一座兩層樓的觀景涼亭，名為蘭亭。這裡是小獅山主峰，海拔一九六公尺。在涼亭旁的圍欄邊，有一塊台灣省精密點基石。爬上二樓，登高遠眺，北二高、碧潭、新店溪都在腳下，形成一幅迷人的山水美景。

續行，由二峰下行至另一觀景台，展望仍佳。這裡有一條步道可通往文中路的竹林禪寺。仍取直行，不久，過慈暉亭之後，開始爬向三峰。一路都是枕木步道，走來舒適怡人。約十餘分鐘，抵達三峰長壽亭。三峰，海拔二二三公尺，長壽亭樓高三層，為小獅山最高點，擁有三百六十度展望，可遠眺新店溪上游的青潭堰翠碧湖水。

由此而去，前有明德亭，可由長春路登山口下山。三峰已是最高點，可以在此折返，返至慈暉亭附近的觀景台，然後往文中路竹林禪寺下山，返回新店捷運站，完成小獅山三峰三亭的精華行程。

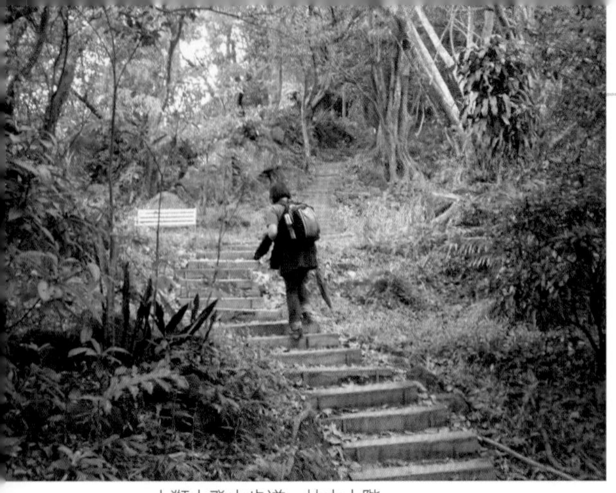

小獅山登山步道，枕木土階

碧潭風景區

碧潭位在新店溪之中游，以河岸寬廣、水色橙碧、平靜如潭而得名，為台灣昔日八景之一，是新店著名的遊覽勝地。碧潭吊橋橫跨新店溪，更是歷史悠久。碧潭東邊設有遊艇碼頭，提供「天鵝船」供遊客踩踏，享受泛舟游潭的樂趣。西岸則有茶亭咖啡廳，可一覽碧潭周遭岩石樹林與潭水相映的美景。由於風光明媚，交通又便利，碧潭已成為台北都會居民假日旅遊休憩的好去處。

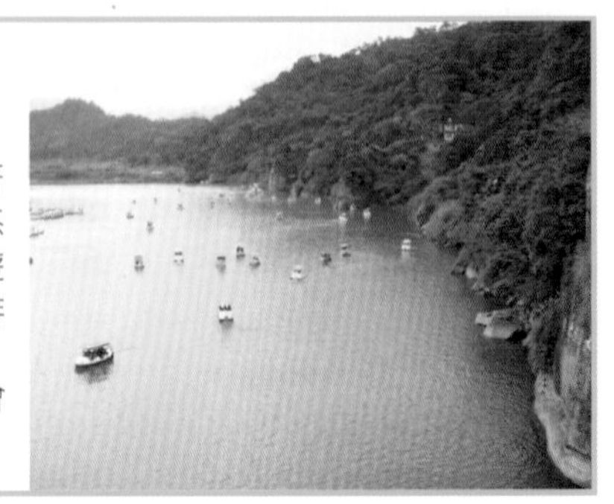

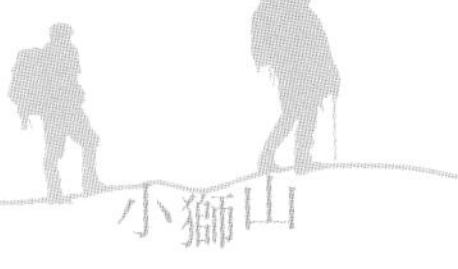

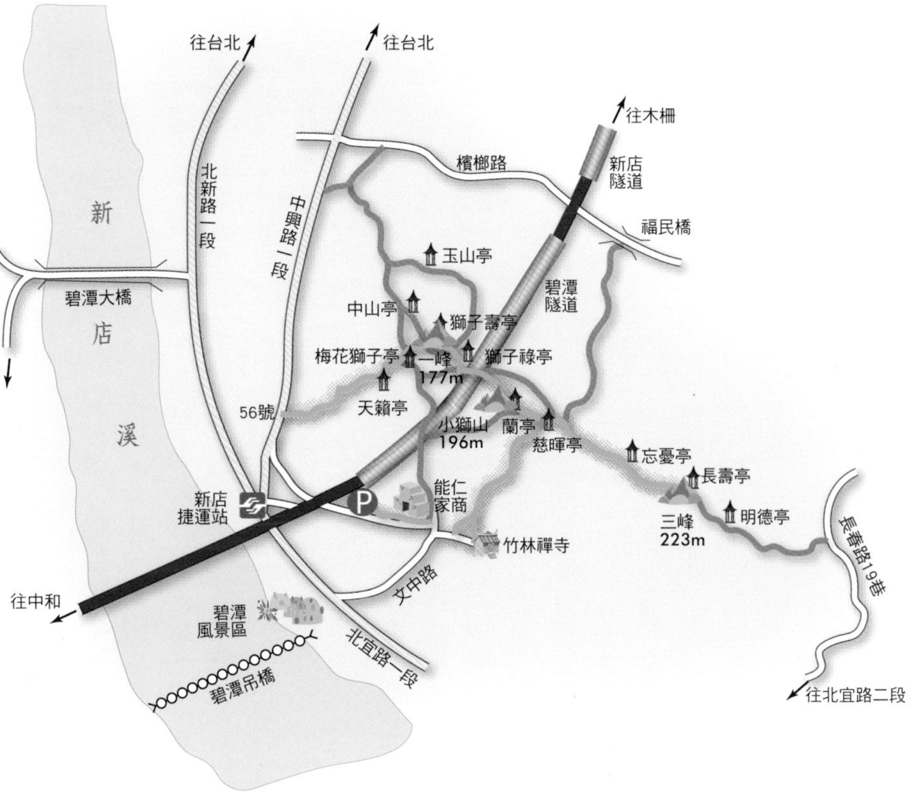

路程時間

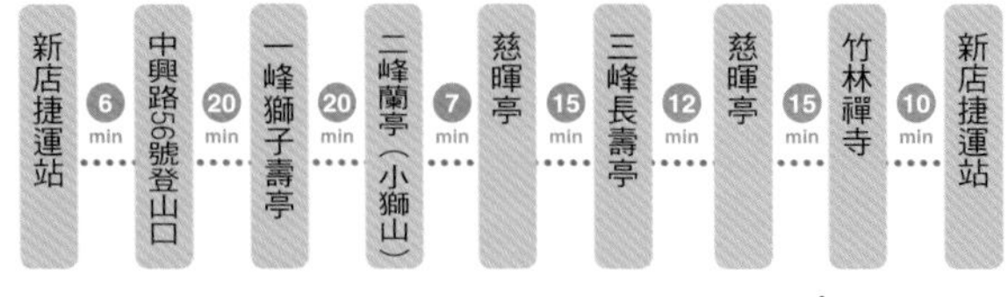

路況評價

- 登高指數：● 153m
- 路程時間：●（來回約2小時）
- 步道路況：●
- 綜合評價：●

注意及建議事項

小獅山有多處登山口，可依個人興趣組合各種環狀路線。若僅登小獅山二峰蘭亭，則可考慮由能仁家商旁的登山口上行，然後由慈暉亭附近的岔路口往竹林禪寺下山，路程約1小時。

交通資訊

• 自行開車

由台北循羅斯福路、北新路至新店捷運站。或走北二高下新店交流道右轉中興路，直行即可抵達新店捷運站。

• 大眾運輸

搭乘捷運新店線或642、644、650、棕7、綠1等路公車至捷運新店站。

獅仔頭山

・山名　獅仔頭山／・海拔標高　857m
・登山口高度　650m（獅頭登山口）／・三角點　一等三角點
・GPS座標　298793. 2755542／・座落位置　台北縣新店市
・主要登山路線　A. 獅頭登山口　B.獅尾登山口
・特色　山形獨特、金毛杜鵑、古戰場人文遺跡

獅仔頭山形，唯妙唯肖，金毛杜鵑艷麗迷人

獅仔頭山，又稱獅子頭山，為大台北地區著名郊山，擁有一等三角點。因山形特殊，酷似蹲伏的獅子，獅頭的部份最為傳神，被列為台灣小百岳及台灣百大名山。獅仔頭山除山形獨特優美，也以金毛杜鵑聞名，每年三、四月間，金毛杜鵑花季時期，花海錦簇，遊客紛至，最為熱鬧。

獅仔頭山同時以豐富人文史蹟而聞名。日據初期，獅仔頭山曾有抗日義軍盤據，日軍大舉征剿。山頂遺有古戰場壕溝、古井及「土匪洞」等遺跡；獅子頭山也是日據時代防蕃隘勇線一，山頂遺留有「防蕃古碑」及「隘勇所」等遺跡，被列為縣定古蹟。

開車從新店走新潭路（105縣道）往獅仔頭山，約八公里，抵達「紅瓦屋餐廳」岔路口。左行往獅子頭山「獅頭」登山口，直行則往獅子頭山「獅尾」登山口。「獅頭」、「獅尾」皆可登上獅子頭山，但以「獅頭」登山口為主，可迎面眺望著名的獅子頭山形。

從紅瓦厝餐廳取左行，狹小的山間道路蜿蜒繞上，約四公里，抵達獅仔頭山登山口。登山口有一觀景台及導覽解說地圖。自登山口進入，為高架的木製棧道，穿進林間，隨即變為枕木及碎石步道，或雜以傳統的土石路。林間樹種以香楠為主，地面亦可發現栗蕨的蹤影，步道寬闊好走，緩緩走在森林中，相當舒適怡人。約二十分鐘，抵達一平坦的空地，附近栽種有一株株金毛杜鵑花。而前方赫然聳立一座山頭，狀如獅頭；山勢迤邐，宛如獅身，這就是著名的獅仔頭了，而所立之平坦台地，即是「觀獅坪」。

1 獅仔頭山新闢建的山腰步道（古道），沿途有菁礐池遺址。

2 獅仔頭山枕木登山步道。

3 觀獅坪，正面對著一隻狀似蹲伏的獅子。

4 獅頭崖梯，宛如天梯，垂直而下。

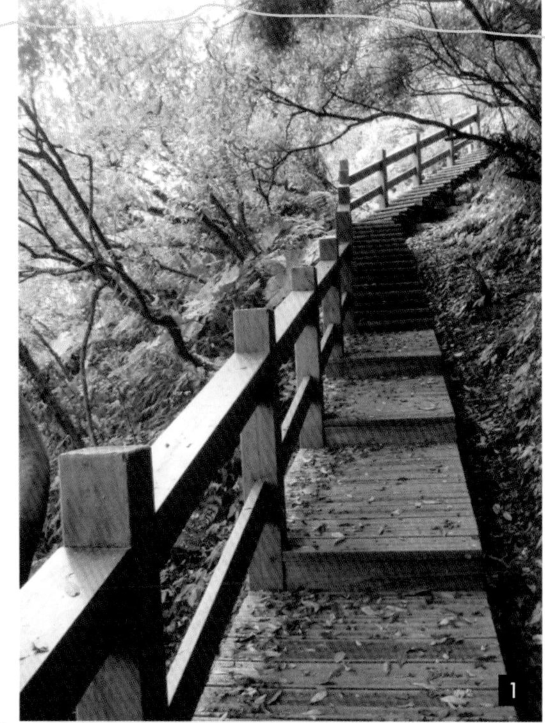

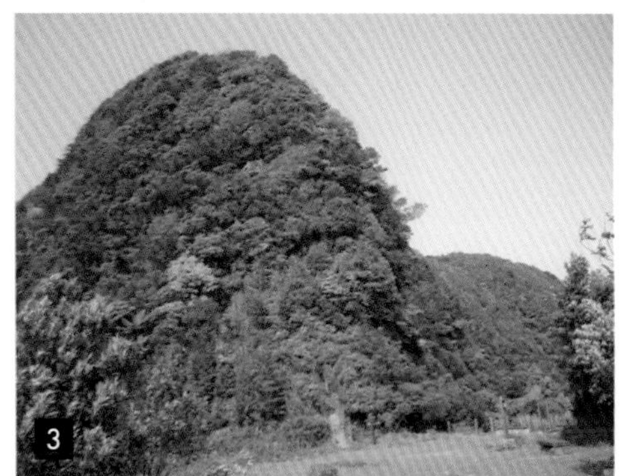

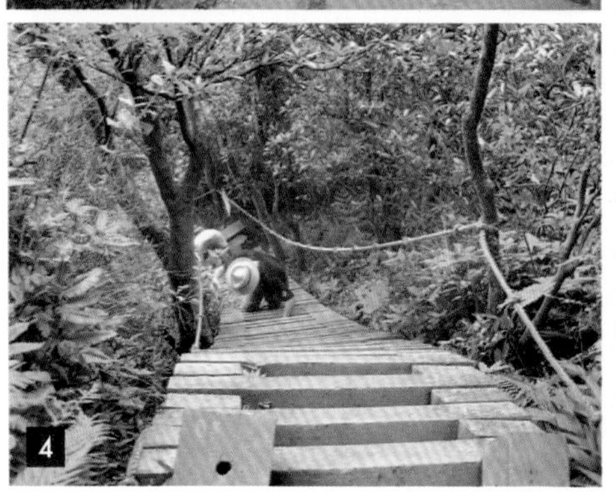

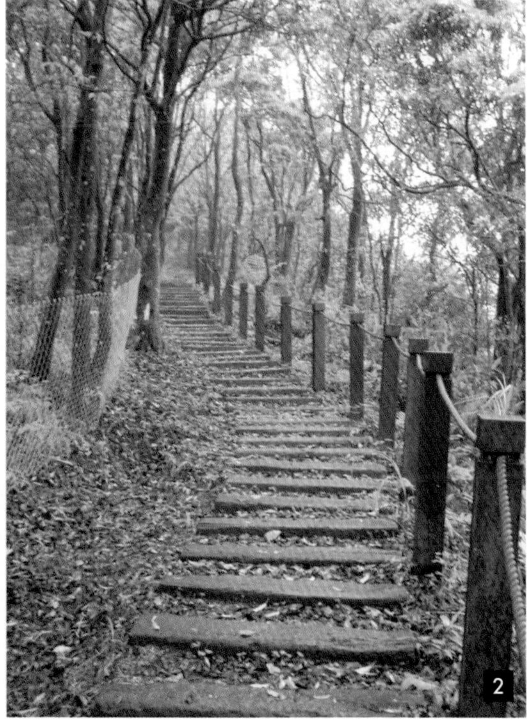

防蕃古碑

「防蕃」，是為防範烏來一帶的泰雅族人。明治三十五年（1902年），台灣總督府為保護樟腦事業，於山地增闢隘勇路、廣設隘勇所。這條新建的隘勇路，至平廣坑，路長六里。這座防蕃古碑是為紀念1903年口警隘勇殉職而建立的。

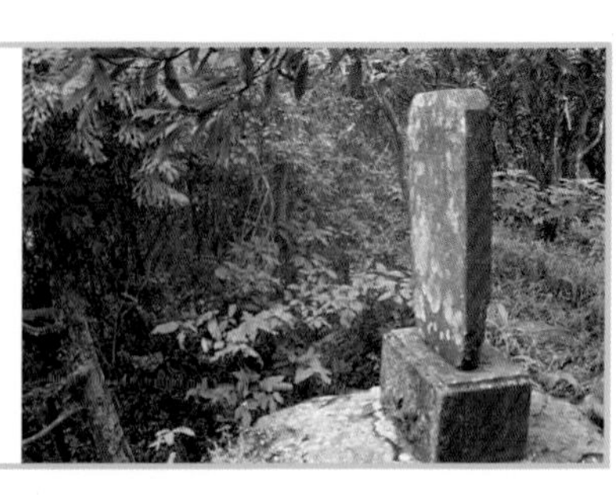

獅頭崖梯險峻宛如天梯，防蕃古碑、隘勇所遺跡訴說歷史往事

獅頭與觀獅坪之間為幾近垂直的斷崖，設置了上下三層的崖梯，相當險峻，但木梯堅固牢靠，只要抓牢繩索，謹慎踏踩，應可順利攀爬上去。爬上獅頭居高臨下，視野遼闊展望佳。續前行不久，抵達獅仔頭山前峰，林間設有觀景台。循著稜線步道前行，經大樟樹，不久，抵達支線步道的岔路口。獅仔頭山重要的歷史遺跡，如防蕃古碑、隘寮遺址，都座落於登山步道的支線上。轉入支線，約六、七分鐘，來到了防蕃古碑處。

從防蕃古碑旁的右下岔路續行約四、五分鐘，就可抵達昔日的隘寮遺址。石牆砌造的隘寮，內隔三間，僅剩半部矮垣，牆角仍可見槍銃遺跡，而大門前另築一道石牆，形成曲折的入口，以利防禦，都是隘寮的特殊設計。

從隘寮有岔路可繞回稜線的主步道，依序參觀古井、戰壕遺跡後，便來到了獅仔頭山的主峰一等三角點。獅仔頭山主峰新建了木造觀景台，為眺覽佳處。獅仔頭山座南朝北，站在觀景台，可以一一細數台北盆地北緣各大名山。

從獅仔頭山走向獅尾，沿途較多歧路，但多彼此相通，大致取直行及往下坡方向走即可，沿途分別可參觀大小土匪洞及觀音洞等天然石壁洞穴。抵達獅尾格坪，續行不遠，就抵達獅尾登山口。沿著產業道路往下走一百多公尺，就可看見古道入口。這條新整建的步道，沿著山腰繞回觀獅坪。沿途最值得一看的是菁礐池遺址，大小共四個，保存極為完整，且提供豐富的導覽解說。古道全程以木棧道為主，步行約小時，返抵觀獅坪，再循原路回到獅仔頭山登山口。

往安康路
往碧潭橋、永業路
往木柵
華潭街
105
3
華城路
安坑交流道
大台北華城社區
新潭路一段
往三峽
往三峽
往獅仔頭山

新潭路二段
往新店市區
105
獅尾登山口
洋蔥石頁岩生態敏感區
獅尾格坪
紅瓦厝土雞城
菁礐池遺址
大土匪洞
小土匪洞
獅仔頭山 857m
觀音洞
獅頭登山口
龍山寺
新潭路三段
古井
稜線叉路
觀獅坪
石寮遺址
大樟樹
崖梯
往竹坑山
防番古碑
金毛杜鵑林
獅仔頭山前峰 865m
崖梯觀景平台
往平廣路、新烏路

路程時間

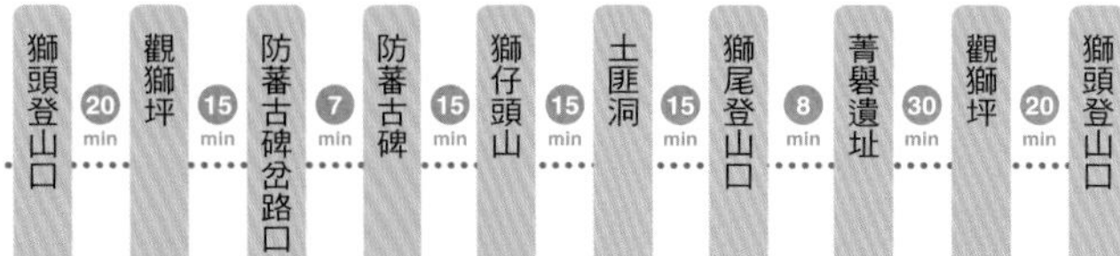

路況評價

- 登高指數：● 207m
- 路程時間：● 3小時（來回）
- 步道路況：●●（獅頭崖梯●）
- 綜合評價：●

注意及建議事項

獅仔頭山路況良好，僅觀獅坪至獅仔頭的崖梯險峻，不適合幼童或老年人，有懼高症者亦不宜。獅頭登山口至觀獅坪以棧道及枕木步道為主，路況佳，僅一小段陡坡，幼童或老年人稍加注意小心即可。

交通資訊

• 自行開車

台北市區往新店（走新店外環道路或北新路）右轉碧潭大橋，再左轉碧潭路，接永業路、新潭路，然後直行8公里，至新潭路三段紅瓦厝土雞城左轉，續行4公里，即抵達獅仔頭山獅頭登山口。

• 大眾運輸

無大眾交通工具。金毛杜鵑花季期間，新店市公所有行駛假日賞花公車，詳情請洽新店市公所。由新店捷運站搭乘計程車至獅仔頭山登山口，車資約400元。

1 登山口附近遠眺大桶山（最右側山頭）。

2 大桶山支線步道有大片的柳杉林。

大桶山

・山名　大桶山／・海拔標高　916m
・登山口高度　350m　（忠治村金堰登山口）／・三角點　三等三角點4137號
・GPS座標　306056・2752423／・座落位置　台北縣烏來鄉
・主要登山路線　A. 忠治村路線（主線）　B.桂山路路線（支線）
・特色　枕木步道、柳杉森林

大桶山枕木步道，踩踏落葉爬向大桶山

大桶山位於台北烏來鄉，主要的登山路線是從大桶山的西北面的忠治村起登，前半段路鋪設枕木步道，後段為傳統泥土山徑，並通過優雅的柳杉林，抵達大桶山東峰及主峰。另外，亦可從大桶山東北面的桂山路172巷底的223號民宅起登，這條大桶山支稜步道的路程最短，約一個小時就可登頂。其它尚有幾條路線，或路況不佳，或須連登其它山峰，都不如這兩條路線。

忠治村的登山口從忠治村金堰113號民宅前，再步行產業道路約十分鐘即可抵達，車輛亦可抵達登山口。登山口位於車道左彎處，入口有登山條，但無正式的指標，須留意才不會錯過。

進入大桶山登山步道，一小段路雜草稍多，隨即進入寬大平緩的枕木碎石子步道。沿途有高木的林木遮蔭，步道又覆滿落葉，走來頗為舒適，也具幽意。前行十來分鐘，步道轉而陡上，一階階的枕木階梯繞爬向上，約四百餘階，終於登上稜線。這裡有右岔路可通往附近的四崁水山，路程約十五分鐘。

登上稜線後，步道變為平緩，可稍稍舒緩剛才一路上爬的辛苦。不久，迎面而來的又是筆直陡上的枕木階，爬向另一山稜，足足有三百階。接著枕木步道抵達終點，寬闊的步道變成傳統的泥土山徑。山徑變為狹窄，先穿過小一段芒草區，隨即穿梭於樹林間。林間路略有起伏，經過一段岩稜區，小有展望。不久，陡下至一小鞍部，此處樹木稀疏，山風襲來清涼無比。林間開闊處，可以遠遠望見翡翠水庫大壩身影及水庫區一隅湖色。俯瞰而下，山坡有一大岩壁。山腰處的產業道路即是桂山路，沿途民宅散佈於路旁。

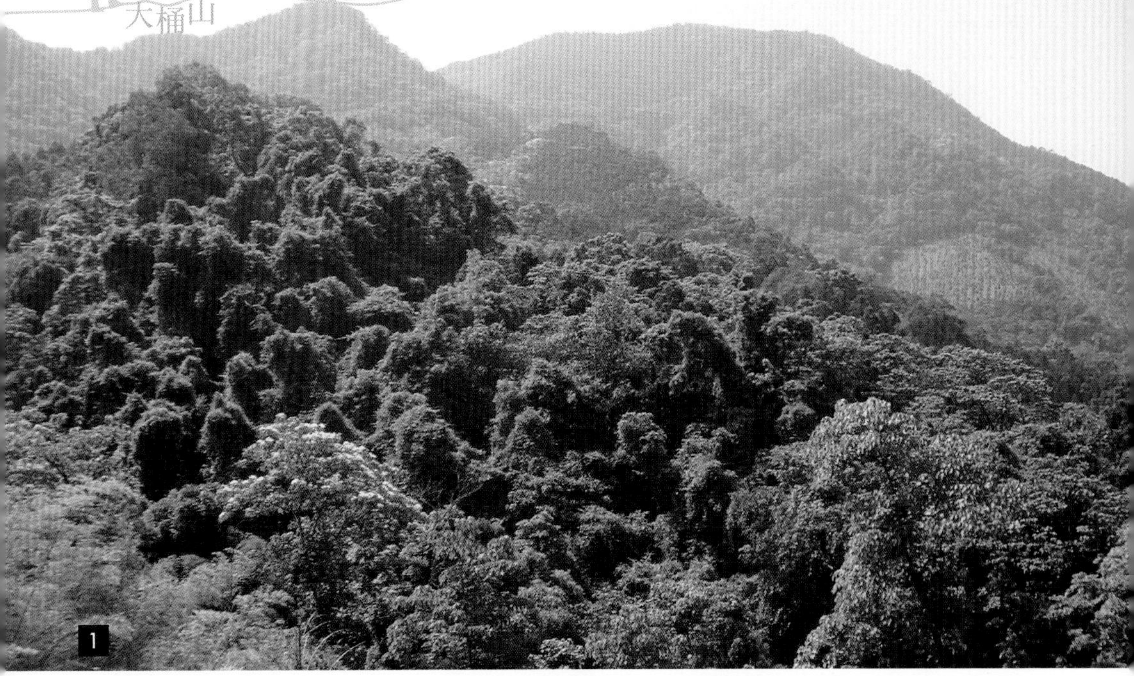

大桶山

1

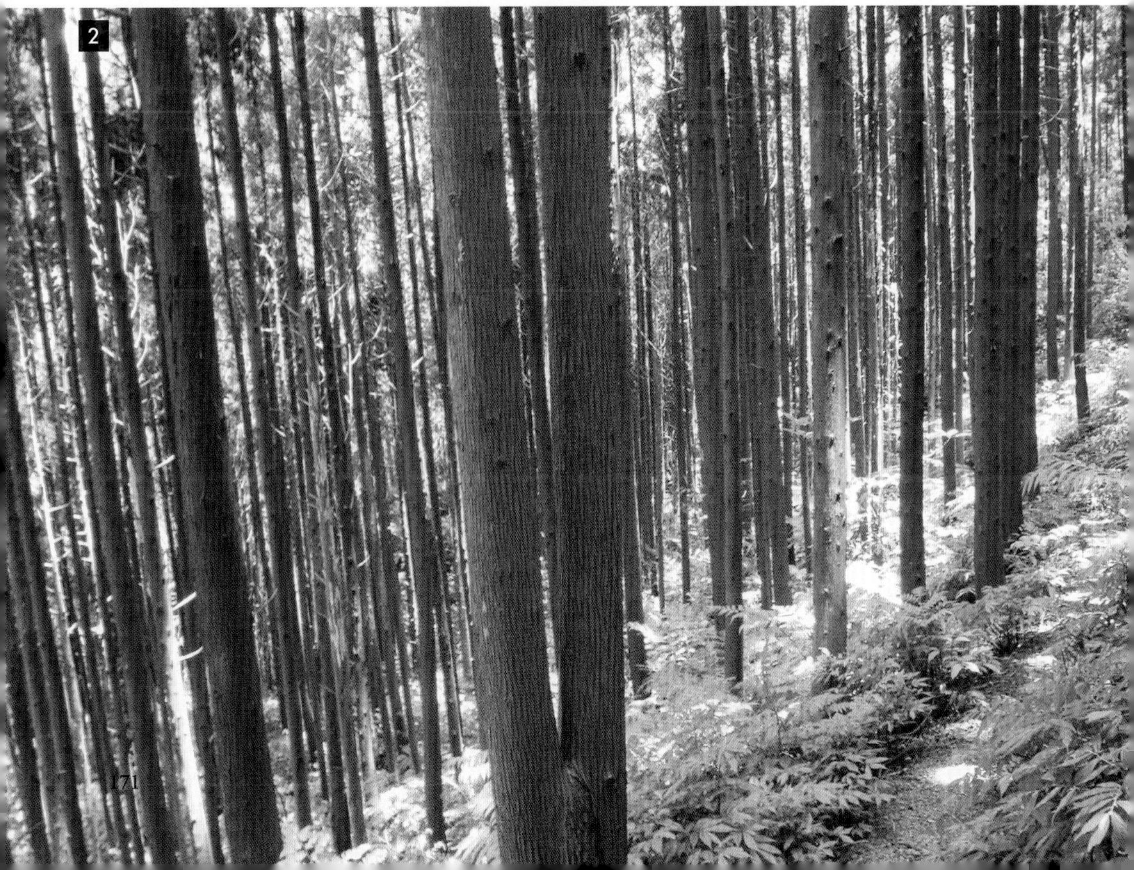

2

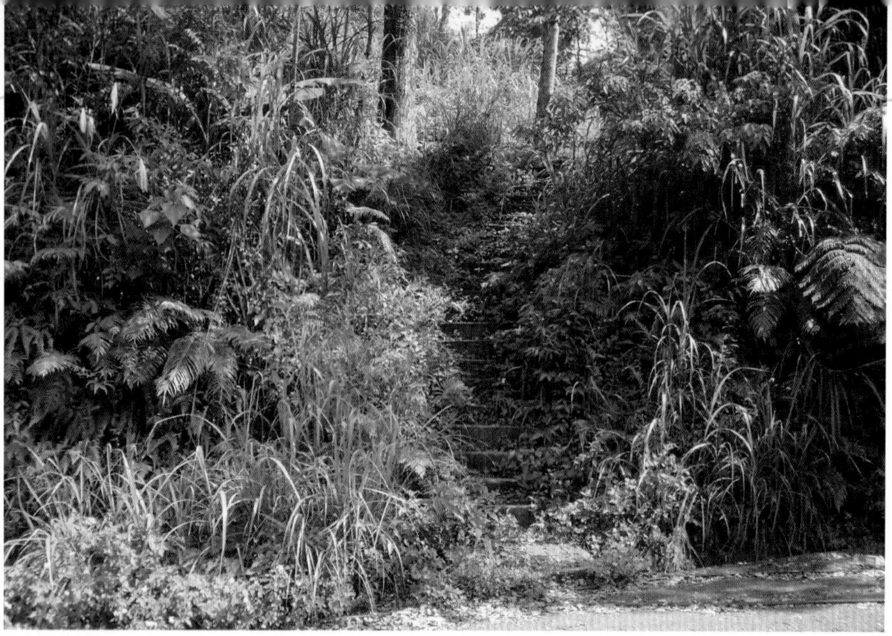

大桶山登山口。

大桶山柳杉山徑，享受森林芬多精

續行不久，遇岔路口，即是大桶山支稜步道，下行約二十分鐘，即可抵達桂山路172巷底的223號民宅登山口。續循主步道前行，進入柳杉林為主的森林，一棵棵矗聳的柳杉，樹幹因潮溼而附滿苔蘚，森林底處則草蕨盛長，充滿原始氣息，以山徑泥土樹根為主，僅部份路段點綴圓木土階，林間芬多精充沛，是極佳的森林浴場。

約二十分鐘，穿出柳杉林，抵達十字岔路口。大桶山東峰就位於左岔路約二十公尺外，直行可往羅宏山（落鳳山），右岔路通往大桶山主峰，約五分鐘路程而已。十字路口的林間空地，十分雅適，可在此稍作休憩。接著，先往東峰，再往主峰。大桶山東峰位於樹林間，無山頭，僅見一塊總督府圖根點基石靜靜佇立於狹小的幽林空地。續往大桶山主峰。大桶山主峰有一塊三等三角點基石，這裡腹地較廣，設置了一座氣象局的雨量遙測設施、無線電中繼站。周圍有樹林遮蔽，無展望。山頂另有兩條山徑，一可往烏來山，一可繞回忠治村，但山徑路況皆不理想，應以原路折返為宜。

回程若時間允許，建議可走一小段大桶山支稜步道，去欣賞大桶山步道中最優雅的一段柳杉林，享受怡人的森林浴。約十分鐘即可穿過這片柳杉林，然後再折返回主步道，循原路由忠治村下山。

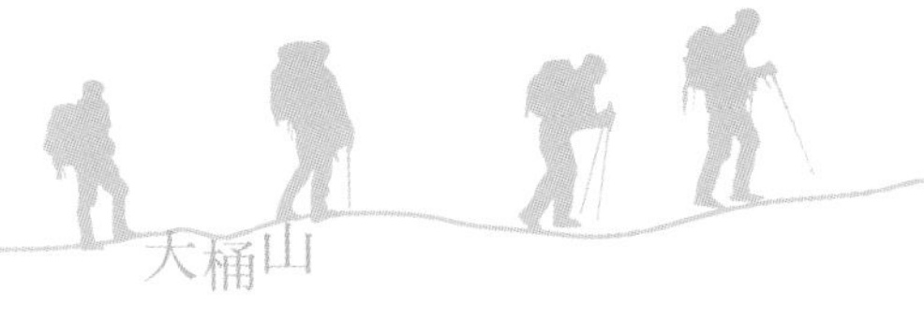

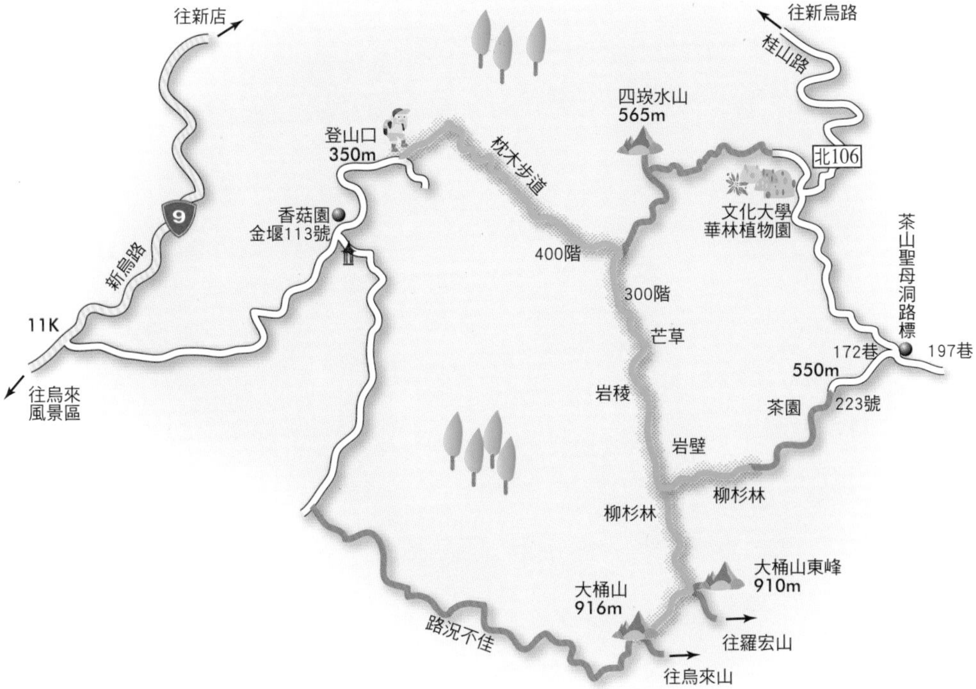

往新店
新烏路
9
11K
往烏來風景區
香菇園金堰113號
登山口 350m
枕木步道
400階
300階
芒草
岩稜
岩壁
柳杉林
柳杉林
路況不佳
大桶山 916m
大桶山東峰 910m
往羅宏山
往烏來山
四崁水山 565m
往新烏路
桂山路
北106
文化大學華林植物園
茶山聖母洞路標
172巷
197巷
550m
茶園
223號

路程時間

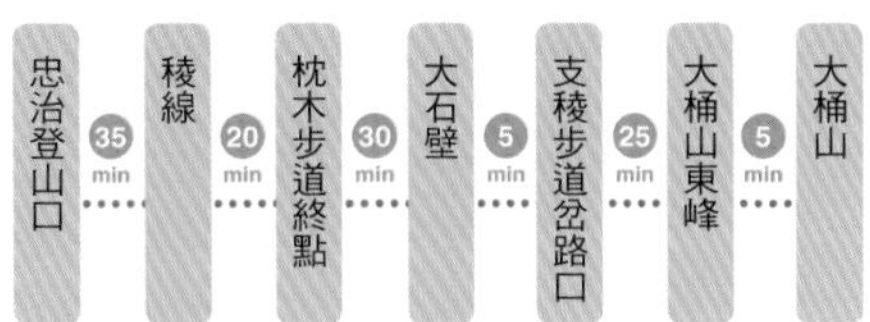

路況評價

- 登高指數：●● 566m
- 路程時間：●●（來回約4小時）
- 步道路況：●●
- 綜合評價：●

注意及建議事項

從忠治登山口走枕木步道前往大桶山，路程約2小時，海拔落差超過500公尺，路程較遠，也較費體力。或可選擇由桂山路172巷223號民宅的登山口起登，路程約1小時，海拔落差亦較小，可省一半路程時間。惟這條路線須開車走桂山路5公里，末段產業道路道路較狹窄，須小心會車。

交通資訊

• 自行開車

北二高下新店交流道，右轉中興路，接北宜路，再右轉新烏路（台九甲線）往烏來方向，至11K前左轉忠治村，直行約1.4公里，即抵達金堰113號香菇園民宅，旁有空地可停車，亦可續行三、四百公尺至登山口。

• 大眾運輸

搭乘新店客運（台北－烏來）至忠治站下車，再左轉忠治村產業道路，直行約1.4公里，即抵達金堰113號香菇園民宅，續沿道路前行約10分鐘，即可抵達登山口。

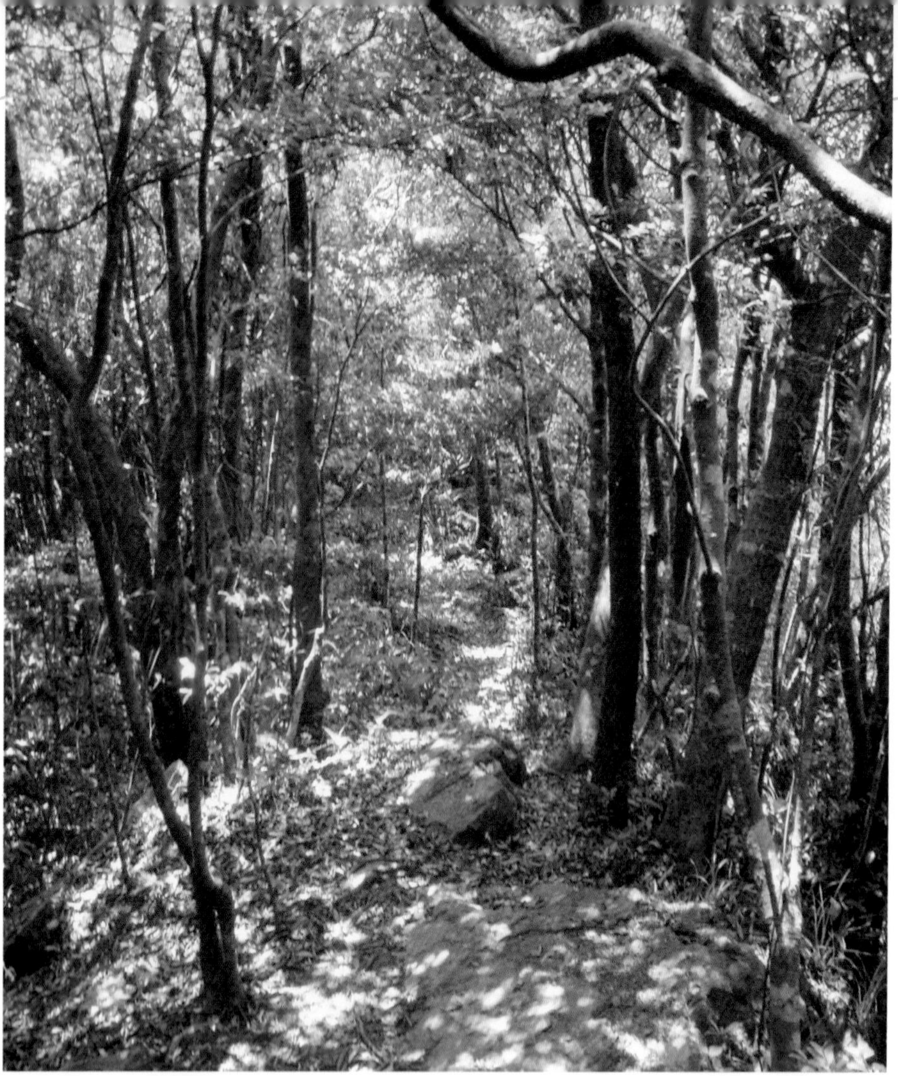

枕木步道終止，變為傳統泥土山徑。

附近景點

【大桶山支稜步道】

大桶山支稜步道的登山口位於桂山路172巷223號民宅旁，這條路線是登大桶山的捷徑，沿途經過風光明媚的大片柳杉林，途中也有小溪澗，是大桶山唯一可取得水源的步道路線。這個登山口無大眾運輸工具可抵達，可從新店走北宜路（台九線），再右轉新烏路（台九甲線）往烏來方向，至龜山里翡翠水庫管制站附近，再左轉桂山路（北106鄉道），過萬年橋、桂山電廠，循主車道前行約4.5公里，至桂山路197巷前右轉172巷（路口有茶山聖母洞路標），上坡路至路底即為223號民宅，路底有空地可停幾輛汽車。

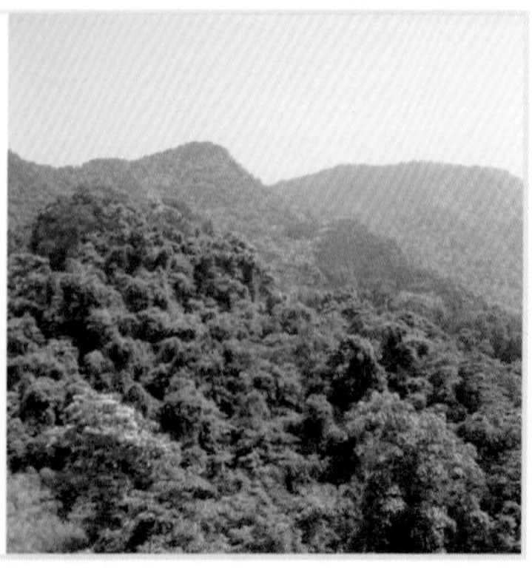

土城・三峽・

樹林・鶯歌

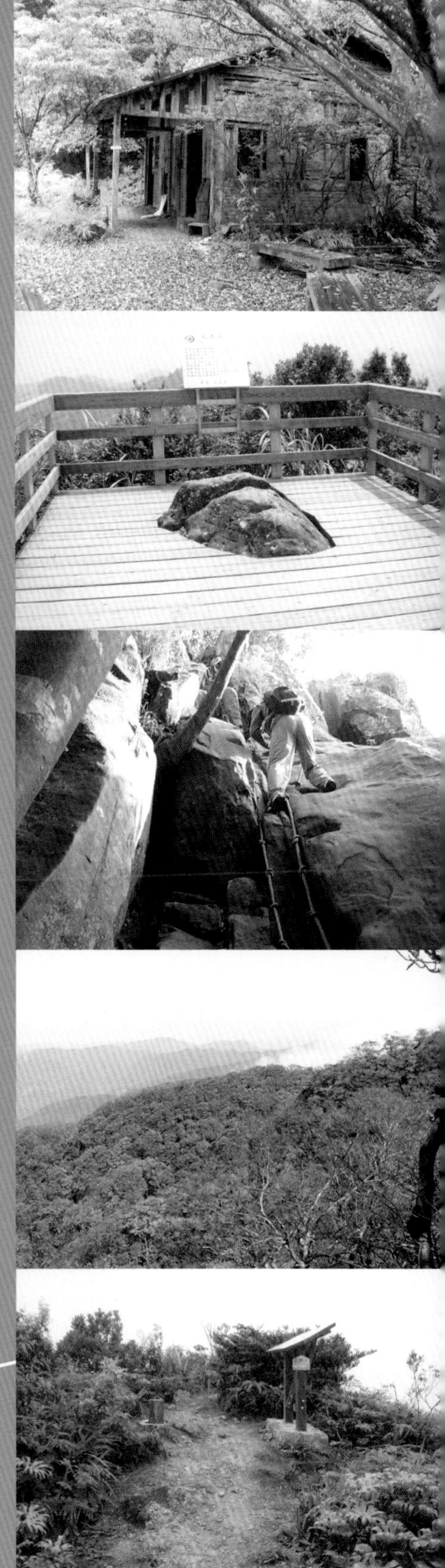

1 廣欽老和尚紀念步道入口的牌樓。

2 廣欽老和尚紀念步道，以原石石板鋪成。

3 從天上山眺望附近的山巒。

4 桐花公園油桐盛開。

5 天上山山頂觀景平台。

天上山

・山名　天上山／・海拔標高　430m
・登山口高度　50m／・三角點　三等三角點1099號
・GPS座標　295230・2760141／・座落位置　台北縣土城市
・特色　宗教朝聖、油桐五月雪、展望極佳

土城市最高峰，桐花節打響知名度

天上山是土城市最高峰，近年來因土城市公所規劃「桐花節」而聲名大躁，成為台北近郊知名的賞桐景點。天上山，山路四通八達，有好幾條登山路線，而最受歡迎的路線是從「承天禪寺」起登。

從登山口至承天禪寺，長約九百公尺的古樸石階，入口有桐花公園的牌樓，這條步道被命名為「廣欽老和尚紀念步道」，沿途有二十幾座古樸的石碑，鐫刻不同的菩薩名字，亦有豎立佛教教義與廣欽和尚開示詞的碑文。沿途偶爾可看見虔誠信徒以三步一跪拜的方式走向承天禪寺。

約二十分鐘，抵達承天禪寺，進入禪寺後，先經「三聖殿」，然後抵達主殿。主殿供奉三聖佛，三尊巨碩的銅鑄大佛，殿內安雅肅穆寧靜。繞至禪寺後方的停車場，接南天母路，沿著車道下行，沿途有幾個登山口都可爬往天上山。約行零點四公里，經過攤販區後，抵達「賞桐賞螢路線A」的登山口，由此處上山，約零點四五公里，抵達「桐花公園」。這座公園佔地約一公頃，園內有可供數百人舉辦活動的表演區及看台區、觀景平台、兒童遊戲吊橋及爬網、螢火蟲復育區等。附近山坡遍植油

廣欽老和尚紀念步道

廣欽老和尚，福建惠安縣人，生於清朝光緒十八年（1892年），36歲出家於福建泉州承天禪寺，決志苦修，後登山潛修，曾入大定。民國36年（1947年），老和尚渡海來台，民國44年，板橋信眾購得土城火焰山竹林地供師，民國49年正式命名為承天禪寺。通往佛寺的步道則鋪於民國49年至52年完成，由石板鋪成，沿途有二十幾尊石碑，雕刻佛菩薩名號。為感念老和尚開創承天禪寺，利澤眾生，故命名為「廣欽老和尚紀念步道」。

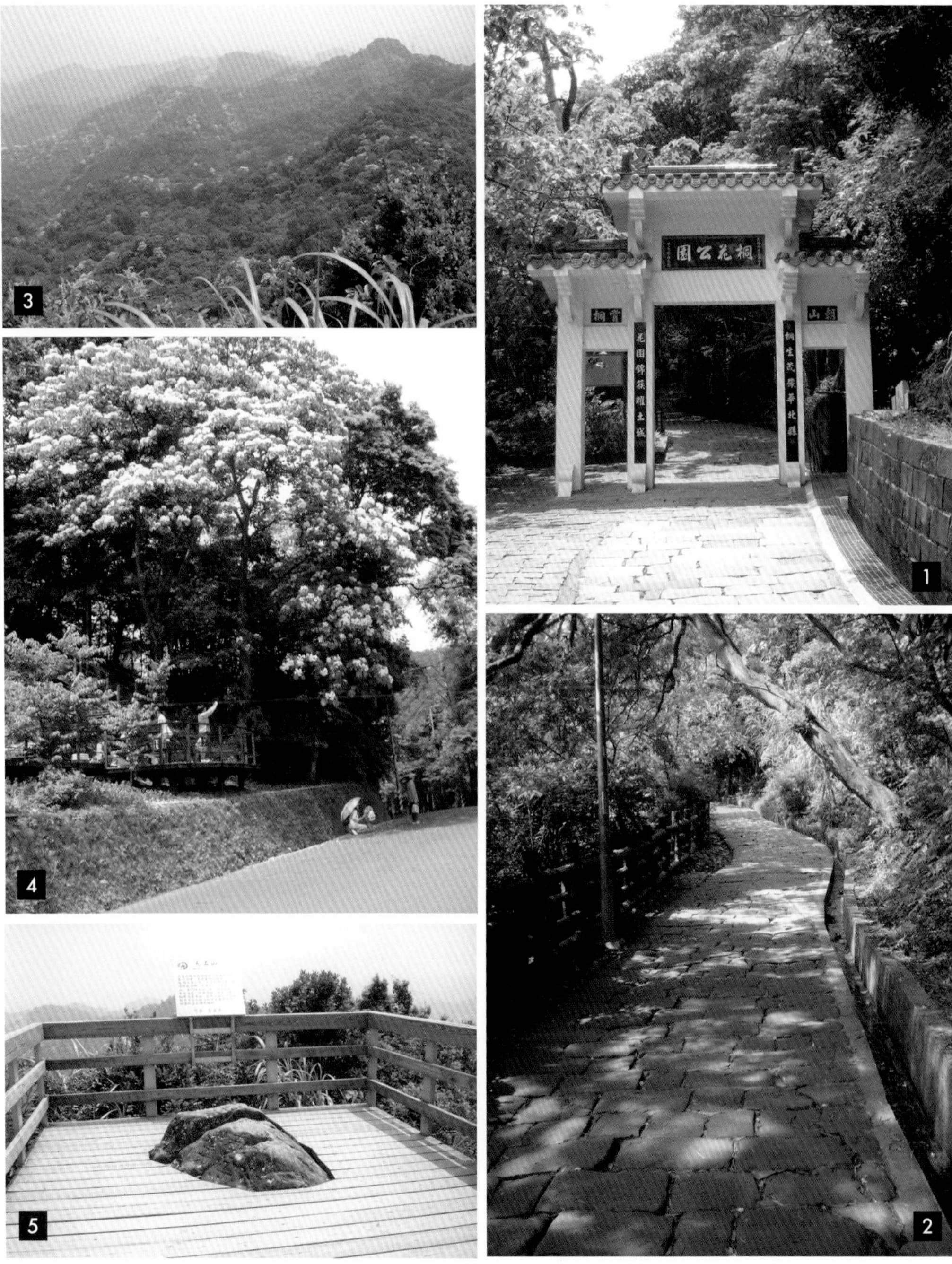
3
桐花公園
賞桐
朝山
花團錦簇耀土城
1
4
2
5

附近景點

【承天禪寺】

承天禪寺位於土城市承天路96號，始建於民國44年，由佛教界高僧廣欽老和尚創立，為北台灣著名的佛教勝地。寺殿綠瓦白牆，莊嚴肅穆。殿前廣場可眺望台北盆地的美景。

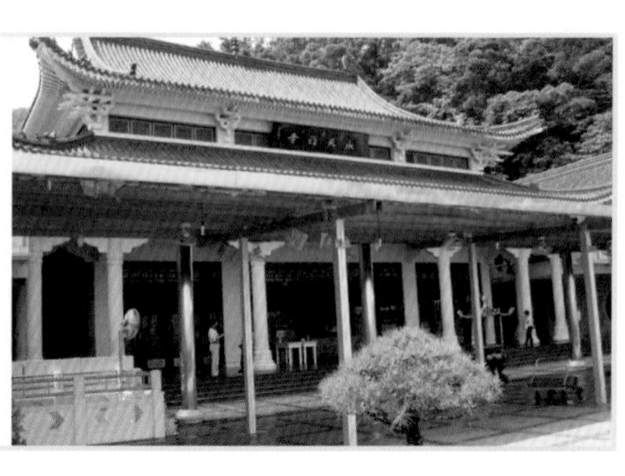

桐花，四、五月間桐花盛開時，有「四月桐花五月雪」的美景。這裡也是適合老少遊憩的景點，車子可以直接抵達。

天上山，原名內陂山，又名皇帝山

由桐花公園上行，往天上山約零點七公里，沿途是極佳的賞桐路線，油桐花開季節，步道灑落點點白色桐花。一路石階爬升，抵達鞍部的「望月亭」。這是一座由私人闢建的涼亭，供民眾遊憩之用。望月亭為四路山路交會處，越嶺直行可通往「日月洞」及三峽的安坑路（110縣道）。由鞍部取左行，約零點四公里，即可登上天上山。

天上山，原名為「內坡山」，由於受到新店溪和橫溪橫流切割山谷的影響，山頭顯得特別突出而有「高高在天上」的氣勢，而被稱為「天上山」，又名「皇帝山」。山頂有觀景平台，視野極佳，可俯視附近各個山頭如大尖山、二尖山、五城山、石門內尖山等，以及土城、樹林市區，展望遠及大台北地區。

從天上山還可續爬往五城山，由土城石門路下山。而從天上山返回承天禪寺，可選擇從天上山走往甘露公園的步道下山，下行至一鞍部十字岔路時，循指標左轉，不久即可接龍承路，然後沿著馬路上行，約零點三公里，回到桐花公園，可以在公園內遊賞休息，然後再循原路返回承天禪寺。

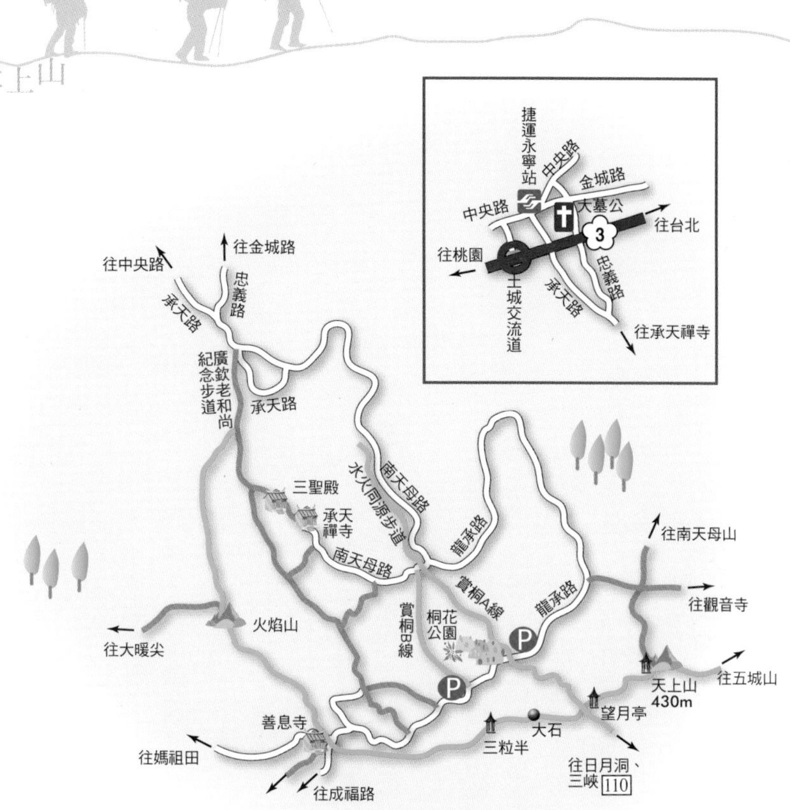

路程時間

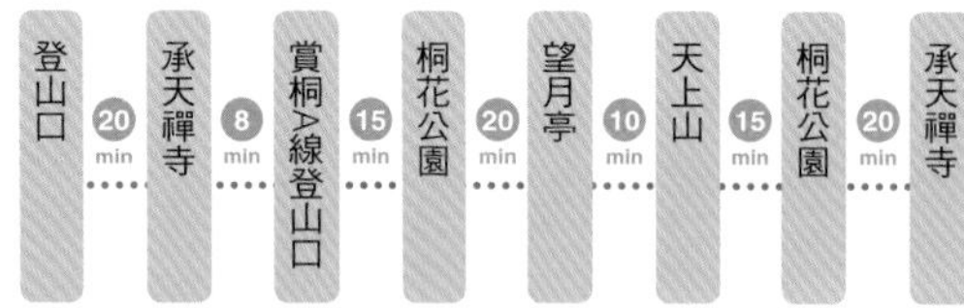

路況評價

- 登高指數：380m
- 路程時間：（來回約2小時）
- 步道路況：
- 綜合評價：

注意及建議事項

天上山的山路四通八達，擁有多個登山口，若自行開車上山，可停車於承天禪寺停車場。若以賞桐行程為主，最輕鬆的登頂方式是停車於桐花公園第一停車場。桐花公園擁有一公頃的遊憩空間，最適合全家出遊。由桐花公園登天上山，路程僅0.7公里，約30至40分鐘，即可登頂。

交通資訊

• 自行開車

北二高下土城交流道右轉中央路三段，再右轉承天路，直行至承天路與南天母路岔路口前的「登山口」站。循南天母路上山，即可抵達承天禪寺。

• 大眾運輸

搭乘捷運土城線至永寧站，然後轉搭藍44公車至「登山口」站。或搭乘台北客運三峽線或藍16、17至永寧站，再轉搭藍44公車，或沿著承天路步行約1.5公里抵達登山口。

1 獅頭岩仙公廟步道，途中一段幽雅的棧道。

2 由山徑爬向鳶山頂，約2至3分鐘即可登頂。

鳶山

・山名　鳶山／・海拔標高　300m
・登山口高度　65m／・三角點　無基石
・GPS座標　284893・2758431／・座落位置　台北縣三峽鎮
・特色　展望絕佳，大漢溪、北二高美景

鳶山，三峽人的家山，以展望絕佳著名

鳶山位於三峽老街的西南側，是離三峽市區最近、交通最便利的一座郊山，可說是三峽人的家山。鳶山因山頭形似飛翔的鳶而得名，與鶯歌鎮的鶯歌石隔著大漢溪彼此相望。民間傳說鄭成功的軍隊經過鶯歌附近，遇兩隻怪鳥騷擾，製造迷霧，於是鄭成功下令以大砲將怪鳥擊落，其中一隻掉落於鶯歌鎮，化為鶯歌石；另一隻則掉在三峽，成了鳶山。雖然故事不符歷史事實，純屬無稽之談，卻也生動地描繪了這兩座山的地理位置及山容奇貌。

鳶山登山口位於仁愛街與鳶峰路的交會處，入口有明顯的鳶山標誌及導覽圖，從登山口至山頂的鳶山公園，路程約2公里，步行約需1個小時，登山步道以柏油馬路為主。因此也有民眾直接開車上山。進入鳶山登山步道，僅有一小段棧道階梯，約兩、三分鐘之後，便接鳶峰路，然後沿著馬路上行。

約四十分鐘，抵達「鳶峰亭」，可以遠眺鶯歌方向，並欣賞山腳下的北二高及大漢溪的景色。續前行，車道縮小，沿途頗多油桐樹。五月造訪時，油桐花紛紛飄墜，宛如五月雪。

約十五分，抵達鳶山公園，有一廣場觀景平台，廣場上矗立一座大銅鐘，名為「光復紀念鐘」，建鑄於民國七十四年（一九八五年），以紀念台灣光復四十週

三峽

「三峽」舊稱「三角湧」，又稱「三角躅」，位於大漢溪、三峽溪、橫溪匯流處，地形略呈三角形而得名。「湧」為閩南語「起浪」之意義。三角湧，描繪出此地三溪交會，江波翻湧的景象。日治時代，大正九年(1920年)，以三角湧的閩南語發音與日語三峽的讀音Sankiyou接近，而改名為「三峽」。

附近景點

【三峽老街】

三峽民權老街，舊名為「三角湧街」，清朝時代藉大漢溪航運之利，而發展成為重要的商業市街。日據時代大正年間，實施市街改正法，老街道路拓寬，商店經過整頓，成為一條現代化的街道。老街各商店更競相建造洋樓，因當時流行歐洲的巴洛克建築造型和線條，因此塑造出融合閩南風格與西方建築色彩的中西合壁建築風格。三峽老街長約260公尺，有100多間老屋。在政府整體規劃下，文建會補助三億元進行老街修復，於2006年12月底完工後，恢復了老街舊貌。

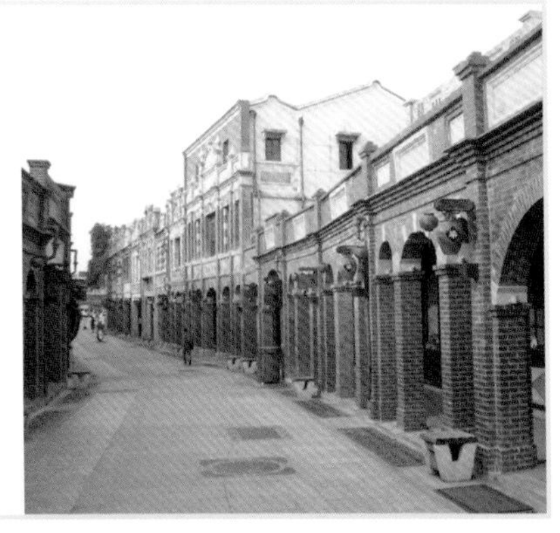

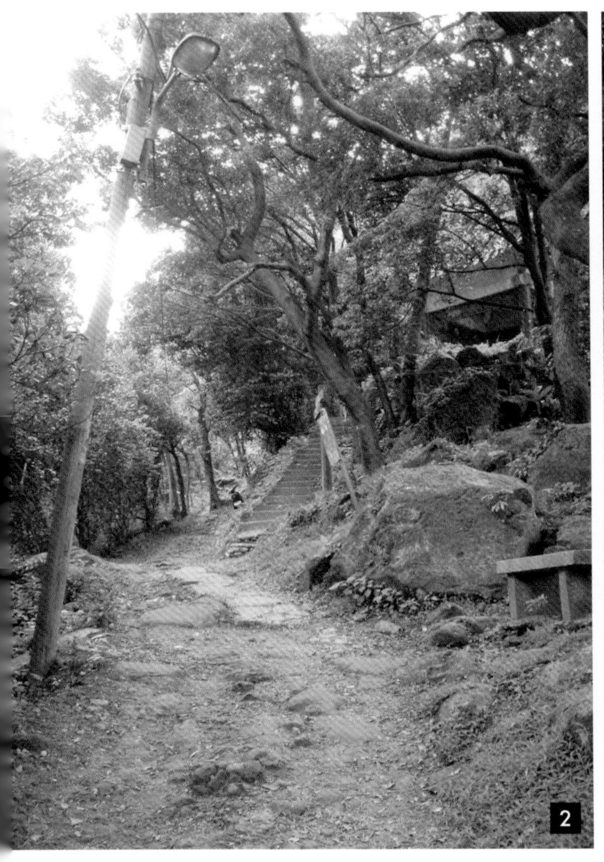

2

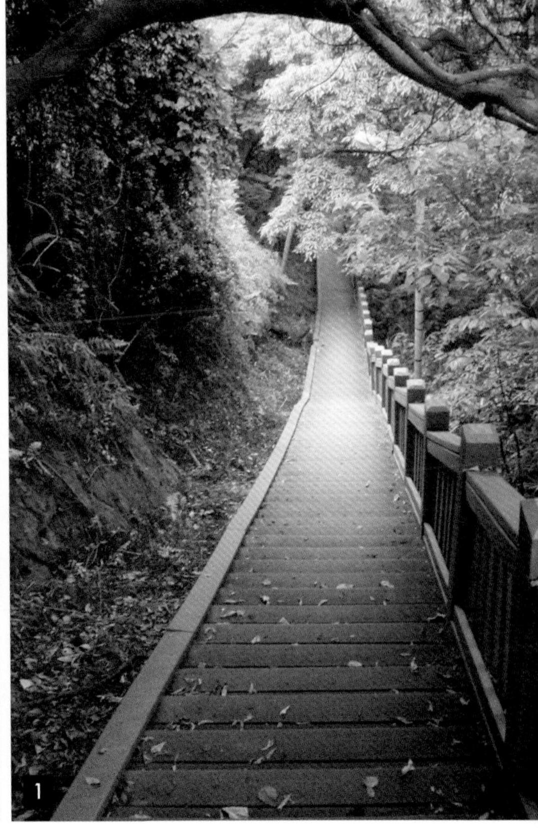

1

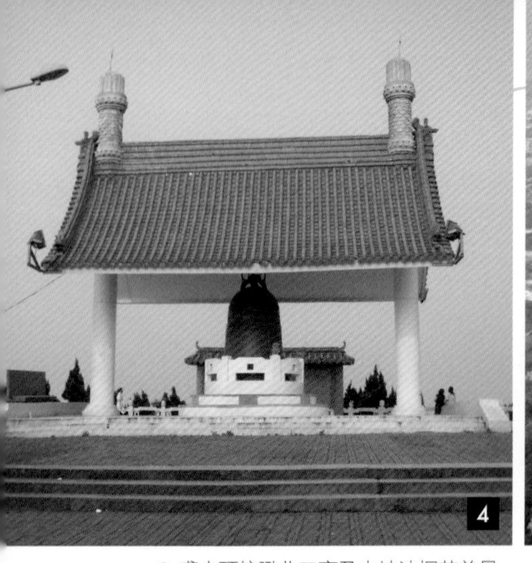

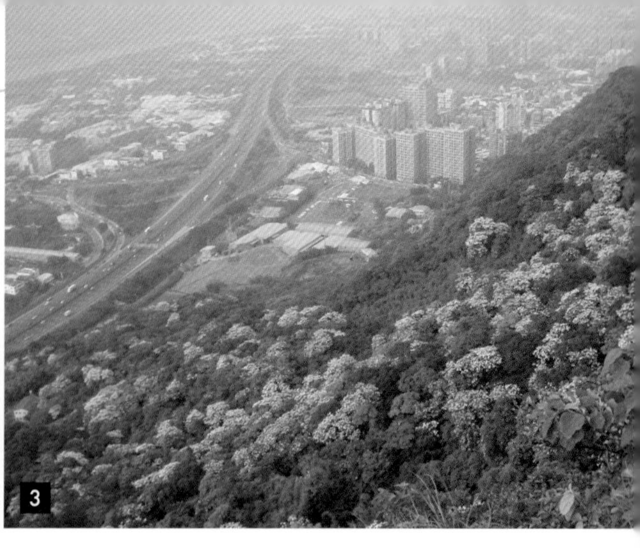

3 鳶山頂俯瞰北二高及山坡油桐花美景。

4 鳶山公園光復紀念鐘。

年，是台灣最大的銅鐘。觀景台則擁有一百八十度的展望，若逢油桐花開時，則宛如白雪灑覆山頭。

鳶山油桐五月雪，勝景迷人

從車道終點再往上走，途經一座「鳶山勝蹟」石碑，然後一小段石階路，經過涼亭旁，再爬陡峭泥土樹根石岩交錯的山徑，約二至三分鐘，右上方有無線電轉播站鐵塔，拉繩攀爬而上，便抵達鳶山的山頂。山頂有嶙峋岩石，空間狹小但展望極好。

站在鳶山頂上，視野奇佳，遠近數十里盡入眼簾。從山頂俯瞰，三峽的屋宇市容、大漢溪廣闊的河床、北二高川流不息的車潮，與鳶山的蓊鬱山林構成幾何線條交織的美景。台北郊山難得擁有如此的展望勝景。

從鳶山返回登山口，回程可走「獅頭岩仙公廟」的步道下山。先循鳶峰路下山，途中經過「慈惠堂」後，右側岔路有指標往「獅頭山岩仙公廟」。進入右岔路約一百五十公尺，抵達仙公廟，廟旁有棵老樹。仙公廟已有兩百多年歷史，為特殊的「廟中廟」格局。廟後方有石階路下山，沿途林蔭怡然，途中有一觀景台及仙跡岩的地質景觀，也有一段頗為雅致的高架棧道。約十餘分鐘，抵達山麓「福山巖仙公廟」。然後沿著溪畔的柏油路走出去，出口為民權街170巷。再往左轉，沿著民權街走，約三、五分鐘，便可抵達著名的三峽老街了。

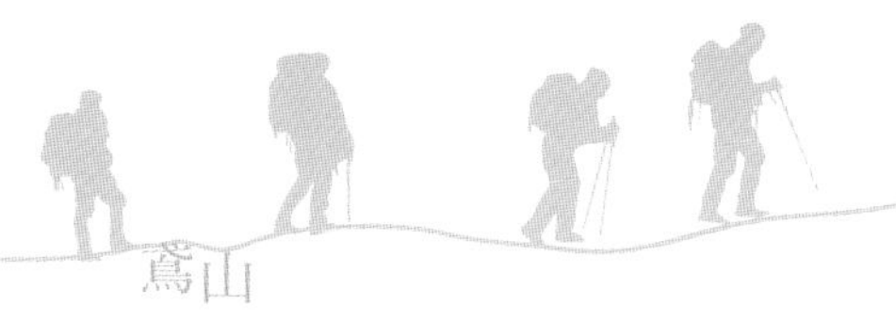

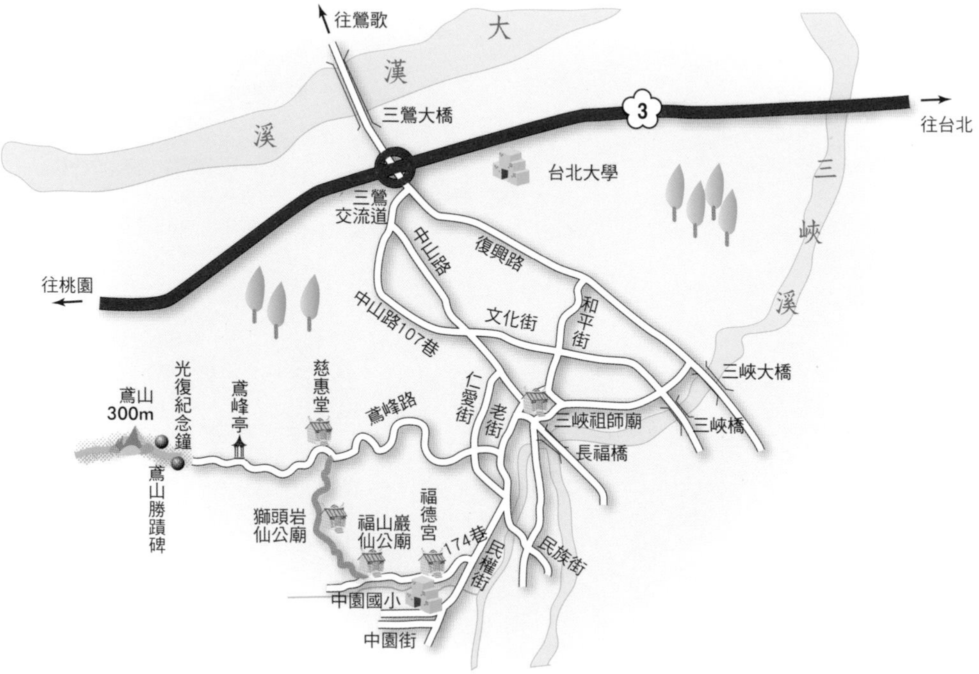

路程時間

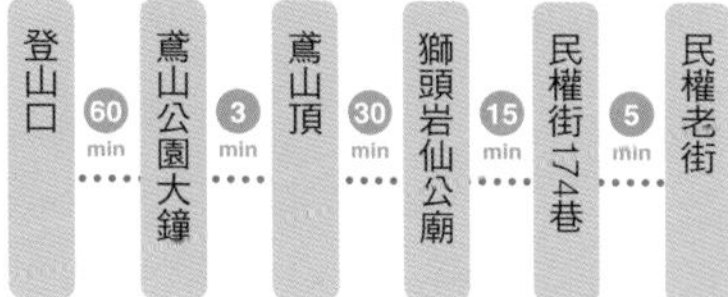

路況評價

- 登高指數：● 235m
- 路程時間：●（來回約2小時）
- 步道路況：●（登鳶山頂注意安全）
- 綜合評價：●

注意及建議事項

鳶峰路可開車至山頂的鳶山公園，但鳶峰亭之後的車道狹窄，不易會車；且鳶山公園的停車場空位有限，假日時最好不要開車上山，以免造成壅塞且停車不易。

由鳶山可續爬往福德坑山，里程約1.5公里（50分鐘），為傳統泥土山徑。

交通資訊

• 自行開車

北二高下三鶯交流道，往三峽方向，立即右轉中山路，再右轉仁愛街，至仁愛街31號，右側鳶峰路口，即為鳶山登山口，亦可開車從峰路上山。

• 大眾運輸

於台北市貴陽街上搭台北客運，或於新店搭台北客運，也可自桃園搭桃園客運往三峽的班車，於三峽公車總站下車，往三峽老街（民權街），再循巷道右轉至仁愛街，即可抵達登山口。

白雞山

・山名　白雞山／・海拔標高　734m
・登山口高度　250m／・三角點　野牛5號基石
・GPS座標　290362・2754076／・座落位置　台北縣三峽鎮
・特色　礦場遺跡、展望佳

白雞山，三峽白雞地區的熱門山峰

白雞山是三峽白雞地區「白雞三山」的代表山峰，白雞三山是指白雞山、雞罩山及鹿窟尖，三座山呈三角鼎足之勢。白雞山的山頂為突出的巨石，展望極佳，頗具中級山的氣勢，而成為熱門的登山路線。

白雞山的登山口位於白雞「行修宮」的後方，從行修宮旁的產業道路上行，繞往行修宮的後方，遇岔路，左往「禪光寺」，仍取直行的水泥路，約四、五分鐘，即可看見右側岔路有一座小木橋越溪，即是白雞山的登山口。

過橋，山路筆直寬闊，一路爬坡而上。這條筆直的山路，是昔日裕峰煤礦的運煤流籠車道，沿途可看見不少廢棄的礦場建物。道旁充滿綠意，有不少油桐落花。前行十分鐘，又過一座鐵橋，橋頭有台車道的鐵軌殘跡。過橋後，遇左岔路，路口的電線桿上有福德正神的指標，取左行，通過竹林小徑，附近有廢棄的石頭及磚厝，小徑盡頭有一座小小的磚造福德祠，廟簷已剝落，顯得有些落寞。隨著採礦的結束，土地公廟的庭前也變得冷冷清清。

回到主步道，續上行，不久就抵達了「裕峰煤礦」遺址。原有的木造礦場事務所滄桑古樸，這一、兩年才遭大火燒毀，十分可惜。後方還有整排的礦場建築物，但已相當殘破。礦坑口亦已塵封。昔日熱鬧的礦場，如今寂靜冷清。「裕峰煤礦」，也稱「海山煤礦忠義坑」（海山一坑），民國七十三年（一九八四年）曾發生礦坑爆炸的災變，造成九十二名礦工罹難。那一年，台灣連續三場礦坑災變，共奪走兩百六十九名礦工的生命，也促使政府改變煤業政策，台灣的煤礦開採因此進入了尾聲。

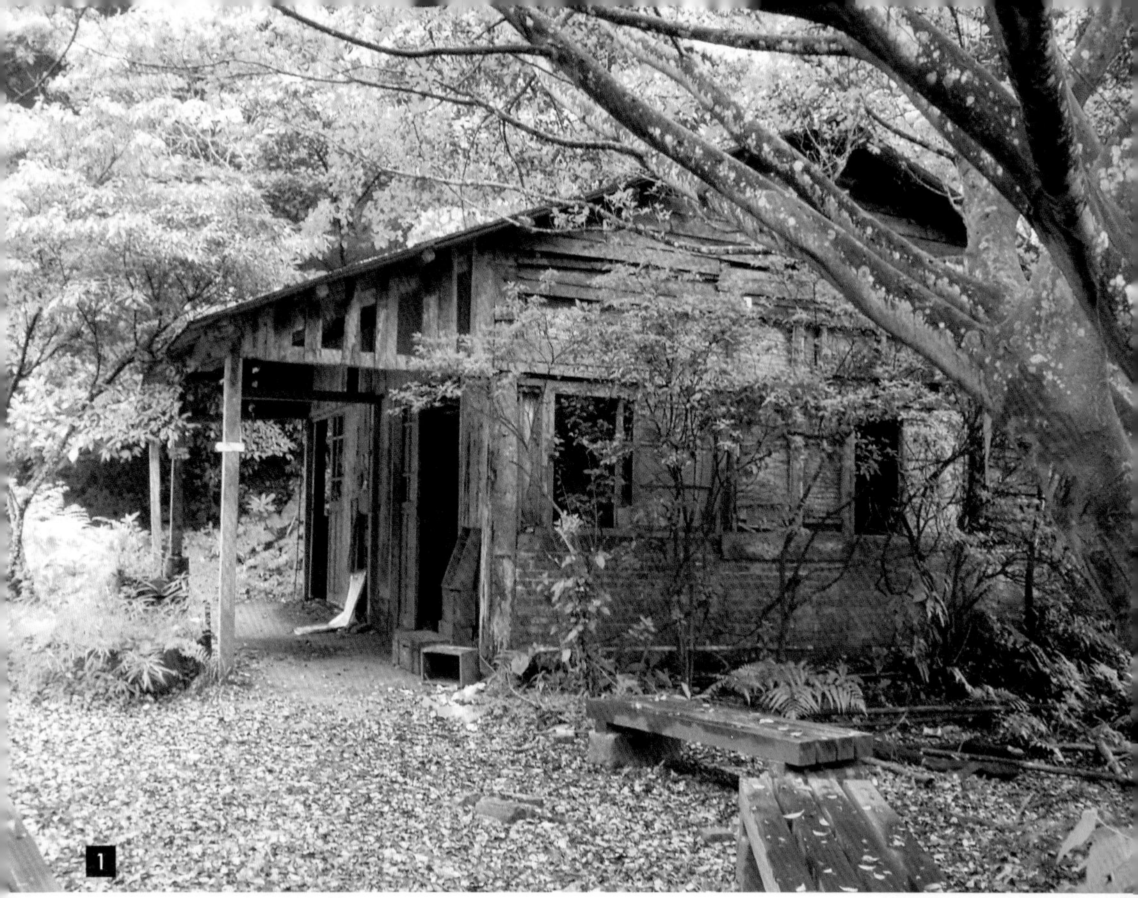

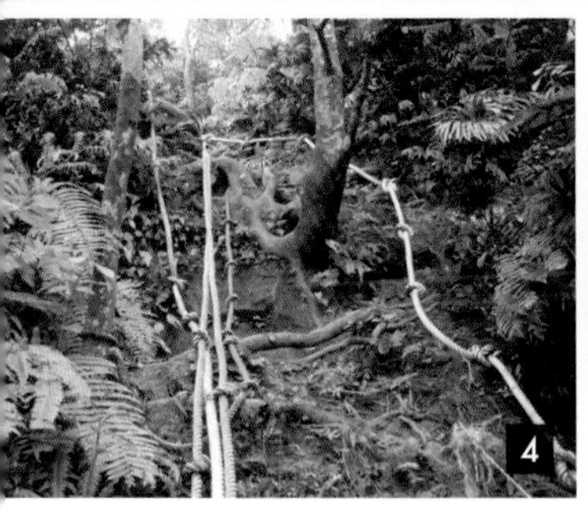

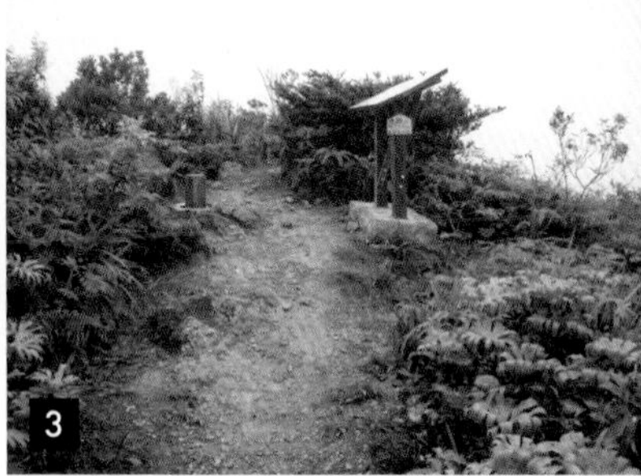

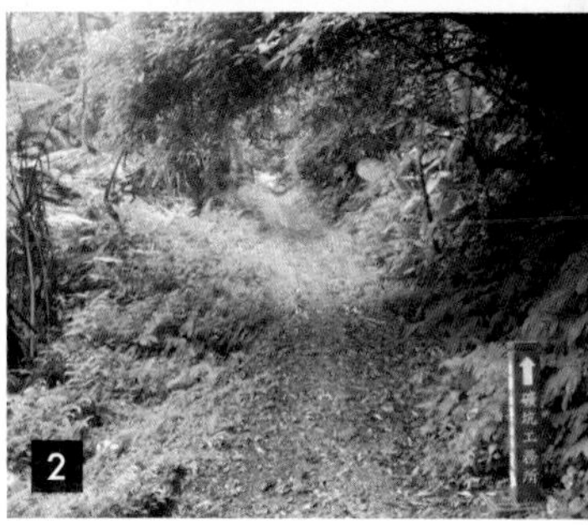

1 裕峰煤礦遺址，昔日的礦場事務所，現已被火燒毀。後方還有幾間礦場紅磚舊屋。

2 白雞山登山步道，是昔日的運煤台流籠車道。

3 白雞山山頂。

4 登白雞山的一段陡峭山徑。

白雞

白雞是取三峽「白石按山」（即今鹿窟尖）、「雞罩山」兩座山的首字的簡稱。白石按山是因多白石而得名，雞罩山則是因山形酷似豢養雞隻的竹籠（俗稱雞罩）而得名。。白雞地區大約位於大豹溪和三峽溪之間的雞罩山兩側山地區域，包括現在三峽鎮金圳、嘉添、添福、竹崙各里的一部份。

附近景點

【行修宮】

行修宮位於白雞山山腰，奉祀主神關聖帝君，為台北市「行天宮」的分宮，廟殿為四合院格局。外觀莊嚴典雅，廟前廣場草坪優美、林木扶疏，廟後有怡人的步道及休憩亭。行修宮為當地知名廟宇，信徒眾多、香火鼎盛。

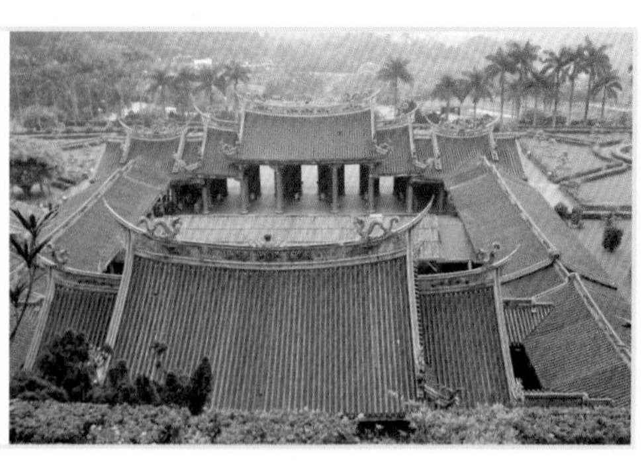

煤礦場遺跡風貌，茂林幽徑美景

裕峰煤礦遺址處，有左右兩條岔路，兩路相通，形成環狀路線，都可爬向白雞山。白雞山的位置較靠近左線，可採左去右回的方式。取左行，山路逐漸陡峭。不久，經過一礦坑，內有廢棄的揚捲機，是昔日斜坑內運輸台車的動力裝置。續前行，穿行山徑於茂密的森林中，道路更為原始自然，不少山徑覆滿落葉，陡峭的部份路段則鋪設枕木，以利步行。

上行三十幾分鐘，通過一片竹林後，遇左岔路可通往紫微環山步道；續取直行，這時離白雞山只剩零點五公里。不久，就望見白雞山的山頭矗立於前方。爬向白雞山的最後一段山徑，須攀爬幾近垂直的峭壁，最具挑戰性。幸好岩壁有樹根盤錯，不難找到落腳點。經一番辛苦攀爬，終於順利登上白雞山。白雞山的山頂僅有低矮灌木，無高大樹木遮蔽，因此視野極佳，可遠眺台北盆地。

續行山路，沿著稜線前行，可通往雞罩山、鹿窟尖 及繞回裕峰煤礦。山路較為平緩，沒有剛才左線登頂須攀岩爬壁的峭壁地形。不久，抵達往雞罩山的岔路口，往雞罩山約三十分鐘。仍循主步道前行，穿梭山徑行於林間山徑，約十五分鐘，抵達往鹿窟尖的岔路口，往鹿窟尖約四十分鐘。續取主步道，開始偏離稜線，繞往裕峰煤礦，山徑先是陡下，然後漸漸平緩。沿途走在繁茂的森林裡，林間幽靜，走來相當舒適。下坡路也較為輕鬆，約三十分鐘，返至裕峰煤礦遺址，與剛才的左線會合。然後再循原路下山，返抵行修宮的登山口。

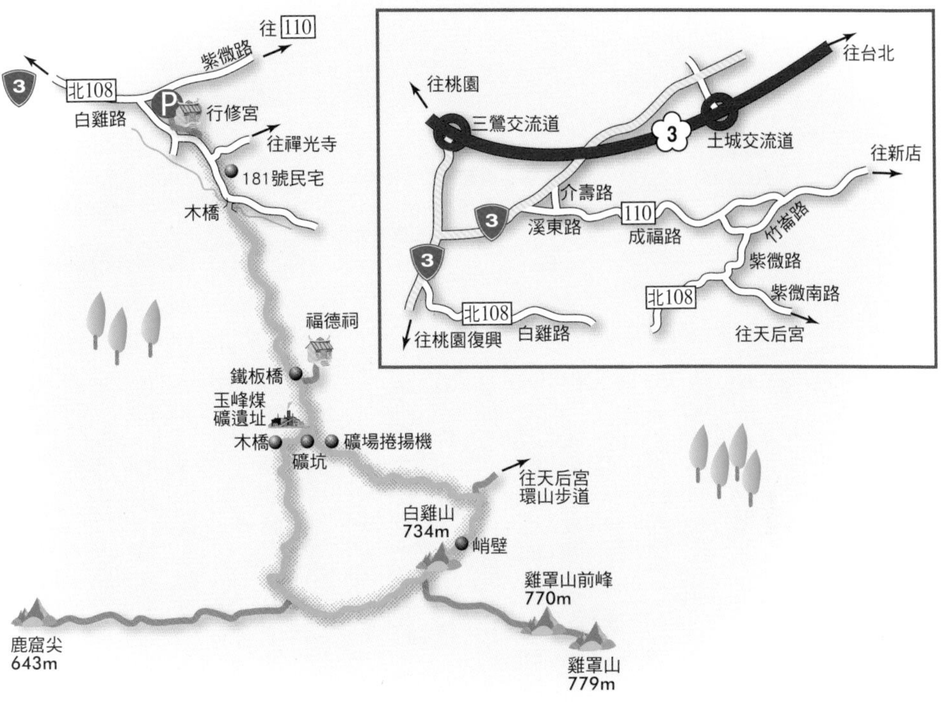

路程時間

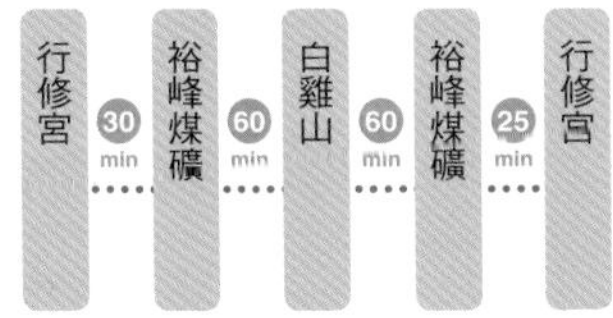

路況評價

- 登高指數：● 484m
- 路程時間：●（來回約3小時）
- 步道路況：●
- 綜合評價：●

注意及建議事項

行修宮至裕峰煤礦遺址的山路為礦場舊路，路況佳；裕峰煤礦遺址以上的山路，僅部份路段鋪設枕木，其餘皆為為泥土山徑，路面較有起伏，左線較陡峭，登頂前有落差40公尺的峭壁山徑，較危險，兒童不宜。若走O形路線，則建議採左去右回的路線。若體力佳者，可連登雞罩山及鹿窟尖。沿途岔路口均有里程及路程指標。

交通資訊

• 自行開車

北二高下三鶯交流道，循著縣道110（復興路）經三峽大橋後右轉，循台三線中正路段，續行約1.5公里，左轉往忠義山莊指示牌，進入北106鄉道，循著指標續行駛便可抵行修宮。或北二高下土城交流道，左轉中央路，至三峽，再左轉110縣道，至成福，再接北108縣道至行修宮。

• 大眾運輸

台北中華路南站搭台北客運（台北－三峽）至三峽公車總站，再轉搭三峽至白雞的三峽客運，至白雞站下車。

五寮尖

・山名　五寮尖／・海拔標高　639m
・登山口高度　107m（合作橋玉里商店）、250m（濟玄堂）／・三角點　總督府圖根點
・GPS座標　286122・2752418／・座落位置　台北縣三峽鎮
・主要登山口　A. 合作橋玉里商店　B.濟玄堂
・特色　攀爬稜岩、險峻峭壁

五寮尖，台北近郊的名山岩場，以峭拔險峻著名

五寮尖是台北近郊名山，以峭拔險峻的稜岩聞名，是一條充滿刺激、冒險、挑戰的登山路線。五寮尖，因山形如同五座拳頭般高低起伏的岩峰而得名。

五寮尖有三個登山口，台七乙公路（大埔路）合作橋旁「玉里商店」登山口，是山友最常走的傳統路線。路程時間則不易估計，或二至三小時，或三至四小時。除了個人體力不一，也因部份危險的稜脊狹窄，僅容單人通過，假日登山客眾多時，須等得前面的山友通過稜脊，才能前行，因此時間不易掌控。

從玉里商店登山口出發，一路陡上，沿途攀爬過岩稜，約一個小時左右，抵達往「濟玄堂」的岔路。繼續上行，不久，遇一巨大岩石，山徑從旁側繞過，另有小徑可登頂，這塊巨岩為「鳳冠山」。續前行六、七分鐘，看見一繩索自岩壁高處垂下，由此開始精彩的稜岩路。

拉繩攀爬而上，來到稜岩上方。循稜望去，遠處峰岩一峰接一峰。稜岩上都已設置安全設施，不難通過。不久，攀降而下，兩巨岩之間，有一內凹的天然洞穴，內供奉一石頭，被稱為「石壁公」。過「石壁公」，先陡下，後陡上，爬至另一更險峻的稜脊。稜脊像牛背，兩側為斜壁深壑，令人心恐。小心翼翼通過，接著又是陡下陡上，中途有一條右岔路，稱為「石壁腳路」，可繞過前方危險的稜岩及大峭壁。

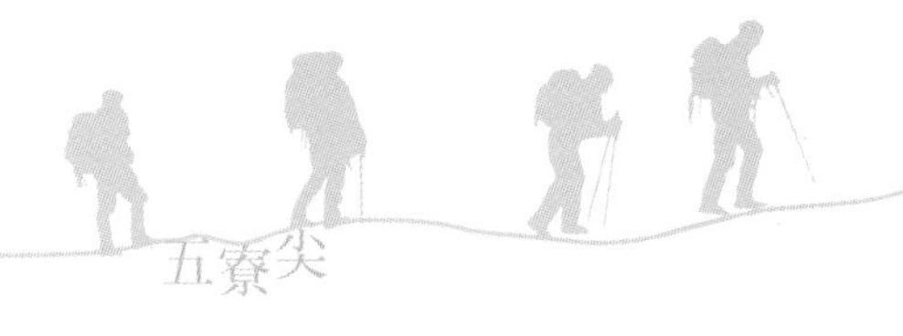

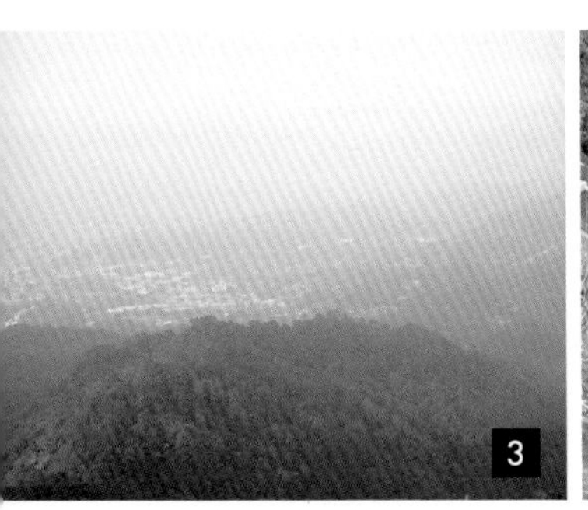
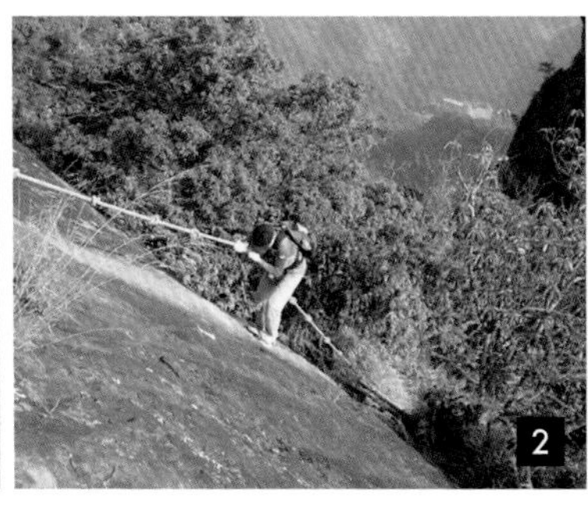
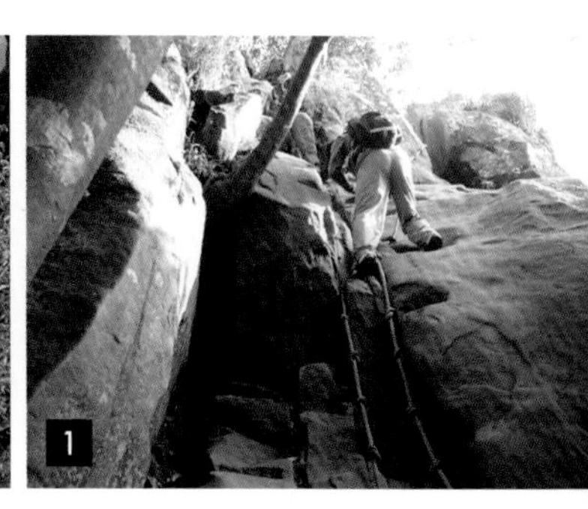

1 幾近垂直的攀降。

2 最驚險的峭壁雄風。

3 五寮尖山頂視野遼闊，遠瞰三峽、鶯歌、樹林等地區。

大峭壁險稜雄風，驚險刺激、挑戰膽量

向前行，是狹窄的稜岩路，稜岩上有柱子及繩索安全設施，十分牢固，只要不驚不慌，抓穩柱索謹慎踩踏，則可安全通過。稜脊盡頭左側但見有一傾斜的大岩壁，深約三十公尺，須垂降而下。此處最艱險，稱為「峭壁雄風」。

大岩壁斜度約七、八十度，左右各有一條繩索可攀降。雖然緊抓著繩索，但由於岩壁極傾斜，每一落腳便覺身體欲往下滑，得抓穩繩結一段段地滑下。抵達岩壁下方。對面另有一座獨立峰，山壁更陡，不易攀爬。若爬上此岩，可從高處欣賞「峭壁雄風」的險稜絕壁。

續前行，又遇陡下的岩壁，連續崎嶇陡降後，來到一鞍部。剛才的「石壁腳路」從旁繞過來，在這裡與主線會合。鞍部這裡另有一條山路往下走，沿著「三十閔窪溪」而行，稱為「三十閔窪路」，下山接可產業道路，通往「濟玄堂」登山口。

從鞍部向前，又是陡上岩壁，攀向另一稜峰。隨即又是陡降，來到一處鞍部。這裡有一棵大茄苳樹。巨碩的樹幹，推測樹齡應在百年以上。附近有竹林及姑婆芋。鞍部附近有一條山路往下，稱為「後山路」，可接三十閔窪路返回濟玄堂。沿著三十閔窪溪的這條山路是昔日五寮尖農民上山拓墾的產業小徑，沿途有廢棄的石厝、駁坎、竹林等拓墾遺跡，當地人標示為「古道」。

從大茄苳樹爬往五寮尖，只剩最後一小段路，茄苳樹左右兩側都

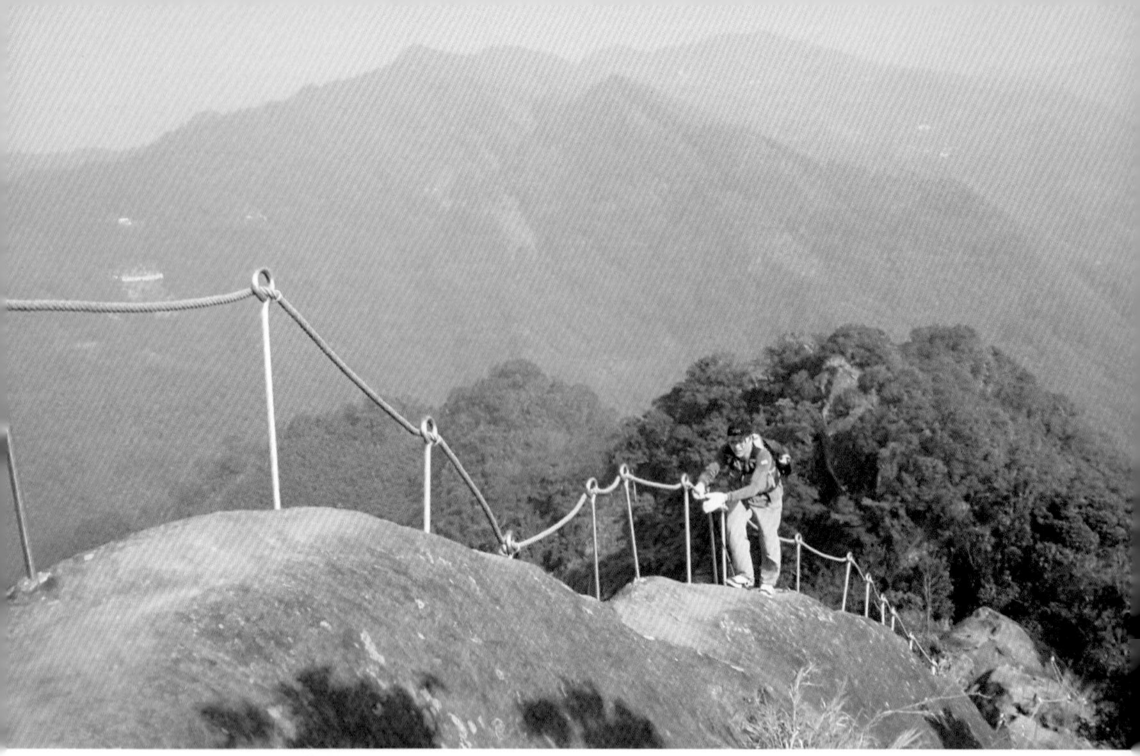

五寮尖，台北近郊著名的岩場。

有山徑可爬上五寮尖。一般山友多選「左去右回」。左徑雖然平緩，但也相當陡峭，沿途部份路段須辛苦拉著繩索往上爬。

約十五分鐘，抵達一鞍部岔路，左往龍山岩，右往五寮尖。取右行。攀爬最後的陡坡，七、八分鐘後，終於登上五寮尖。五寮尖，海拔六三九公尺，又稱「湊合山」或「鳳髻尖」，山頂有一顆花崗石製總督府圖根補點。這裡視野遼闊，可遠瞰三峽、鶯歌、樹林等地區。

下山的路線，可走往玉觀音寺的方向下山。或循原路，或走右線繞回大茄苳樹。然後走三十閔窪路返回濟玄廟，或走「石壁腳路」，再循原路返回玉里商店登山口。山頂的岔路標示並不清楚，須特別注意，才不會走錯路。

附近景點

【大豹溪溪谷】

由五寮尖合作橋登山口續前台7乙至湊合橋，左轉過橋，接北114縣道，沿著大豹溪谷前行，沿途溪谷有不少休閒餐廳及遊憩景點，例如湊合十八洞天、大板根森林溫泉渡假村、樂樂谷、蜜蜂世界及滿月圓森林遊樂區等。

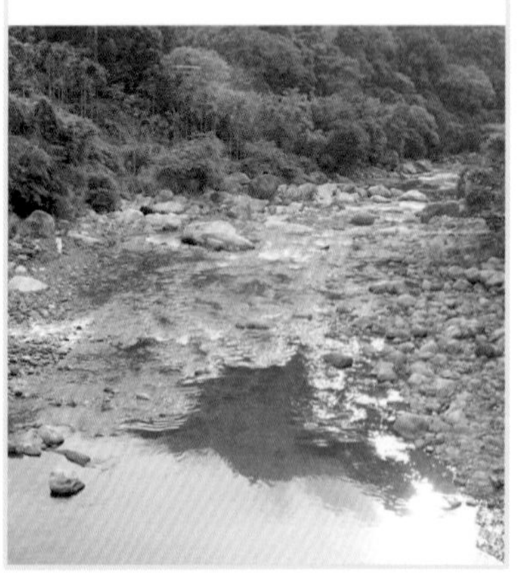

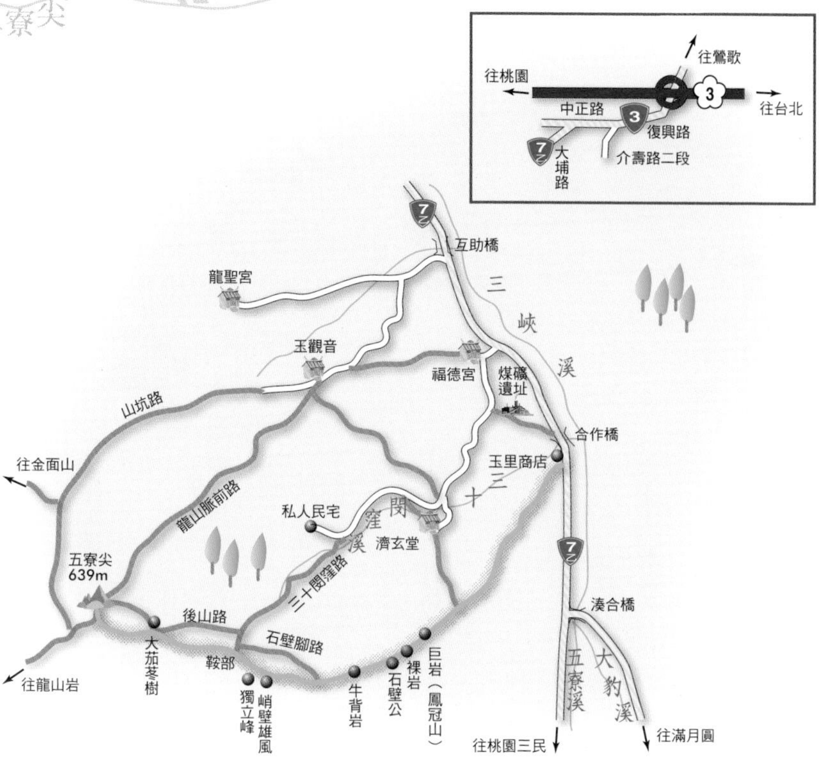

往鶯歌
往桃園
往台北
中正路
復興路
大埔路
介壽路二段

互助橋
龍聖宮
三峽溪
玉觀音
福德宮
煤礦遺址
山坑路
合作橋
往金面山
玉里商店
三十閔
龍山脈前路
私人民宅
閔窪溪
濟玄堂
五寮尖
639m
三十閔窪路
湊合橋
後山路
石壁腳路
大茄苳樹
鞍部
往龍山岩
巨岩（鳳冠山）
裸岩
石壁公
牛背岩
獨立峰
峭壁雄風
五寮溪
大豹溪
往桃園三民
往滿月園

路程時間

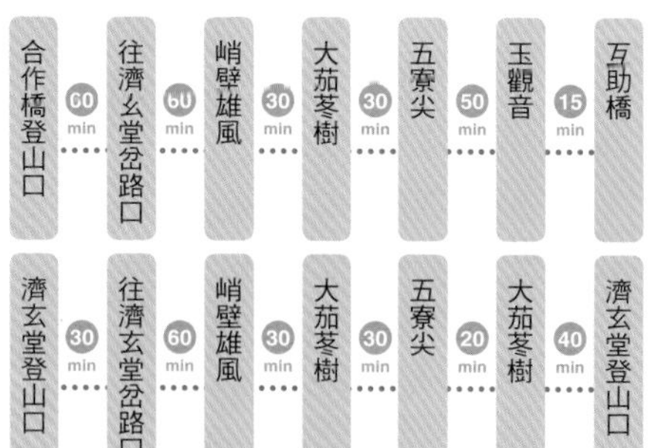

路況評價

- 登高指數：●● 532m
- 路程時間：●（來回約4至6小時）
- 步道路況：●●
- 綜合評價：●●

注意及建議事項

五寮尖稜岩斷崖具有危險性，不適合老弱幼童，攀爬時應謹慎小心。天雨過後，稜岩路滑，應避免前往。此外，五寮尖海拔落差大，若要節省體力，可考慮由濟玄堂（濟公廟）起登，約可節省30分鐘的上坡時間。

交通資訊

• 自行開車

北二高下三峽交流道，沿110縣道往三峽市區，接台3線，再台7乙至合作橋站下車，便可見玉里商店登山口。或者在合作橋前不遠，走右岔路至濟玄堂登山口。

• 大眾運輸

從三峽搭台北客運熊空線（樂樂谷）線，至合作橋站下車。

北插天山

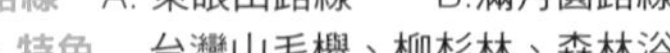

·山名　北插天山／·海拔標高　1727m

·登山口高度　868m（東眼山森林遊樂區）、360m（滿月圓鄭百山莊）

·三角點　二等三角點1533號、1125號／·GPS座標　294940、2743049

·座落位置　台北縣三峽鎮、桃園縣復興鄉之界

·主要登山路線　A. 東眼山路線　B.滿月圓路線

·特色　台灣山毛櫸、柳杉林、森林浴

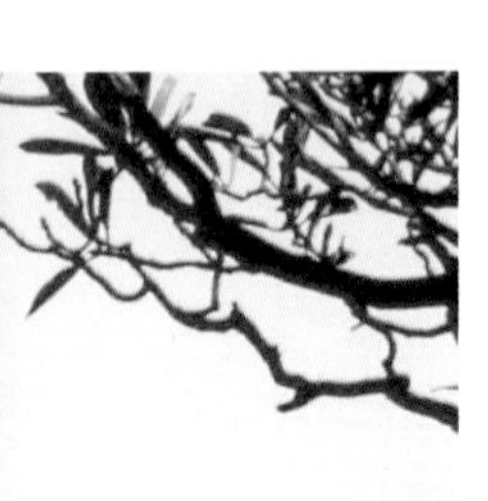

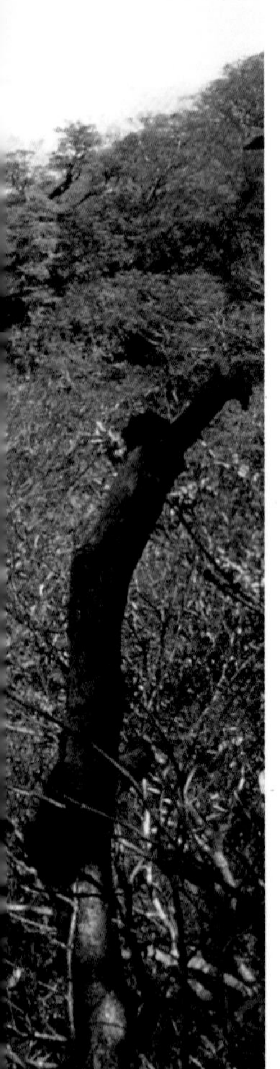

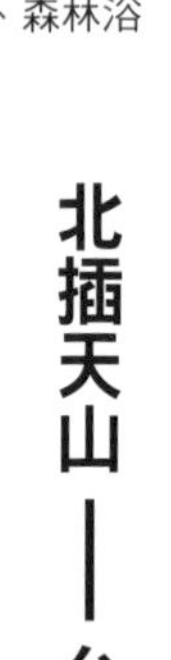

北插天山——台灣山毛櫸的故鄉

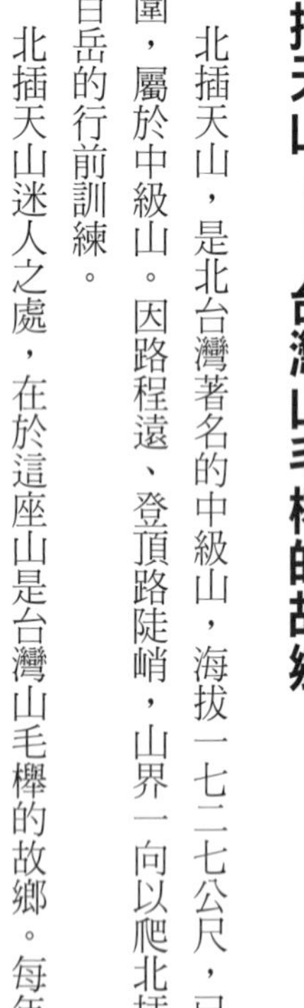

北插天山，是北台灣著名的中級山，海拔一七二七公尺，已超越一般郊山的範圍，屬於中級山。因路程遠、登頂路陡峭，山界一向以爬北插天山做為攀登高山百岳的行前訓練。

北插天山迷人之處，在於這座山是台灣山毛櫸的故鄉。每年深秋，台灣山毛櫸由綠葉變為金黃而豔紅，將整座山頭渲染成綺麗艷紅，這時也是登北插最熱門的季節。

登北插天山，路程並不輕鬆，一般預估來回約八至十小時。登北插天山可從台北三峽「滿月圓森林遊樂區」或桃園復興「東眼山森林遊樂區」，距離差不多遠，這兩座森林遊樂區之間有「東滿步道」相連，步道中途有岔路可爬往北插天山。滿月圓與北插天山的海拔落差超過一千三百公尺，攀爬極辛苦，因此選擇東眼山路線較節省體力。

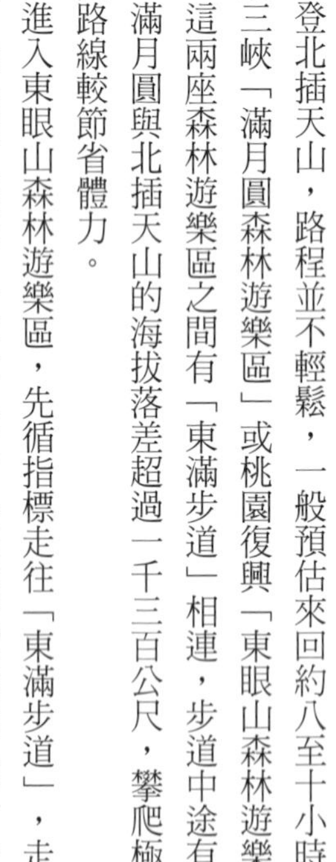

進入東眼山森林遊樂區，先循指標走往「東滿步道」，走完三公里長的碎石林道，然後進入森林，又走一公里，才到達「東滿步道」（東眼——滿月圓步道）的起點。入口路標寫著「北插天山九點七四公里，三百零五分鐘」。因為路程遠，最好儘早出發，免得回程時天黑危險。

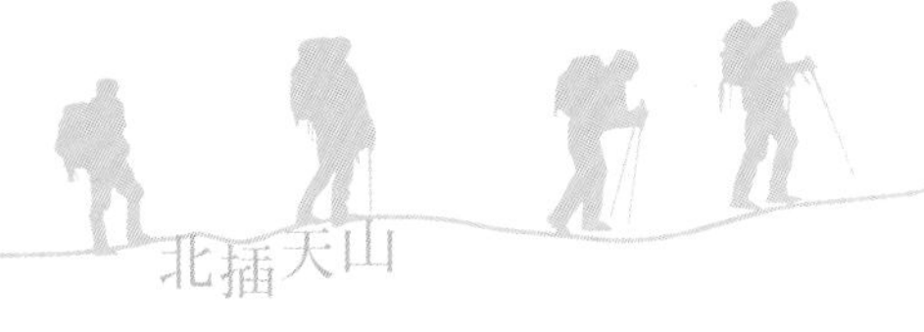

台灣山毛櫸將附近山頭染成艷麗金黃。

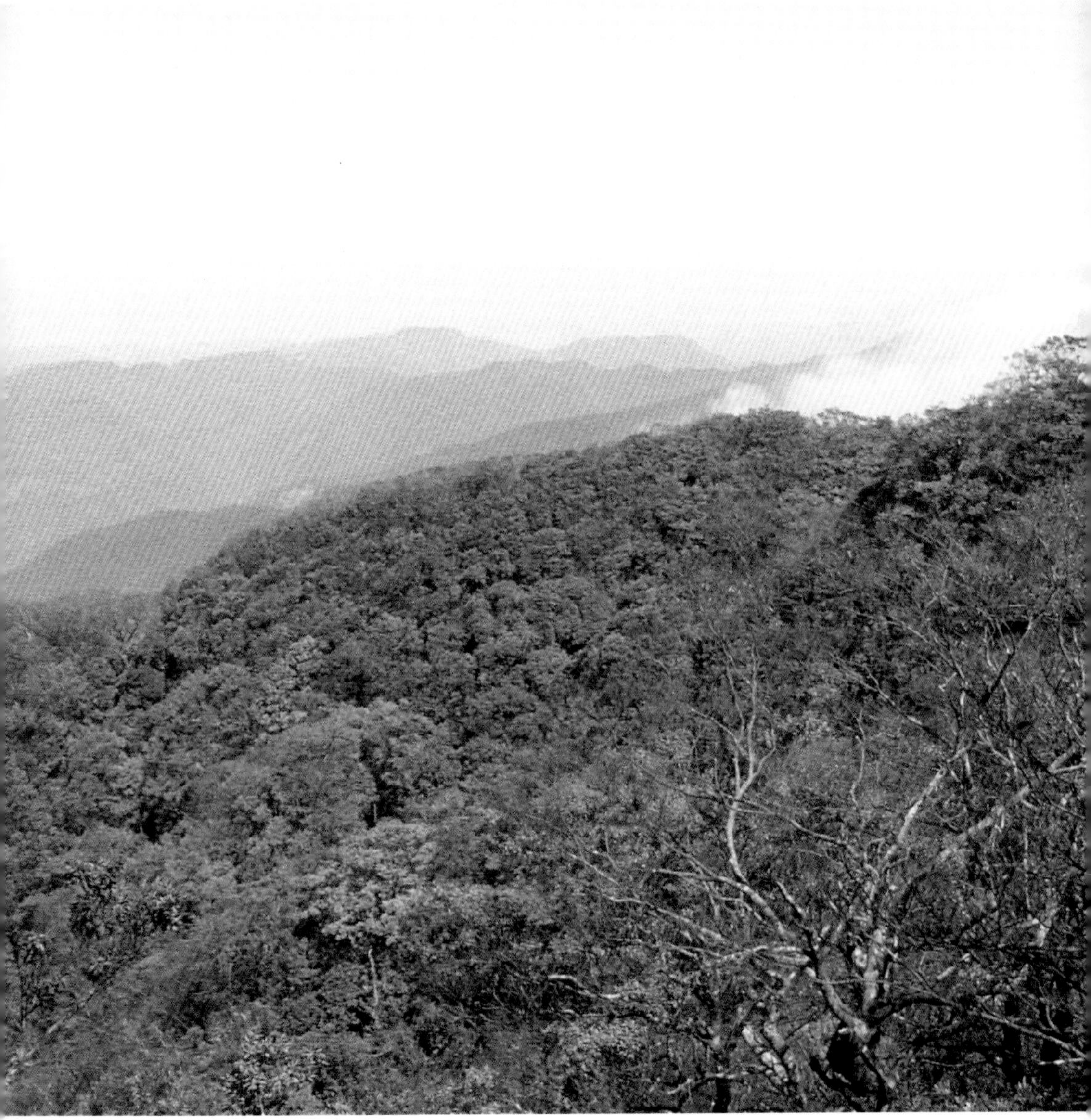

台灣山毛櫸

台灣山毛櫸特產於台灣本島山地，又名「台灣水青岡」，屬殼斗科的落葉喬木，最主要的分佈地點為北插天山自然保留區內拉拉山至羅培山之稜線上。宜蘭太平山一帶也可看見其蹤跡。台灣山毛櫸為冰河時期殘留台灣的孑遺植物，分佈範圍狹隘、族群數量稀少，政府依據文化資產保存法將它公告為珍稀植物加以保護。台灣山毛櫸枝葉優美，四季各有不同風情。春天時，滿樹新綠，花朵小巧玲瓏。秋季時，綠葉轉成一片金黃，最為艷麗，此時為賞山毛櫸的熱門季節，但最美的期間約只維持三個星期左右。冬季樹葉落盡，枝幹挺拔，別有一番蕭瑟氣氛。

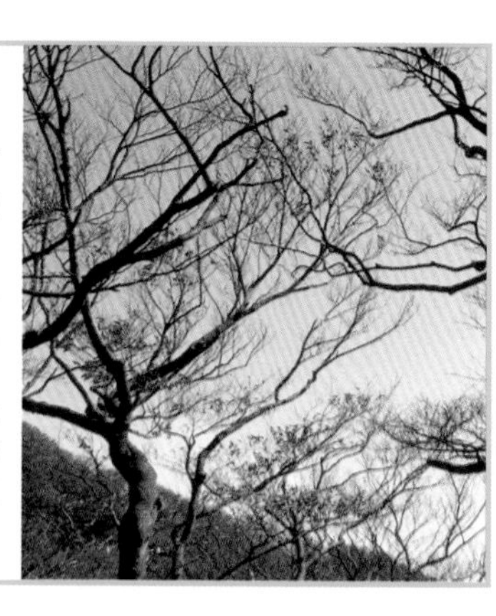

東滿步道森林浴，北插天山賞山毛櫸

東滿步道，沿途有溪澗、小橋、柳杉、落葉，是極佳的森林浴。泥徑灑落杉葉，林間淡淡杉香，又有溪流淙淙，伴著步履前行。途中經過幾處大片的柳杉林區，也有茂盛的闊葉森林。而難得的是，一路寬闊平緩好走。

約一小時，抵達東滿步道與北插天山岔路口。轉入岔路小徑，山徑變得較狹窄，彎繞山腰緩緩而上。約五十分鐘抵達水源地。這裡是宇內溪的上游，溪水沁涼，附近林間平坦開闊，是一處適合休憩的地點。續前行，前方出現一棵巨木，為塔開神木，樹圍須數人才能圍抱。不久，抵達木屋（獵寮）遺址。這裡是登北插天山最後的休息處。接下來，便是登北插最後一段陡峭山路，路程約一點五公里。

整理裝備、戴上手套，開始往上爬。這一陡上的山徑，沿途有繩索、簡易木梯，還有突起盤繞的樹根可做為踩踏支撐點。攀爬並不困難，但頗費體力，約半個小時，台灣山毛櫸終於現蹤。一棵棵樹幹樹枝橫生如千手觀音般的山毛櫸，就分佈於山徑兩側坡地。不久，抵一座山稜，望見前方山頭被山毛櫸染成一片金黃色，這時也可遠眺山巒之間石門水庫的碧波湖水。繼續向上爬，景色愈佳。沿途遠近山巒都是金黃綠意交雜的綺麗景象，更往走上爬，視野遼遠，遠處桃園中壢一帶的台地平原都出現了；望向更遠處，一線水平與天際接壤，彷彿海角天涯。經過約九十分鐘的辛苦攀爬，終於登上北插天山。站在北插天山，可以望見台北盆地，以及遙遠朦朧的七星山、大屯諸峰。這一刻，讓人充滿了成就感。

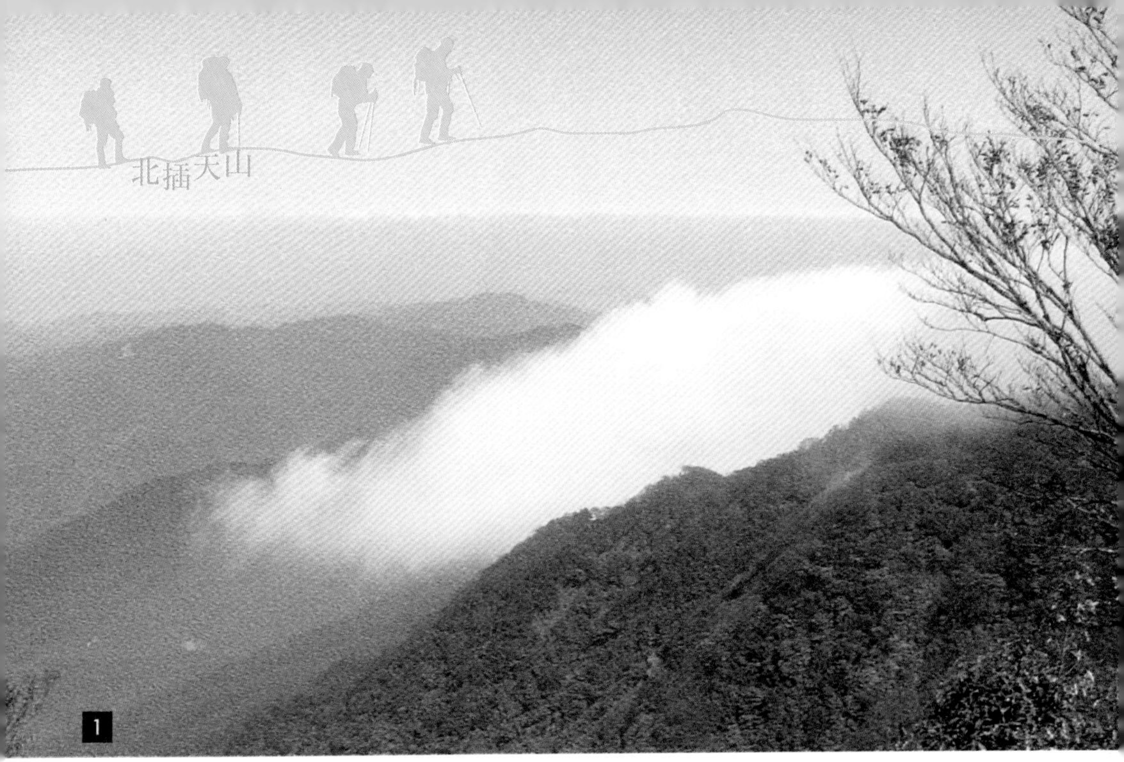

1 北插天山眺望遼遠，天際一線。

2 水源地，登北插天山途中的休憩地。

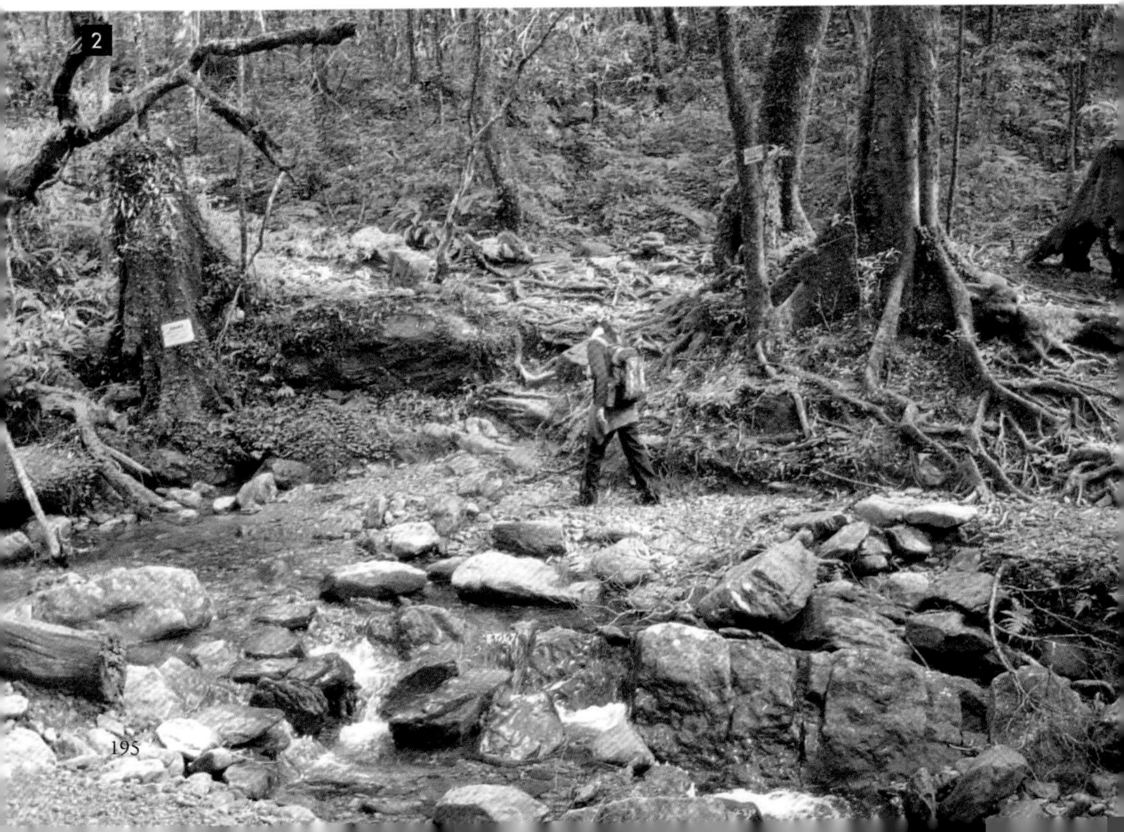

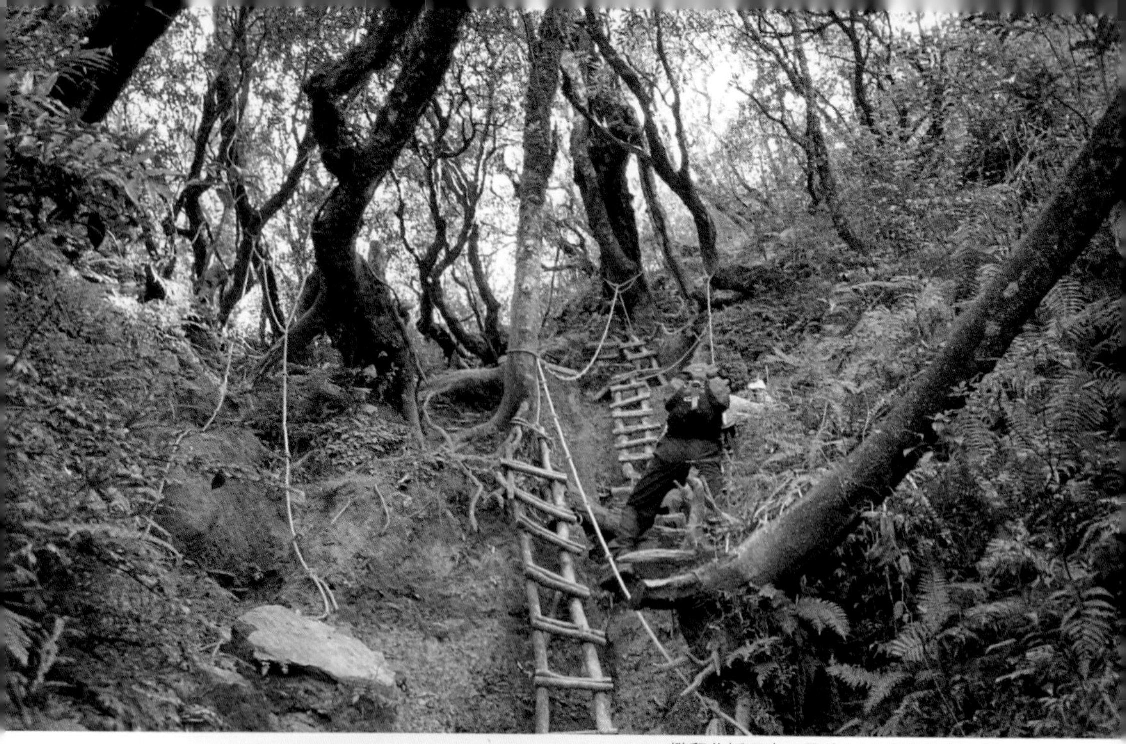

攀爬北插天山，最後1.5公里的陡峭山徑。

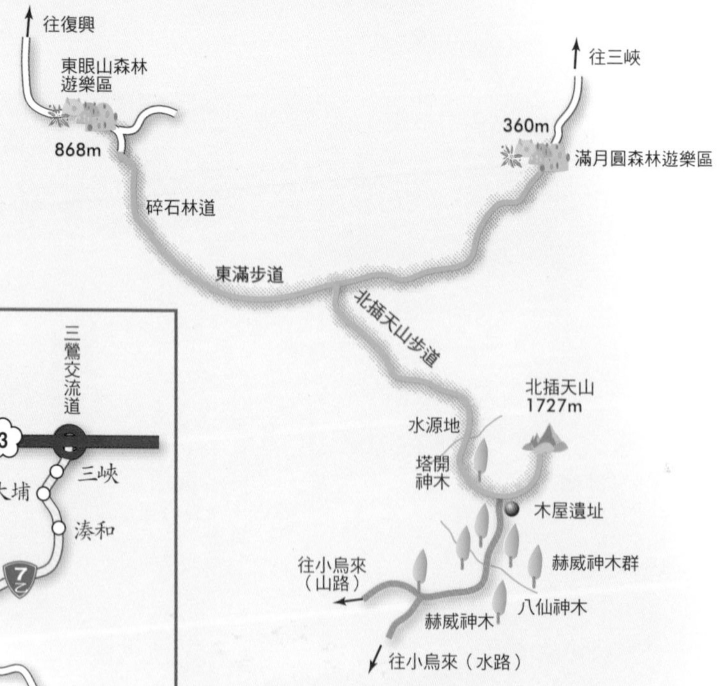

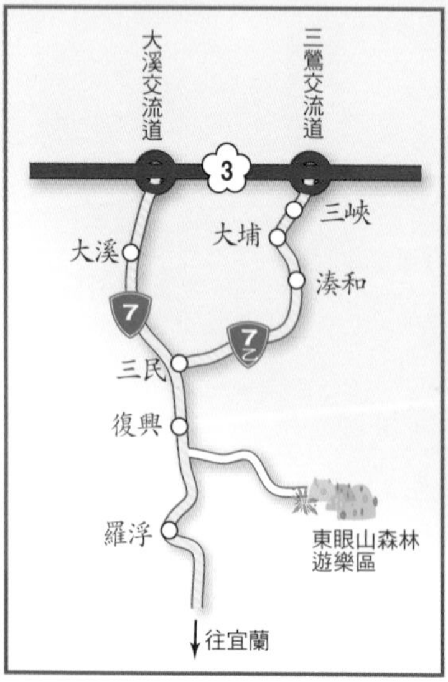

附近景點

【赫威神木】

由木屋遺址走往小烏來的方向，山徑陡下，約5分鐘，即可看見第一棵紅檜神木，續行，沿途陸續出現巨木，或單獨一棵，或兩、三棵集聚，至接近溪谷處，出現幾棵相連的巨樹，就是著名的「八仙神木」。幾棵巨大的檜木樹根連成一排，宛若八仙並列。其中最大一棵底部中空，山徑就從底部通過。穿過神木，往下走，來到溪谷處。越溪後，向上爬約五分鐘，就可抵達赫威神木。由木屋遺址至赫威神木，約30-40分鐘。

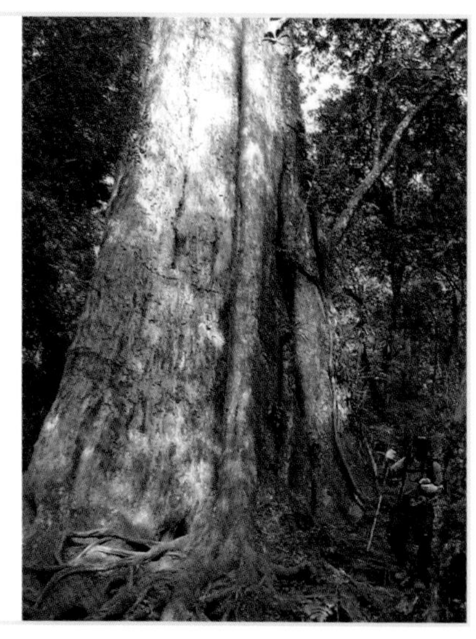

路程時間

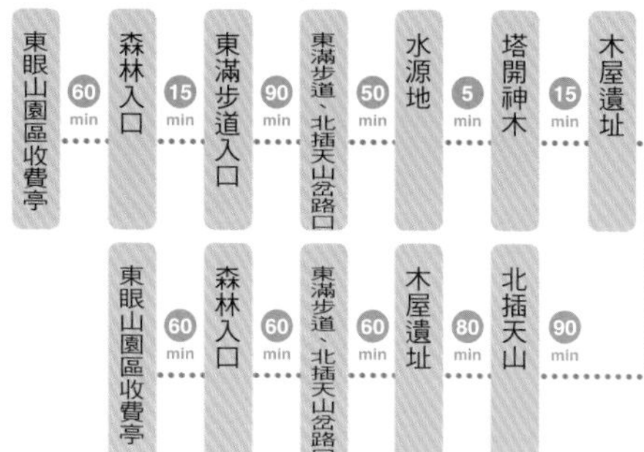

路況評價

- 登高指數：● 859m
- 路程時間：●（來回約10小時）
- 步道路況：●●
- 綜合評價：●

注意及建議事項

北插天山來回路程約26公里，且最後一段路陡峭費體力，體弱者勿嘗試。北插天山賞台灣山毛櫸，時值深秋，晝短夜長，裝備須準備頭燈或手電筒。最好中午12點30分以前登頂，最遲不超過1點鐘下山。若中午前無法抵達木屋遺址，又無夜行裝備，則應放棄攻頂，以免發生危險。

滿月圓登山口，在三峽滿月圓森林遊樂園內，約2小時，可抵達東滿步道往北插天山的岔路口。

小烏來登山口在桃園縣復興鄉北橫公路小烏來風景區內，往下宇內（義盛部落）的卡普產道上，可經由赫威神木，抵達木屋遺址，然後登北插天山。山徑以傳統泥土路為主，沿途指標及路況不如東眼山森林遊樂區傳統路線。

交通資訊

• 自行開車

北二高下大溪交流道，往大溪方向，至大溪，接台七線（北橫公路）往復興鄉。過復興後，再往東眼山森林遊樂區。

• 大眾運輸

目前無客運直達東眼山森林遊樂區。應以自行安排交通工具為宜。

大同山、青龍嶺、大棟山

・山名　大同山、青龍嶺、大棟山／・海拔標高　237m、256m、405m
・登山口高度　30m（大安路312巷）
・三角點　台灣省地政處精密導線點、台北縣政府三角點、一等三角點與土地調查局圖根點
・GPS座標　大同山 290223・2765659、青龍嶺 289868・2766113、大棟山 287954・2765600
・座落位置　台北縣樹林市／・特色　一等三角點・賞桐路線

大棟山，擁有一等三角點，為台北盆地名山

大同山、青龍嶺、大棟山為林口台地的脈稜，綿延相連，坐落於台北縣樹林鎮、桃園縣龜山鄉交界處。其中，大棟山擁有一等三角點，是林口台地脈稜最高峰，名列台灣小百岳。登這三座山，最方便的方式是搭乘火車，從樹林車站出發，連登大同山、青龍嶺及大棟山，抵達山佳，然後由山佳火車站搭乘火車返家。

從樹林火車站的後站出發，穿越中山路，直行樹德街，至路底遇排水溝左轉，沿著水溝旁前行至大安路，約十分鐘路程，即可抵達大安路312巷口的登山口。路口有勝安宮的拱門。進入後，一路都是水泥路陡坡，沿途可聽見喧嚷的卡拉ＯＫ聲。約二十分鐘，抵達南寮福德宮。穿過福德宮廣場，朝後上方「忠孝陵」走去，爬完階梯，即抵達大同山的登山口。步道口標示為青龍嶺登山步道。由此前往大同山約零點六公里，青龍嶺約一點一公里。

由此上行，沿途以泥土路及枕木土階為主，林蔭怡然，約二十五分鐘，抵達大同山頂之前，先經過一座小土地公廟，此處展望極佳。往前約十公尺，有一水泥涼亭及木亭，三角點基石鑲嵌位於水泥涼亭旁的水泥石塊基座上。這裡並無大同山的標誌，因此很容易就會忽略這顆基石。

青龍嶺展望佳，大棟山油桐山徑迷人

續前行，青龍嶺就位於下一個山頭，先下至鞍部，再往上爬，這段爬坡路

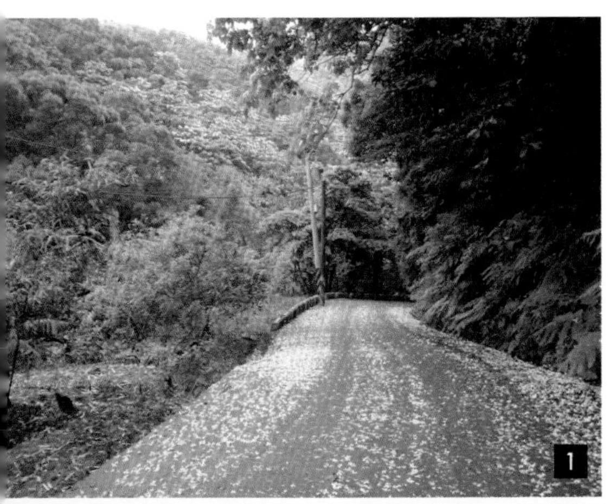

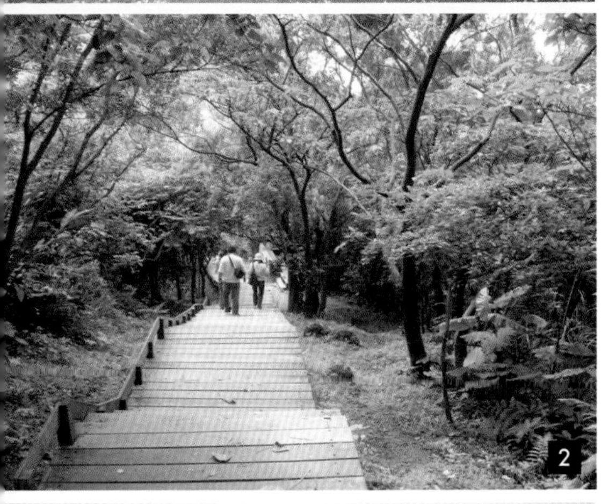

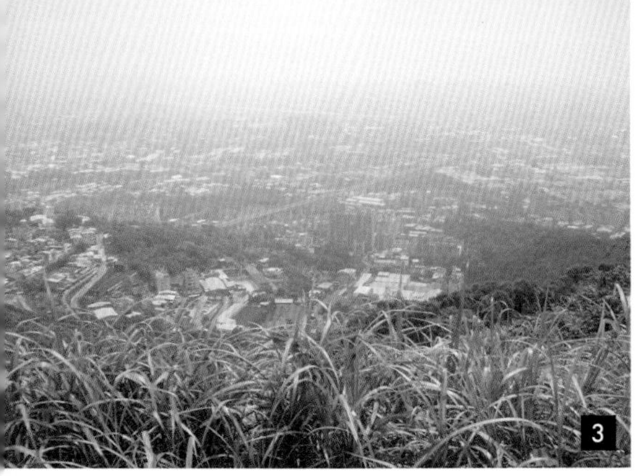

1 從大棟山走往山佳火車站，沿途掉落的油桐花。

2 青龍嶺山頂遠眺林口台地。

3 青龍嶺展望極佳。

段，設置了寬約六尺的木棧道階梯，踩踏十分舒適。約十五分鐘，抵達青龍嶺觀景台，視野遼闊，可遠眺樹林、新莊地區。

續前行，隨即接上青龍產業道路。附近攤販雲集，有兩座木亭可供休憩。在山路與道路的交會處，有一座「青德宮」，廟旁的小徑可通往青雲嶺的山頂，約二、三分鐘即可抵達，這裡才是青龍嶺的山頂，有一顆台灣省政府三角點基石。展望絕佳，可俯瞰樹林、新莊地區。山腳下最明顯的地標，就是高架的台灣高速鐵路，如長龍般地穿過這片市區。

由青德宮對面的產業道路前往，右側出現山徑，第一個登山口先不取，至第二個登山口進入。入口無明顯指標，僅樹幹上有小標誌標示「往大棟山」。山徑

附近景點

【山佳車站】

山佳車站建於日據時代明治三十六年（1903年），最初僅是簡易的木造站房，初做為日本人在鶯歌庄山仔腳開採煤礦運輸之用，大正九年（1920年），改名為「山仔腳驛」，昭和三年（1928年）拆除木房，改為水泥結構。車站以磚造為主體，牆面及入口廊柱皆採洗石子，月台遮雨蓬的鐵軌鋼架、車站的天花板、窗戶、磁磚、地板氣孔、售票孔、屋頂之屋瓦、鎮瓦等，都保持古貌，屋頂切角頂的兩端各立有三個鴟吻，頗具特色。山佳車站現為縣定古蹟。

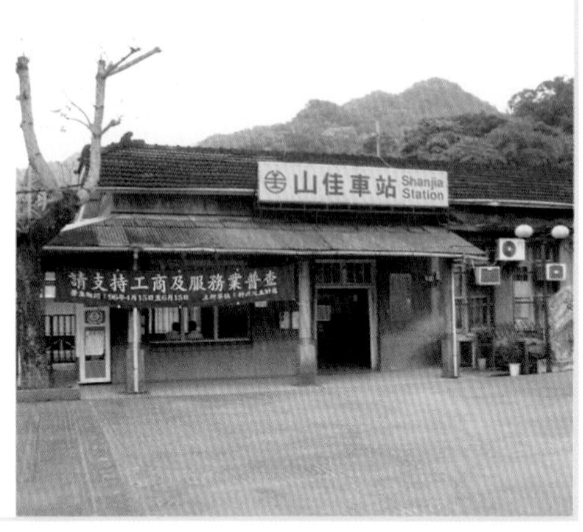

會繞過一座造型奇特的「北靈宮」後山，抵達「青龍亭」。然後由亭旁小徑繞過左側墓園區的上方，走往大棟山。這裡的指標較不清楚，須注意樹上的登山條，才不會走錯山徑。

過了墓區，便是極優雅的一段森林路，也擺脫了青德宮附近喧鬧的攤販及人潮。沿途有岔路，都無路標，依著主路及登山條前行就不致於迷路。約十分鐘，經過「樹登山莊」涼亭，約二十分鐘，經過「三仙台」岔路，須取左行。又約十分鐘，經過一塊「秋壇山」的石碑，不久，經過「觀雲亭」，隨即抵達大棟山。

大棟山又稱「龜崙山」，擁有一等三角點基石，與七星山、土庫岳、獅仔頭山、燦光寮山是台北盆地附近五座擁有一等三角點的名山，視野原本遼闊，但受周遭樹林遮蔽，視野不連貫，感覺上反而不如青龍嶺。

從大棟山沿著土石產業道路往下走，經普世宮、石觀音寺，再從石觀音寺前走石階步道至五路財神寺，接著循車道走下山。沿途有不少岔路，大致選取往「陳家農場」的方向，並注意岔路口的登山條及地面寫著「往山佳」的漆字。至少得走一個小時才能抵達山佳火車站，沿途大多是單調的柏油路。五月份時，沿途有油桐花可賞，可以稍稍安慰心情。

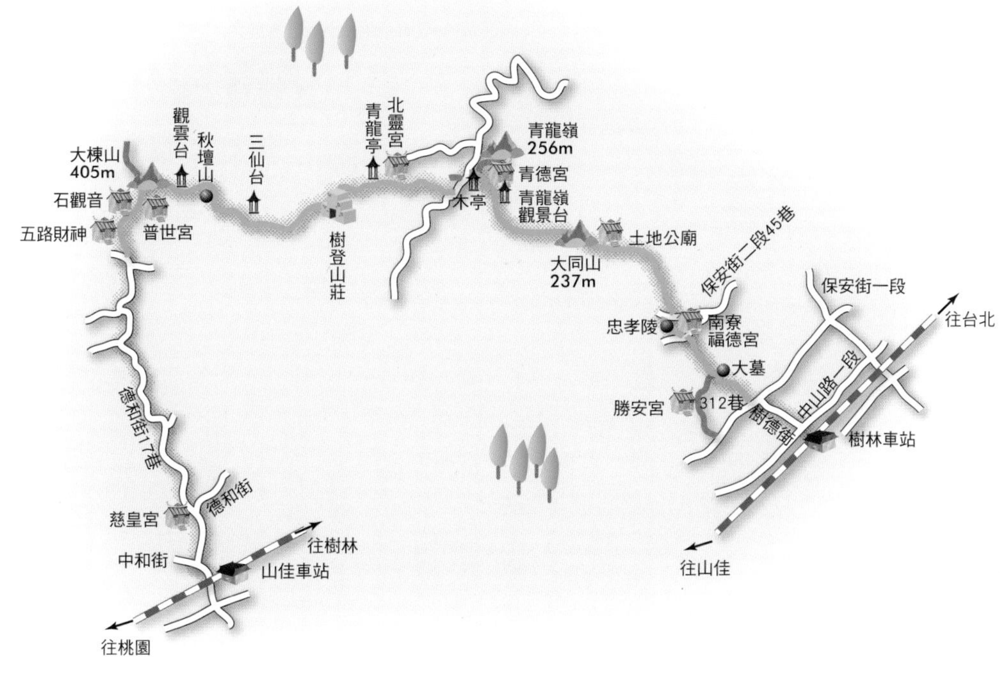

路程時間

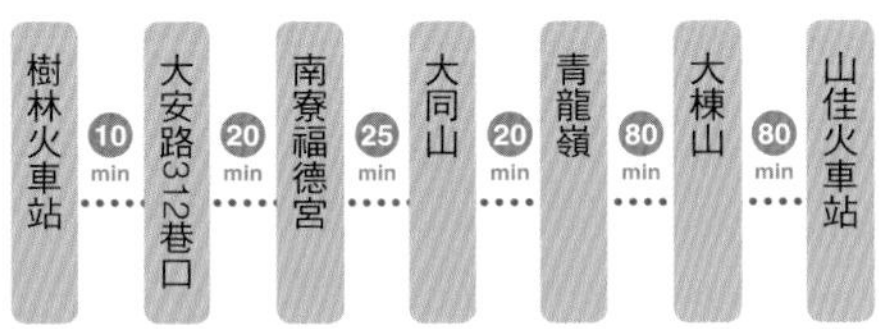

路況評價

- 登高指數：375m（大安路312巷－大棟山）
- 路程時間：（約4小時）
- 步道路況：
- 綜合評價：

注意及建議事項

大棟山走往山佳火車站的路程較遠，且以柏油馬路為主，建議可循原路折返，較為舒適。若開車前往，可從保安街二段45巷上山，停車於南寮福德宮停車場。若從山佳方向爬大棟山，道路指標較不清楚，出車站向右轉，過地下道涵洞後，從德和街上山，沿途岔路多，並無大棟山的指標，須多留意岔路口登山條，可停車於五路財神廟停車場，再從廟旁的石階上行，約20分鐘即可登頂大棟山。

交通資訊

• 自行開車

北二高下土城交流道，往樹林方向，過城林大橋後直行，左轉中華路，再右轉八德街，直行，再右轉大安路，至312巷口。若要直接前往南寮福德宮，則續前行，左轉保安街，然後至保安街二段45巷左轉上山。

• 大眾運輸

搭乘台鐵或聯營公車至樹林火車站下車，由後站（中山路一段）出站，越過中山路，直行樹德街至街底左轉，沿著排水溝前行至大安路，再左轉，即可抵達312巷。約10分鐘路程。

鶯歌石

・山名　鶯歌石／・海拔標高　120m
・登山口高度　60m（宏德宮）／・三角點　無基石
・GPS座標　285456・2761521／・座落位置　台北縣鶯歌鎮
・特色　山形特殊

鶯歌的山，以鶯歌石最有名。鶯歌石附近，還有不少小山頭，可搭配鶯歌石，串成一條〇形登山路線。鶯歌石登山步道，從「宏德宮」至「碧龍宮」，全長約兩公里。宏德宮、碧龍宮都是當地著名的廟宇。若只純為欣賞鶯歌石，則從宏德宮進入較方便，大約十分鐘左右，便可抵達鶯歌石。

我選擇從碧龍宮出發。一開始有一小段的上坡路，越過一支稜之後，就變成全是下坡路。沿途山林還算清幽，但步道以水泥石階為主，較缺乏自然野味。途中，路旁有廢棄的紅磚厝，殘厝佈滿蔓草，導覽地圖標示為「鶯歌煤礦」。續行不久，步道就接上產業道路。

沿著道路往下走，不久又接上鶯歌石登山步道。步道口豎立了碑文，介紹鶯歌石的由來。相傳早年鶯歌山有大怪鳥吐霧成瘴，鄭成功的軍隊行軍至此，遇霧瘴而迷路，於是發砲擊鳥，打斷大鳥的頸部。大鳥墜地身亡，化身今日的鶯歌石。雖然這傳說純屬無稽之談，但也為鶯歌石平添了一份傳奇色彩。

這段鶯歌石步道，就像是一條小馬路，路面寬闊平緩，且鋪了柏油。這是昔日鶯歌煤礦的運煤台車道舊跡，途中還有一座小山洞隧道。沿途都有林蔭遮蔽，是一條適合娃娃車或老年人散步的林蔭步道。

約六、七分鐘，抵達「承天農林禪寺」，這時路程大約已走一半。禪寺前的廣場可眺望鶯歌市區。由此前行，仍是台車舊道，沿途林木扶疏、綠意盎然，有不少油桐落花，路幽境清，讓人頗覺驚喜。不久，來到「鶯石亭」，附近有右岔路通往上方的鶯歌石。先取直行，走往步道終點的宏德宮，再折返至此處，然後爬往鶯歌石。

宏德宮，又稱「孫臏廟」，祀奉戰國時代著名的兵法家孫臏。宏德宮設有停

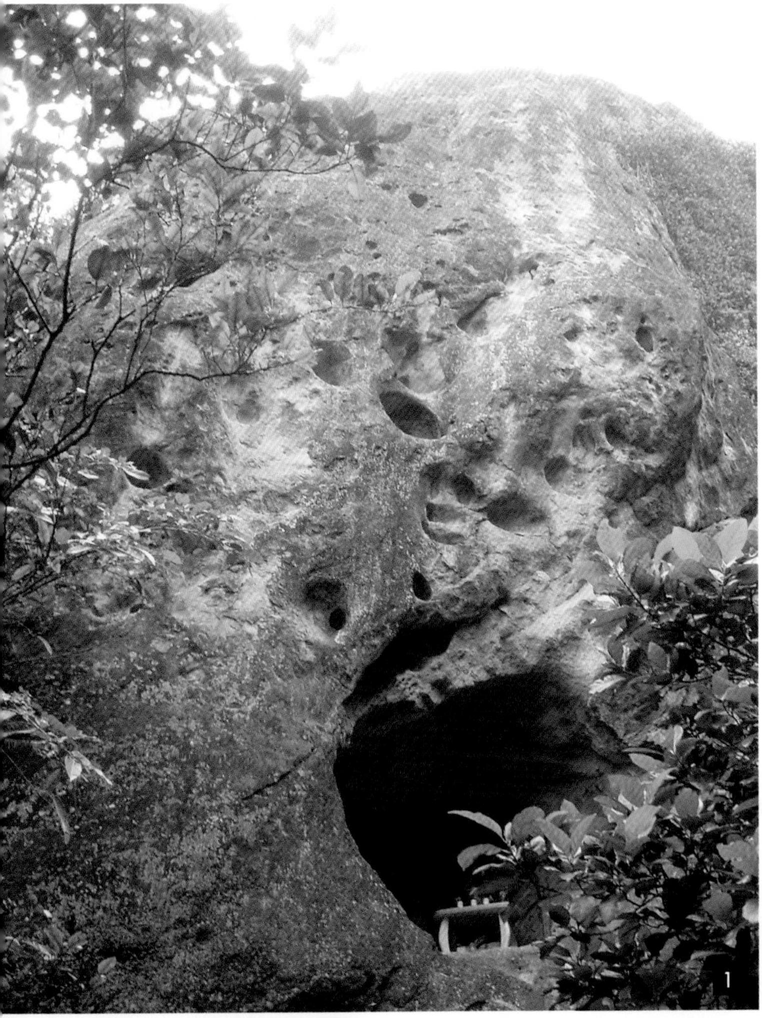

1 鶯歌石，是鶯歌的地標。

2 爬往鶯歌石的瓷磚步道。

3 碧龍宮。

4 昔日鶯歌煤礦運煤台車道。

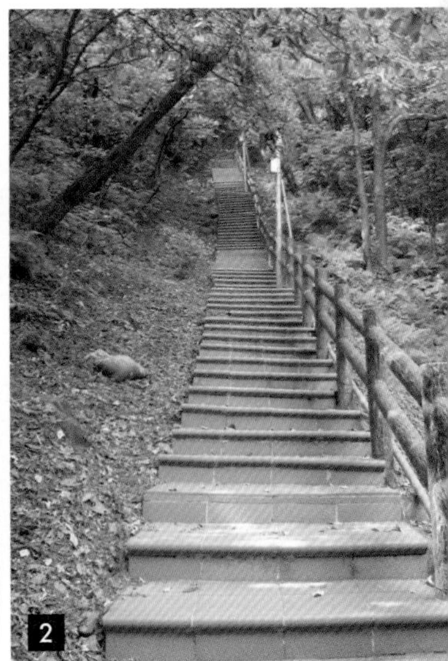

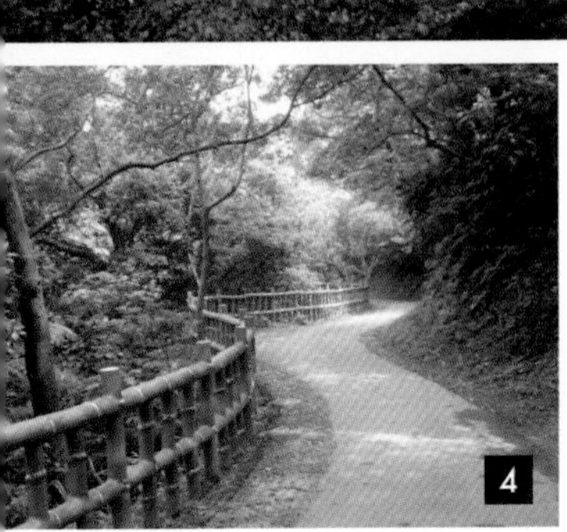

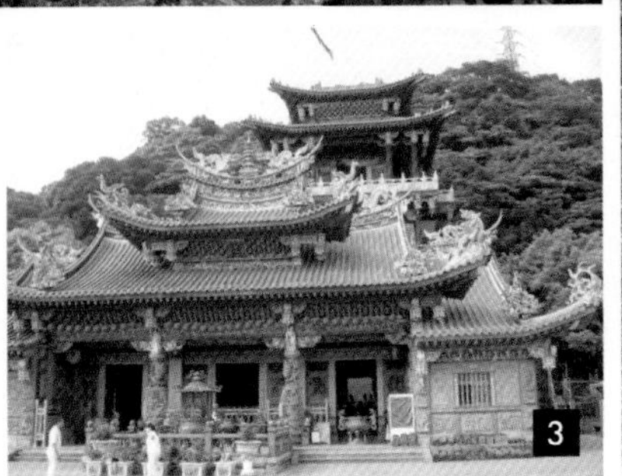

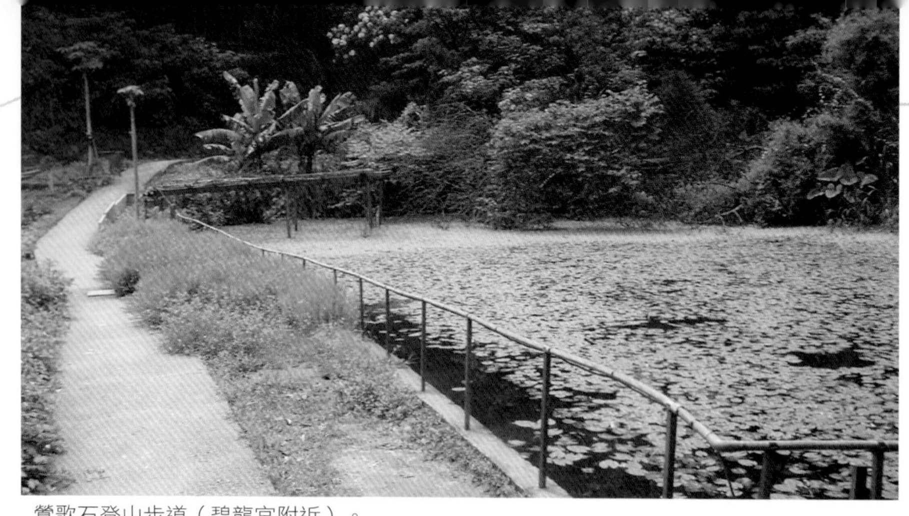

鶯歌石登山步道（碧龍宮附近）。

車場，也適合停車於此，從這裡登鶯歌石。從宏德宮循原路返回剛才經過的岔路口，爬往鶯歌石。筆直的磁磚步道陡上，約三至五分鐘的路程，即抵達鶯歌石下方的八角木亭，站在這裡就可欣賞到鶯歌石的奇岩。

鶯歌石岩壁有凹凸不平的坑洞，據傳腹洞中曾發現貝塚化石。較大的一個坑洞內有供奉著神像，洞內還有一塊日據時代昭和二年（一九二七年）豎立的石碑，寫著「鸚哥石」。現在稱「鶯歌」，可能是由「鸚哥」轉化而來。可惜這石碑的碑文被神像擋住，無法一睹全貌。

由八角木亭再往上爬，來到鶯歌石的背後，鶯歌石果然尖峭難爬，無法登頂，只能就近欣賞而已。由鶯歌石再上爬，路標寫著「往碧龍宮六十分鐘」，可以繞經牛灶坑山、龜公山，再返回碧龍宮，繞一圈O形路線。若不想繞遠路，則可以循原路返回碧龍宮。

續向上爬，一小段陡坡須拉繩，上了稜線，山路變為平緩、路徑相當清晰，而且是傳統的泥土路，比鶯歌石登山步道更自然原始、令人喜愛。難得的是五月初的季節，沿途不時可見油桐落花，愈走愈驚嘆不已。在山林小徑繞行五十分鐘，抵達碧龍宮與「千年榕樹」岔路口。取右行，走往碧龍宮，約七、八分鐘，登上了牛灶坑山。牛灶坑山，又名龜崙山，海拔二四三公尺，有一顆土地調查局圖根點。續行不久，就抵達碧龍宮後方的山峰，這裡有座涼亭，涼亭旁的巨石，寫著「龜公山」。龜公山，又稱「碧龍宮後山」。由涼亭旁的水泥石階陡下，就返抵碧龍宮。碧龍宮，舊稱「龜公廟」，原祀奉一顆狀如大龜的奇石，經過歷年的擴建，現已變成一間金碧輝煌的大廟。除龜公之外，並祀奉南海佛祖、媽祖、關聖帝君等。

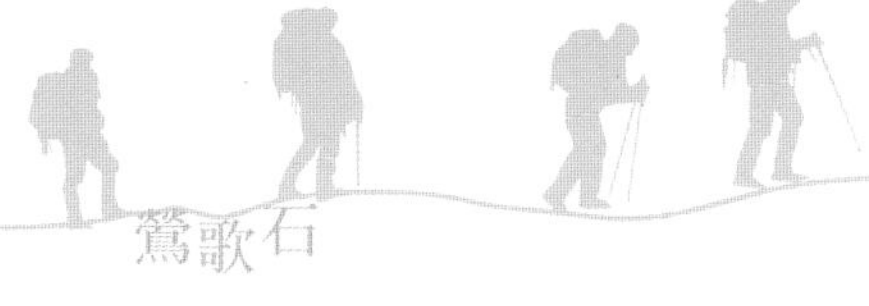

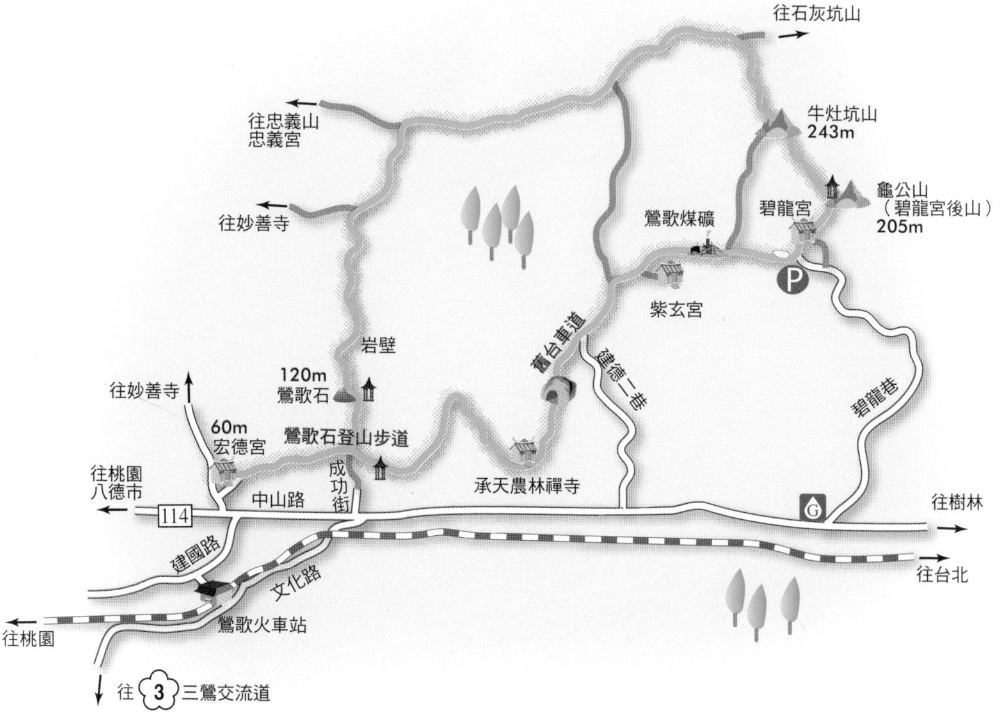

往石灰坑山
往忠義山
忠義宮
往妙善寺
牛灶坑山
243m
龜公山
（碧龍宮後山）
205m
碧龍宮
鶯歌煤礦
紫玄宮
舊台車道
建德一巷
碧龍巷
岩壁
120m
鶯歌石
往妙善寺
60m
宏德宮
鶯歌石登山步道
成功街
承天農林禪寺
往桃園
八德市
中山路
114
往樹林
往台北
建國路
文化路
鶯歌火車站
往桃園
往 3 三鶯交流道

路程時間

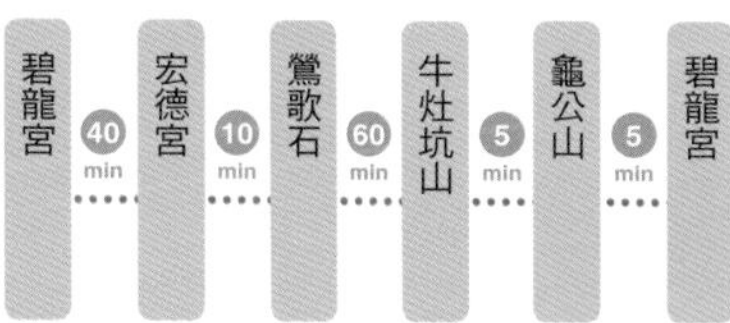

路況評價

- 登高指數：● 60m
- 路程時間：●（來回約2小時）
- 步道路況：●
- 綜合評價：●

注意及建議事項

鶯歌石步道路況佳，由宏德宮至台車小隧道之間約1.6公里，娃娃車可行，適合老少步行。鶯歌石往牛灶坑山為傳統山徑，剛開始有陡上的岩壁路，上稜線之後，路況轉為平緩，路徑清晰，但途中有岔路，若無路標，則續循主路線前進即可。

交通資訊

• 自行開車

北二高三鶯交流道下，接114縣道，往鶯歌方向，經三鶯大橋循文化路行，接中正一路，續左轉即可抵達宏德宮牌樓。或右轉中正一路，前行至台塑加油站，再左轉上坡路，至終點的碧龍宮。

• 大眾運輸

搭火車至鶯歌站下車，沿文化路步行約10分鐘可達宏德宮。或於台北中華路搭702，經萬華、板橋、樹林抵達鶯歌。

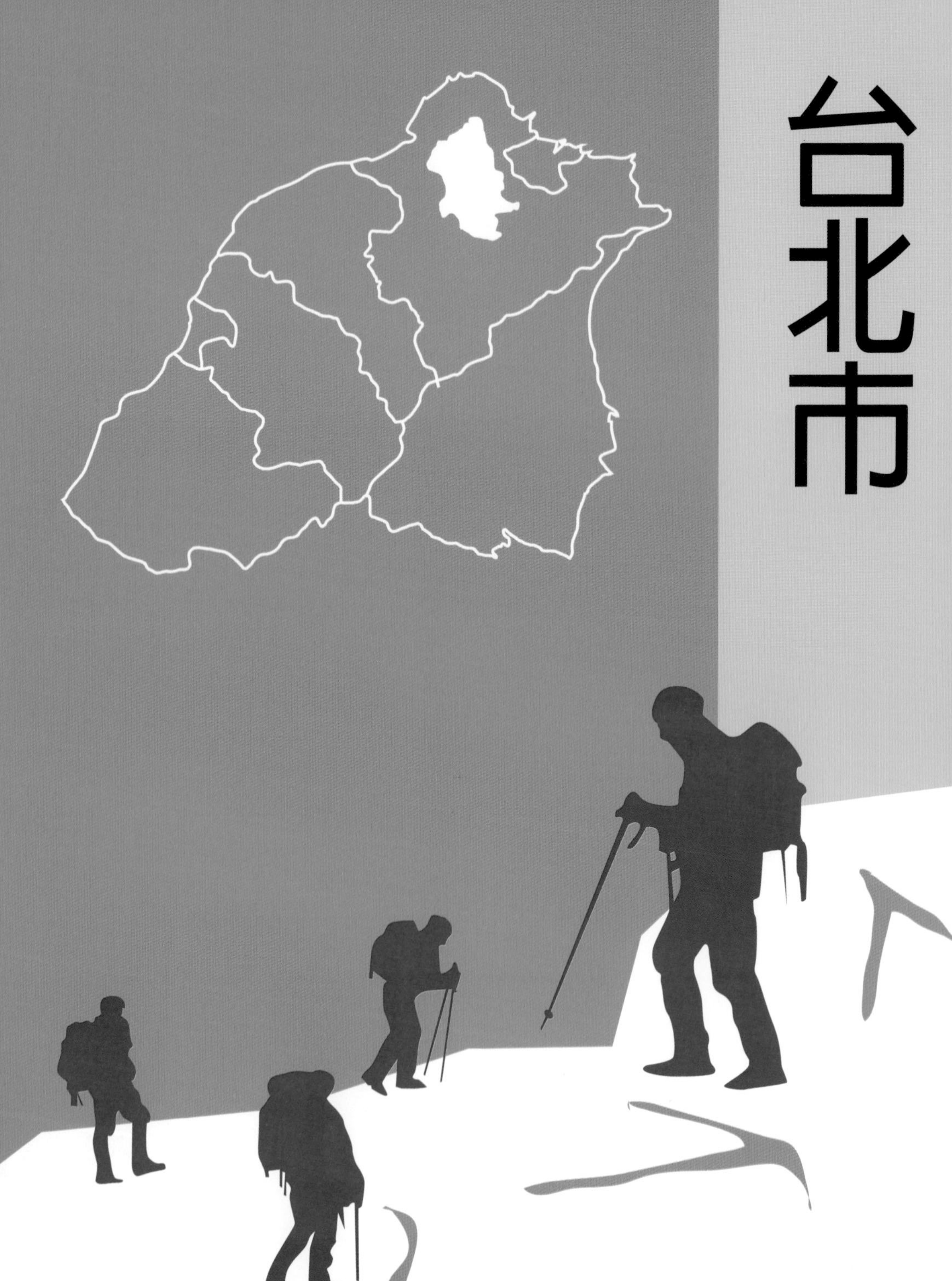
台北市

陽明山地區

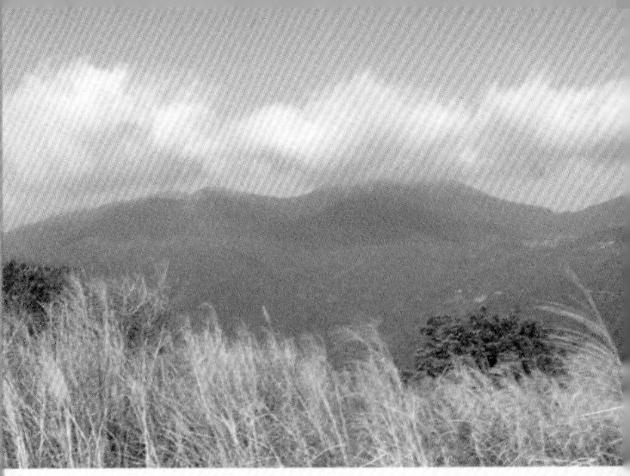

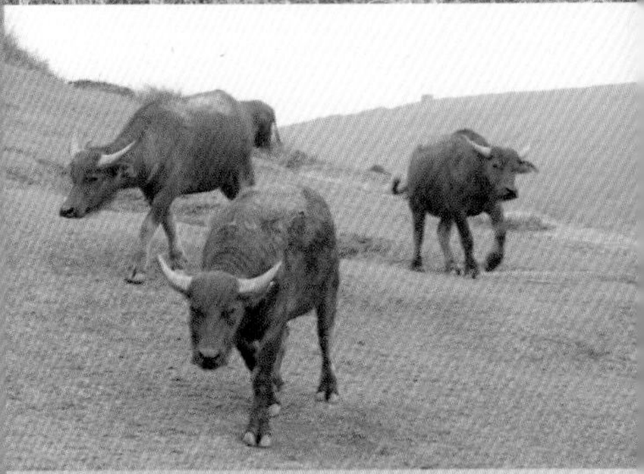

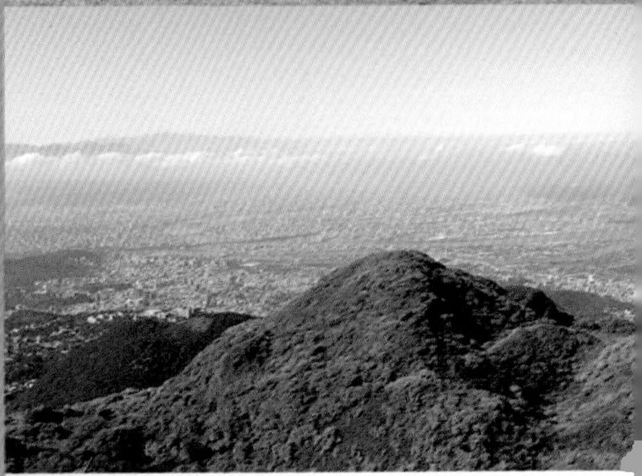

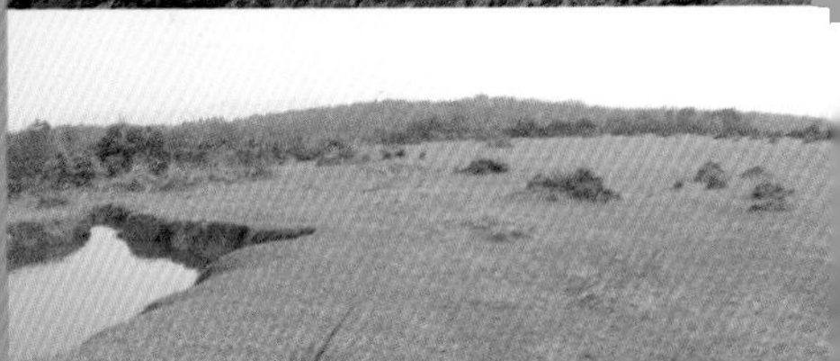

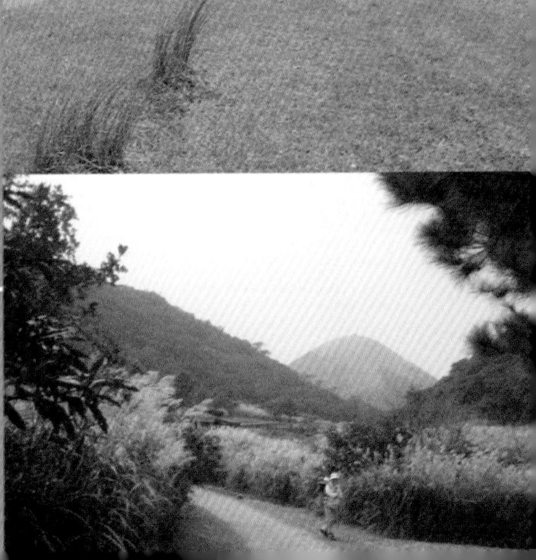

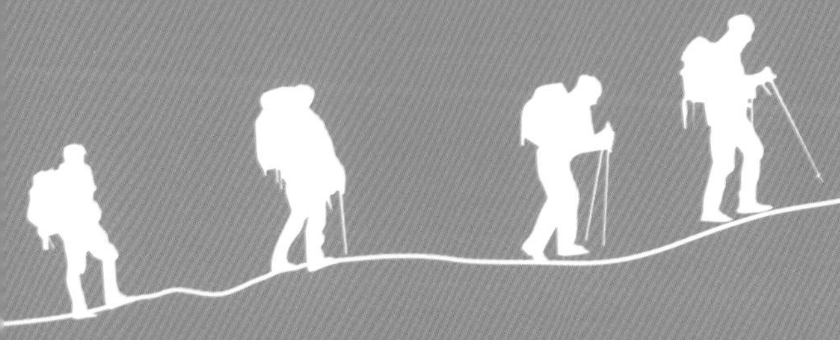

1 風櫃嘴登山口，位於萬溪產業道路與五指山公路交會口。

2 頂山步道，綠草如茵。

3 風櫃嘴眺望萬里方向的瑪鋉溪谷及基隆嶼。

頂山、石梯嶺

・山名　頂山、石梯嶺／・海拔標高　768m、862m

・登山口高度　765m（擎天崗）、601m（風櫃嘴）

・三角點　頂山　三等三角點1033號、石梯嶺　保林基石18號

・GPS座標　頂山309042・2782611、石梯嶺308382・2783966

・座落位置　陽明山國家公園／・特色　草原景觀、柳杉林、金毛杜鵑

陽明山東西大縱走，熱門且容易親近的山系

頂山、石梯嶺是陽明山國家公園的熱門山系，近幾年來，陽明山國家公園推出「陽明山東西大縱走」活動，路線的東段，就是以頂山及石梯嶺為主。二〇〇七年起，國家公園又推出「足印草山」活動。頂山、石梯嶺仍是雀屏中選，名列所選的八座熱門山峰之中。

頂山、石梯嶺登山步道全長約六公里，可從西端的擎天崗或東端的風櫃嘴進入。全程落差約一、兩百公尺左右，步道平緩，沿途有如茵的草原、優雅的森林，是一條景色怡人的登山步道。

頂山的登山口在風櫃嘴。風櫃嘴為五指山、頂山之間的鞍部山凹處，強烈的東北季風由此處灌進台北盆地，經常強風凜冽，所以有風櫃嘴之稱。自風櫃嘴上爬，迎面即是一段上坡石階路，一開始視野即不平凡。天氣好時，向北眺望，綿延的瑪鋉溪，流向萬里外海，基隆嶼位於海天交會處，迷迷濛濛，有如海上仙山。

草原、金毛杜鵑、柳杉，步道沿途美不勝收

翻過一座小丘，變為下坡，之後便是平緩的步道。不久，進入森林。樸拙的石階路，少許青苔，稍溼滑，小心踏踩而過。夏日走在這片森林，蟬鳴不絕於耳，宛如大自然音樂盛宴，秋冬行走時，則靜謐寂寥，四季變化分明。

出森林，右有草坪。草原地勢更高，回望台北，遠遠望見一〇一大樓聳立

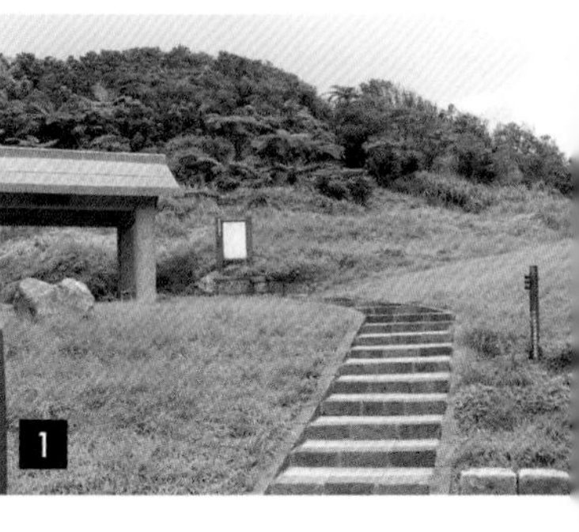
1

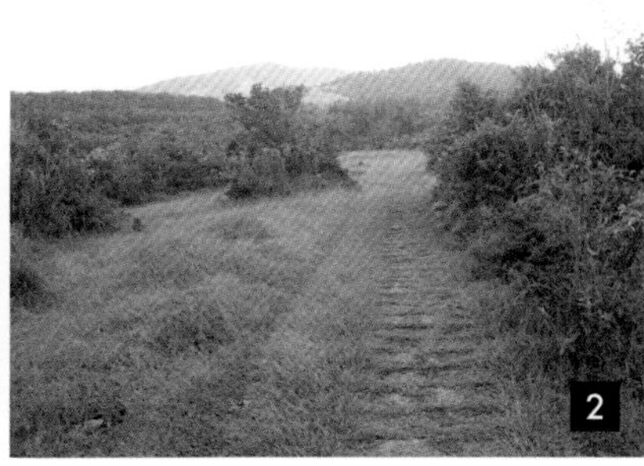
2

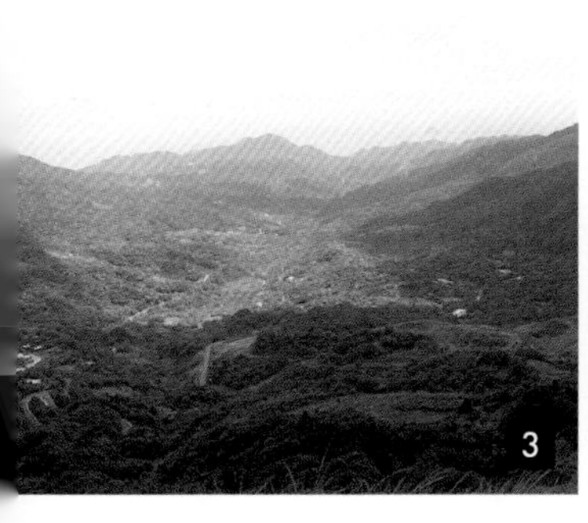
3

盆地之中。再往前走，穿過一小片森林，不久，便抵達頂山。頂山，並無明顯的山峰，而是一片小草原，立有一座三等三角點基石，及供遊客拓印的字牌。頂山視野頗佳，極目而望，附近山巒綿延，一片蒼翠。

頂山附近地勢平坦，步道旁小草原無數，有矮灌叢植物及零星柳杉點綴。頂山以金毛杜鵑聞名，在三月間綻放，是遊頂山的最佳時機。

由頂山往前走，不久，又入森林。頂山、石梯嶺連嶺而走，稜坡起伏不大。嶺上迎風面，樹木難耐寒風，以草原景觀為主，山坳背風處，有冬雨滋潤，形成森林景觀。沿途走著，就在草原、森林兩種景觀間變化。前行十分鐘，穿進柳杉林，一株株直立的柳杉，散發出濃郁的芬多精。山谷潮溼，樹幹佈滿青青苔痕，石階也見苔蘚，古樸有緻。

石梯嶺大草原，嶺上展望遼闊

出森林，左前方出現大片山坡草原，有水池數池。水草鮮美，不時有水牛出現，在草原池畔悠遊。這時，已可望見石梯嶺及其延伸而下的稜坡大草原。續前行十餘分，抵達石梯嶺大草原，是這條步道途中最大的草

金毛杜鵑

屬於杜鵑花科的大型常綠灌木，高可達3公尺，其葉叢生於枝端，紙質，披針狀長橢圓形至橢圓狀卵形。全株密被黃褐色黏質腺毛。花1～3朵頂生，花冠紅色，徑長約4公分，花期為每年三、四月間，盛開時，紅艷美麗。

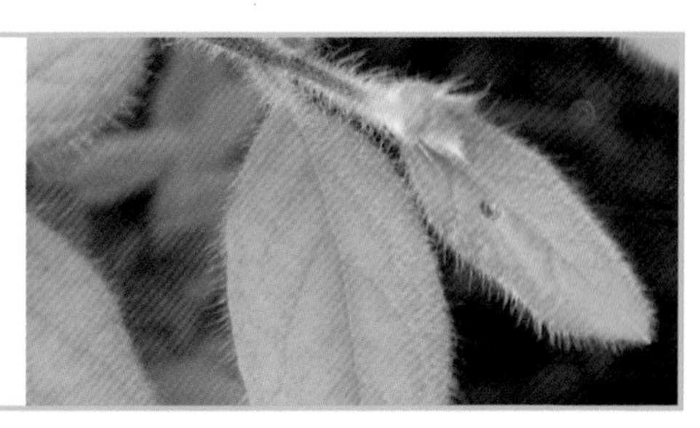

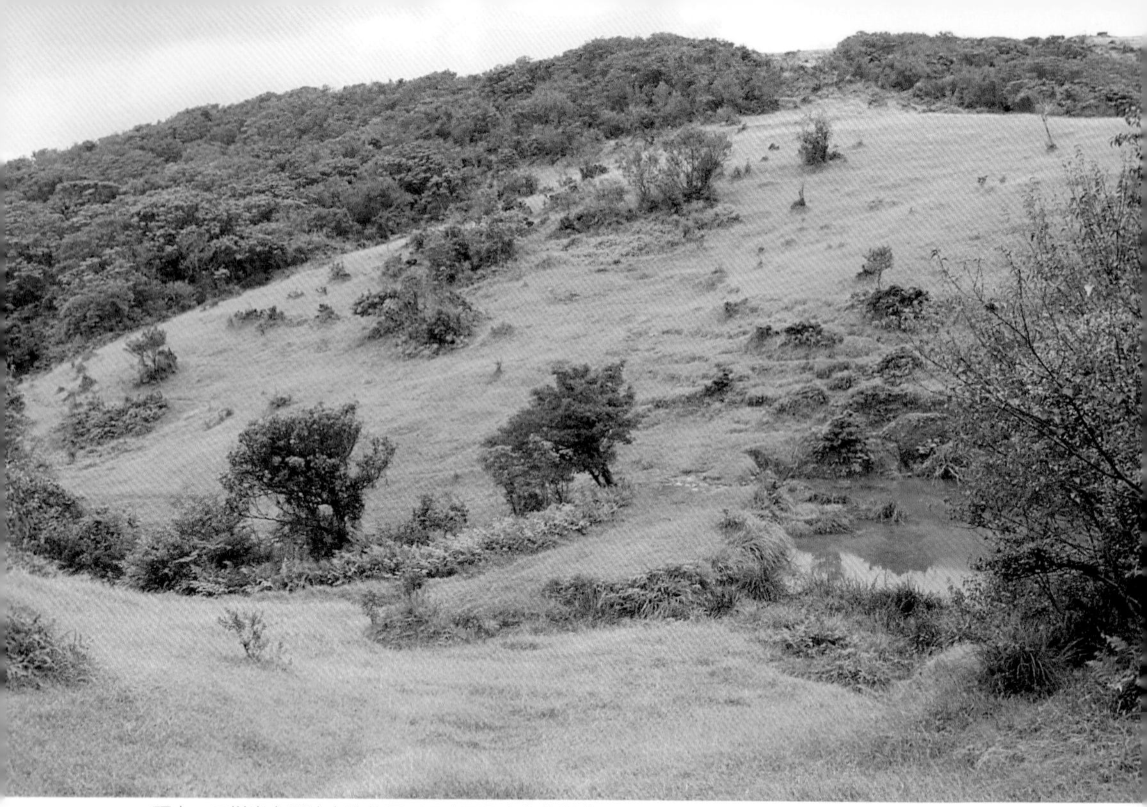

頂山、石梯嶺之間的山坡草原，不時可見牛隻悠遊其間。

原。規模雖不如擎天崗大草原，但遊客少，較幽靜，更有世外桃源的感覺。

接著，開始爬向石梯嶺，約五分鐘可爬到頂，視野更為開闊，擎天崗草原就在下方。放眼望去，竹篙山、擎天崗、大屯山、七星山、小觀音、竹子山，各山一字排開，山容壯觀，遠處淡水河及觀音山亦入眼簾；向後望，則大尖後山、磺嘴山、大尖山、頂山，一覽無遺。

石梯嶺的基石就在步道旁，附近的高處，立有解說板及拓字木牌。從此處走往擎天崗，不久，又入森林，景觀遮蔽，沿石階往下，經過磺嘴山入口處的圍柵。再往前走，不久就抵達終點擎天崗大草原了。

附近景點

【擎天崗草原】

擎天崗，又名太陽谷，俗稱大嶺峙，自清朝末年形成草原，成為放牧牛隻的牧場，農民稱為「牛埔」。日據時代設置大嶺峙牧場，台灣光復後，改為「陽明山牧場」，面積達千餘公頃，現今因農牧業衰微，草原面積約只剩400餘公頃，僅剩放養約幾十隻水牛而已。

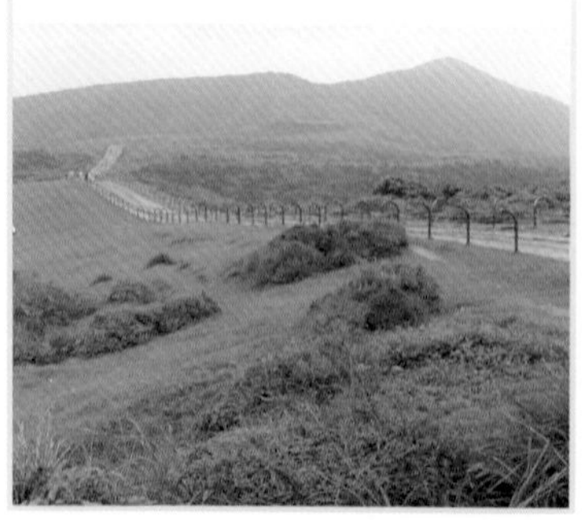

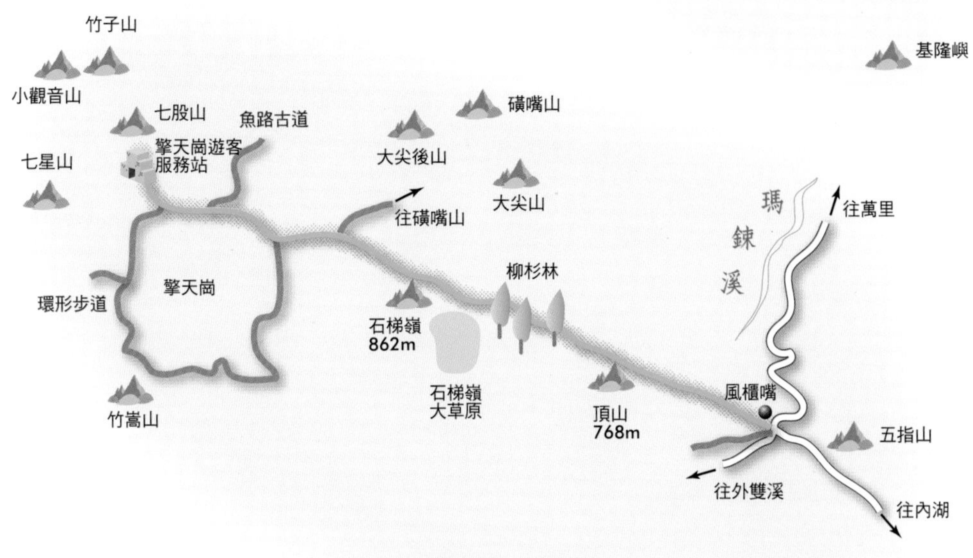

路程時間

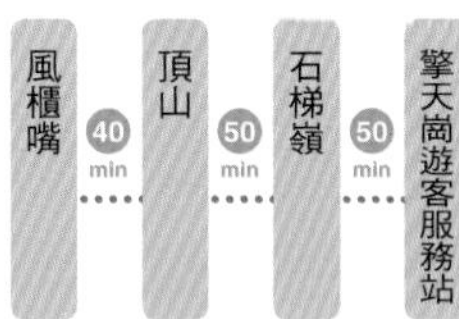

路況評價

- 登高指數：97m (擎天崗－石梯嶺)
  261m（風櫃嘴－石梯嶺）
- 路程時間：5小時（全程來回）
- 步道路況：
- 綜合評價：

注意及建議事項

頂山、石梯嶺都屬於大眾步道，緩坡、平路為主，單程約6公里。
頂山、石梯嶺一帶草原無遮蔭，夏日行走較炎熱。三、四月間頂山金毛杜鵑盛開，綠草如茵，景色最迷人。

交通資訊

• 自行開車

由台北士林外雙溪至善路三段至楓林橋右轉萬溪產業道路至風櫃嘴。或由內湖大湖公園走大湖街，接五指山產業道路（北28）至風櫃嘴。

• 大眾運輸

搭小27公車（劍潭捷運站）至風櫃嘴，一天僅有 4 班，最好查詢最新時刻表。或搭小18公車（劍潭捷運站）至外雙溪至善路三段底聖人橋聽雨軒，再步行上山至風櫃嘴（約50分鐘）。
搭皇家客運、260、230、小15（劍潭捷運站）、小9（北投捷運站）至陽明山，再轉搭108遊園公車至擎天崗。

高頂山、北五指山

・山名　高頂山、北五指山／・海拔標高　780m、790m
・登山口高度　458m（至善路三段370巷）、601m（風櫃嘴）
・三角點　都市計畫處四等三角點140號、北市地測精幹點市186
・GPS座標　高頂山308469・2782919、北五指山308512・2783133
・座落位置　陽明山國家公園
・主要登山路線　A. 至善路線　B. 風櫃嘴線／・特色　草原景觀

草原景觀，美不勝收

高頂山、北五指山位於陽明山國家公園內，以草原景觀著名。兩座山距離陽明山熱門的山峰石梯嶺、頂山不遠，但名氣遠不如後兩者。主要的原因是，石梯嶺、頂山有正式的登山步道，而高頂山、北五指山為傳統的山徑，無路標指示，所以少見遊客蹤影，是屬於登山客造訪的草原祕境。其實，這兩座山都不難親近，只因草原無步道設施，而陽明山區氣候多變，若遇天氣變化，雲霧迷漫時，走在草原上，容易迷路。且草原不時有水牛成群，若不慎觸怒牛群，也可能造成意外。只要能注意天氣變化、與牛群保持安全距離，則可悠然徜徉於這片草原美景。

高頂山與北五指山之間，綿延的草原相連，兩座山相距不遠，可以連登。爬這兩坐山，有兩條登山路線，一是從士林平等里內雙溪至善路三段三七〇巷巷底上山，一是從風櫃嘴出發，經頂山步道，再由岔路前往。前者路程約一小時；後者時間約一點五小時，路程稍遠但路況較佳。

至善路三段370巷底登往高頂山，沿途林蔭幽致

從至善路三段370巷巷底出發，沿途有竹林、駁坎及農圃，路徑平緩，林蔭幽致，頗有古道的感覺。約二十分鐘，抵達一處溪谷，溪水潺潺、水質清澈。附近有兩條山徑可爬往高頂山，溪右側山徑路況較差，建議採直行的路線。踏溪石越溪，山徑漸離溪岸，開始一段陡上路。約七、八分鐘，來到上方，遇岔路，有

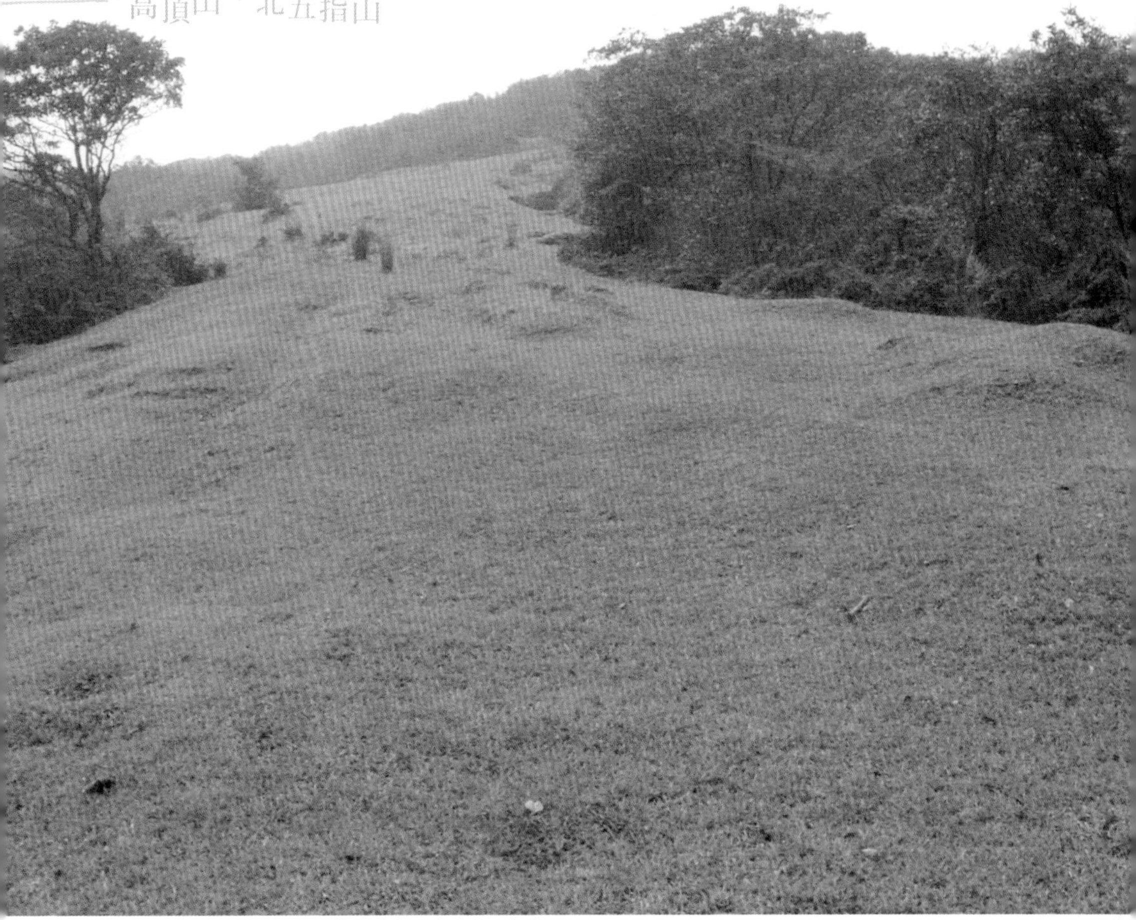

由頂山步道T形岔路口，沿著草坡牛徑走往北五指山。

登峰圳

平等里，舊稱「坪頂」，位於陽明山丘的河谷台地。清乾隆六年（1741年）福建漳州人何士蘭最早至此開墾，而後陸續開發，及至清道光年間，屯墾人數漸增。為解決飲水及灌溉之需，先後開闢了「坪頂古圳」及「坪頂新圳」。日據時期（1909年）當地居民又開鑿「登峰圳」，奠定了當地的農業根基。從至善路三段370巷底附近，即可看見登峰圳，沿著水圳旁的步道前行，林蔭怡然、流水怡人，夏日清涼消暑，是一條怡人的水圳步道。

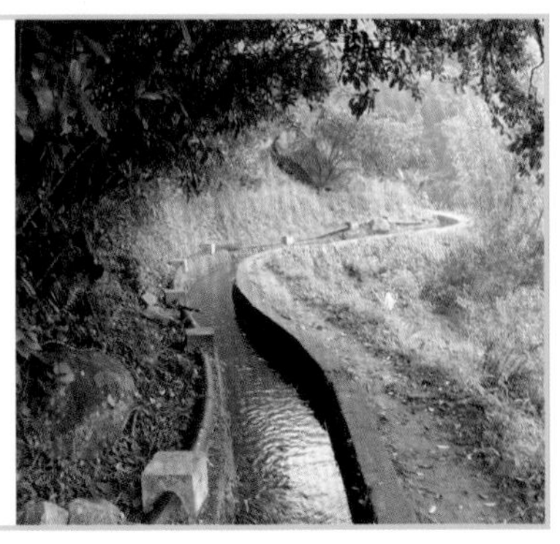

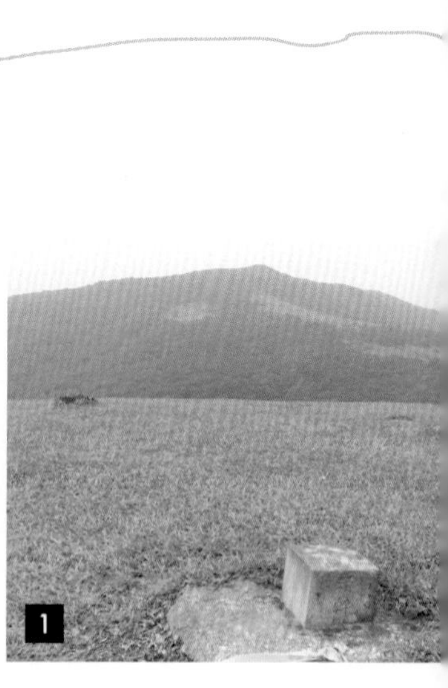

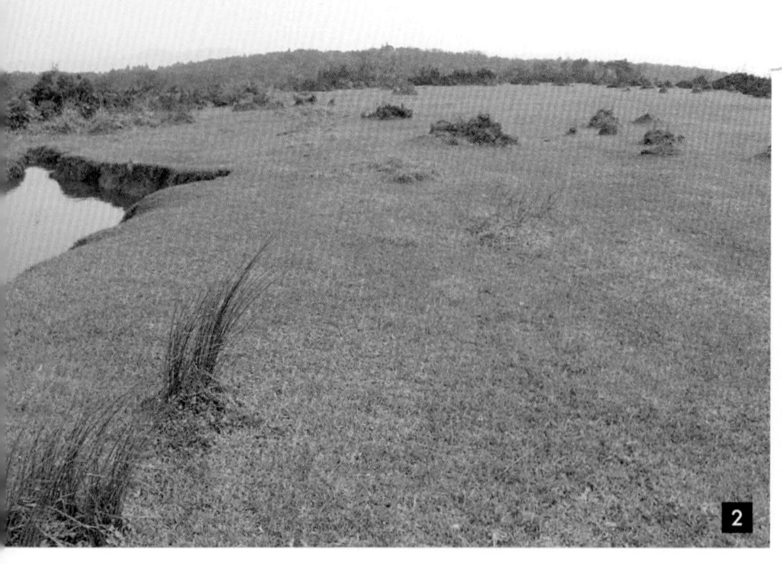

1 北五指山三角點基石，遙遙與石梯嶺相望。

2 北五指山迷人的草原景觀。

路標寫著「往高頂山約三十分鐘」，取左岔路。山徑又變為平緩，偶見竹林及拓墾的遺跡。十餘分鐘後，接近山頂，突然眼前由陰暗變為明亮，出現了一片碧綠草原。約十幾公尺外，可看見高頂山的基石。

從高頂山順著草原的方向往北走，是一片綿延的翠綠草原，頗像擎天崗，然而卻沒有那種遊客如織的場景。這裡綠草如茵、環境幽靜，宛如世外桃源。翠綠的草原，可見幾處窪池，這時應注意附近是否有牛群，若無牛群，則可以悠閒地走在草原上。再五、六分鐘，就抵達北五指山。北五指山並沒有明顯的山峰，而是在緩丘草地的高點，有一顆小小的基石，編號一八六號。北五指山，海拔七九〇公尺，與石梯嶺草原遙遙相望。天氣晴朗時，躺在柔軟的草地上，享受山風暖陽的拂照，非常地逍遙自在。

從北五指山的草原，就可看見下方的石梯嶺、頂山之間的石階步道，由草原循著稜線的牛徑草坡往下走，約十五分鐘左右，就可接上步道，可往北走往擎天崗（約三點一公里），或往南走往風櫃嘴（約三公里）。出風櫃嘴後，有石階步道通往外雙溪聖人瀑布，步道中途會與至善路370巷交會，可繞回高頂山的登山口，完成一圈的〇形路線。

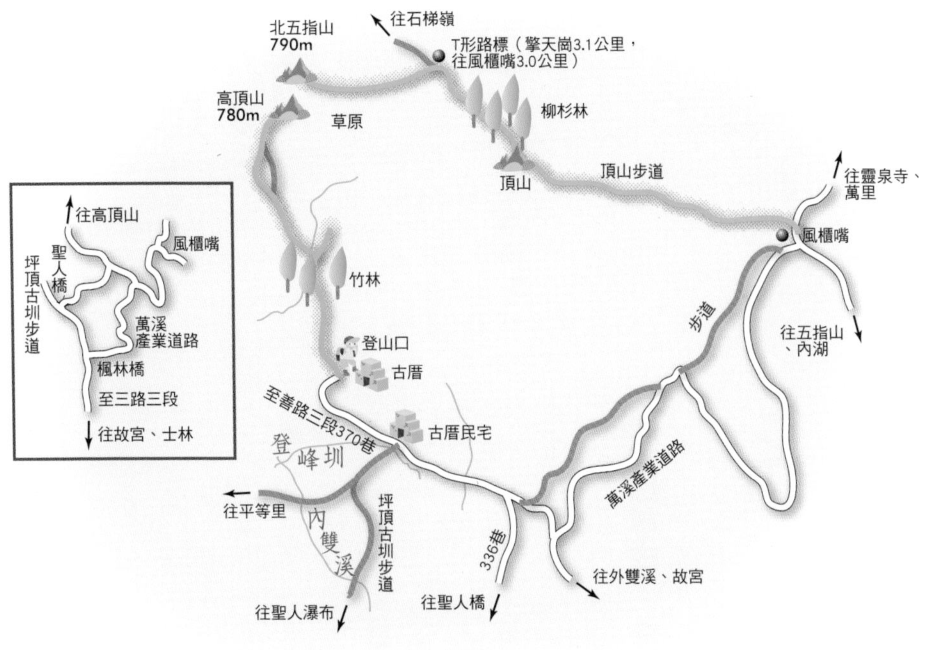

路程時間

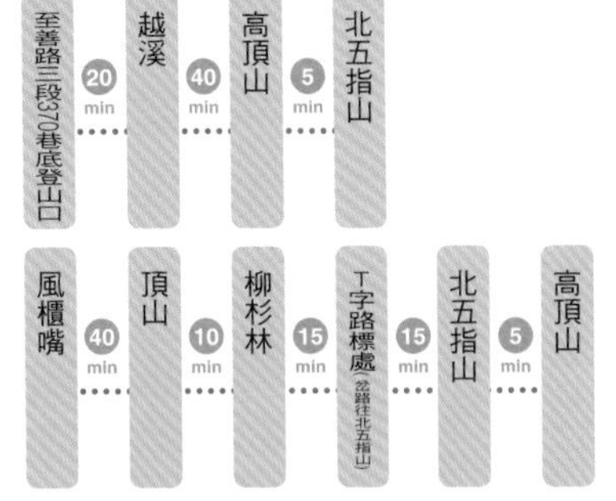

路況評價

- 登高指數：● 332m（至善路線）
  ●● 189m（風櫃嘴線）
- 路程時間：● 約3小時（至善路線+風櫃嘴線O形）
- 步道路況：●●（天氣晴朗時）
  ●●（山區起霧時）
- 綜合評價：●

注意及建議事項

高頂山、北五指山之間草原遼闊，並無正式的步道及路標，應注意天氣變化，起霧時易迷路，不可大意，以免發生危險。如遇牛群，應保持安全距離避免觸怒牛隻。

交通資訊

• 自行開車

由故宮博物院走至善路往外雙溪方向，右轉楓林橋，沿著萬溪產業道路，過四公里，左轉至善路三段370巷；或由故宮博物院走至善路至聖人橋，右轉善路三段336巷，前行約兩公里，接370巷。

• 大眾運輸

搭乘小27公車至風櫃嘴，或搭乘小18公車（劍潭捷運站）至外雙溪至善路三段底聖人橋聽雨軒，再步行至風櫃嘴（約50分鐘）或走坪頂古圳步道至中途岔路往至善路三段370巷。（約30分鐘）

竹篙山

・山名　竹篙山／・海拔標高　830m
・登山口高度　765m／・三角點　圖根點（已遺失）
・GPS座標　306928・2783665／・座落位置　陽明山國家公園
・特色　草原景觀，展望極佳

陽明山系最容易親近的熱門山峰

竹篙山位於擎天崗草原遊憩區的南緣，是一座很容易親近的山峰。早期這座山曾種植大片竹子，可以用來做為晾衣服的竹篙，所以被稱為「竹篙山」。如今，山頭已被芒草所取代，不見竹影。

竹篙山為七星火山亞群的一員，擎天崗大草原即是由竹篙山的火山熔岩向北噴溢所形成。擎天崗昔稱「大嶺」、「嶺頭」、「大嶺仔」，由於地勢廣闊平坦，自古以來即為凱達格蘭族的聚落金包里社、毛少翁社往來、狩獵、採硫必經之地，清朝末年，這裡成為牛隻放養的牧場，又稱「牛埔」。日據時代，設立「大嶺牧場」，面積約一千零一十四甲，設有管理事務所及牛舍，農民將牛隻寄養於牧場，以節省人工及飼料。全盛時期，大嶺牧場寄養的牛隻數量高達一千多頭。台灣光復後，成立「陽明山牧場」，持續經營。然而隨著時代變遷，寄養的牛隻僅剩數十頭而已。

擎天崗草原　美景碧連天

擎天崗草原的戰略位置重要，早期曾有國軍駐守，草原崗巒高處，隨處可見碉堡及防禦工事。陽明山國家公園成立後，駐軍撤出，加上原有的牧場規模縮小，於是轉型，以提供遊憩功能為主，設有環狀步道，全長二點七公里，約一個多小時，即可環繞擎天崗草原一圈。

從擎天崗遊客服務站出發，來到草原入口的嶺頭土地公廟，廟的後方，有

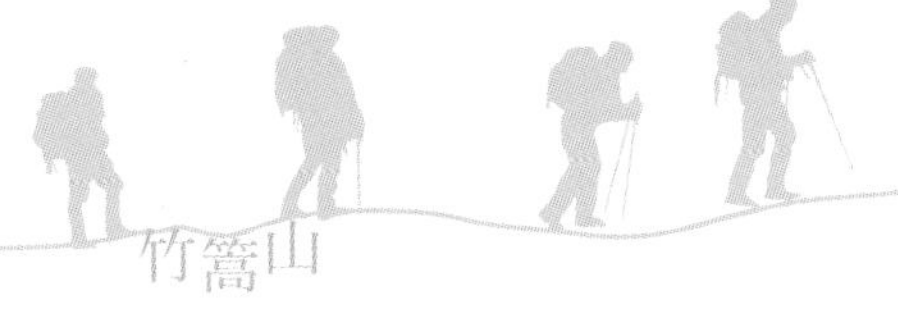

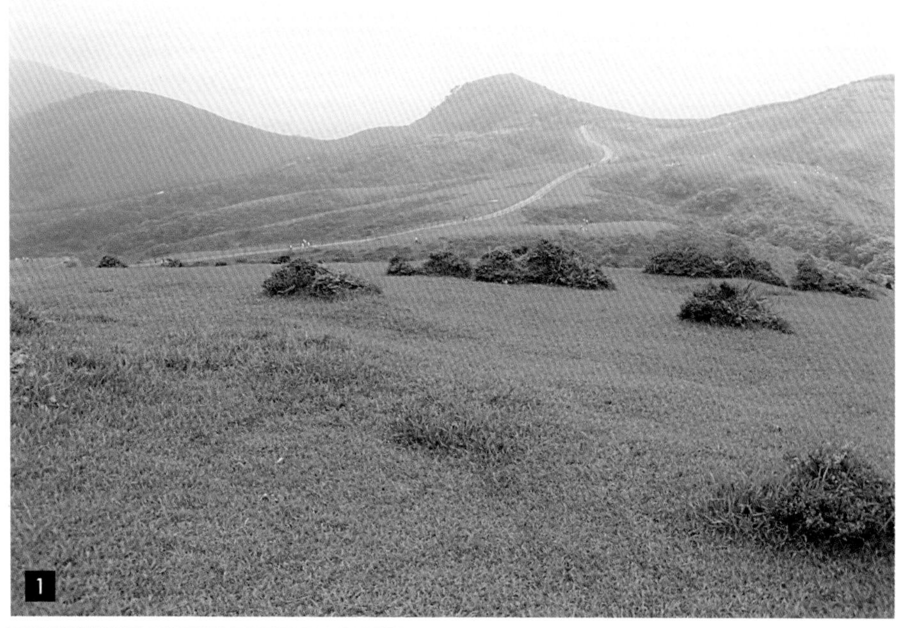

擎天崗的水牛

擎天崗草原僅剩數十頭農家寄養的水牛，也有一些自然繁衍的水牛悠遊其間。水牛大都溫馴，但亦曾傳出遊客戲弄牛隻而遭撞傷的意外事件。因此行經此路段時，切勿趨近牛群，尤其不可戲弄小水牛，以免激怒牛群。

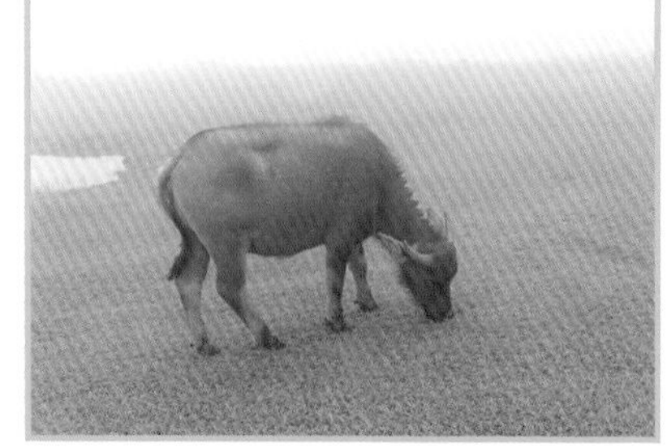

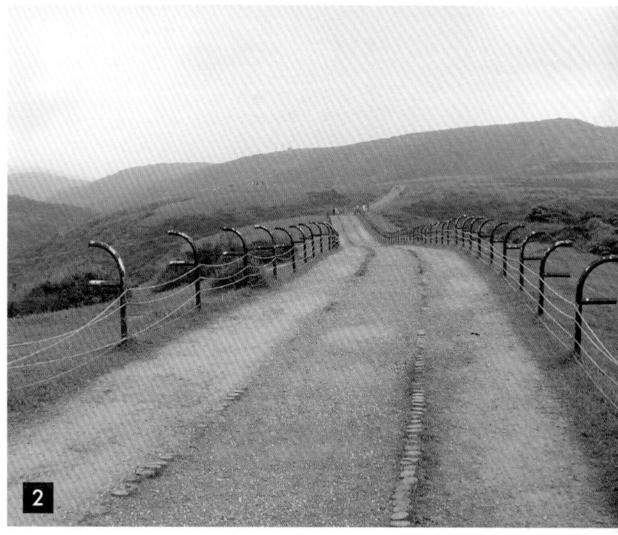

1 擎天崗大草原是由竹篙山的火山熔岩向北噴溢所形成，步道盡頭遠處為竹篙山。

2 擎天崗草原，為昔日的大嶺牧場，如今已轉型為草原遊憩區。

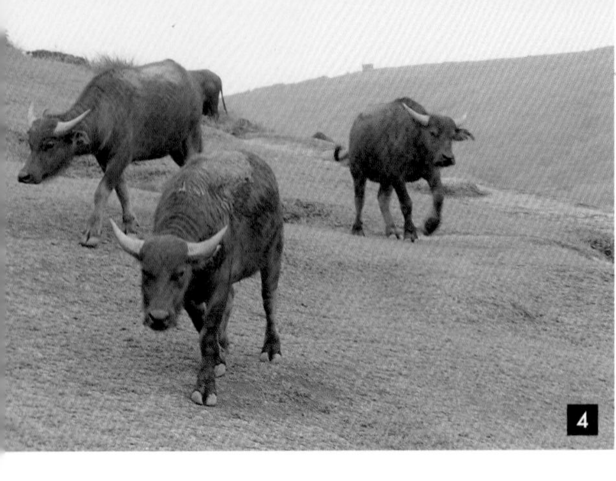

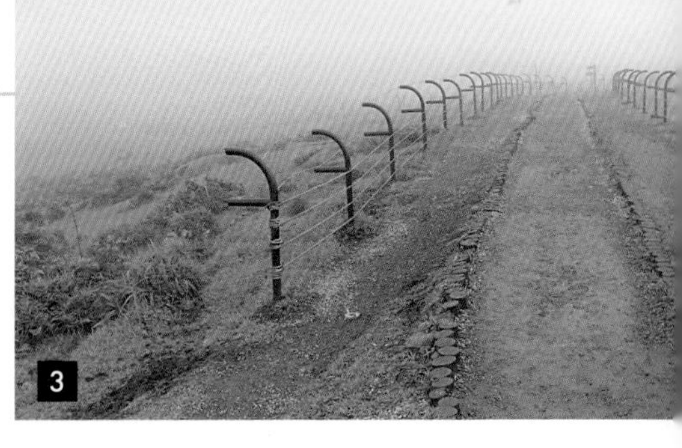

3 擎天崗草原天氣多變化，經常雲霧迷漫。

4 擎天崗草原上的牛群。

一座古老的小廟，這裡是昔日魚路古道必經之地。進入草原之後，筆直的步道盡頭遠處山峰就是竹篙山了。沿著環形步道前行，兩側設有柵欄。不時可看見水牛悠走其間啃食青草。無牛隻出現時，則見遊客越欄進入草地嬉戲。豔陽時，草原一望無際，青翠綿延，令人心曠神怡，而擎天崗天氣多變，時晴時霧，一會兒天氣晴朗，一會兒雲霧襲來，草原倏忽間變為迷茫，另有一番風情。

沿著柵欄步道走至盡頭，附近有一座閒置的牛舍，改設為「教育解說中心」，室內牆上掛著照片，介紹擎天崗牧場的歷史沿革。繼續上行，不久，就遇見往竹篙山的岔路口，路口有一座廢棄的碉堡。由此轉往竹篙山，路程只有零點四公里而已。

踏著石階路上爬，約二十分鐘，抵達竹篙山，山頂亦有一座碉堡。這裡擎天崗草原的制高點，更是俯視大台北地區的最佳地點。天氣晴朗時，可遠眺淡水河蜿蜒流經關渡平原的美景。

從擎天崗返回擎天崗環形步道，繼續前行，漸下坡至山坳處，然後再繞向另一稜，最後會再繞回擎天崗草原入口的土地公廟。爬竹篙山，搭配擎天崗環形步道，是一條適合全家人的輕鬆踏青行程。

附近景點

【魚路古道】

魚路古道，為陽明山國家公園最熱門的明星古道，古道北起金山八煙的「綠峰山莊」，南迄陽明山山仔后菁山路101巷的「菁山小鎮」。擎天崗為魚路古道的中點，在擎天崗環形步道上有一「金包里大路」城門，可參考入口的導覽路線圖。一般遊客多走至許顏橋後折返。去程及回程可選走不同路線。

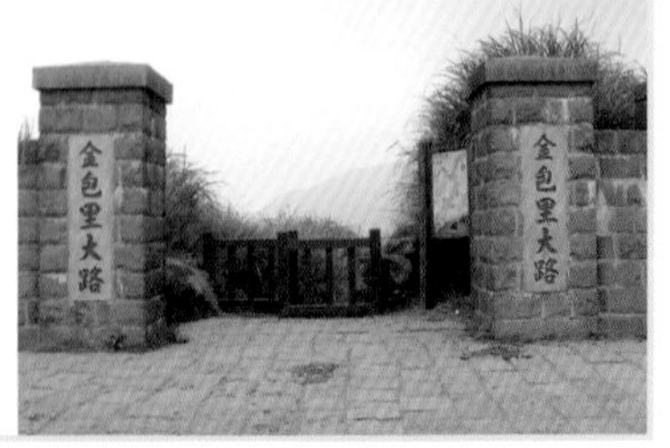

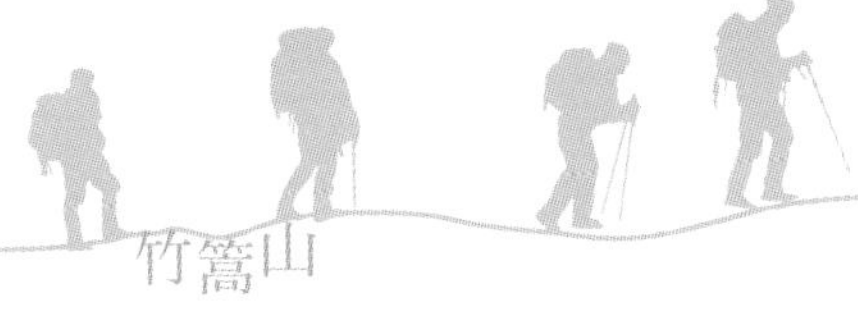

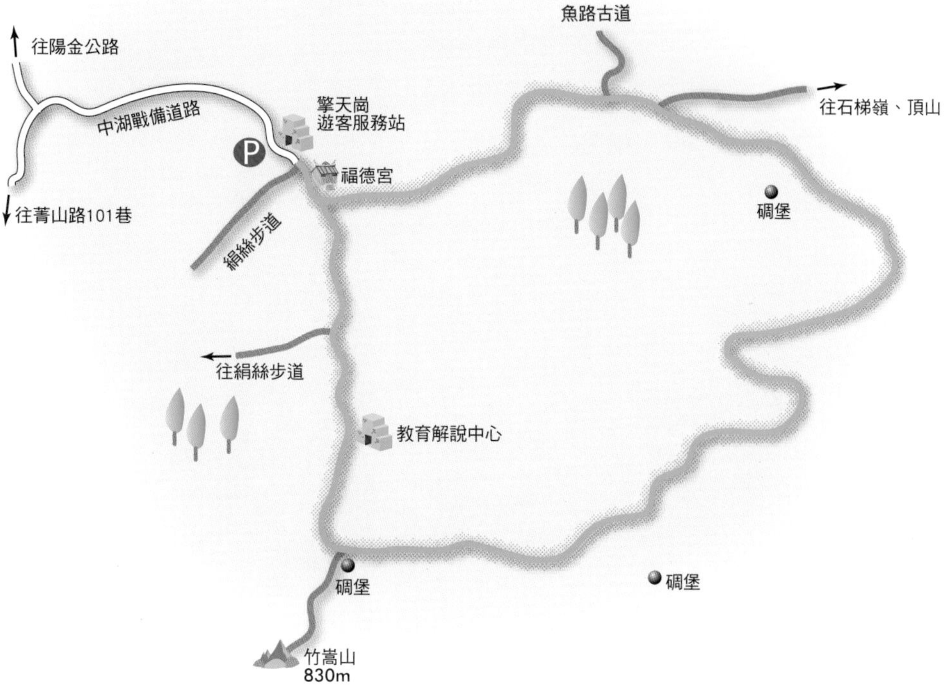

往陽金公路
中湖戰備道路
擎天崗
遊客服務站
P
福德宮
往菁山路101巷
絹絲步道
魚路古道
往石梯嶺、頂山
碉堡
往絹絲步道
教育解說中心
碉堡
碉堡
竹嵩山
830m

路程時間

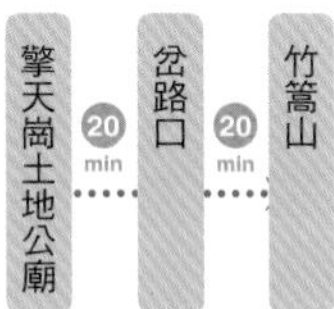

路況評價

- 登高指數：65m
- 路程時間：（來回約1.5小時）
- 步道路況：
- 綜合評價：

注意及建議事項

竹篙山步道設施完善，路程短，可順遊擎天崗環形步道。擎天崗天氣多變化，上山最好攜帶雨具。

交通資訊

• 自行開車

由台北士林走仰德大道至山仔后，右轉菁山街，至101巷左轉往冷水坑接中湖戰備道路往擎天崗 草原。

• 大眾運輸

搭皇家客運、260、230、小15（劍潭捷運站）、小9（北投捷運站）至陽明山，再轉搭108遊園公車至擎天崗。

七星山主峰、東峰

‧山名　七星山主峰、東峰／‧海拔標高　主峰1120m 東峰1108m
‧登山口高度　小油坑登山口 811m、冷水坑登山口 754m、苗圃登山口　540m
‧三角點　主峰：一等三角點、東峰：三等三角點1104號
‧GPS座標　主峰304961．2785035　、東峰305179．2784903／‧座落位置　陽明山國家公園
‧主要登山路線　A. 小油坑線　B. 冷水坑線　C.苗圃線
‧特色　台北市第一高峰，擁有360度展望

台北市第一高峰，擁有三百六十度視野

七星山，海拔一一二〇公尺，是台北市第一高峰，有三條主要登山路線，分別為小油坑、冷水坑及苗圃線。小油坑線海拔落差最小，路程也最短；苗圃線落差最大，且路程最遠。

苗圃線的登山口位於陽明山國家公園遊客中心旁。出發後，隨即看見步道左側豎立著一塊「行啟並御成婚紀念造林地」古碑。日據時代大正十二年（一九二三年），日本皇太子裕仁訪台，曾前往草山及北投等地遊覽。次年，裕仁結婚。臺北州擬訂草山十年造林計劃，以資紀念。昭和九年（一九三四年），造林完成，臺北州知事野口敏治豎立這塊紀念碑。如今走在七星山步道途中，仍可看見當年造林的遺跡。

1 七星山主峰遠眺台北盆地，展望極佳。

2 七星山東峰，海拔1108公尺，峰頂錯落大大小小的安山岩。安山岩屬於火山岩，大屯火山在幾十萬年前噴發，地底的岩漿湧出，造成安山石廣泛分佈於陽明山國家公園的山峰。

3 七星公園地勢平坦，有大片草原，可俯瞰台北盆地，是台北地區難得一見的高海拔公園。

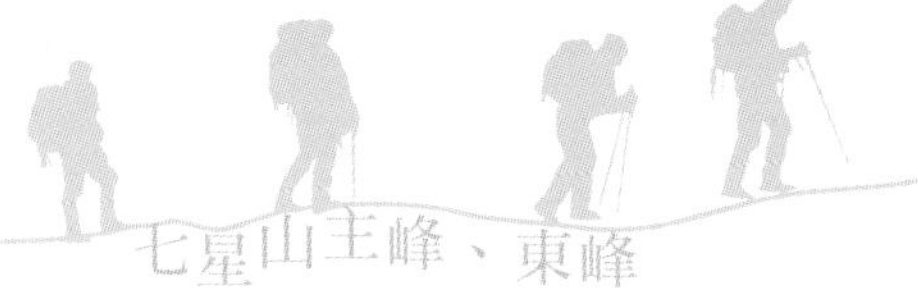

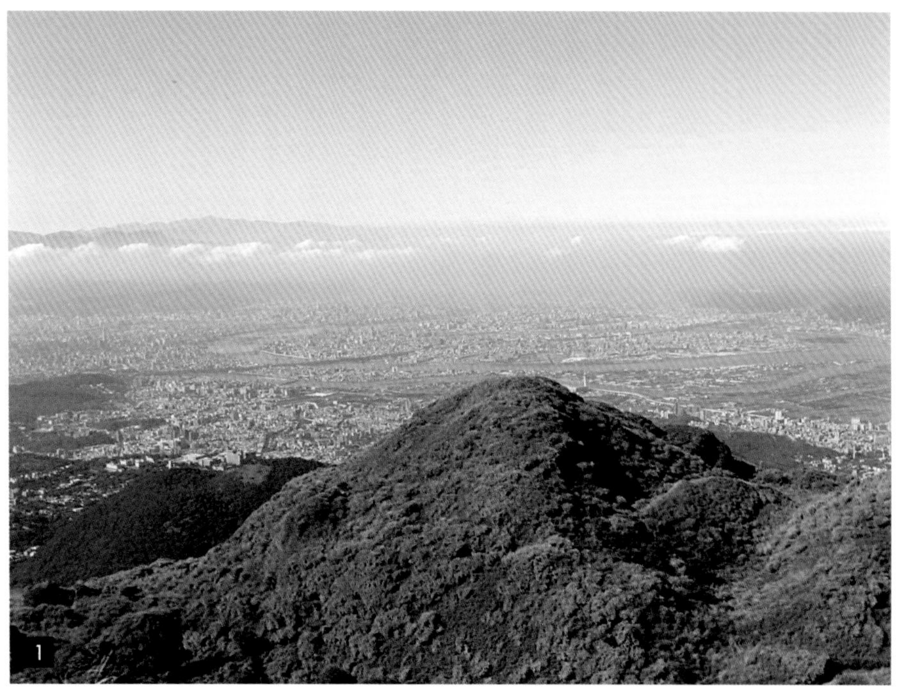

1

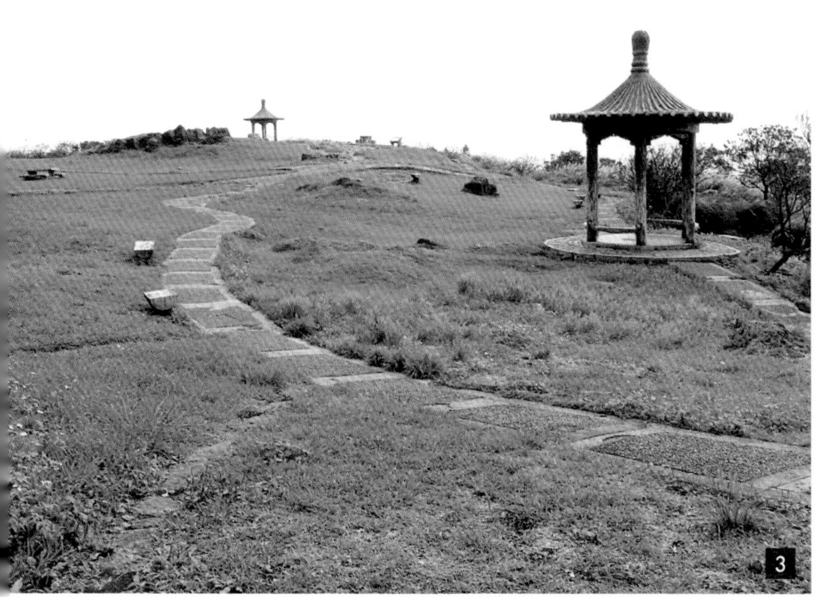

3

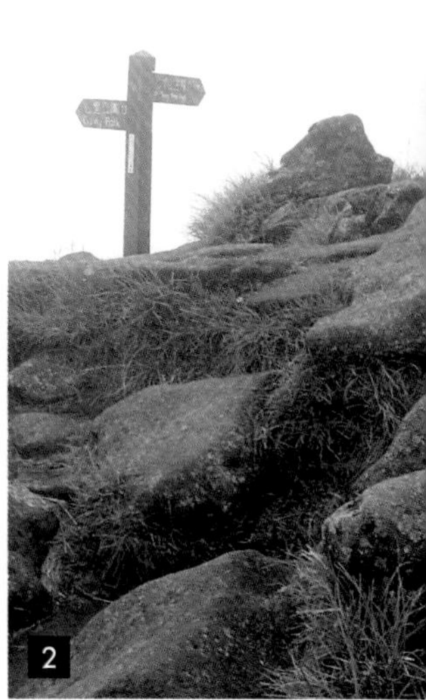

2

苗圃線闊葉森林景觀，七星公園展望佳

不久，石階路漸漸上坡，沿途林蔭扶疏。苗圃線步道位於七星山南側，屬於背風坡，不受凜冽東北季風的侵襲，所以形成闊葉森林的植被景觀，樹種以紅楠為多。爬坡而上，頗費體力，約四十分鐘，抵達海拔八百公尺處的「冷苗步道」岔路口，可通往冷水坑。此處設有木、石椅可供休憩。不時可見赤腹松鼠出沒，上下樹枝間，向遊客討食。

休息後，續行上爬。不久，抵達岔路口，往七星公園僅零點二公里，可先繞往七星公園一遊。七星公園地勢平坦，有一面積約如足球場大小的草原。因海拔高，氣溫涼爽，又可俯瞰台北盆地，視野開闊、眺望遼遠。這裡腹地寬廣，比七星山主峰更適合野餐及遊憩。

繼續往上爬，山徑愈陡，上升至海拔一千公尺附近，植被景觀丕變，闊葉森林已為箭竹及芒草取代，不時有雲嵐籠罩，視野變為茫然。最末段的陡坡路，爬來頗為辛苦。終於抵達七星山主峰及東峰的岔路口，先登往主峰。約五、六分鐘，登上七星山主峰。

竹雞

竹雞屬於雉科，俗稱雉雞，是雞的近親，為陽明山國家公園代表性的野生動物。個性害羞，棲息於中低海拔林木底層或灌木叢、草叢中。在陽明山的步道行走，經常可遇見竹雞從步道旁竄出。

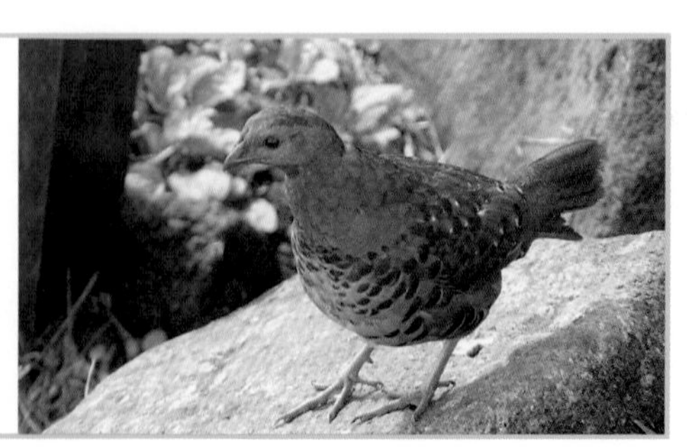

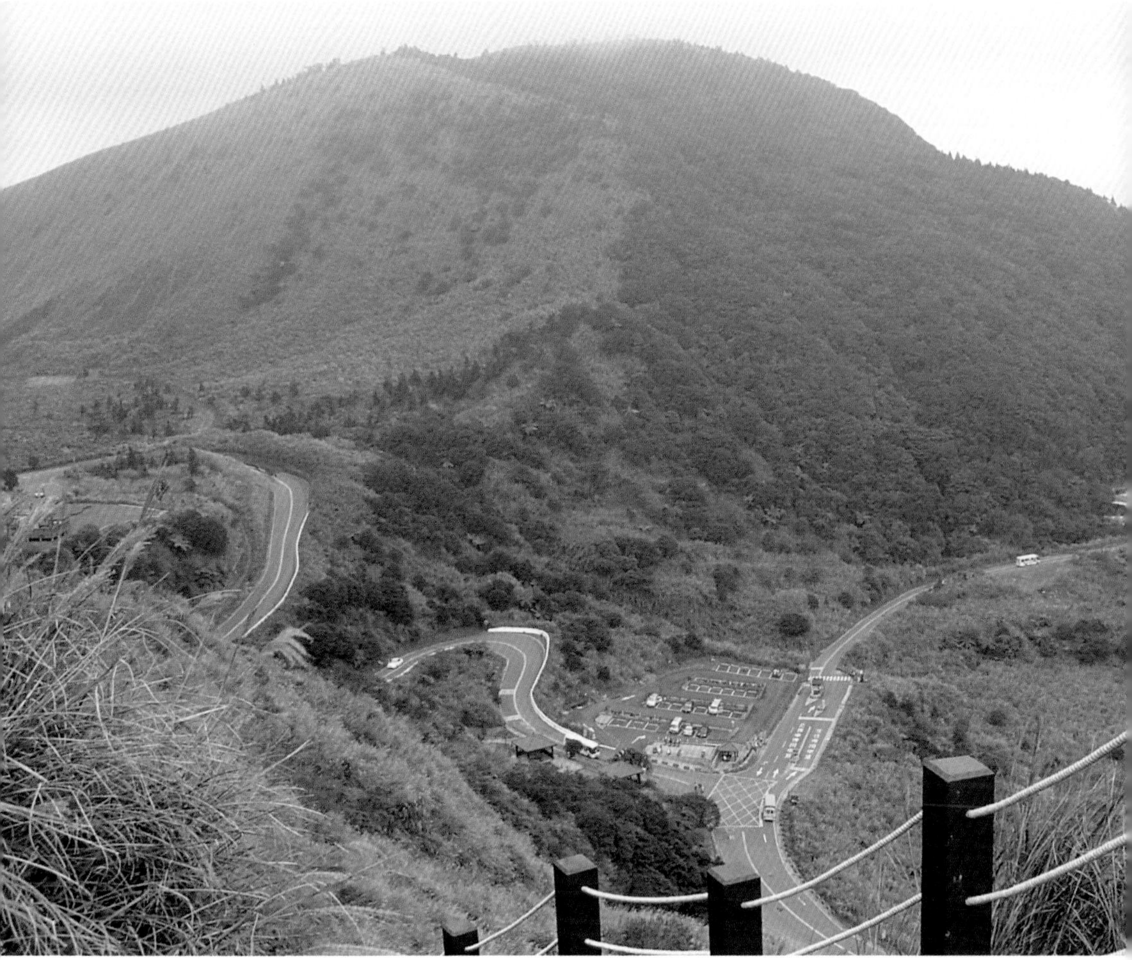

七星山冷水坑線步道，多為陡峭的石階路。此為步道途中俯瞰冷水坑一帶的中湖戰備道路。遠處為七股山。

七星山小油坑線登山步道

登山口位於小油坑景觀區遊客服務站附近，因位於七星山西北麓，屬於迎風坡，終年強風侵肆，滿山遍野以耐寒的芒草及包籜矢竹林植物生態為主。步道旁不時可見硫磺噴氣孔噴出白色硫氣，中途山谷背風處，可看見綠意盎然的昆欄樹林。約1小時，可登上七星山主峰，是登七星山最輕鬆的路線。

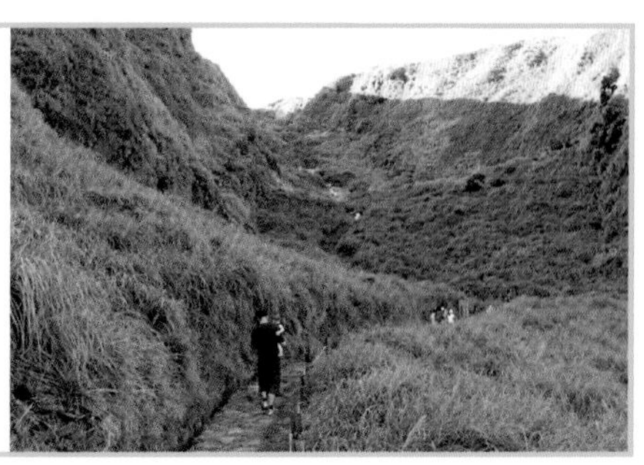

附近景點

【小油坑景觀區】

小油坑位於七星山的西北麓，由陽金公路的小觀音站右轉到達。小油坑是「後火山作用」所形成的噴氣孔、硫磺結晶及崩塌地形。遊客服務站後方有一條箭竹林步道，並可在高處眺望小油坑地質景觀。

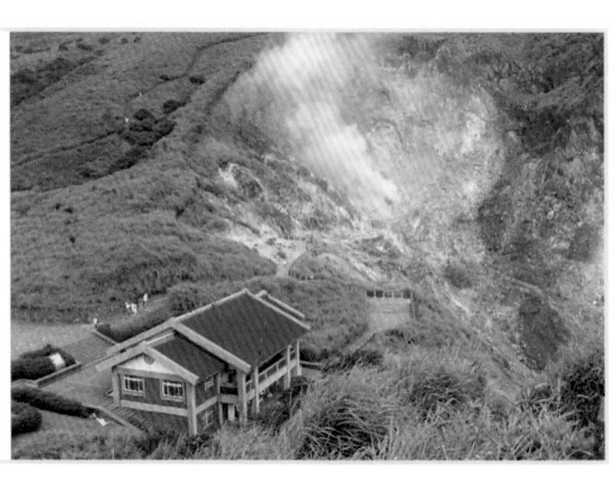

七星山，三百六十度度的視野展望

七星山頂豎立一座水泥石塔，寫著「七星山主峰・1120M・台北市第一高峰」。七星山擁有三百六十度度的展望，但因為山高，山頂經常籠罩著雲霧茫茫，得遇好天氣時，才有好展望。

七星東峰與主峰相距三百公尺遠。七星山東峰，高一一〇六公尺，腹地略小於主峰，峰頂散落著大大小小的安山岩。坐於東峰岩石休息時，發現岩石間有幾隻竹雞在覓食。

從七星東峰可走往冷水坑下山。這條路線以石階路陡而著名。隨著高度下降，雲嵐散去，植物景觀漸漸變化。海拔一千公尺附近，芒草與闊葉森林激烈競爭生存環境。經過教育電台的七星山發射台之後，步道處於迎風面，芒草成為主要植物，植被景觀較單調，但視野展望極佳，冷水坑、七股山、擎天崗、竹篙山、石梯嶺、大尖後山、磺嘴山等青色山脈前後綿延接續。

下坡路較為輕鬆，約四十分鐘，抵達冷水坑。再接「冷苗步道」繞回苗圃登山口。「冷苗步道」長約一點七公里，繞於七星山南麓山腰，沿途起伏平緩。走於森林中，以石階、枕木碎石路為主，有五座木橋，步道沿途靜謐幽雅。約半個小時左右就可接回苗圃線，然後下行至苗圃登山口，剛好可以繞一圈〇形，完成七星山主峰及東峰的行程。

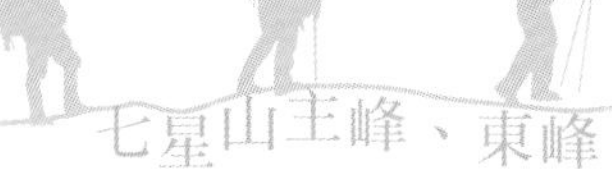

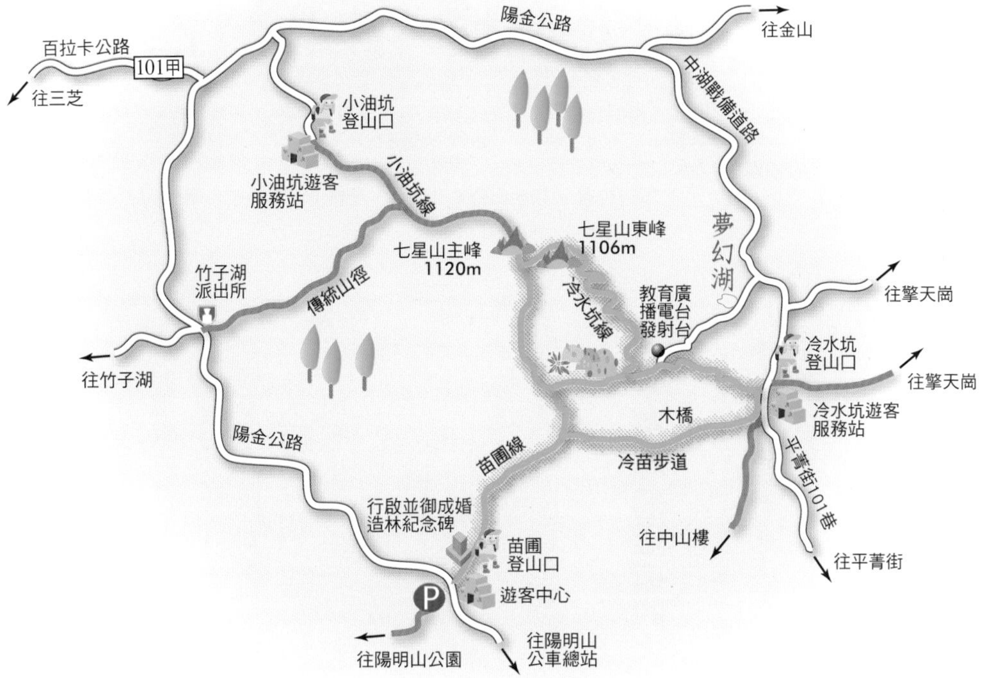

陽金公路
往金山
百拉卡公路
101甲
往三芝
中湖戰備道路
小油坑
登山口
小油坑遊客
服務站
小油坑線
七星山東峰
1106m
夢
幻
湖
七星山主峰
1120m
竹子湖
派出所
傳統山徑
冷水坑線
教育廣
播電台
發射台
往擎天崗
冷水坑
登山口
往擎天崗
往竹子湖
冷水坑遊客
服務站
木橋
陽金公路
苗圃線
冷苗步道
平菁街101巷
行啟並御成婚
造林紀念碑
往中山樓
苗圃
登山口
往平菁街
遊客中心
往陽明山
公車總站
往陽明山公園

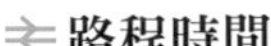

路程時間

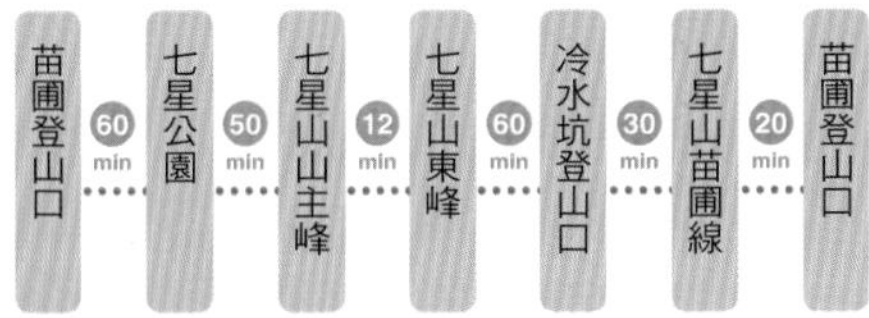

路況評價

- 登高指數：●● 580m（苗圃線）
  ● 309m（小油坑線）
  ● 366m（冷水坑線）
- 路程時間：● 約4小時（苗圃線－冷水坑線O形）
  ● 2小時（小油坑線來回）
- 步道路況：●
- 綜合評價：●（苗圃線－冷水坑線）
  ●●（小油坑線）

注意及建議事項

苗圃線海拔落差高達580公尺，較費體力。若想輕鬆登七星山，可考慮走小油坑線上山，然後由苗圃線下山。

交通資訊

• 自行開車

由台北士林走仰德大道至山仔后，接陽金公路，至陽明山國家公遊客中心旁的苗圃登山口，或至小油坑遊憩區的登山口。前往冷水坑登山口則走仰德大道至山仔后右轉菁山路，再左轉菁山路101巷，直行至冷水坑遊客服務站。

• 大眾運輸

皇家客運（台北一金山）、休閒公車109、小9公車（全程車）、陽明山國家公園遊園公車，皆可抵達遊客中心。

大屯山（主峰、南峰、西峰）

・山名　大屯山（主峰、南峰、西峰）／・海拔標高　主峰 1092m、南峰 960m、西峰 984m
・登山口高度　845m（百拉卡公路）／・三角點　內補二等三角點（主峰）
・GPS座標　主峰 301843・2785461、南峰 301361・2784917、西峰 300938・2785051
・座落位置　陽明山國家公園／・特色　大屯秋芒、蝴蝶花廊、展望極佳

大屯秋芒美，丹山草欲燃

大屯山以秋季賞芒著名，深秋時候，菅芒飛舞，浪白透紅，景色恰如三百年前郁永河《裨海紀遊》一書裡所描述的「丹山草欲燃」。陽明山國家公園的主要步道當中，以大屯南峰、西峰最稱險峻。秋日爬大屯山，不僅可以賞芒，也能享受攀爬登山的刺激與樂趣。

大屯山登山口位於大屯鞍部氣象站附近的百拉卡公路（101甲縣道）旁，這條登山步道是早期大屯山為防範森林火災而開闢的防火線。大屯山石階步道，筆直而上，將大屯山一分而二，一根根木製的舊電線桿，沿著步道上下排列，形成特殊的步道景觀。

登山步道沿途的植物以耐寒的五節芒為主，沿途皆無遮蔭。爬大屯主峰，夏日炎炎，是耐力的一大考驗；冬季時，東北季風凜冽刺骨，而以秋天行走時，景色最美，也最為舒適。

七十萬年前形成的大屯火山群

踏著石階上行，一路有五節芒、箭竹相伴，約一個小時左右，抵達大屯主峰。大屯山是台北市第二高峰，海拔一〇九二公尺，僅次於七星山。交通部在山頂設有導航基地台，因此，從百拉卡公路也有車道可到達主峰。大屯主峰設有觀景台，可以眺望鄰近的大屯南峰、西峰、面天、向天山等山。

原始的大屯火山於兩百五十萬年前形成，七十萬年前再次噴發，南峰、西

大屯山登山步道，是日據時代造林時的防火線。步道沿途有一根根舊式的木製電線桿。

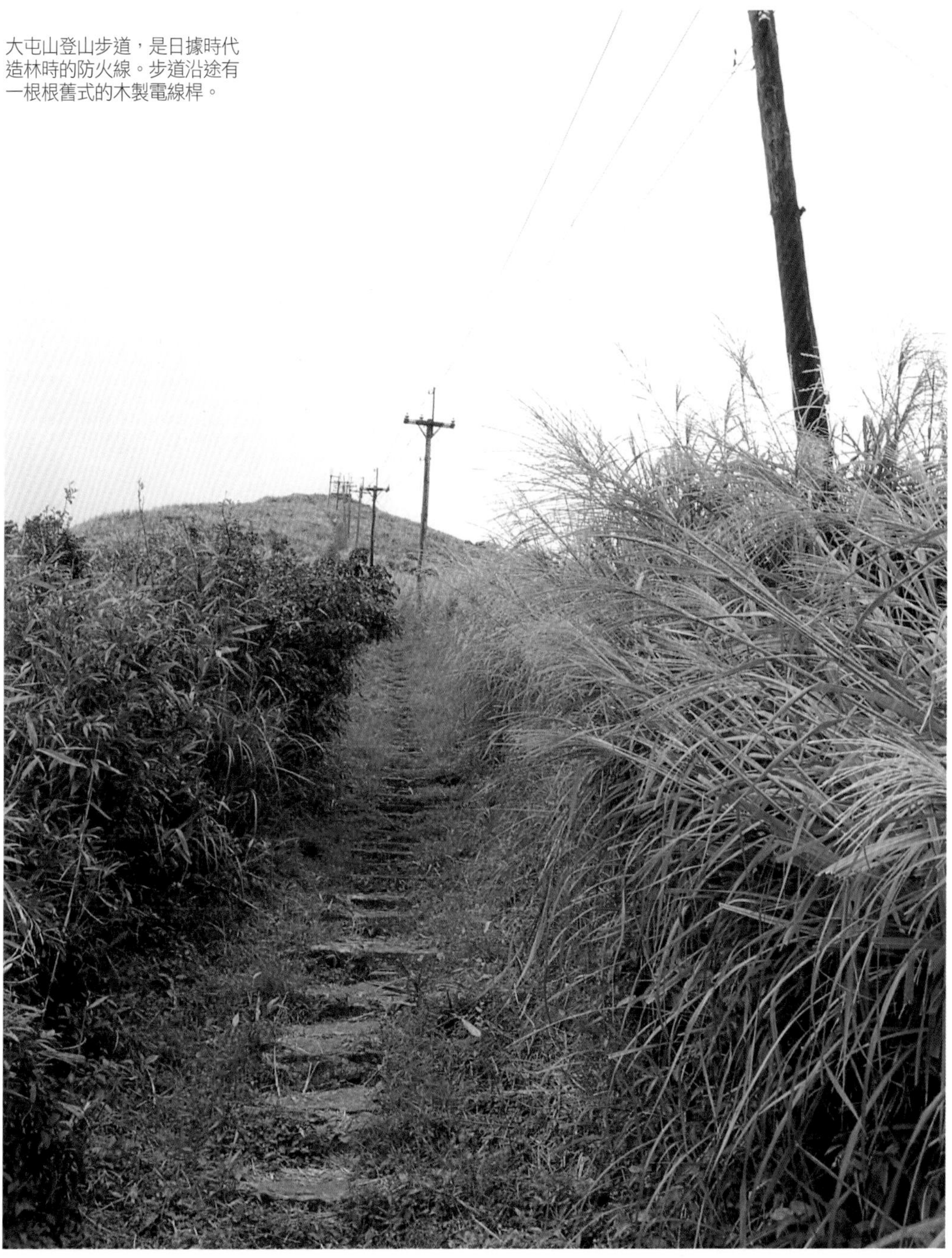

二子坪

二子坪遊憩區位於大屯主峰與二子山之間的火山凹地。由於林相茂密，適合蝴蝶棲息，成為蝴蝶走廊。國家公園設置無障礙步道，全長約1.7公里，輪椅及娃娃車都可暢行無阻，一向有陽明山國家公園五星級步道的美稱。二子坪遊憩區，設有親水生態池、解說牌、休憩涼亭、桌椅、公廁等設施，周遭有群山環繞，雲嵐飄渺，置身此地，宛如置身桃花源地，是一處適合全家老少同遊的景點。

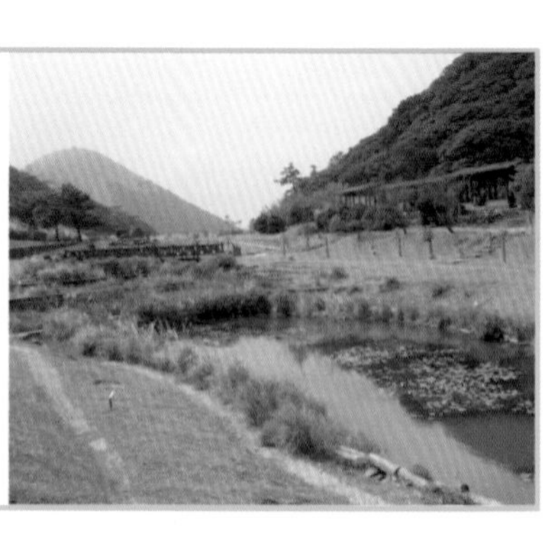

峰才與大屯主峰分離，形成今日的景觀。從大屯山主峰眺望台北盆地，淡水河遠遠蜿蜒而來，山川相映，景致迷人；落日時，夕陽餘暉灑落淡水河，更有「大屯夕照」的美稱。大屯山海拔超過一千公尺，山頭經常籠罩雲霧，視野被山嵐遮蔽，山峰時隱時現，虛無飄渺間，頗有「雲深不知處」的詩情畫意。

從大屯主峰觀景台旁的石階路下行，可通往大屯南峰。這段步道，最初以五節芒的植被為主，抵達地勢較低的背風面山谷時，溫帶闊葉林逐漸取代五節芒，林間還可聽到鳥語蟲鳴。步道穿進闊葉森林中，樹蔭低垂，宛如一條綠色隧道。不久，抵一岔路口，直行可往大屯坪、二子坪，左岔路則爬往大屯南峰。在南峰登山入口處，國家公園豎立警告牌提醒遊客：體力不佳或下雨天，勿冒然登頂。

從南峰登山口深入約一兩分鐘，石階路就變成泥土小徑，開始真正有登山的感覺。這段逐漸上坡的泥土小徑，隨著高度攀升，景觀又變成以芒草為主，芒草叢裡雜綴著一株株綠樹，為昔日造林的殘遺。漸爬漸高，山徑旁散落大小不一的岩石，不久，就登上了大屯南峰，海拔九六〇公尺。

大屯西峰，挑戰度最高

越過南峰，山徑突然陡下，出現繩索，這段陡坡路須拉著繩索，踩踏而下。這裡處於背風面，以闊葉林為主，粗碩的樹根隆起與石塊交錯，容易找到踩踏處，且有繩索輔助，所以看似險峻，但其實不難行。通過陡峭的下坡路，接上山腰的橫向步道。

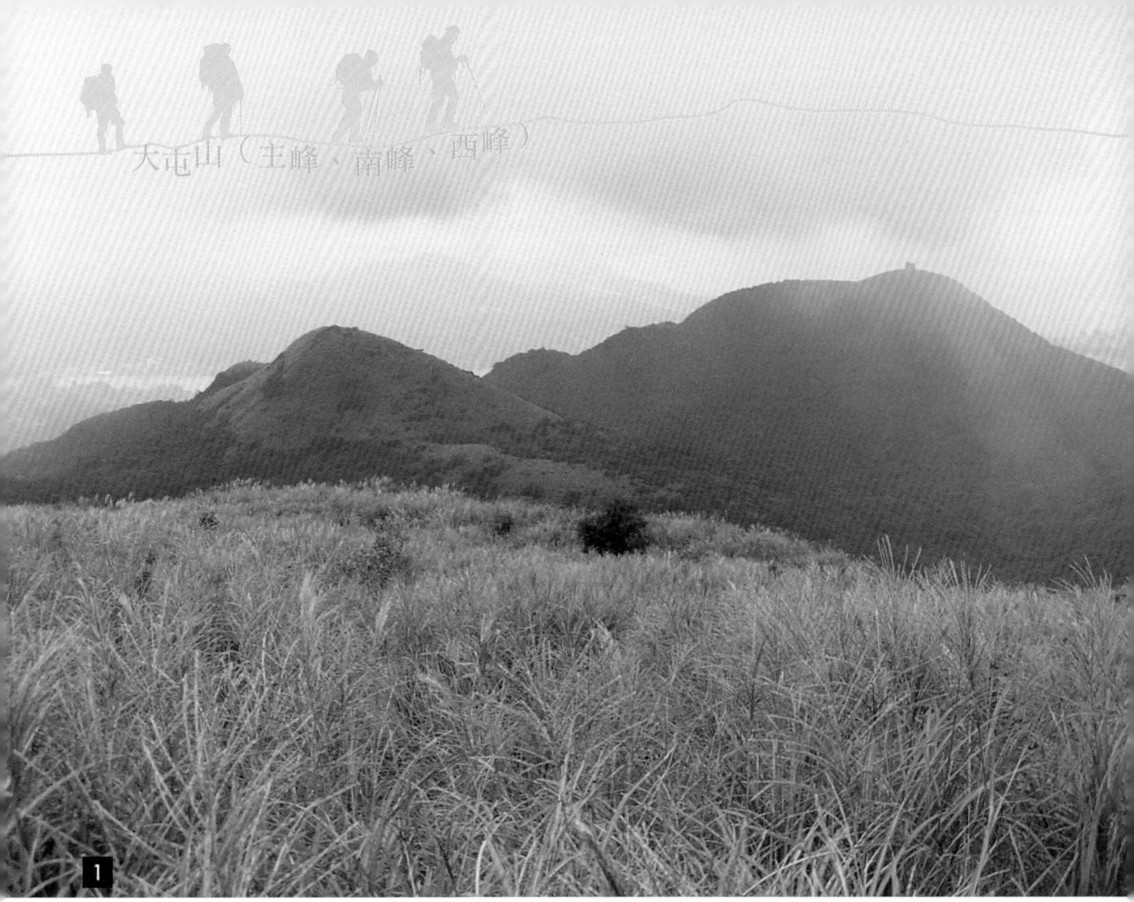

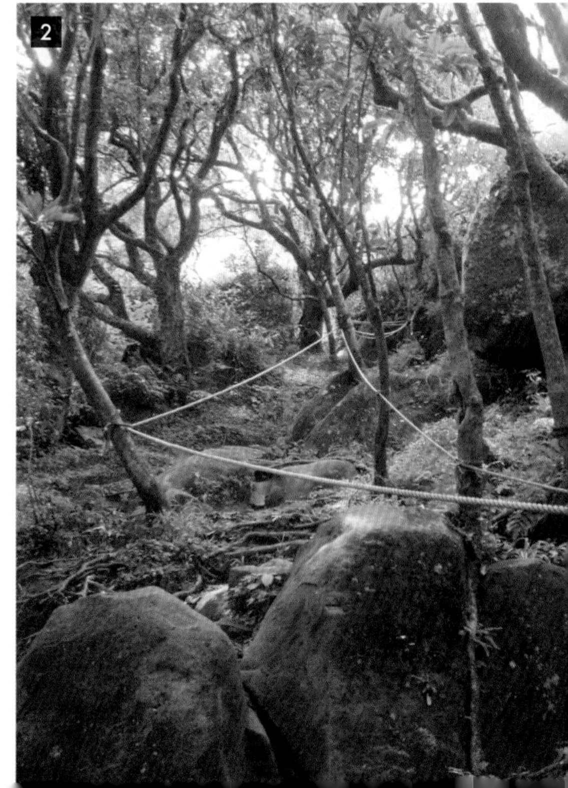

1 大屯秋芒美景，近處的山峰為大屯西峰。

2 大屯西峰陡峭路段。

附近景點

【竹子湖】

竹子湖位於大屯山、七星山與小觀音山之間的谷地，海拔高約600公尺，因氣候涼爽，而成為高冷蔬菜和花卉的專業生產地。竹子湖盛產海芋，是國內最主要的海芋栽培區，盛產期在每年的3至5月，吸引許多遊客前來摘採。竹子湖遊憩區內餐廳林立，成為市民休閒的好去處。

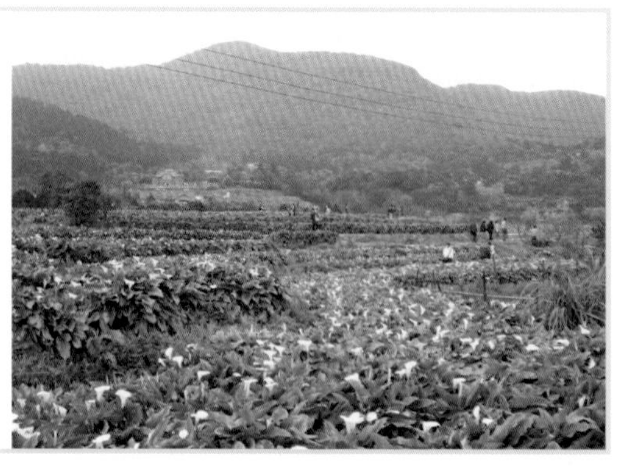

從岔路口的橫向步道，向左可往中正山，向右則通往大屯西峰。取右往西峰，這段路景觀較為原始，山徑冷清，鋪滿落葉。石塊佈滿苔痕。不久，行抵一岔路口，右岔路可繞回大屯坪，向左爬往大屯西峰。這裡又出現一塊警告牌。登西峰，是最危險的一段陡坡，比起剛才的路況，更為險峻。抬頭望，繩索高處垂降而下。這段陡坡地位於迎風面，以芒草植物為主，沒有樹根可踩踏，而坡度又陡峭，泥土鬆軟，須拉著繩索，還會覺得有些滑溜。幸好陡坡不長，可奮力攀登而上。若是下雨天爬西峰的這段陡坡，恐怕會一身泥濘狼狽。

大屯西峰，海拔九八〇公尺，展望更佳。向東眺望，面天山以東，已可看見三芝海岸線，面天山以西則淡水河口隱約可見，觀音山在雲霧飄渺中。峰頂處，有巨岩散落，站在岩石上，極目馳騁，頗有登頂的成就感。

繼續前行，山徑往下通往面天坪。下坡路段泥土路鬆滑，得小心行走。不久進入闊葉林，宛如下南峰的陡坡路，有繩索及巨樹盤根相輔助。手腳並用約二十餘分鐘，終於抵達面天坪。面天坪是附近山路的交會處，可登大屯西峰；可通往向天池或清天宮，由新北投下山，或者至二子坪，接百拉卡公路，返回大屯山登山口。

走往二子坪，沿途有日據時期種植的黑松林聳立出於山坡，這些松樹因遭蟲害，不少已枯死，形成獨特的枯林景致。抵達二子坪遊憩區，再走二子坪步道返回百拉卡公路的大屯山登山口，完成了這精彩刺激的大屯主、南、西峰的縱走行程。

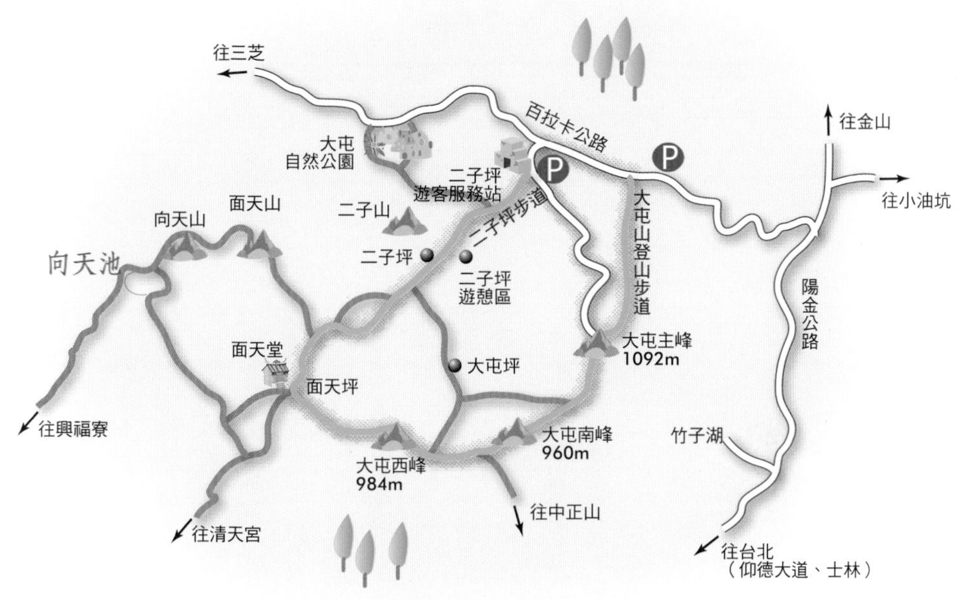

路程時間

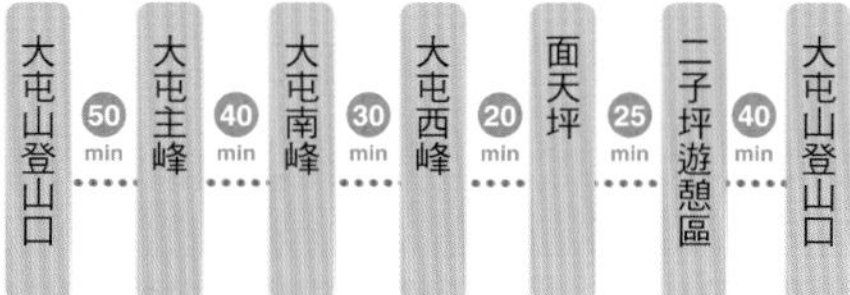

路況評價

- 登高指數：●● 247m（大屯山登山口－大屯主峰）
- 路程時間：●● 3.5小時（O形路線）
- 步道路況：● 登山口—大屯主峰
  ●● 主峰—南峰—西峰—面天坪
  ● 面天坪—二子坪—登山口
- 綜合評價：●

注意及建議事項

大屯南峰、西峰路況較陡峭危險，幼童及老弱不宜。登上大屯主峰後，可直接經由大屯坪至二子坪遊憩區。

交通資訊

• 自行開車

由台北士林經仰德大道、陽金公路至小觀音站，左轉百拉卡公路（101甲縣道），約2公里左右，即可抵達大屯山登山口。或由淡水往三芝的101縣道至北新莊右轉百拉卡公路，上行約6公里抵達大屯山登山口。

• 大眾運輸

皇家客運於七星山站下車，再走百拉卡人車分道，約30分鐘至大屯山登山口；或轉搭乘遊園公車108至二子坪站。

面天山、向天山

・山名　面天山、向天山／・海拔標高　977m、950m
・登山口高度　438m（清天宮）、785m（二子坪登山口）
・三角點　面天山　三等三角點1100號、向天山　無基石
・GPS座標　面天山300057・2785398、向天山 299837・2785285
・座落位置　陽明山國家公園／・主要登山路線　A. 二子坪線　B. 清天宮線
・特色　山形優美、展望極佳、火口湖

面天山、向天山，美麗的錐形火山體

面天山、向天山是陽明山國家公園內的名山，兩座山都屬於大屯火山群的成員，山峰極為優美；尤其是面天山，錐狀的弧線直可媲美日本富士山。向天山的山腹則擁有陽明山國家公園內最完整的火口湖——向天池。登面天山、向天山，不僅可以眺覽美麗的淡水河口及北海岸風光，步道沿途也有明媚的自然景觀，面天坪附近更以發現凱達格蘭族史前遺址而著名。

面天山、向天山連成一系，大多數的登山客都以兩座山連登為主，循著步道可繞一圈○形來回，並順遊向天池。主要的登山口有二，一從二子坪遊客服務站進入，一從新北投復興三路底的清天宮出發；二子坪的海拔較高，爬往面天山較節省體力。若從清天宮起登，則得爬升五百公尺，可衡量個人體力，選擇適合的登山口。

從二子坪前往面天山，一開始先進入一點七公里長的二子坪步道，一路平緩，又有怡人的林蔭，可以悠適地迤迤而行。抵達二子坪遊憩區後，即望見不遠處的面天山，錐狀的山頂有兩大片微波反射板，相當醒目。二子坪遊憩區，有涼亭、小橋、池塘，可以做為中繼點，在此稍作休憩。

面天坪史前遺址，面天山菅芒浪白

繼續前行，進入一小段松林棧道，這裡有昔日造林的遺跡。若是夏日造訪，整座森林裡蟬鳴不斷，台灣騷蟬、陽明山暮蟬爭鳴，鳴調各不同，有如交響

向天池，為陽明山國家公園內最完整的火口湖。連續豪雨過後，才看得見湖水美景。

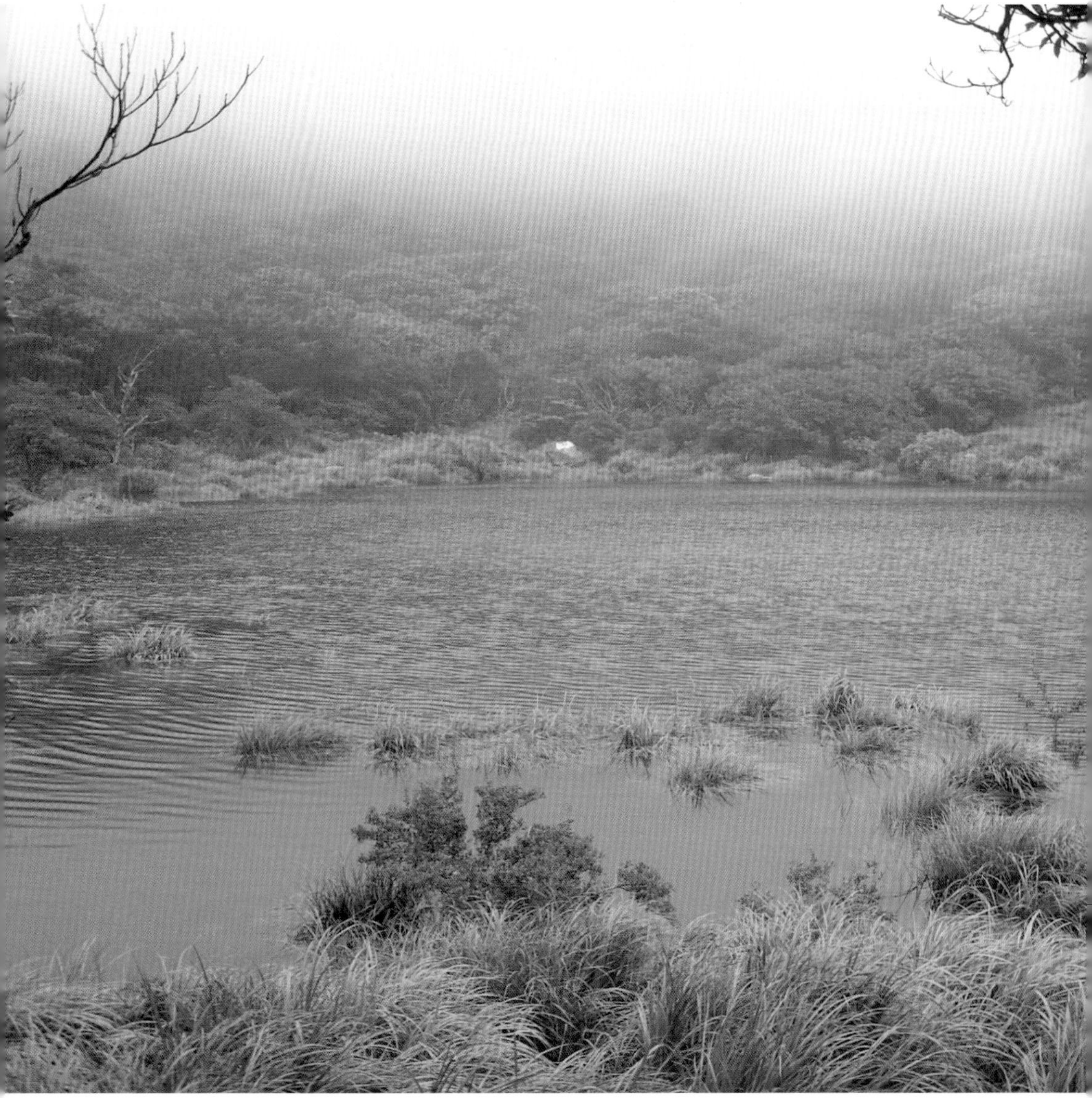

太子碑

太子碑，全名為「皇太子殿下行啟紀念碑」，建立於大正十四年（1925年）。大正十二年，日本皇太子裕仁來台，進行12天的訪問，曾至草山一遊。北投地方人士為紀念此一盛事，而於面天山腹立碑紀念。台灣光復後，碑石及碑文曾遭破壞，近年來國家公園重新豎立碑石，供遊客參觀。

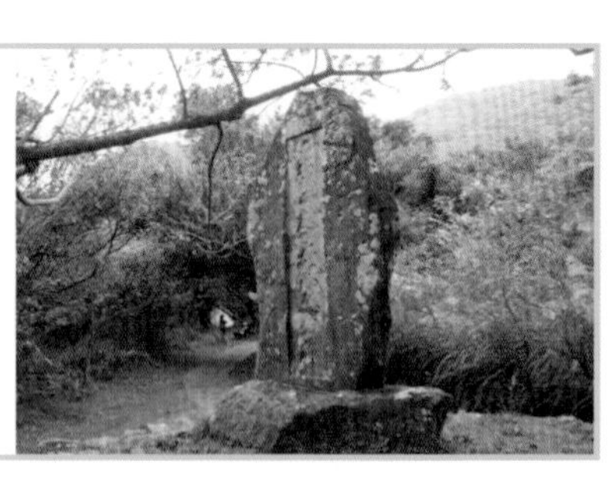

樂般，令人莞爾。

過松林棧道，抵達岔路，右有山徑，左為寬闊的土路，兩條路殊途同歸，皆可抵達面天山登山口。右側的小徑繞路較遠，但穿行森林間，較為舒適。途經一座木橋之後，右側草間有古樸的駁坎殘牆，就是著名的面天坪一號遺址了。雜草叢生的遺址內有一根根的石柱，為杆欄式的建築遺跡。據學者考查，認為可能是凱達格蘭族大屯社的遺址之一。若未進入小徑，而取直行的寬闊土路，則沿途有不少柑橘樹。昔日農民在這片山區種植柑橘，如今已廢棄，柑橘成為野生植物。附近山坡也有不少高挺的枯松，是日據時代造林的遺跡，因蟲害，松樹多已枯死，僅剩枯幹聳矗，別有一種悲愴的氣氛。

不久，來到面天山的登山口，指標上寫著往「面天山六百公尺」。可別小看這短短的距離，從這裡起登，得爬升近兩百公尺，都是陡上的石階路，至少得花上二十、三十分鐘。體力不好者會氣喘如牛。一路向上爬，當植被景觀由闊葉林轉為芒草，風勢漸強勁時，這表示山頂就快到了。面天山為獨立的山頭，又迎向東北季風，山頂附近以耐寒的五節芒為主要植物。接近面天山時，若是深秋季節，可望見向天山頂附近的五節芒在風中飛舞，彷若波濤浪湧，煞是迷人。

陽明山國家公園內最完整的火口湖——向天池

抵達面天山山頂，看見矗立著兩座巨大的微波反射板，其作用是提高無線電通訊微波的傳遞品質。山頂有一座觀景台，天氣晴朗時可遠眺淡水河口及八里一帶，北海岸的淡水三芝海岸也都歷歷在目。

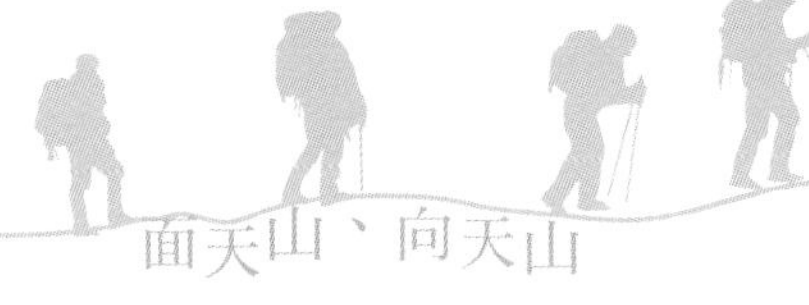

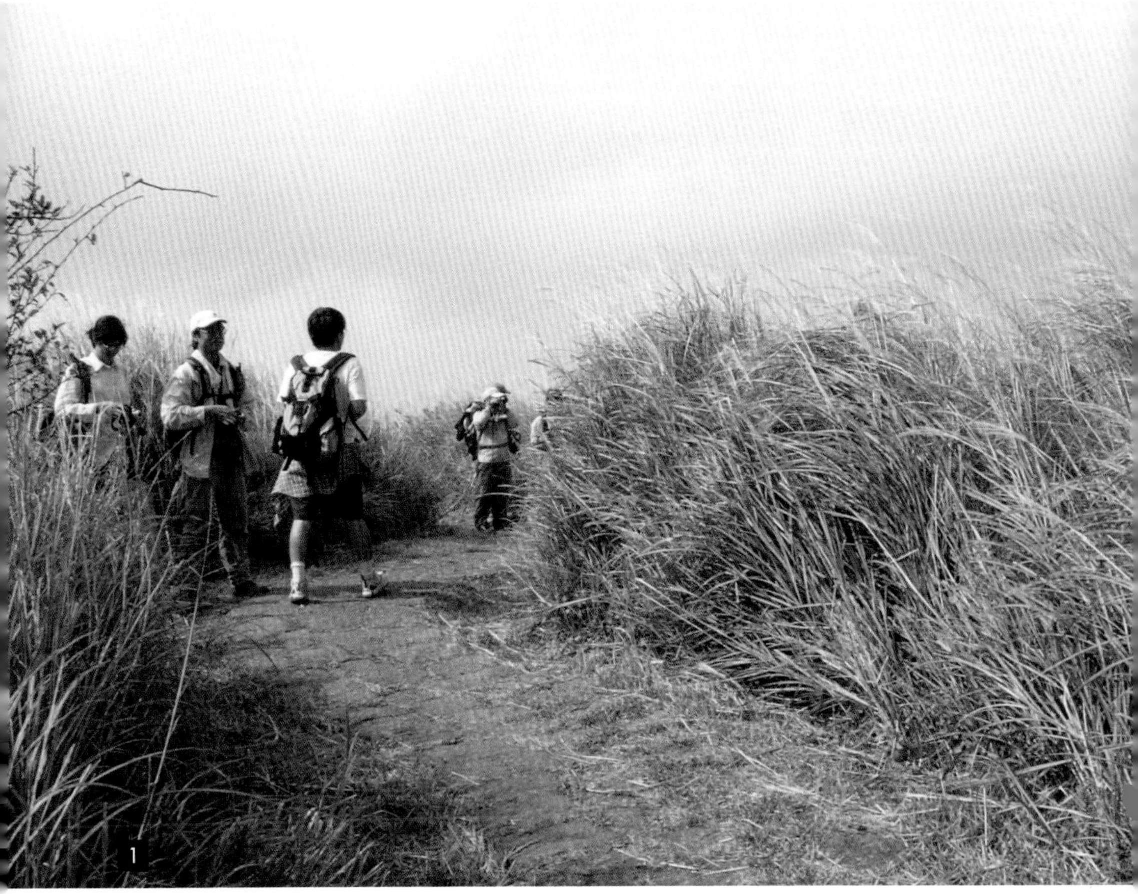

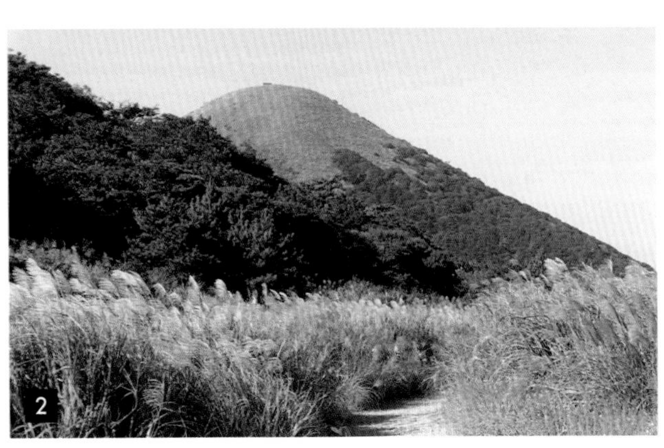

1 向天山頂，周圍盡為芒草，無展望。

2 從二子坪遊憩區遠眺面天山，優美的錐狀山形讓人留下深刻印象。

附近景點

【大屯自然公園】

大屯自然公園一帶，俗稱「草濫仔」，昔日有一「破埤仔」池塘，民國七十四年（1985年）陽明山國家公園成立後，將此地闢建為大屯自然公園。此地位於大屯西北山腰，海拔約800公尺，自然公園裡栽植杜鵑、山櫻、楓香、紅楠、筆筒樹等花木，湖光山色，美不勝收。大屯自然公園就位於百拉卡公路旁，交通便利，公園內有步道與二子坪步道相通，是一處適合家庭出遊的景點。

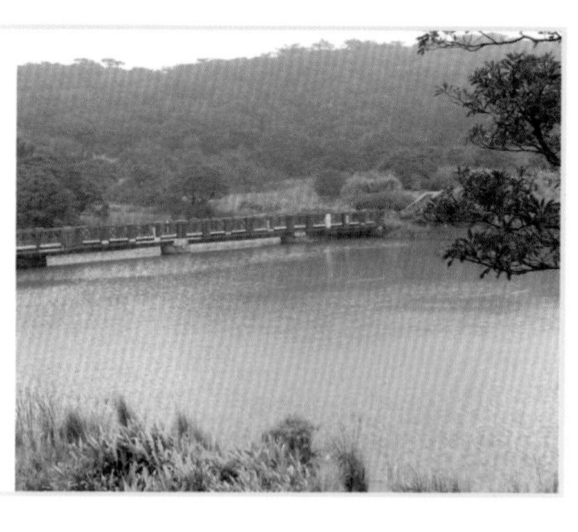

續前行，下坡路至面天、向天山之間的小鞍部，然後再上爬至向天山。向天山山頭較平緩，周遭盡是芒草，展望遠不如面天山。由向天山繼續前行，隨即進入背風面，芒草景觀被闊葉森林所取代，約一、二十分鐘，便抵達了著名的向天池。

向天池，為陽明山國家公園最完整的火山口遺跡，直徑約三七〇公尺，深一三〇公尺，平時乾涸，雨季時才會積雨成池，水深最高可達五公尺。平時來時，向天池不見池水，池底平坦，為一片草地，其間散落幾塊巨岩，周圍有山巒環抱，像是個小盆地。環湖有步道，池畔有木椅可休憩，步道可通往淡水的興福寮，或往新北投的清天宮，或繞返二子坪。

由向天池走回二子坪遊客服務站，約二點五公里，沿途景觀頗為多樣，有松林茂竹；松樹，是昔日的造林遺跡，有的已枯死，有的直聳參天；優雅的竹林，則為昔日農民拓墾的遺跡。途中遇岔路，有指標往清天宮，走往岔路，約兩、三分鐘，就會經過太子碑遺址，可以順道繞往參觀。

返回二子坪的路上，會先經過面天坪，附近林蔭怡然，常可看見松鼠在林間跳躍，並頑皮地向遊客討食。這附近地勢平坦，林間草叢隱約可看見殘垣遺跡，這就是學者調查過的面天坪史前遺址了，遺址大致散布在面天坪這塊狹長的谷地。繼續前行，繞回面天山的登山口，接著循原路，返回二子坪遊憩區，再走二子坪步道，返回遊客服務站。

若選擇由新北投的清天宮上山，則約二點二公里路程可到向天池，然後登向天山，再登面天山，由面天山下山至面天坪再返回清天宮。這條路線海拔落差大，頗費體力，具有挑戰性。

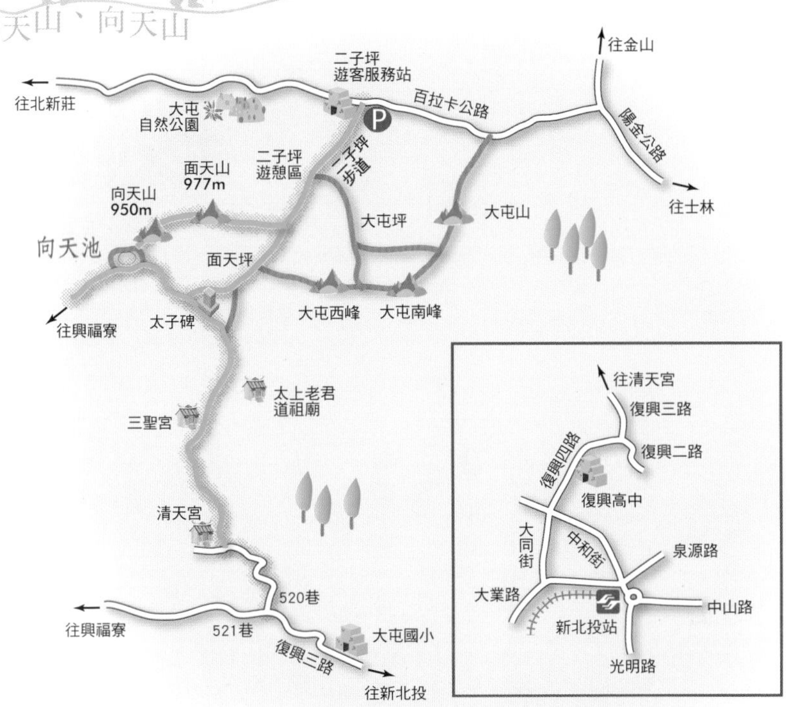

路程時間

二子坪遊客服務站 →（30 min）→ 二子坪遊憩區 →（25 min）→ 面天山登山口 →（15 min）→ 向天山 →（15 min）→ 向天池 →（25 min）→ 太子碑 →（25 min）→ 二子坪遊憩區 →（30 min）→ 二子坪遊客服務站

清天宮 →（30 min）→ 三聖宮 →（20 min）→ 太子碑 →（25 min）→ 向天池 →（25 min）→ 向天山 →（15 min）→ 面天山 →（30 min）→ 面天坪 →（50 min）→ 清天宮

路況評價

- 登高指數：●● 192m（二子坪登山口）
  ● 539m（清天宮登山口）
- 路程時間：● 約3小時O形來回
- 步道路況：●
- 綜合評價：●（二子坪登山口）

注意及建議事項

步道設施完善，全程以安山石階路為主。雨後濕滑，晴天路況佳。

清天宮登山口海拔落差較大，體力差者，可考慮從二子坪方向登面天山。

交通資訊

• 自行開車

1. 由台北士林經仰德大道、陽金公路至小觀音站，左轉百拉卡公路（101甲縣道），約2公里左右，即可抵達大屯山登山口。或由淡水往三芝的101縣道至北新莊右轉百拉卡公路，上行約6公里抵達二子坪遊客服務站旁的停車場。
2. 走大業路至新北投捷運站，左轉中和街，再右轉復興四路，再接復興三路，至終點的清天宮。

• 大眾運輸

1. 皇家客運於七星山站下車，再走百拉卡人車分道，約30分鐘至大屯山登山口；或搭乘遊園公車108至二子坪站。
2. 搭捷運淡水線至北投站，轉搭小6公車至新北投復興三路清天宮站下車。

紗帽山

・山名　紗帽山／・海拔標高　643m
・登山口高度　441m（陽明湖）、347m（大埔）／・三角點　三等三角點1021號
・GPS座標　303931・2782537／・座落位置　陽明山國家公園
・主要登山路線　A. 前山公園線　B.大埔線
・特色　山形優美、展望佳、古墓、古亭

紗帽山，形似烏紗帽，山形優美

紗帽山，是陽明山國家公園能見度最高的一座山。每當開車經過山仔后、文化大學路段時，就會看見離公路不遠處，那圓錐狀的美麗山峰。紗帽山，山形酷似古代官員所戴的烏紗帽，因而得名。紗帽山屬於七星山南翼的一座寄生火山，山頂上散落幾塊安山岩巨石，為昔日火山的遺跡。

紗帽山有兩個登山口，一在陽明山前山公園旁，另一在紗帽路的大埔站附近，前者的交通較為便利，登山口距離陽明山公車總站約一、兩百公尺遠。從登山口至山頂，約零點九公里而已。

從登山口拾階而上，石階路呈之字形緩緩上行，夏日造訪時，沿途蟲鳴鳥叫聲不絕於耳，不時還可看到小蜥蜴從路旁竄行而過，還有五色鳥一路「咕嚕！咕嚕！」響徹林間，顯示這裡生態的豐富。走在林蔭間，無日曬之苦，但一路爬坡，不知不覺間，汗水已濕透衣衫。約行二十分鐘，步道變為平緩，附近地勢平坦處，出現柳杉造林的遺跡。步道右側有一塊古樸的地界石，岩面兩側分別寫著「陳界」、「何界」。再往前走幾步，左側有一條小徑通往附近的一座古墓。小徑入口處有一座古旗桿座，上面寫著：「咸豐乙卯科中式六十六名舉人孫霞林敬立」。古墓是清代舉人陳霞林的祖母墓，陳於咸豐五年（一八五五年）考中舉人，因此，得以在祖墳前設旗杆座，以光宗耀祖。陳霞林的祖母墓建於「道光壬辰年」（道光十二年，西元一八三二年）。主墓之前，另有一座小墓，是陳霞林祖母的婢女墓。

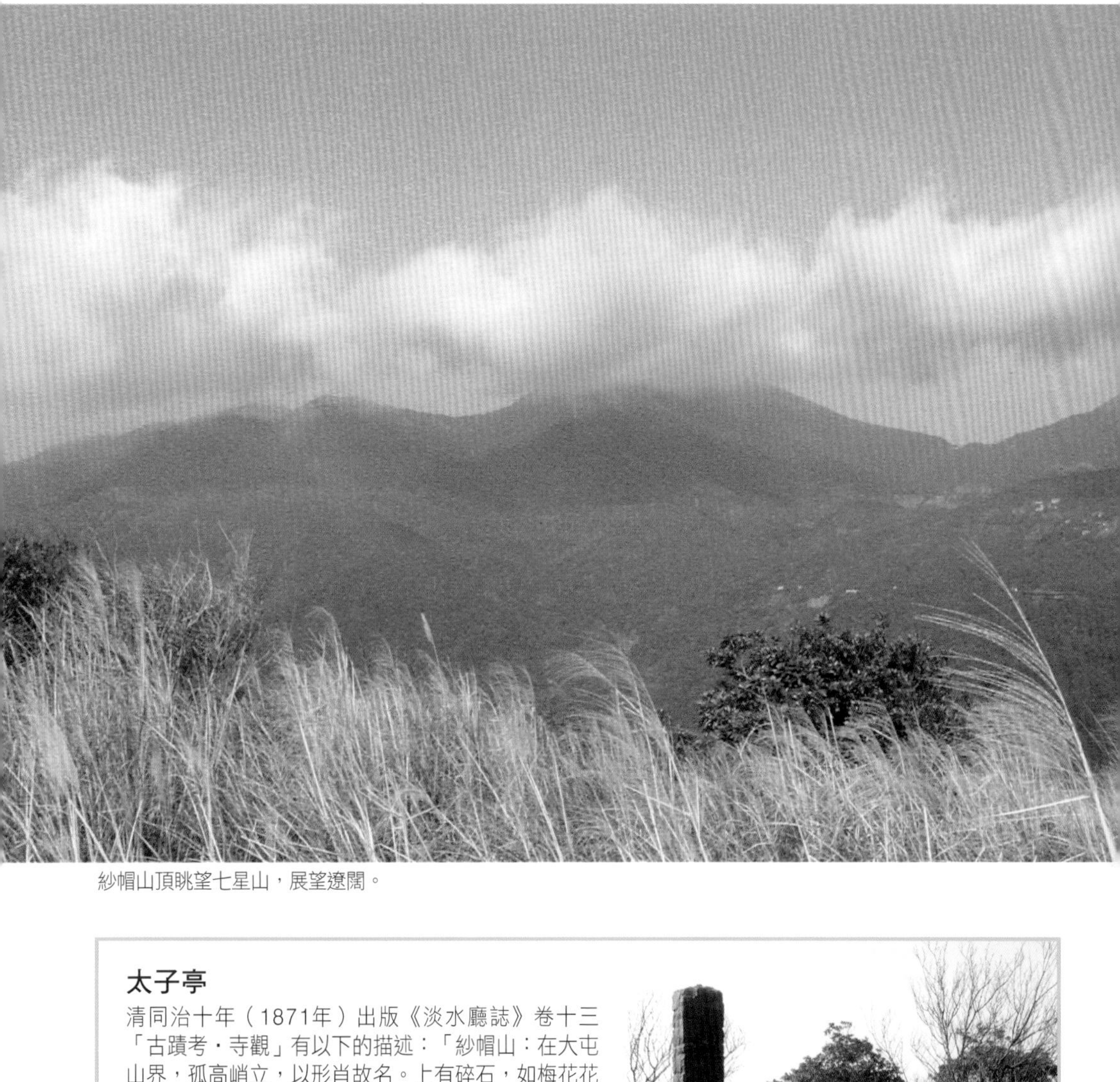

紗帽山頂眺望七星山，展望遼闊。

太子亭

清同治十年（1871年）出版《淡水廳誌》卷十三「古蹟考・寺觀」有以下的描述：「紗帽山：在大屯山界，孤高峭立，以形肖故名。上有碎石，如梅花花瓣，風來即動，俗呼風動石。石窩有若花心，蓄水斗許，汲乾後自滿。」風動石的勝景早已消失，山頂僅存幾塊安山岩巨石而已。山頂附近步道旁，有一四方平台舊亭遺跡，民間稱為「太子亭」，相傳是昔日為歡迎日本皇太子裕仁訪問草山時所搭建的，是否屬實，已不可知。大正十二年（1923年）裕仁來台，曾走訪草山，但只短暫停留，並未登上紗帽山。

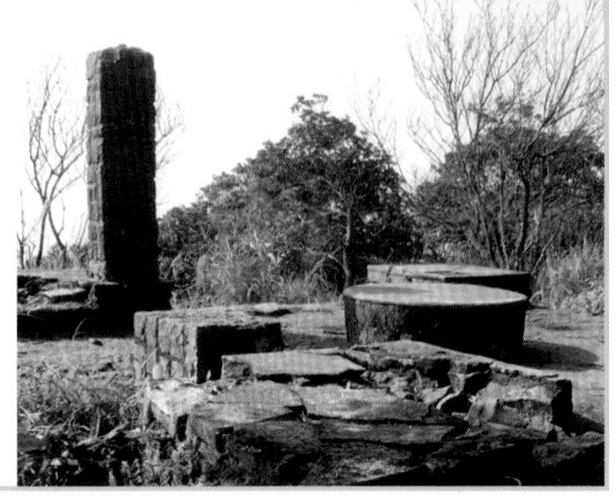

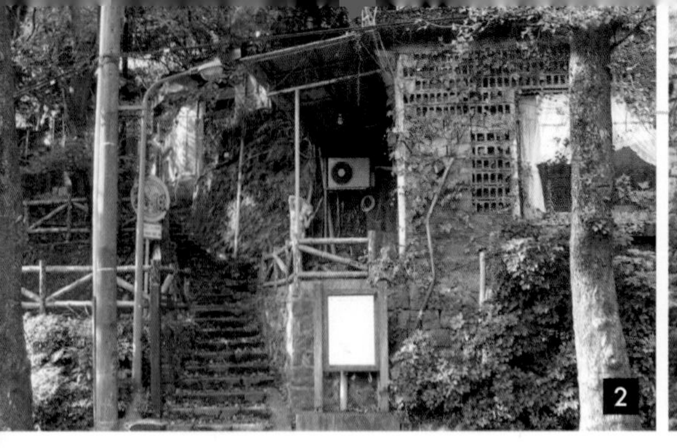
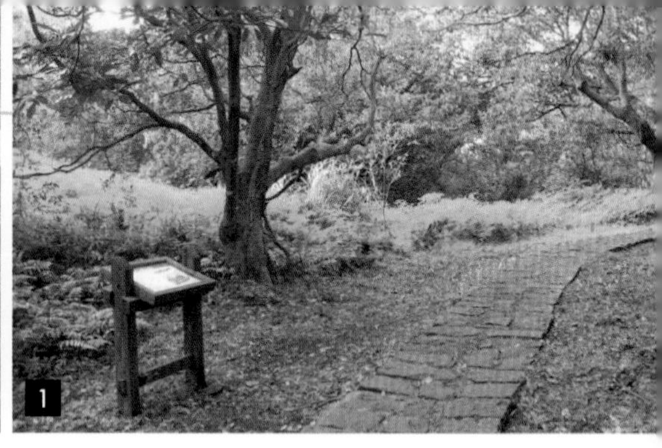

1 紗帽山登山步道，途中一平緩段路。沿途路旁常見的相思樹、楓香、山櫻花、柳杉、黑松等，是日據時代人工造林的遺跡。

2 紗帽山登山口（前山公園陽明湖對面），位於紗帽路117之3號民宅旁。

紗帽山展望佳，太子亭望北投

繼續前行，末段路稍陡，不久就登上了紗帽山。紗帽山標高六四三公尺，山頂腹地不大，小小的平台前，散落著幾塊安山岩岩石，這裡有豎立一塊解說牌，介紹紗帽山的火山地質。天氣晴朗時，山頂展望極佳。對面聳立的高山，正是台北市第一高峰七星山，右側的竹嵩山，左方的大屯主峰，都在視線之內。俯瞰，則可望見陽明山遊客服務中心及中山樓的美景。

再往前走就遇見紗帽山的三角點基石，前面有一座四方形平台的涼亭遺跡，是民間傳說的太子亭，在此可以眺覽北投方向的山巒美景。再往前走，就是往大埔登山口的方向下山了。若不想走遠，則可以在太子亭折返。下山的步履輕鬆許多，約二十幾分鐘就可返回前山公園。

若從太子亭繼續前行，一路下坡，林間頗幽雅，途中有不少巨樹。下坡路約一點一公里，步道出口接紗帽路，紗帽路又稱「陽投公路」，是北投上陽明山的主要幹道。從這裡往回走上坡路，約三十分鐘，就可回到前山公園的登山口。

附近景點

【前山公園】

位於陽明山仰德大道的台北市教師研習中心旁，公園內林木扶疏，有小橋流水及遊憩設施。公園內還有兩間公共浴室，可自由洗浴。台北市教師研習中心的前身，是日據時代的「草山眾樂園」公共浴場舊址，前山公園公共浴室，則是創建於昭和五年（1930年）的「眾樂園」溫泉浴室。前山公園花木森蔚，是清涼消暑的好去處，可以在此泡茶賞花，或悠閒散步於步道間，或在溫泉溪水裡泡腳。假日時，這裡人潮熱鬧，常可見到全家出遊。

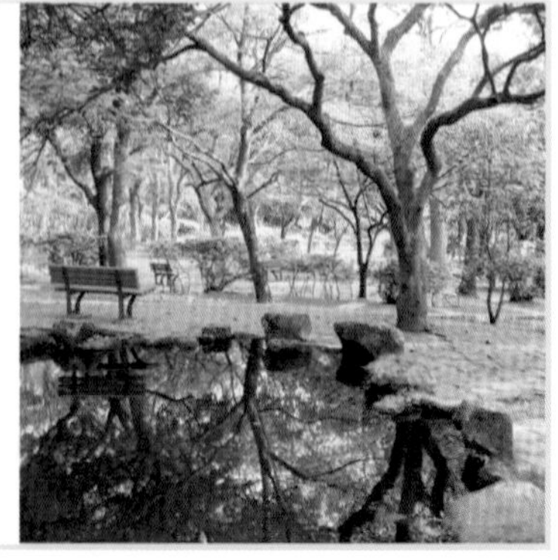

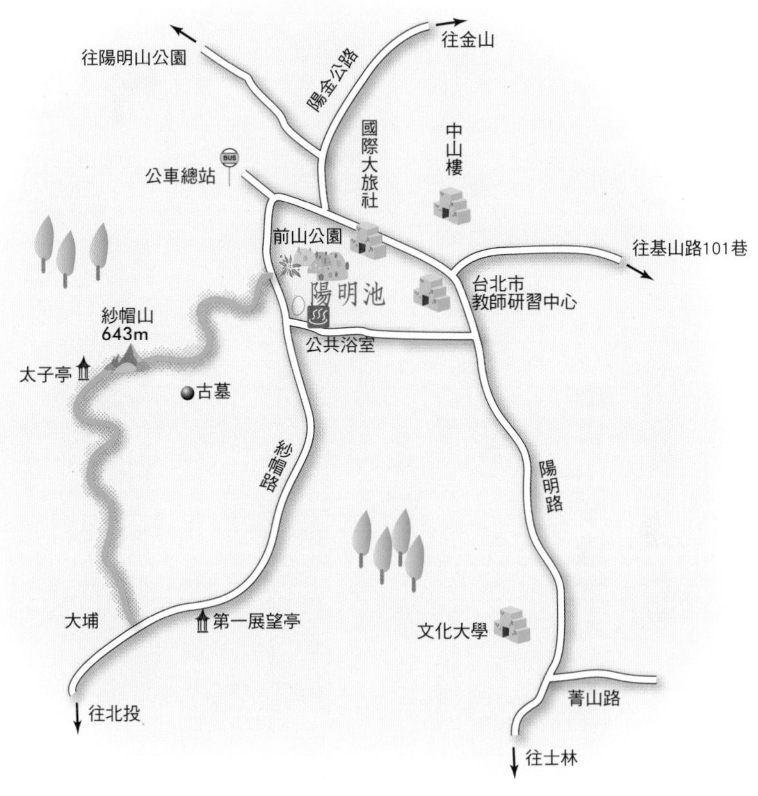

路程時間

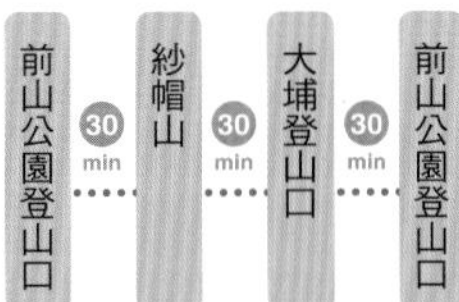

註：若從大埔登山口起登，至紗帽山，上坡路約40～50分鐘。

路況評價

- 登高指數：●● 202m（前山公園）
  ● 296m（大埔）
- 路程時間：● 約1小時（原路來回）
- 步道路況：●
- 綜合評價：●

注意及建議事項

紗帽山步道路程短，適合半日遊、全家出遊。老弱不適合爬山者，可在前山公園內遊憩。附近公共浴池或民營的溫泉會館可泡湯。

交通資訊

• 自行開車

由台北市士林走仰德大道或由北投走陽投公路直達上山可抵達前山公園。

• 大眾運輸

可搭乘260或230路公車抵陽明山前山公園。或在捷運淡水線劍潭站搭乘往陽明山國家公園的休閒公車109或111，於陽明山站下車。登山口在紗帽路117之3號民宅旁。

中正山

・山名　中正山／・海拔標高　646m
・登山口高度　514m（十八份福德祠）／・三角點　北市三角點10號
・GPS座標　301167・2783557／・座落位置　台北市北投區
・主要登山路線　A. 十八份福德祠　B.竹子湖第一登山口
・特色　展望極佳，賞蝶賞鷹

中正山展望佳，遠山近水景色如畫

中正山，原名「彌陀山」，又稱「十八份山」、「大竿林山」，後來因南坡植樹時，以大樹排列成「中正」兩字，由市區遠眺，字跡清晰可見，因此改名為「中正山」。中正山位於大屯山系南側最高的一座山峰，俯臨北投、關渡平原，居高臨下俯瞰台北盆地，可眺覽基隆河、淡水河蜿蜒流經關渡平原、觀音山橫臥淡水河畔，遠山近水，景色如畫。

登中正山，可從東北面的竹子湖產業道路的第一、二登山口進入，由上往下走；或由東南面及南面的北投十八份起登，由下往上走。十八份有幾個登山口，距離中正山最近的登山口，是位於「登山路」終點的十八份福德祠。這裡設有方便的停車場及休憩涼亭，距離中正山僅零點五公里，約二十分鐘即可輕鬆登頂。

登中正山，也可以很具有挑戰性。若從山腳下的新北投捷運站開始爬，經由泉源路至交通部郵政訓練所後方的登山步道上山，則路程相當遠，爬坡路長，頗費體力，約一點五小時才能抵達十八份福德祠的登山口，屬於健腳級的行程。

中正山步道怡人，欣賞蝶舞鷹翔

另一種折衷的選擇是從新北投捷運站附近搭乘小7公車至終點站「嶺頭站」。嶺頭站附近有「詹氏大宗祠」及「張公聖君廟」。張公聖君廟旁有一棵樹齡兩百多歲的茄苳樹，高十五公尺，樹圍四百四十五公分，被市政府列為珍貴老

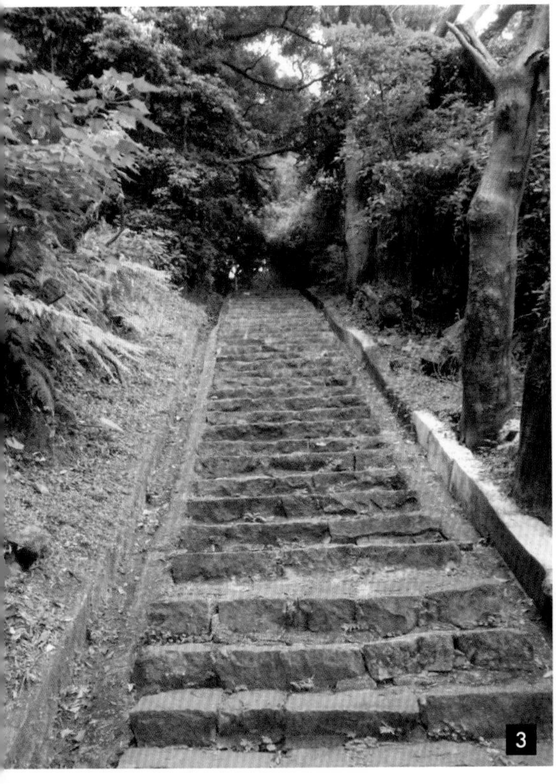

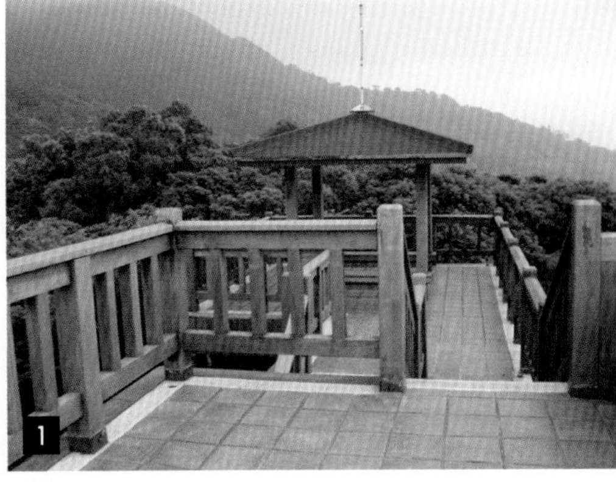

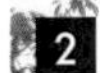

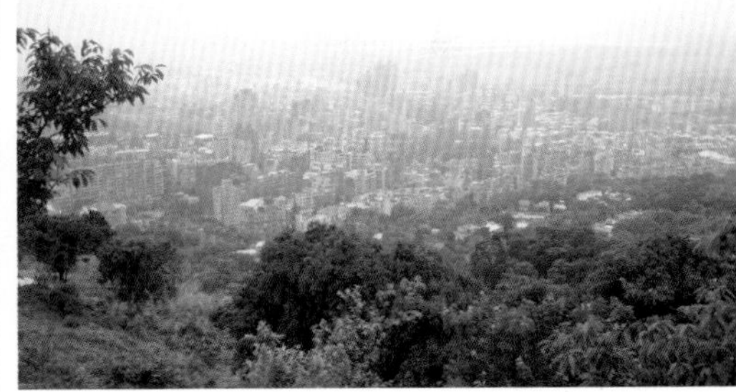

1 中正山觀景台。

2 登山路途中眺望關渡平原、基隆河、淡水河。

3 從郵政訓練所起登，登山步道沿途爬坡，通往中正山十八份福德祠登山口。

十八份

清朝年間，有泉州移民十八姓，向當地原住民買地開闢，故名「十八份」，今行政區域為泉源里。

十八份嶺頭「張君聖公廟」，是泉州地區特有的信仰。相傳張君聖公是宋朝時的張姓兄弟，曾在福建泉州為地方鎮服蛇妖，死後鄉民感念其恩德，而尊稱其為「法主公」，並立廟祭祀。「張君聖公廟」旁有一棵樹齡200多歲的茄苳樹，亦見證了十八份悠久的拓墾史，被當地人奉為「泉源聖君茄苳王」。

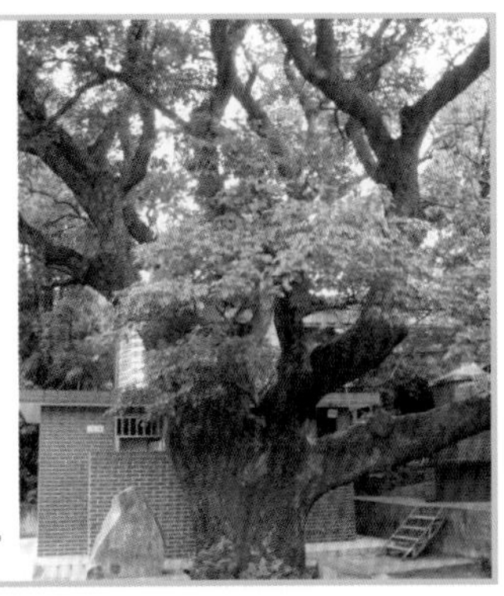

十八份老茄苳樹。

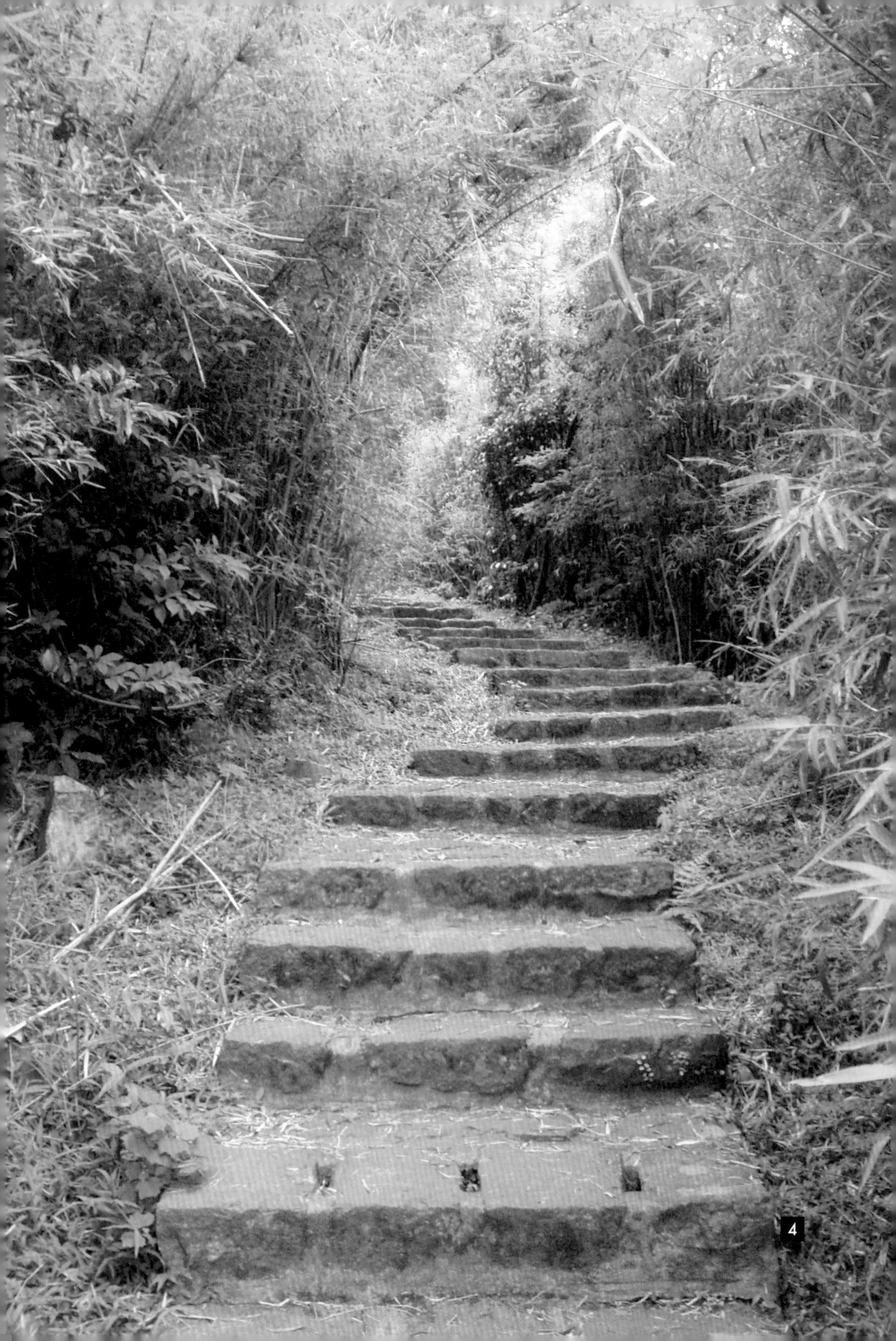
4

4 石階爬坡路，約0.5公里，即可抵達中正山。

附近景點

【竹子湖登山路線】

從竹子湖方向登中正山有兩個登山口，第一登山口位於中正山產業道路（竹子湖路）途中，第二登山口位於中正山產業道路終點。第二登山口因發生崩塌，目前封閉中，何時開放尚未確定。第一登山口距離中正山約2.1公里，全程均為石階路，路況良好。從登山口出發，先走一段上坡路，爬升100公尺至海拔800公尺左右，然後轉為下坡路，直抵中正山為主。全程約有1.3公里屬於下坡路。因此，上山較輕鬆，下山反而有較多的爬坡路段。

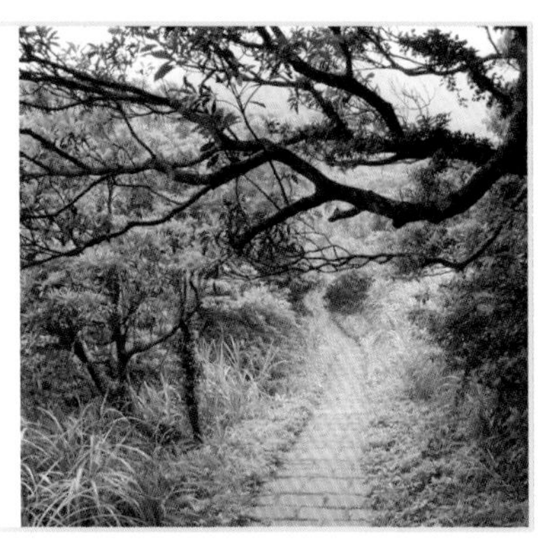

樹，值得順道參觀。

登山路從詹氏大宗祠前約五十公尺，左轉往中正山產業道路，路口有「登山小棧」餐廳的指標，上行約兩百多公尺，路旁有中正山親山打印台的木亭，木亭對面即可看見登山步道，拾階而上，取直行的石階路數次穿越迂迴盤繞的產業道路，約四十分鐘，抵達道路終點的福德祠登山口。

從登山口上行，一路都是石階路陡上，步道旁為幽雅的竹林，中途也有兩、三戶農家，假日營業提供當地山餚野菜等餐飲。石階路寬闊好走，雖然一路陡上，但因路程不遠，且沿途有綠蔭幽林，放慢腳步，沿途欣賞樹木花草、彩蝶飛舞，並不覺疲累，約二十分鐘，便可登上中正山。

中正山頂建有兩層樓的觀景台，登高望遠，七星、大屯、紗帽環繞周遭，山腳下的北投、關渡平原、基隆河、淡水河盡覽無遺。附近相思樹頗多，形成一片綠海。中正山區的生態環境極為豐富，因此蘊育許多昆蟲資源，這一帶的蝶類有將近一百種，約佔台灣產蝴蝶種類的四分之一，每年四月至十月蝴蝶數量較多，不時可看見蝴蝶飛舞。而這片山區的天空，亦常見大冠鷲、灰面鷲在空中盤旋。

從中正山續行，約零點八公里可抵達竹子湖第二登山口，惟此路段因山崩已暫時封閉；往竹子湖第一登山口路程約二點一公里。抵達竹子湖產業道路，續沿著產業道路前行，再銜接石階步道，即可抵達竹子湖觀光農園區。

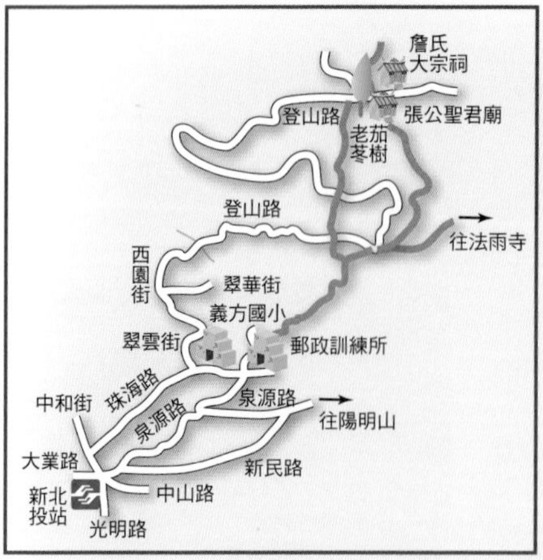

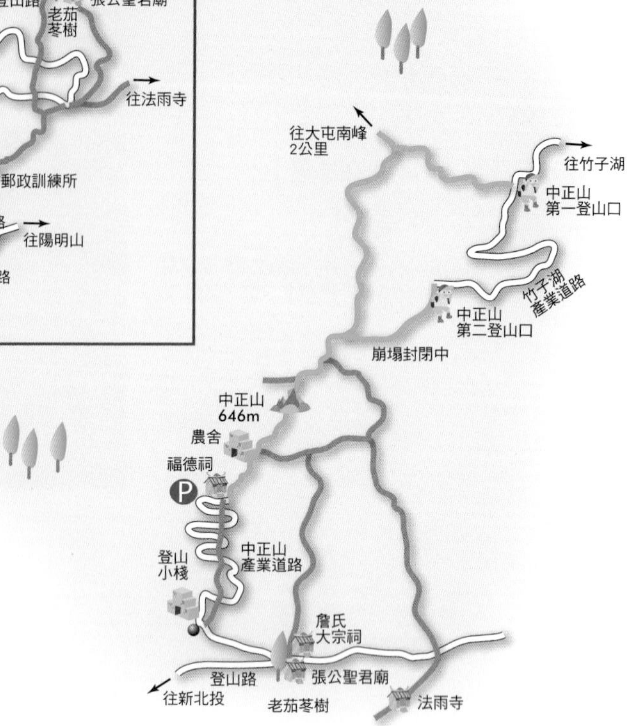

路程時間

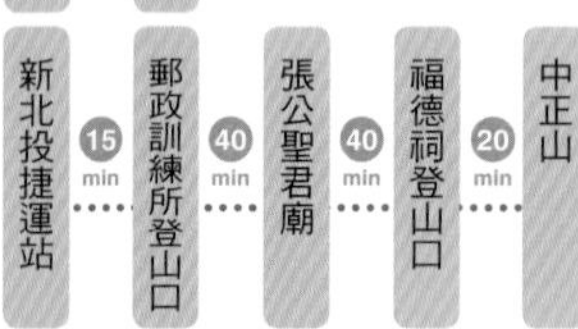

路況評價

- 登高指數：●● 132m（十八份福德祠）
- 路程時間：●（來回40分）
- 步道路況：●
- 綜合評價：●

注意及建議事項

從不同海拔的登山口起登，中正山的挑戰性及困難度有很大的差異，例如從新北投捷運站步行上山，海拔落差高達640公尺，來回約4至5小時；由張公聖君廟起登，海拔落差約390公尺，來回約2小時；從十八份福德祠起登，則來回僅40分鐘。可依視個人的體力與興趣，選擇適當的登山口。

交通資訊

• 自行開車

由台北市區經由大業路至新北投捷運站後，左轉中和街，再右轉珠海路直行，再左轉翠雲街，然後接西園街、登山路，至嶺頭，在詹氏大宗祠前約50公尺，左轉中正山產業道路（登山路），至道路終點，即為福德祠登山口。前往竹子湖第一登山口，則從士林走仰德大道上陽明山，經陽金公路至竹子湖派出所左轉，沿著竹子湖產業道路前行，即可抵達第一登山口。

• 大眾運輸

搭乘淡水線捷運至北投站，轉搭新北投支線至新北投車站，再換乘小7公車至嶺頭站。若從捷運站步行前往中正山，則沿著泉源路前行，約10分鐘，見左側有交通部郵政訓練所標誌，轉入登山路小巷，過挹翠橋，直行，即可看見郵政訓練所後方的登山口。

内湖·士林·北投

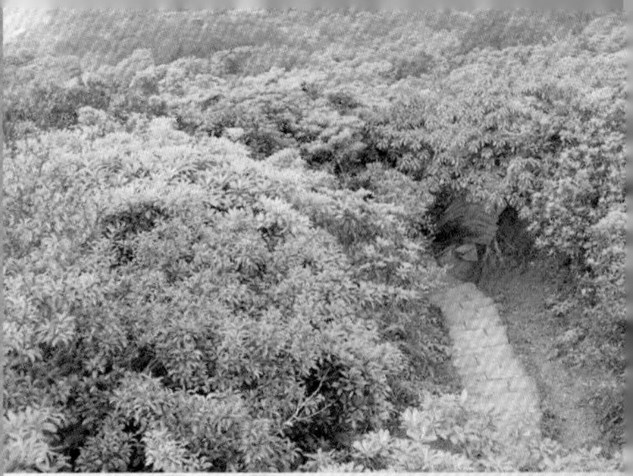

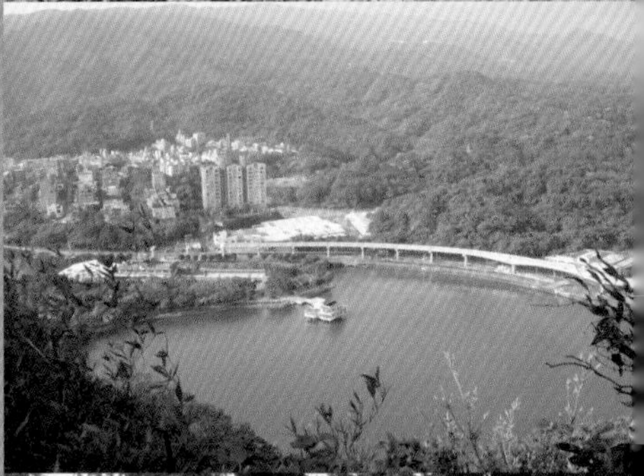

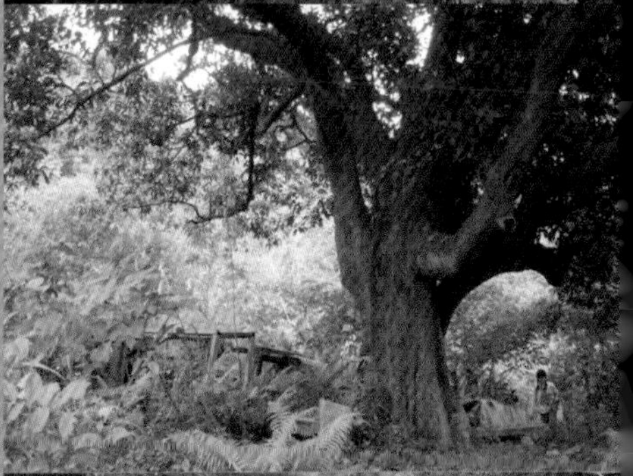

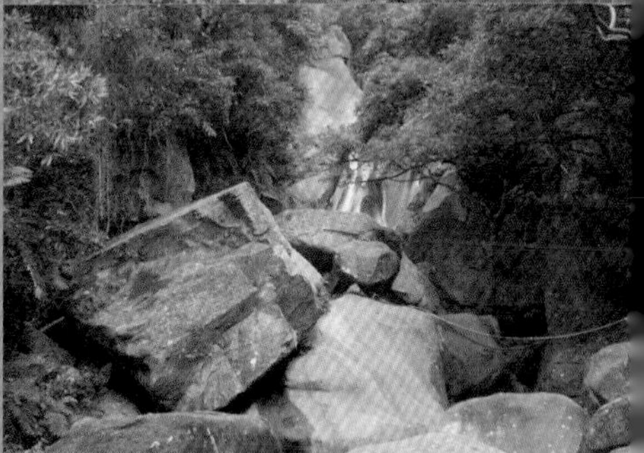

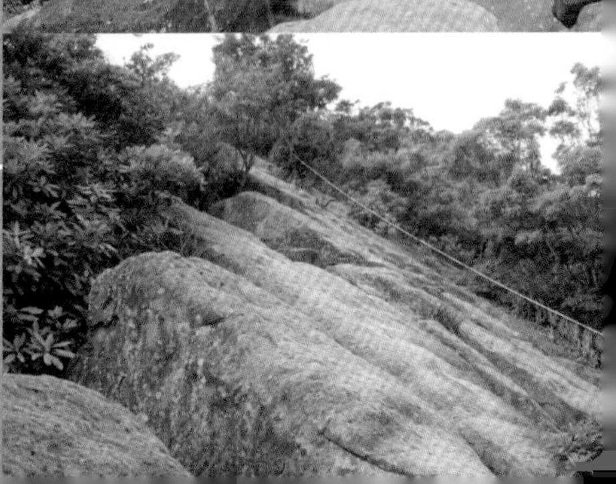

大崙頭山

・山名　大崙頭山／・海拔標高　475m
・登山口高度　291m（內雙溪樹木標本區）、385m（大崙湖）／・三角點　無名基石5號
・GPS座標　308209・2778185／・座落位置　台北市內湖區
・特色　森林步道、自然生態、登高展望

大崙頭山，台北市內湖區最高的山峰

大崙頭山，高四七五公尺，為台北市內湖區最高的山，擁有兩條規劃完善的步道，一為「大崙頭山自然步道」，一為「大崙頭山森林步道」，前者鋪枕木，後者架棧道，步道沿途生態豐富，解說資料也很完整，是一條充滿知性的登山路線。

登大崙頭山最輕鬆的路線是從大崙頭山南側的大崙湖登山口起登。大崙湖位於碧山產業道路，只是一座小埤塘。從登山口出發，寬闊的步道行經幽靜的竹林，然後石階路逐漸爬升，末段稍陡，約二十分鐘，就登上了大崙頭山。山頂有寬敞的水泥地廣場及四方水泥涼亭，展望良好，陽明山平等里一帶的農園景致、七星山、大屯山、更遠處關渡平原上的淡水河，以及對岸的觀音山都映入眼簾；而另一方向，則可眺望內湖群山，白石湖山、開眼山、龍船岩、五指山，以及汐止、平溪、石碇綿延的山巒，連遠至東北角的基隆山，皆在視野之內。

由大崙頭山續往前行，約十幾公尺，即可看見左側的「大崙頭自然步道」，約零點七公里的枕木步道，穿梭於林間，兩旁有豐富的植物生態，蕨類尤多，詳細的植物解說牌釘在步道旁的枕木上，邊走可邊認識沿途植物。

大崙頭山自然步道、森林步道、碧溪自然步道三條菁華步道組合

枕木步道的出口接碧溪產業道路，續往產業道路下坡方向前行，約五、

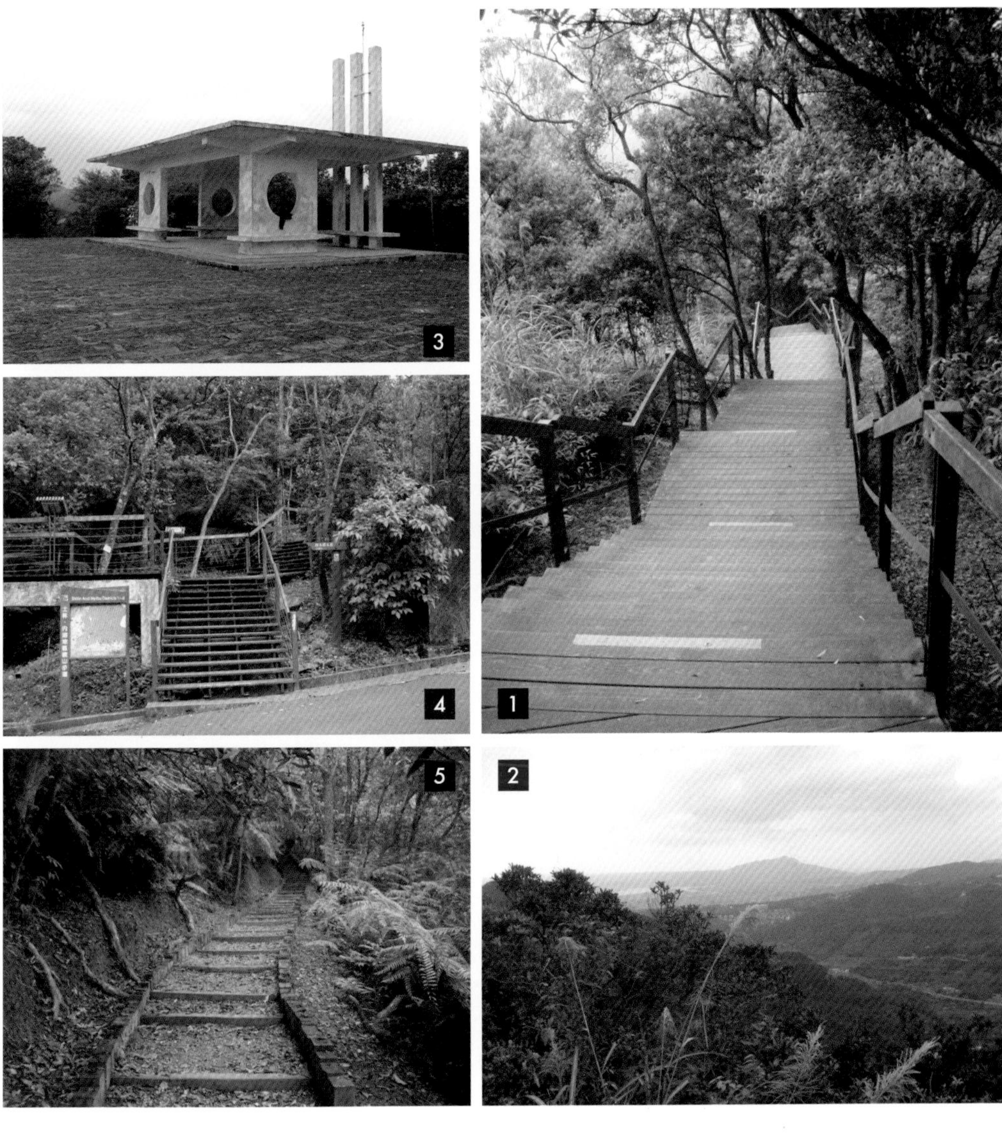

1 大崙頭山森林步道。

2 大崙頭山眺望觀音山及淡水河口。

3 大崙頭山山頂廣場，有一水泥方形涼亭，現已加蓋觀景平台，供遊客眺覽風景。

4 大崙頭山森林步道登山口。

5 大崙頭山自然步道。

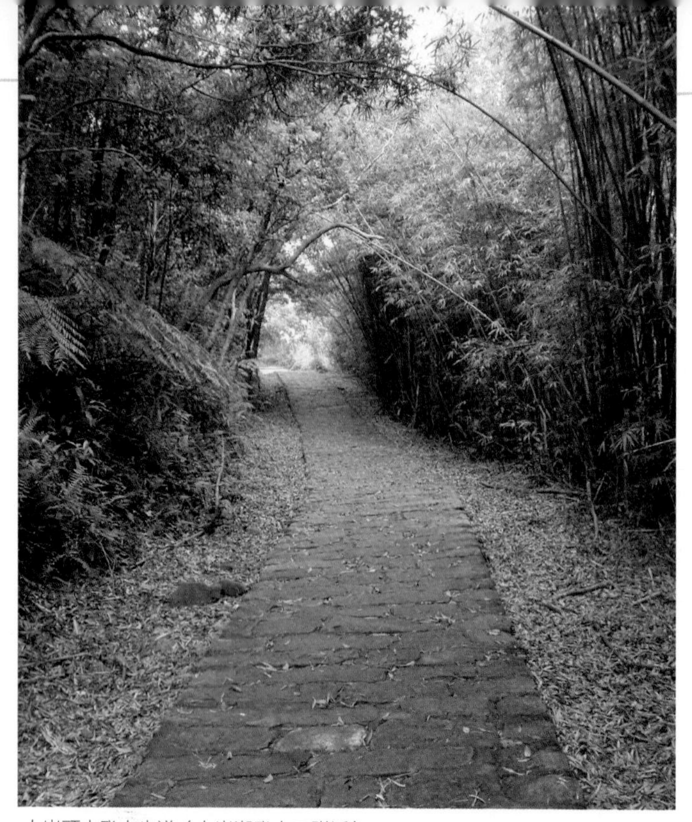

大崙頭山登山步道（大崙湖登山口附近）。

六十公尺，左側有棧道，即是「碧溪自然步道」。進入步道，續往下行，步道與產業道路大致平行，卻避開了車流，穿進幽致的森林裡。步道頗優雅，有枕木及碎石子路，也有以當地石材鋪成的石階路，平緩好走，約十來分鐘，即可抵達內雙溪植物園區的一處圓形小廣場，這裡有一座石頭厝，牆面採自當地五指山的砂岩砌成的，建造歷史約五十年，因位於崁腳斷層，房子遭地滑而造成結構變形，現已廢棄，供遊客參觀。

小廣場別有步道爬往大崙頭山，就是「大崙頭山森林步道」了。這條步道位於大崙頭山西北面山坡，長約一點二公里，棧道部份約佔零點八公里。高架的棧道，較不會坡壞地表土壤及植物，踩踏也十分舒適，並設有導覽解說牌，介紹沿途植物及地質特色。

約四十分鐘，抵達棧道出口，接大崙頭山稜線步道，向右行，不久又登回大崙頭山。再循原路，由南側的步道返回大崙湖登山口。這樣的路線安排，約兩、三個小時，可以兩次登頂大崙頭山，走完大崙頭山菁華的兩條步道，以及碧溪自然步道。

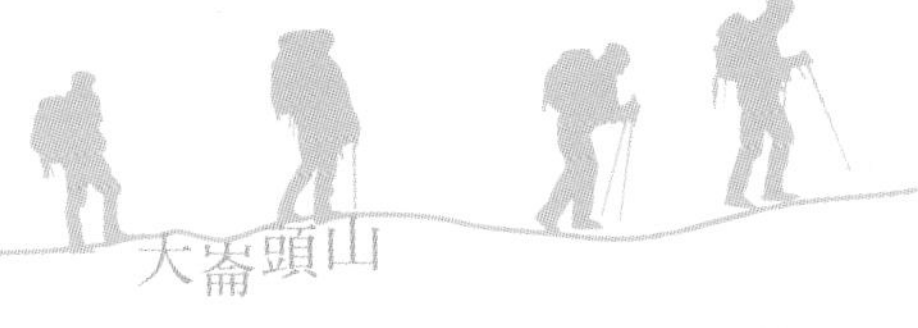

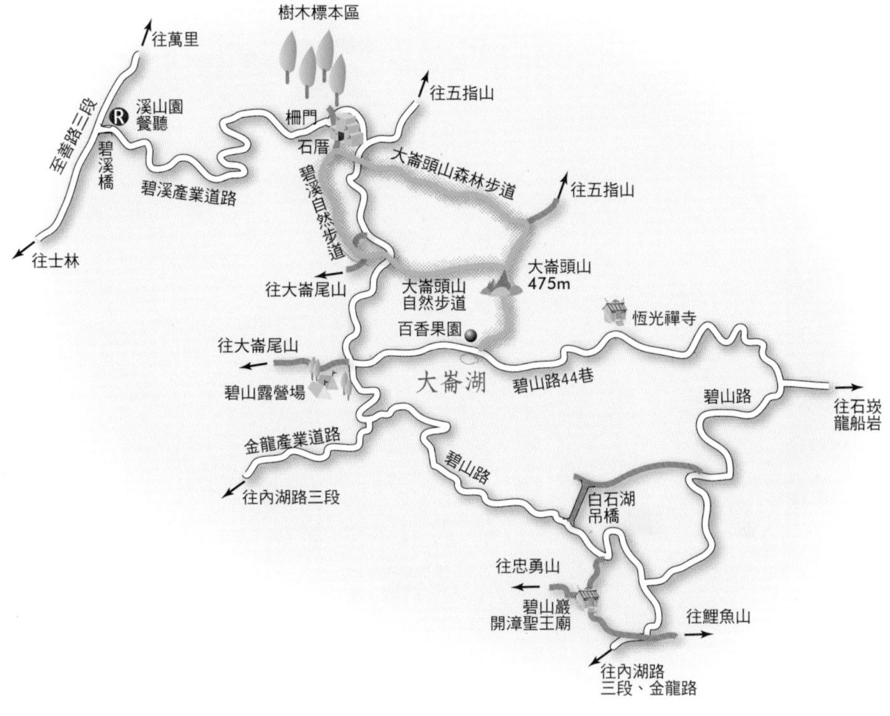

路程時間

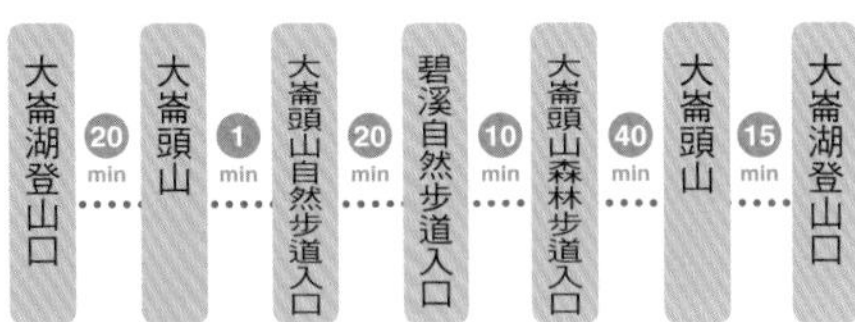

路況評價

- 登高指數：●● 184m（內雙溪植物標本區）
- 路程時間：●（來回約2小時）
- 步道路況：●
- 綜合評價：●

注意及建議事項

大崙頭山路況良好，棧道及枕步步道設施完善，但雨後棧道濕滑，下山容易滑倒，須小心謹慎。登山路線可考慮從內雙溪樹木標本園區起登，先走「大崙頭山森林步道」，登頂後，走「大崙頭自然步道」下山，再接「碧溪自然步道」返回樹木標本園區。

交通資訊

• 自行開車

從內湖路三段接碧山路上山，過碧山露營場後，右轉碧山路44巷，前行約0.4公里，至大崙湖登山口。或從士林走至善路往內雙溪，於至善路三段右轉碧溪橋，沿碧溪產業道路上行，至內雙溪樹本標本區登山口。路旁有停車場。

• 大眾運輸

搭乘240、247、256、267、604在碧山巖站下車，再轉乘小2公車路上山。小2公車行駛碧山路，可在大崙池附近的觀光草莓園站下車。或由捷運劍潭站搭乘小18公車至碧溪橋，步行約30分鐘，至內雙溪樹木標本區入口。

大崙尾山

・山名　大崙尾山／・海拔標高　451m
・登山口高度　370m（東西面）、300m（西南面）、315m（南面）
・三角點　三等三角點1073號
・GPS座標　306989・2777904／・座落位置　台北市內湖區
・主要登山路線　A. 東西面步道　B.西南面步道　C.南面步道
・特色　展望佳、林蔭怡然

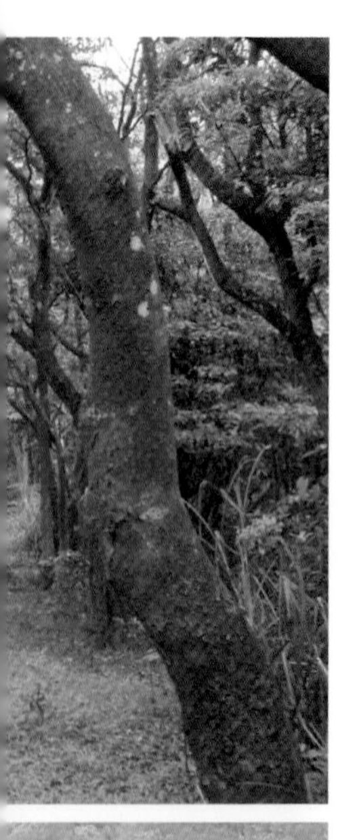

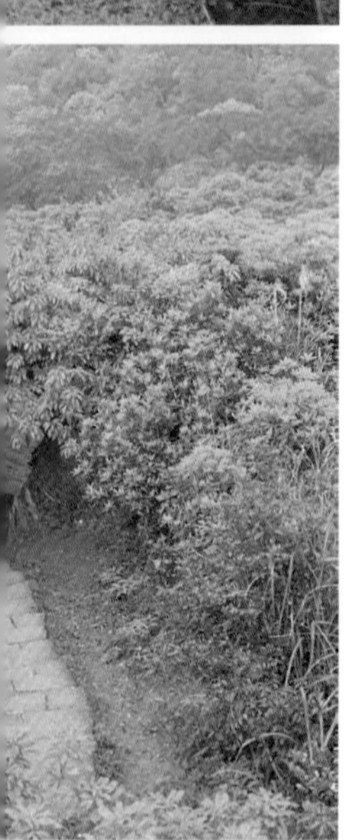

大崙尾山東西面步道，舒適怡人、親近山林

大崙尾山位於內湖與士林的交界，與內湖最高峰大崙頭山只隔著一處鞍部。大崙尾山有幾條主要的登山路線，依方向分別被命名為大崙尾山「東西面步道」、「西南面步道」及「南面步道」，其中以東西面步道海拔落差最小、路線最為輕鬆。

大崙尾山東西面步道的登山口就位於大崙尾山與大崙頭山之間的鞍部，附近是碧山露營場。從鞍部登山口出發，至大崙尾山，僅零點七公里而已。前半段是寬闊平緩的林蔭碎石子路，如履平地，是碧山地區登山步道中最舒適的一段步道。抵達中途岔路，有一座北市親山步道的紀念草打印台木亭，岔路為大崙尾南面步道，可通往金龍產業道路福德宮的登山口，右岔路為東西面步道，爬往大崙尾山。直行為泥土路山徑，亦可爬往大崙尾山，與右岔路殊途同歸。

建議取直行，走進林間小徑，踩在柔軟的泥土路上，享受山林的自然氣氛。山路緩繞於茂盛的樹林間，沿途有竹林，路旁有盎然生長的蕨類。不久，遇岔路，取右上，爬一小段石階，便登上了大崙尾山。

1 大崙尾山東西面步道中途休憩涼亭及岔路口。

2 大崙尾山東西面步道穿過蓊鬱的森林。

3 大崙尾山瞭望台。

4 大崙尾山山頂有開闊的平台及園圃。

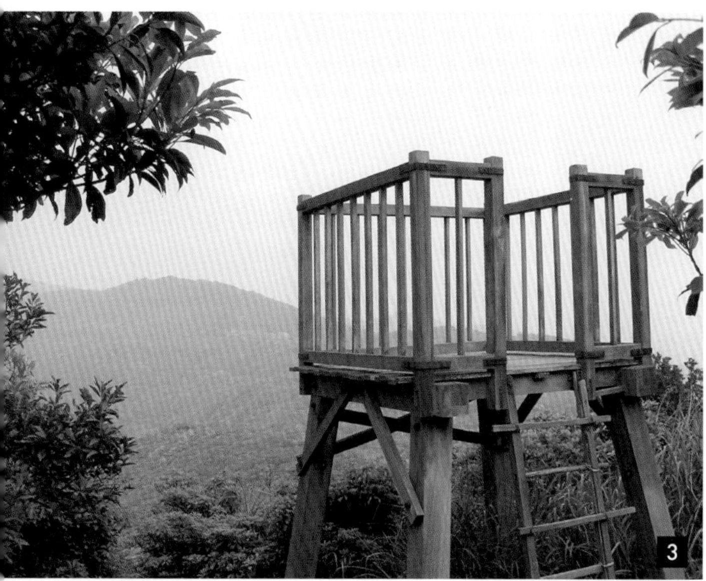
3

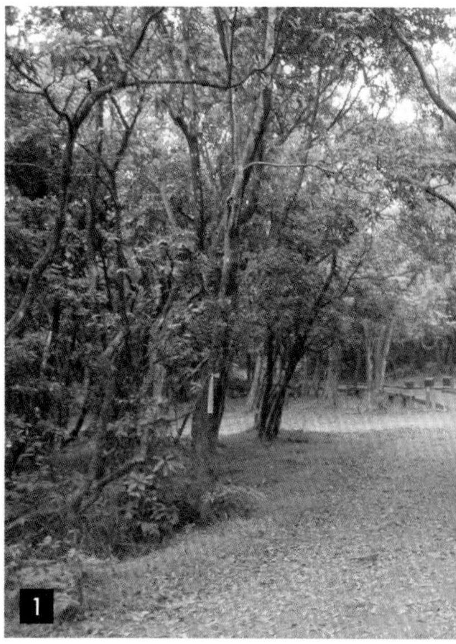
1

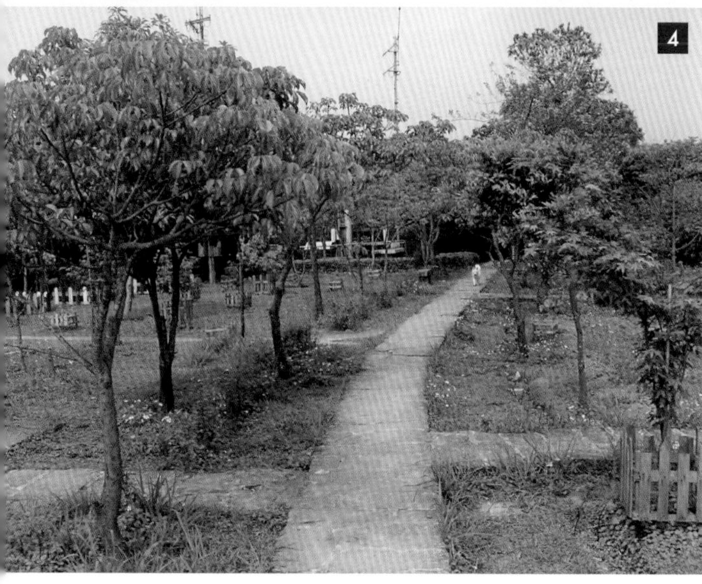
4

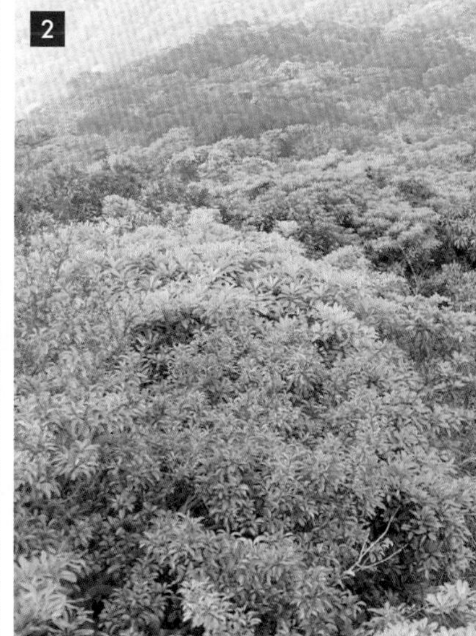
2

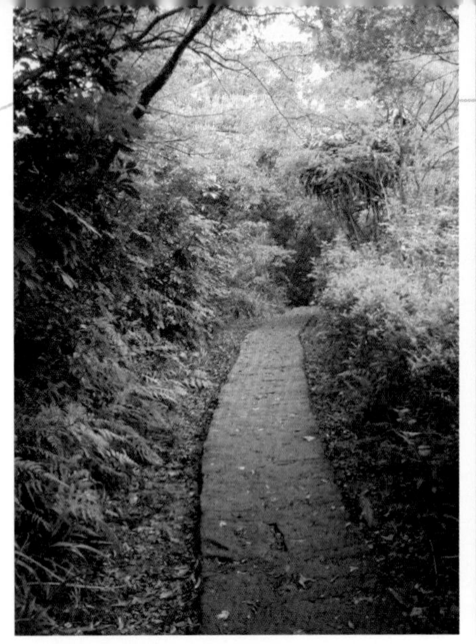

大崙尾山西南面步道，由中央社區爬往大崙尾山。

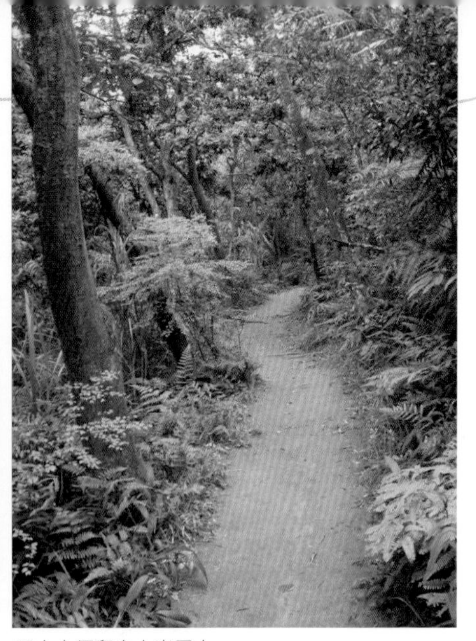

泥山山徑爬向大崙尾山。

大崙尾山展望佳，大山群峰、淡水河景美不勝收

大崙尾山，又稱赤上天山，山頂有大片的廣場，有民眾闢建的花圃及休憩亭圃。廣場右側有一座木造的瞭望台，可登高俯瞰外雙溪一帶溪谷美景，及遠眺淡水河、陽明山國家公園群山。瞭望台旁則有中央氣象局設置的自動雨量及氣象遙測系統。大崙尾山的三角點基石則在廣場左側的木造涼亭旁。

從氣象站旁的石階路下行，即可走東西面的石階步道繞返登山口。沿途也有設置瞭望台，可眺望附近蓊鬱的森林。大崙尾山雖然海拔只有四五一公尺，但受東北季風挾帶多的雨滋潤，森林茂盛，又少有人為破壞開墾，成為優越的自然步道，步道沿途有不少巨石，凹凸不平如蜂巢的岩面，顯示此地曾為海濱地帶。

大崙尾山另一條較受遊客青睞的路線是「大崙尾山西南面步道」，雖然路程較遠，但交通較為便利。聯營公車可抵達外雙溪中央社區的登山口，因此許多遊客選擇從這裡上山。路程大約一公里。

由中央社區起登，先走「中社步道」，石階路一路爬升，約三、四百公尺，接金龍產業道路的支線，取左行，走至產業道路路底，再接石階路，一路陡上，全程約四十分鐘，可登上大崙尾山。

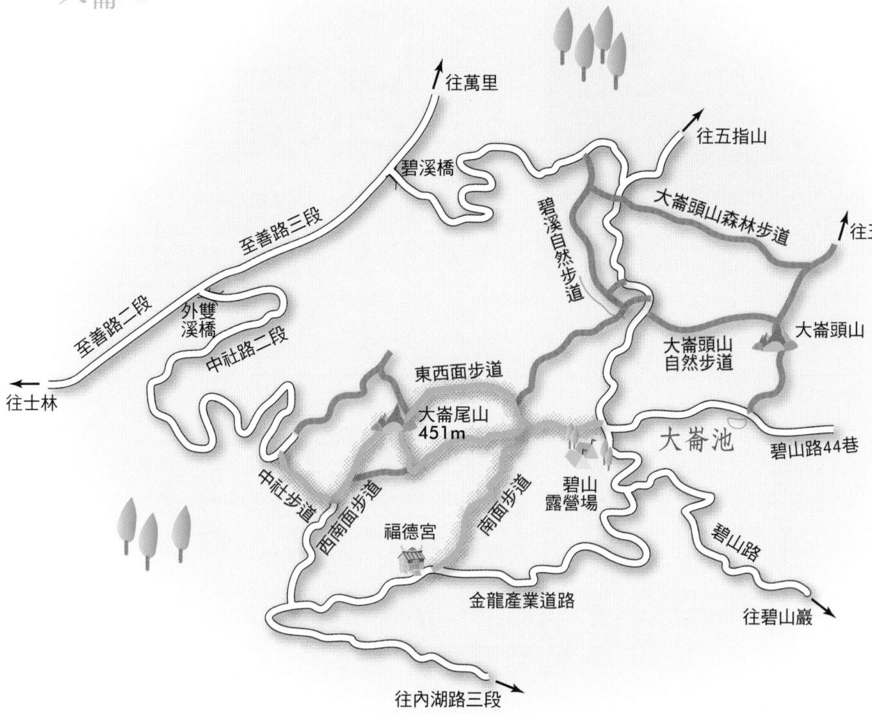

往萬里
往五指山
碧溪橋
大崙頭山森林步道
往五指山
碧溪自然步道
至善路三段
至善路二段
外雙溪橋
中社路二段
大崙頭山
大崙頭山自然步道
東西面步道
往士林
大崙尾山 451m
大崙池
碧山路44巷
中社步道
西南面步道
南面步道
碧山露營場
福德宮
碧山路
金龍產業道路
往碧山巖
往內湖路三段

路程時間

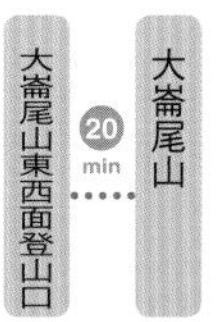

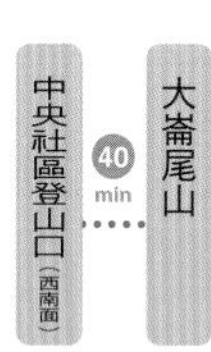

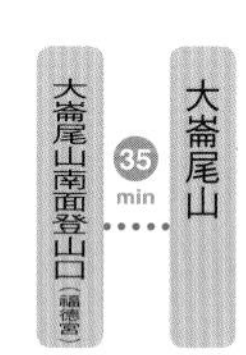

路況評價

- 登高指數：●●（81m -151m）
- 路程時間：●（來回約1小時）
- 步道路況：●
- 綜合評價：●

注意及建議事項

大崙尾山與大崙頭山僅隔一鞍部，可安排兩山連登，約半日行程。若搭乘大眾運輸工具，可考慮由外雙溪中央社區七站登山口起登，交通較為方便。若自行開車，則可停車於大崙頭山與大崙尾山之間的鞍部（碧溪產業道路2.8K，碧山露營場附近），由大崙尾山東西面步道登山口登爬大崙尾山。

交通資訊

• 自行開車

從內湖路三段接碧山路上山，過碧山露營場後不久即抵達大崙尾山東西面步道的登山口。或從士林走至善路往內雙溪，於至善路三段右轉碧溪橋，沿碧溪產業道路上行至2.8公里處（東西面登山步道口）。或於至善路二段尾右轉外雙溪橋，至中社路二段公車站終點（西南面登山步道口）。

• 大眾運輸

搭乘240、247、256、267、604在碧山巖站下車，再轉乘小2公車路上山。小2公車行駛碧山路，可在碧山露營場站下車。或搭乘公車255、213至中央社區七站（大崙尾山登山口）下車。

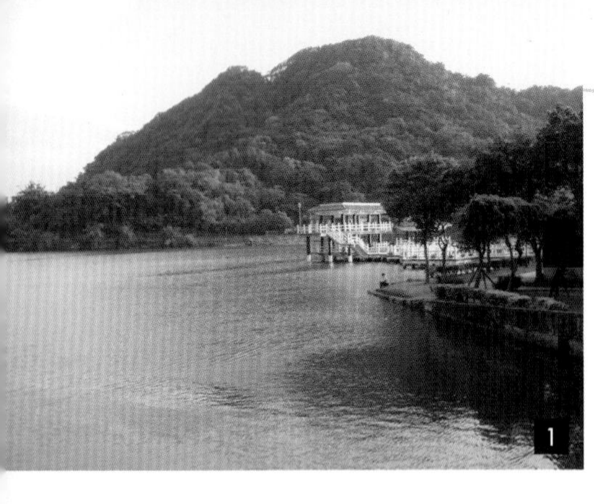

白鷺鷥山

・山名　白鷺鷥山／・海拔標高　142m
・登山口高度　32m／・三角點　土地調查局圖根點
・GPS座標　310114・2774839／・座落位置
・特色　湖泊景觀、容易親近

白鷺鷥山，位於大湖公園旁，自然環境特殊

白鷺鷥山位於大湖公園旁。大湖，舊稱十四份陂（或十四分陂），湖水面積十幾公頃，因湖面常有白鷺、野鴨、水鳥聚集，所以稱為「白鷺湖」。湖邊的這座山，就稱做「白鷺鷥山」。白鷺鷥山，海拔僅一四二公尺，毗鄰大湖公園，很容易親近，因而成為內湖熱門的登山步道。

白鷺鷥山雖然只是一座小山，但因北麓緊依大湖公園，湖光山色，相映成趣。遊大湖公園時，可以就近欣賞白鷺鷥山，而登白鷺鷥山時，可以俯瞰大湖碧波蕩漾，這種地理特性是台北其它郊山所少有的。低海拔的白鷺鷥山，樹林也顯得繁茂，特別是北坡迎向大湖，水氣足，林木盛長，登山沿途可看見不少巨碩大樹。白鷺鷥山的石階步道，仍保存舊式石階，以砂岩及安山岩為主的石階路，自成一種特色，踩踏也較為舒適。

白鷺鷥山的登山步道呈南北向，主要有兩個登山口，北口在成功路五段三十五巷的大湖公園旁，南口在金湖路二六八號旁。步道全長約一點八公里，上山約二十分鐘，下山約十五分鐘。若從北口上山，南口下山，再從金湖路穿越巷道，回到成功路五段，約十五分鐘，是一條很輕鬆的〇形的路線。

白鷺鷥山，俯瞰大湖公園湖光山色

從成功路五段三十五巷進入，登山口旁有兩座相鄰並立的小廟，一是福佑宮，一是老公祠。從廟旁的登山口上行，石階步道以之字形繞行，緩緩上坡，沿

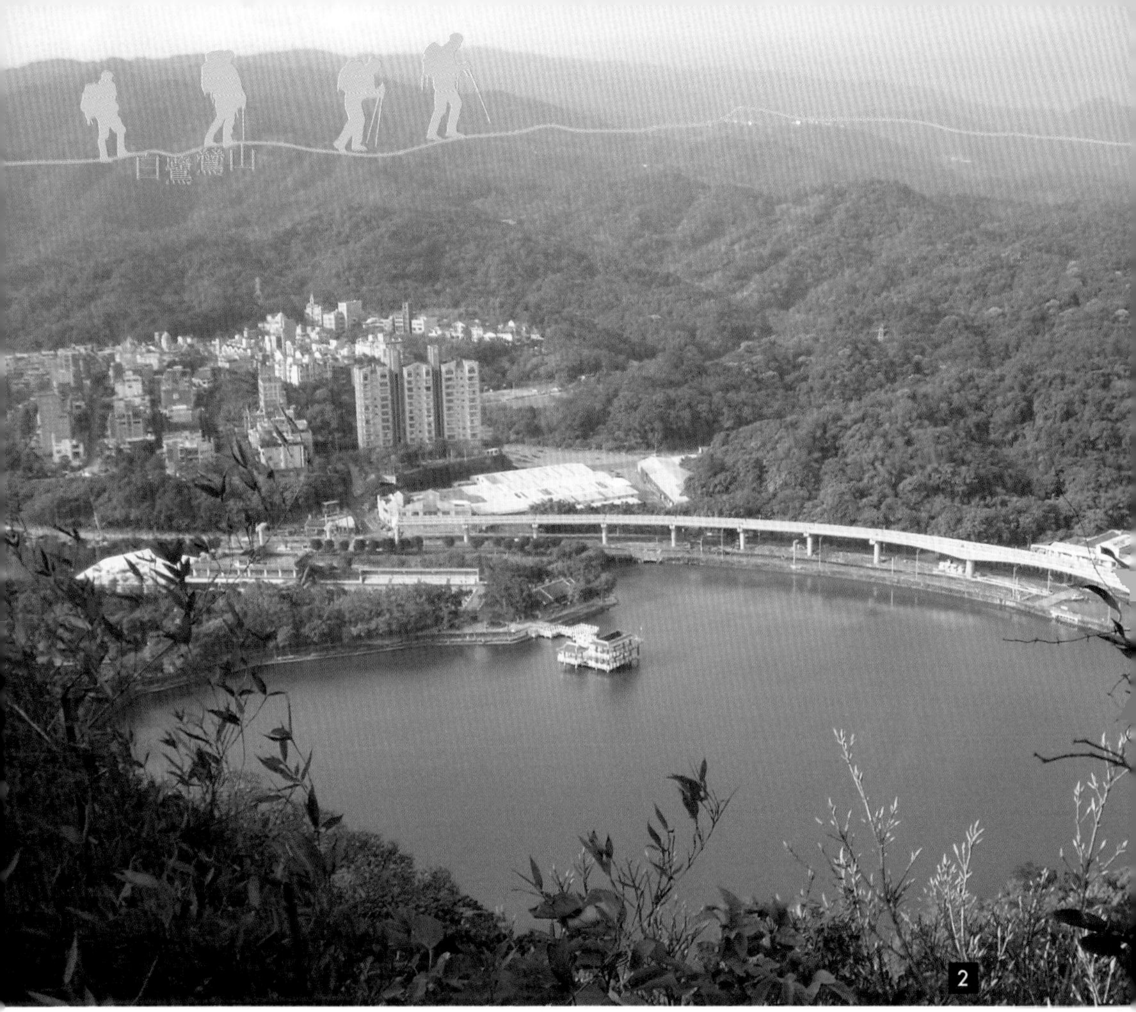

2

1 白鷺鷥山，位於大湖公園旁，擁有獨特的地理環境。

2 從白鷺鷥山俯瞰大湖公園。

老公祠

白鷺鷥山登山口兩座廟之一的老公祠，其背後有一段特別的故事。大湖，舊稱十四份陂，在清代是內湖農業的灌溉水源。據耆老敘述，清代修築十四份圳時，土堤經常崩塌，有人提議引用「活人祭」，以祈求工程順利，於是派人前往艋舺乞丐寮，請來一位體弱多病的老乞丐，招待幾日大餐後，就將他投入十四份陂祭神，後來在湖畔建立老公祠加以祀祭。今日的老公祠已經重修過，祠內即祀奉這位犧牲者的牌位。

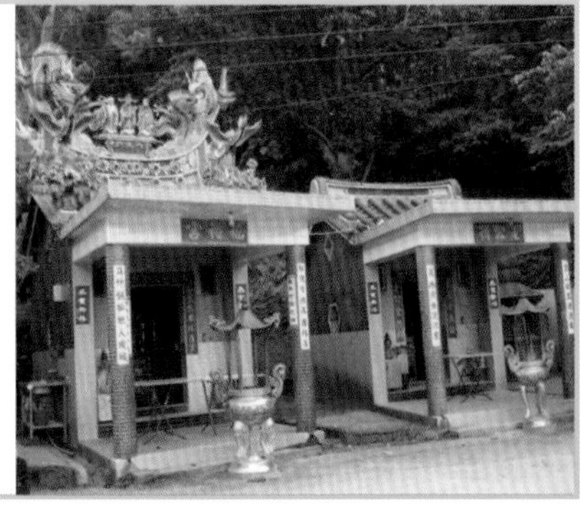

3 白鷺鷥山登山步道，林相豐富，擁有古樸的舊式石階步道。

途林蔭茂盛，主要的植物為香楠，混生白匏子與山麻黃。爬至高處時，從樹林空疏處，可瞥見山腳下的大湖一隅湖水，而成功路五段文湖捷運線高架的軌道，彷若一條白色巨龍，從大湖的外圍繞行而過。

接近山頂時，坡度稍陡，步道旁側出現白色的欄杆為護欄。不久，就抵達白鷺鷥山頂。山頂有兩塊小空地。其中一塊空地有一顆土地調查局的圖根點基石，另一空地則有簡易的涼亭及小型的健康步道。山頂的一隅可以俯瞰大湖公園，也可遠眺湖群山綿延，遠至內湖、萬里之界的五指山。

從山頂續行，石階步道通往金湖路的登山口。山頂另有一條泥土路山徑可從成功路五段四十五巷巷口下山，出口距離老公祠登山口較近。走泥土路，較有爬山的感覺，也可考慮由這條山徑下山。

往金湖路的石階步道大致也是呈之字形的方式緩緩腰繞下山。沿途也有登山客自行走出的泥土路捷徑，取直而下，雖然路較陡，但可節省下山時間，不必緩緩地繞行下山。

金湖路的登山口附近一帶多闢為農地，有竹林、菜圃，也有一些堆棄物，景觀遠遠不如北口大湖公園湖色怡人。爬完白鷺鷥山，可以順遊大湖公園。

附近景點

【大湖公園】

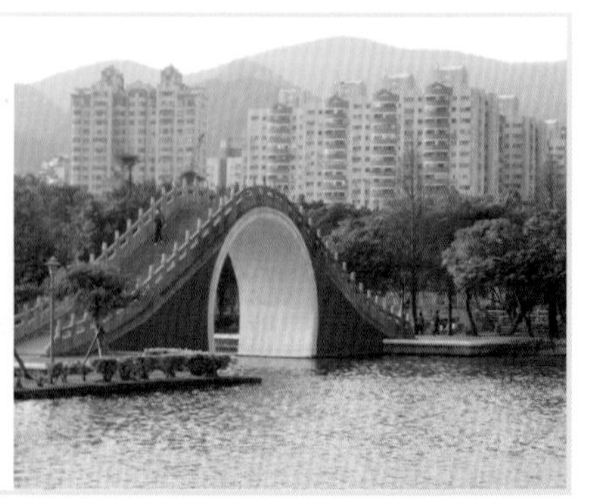

大湖公園，又稱十四份陂（十四分陂），是台北盆地中僅存的湖沼生態區。公園內紅白相間的錦帶拱橋，是最著名的地景，還有造型優美的九曲橋伸入湖中，銜接涼亭樓閣，可憑欄眺望湖光山色。湖畔設有遊客服務中心，為傳統閩式建築，提供餐飲服務，園內還有一座公營游泳池。公園內綠草如茵、林木扶疏，種植楊樹、黃槐、白千層、台灣欒樹、第倫桃、美人蕉等植物，是內湖地區著名的遊憩景點之一。

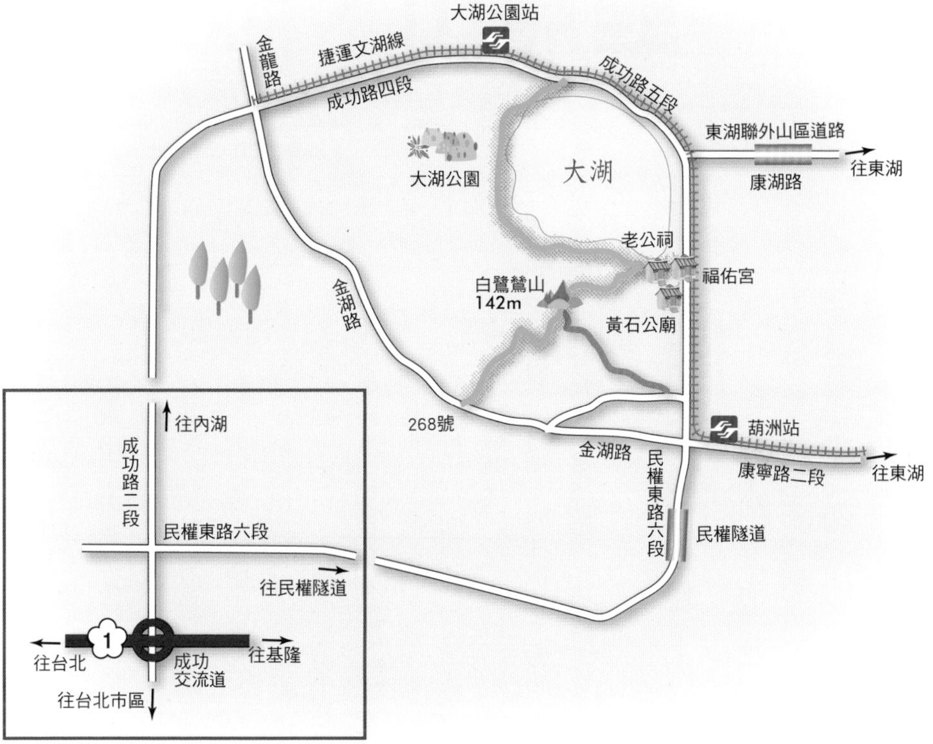

大湖公園站
捷運文湖線
金龍路
成功路四段
成功路五段
東湖聯外山區道路
往東湖
康湖路
大湖公園
大湖
老公祠
福佑宮
白鷺鷥山
142m
黃石公廟
金湖路
268號
葫洲站
金湖路
康寧路二段
往東湖
民權東路六段
民權隧道
往內湖
成功路二段
民權東路六段
往民權隧道
往台北
1
往基隆
成功交流道
往台北市區

路程時間

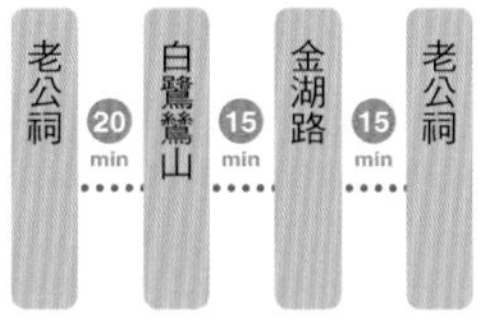

路況評價

- 登高指數：110m
- 路程時間：約1小時（來回）
- 步道路況：
- 綜合評價：

注意及建議事項

白鷺鷥山步道路況良好，惟天雨過後，部份舊石階路稍滑，注意踏踩即可。路程短，約1小時即可爬完，可順遊大湖公園。

交通資訊

• 自行開車

中山高下內湖成功路交流道，往內湖方向，右轉民權東路六段，過民權隧道，接成功路五段，前行兩、三百公尺，即抵達大湖公園。登山口在成功路五段35巷，大湖公園旁。

• 大眾運輸

搭乘公車247、267、617、284、284、620、630、紅2、棕10至成功路五段黃石公廟站下車。或搭乘捷運文湖限於葫洲站下車，步行約5分鐘至黃石公廟

鯉魚山、忠勇山

・山名　鯉魚山、忠勇山／・海拔標高　222m、310m
・登山口高度　49m（葉氏祖廟）、175m（碧山路碧山巖商店）
・三角點　土地調查局圖根點、北市地測450基石
・GPS座標　308940・2776682（鯉魚山）、308197・2777041（忠勇山）
・座落位置　台北市內湖山／・主要登山路線　A. 葉氏祖廟　B.碧山路碧山巖
・特色　展望佳

內湖三尖，鯉魚山形似鯉魚

鯉魚山、忠勇山是內湖名山，與圓覺尖並稱「內湖三尖」。鯉魚山的由來，是因山形酷似一尾鯉魚，從碧山巖的方向觀看，鯉魚的形貌特別明顯，峰頂即是魚頭的位置。登鯉魚山，有兩條路線，一從大湖附近的葉氏祖廟，由魚嘴爬向魚頭；一從碧山路碧山巖入口的商店旁，由魚尾爬向魚頭。

葉氏祖廟位於大湖山莊街一三一巷底，從這裡出發，隨即來到大溝溪親水公園旁的登山口。大溝溪經過生態工法整治，建有石拱橋及生態池，溪岸進行原生植物復育，溪池裡則放置人工魚巢，以繁育魚隻。過石橋之後，步道沿著大溝溪岸緩緩而上，終點可抵達上游的圓覺瀑布。

約前行三、四分鐘，遇左岔路，往鯉魚山，約一公里。取左行接著便是連續的石階路爬坡上行。鯉魚山步道的石階總數超過一千級。上行約二十分鐘，路旁出現山石加工的迷你水泥雕塑，這時左側出現一條泥土小徑，轉入小徑，約十幾公尺，即抵達鯉魚山東峰。

鯉魚山東峰展望佳，內湖三尖盡收眼底

鯉魚山東峰，又名「鯉魚尖」，海拔二一五公尺，展望極佳。望向碧山巖的方向，內湖三尖的鯉魚山、忠勇山、圓覺尖盡入眼簾。向前眺望，近處的內湖白鷺鷥山，遠處的汐止大尖山、台北一〇一、南港山都在視野之內。

由東峰返回主步道，往前行，離鯉魚山主峰僅剩四十公尺，步道兩側的迷

你雕塑漸多，宛如小型的小人國，有台灣的十大建設、知名建築及國外著名景點，這些都是早期登山民眾自發所為，雕工樸拙，雖不符時代潮流、違反自然本色，但也已成為鯉魚山的特色。

抵達鯉魚山，山頂有一水泥涼亭，日據時代土地調查局所埋設的圖根點基石就在涼亭前的水泥地上。鯉魚山，海拔二二二公尺，舊稱「小尖坑山」。山頂展望亦佳，但視野稍不如鯉魚山東峰那麼遼闊。

由鯉魚山主峰續前行，開始下坡路，步道旁出現迷你萬里長城，長城沿步道而行，一路起伏綿延，還設有亭障樓閣，頗為傳神。長城之外，不見荒漠，而是一片草蕨繁茂的綠色世界。

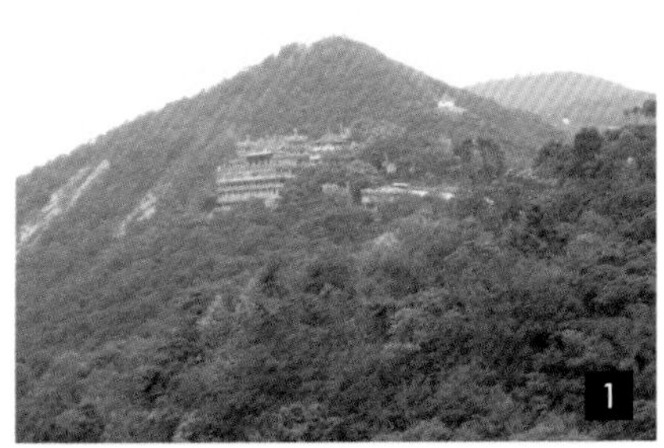

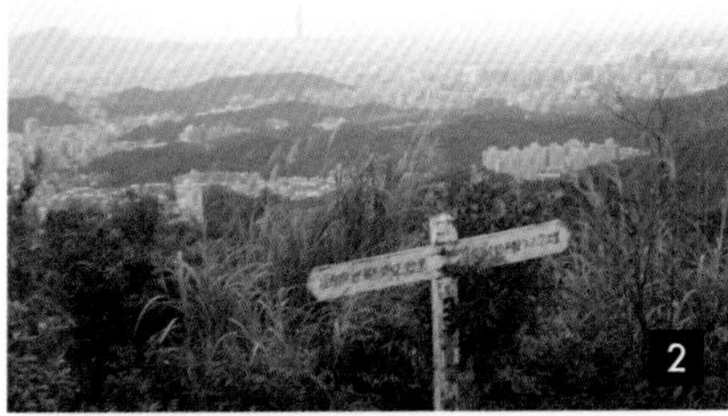

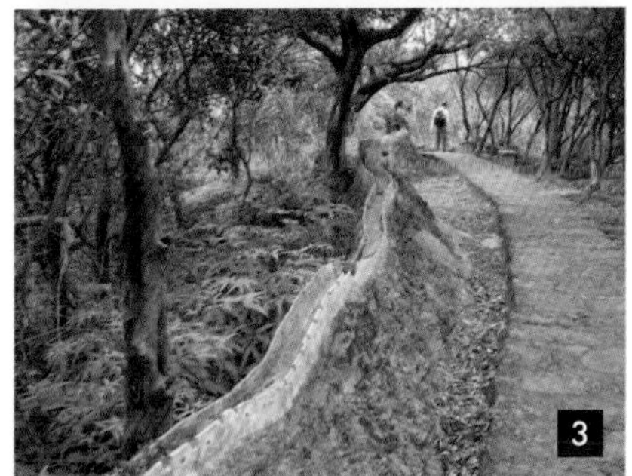

1 忠勇山，舊稱尖頂。尖頂下方就是著名的碧山巖開漳聖王廟。

2 鯉魚山眺望台北盆地。

3 鯉魚山步道的迷你水泥雕塑作品——萬里長城。

圓覺尖

圓覺尖為內湖三尖之一，可與鯉魚山及忠勇山連走。圓覺尖較冷門，為傳統山徑。可從碧山巖停車場走碧山路至碧佑宮（土地公廟），登山口在廟旁，山徑為台電保線路，呈之字形上行，約10分鐘左右，可登上圓覺尖。

圓覺尖，海拔290公尺，附近#016電塔後方有山徑可通往圓覺寺，路程約15分鐘。

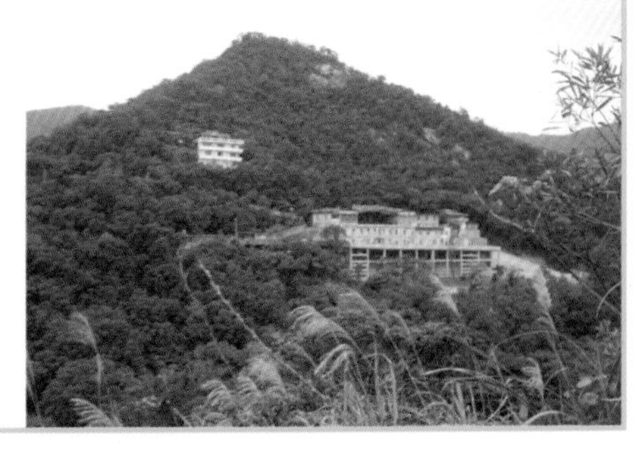

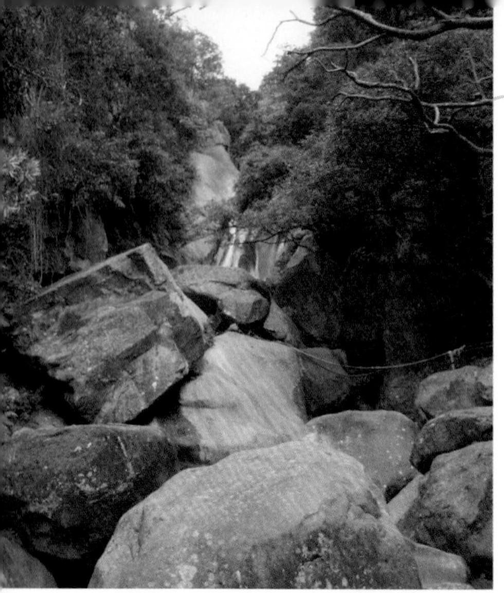

圓覺瀑布，水量稀疏，溪谷有巨石錯落。

往下行，約十四、五分鐘，抵達碧山路十字路口，附近有商店及站牌，直行有寬大的石階路爬往碧山巖，右岔路可通往圓覺寺及圓覺瀑布，碧山路則更往右上行，繞往內雙溪。

碧山巖好展望，忠勇山舊稱尖頂

直行走石階路爬向碧山巖，途中回望鯉魚山，那鯉魚的身影才清楚可見。爬上石階，來到碧山巖，殿內遊客多，香火鼎盛。碧山巖，祀奉開漳聖王，建廟於乾隆、嘉慶之際，約有兩百年歷史。

廟後方的步道，可爬往忠勇山。石階路循陵陡上，途中有一觀景涼亭，約十餘分鐘，登上忠勇山。峰頂腹地比鯉魚山寬廣，遊客亦相當多。忠勇山，海拔三二七公尺，舊稱「尖頂」，或稱為「大尖山」。

從忠勇山折返回碧山巖，再走下石階，回到碧山路，然後走往圓覺寺。過圓覺寺，循寺前石階路而下，約四、五分鐘，抵達圓覺瀑布。瀑布水流潺潺而已，溪谷則見巨岩錯落。岸邊空地有幾座水泥涼亭可供遊客休憩。沿著大溝溪畔的步道往下游走，約十五分鐘即可返回葉氏祖廟。途中，溪谷對岸有一座日據時代大正十一年（一九二二年）的土地公廟，透露出這條溪谷，過去曾是一條古道路線。

附近景點

【碧山巖】

碧山巖位於內湖忠勇山的山腰，又稱碧山寺，或尖頂開漳聖王廟。寺內奉祀開閩功臣陳元光及其部屬李伯瑤、馬仁兩位將軍。陳元光於唐朝時開拓福建漳州地方，被視為漳州人的守護神，並尊稱「開漳聖王」。隨著漳州先民渡海來台，開漳聖王的信仰亦跟著來台。內湖碧山巖是台灣最大的開漳聖王廟，香火鼎盛。碧山巖俯臨台北盆地，展望極佳。
地址：台北市碧山路24號

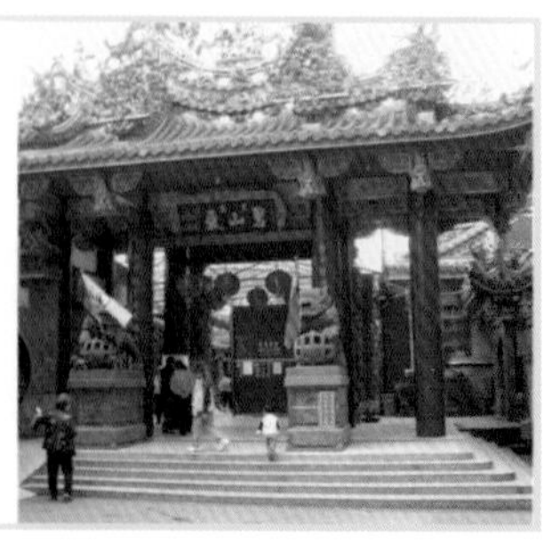

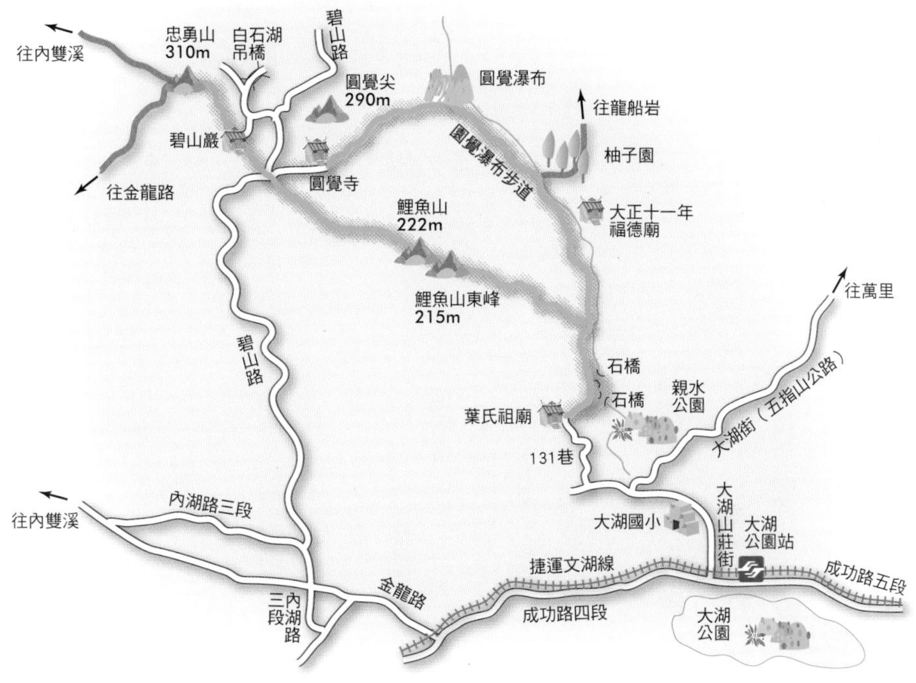

路程時間

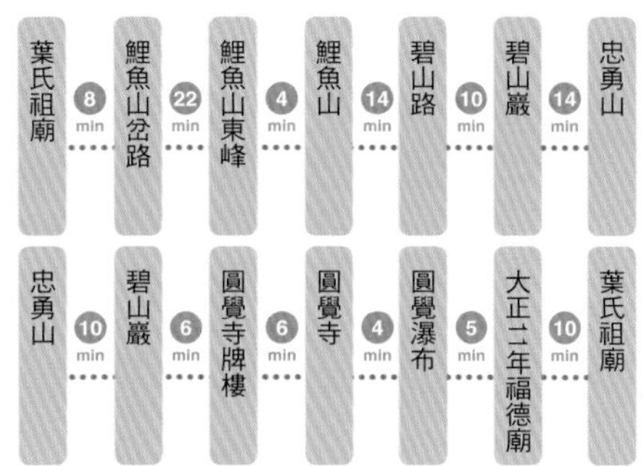

路況評價

- 登高指數：●● 173m鯉魚山（葉氏祖廟登山口）
  ● 135m忠勇山（碧山路碧山巖商店）
- 路程時間：● 約2小時（O形來回）
- 步道路況：●
- 綜合評價：●

注意及建議事項

體力佳者，可連登鯉魚山、忠勇山、圓覺尖，時間約2.5小時至3小時。

可順遊碧山岩旁的白石湖吊橋（長116公尺，台北市第一座大跨距吊橋，99年2月新完工）。

交通資訊

• 自行開車

至內湖成功路四段轉入大湖山莊街，過大湖國小後，前行至十字路口，循「葉氏祖廟」標誌左轉，然後再右轉上山，至131巷巷底葉氏祖廟。

• 大眾運輸

搭乘捷運文湖線至大湖公園站或搭乘公車222、278、287至內湖成功路四段大湖站，約步行20分鐘抵達大湖山莊街131巷底葉氏祖廟。若前往碧山巖登山口，可搭240、247、256、267、604在碧山巖站下車，再轉乘小型公車2路上山。

康樂山

・山名　康樂山／・海拔標高　120m
・登山口高度　20m（成功路五段350巷）、60m（水源頭福德宮）
・三角點　北市都市計畫處四等三角點114號
・GPS座標　311043・2775034／・座落位置　台北市內湖區
・主要登山口　A. 成功路五段350巷　B. 水源頭福德宮　C.安泰街139號
・特色　大橄欖樹、森林小徑

康樂山，有台北盆地最大的橄欖樹

康樂山位於內湖大湖與安泰里之間，登山步道長約一點四公里，西側的登山口在大湖公園旁、黃石公廟對面的成功路五段三五〇巷口，東側有兩個登山口，一在安泰街一三九號，一在安泰街一九六號的水源頭福德宮。

從成功路五段三五〇巷的登山口爬往康樂山，附近有違建和雞舍，環境稍嫌不雅，通過這個路段來到山稜平緩處，環境才頓然變為清雅。這裡有農民開墾的竹林菜園，一幅山間田園景色。沿步道上行，來到了山海寺。山海寺是私人違建，已被拆除，廟旁一棵巨碩的橄欖樹仍然盎然生長著。這棵橄欖樹，樹高三十一公尺、樹圍近三百公分，枝葉茂盛，樹齡已百年，據說是台北盆地最大的一棵橄欖樹。三月來時，橄欖樹結果累累，地上散落著一顆顆青色的橄欖果實。

水泥路面到了這裡才消失，取而代之的是質樸的泥土路。有以樹木枝幹鋪成的枕木階梯，或直接以天然樹根為踏階，保存自然原味。漸上坡，回望山下景色，大湖公園映入眼簾。

質樸的森林小徑，怡人的幽雅步道

不久，又遇岔路，有路標，右登往康樂山，可從安泰街一三九號下山；左往水源頭福德宮，可通往內溝里。先取右行，續前行約三分鐘，即抵達康樂山。康樂山，有一北市一一四號四等三角點基石，山頂腹地不大，僅有一隅可眺望台北東區。若繼續前行，約十分鐘，可出安泰街一三九號的登山口。

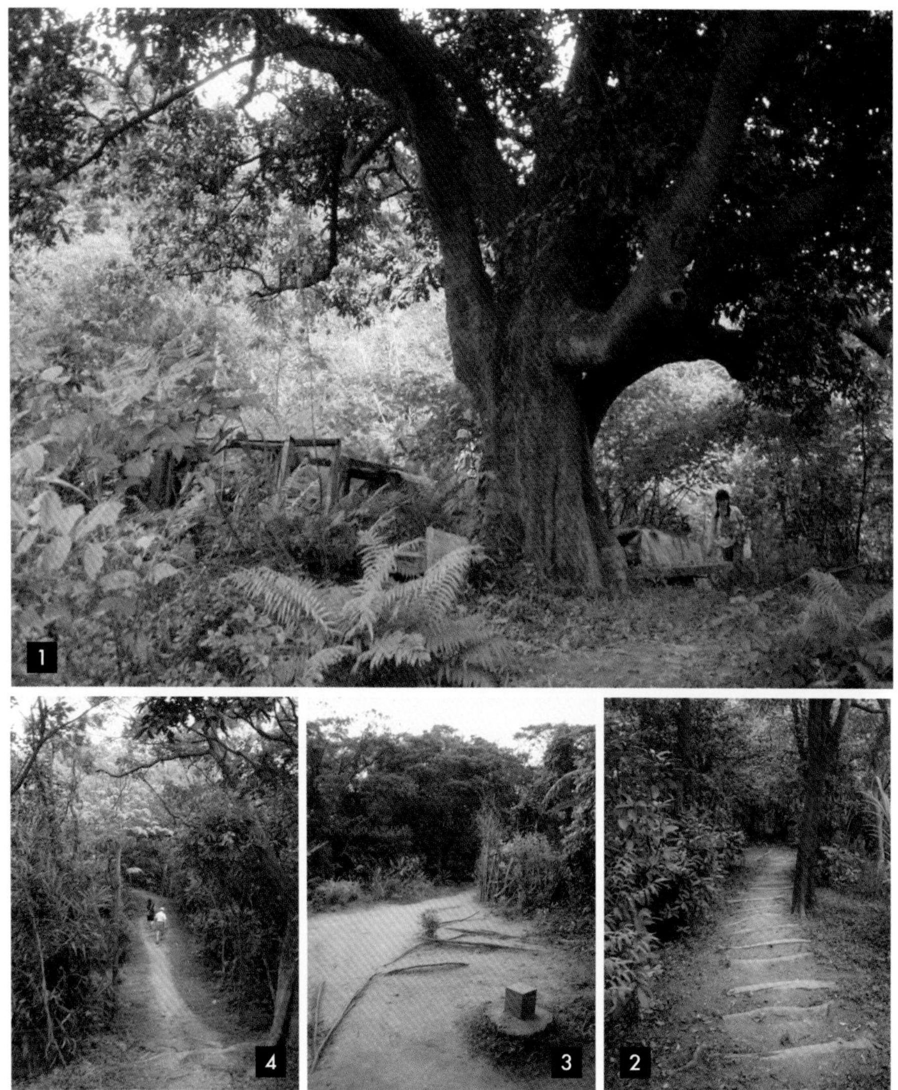

1 位於山海寺（已拆除）旁的大橄欖樹，據說是台北盆地最大的一棵橄欖樹。

2 康樂山登山步道，土階以樹木枝幹鋪成。

3 康樂山，有一顆北市都市計畫處四等三角點114號。

4 康樂山登山步道，怡人的森林小徑。

水源頭福德宮

康樂山登山口之一的水源頭土地公廟，是一座廟中廟 ，廟內有一石砌的古老土地公廟，廟壁的字跡已模糊難辨，側面隱約可看到「乾隆」兩字，歷史至少已200年以上。土地公廟位於康樂山山腳下，隨著當地產業沒落、人口外移而淪於荒煙蔓草之中，後來據說當地聖明宮的住持受土地公托夢而於倒塌的大樹下找到這座土地公廟，於是發起設置管理委員會，進行募款、蓋起新廟，而成為今日廟中廟的格局。當你經過水源頭福德宮時，不妨進去參觀這一座台北地區極為稀有的清乾隆時期土地公廟。

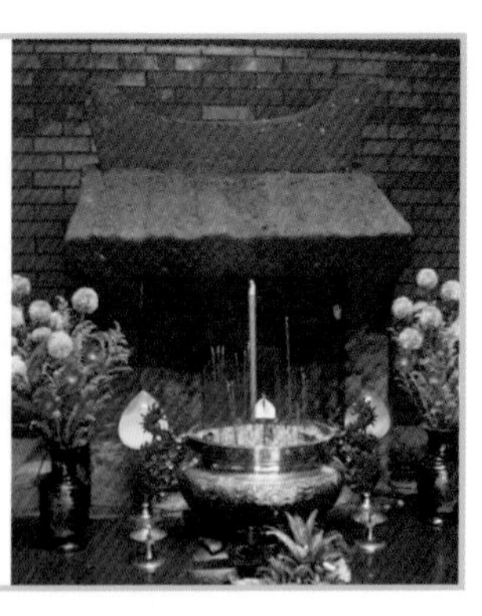

循原路折返回岔路口，續往水源頭福德宮的方向前行，山徑愈為幽靜，偶爾可見松鼠在林間奔躍。不久出森林，視野變佳，遠處山巒遼繞，景致怡人，這段林間山徑，幽雅靜謐，讓人有遠離塵囂的適意。其間爬過兩三座小山頭，起伏都不大。愈往下走，漸聞人聲。不久，出森林，抵達安泰街一九六號的水源頭福德宮。華麗的廟宇內，還有一座古樸的石砌土地公廟。據說這是一座清朝乾隆時期的土地公廟，廟的側壁還可看見「乾隆」的斑駁刻字，歷史悠久，彌足珍貴。

順著安泰路走出去，溪畔有安泰社區設置的生態解說牌，詳細介紹附近的常見的植物鳥類，可見社區經營環境的用心。沿途雖走在柏油路上，周遭有青山綠樹，景色佳美，接著穿進安泰街的巷弄公寓社區裡。出口接上人車熱鬧的康樂街。這裡就有公車可以搭乘返回大湖公園那一端的登山口。

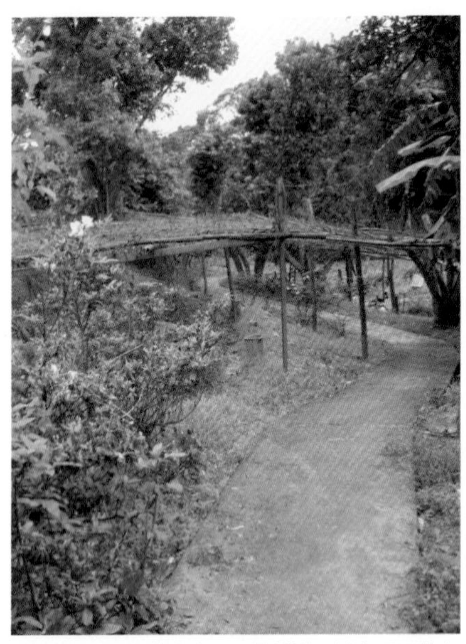

成功路五段350巷登山口至橄欖樹，以水泥石階步道為主。

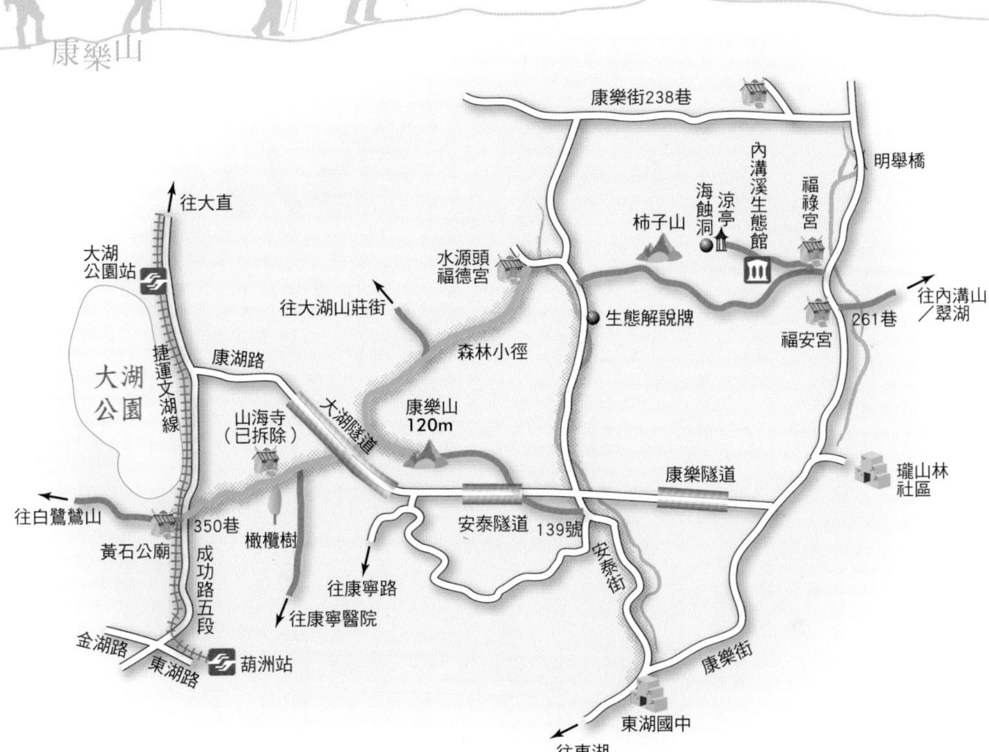

路程時間

成功路五段登山口 —10 min— 橄欖樹 —20 min— 往康樂山岔路 —15 min— 水源頭福德宮 —35 min— 安泰街與康樂街路口

路況評價

- 登高指數：100m（成功路五段350巷）
- 路程時間：約1.5小時（成功路五段350巷至康樂街公車站牌）
- 步道路況：
- 綜合評價：

注意及建議事項

沿途路況良好，以森林泥土小徑為主，偶有樹根起伏，幼童小心注意即可。由水源頭福德宮附近有明舉山登山步道，經柿子山，約40至50分鐘，可抵達明山橋旁的內溝溪生態館，若行有餘力，還可續爬往內溝山及汐止翠湖。

交通資訊

• 自行開車

中山高下內湖成功路交流道，往內湖方向，右轉民權東路六段，過民權隧道，接成功路五段，前行兩、三百公尺，即抵達大湖公園。登山口在成功路五段350巷，大湖公園旁。若要往水源頭福德宮登山口，則從大湖公園右轉金湖路（東湖山區聯外道路），過大湖隧道後，立即右轉往康樂街方向，至安泰街左轉，直行，即可抵達水源頭福德宮

• 大眾運輸

1.搭乘公車247、267、617、284、284、620、630、紅2、棕10至成功路五段黃石公廟站下車或搭乘捷運文湖限於葫洲站下車，步行前往黃石公廟。
2.搭營公車53、287、630、903快速、小1、646在「康樂街站」下，再步行前往。

剪刀石山

・山名　剪刀石山／・海拔標高　252m
・登山口高度　22m／・三角點　無
・GPS座標　306809・2776460／・座落位置　台北市內湖區
・特色　清代採石場遺跡、岩稜峭壁、展望佳

剪刀石山，是獨特的山峰，也是歷史古蹟

剪刀石山，又稱「金面山」，海拔二五二公尺，位於內湖金龍寺的西側山稜。雖然山不高，卻頗具特色，山頂巨石嶙峋，其中一塊巨石張裂凌空，酷似剪刀，因而得名。剪刀石山，視野開闊，具大山氣勢，在台北郊山中獨樹一格，是一座相當熱門的山峰。

剪刀石山的砂岩富含石英顆粒，在陽光下閃閃發亮，也因此被稱為金面山。由於蘊藏豐富石材，清代光緒年間建築台北城時，在此設有採石場，開採石材，以做為建造城牆之用。清代的採石場遺址，現已被列為市定古蹟。

金面山主要的登山口，可從內湖環山路一段一三六巷的「台北花園新城」進入。穿過筆直的巷子，約三百公尺，至巷底即看見登山口。登山口有左右兩條山徑，左徑是主步道，右徑則是攀爬金面山大石壁，然後與左徑會合。來回選走不同的路線，更可體驗金面山的岩石特色。

先取左側的主步道，從大樟樹旁的小徑而上，沿途為古樸的砂岩石階，石塊表層含著石英粒，在陽光下閃閃發亮。步道陡上，沿途有茂盛的蕨類，以芒萁為主，林間一片翠綠。往上走，地勢漸高，便可眺望遠處的市景，基隆河、松山機場盡收眼底。隨地勢愈高，視野愈佳。路旁出現愈多的巨岩，有的岩壁還可看到鑿孔痕跡以及切割整齊的石塊散落著，這就是清代採石場的遺跡了。

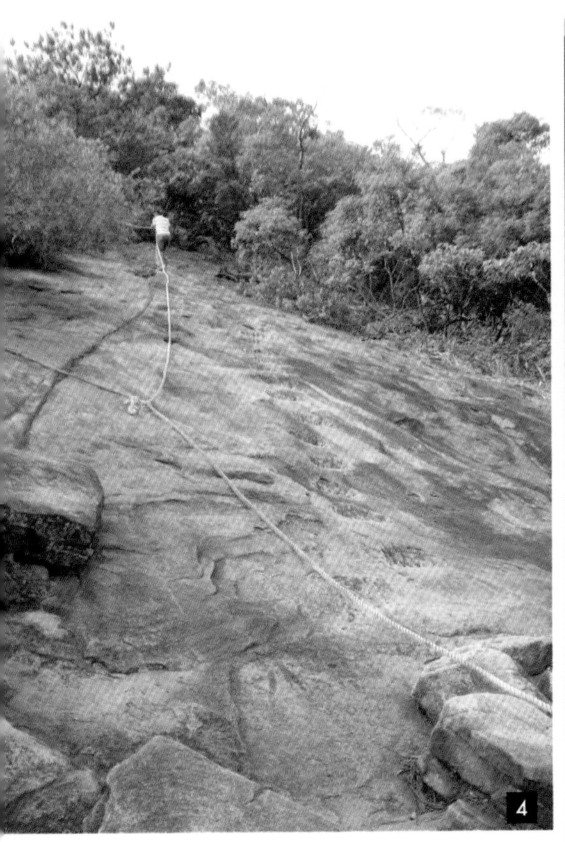

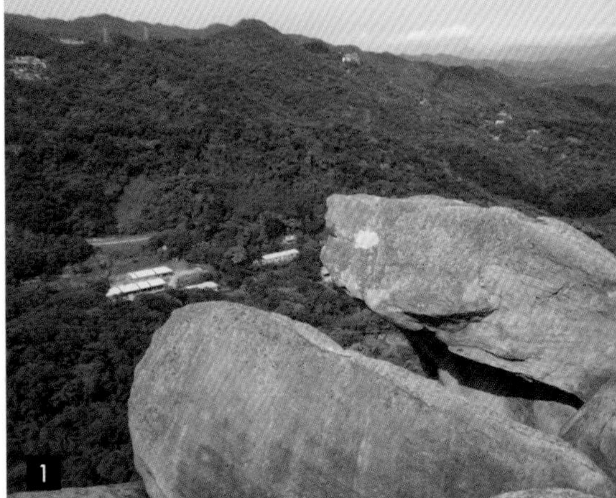

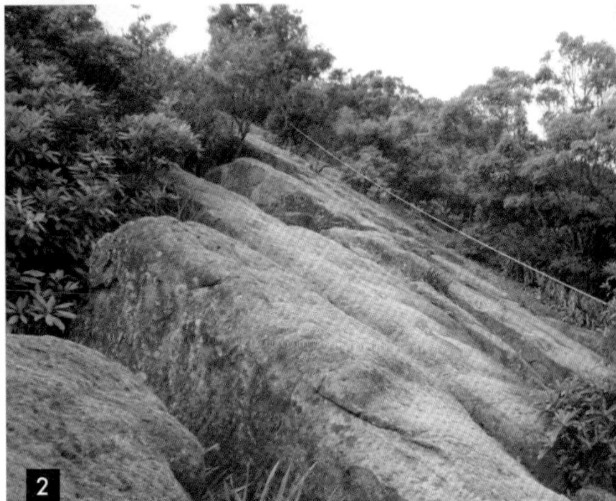

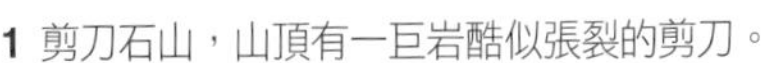

1 剪刀石山，山頂有一巨岩酷似張裂的剪刀。

2 石稜區，斜度不大，拉著繩索不難通過。

3 登山途中，眺望台北盆地美景。

4 金面山大石壁。

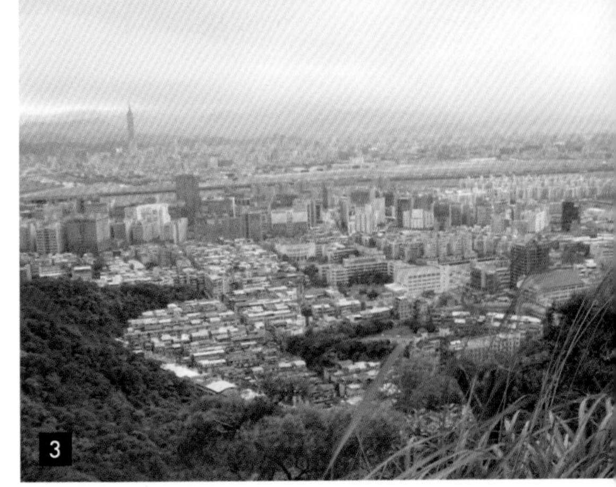

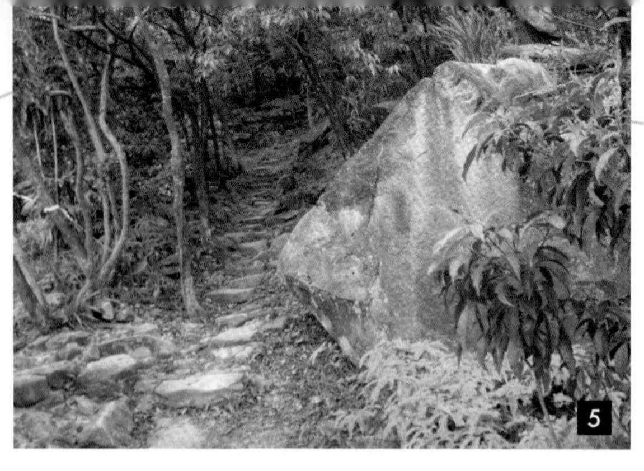

5 剪刀石山登山步道，沿途多巨石。

精彩的石稜路及金面山大石壁

途中有觀景台，可遠眺台北盆地。不久，抵達岩稜區，右線山徑攀過峭壁至此會合。往上爬，岩稜區岩石錯落，爬累了，則可坐在岩石上，邊休息邊欣賞風景。

通過岩稜區，不久就抵達山頂的岔路。左岔路通往外雙溪，可接金龍產業道路，爬往大崙尾山。往右行，約兩三分鐘，即抵達剪刀石山。山頂巨岩疊起，十分壯觀。爬上巨岩登高望遠，視野遼闊，鯉魚山、碧山巖、忠勇山、大崙尾山一脈相連延伸至外雙溪，山巒碧綠青翠，台北盆地的美景更是一覽無遺。

剪刀石山無三角點基石，金面山的基石卻在更前方另一個較低的山頭，須再前行約十五分鐘左右，山頂有一土地調查局圖根點。由於展望不如剪刀石山，所以一般習慣就將最高點的剪刀石山視為金面山。

下山循原路返至石稜區，然後走往左側的大石壁。這大片的岩壁，看似驚險，但岩壁都有鑿出岩階，且有繩索輔助，通行並不困難。通過峭壁區，穿過森林小徑，路況較好，沿途有岔路，通往附近的竹月寺，出環山路二段五十巷，或可循主路向下返抵大樟樹登山口。

清代採石場

清末光緒八年（1882年），興築台北城城牆，選擇內湖及大直一帶山區所產的岩石作為建材。當年採石範圍從德明技術學院的後山向東至金面山，現場保留完整的運石斜坡道、打石鑿孔、石條成品和成堆的棄石。運石路線從內湖路一段91巷到北勢湖的舊渡船頭，以運輸船運石，順著基隆河至淡水河，再沿淡水河逆流而上，抵達北門附近的「河溝頭」上岸。現在的下水道及金山南路電信局旁舊監獄圍牆尚可看到昔日台北城的石材舊跡。

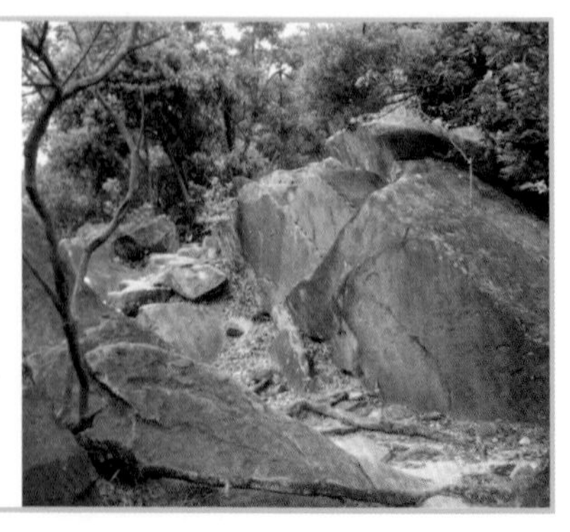

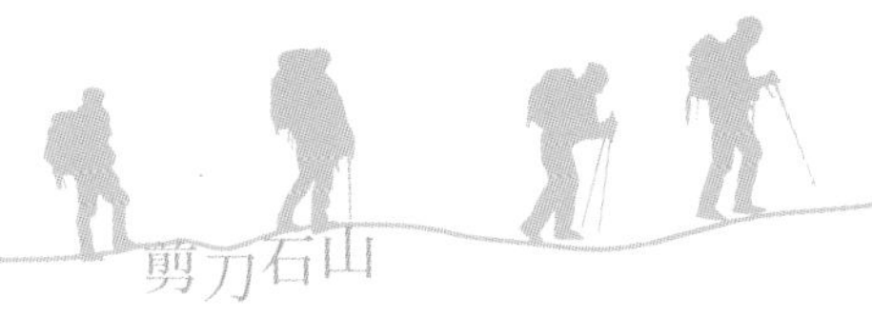

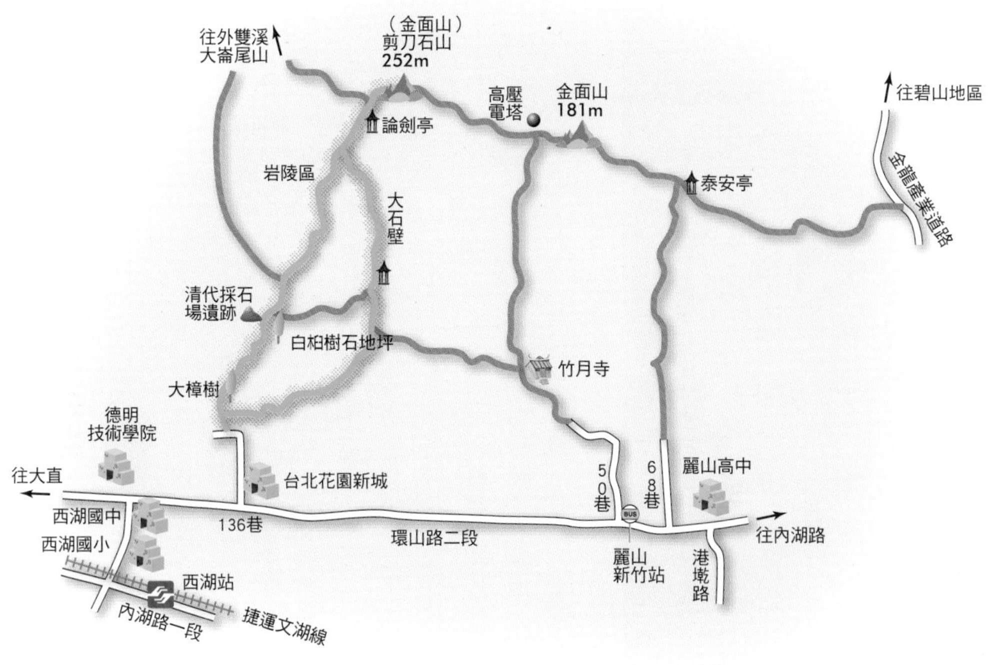

路程時間

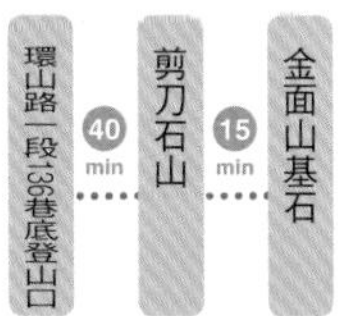

路況評價

- 登高指數：●● 230m
- 路程時間：●（來回約1.5小時）
- 步道路況：●
- 綜合評價：●●

注意及建議事項

剪刀石山右線大峭壁幼童不宜。登剪刀石山除原路來回，亦可經金面山基石，然後由竹月寺或泰安亭，由環山路二段50巷麗山新村下山。由剪刀石山至麗山新村約1小時，麗山新村返回環山路一段136巷口約15分鐘。

交通資訊

• 自行開車

中山高北上過泰山收費站後，右上高架橋，由堤頂交流道下，左轉堤頂大道（靠右），再右轉港墘路，至環山路二段左轉，直行至環山路一段136巷。或中山高濱江交流道下，沿濱江街上大直橋，右轉北安路、內湖路，再左轉環山路一段至36巷。

• 大眾運輸

搭乘公車藍27、藍20、紅31、214、256、267於德明技術學院站下車，或搭乘公車247、283等路公車於西湖國中站下車再步前往環山路一段136巷。或搭乘捷運文湖線於西湖站下車，步行約10分鐘至登山口。

龍船岩

・山名　龍船岩／・海拔標高　300m
・登山口高度　260m／・三角點　北市「市452」不鏽鋼基點
・GPS座標　309350・2777194／・座落位置
・主要登山口　A. 石崁黃氏古宅　B.大湖街葉氏祖廟
・特色　巨大石英砂岩

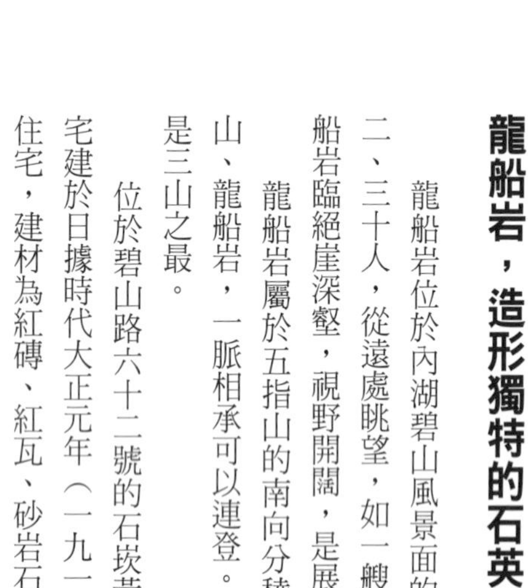

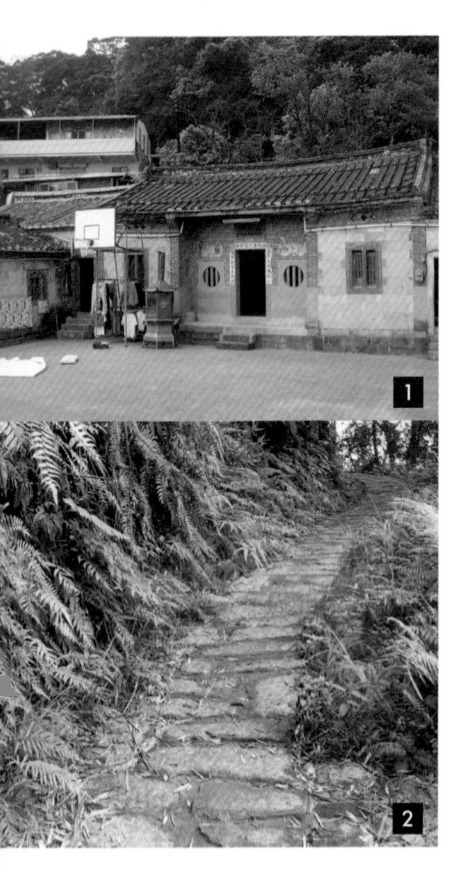

龍船岩，造形獨特的石英砂岩巨石

龍船岩位於內湖碧山風景面的最東側，山頂有一巨大的平頂石英岩，可容二、三十人，從遠處眺望，如一艘巨船航行於森林綠海，所以又稱「石船」。龍船岩臨絕崖深壑，視野開闊，是展望內湖山巒美景的絕佳地點。

龍船岩屬於五指山的南向分稜，這條稜線上，由北而南有白石湖山、開眼山、龍船岩，一脈相承可以連登。龍船岩位置最南，也最容易親近，景色之美也是三山之最。

位於碧山路六十二號的石崁黃氏古宅是距離龍船岩最近的登山口。黃氏古宅建於日據時代大正元年（一九一二年），為一坐北朝南的閩式三合院兩落護龍住宅，建材為紅磚、紅瓦、砂岩石條、土埆、福州杉等，相當古樸。大廳門楣上方的匾額題字「紫雲居」，祖籍為福建漳州。屋後有幾株老樹。

登山口位於古宅旁，寬大平緩的石板路通往龍船岩，路程約零點五公里，約走十五分鐘就可以抵達龍船岩。步道沿途有各種茂盛的蕨類，林相也很優美，充滿自然野趣。抵達龍船岩之前，會先經過一座古樸石砌的小土地公廟，隱隱透露出這片山區悠久的土地拓墾歷史。土地公廟位於鞍部，各路山徑在此交會。越嶺可通往五指山公路。取左，可爬向開眼山及白石湖山；取右行，龍

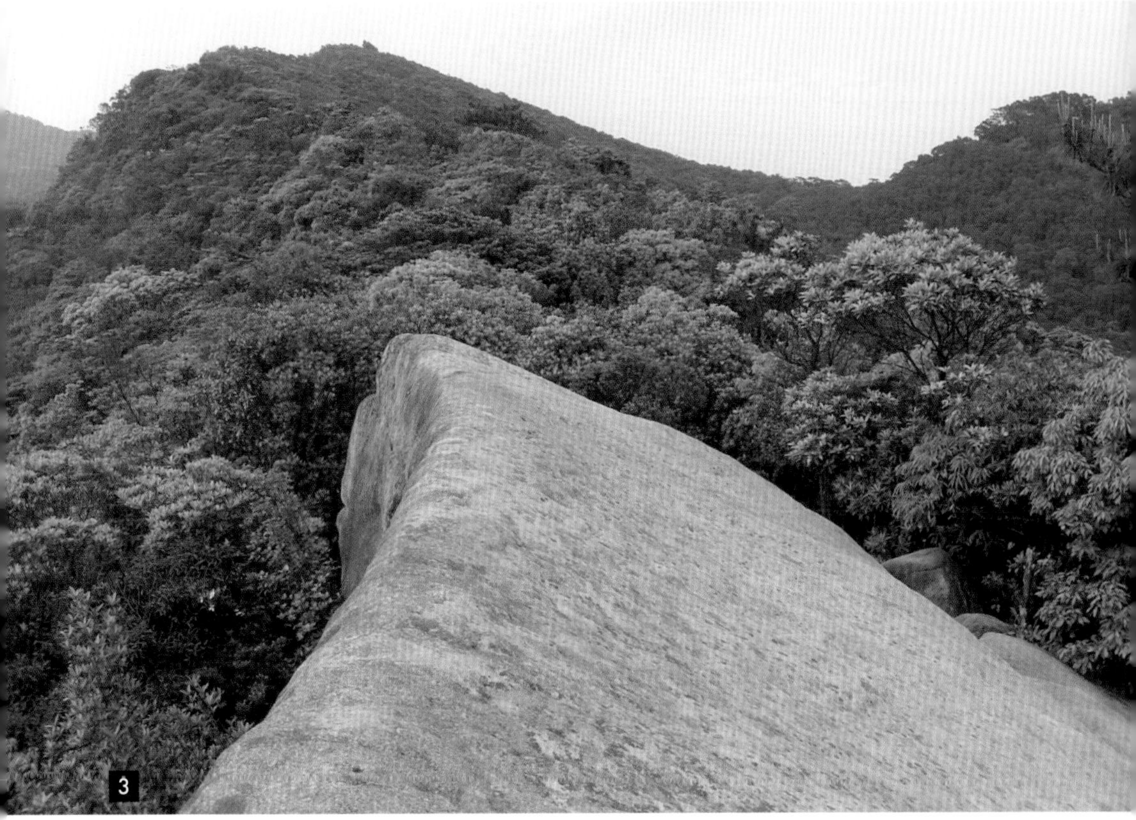

1 石崁黃氏古宅，建於大正元年（1912年），為距離龍船岩最近的登山口。

2 爬往龍船岩的石板步道，兩旁有綠意盎然的蕨類。

3 龍船岩，被翠綠的青山所環繞，宛如石船航行於綠海之中。

石英砂岩

內湖山區蘊藏豐富的石英砂岩，清朝光緒八年（1882年），興建台北城時，即在內湖建立採石場，開採石英砂岩以做為台北城牆的石材。

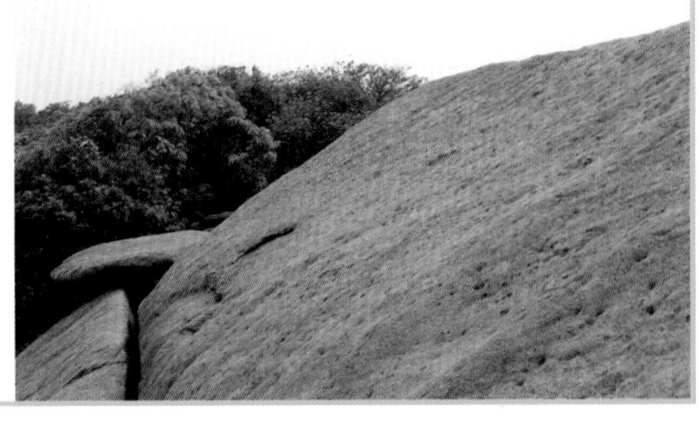

龍船岩，由石英砂岩所構成

附近景點

【內湖觀光果園】

碧山地區除有著名的碧山巖開漳聖王廟，碧山產業道路一帶各式的觀光果園蓬勃發展，有草莓、柑橘園等，開放給民眾自行採摘，並有休閒美食餐廳提供各種山產野菜，是一處適合全家親子同遊的好景點，不僅可以踏青郊遊，也能享受自摘水果的樂趣。

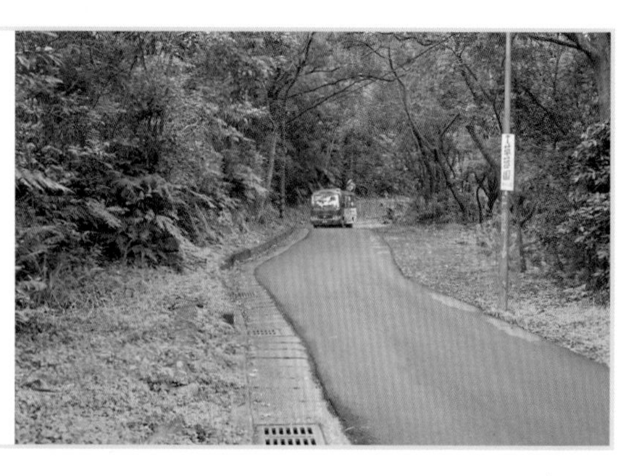

船岩就在幾十公尺外。循著小徑前行，穿過林間大小錯落的岩石，隨即望見白色的巨岩突現於眼前。

近看龍船岩，宛如白色巨鯨

龍船岩，為白色的石英砂岩所構成，長度約十公尺，外形猶如一條巨大白鯨，悠遊於這片山林綠海。旁有平坦的大石塊，宛若石床，可臥可躺。徜徉於這青山環繞的綠色環境裡，令人心曠神怡。立於龍船岩之上，居高臨下，視野極佳，但巨岩緊臨懸崖，也使人心生恐懼。從龍船岩續前行約一百公尺處，可看見北市「市452」不鏽鋼基點及龍船岩的標示牌。前行的山徑可通往圓覺瀑布步道，由葉氏祖廟及大湖路的方向下山。

從龍船岩返回鞍部土地公廟，爬往開眼山約零點七公里，約十五分鐘路程。開眼山，海拔四百公尺，有一北市都計處四等三角點（119號），山頂腹地小，有樹林遮蔽，展望遠不如龍船岩。若續前行，約二十五分鐘，可抵達白石湖山。白石湖山海拔四五八公尺，是這條稜線的最高峰。

由黃氏古宅爬龍船岩距離短，最輕鬆，但這裡交通較不方便，僅有班次稀少的小公車抵達。另一個選擇，是從大湖街一三一巷底的葉氏祖廟進入，走圓覺瀑布步道，至途中的右岔路，過小鐵橋越溪，經農家果園，再爬往龍船岩。約四十分鐘，可抵達龍船岩。走這條山徑較有爬山的感覺，沿途有陡坡，須拉繩攀爬，為一般登山客所走的路線，不適合幼童行走。

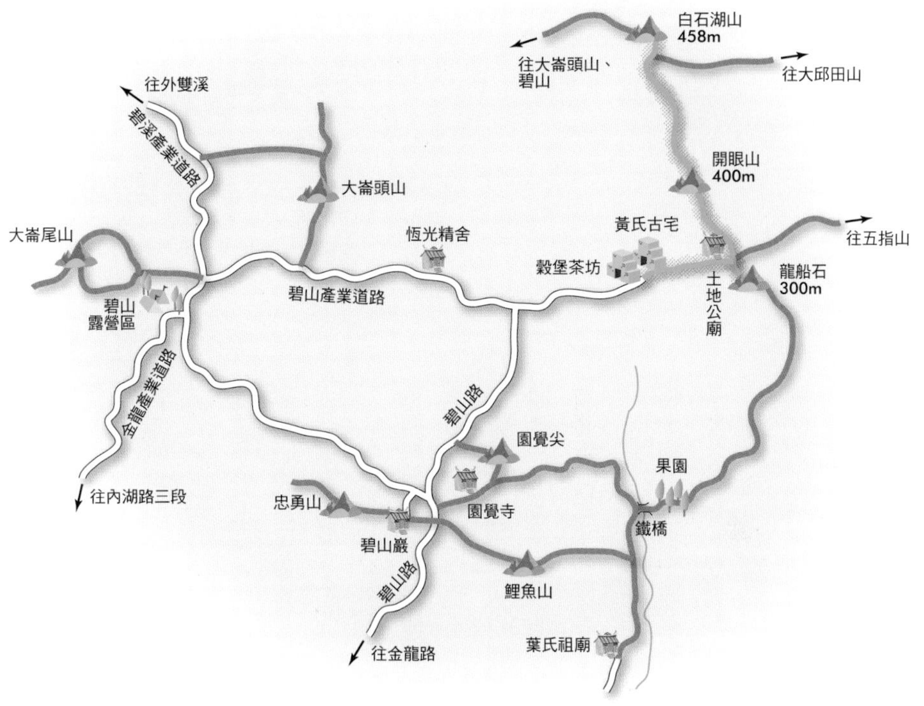

路程時間

黃氏古宅 —15 min— 龍船岩 —15 min— 開眼山 —25 min— 白石湖山

葉氏祖廟 —10 min— 圓覺瀑布步道岔路 —40 min— 龍船岩

路況評價

- 登高指數：● 40m（黃氏古宅－龍船岩）
- 路程時間：●（來回1小時以內）
- 步道路況：●
- 綜合評價：●

注意及建議事項

龍船岩西側為斷崖深壑，登頂時務必謹慎，以免發生危險。龍船岩至開眼山路況佳；開眼山至白石湖山較少遊客，雜草略多。由葉氏祖廟爬往龍船岩為傳統泥土路山徑，有峭陡山徑，不適合幼童。

交通資訊

• 自行開車

中山高速公路下內湖成功交流道，循成功路往內湖，左轉金龍路，再右轉內湖路，接碧山路，過碧山巖，遇岔路右轉，往石崁方向，沿途循「穀堡茶坊」的指標前行，至道路終點。

• 大眾運輸

搭乘聯營公車21、藍27、28、247、267、278、521於「達人女中」站下車，轉乘小2公車往碧山路，在石崁站下車。或搭乘捷運文湖限於內湖站下車，步行至碧山路口轉乘小2公車

劍潭山

・山名　劍潭山／・海拔標高　153m
・登山口高度　7m／・三角點　二等三角點1064號
・GPS座標　302561．2775450／・座落位置　台北市士林區
・特色　早覺會輕鬆健行遊憩

劍潭山，圓山大飯店的後山

劍潭山位於北市士林的劍潭，最著名的地標就是圓山大飯店了。所以一般民眾也習慣將劍潭山稱為「圓山」，圓山大飯店的原址是日據時代的台灣神社，由於是重要的宗教聖地，劍潭山的山林受到很好的保護。台灣光復後，劍潭山劃為軍事管制區，因此森林蓊鬱，直到管制區解除後，劍潭山成為民眾喜愛的登山休閒去處，也一座淪為被人為過度開發的山頭。

劍潭山鄰近中山北路這條台北通往士林、北投的重要幹道旁，交通便利，公車班次極多，淡水線捷運劍潭站離登山口也不遠，步行約五分鐘而已。劍潭公園旁的「福正宮」是劍潭山的登山口。福正宮是劍潭地區一座古老的土地公廟，始建於清代嘉慶年間，已有將近兩百年的歷史。

廟旁的公車站牌處有一座「圓山風景區」的牌樓，穿過牌樓，一路是上坡的石階路，沿途可以看見廢棄的碉堡，是昔日軍事管制區的遺跡。不久，抵達岔路口，左右線都可爬向劍潭山，取右線，爬往大忠宮。大忠宮是劍潭山著名的寺廟，最上層的國姓殿祀奉鄭成功。

從大忠宮上行，步道爬上了劍潭山稜線，此處正

劍潭

劍潭地名的由來，民間相傳與鄭成功有關。相傳鄭成功率領軍隊行經基隆河此一河段時，遇見神怪興風作浪，鄭成功將身邊寶劍抛入水潭，而降服神怪。後人為紀念此事件，將基隆河該河段命名為劍潭。雖然這項民間傳説並不符合史實，劍潭的故事已深植人心。劍潭山的大忠宮設有國姓殿，殿內主祀鄭成功，即是緣起於鄭成功與劍潭的關係。

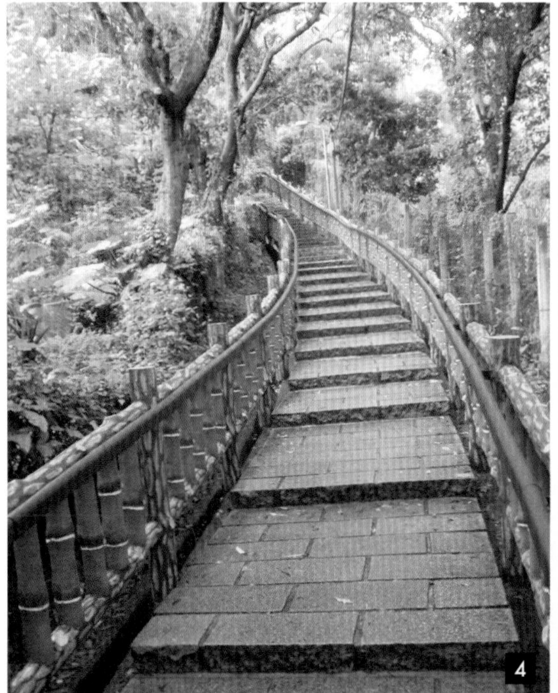

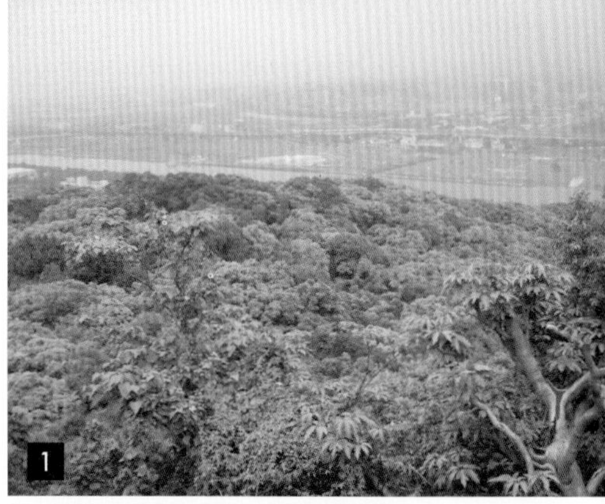

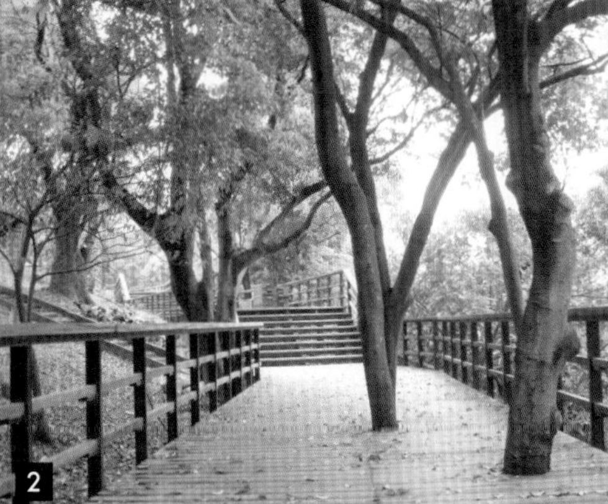

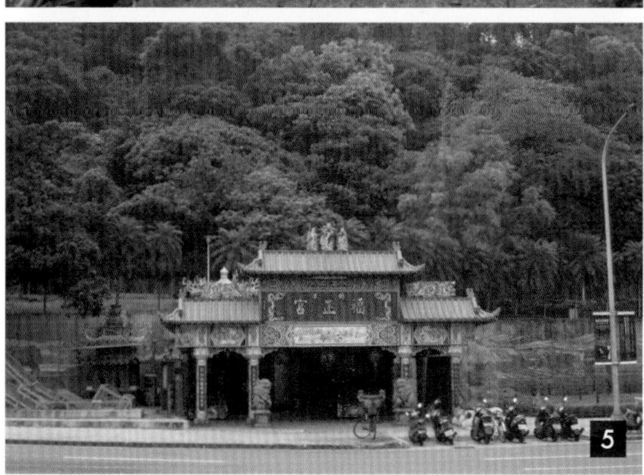

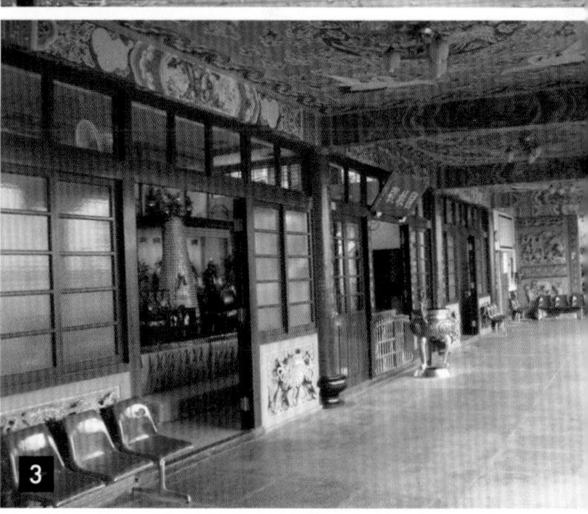

1 劍潭山登山步道，途中眺望基隆河及大佳河濱公園。

2 劍潭山登山步道，棧道菁華路段。

3 大忠宮國姓殿，主祀鄭成功。

4 劍潭山登山步道。

5 劍潭山登山口 — 劍潭福正宮。

附近景點

【劍潭公園】

劍潭山附近擁有相當多的景點，例如劍潭公園、圓山大飯店、台北市立天文科學教育館、忠烈祠、士林官邸、圓山育樂中心、市立美術館、士林觀光夜市、台北海洋館等，構成一帶狀的遊憩景點。劍潭公園就位於登山口旁，只是一座小公園，但入口處有兩隻造形奇特的石獅子，屬於「狛犬」，是神社的守護獸。這兩隻巨大的石雕狛犬，是昔日台灣神社的守護獸。台灣神社的遺址即今日的圓山大飯店。

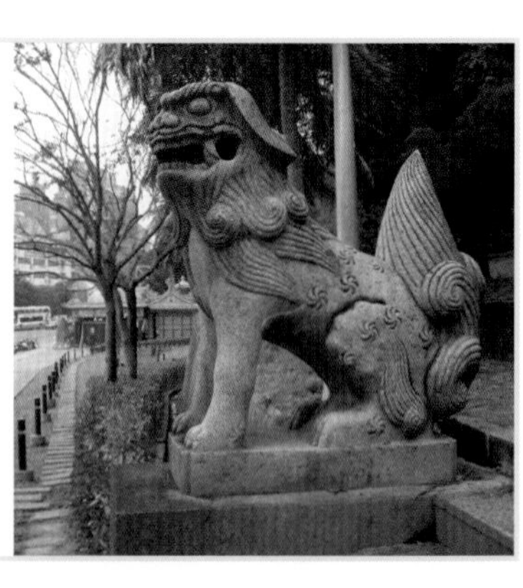

劍潭公園入口的狛犬

位於圓山大飯店的後方，可以瞥見高過林梢的飯店建築頂部。循稜前行，步道坡度變為平緩，沿途遍佈各種早覺會、山友會的建物及活動場地，可稱得上是全台北市早覺會涼亭密度最高的一座山頭，令人感受到劍潭山受歡迎的程度。途中岔路小徑多且紛歧，各自通往各個早覺會的活動場地。

劍潭山觀景平台眺望基隆河大直段，景色如畫

遇岔路時，只要循著稜線花崗岩石階的主步道上行，就不會迷路。不久，石階路終了，變為木棧道，竟出現一段難得的清幽路段，來到中央廣播電台微波站附近的山頭，棧道上有寬闊的木造觀景平台，俯瞰附近山麓地帶，還擁有未遭濫建的一大片蒼翠森林。遠處為基隆河大直段，河對岸是大佳河濱公園，更遠處的遼闊平野，就是松山機場了。這裡是劍潭山視野最佳、景色最美之處。

續往前行，來到岔路口，右岔路棧道可走往北安路七十七巷碧海山莊附近的登山口，直行及左岔路，都可爬往劍潭山的基石，不過都沒有路標導引。直行，循樹林小徑前行，經過「友情嶺」涼亭，再取左，可爬向主峰基石；若從左岔路「萬壽園」進入，則得穿過其它幾處早覺會涼亭。沿著步道往上走，最後經過「南山早覺會」，即可登頂劍潭山。劍潭山的山頂，展望平平，有一顆二等三角點基石。

由劍潭山續前行，可爬向文間山，接劍南路，劍潭山系可與內湖的金面山及大崙尾山等山系相連，後續的路程就屬於健腳級，可視個人體力斟酌而行。或者循原路，穿進劍潭山的羊腸小徑，找一處早覺會或山友會的涼亭廣場休憩。

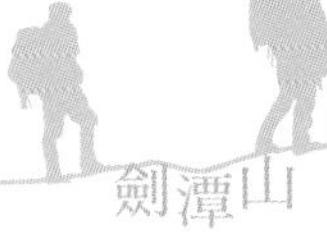

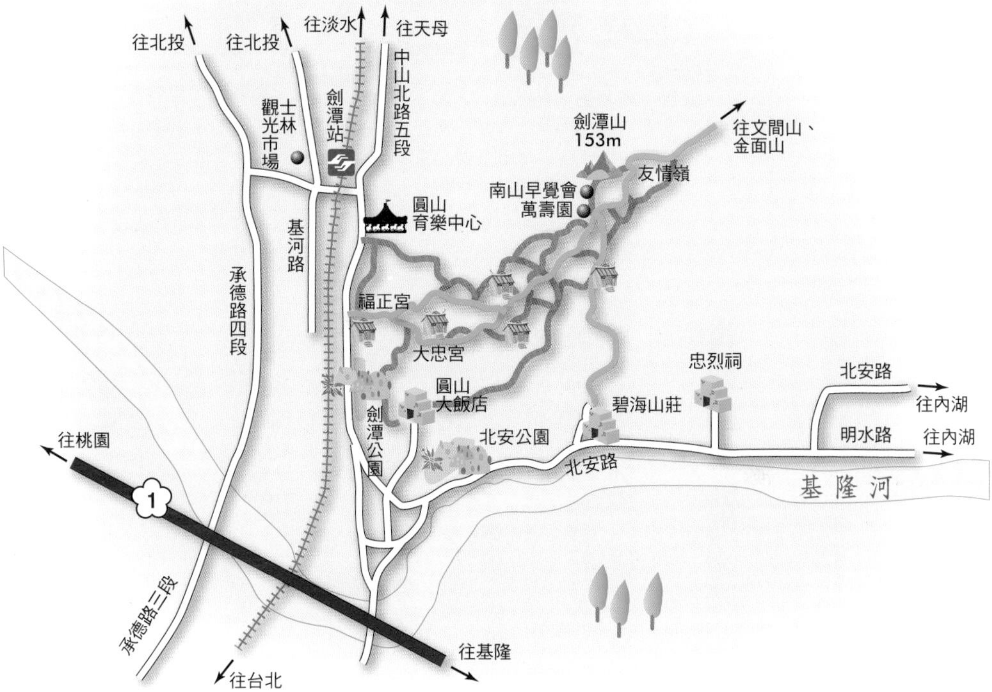

路程時間

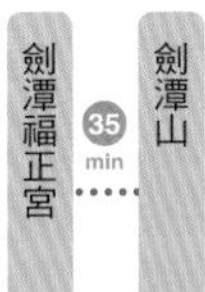

路況評價

- 登高指數：146m
- 路程時間：來回約1至1.5小時
- 步道路況：
- 綜合評價：

注意及建議事項

劍潭山交通方便，山路四通八達，可從中山北路劍潭公園上山或北安路北安公園附近北安路77巷上山。山上有很多早覺會的休憩設施，涼亭、座椅、運動廣場、健身器材、廁所都很完善，適合全家老少踏青健行。

交通資訊

• 自行開車

由台北市區走中山北路，過中山橋，至劍潭公園。或走中山高速公路，下重慶北路交流道，往士林方向，經中正路右轉承德路至劍潭捷運站附近停車。

• 大眾運輸

搭乘淡水線捷運至劍潭站下車；或搭乘公車40、203、218、220、260、267、277、279、280、285、308、310、606、612、646、685、902、紅3等劍潭站。

軍艦岩、丹鳳山

・山名　軍艦岩、丹鳳山／・海拔標高　188m（軍艦岩）、117m（丹鳳岩）
・登山口高度　10m（陽明大學校門口）
・三角點　北市「市481」不鏽鋼標基點、北市三角點13號
・GPS座標　301482・2780211（軍艦岩）、300420・2780711（丹鳳山）
・座落位置　台北市北投區／・特色　特殊地質奇岩、歷史人文遺跡

軍艦岩宛如乘風破浪的軍艦

軍艦岩，位於石牌榮總醫院的後山，因山頂有一塊突起的巨岩宛如乘風破浪的軍艦，因而得名。登軍艦岩有兩條主要路線，一從陽明大學上山，一從榮民總醫院上山，路程都不遠，大約半小時左右即可登頂，可安排一圈左去右回的〇型路線。丹鳳山距離軍艦岩不遠，適合連登。

從陽明大學校門口進入，沿著校園車道上行，約十五分鐘，在一上坡轉彎處，就看到軍艦岩的登山口。從登山口至軍艦岩，只有零點五公里路，前一百多公尺為花崗石步道，接著出現岩階路，大塊岩石斜坡鑿切出石階路，沿途步道兩側頗多蕨類植物，為蝶蛾的食草，步道途中豎立不少標語，提醒遊客勿砍除蕨草，以免引響幼蝶的生長。

不久，爬上稜線。經過一座涼亭之後，視野開展，遠遠望見雪白巨大的軍艦岩。抵達軍艦岩，視線更加遼遠，向北眺望，大屯山群峰矗立於前，向西遠眺，則關渡平原綠野廣闊，基隆河蜿蜒注入淡水河，淡水河岸的觀音山清晰可見；向南則圓山大飯店及台北盆地高樓巨廈的都會景觀盡入眼簾。

丹鳳山，弘海大師紀念碑遺跡

軍艦岩旁有另一條山徑下山，約半小時即可抵達榮民總醫院。或者可繼續前往丹鳳山。從軍艦岩前往丹鳳山，循稜前行，沿途為寬闊平緩的泥土山徑，景觀較為原始。沿途左側有不少岔路，可繞往丹鳳山山腰的照明寺。照明寺，俗稱

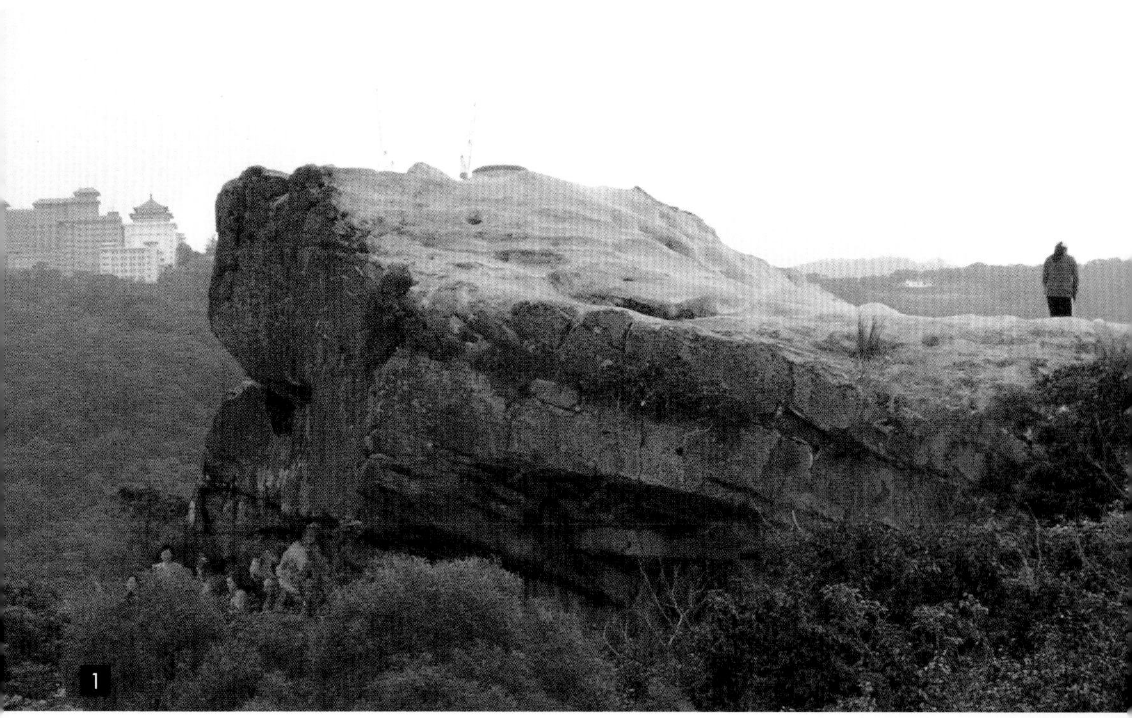

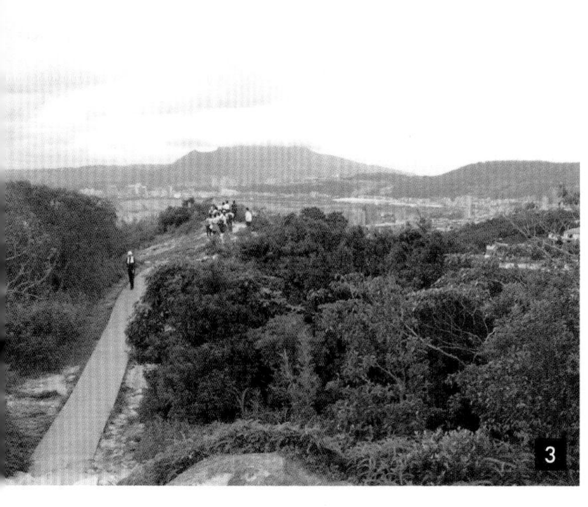

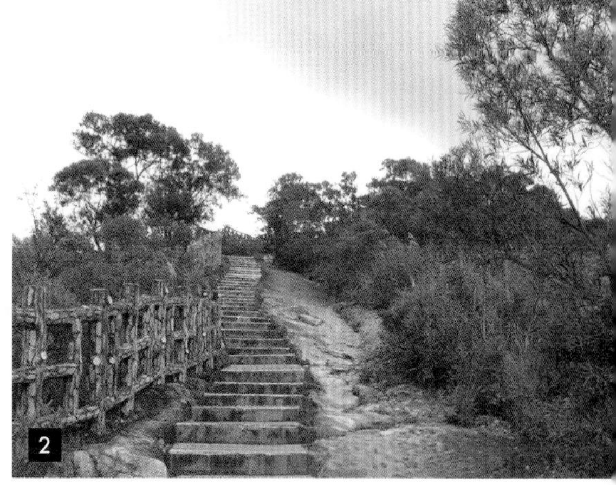

1 軍艦岩，巨大的砂岩宛如一艘乘風破浪的軍艦。

2 軍艦岩步道。

3 從軍艦岩眺望關渡平原及觀音山。

情人廟

華僑姚照明替母親還願而建，民國六十年初建時名為「照明宮」，因陳列有牛郎織女、卓文君、司馬相如等蠟像，俗稱「情人廟」。廟宇由三座似英文字母A所構成的尖塔所組成，造型相當獨特。廟旁有一座許願亭，寫著「真情無人見．假情天有知」標語，上項掛滿男女情人祈願的小竹片。這裡曾是著名的情人廟，許多未婚男女慕名前來參拜。照明宮後來改為名為照明寺及照明淨寺，主殿供奉一尊四面千手觀音，保佑健康、婚姻、光明與財富。

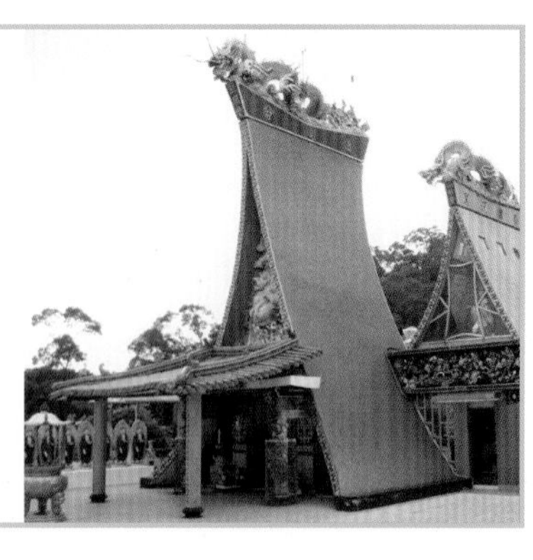

「情人廟」，是一處情人男女喜愛造訪的寺廟景點。

若循稜續行，約三十餘分鐘抵達丹鳳山最高點，有一座電視轉播站鐵塔，附近是著名的熱海岩場，岩頂上展望佳，這裡有一條山徑通往新北投的銀光巷，沿途有巨岩峭壁可供山友攀岩。

一般都以這座鐵塔為丹鳳山的主峰，但丹鳳山的基石並不在這裡，而是座落於丹鳳岩。繼續前行，約五分鐘抵達岔路，左岔路產道繞往照明寺，右側石階步道則通往丹鳳岩。取右行，前行約一分鐘，右側有一條小徑，通往附近的弘海大師紀念碑。這條小徑的入口沒有任何指標，兩旁則有一片復育地，有繩索圍繞著，懸掛著「護育區域，請勿踏入」的牌子。轉入小徑，約一分鐘即抵達弘法大師紀念碑，娟秀的漢字及日文草書，刻著一首和歌（短歌），內容為：「遠望只見鄉里的草木和花，大師之山光輝閃耀……。」立碑者為「台北茶榮講」，可能是日據時代的宗教團體。附近岩壁有方型神龕。壁有碑文，捐獻者多為日本人，神龕建於明治四十三年（一九一〇年）。弘法大師就是空海和尚，前往中國取經，後發明片假名文字，對於日本宗教及文化具有深遠影響。空海和尚圓寂後，日本天皇為表彰其貢獻，尊其為「弘法大師」。附近的岩壁還有另一神龕供奉不動明王，建於大正十五年（一九二六年）。

返回主步道繼續下行，約五分鐘便抵達丹鳳山的基石所在，這裡正位於丹鳳岩的上方，丹鳳岩為一位於崖邊的巨岩，由於有崩落之虞，這裡豎立了危險警告牌，提醒遊客勿靠近丹鳳岩。丹鳳岩就位於懸崖邊，被水泥及鋼索固定住，以防止巨岩崩落。警告牌旁有一顆丹鳳山三角點基石。丹鳳山，因丹鳳岩而得名。日據時代，這座山曾遍植松樹，被稱為「松葉山」，又因紀念弘法大師，所以又稱「大師山」。由於丹鳳山屬於砂岩地形，土壤層較薄，不易涵養水份，所以地質乾燥，較難生長闊葉樹林。

由丹鳳岩下行，約十分鐘，路經陳濟堂將軍墓園之後，隨即抵達奇岩路登山口。循指標下山，經福安宮，出大興街，約十五分鐘，抵達淡水線捷運北投站。

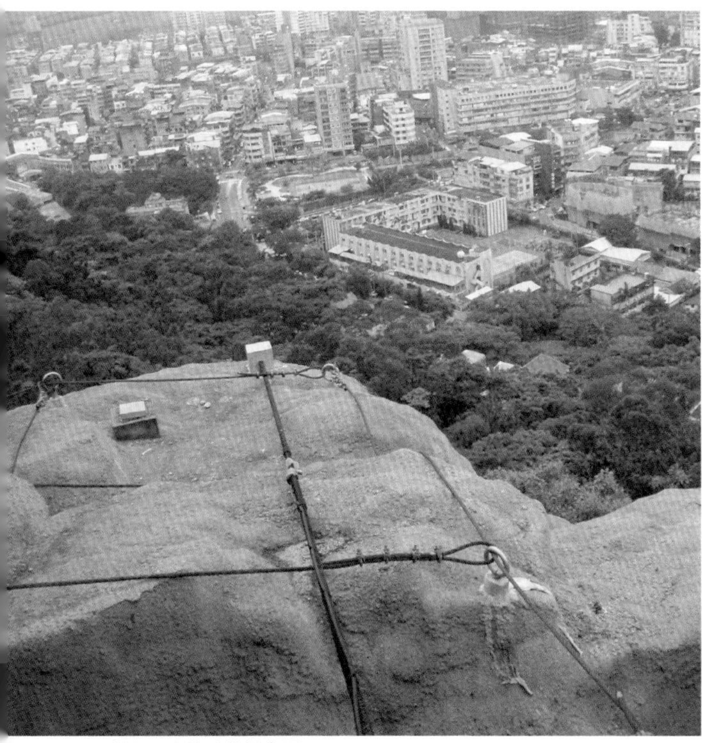

從丹鳳岩俯瞰北投市區。

附近景點

【中和禪寺】

中和禪寺，位於奇岩路151號，距離丹鳳山登山口不遠，入口巨石林立。中和禪寺建於日據時代，為曹洞宗名剎，寺廟古樸莊嚴，廟殿後方有章嘉活佛舍利塔，圓頂尖塔，類似西藏建築風格，已被台北市政府列為歷史建築。由舍利塔循步道更往上行，有中和禪寺開山祖師墓塔。舍利塔的下方有一「奇巖洞」，建於民國四十年（1951年），則是章嘉活佛修行之處。

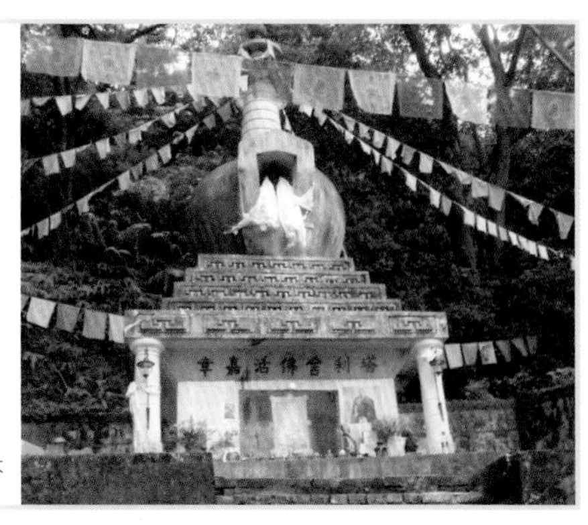

章嘉活佛舍利塔

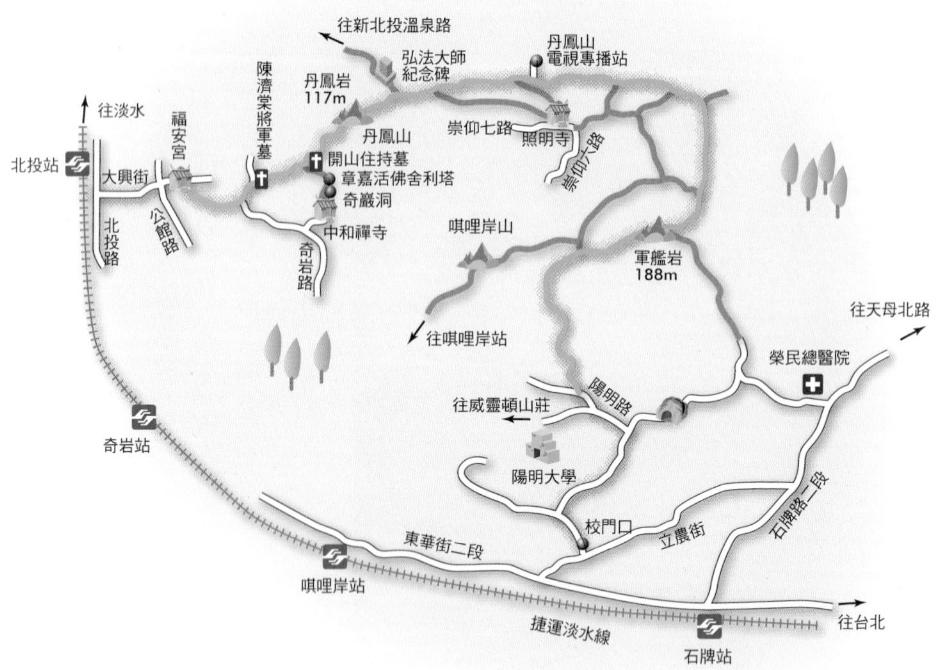

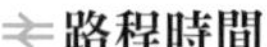

路程時間

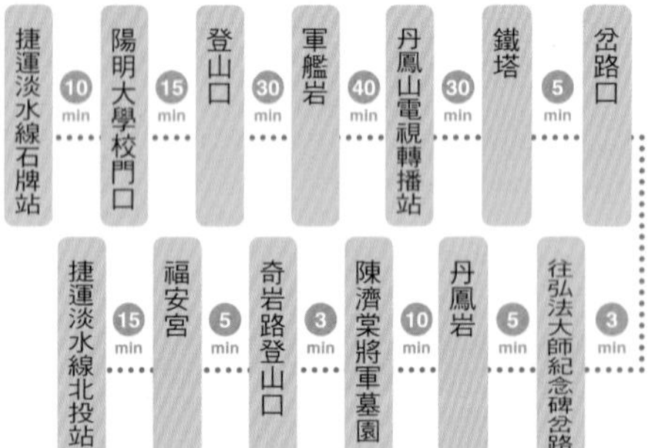

路況評價

- 登高指數：●● 178m
- 路程時間：●
- 步道路況：●
- 綜合評價：●

注意及建議事項

軍艦岩及丹鳳山步道連走，並可順遊弘法大師紀念碑、照明宮、中和禪寺等景點，亦可順遊捷運淡水線沿線景點，如新北投溫泉博物館及泡湯等行程。

交通資訊

• 自行開車

中山高下重慶北路交流道，往士林方向，過百齡橋，左轉承德路，至承德路七段，右轉石牌路，至石牌捷運站左轉華東街二段，至立農街右轉，即抵達陽明大學校門口。

• 大眾運輸

淡水線捷運石牌站下車，沿著東華街二段北行，右轉立農街，不久就抵達陽明大學校門口。進校門，沿著校園車道上行，約15分鐘，即可抵達軍艦岩登山口。或搭乘公車可搭220，223，224，266，267，268，277，285，290，508，601， 603，606，612，並於榮民總醫院站下車後，沿石牌路轉入立農街步行約十至十五分鐘，至陽明大學校門口。

信義・南港・文山

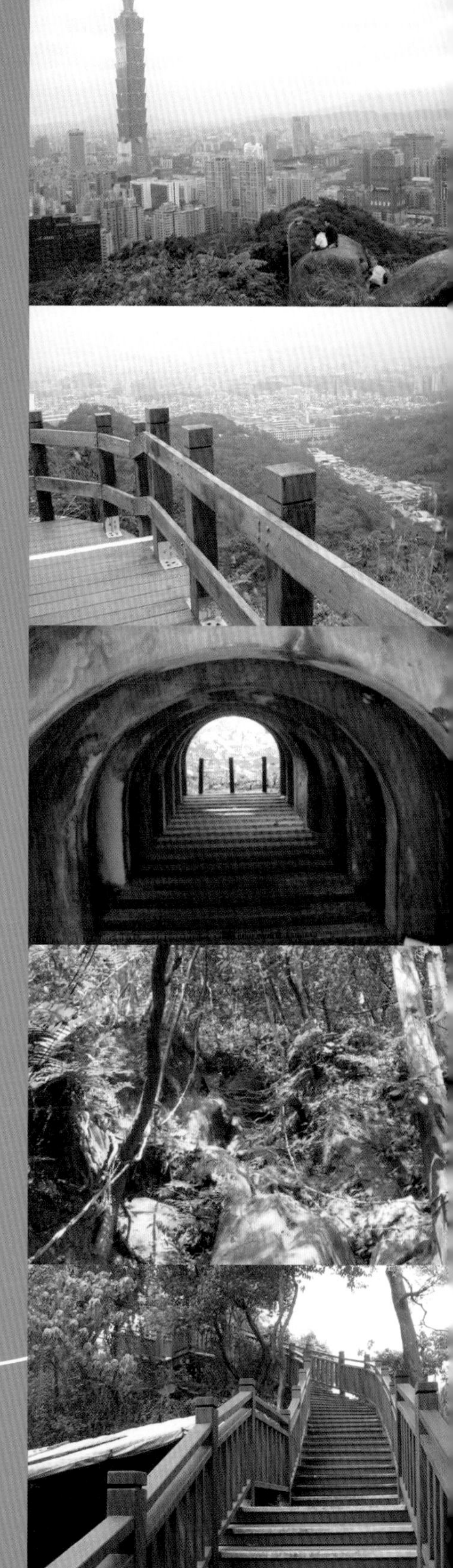

南港山、拇指山

・山名　南港山、拇指山／・海拔標高　374m 、320m
・登山口高度　28m（靈雲宮）、35m（慈惠堂）、62m（中華技術學院）
・三角點　南港山　三等三角點第六九五號、拇指山　「市508」不鏽鋼標基點
・GPS座標　南港山308333・2768973、拇指山308151・2768413
・座落位置　台北市信義區、南港區交界
・主要登山路線　A. 靈雲宮　B. 慈惠堂　C. 中華技術學院／・特色　展望佳

南港山系最高峰，南港山展望佳

南港山系橫亙於台北市信義區和南港區的交界處，主要的山峰為南港山、拇指山及四獸山。南港山的九五峰海拔三七五公尺，為南港山系最高峰；拇指山則是山形特殊，由台北市區遠望，狀似拇指擎天，因而得名。這兩座山相距不遠，都擁有極佳的展望，適合連登。

南港山系毗鄰市區，登山口多達二十個，可依個人居住地區就近選擇適合的登山口。一般而言，最主要的登山口有三：一是由東側的中華技術學院登山口，一是由西側信義路五段的一五〇巷底「靈雲宮」，一是從中段的福德街二五一巷底的慈惠堂登山口。從中華技術學院上山，由靈雲宮下山，可以完整地走南港山稜線步道，但全長約五點六公里，路程較遠。

從信義路五段的靈雲宮起登，然後由慈惠堂下山，是較理想的路線，兩個登山口之間的交通接駁也較為便利。從靈雲宮出發，約零點五公里，爬至象山，然後接南港山步道。續行往拇指山約一點五公里。途中會經過兩座清代光緒年間的古墓，以及一座樸舊的福德祠，土地公廟建於民國四十三年，由三張犁新生煤礦所修建。四獸山一帶從清代時期即盛產煤炭，以「松山煤」著稱，至今南港山一帶仍有礦坑遺跡。一路拾階而上，都是寬闊好走的花崗岩石階路，末段石階路變為陡峭，走來頗為辛苦。約一個小時左右，抵達往拇指山的岔路。轉入右岔路，拉著繩索踏岩

九五峰

南港山最高點的巨石，刻著「九五峰」，是紀念楊森將軍以九十五歲高齡攀登此山而命名。

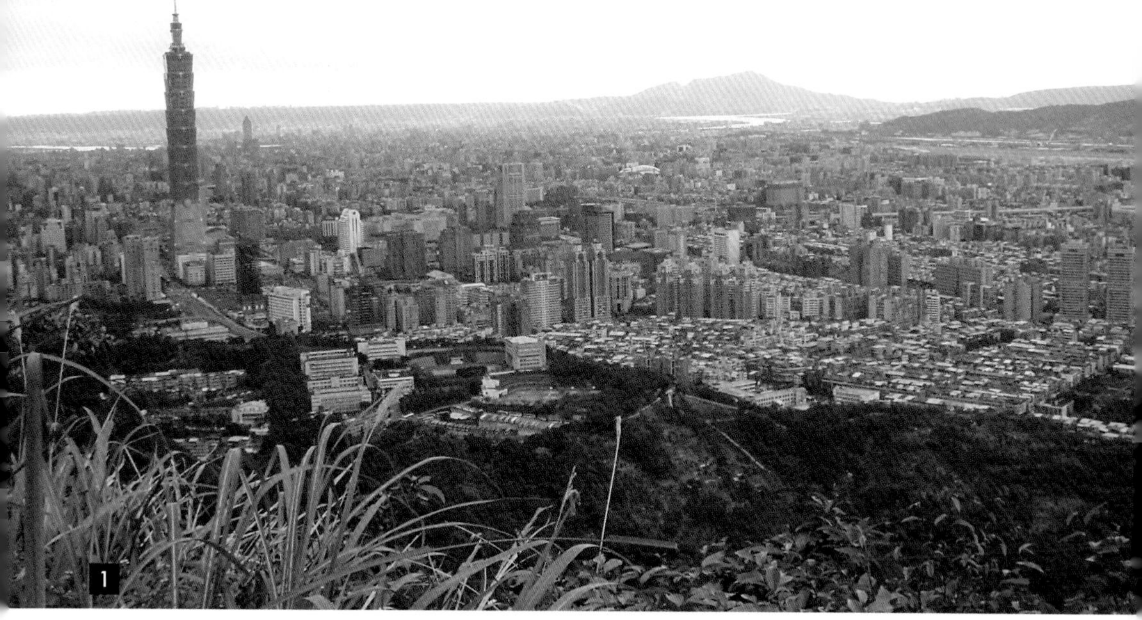

1 從南港山稜線步道眺望台北盆地。

2 南港山步道的慈惠堂路線，擁有寬闊的花崗岩步道，也是虎山自然步道的一部份，是相當熱門的一條登山路線。

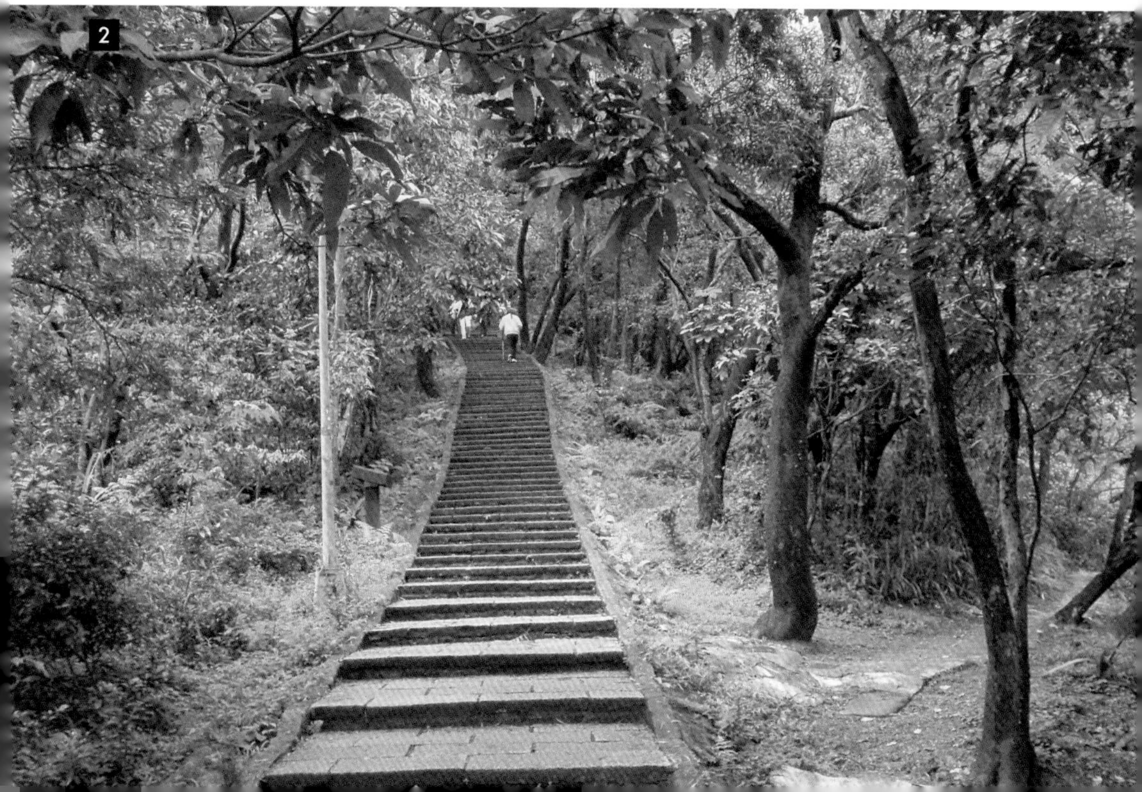

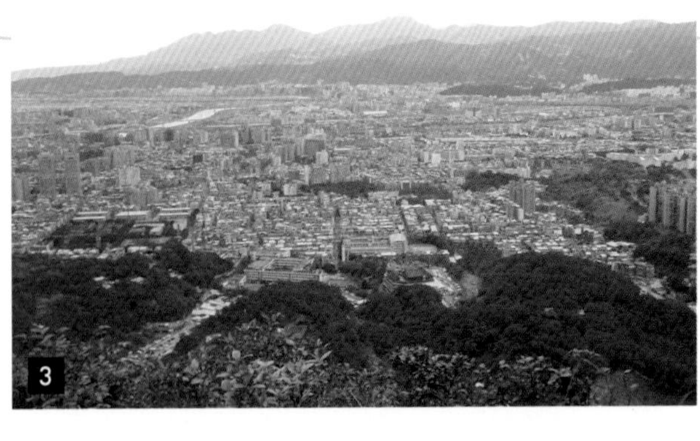

3 南港山稜線步道眺望台北盆地，遠處為七星山及大屯山。

4 拇指山頂，為一巨大的岩石所構成。

階而上，約五分鐘，即抵達拇指山的山頂。拇指山，為一塊巨大的裸岩，山頂腹地不大，卻擁有三百六十度的視野，可遠眺台北盆地及往南港、汐止、深坑、石碇一帶綿延不絕的群山。山頂附近另有一條古道通往南港研究院路四段，稱為「樹梅古道」。

南港山稜線步道，眺望台北盆地美不勝收

由拇指山循原路回到主步道，續往南港山方向前進，約零點五公里路程，抵達南港山南峰。南峰位於步道左側兩公尺外的小山頭，有一北市土地測精幹點325號基石，但入口並無指標，須特別注意，才不會錯過。南峰與主峰相對。先下坡路至鞍部，再上爬，不一會兒就抵達南港山的主峰。南港山主峰，海拔三七四公尺，山頂被通訊基地台所佔據，三角點基石就在步道旁，三面被鐵絲網包圍。續前行兩、三分鐘，便抵達南港山最高點的九五峰。

由九五峰續行，一路是下坡路，隨即抵達南港山超高頻電視轉播站。這裡

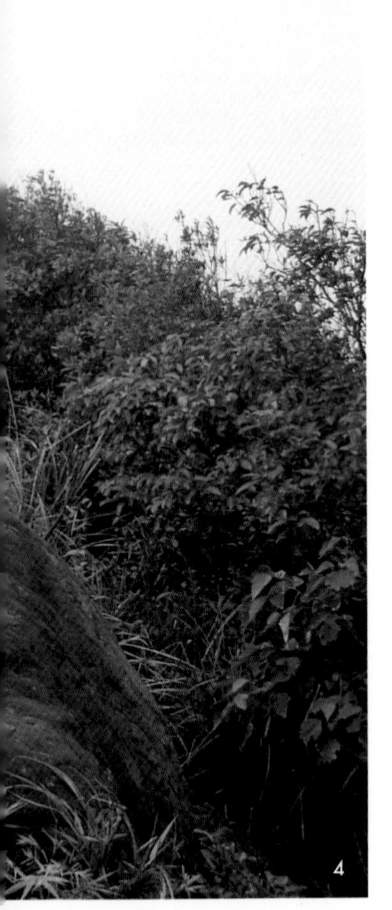

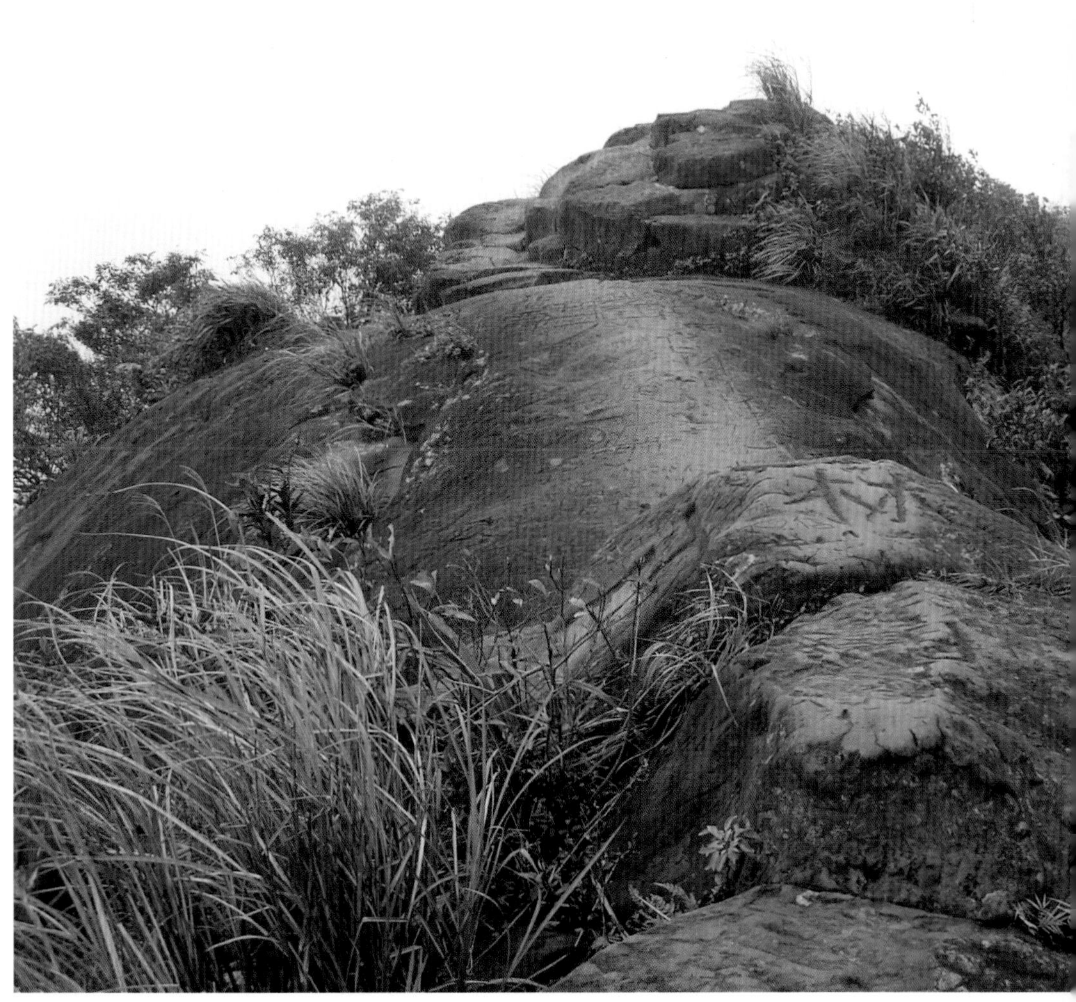

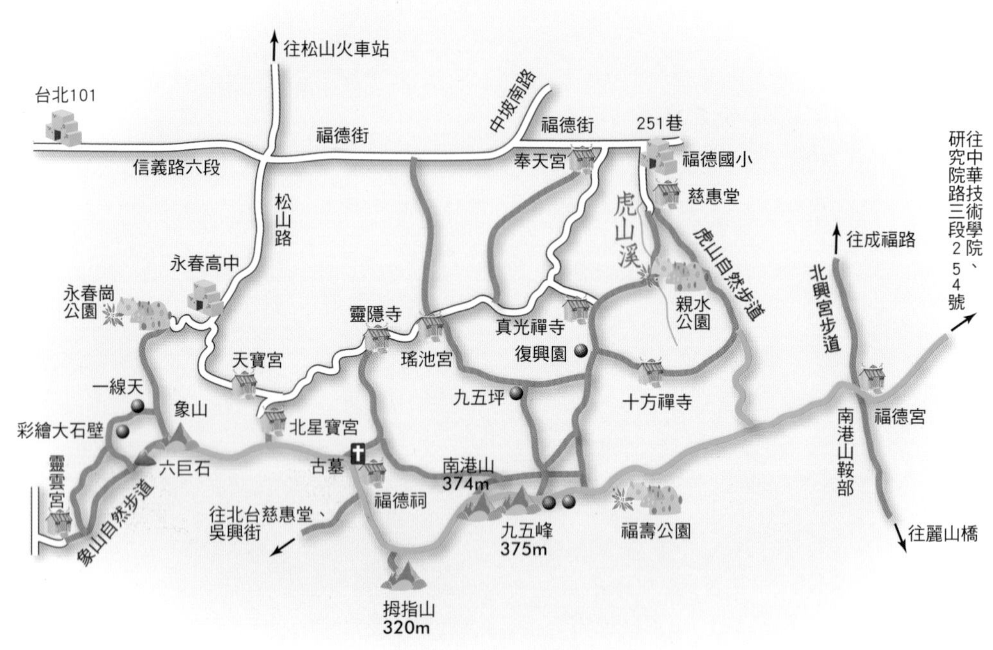

有木亭及北市親山護照紀念章打印台，轉播站前方的欄杆外，即是著名的南港山大崖壁，幾近垂直的峭壁深達三、四十公尺。雖有繩索輔助攀降，但具危險性，有懼高症者，切勿冒然嘗試。續前行，走在南港山稜線步道上，沿途視野極佳，可飽覽大台北盆地的美景。約十餘分鐘，抵達三岔路口，直行，約一點八公里，可抵達中華技術學院登山口。往中華技術學院的步道，林相較為豐富，因為遊客較少，部份路段仍保有昔日的砂岩舊石階，接近山麓地帶，步道的旁的溪谷亦可看見壺穴地形，別有特色。

若由三岔路取左行，則可通往福德街慈惠堂登山口，約零點八公里。這段步道的林相較為單調，以相思樹林為主，這是因為四獸山一帶開發較早，先民多種植相思樹製成木炭，供作燃料使用，後來逐漸停止使用後，不再砍伐樹木。步道途中，相思樹特別茂盛。抵達慈惠堂，走出巷道，在福德街上有信義線公車，或步行十五分鐘，即抵達捷運板南線後山埤車站，是進出南港山交通最便利的一個登山口。

附近景點

【南港山大崖壁】

南港山因遠古時代蓬萊造山運動將古地層推擠出地面，西北側出現巨大節理崩落，裸露出壯觀的厚層砂岩，形成近垂直的陡峭岩壁。南港山稜線步道的下方由右而左，共有五條攀崖路線，由於具有危險性，因此導覽地圖並未標示地點。其中最大的崖壁，位於九五峰附近的超高頻電視轉播站前面。其餘幾處散佈於稜線步道沿途，只要留心注意，即可發現。

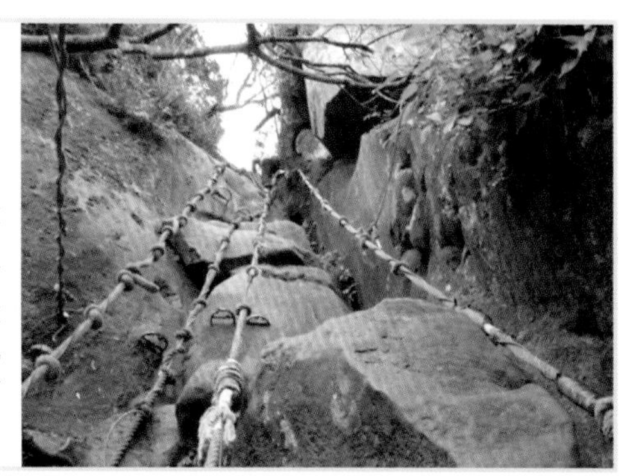

路程時間

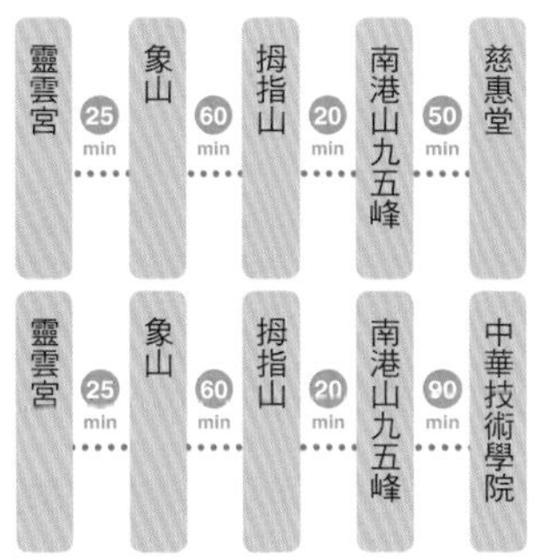

路況評價

- 登高指數：● 347m（靈雲宮－九五峰）
- 路程時間：● 約3小時（靈雲宮－九五峰－慈惠堂）
- 步道路況：●
- 綜合評價：●●

注意及建議事項

南港山系步道錯綜複雜，頗多早覺會自行闢建的羊腸小徑。正式的步道為花崗岩石階步道，且岔路口都有指標，只要遵循著指標方向，不會有迷路之虞。由靈雲宮登山口起登，可順遊象山自然步道；由慈惠堂登山口起登，可順遊虎山自然步道。

交通資訊

• 自行開車

1.靈雲宮登山口：由台北市區往信義路五段，右轉松仁路，行至信義國中或吳興國小之間的路旁巷道停車。由松仁路與莊敬路口的巷道進入，即可看見象山親山廊道的標誌。

2. 慈惠堂登山口：由台北市區走信義路，至信義路六段底接福德街，至251巷右轉，巷底即為慈惠堂，有收費停車場可停車。

3. 中華技術學院登山口：台北市區走忠孝東路至七段底，右轉研究院路，直行至研究院路三段245號。

• 大眾運輸

1.靈雲宮登山口：搭乘1、22、32、37、38、226、288、503公車至吳興國小，再從信義路150巷22弄進入。

2. 慈惠堂登山口：搭乘公車信義線、忠孝線、257、286、46、54、263、207於福德國小站下車。或搭乘捷運板南線，於後山埤站下車，2號出口，循中坡南路，左轉福德街，約15分鐘即可抵達。

3. 中華技術學院登山口：搭乘公車 270、306至凌雲超市下車，再步行15分鐘至學校。或搭205、620至中華技術學院下車。或搭乘捷運板南線至昆陽站，接著轉乘接駁公車藍25至中華技術學院下車 。

1 從象山六巨石眺望台北一〇一大樓。
2 彩繪大岩壁，位於象山自然步道途中。
3 象山自然步道，有不少奇岩峭壁的美景。

象山

・山名　象山／・海拔標高　183m
・登山口高度　28m／・三角點　建設廳礦補2107號基石
・GPS座標　307254・2769074／・座落位置　台北市市信義
・主要登山路線　A.靈雲宮　B.市立療養院　C.永春崗
・特色　展望佳・迷人夜景

象山，離台北一〇一最近的一座山

象山，是台北信義區四獸山的最高點，也是最緊臨信義都會區的一座山，象山頂附近，眺望台北一〇一摩天樓的角度最佳，也是欣賞信義區霓虹燈火輝煌夜景的最佳地點。每當傍晚時分，不時可看見有些民眾帶著攝影器材上山，搶佔地盤，架好相機腳架，等待夜幕低垂，璀燦燈海湧現時分，按下快門攝取這炫麗迷人的都會夜色。

象山，海拔只有一八三公尺，山不高，毗臨市區，便捷的大眾運輸可以抵達登山口，花崗石的登山步道，材質佳，又寬闊，沿途並設有路燈，因此，無論日夜都很容易親近這座山。象山步道，是一條短而美的步道，適合全家老少一起登山賞景。而環狀的路線，內容豐富，不僅可以登頂眺望信義都會區櫛比鱗次的高樓巨廈，步道沿途也有可觀的砂岩巨壁奇石及豐富的自然生態。

象山主要的登山口有靈雲宮口、台北市立聯合醫院松德院區（市立療養院）、永春崗公園。靈雲宮登山口是最多人走的入口。靈雲宮位於信義路五段一五〇巷底，其旁的登山口有「象山早覺會」的拱牌。由此而上，沿途雖然有岔路，但都有清楚的指標，只要跟著指標方向走，不必擔心迷路。

巨石公園

位於象山自然步道與天寶宮之間，步道沿途錯落不少巨岩，峭壁則可看見宛如敦煌石窟的石雕大佛。抵達天寶宮後，廟旁另有山徑可繞回象山頂。

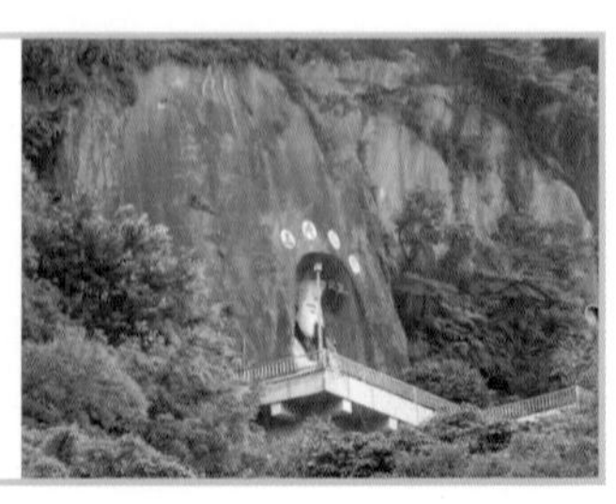

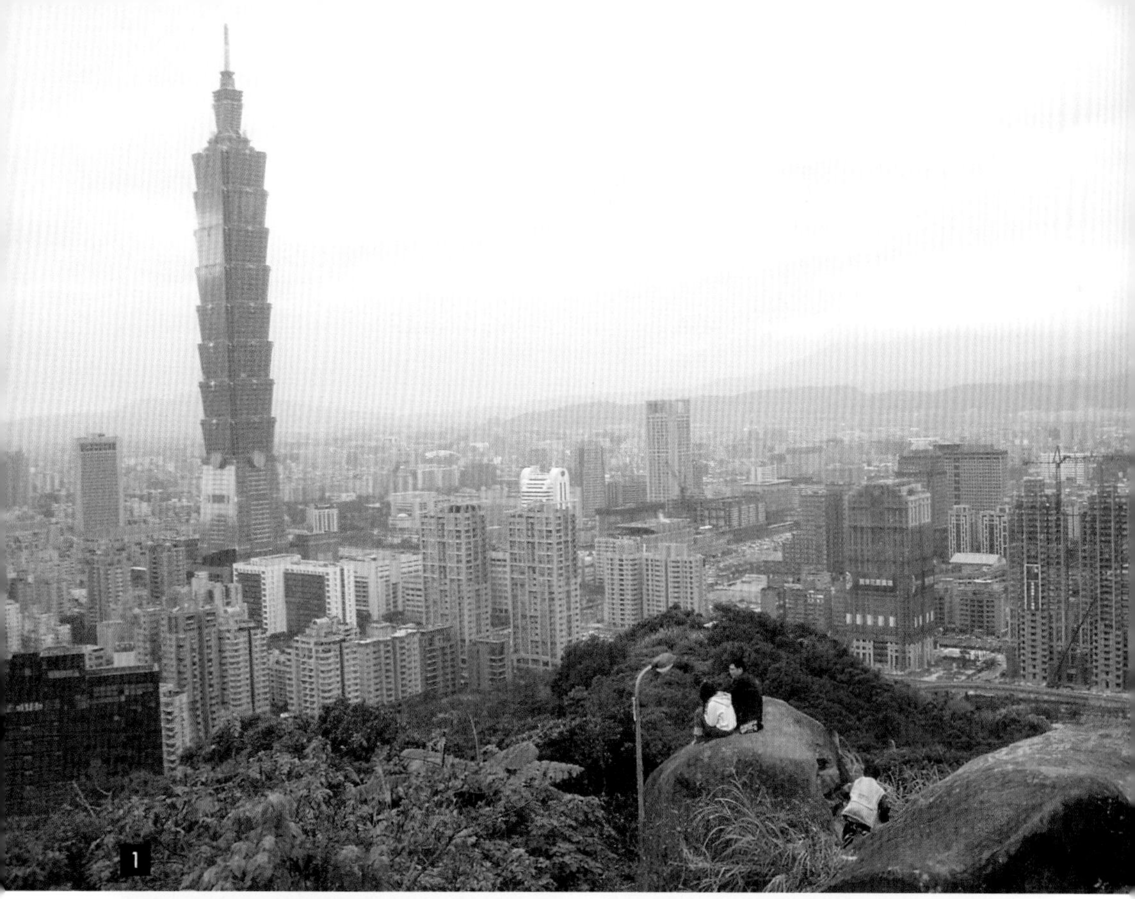

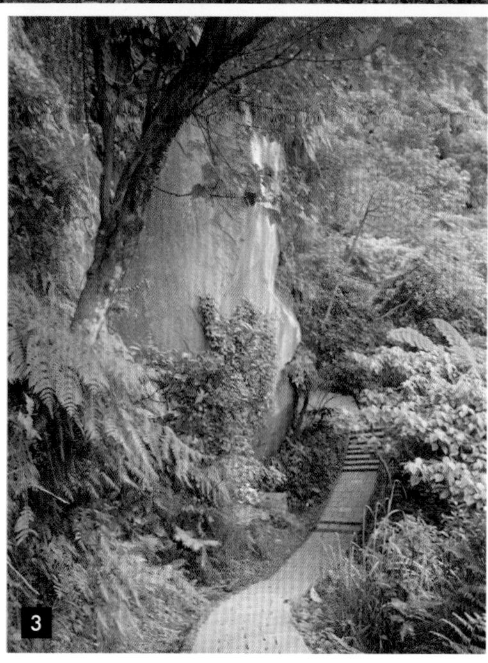
3

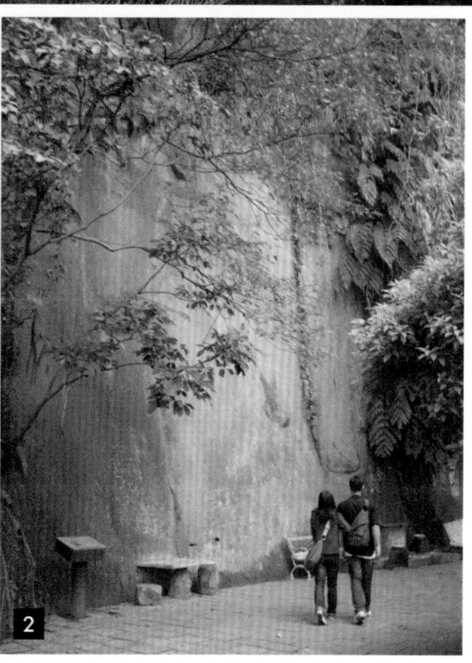
2

附近景點

【台北一〇一】

台北一〇一摩天大樓位於信義區的象山山腳下附近，地上101層、地下5層，總高度508公尺，曾是全世界最高的大樓。91樓設有戶外觀景台，供民眾付費參觀。台北一〇一設有購物中心，附近有新光三越、紐約紐約等知名百貨公司、華納威秀影城、誠品書店旗艦店等，為目前台北最繁華的商業區域。

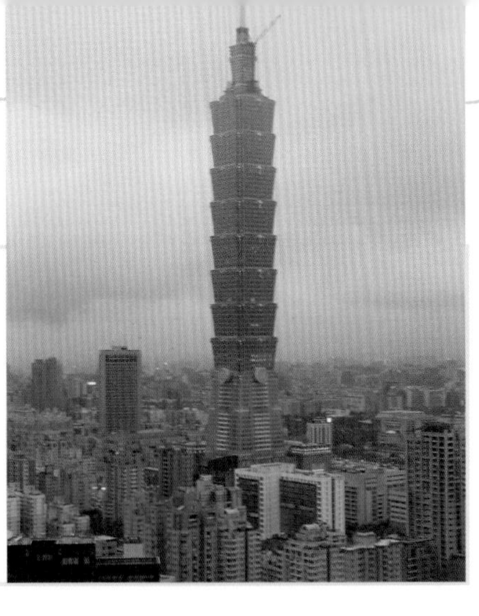

眺望信義都會區最佳位置

從靈雲宮起登，不久，步道一分為二，左右兩線都可爬上象山，左線繞行山腰，較迂遠但也較平緩，若有老人或小孩，可選左去右回，體力的負擔較輕。選擇右線直上，除了一小段平緩路段外，幾乎是一路陡上的石階，約十五分鐘，抵達「老萊峽」，有六塊巨石錯落於此，步道就從兩塊巨岩中間的狹縫穿過。有岩階可攀爬上巨石，佇立岩石上，世界第一高樓台北一〇一就矗立在眼前。

由六巨石繼往前爬，過六角亭，步道左側有一塊佈滿苔蘚的巨岩，刻著「象山崗」，爬上陡石階，便抵達象山，山頂有簡易的健身設施及木亭。建設廳礦補2107號基石就在木亭旁的步道上，僅剩基石頂部十字符號露出地面而已，稍不注意就會錯過。象山頂周遭有樹林遮蔽，反而沒什麼展望。

往永春崗登山口的方向續行，稜線步道上隨處都有好的展望點，其中一處木亭，更是拍攝夜景的好位置。傍晚時刻，常見愛好攝影人士群聚此地。再前行，步道變為陡下，不久，來到三岔路口，直行往永春崗，右往巨石公園及附近的天寶宮。左岔路為象山自然步道左線，繞行象山山腰，可返回靈雲宮登山口。

取左行，走進這條象山山腰步道，沿途林相豐富，除了是極佳的植物生態觀察路線，更是一趟精彩的地質欣賞之旅。四獸山是由數百萬年前造山運動造成的岩層，地勢東低西高，形成所謂的單面山地貌。山峰西側常見裸露的巨岩及崖壁景觀，而這條山腰步道位於象山的西側，正可欣賞此一地質景觀。短短的路程中，有巨岩裂縫形成的「一線天」奇景，也有彩繪大石壁的奇觀，懸崖峭壁，巨石嶙峋，在在令人稱奇。大約半個小時，就可以繞返回靈雲宮登山口。

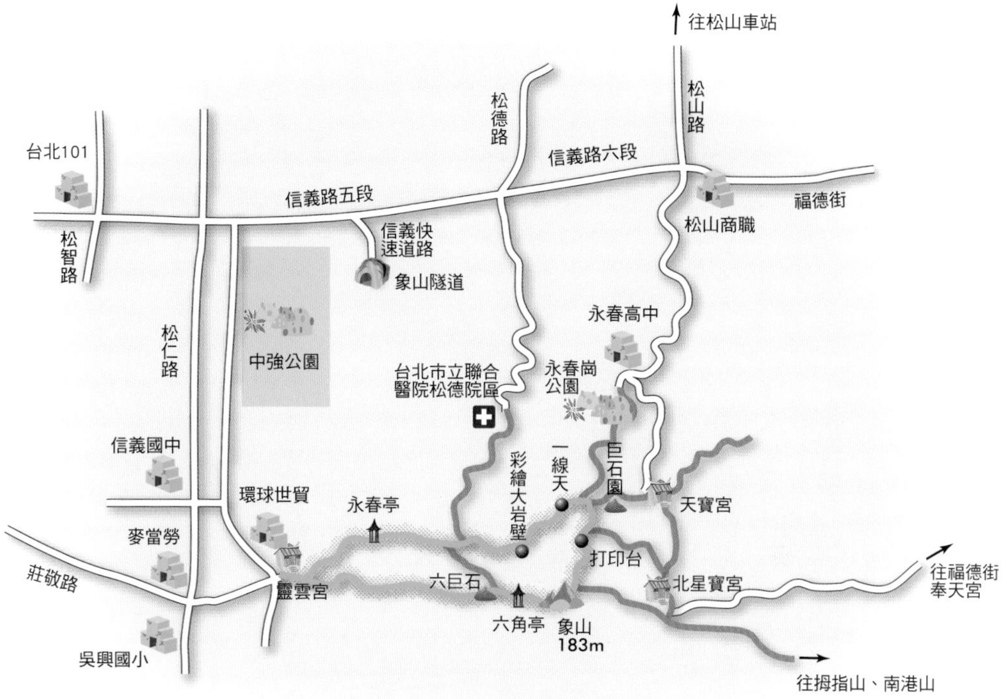

往松山車站
松山路
松德路
信義路六段
台北101
信義路五段
福德街
松山商職
松智路
信義快速道路
象山隧道
永春高中
松仁路
中強公園
台北市立聯合醫院松德院區
永春崗公園
信義國中
彩繪大岩壁
一線天
巨石園
環球世貿
永春亭
天寶宮
麥當勞
打印台
往福德街奉天宮
莊敬路
靈雲宮
六巨石
北星寶宮
六角亭
象山 183m
吳興國小
往拇指山、南港山

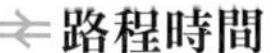

路程時間

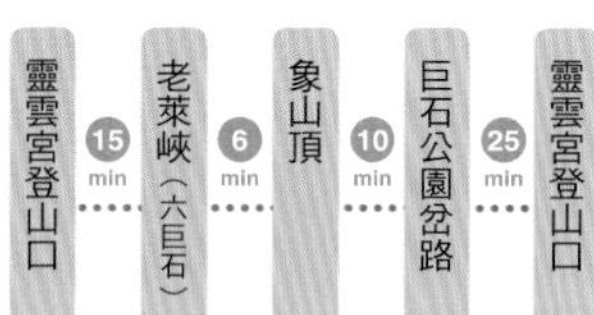

路況評價

- 登高指數：155m
- 路程時間：約1小時
- 步道路況：
- 綜合評價：

注意及建議事項

象山約1小時左右即可繞完一圈，可考慮連登拇指山、南港山或附近的虎山自然步道。

交通資訊

- **自行開車**

1. 由台北市區往信義路五段，右轉松仁路，行至信義國中或吳興國小之間的路旁或巷道停車。
2. 由松仁路與莊敬路交岔路口的巷道進入，即可看見象山親山廊道的標誌（靈雲宮登山口）。

- **大眾運輸**

1. 靈雲宮登山口：搭乘1、22、32、37、38、226、288、503公車至吳興國小，再從信義路150巷22弄進入。
2. 市立療養院：搭乘54、69、277公車至市立療養院後，從療養院右側沿著山邊的馬路進入。
3. 永春崗公園：搭乘27、46、259、299、504公車到永春高中，由永春崗公園右側的石階上行。

虎山

・山名　虎山／・海拔標高　144m
・登山口高度　30m／・三角點　無
・GPS座標　308062・2769613／・座落位置　台北市信義區
・特色　展望佳

虎山，熱門的台北四獸山登山路線

四獸山位於台北盆地東南方的丘陵地，屬於南港山系，四座山頭依形貌分別被為命名為「虎、豹、獅、象」，合稱四獸山。由於毗鄰市區，四獸山成為熱門的登山步道，清晨或傍晚時分，常見遊客往來其間。虎山，位於四獸山的最東側，山勢宛如一隻趴著的老虎。虎山是數百萬年前造山運動地層推擠造成的，地勢西高東低，形成所謂的單面山的地質面貌。西面山頭有裸露的巨岩及峭壁景觀，東面則是平緩傾斜的山坡。虎山稜線步道貼近西側高處，居高俯臨，如火柴盒排列的密集屋舍就在腳下。黃昏或傍晚時登虎山，佇立裸岩，迎向夕陽，等待華燈初上，萬千燈海般的美麗夜景展現於眼前。

虎山的登山口位於福德街二二一巷內的奉天宮。奉天宮的位置在虎尾，由虎尾爬上虎背，然後抵達高處的虎山峰。這條虎山稜線步道又稱為「奉天宮步道」。從奉天宮的大殿與香客大樓之間的走道進入，就可看見登山口，爬上一百二十幾級的石階步道，便來到「龍山洞」。龍山洞舊稱「日本洞」，是日據時代的遺跡。二次大戰末期，當時日軍在虎山的這處巨岩鑿出一座碉堡機槍陣地，以做為防禦之用。由天然岩洞構築的軍事碉堡陣地，如今已被宗教團體佔據，洞內部份結構已遭破壞，成了神壇及卡拉ＯＫ室。

虎山稜線展望佳，台北市區美景盡呈眼前

由「日本洞」往上爬，約一、兩分鐘就來到第一處裸岩懸崖，這裡海拔不

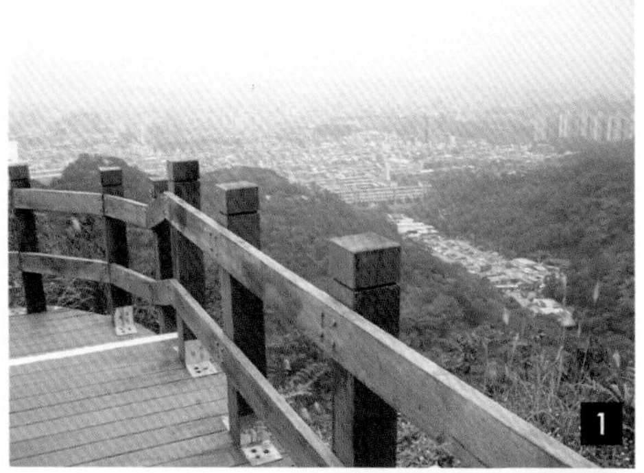

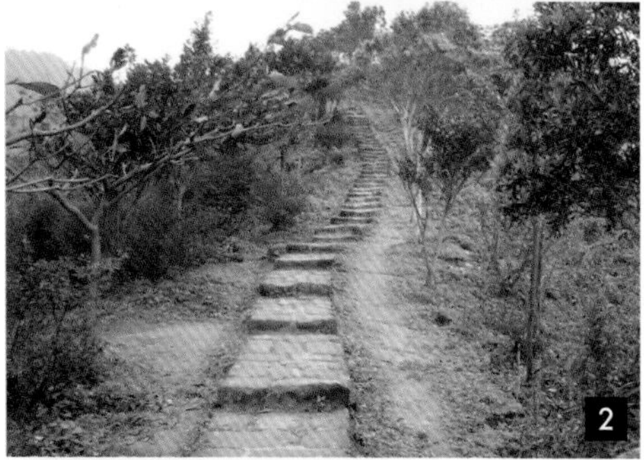

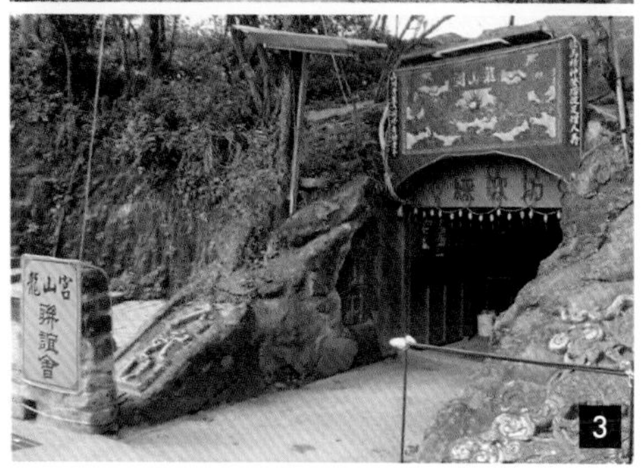

1 虎山峰觀景台，眺望台北市區。

2 虎山稜線步道仍保有傳統的砂岩石階。

3 虎山龍山洞，舊稱日本洞，是日據時代的碉堡陣地。

虎山自然步道

虎山自然步道並不在虎山稜線這條步道上，而是位於虎山溪畔，屬於溪谷及山澗型的生態環境。入口位於福德街251巷底的慈惠堂。這條步道生態豐富，以賞蕨及賞螢著稱，由於林蔭怡然，無日曬，因此受歡迎的程度更勝於虎山稜線步道。

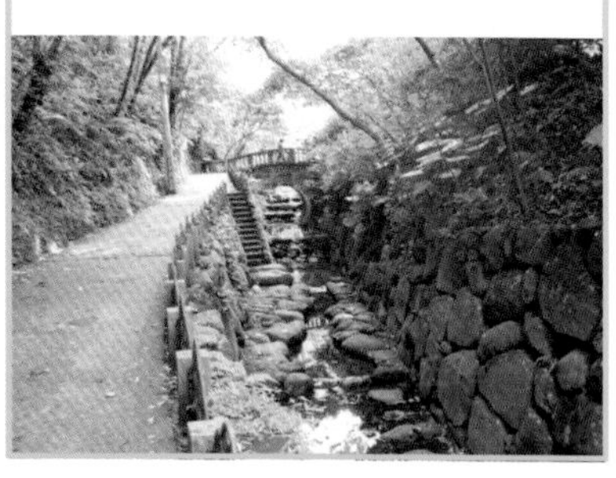

高，山下的房子、街道及車輛清晰可見。繼續往上走，約三、四分鐘，便抵達第二棵岩懸崖。地勢漸高，視野更佳。從「日本洞」到第二棵岩的石階路仍然保存著虎山傳統的砂岩石階，而不是現代花崗岩石階路，走來別有一番懷舊氣氛。

由第二棵岩處往上爬，不久就看見現代化的花崗岩石階路了。約五、六分鐘，抵達了虎山一二〇高地，這裡有小塊平坦地，有簡易的運動設施，並有一座典雅的木造涼亭。

附近景點

【虎山自然步道】

從福德街251巷底的慈惠堂登山口出發，有左右兩線，可右去左回繞一圈回到原點。建議先取右行，沿著虎山溪畔而行，步道較為平緩。經過親水公園後，由棧道階梯上行至真光禪寺，再走石階路上復興園，然後繞經十方禪寺，由左線回到慈惠堂。繞一圈約1個小時。

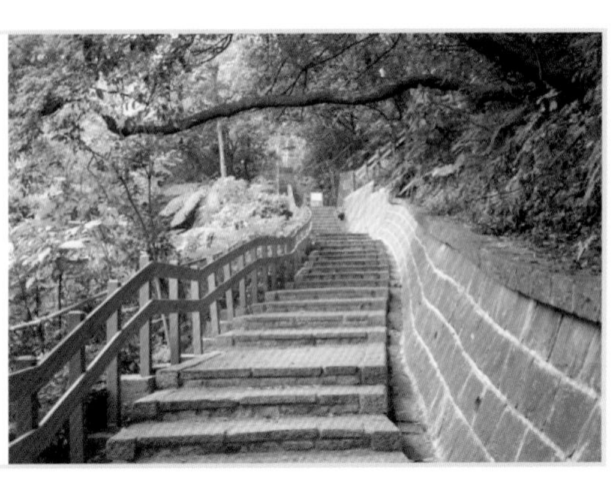

一二〇高地的展望極佳，信義區就在山腳下。這裡有解說牌介紹信義計劃區的歷史。信義計劃區是台北市最繁華的地段，信義區能有今日的繁榮，淵源於日據時期。昭和十五年（一九四〇年），日本政府徵收了這片區域的農田，做為陸軍的倉庫用地。台灣光復後，這塊區域被政府劃歸為「四四兵工廠」及汽車五級保養場，因此這塊區域幾十年來，一直維持著完整性。一直到一九八〇年代軍事單位移往外縣市，市政府將這整個區域變更為信義計劃區，十餘年間，便發展成為今日的繁榮景象。

虎山一二〇高地的兩側都有岔路可繞往山下的福德街。繼續直行，石階路下行至小鞍部的涼亭。接著遇一小段陡峭的山徑，設有岩階及護欄，爬上之後就是虎山峰了。

虎山峰是虎山稜線最高點，有一小型的觀景平台，設有一座日晷儀。觀景台鋪木質地板，周圍有雅緻的木欄，視野極佳。虎山峰位於虎頭位置，正可俯瞰虎背上的稜線步道，細數來時路。

過虎山峰，石階路往下，抵達一小鞍部，然後爬上一座四方形水泥涼亭。續前行，就接上了從福德街二二一巷上山的柏油路。取右行，可通往瑤池宮，可由廟前的步道（虎山美的步道）下山，出福德街五十一巷。或取左行，至真光禪寺，由「虎山自然步道」下山。虎山稜線步道全長一千零三十四公尺，路程輕鬆，來回約一個多小時而已。

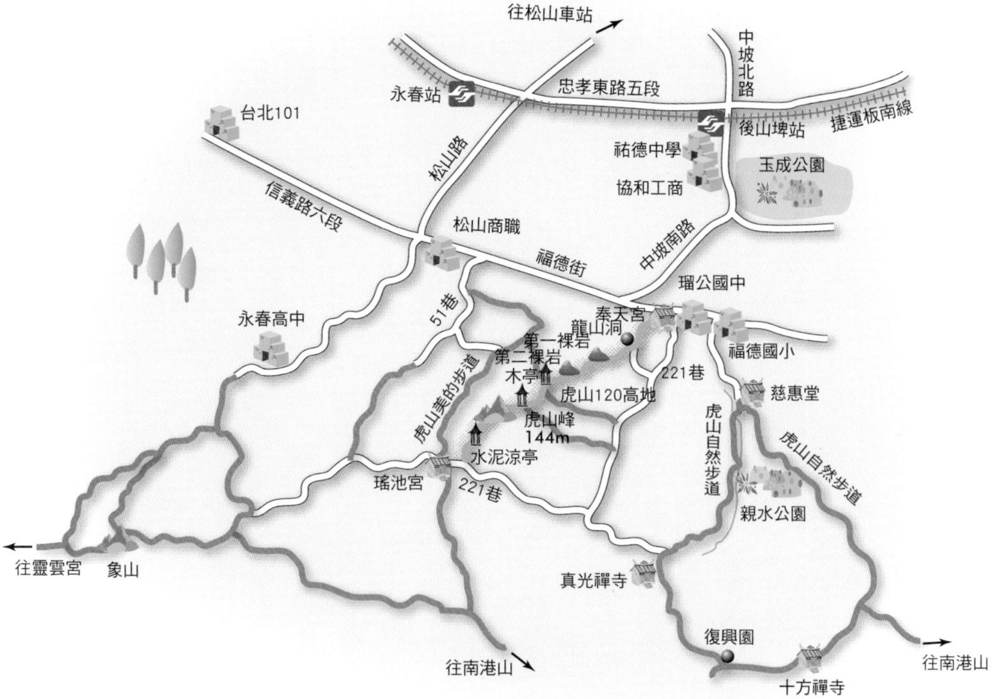

往松山車站
中坡北路
忠孝東路五段
永春站
台北101
後山埤站
捷運板南線
祐德中學
玉成公園
協和工商
松山路
信義路六段
松山商職
中坡南路
福德街
瑠公國中
51巷
奉天宮
龍山洞
永春高中
第一褉岩
第二褉岩
福德國小
木亭
221巷
虎山120高地
慈惠堂
虎山美的步道
虎山峰
144m
虎山自然步道
水泥涼亭
虎山自然步道
瑤池宮
221巷
親水公園
往靈雲宮
象山
真光禪寺
復興園
往南港山
往南港山
十方禪寺

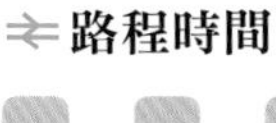

路程時間

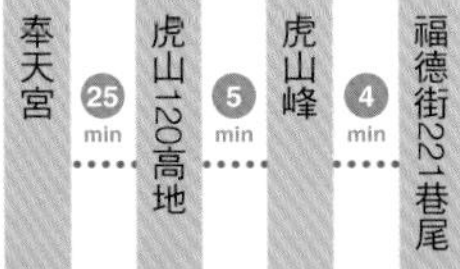

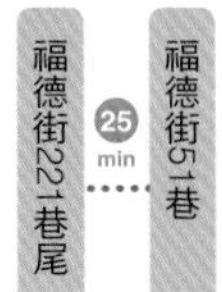

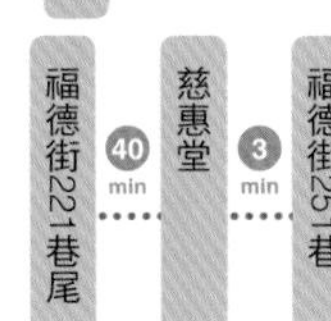
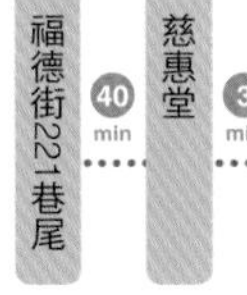

路況評價

- 登高指數：114m
- 路程時間：約1.5小時
- 步道路況：
- 綜合評價：

注意及建議事項

虎山位於虎山稜線步道上，而較為知名且遊客較多的「虎山自然步道」則位於虎山溪及繞行南港山山腰，建議可連走虎山稜線步道及虎山自然步道。抵達虎山稜線步道的終點時，取左行，循柏油路前行，即可抵達虎山自然步道。

交通資訊

• 自行開車

由台北市區走信義路，至信義路六段底接福德街，至221巷右轉，柏油路上坡後即抵達奉天宮。附近巷弄狹窄難以停車，建議搭乘大眾交通工具前行。

• 大眾運輸

1.搭乘公車信義線、忠孝線、257、286、46、54、263、207於奉天宮或福德國小站下車。
2.搭乘捷運板南線，於後山埤站下車，2號出口，循中坡南路前行，約10分鐘即可抵達奉天宮。

1 富陽自然生態公園內的軍事涵洞遺跡。

2 福州山公園，擁有完善的步道、涼亭、運動休閒設施。

3 富陽自然生態公園內的濕地生態觀察區。

福州山

・山名　福州山／・海拔標高　105m
・登山口高度　15m／・三角點　無基石
・GPS座標　305165. 2768019／・座落位置　台北市大安區
・主要登山口　A. 富陽自然生態公園　B.辛亥路三段223號市圖大安分館旁青峰公園
・特色　公園化步道，休閒遊憩

富陽森林公園，福州山北麓山谷的自然生態公園

福州山，位於台北市辛亥路三段北二高台北聯絡道出口旁的山坡上，早期為公墓，整座山像是亂葬崗。後來，經過市政府遷墓後，加以美化，闢為福州山公園，鋪設步道，設置涼亭、運動設施，並栽培花草樹木，提供民眾做為休閒遊憩之用，為一條怡人的登山步道。

福州山，海拔僅一〇五公尺，有四、五個主要的登山口，可從辛亥路三段、臥龍街或富陽街進入，都可輕鬆登爬，約二十分鐘即可登頂。登山口當中，以從福州山北麓山谷的富陽自然生態公園進入最適宜，一則交通便利，可以搭乘捷運抵達登山口附近，二則可以順遊這座以擁有豐富生態景觀聞名森林公園。

福州山，可以輕鬆悠遊的低海拔森林公園

富陽森林公園內有兩條步道可爬往福州山。一條可直抵福州山主峰，另一條繞得較遠，但無論選走哪一條，快則十幾分鐘，慢則二十幾分鐘就可抵達福州山公園。園內指標清楚，不必擔心會找不到路。福州山最高點有一平台，正對著六張犁社區，台北一〇一大樓也在不遠處，視野極佳。因為山不高，所以山腳下的屋舍景物清晰可見。

附近還有幾處觀景處，都以海拔高度來命名，例如九三平台、六〇高地，都設有觀景平台或涼亭，可眺覽附近的市區景觀。六〇高地附近有山櫻花，九三平台周遭則綠草如茵，黃葉榕、杜鵑花點綴其間，附近山坡則有楓香林。福州山

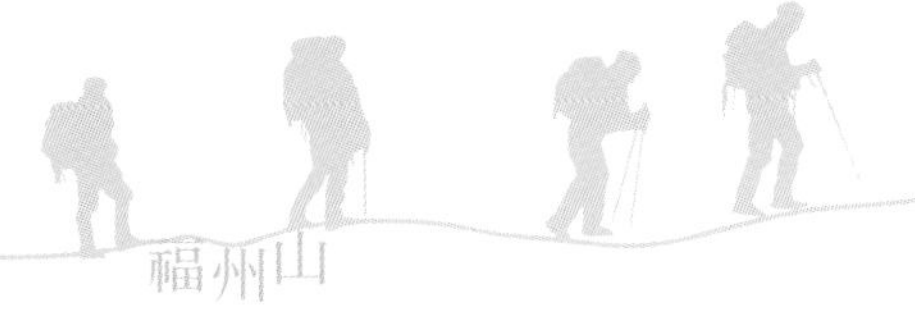

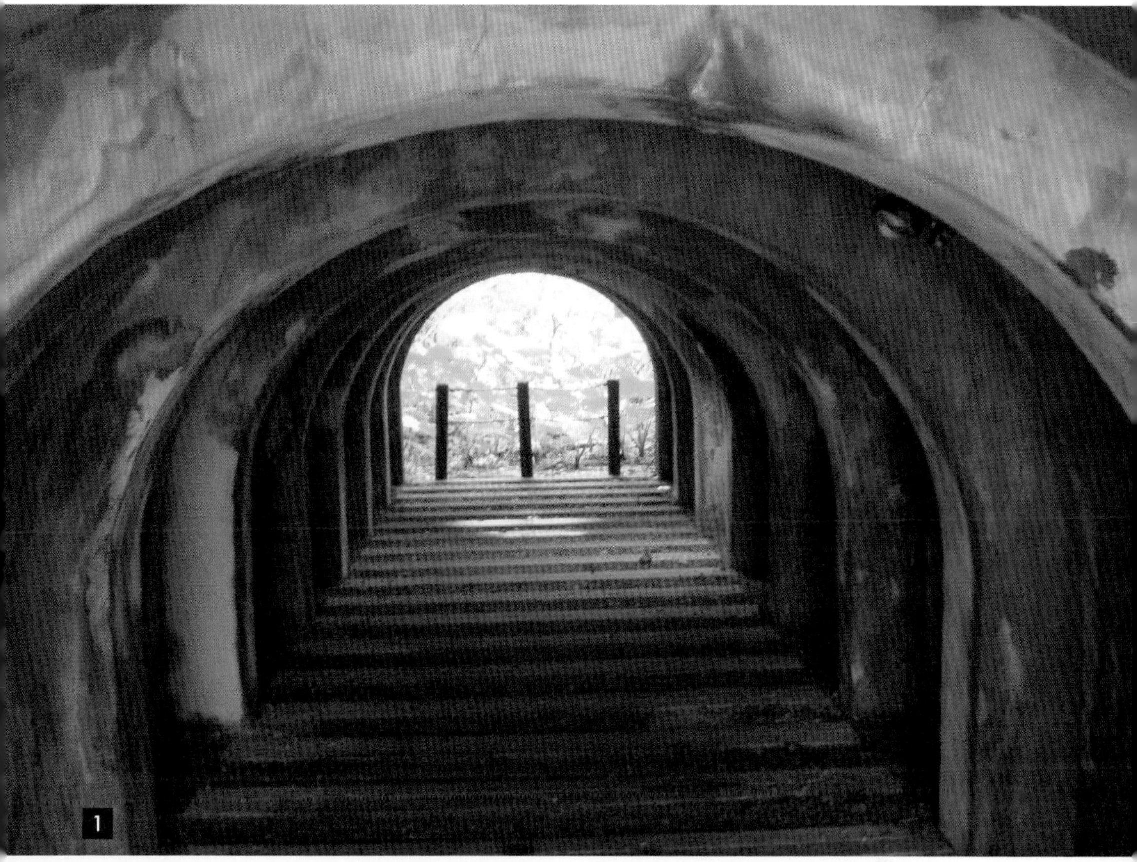

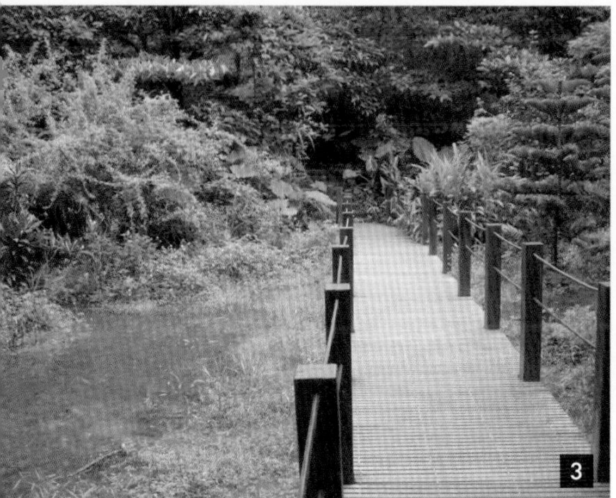

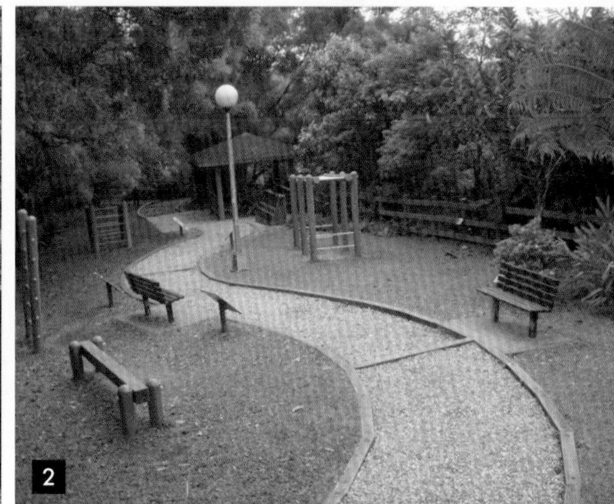

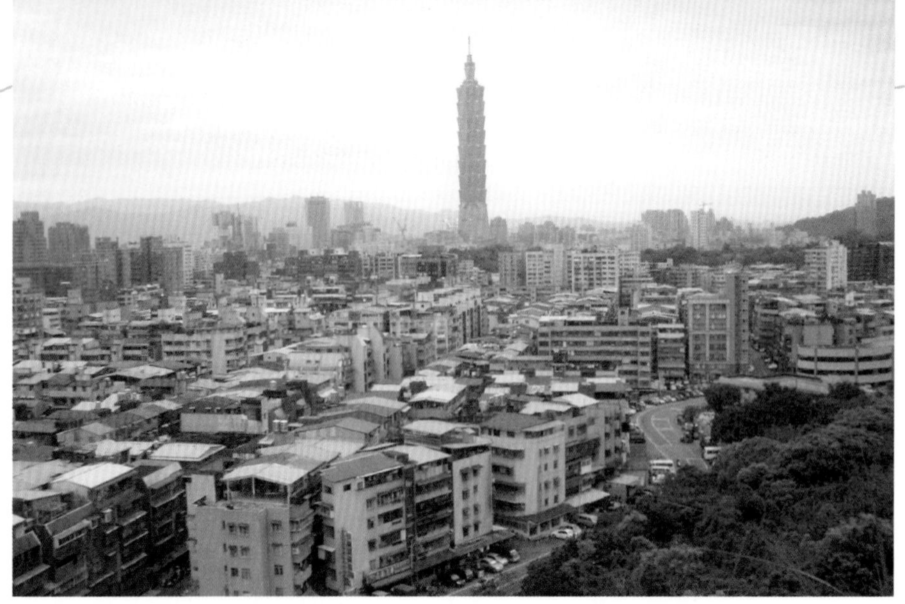

福州山登山步道沿途空曠處都有良好的視野，可眺望台北市區。

的步道，或鋪枕木，或鋪碎石，踏踩舒適，沿著步道，穿進林間，徜徉於森林綠意中，令人怡然。循著步道漫步，可以繞回富陽森林公園，或者選擇從辛亥路三段、臥龍街的方向下山。

富陽自然生態公園小史

富陽自然生態公園在日據時代為軍事彈藥庫基地，國民政府遷台後繼續沿用，至民國77年駐軍撤出。其間一直是管制森嚴的區域。園內有多個凹谷，形成高低起伏的地形，仍遺有不少當時彈藥庫及軍事建築的遺跡。因為長期管制，整個區域的森林資源未遭濫採及破壞，因而保存著豐富的生態資源，經市政府規劃後，闢建為富陽自然生態公園。

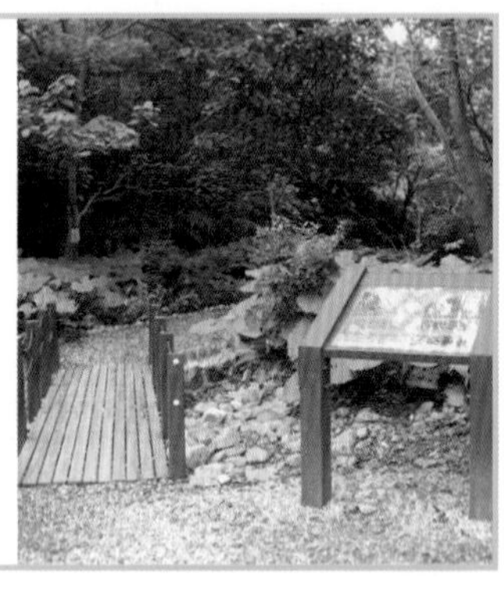

附近景點

【中埔山】

中埔山，海拔139公尺，又稱為「十五份後山」，位於辛亥隧道上方。中埔山附近的中埔山東峰，海拔145公尺，展望極佳，可以俯瞰整座福州山及北二高台北聯絡道的車流景觀，視野極佳。由福州山循著稜線山徑爬往中埔山，約20至30分鐘，山徑為泥土路，步道沿途景觀也較為原始自然，走在其間，更有爬山的感覺。

福州山徑爬往中埔山的泥土路山徑

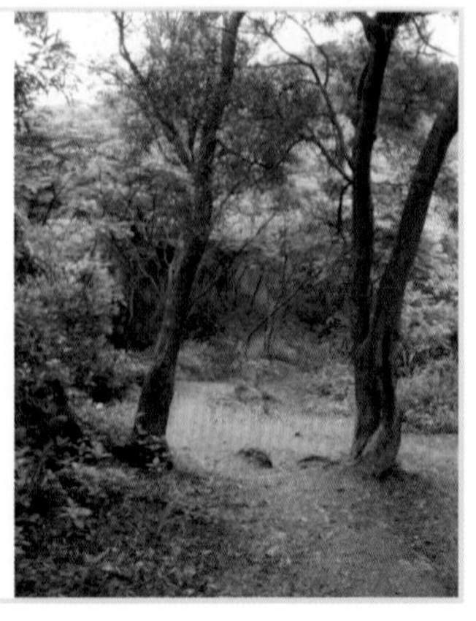

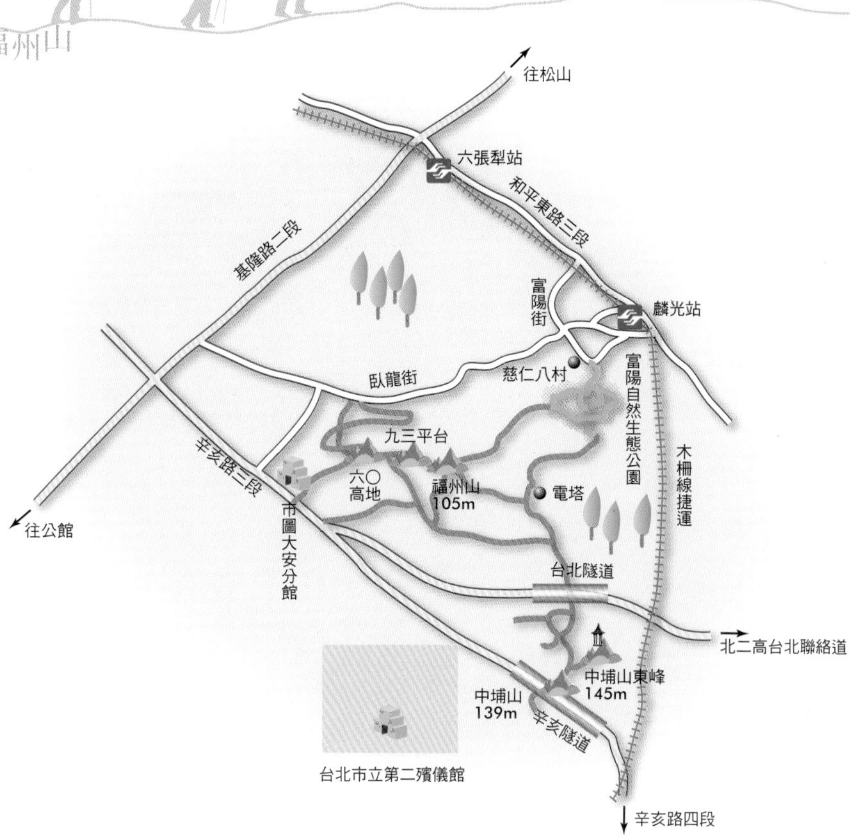

路程時間

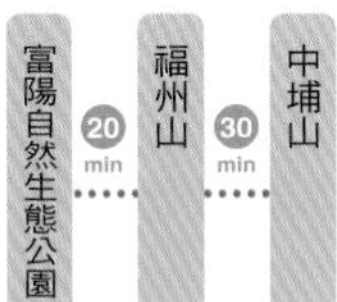

路況評價

- 登高指數：90m
- 路程時間：約1小時（含富陽森林公園及福州山步道）
- 步道路況：
- 綜合評價：

注意及建議事項

本區域路況佳，老少咸宜。富陽生態自然公園內悠遊閒逛，約1-2小時，福州山約1小時。若體力佳者，可從福州山走稜線步道至中埔山東峰，從更高處俯瞰福州山及北二高台北聯絡道的車流景觀。

交通資訊

• 自行開車

北二高下台北聯絡道（3甲）接辛亥路三段，右轉辛亥路三段157巷，再右轉臥龍街，續直行至富陽街右轉，至慈仁八村，即可看見富陽森林公園入口。

• 大眾運輸

捷運文湖線麟光站下車，循指標，由臥龍街步行至富陽街，接富陽街，約五分鐘，抵達慈仁八村，即可看見富陽森林公園入口。或搭3、15、18、36、72、285、292、293、294等公車至捷運麟光站下車。

猴山岳、二格山

・山名　猴山岳、二格山／・海拔標高　551m、678m
・登山口高度　332m（草湳登山口）
・三角點　土地調查局圖根點　（猴山岳）、三等三角點701號（二格山）
・GPS座標　309780，2763561（猴山岳）、311747，2762518（二格山）
・座落位置　台北市文山區
・主要登山口　A. 草楠榕樹下　B.指南宮　C.深坑炮子崙
・特色　猴山岳攀岩、森林浴、展望佳

猴山岳、二格山，文山地區熱門的登山路線

猴山岳、二格山是台北市文山地區相當熱門的一條登山路線，兩座山可以連登，因登山口路不同而有多種的路線組合。登山口以指南宮、草湳及深坑炮子崙較為普遍。其中，草湳位於猴山岳、二格山之間，位置適中，以草湳為中心，規劃○形的登山路線，可連走兩座山，萬一中途體力不濟，亦可繞回草湳登山口，行程最具彈性。

草湳位於木柵貓空附近，登山口旁有一棵榕樹，樹旁飲食店的門牌為「指南路三段一九五號」。從草湳的榕樹出發，沿著前方右岔路的馬路前行，約兩百公尺，即可看到一條上山的水泥產業小道，旁有小溪，遠處山頭有一明顯的鐵塔，為中華電視台的中繼站。

產業小道前段為水泥路，後為碎石泥土路，平緩好走，約二十幾分鐘，抵達鞍部福德宮。這裡有車道自北宜公路上來，通往附近的華視電視中繼站。鞍部上有拆除的軍營遺址。通往二格山的稜線山徑就在福德宮的後方。

循稜爬往二格山，山徑起伏不大，稍陡的路段，則有繩索輔助攀爬。沿途爬過幾個小山頭，多走在樹林裡，為傳統的泥土山徑，踩踏柔軟舒適。途中有不少雙扇蕨。約一個小時，登抵二格山。二格山，海拔六七八公尺，又稱「石尖山」，視野遼闊，向北眺望台北盆地，盆地北端的五指山、七星山、大屯山都盡收眼底，而望向坪林方向，可見到翡翠水庫的湖光山色的一隅。

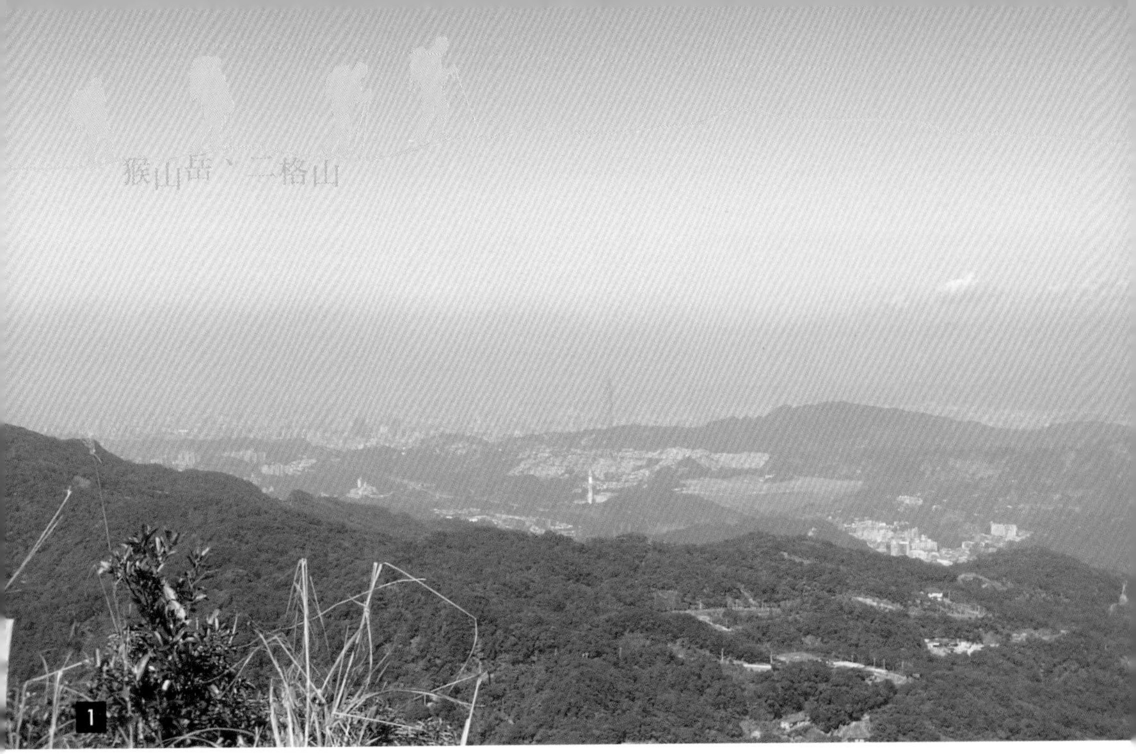

1

1 從二格山遠眺台北盆地。

2 猴山岳前峰陡峭的山徑，驚險刺激。

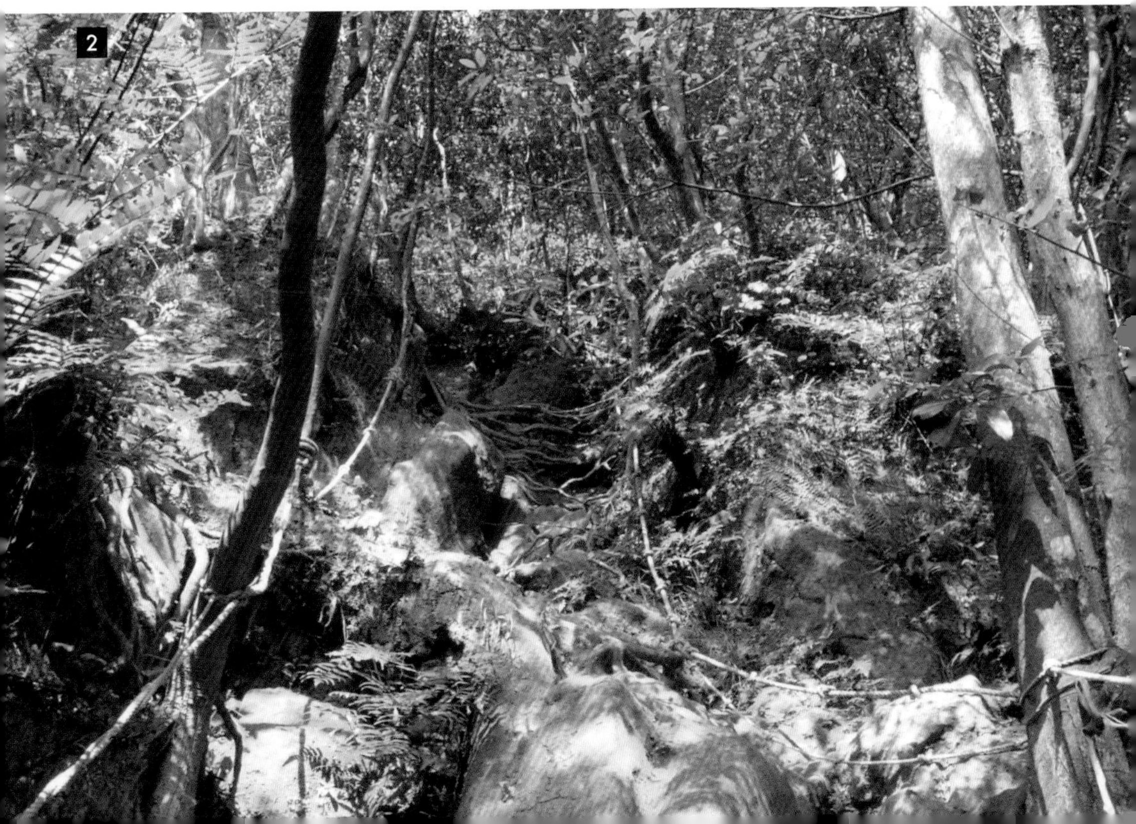

2

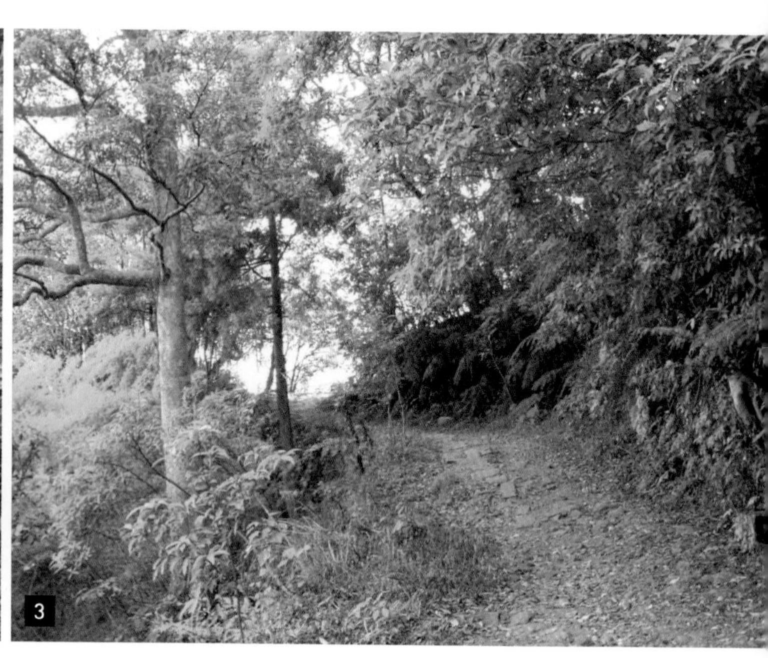

3

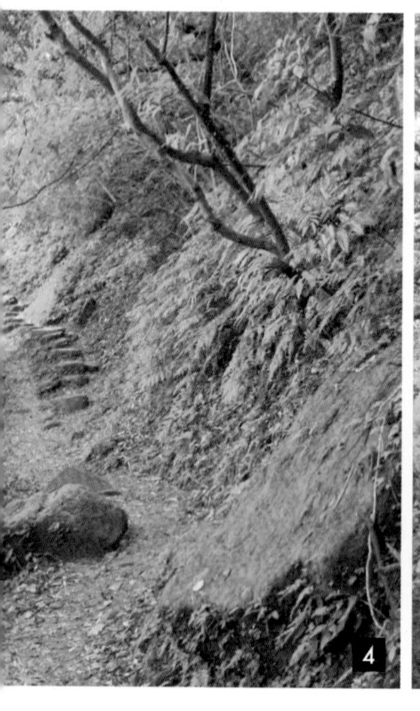

4

猴山岳前峰，山徑急陡，攀爬刺激

由二格山山頂走另一方向的山徑下山，約二十分鐘，抵達二格山、筆架山之間的鞍部，這裡有一飲食店販賣綠豆湯，只有在假日時營業，很受山友的青睞。鞍部為附近山路交會處，分別可通往筆架山、猴山岳、草湳、二格山及新店桲寮方向。

由鞍部選擇往草湳及猴山岳的方向下山，不久，遇岔路，左往草湳，右往猴山岳，若選左路，約一點四公里（四十分鐘），即可繞回草湳登山口。選擇右路，則續登猴山岳。由這裡往猴山岳，約一點五公里，路程約五十分鐘，循著稜線下山，沿路有枕木步道，也有泥土路，路況不錯，森林蓊鬱，令人感覺舒適。沿途有陡降的路段，但都不難行。

途中，經過猴山岳越嶺鞍部的岔路口，向北通往深坑，南行通往草湳，直行則爬向猴山岳。沿途山徑穿梭林間，是極佳的森林浴。約二十餘分鐘，先抵達猴山岳主峰，然後再抵達猴山岳前峰。猴山岳，以山形像猴頭而得名，又名「猿山」，海拔五五一公尺，周遭被樹林遮蔽，無展望。猴山岳前峰的展望反而較佳，俯瞰而下，北二高就在下方，高架的高速公路，

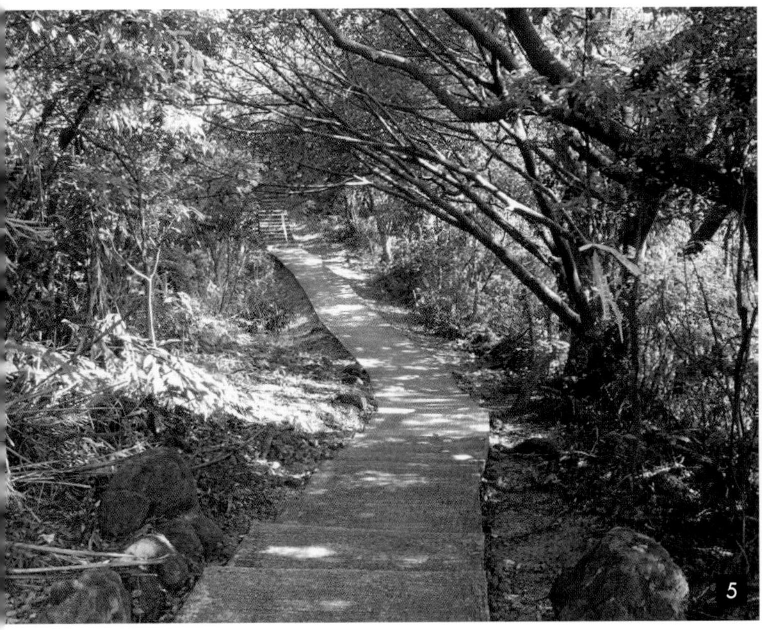

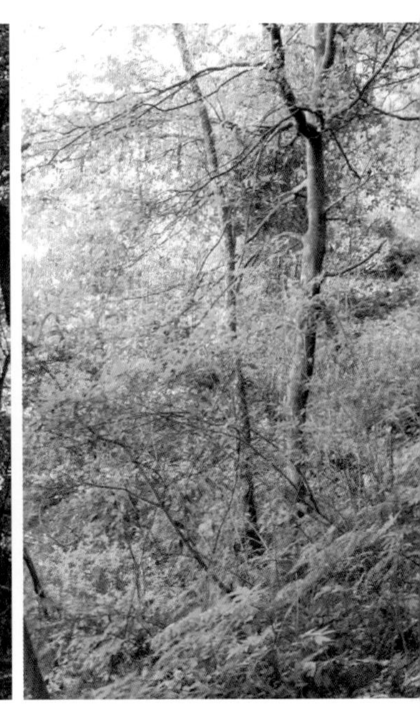

木柵焚化爐高高的煙囪、南港山、台北一〇一大樓，都歷歷在目。

過猴山岳前峰，便是急陡而下的地形，是這條登山路線最難行的路段，得拉著繩索，手腳並用，小心翼翼地攀降。抵達下方後，山徑轉為平緩，出口為為萬壽路「明臣山莊」登山口，然後沿著車道上行至「猴山岳土雞城」，再走猴山岳步道（約零點七公里），抵達木柵指南宮後山的停車場。然後走車道（約一點六公里），返回草湳榕樹旁的登山口。或者可進入指南宮，走指南宮步道下山，出口為政大實小對面的巷口（指南路三段三十三巷）。

3 二格山登山步道，寬闊的土石路爬往鞍部福德宮。

4 二格山往草湳途中優美的山徑。

5 猴山岳步道。

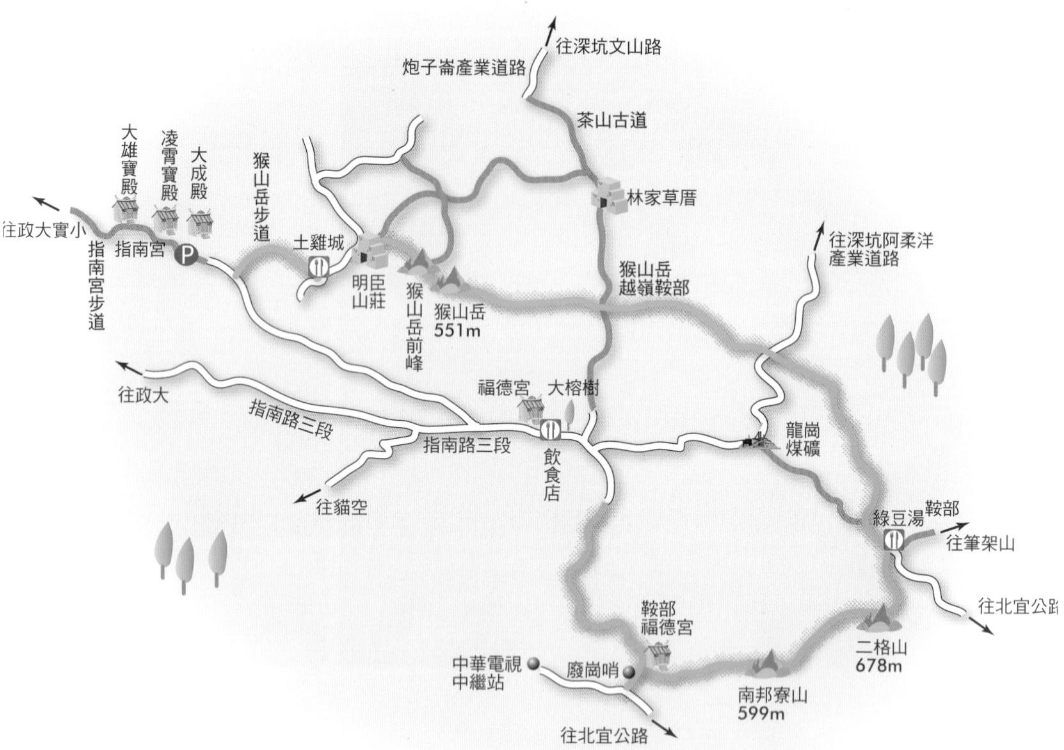

往深坑文山路
炮子崙產業道路
茶山古道
林家草厝
大雄寶殿
凌霄寶殿
大成殿
猴山岳步道
往政大實小
指南宮
指南宮步道
土雞城
明臣山莊
猴山岳前峰
猴山岳
551m
猴山岳越嶺鞍部
往深坑阿柔洋產業道路
往政大
指南路三段
福德宮
大榕樹
指南路三段
飲食店
龍崗煤礦
往貓空
綠豆湯
鞍部
往筆架山
往北宜公路
鞍部福德宮
中華電視中繼站
廢崗哨
二格山
678m
南邦寮山
599m
往北宜公路

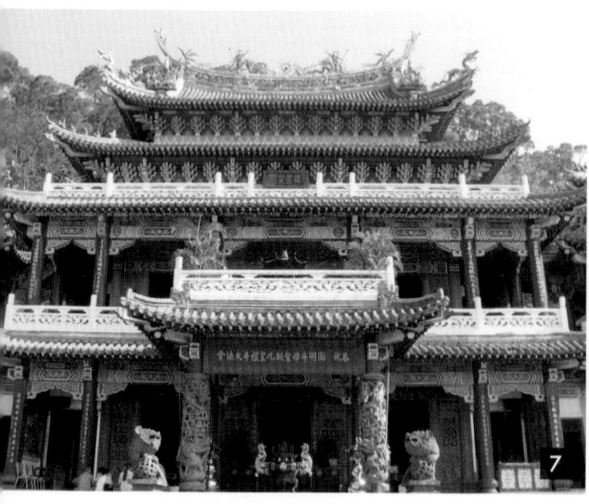

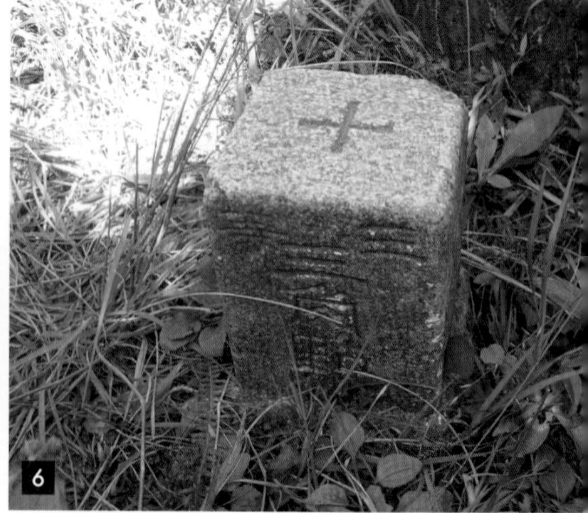

6 二格山三等三角點基石。

7 木柵指南宮凌霄寶殿。

歷史典故——二格

「二格」即二峰的意思。二格位於石碇格頭村，與台北市文山區隔著二格山。嘉慶末年，泉州人梁萬、梁虎來此拓墾。二格山是格頭村的最高點，與深坑筆架山相連，二格山受東北季風影響，雨量豐沛，森林茂盛，林相優美，而成為怡人的登山步道。

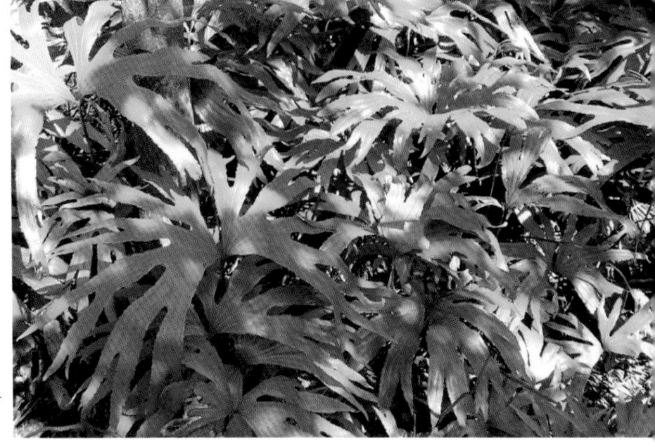

二格山稜線山徑途中有不少雙扇蕨。

路程時間

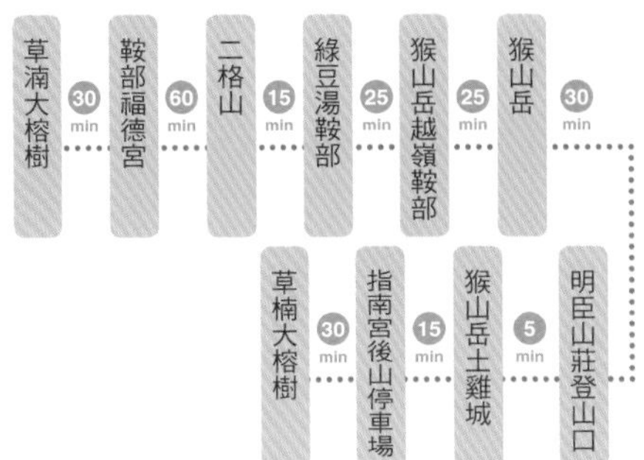

路況評價

- 登高指數：● 346m
- 路程時間：●約4小時（草湳---二格山---猴山岳---草湳）
- 步道路況：●
- 綜合評價：●

注意及建議事項

猴山岳及二格山連登，有各種組合走法。從草湳登山口起登，行程最具彈性。沿途山徑以傳統泥土路為主，路況大致良好，但猴山岳前峰有急陡的山徑，兒童不宜。若只登二格山，則可考慮右去左回，登二格山後，由綠豆湯鞍部走往草湳，由龍崗煤礦旁的登山口下山，再走約1公里，即可回到草湳登山口。

交通資訊

• 自行開車

北二高下木柵交流道，接木柵路四段，再左轉萬壽橋，沿著新光路至政治大學，再走指南路上山至指南宮後山停車場或草湳登山口。

• 大眾運輸

搭乘公車236、237、611、棕15、小10、、指南客運123等往指南宮。或搭乘捷運文湖線至動物園站，轉搭貓空纜車至指南宮。

附註：【猴山岳的幾種O形走法】

登猴山岳有多種走法，各具特色，以下介紹幾種O形路線走法，路程大約3小時，若體能佳者，可連登猴山岳及二格山：

1. 指南宮（後山停車場）一猴山岳步道一明臣山莊登山口一猴山岳一猴山岳越嶺鞍部一林家草厝一林家草厝岔路一明臣山莊登山口一指南宮
2. 指南宮（後山停車場）一猴山岳步道一明臣山莊登山口一猴山岳一猴山岳越嶺鞍部一草湳大榕樹一指南宮
3. 草湳一猴山岳越嶺鞍部一猴山岳一明臣山莊登山口一猴山岳步道一指南宮（後山停車場）一指南路三段一草湳
4. 深坑茶山古道入口一林家草厝前岔路一猴山岳一猴山岳越嶺鞍部一林家草厝一茶山古道入口

待老坑山

・山名　待老坑山／・海拔標高　382m
・登山口高度　300m／・三角點　三等三角點1095號
・GPS座標　307176・2762463／・座落位置　台北市文山區
・特色　茶山風情

茶山風光，銀河洞尋幽

待老坑山，位於木柵樟湖地區，鄰近貓空，附近山坡遍植茶園，為台北近郊著名的茗茶休閒觀光地區。待老坑山，又名「德高嶺」。德高嶺，是由「竹篙嶺」衍義而來。一說昔日當地盛產竹子，製作竹竿；一說是待老坑山的山脊筆直如一根竹竿，因而得名。

待老坑山附近步道相當的多，充滿茶山風情，不同方向都有登山口可爬往待老坑山，從三玄宮至瓦厝的樟湖步道，長約一公里多，走於待老坑山的稜線上，步道平緩，可欣賞沿途的茶山景色，是登爬待老坑山中最怡人的路線。

三玄宮，交通也最為便利，新完工的貓空纜車以三玄宮為終點。從三玄宮廟旁的樟湖步道爬往稜線，然後循著指標，走在平緩的稜線步道，爬往待老坑山。沿途落差小，走來相當舒適輕鬆。部份路段經過茶園，缺乏遮蔭，但整體而言，沿途林蔭盎然。

中途遇到十字岔路，取左行，約三十分鐘，可抵達著名的銀河洞瀑布。銀河洞為一天然的岩壁洞穴，楣子寮溪流至此處，遇斷壁而呈九十度急墜，形成銀河洞瀑布。前往銀河洞的山徑，沿途林相優美，也是賞蝶的路線。若從岔路取右行，則可通往指南路三段34巷53號的晨曦茶坊，鄰近有「張迺妙茶師紀念館」。

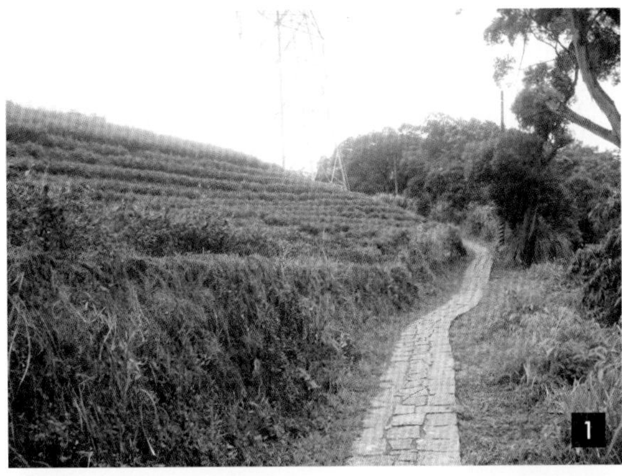

1 樟湖步道，欣賞茶山風光。循著平緩的步道爬向待老坑山。

2 三玄宮，貓空纜車的終點站，是樟湖步道的起點，也是待老坑山的登山口之一。

3 樟湖步道通往瓦厝農宅，沿途林相蒼翠。

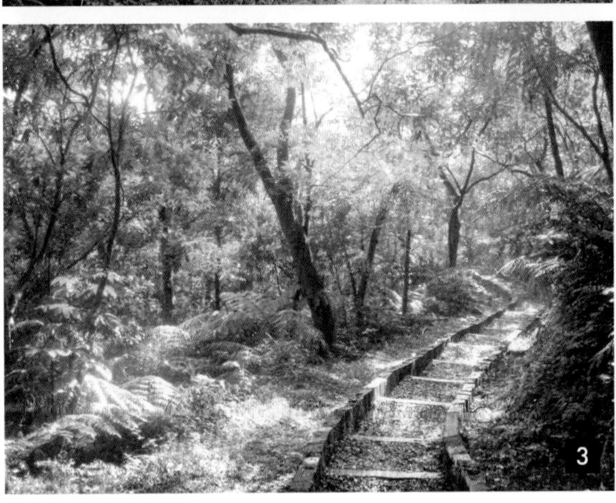

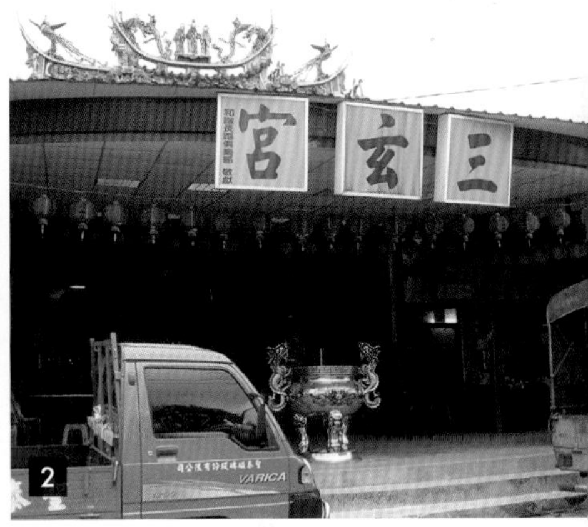

張迺妙與張德明

張迺妙師承自唐山的老茶師，後來前往樟湖山區種茶，悉心鑽研製茶技術。大正五年（1916年）台灣勸業共進會舉辦包種茶比賽，張迺妙榮獲台灣總督特等金牌賞，從此聲名大噪。後來受聘為巡迴茶師，教導農民製茶技術，文山郡各村的農民都蒙受其益，也因此奠定了今日「文山包種茶」的美名。樟湖地區設立了「張迺妙茶師紀念館」，以紀念他的傑出貢獻。

張德明則是當時著名的鄉紳，曾擔任文山郡深坑庄庄長，對於地方公益的推動不遺餘力，並資助張迺妙三度前往福建省，引進鐵觀音茶栽種於樟湖地區，對文山的茶業推廣具有卓越的貢獻。

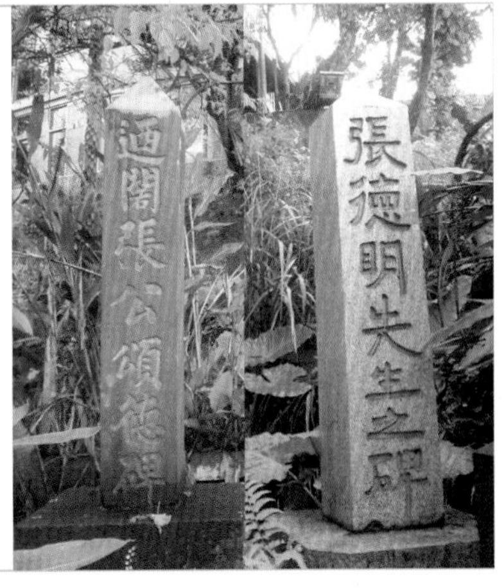

附近景點

【茶葉古道】

茶葉古道的入口就位於指南路三段38巷5之2號的指南國小旁。終點在三玄宮前的貓纜貓空站，全長約1.2公里。過去產業道路未開闢前，茶農必須挑擔運茶到山下販售，就是這條茶葉古道的由來。產業道路興建之後，古道已廢棄，成為民眾休閒登山的步道，路程約50分鐘。

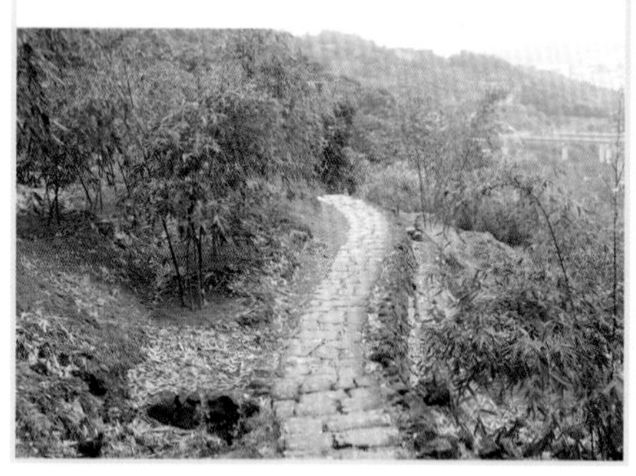

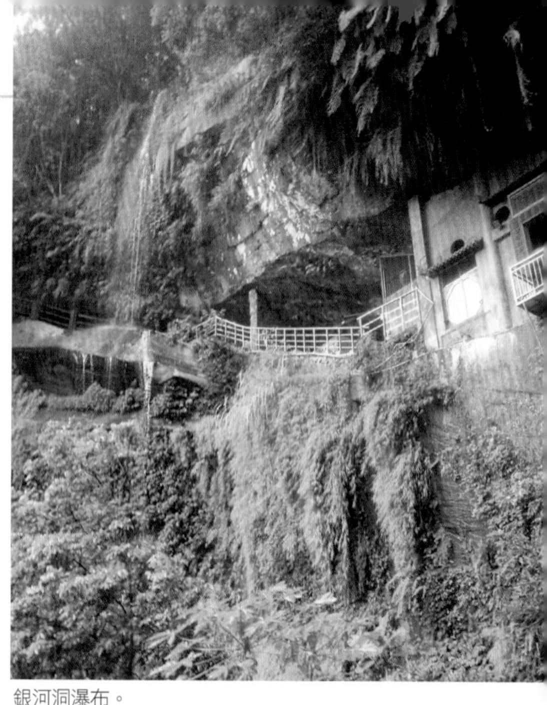

銀河洞瀑布。

枕木步道怡人，尋訪文山包種茶的史蹟

前往待老坑山，仍取直行，繼續走在筆直的稜線路上。沿途步道風貌頗為多樣，有新鋪的花崗岩步道、有傳統的安山岩石階步道、也有舒適的枕木碎石步道。前行約十餘分鐘，抵達樟湖步道與往待老坑山的岔路口，取左行，約六、七分鐘，抵達待老坑山。待老坑山的山頂，腹地不大，有木椅可休憩，但因周圍有樹林遮蔽，無展望。

循原路折返，途中有岔路可通往附近老泉街45巷的「杏花林茶坊」。每年二月杏花開時，滿山坡的杏花林，總會吸引大批遊客前來賞花。折返至樟湖步道，往下山方向繼續前行，枕木碎子步道穿過綠色森林，不久就抵達下方的瓦厝農家，這裡有一家製茶農場。沿著農宅巷道走出來，可以發現馬路右側坡地上方有兩座紀念碑，一為「酒閣張公頌德碑」，一為「張德明先生之碑」；前者立碑於日據時代明治四十年（一九〇七年），後者立碑於昭和十年（一九三五年），以表揚張迺妙與張德明兩位先生對文山地區茶葉產業的貢獻。

巷道出口接指南路三段34巷，沿著馬路往三玄宮的方向走，途中會經過「張迺妙茶師紀念館」，可順道進入參觀，了解一下當地的茶葉史及張迺妙發揚文山包種茶的事蹟。步行約三十分鐘，即可返回三玄宮。

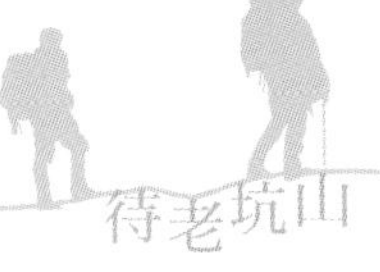

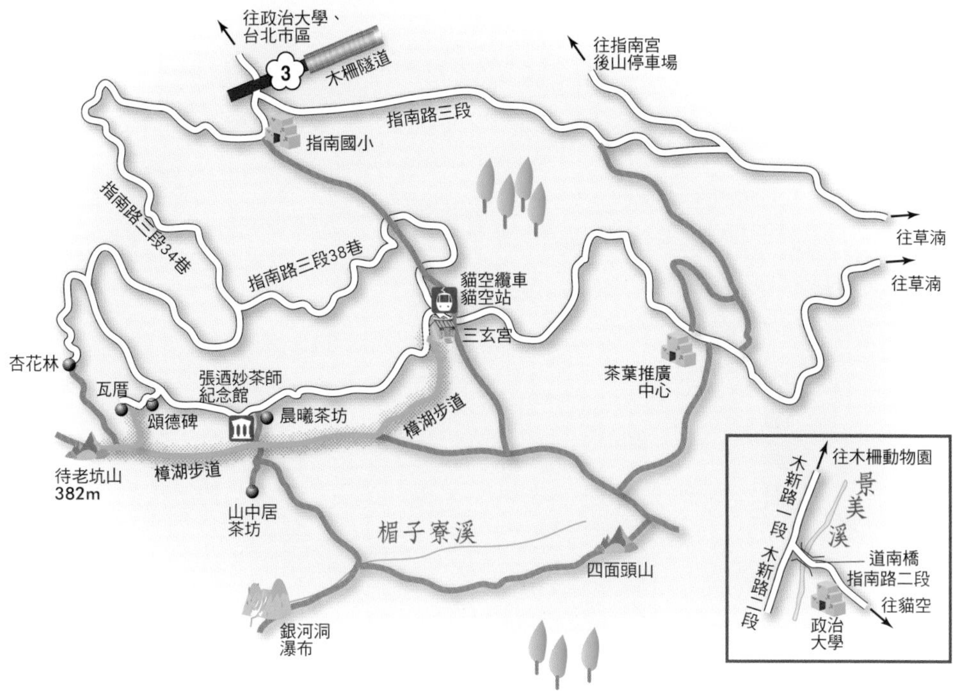

路程時間

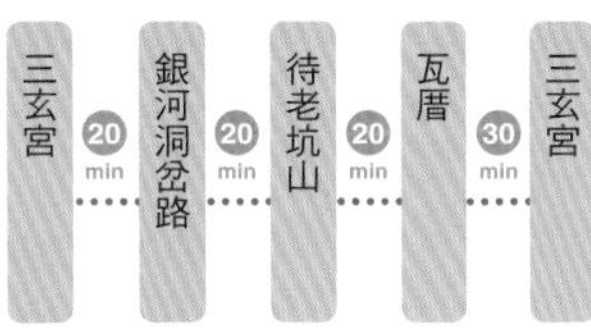

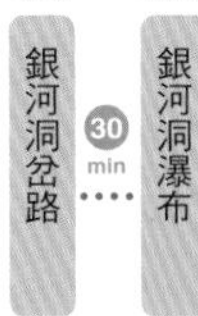

路況評價

- 登高指數：82m
- 路程時間：（來回約1.5小時）
- 步道路況：
- 綜合評價：

注意及建議事項

貓空、樟湖一帶景點及步道相當多，待老坑山可結合茶葉古道、銀河洞瀑布、杏花林茶坊、指南宮、貓空等步道景點，安排半日或一日遊。

交通資訊

• 自行開車

由北二高下臺北聯絡線萬芳交流道，循木柵路、木新路、指南路抵政治大學，續沿指南路二、三段上行即可抵達三玄宮。

• 大眾運輸

1.搭乘公車236、237、282、611、指南1路、2路、3路於政大站下車轉乘小10號公車。或捷運木柵線至萬芳社區站下車轉搭小10號公車至三玄宮站。

2. 自捷運市府站搭乘公車棕15，經捷運動物園站，往貓空，於三玄宮站下車。

3.市立動物園搭乘貓空纜車至終點三玄宮站。

1 高架棧道階梯，爬向仙跡岩。

2 景美山主要的登山口，景興路243巷的仙跡巖牌樓。

3 仙跡岩。

景美山

・山名　景美山／・海拔標高　144m
・登山口高度　10m／・三角點　二等三角點第1043號
・GPS座標　304562. 2765267／・座落位置　台北市文山區
・特色　仙跡岩傳說、棧道木亭、展望佳

景美山，著名的仙跡岩傳說

景美山，位於景美溪匯入新店溪之溪口附近，故又名「溪子口山」。景美山的山頂有一塊巨岩，岩石上有一足跡，相傳足跡為仙人呂洞賓所留，因此被稱為仙跡岩。山頂下方蓋有一間仙巖廟祀奉呂洞賓。

景美山，海拔一四四公尺，容易親近，登山步道縱橫交錯，周遭有十四個登山口，都可上山。一般遊客多以景興路二四三巷的仙跡岩牌樓為主要入口，拾級而上，約零點八公里即可登上景美山，欣賞著名的仙跡岩。

景美山是都會型的郊山，登山步道都已公園化，石階步道寬闊，設施完善。拾階而上，一小段陡峭的石階路之後，就接上平緩寬闊的水泥步道。走於樹蔭林間，隔絕於了山下的車流塵囂，步道旁蕨類及植物姿意生長，也有環保社團熱心提供的植物解說資料。

過「慈善亭」之後，接著來到「獅子亭」的岔路口，兩條路都可爬上稜線通向仙跡岩。取直行，先往仙巖廟。接近仙巖廟時，步道旁出現幾座古樸的日式寺廟石燈，轉個彎，便抵達仙巖廟。仙巖廟前的廣場，眺望台北盆地，展望良好。

景美山，棧道典雅，展望極佳

過仙巖廟不久，就來到稜線。這裡鋪設了爬向仙跡岩的高架棧道階梯，木質棧道很有質感，也很典雅。爬上棧道，先來到景美山的三角點基石。基石位於

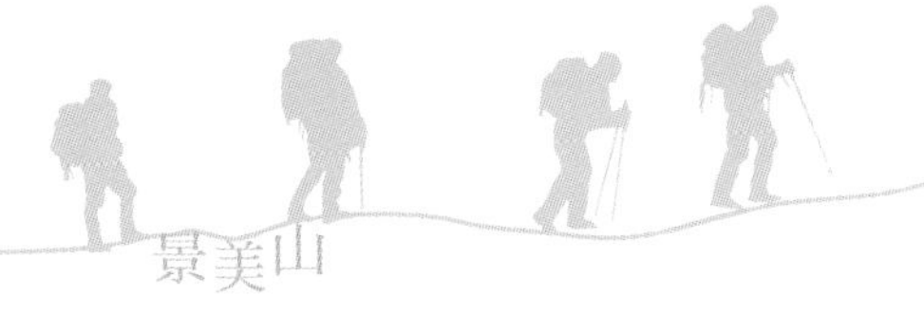

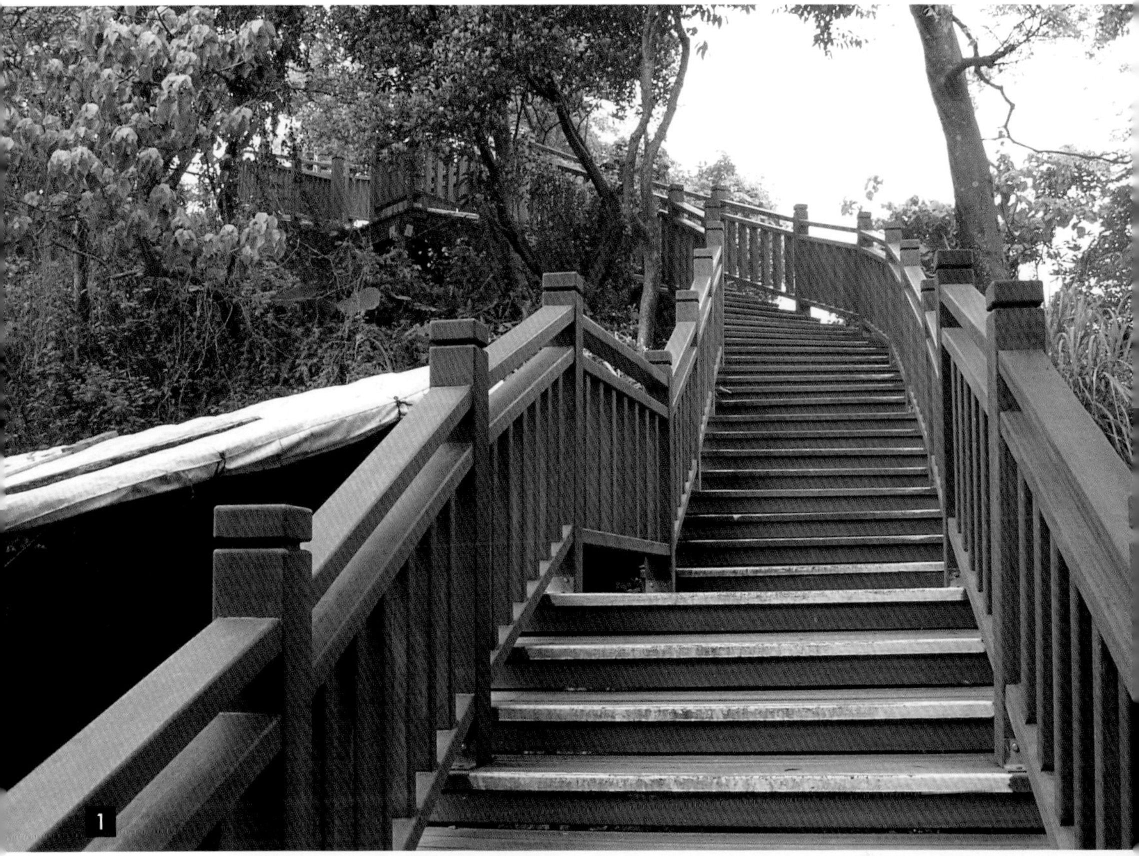

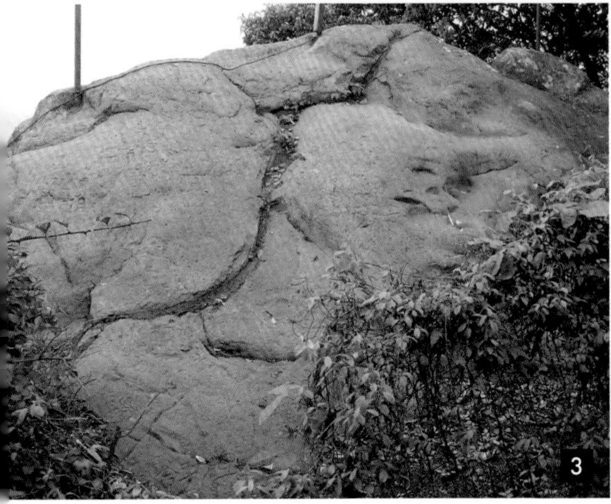

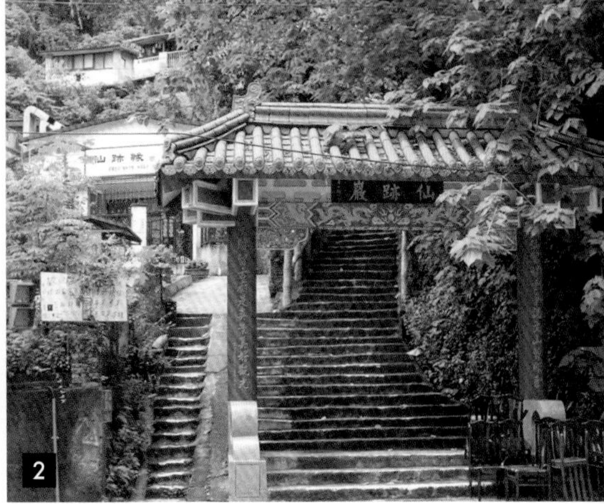
仙跡巖

棧道欄杆外的泥地上，這裡各有一顆二等三角點及一等衛星控制點。

再沿著棧道往前走，前方有一木亭，亭外一塊赭黃色的巨岩，就是仙跡岩了。由仙跡岩繼續前行，下行，遇岔路，取右岔路的石階往下走，即可抵達獅子亭，接回主步道，循原路出景興路二四三巷的仙跡岩牌樓。若是循稜線直行，則可從景興路二九七巷下山，途中還有許多岔路，可分別通向考試院、世新大學等登山口。

歷史典故——景美

景美，源自更早的地名「梘尾」。「梘」是架在地上，以木樁和木板構成ㄩ型槽木管，用以輸送灌溉用水。乾隆二十五年（1760年），郭錫瑠鑿成「瑠公圳」，自新店大坪林以梘引水，景美正位於梘之末端尾，後來形成市街，稱為「梘尾街」。日據時期，因「梘」字艱澀，「梘」與「景」音近似，故將「梘尾」易名為「景尾」。台灣光復後，民國三十九年，景尾由深坑鄉劃分出來設鎮，當地耆老以「景尾」名稱不雅，使人聯想「風景最差」，乃建議改名為「景美」。有趣的是，「景尾」雖改名為「景美」，但閩南語的讀音還是沒變，還是讀成「景尾」，而不是「景美」。

4

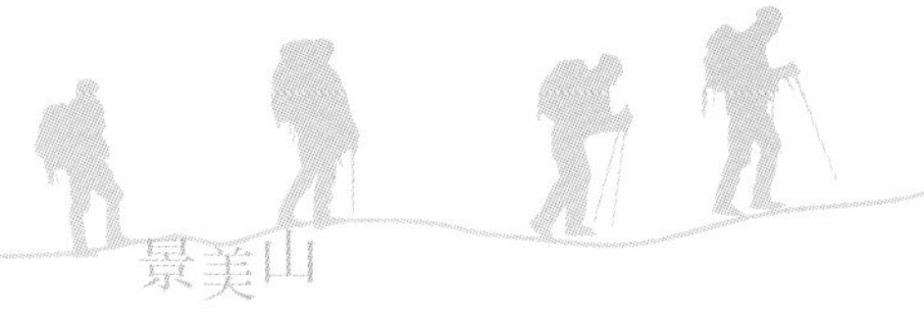

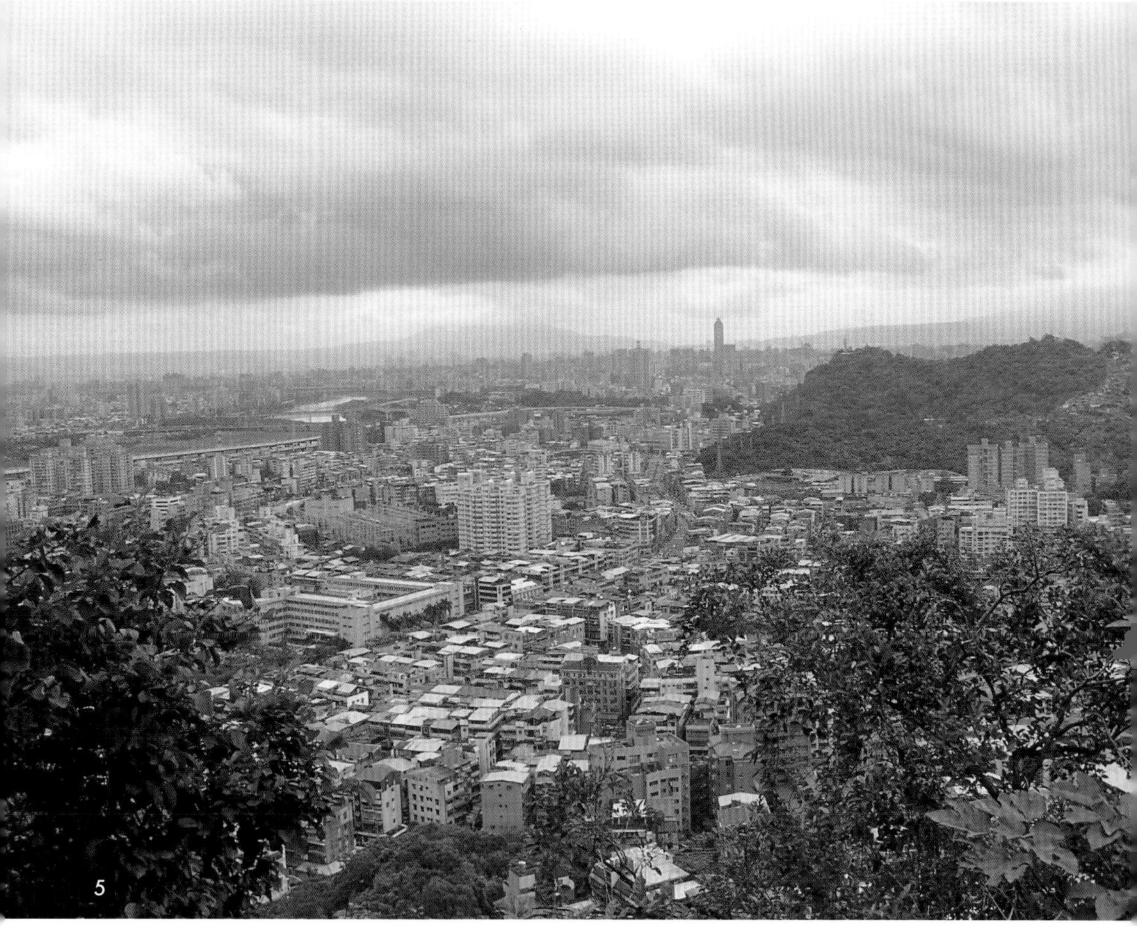

4 寬闊平緩的水泥路，沿途植物豐茂。

5 從仙跡岩木亭眺望台北盆地。

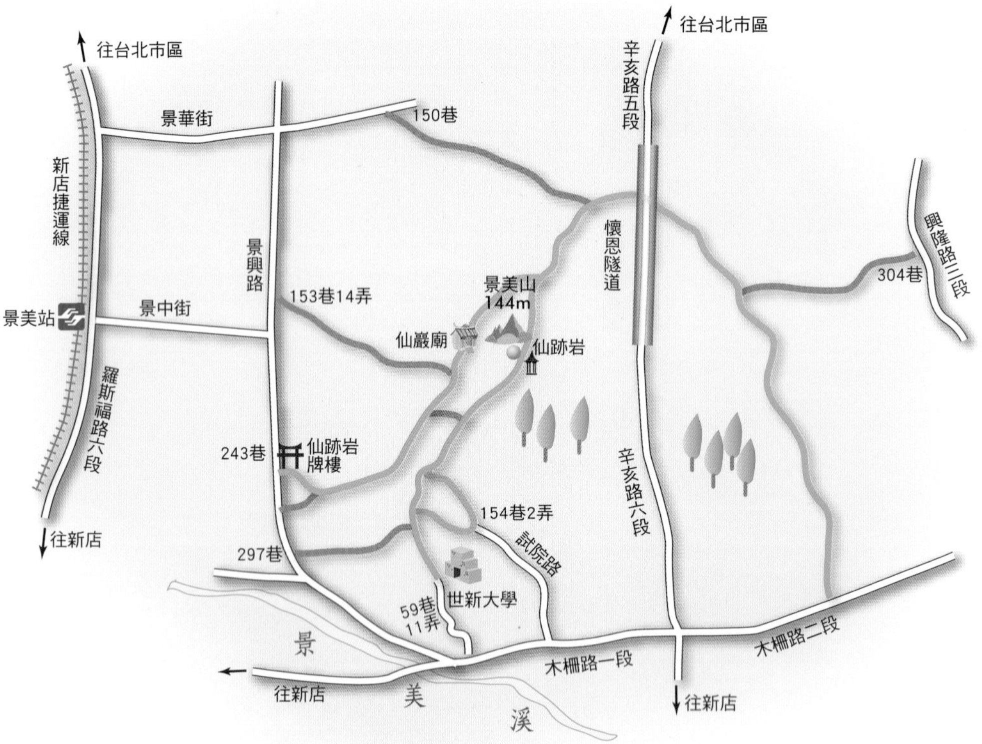

往台北市區
景華街
150巷
往台北市區
辛亥路五段
新店捷運線
景興路
懷恩隧道
興隆路三段
304巷
景美山
144m
153巷14弄
景美站
景中街
仙巖廟
仙跡岩
羅斯福路六段
243巷
仙跡岩牌樓
辛亥路六段
154巷2弄
往新店
試院路
297巷
世新大學
59巷11弄
景
木柵路二段
木柵路一段
往新店
美
往新店
溪

路程時間

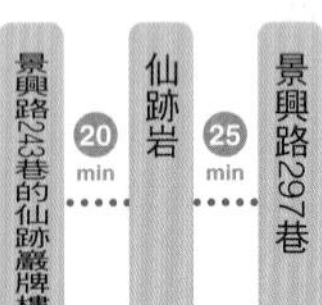

路況評價

- 登高指數：● 134m
- 路程時間：●（來回約43-40分鐘）
- 步道路況：●
- 綜合評價：●

注意及建議事項

景美山路程短，可繞往後山（興隆路三段）方向，沿途有不少涼亭及林間泥土路山徑；步道路況佳，且交通便利，適合全家老少同遊。

交通資訊

• 自行開車

台北市區走羅斯福路至六段新店線景美站，左轉景中街，再右轉景興街，至景興路243巷。

• 大眾運輸

新店線捷運至景美站下車，從2號出口步行至景興路243巷仙跡巖牌樓處。或搭乘可搭聯營10、30、74、209、251、253、278、284、290、505等公車，至「景興路站」下車。

桃園縣

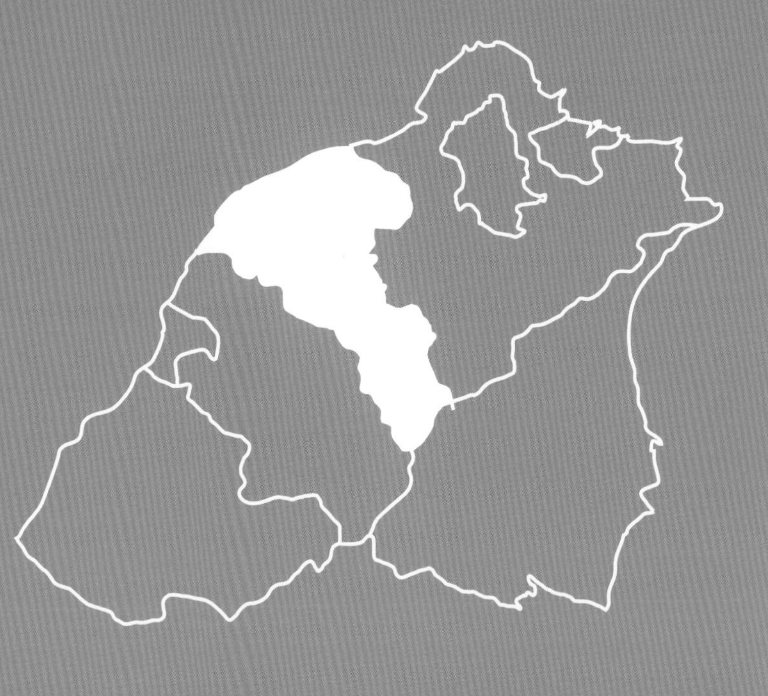

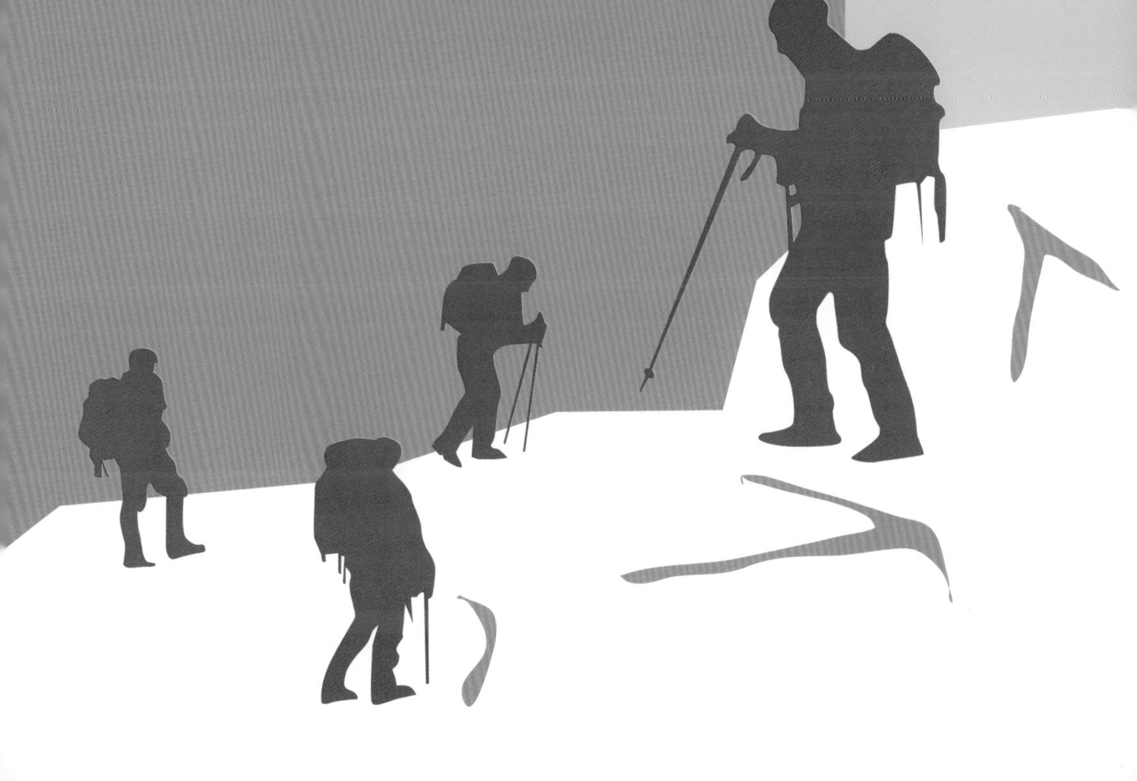

1 虎頭山公園，為桃園市著名的休閒景點。

2 幸福花園附近步道旁，山櫻花正盛開。

虎頭山

・山名　虎頭山／・海拔標高　251m
・登山口高度　89m／・三角點　三等三角點991號
・GPS座標　282539・2767902／・座落位置　桃園市
・特色　都會森林公園，步道完善

虎頭山公園，桃園市都會森林公園

虎頭山是桃園市頗盛名的山丘公園，公園內遍植花木，櫻花、梅花、楓香、綠竹、臺榭涼亭、木椅石桌、兒童遊樂場、老人健身場，應有盡有。公園內羊腸小徑錯綜相連，宛如迷宮。山腳下，有孔廟、寺廟，攤販雲集，遊客如織。

虎頭山，為桃園市民的家山，是民眾休閒踏青的好去處。對外地人來說，虎頭山西麓有國家三級古蹟桃園神社，是台灣目前保存最完整的日本神社，值得一遊。參觀神社之後，順遊虎頭山，兼具知性與休閒，是一項不錯的旅程安排。

純粹就登山而言，虎頭山卻有些美中不足。虎頭山雖然名列台灣小百岳，但卻是屬於都會型的郊山，步道設施講究安全便利，以水泥石階為主，因此較缺乏野趣。但爬虎頭山，若以尋找虎頭山基石為任務，頗有玩尋寶遊戲的趣味。一般山峰的三角點基石多位於峰頂附近，而虎頭山卻很例外。虎頭山本是一片起伏的丘陵地，沒有很突出的山頭，而基石的位置更是遠在虎頭山公園主要的步道範圍之外。倘若沒有事前做功課，想純碰運氣找基石，幾乎是不可能的任務。

按圖索驥尋找虎頭山三角點基石

從虎頭山山腳下的宏德宮旁出發，迎面而來的是寬三公尺的石階路，抵達上方平台後，遇岔路，取右岔路爬往「太陽亭」。不久，步道與虎頭山山腰的車道交會，越過車道，再接步道，入口有一倒V型牌樓。過牌樓，往前約二十公尺，虎頭山南峰基石就位在水泥步道的左側邊緣。方形水泥塊，刻有「台灣省政

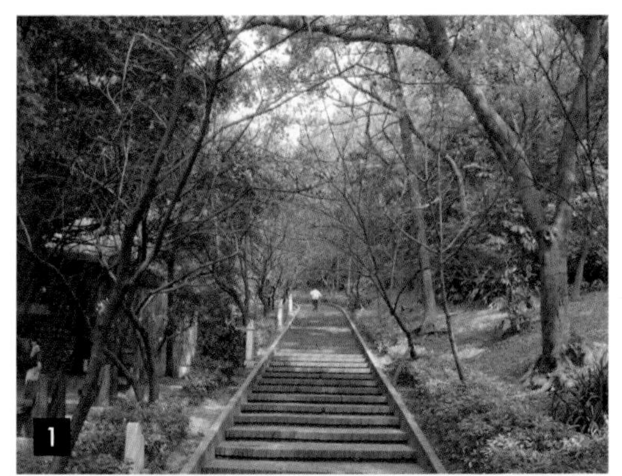

虎茅庄

虎頭山的由來，據說是從遠處眺望，整個山勢地形的延伸，像極了老虎的背脊。桃園最早的舊地名，也與老虎有關。桃園的拓墾，始於乾隆初期，大約在1730年代。當時漢人來此拓墾時，發現滿山遍野都是茅草，茅草銳刺如虎，所以稱此地為「虎茅庄」。後來人口漸多，形成市街，居民遍植桃樹，而改稱「桃仔園」，後來演變為「桃園」。

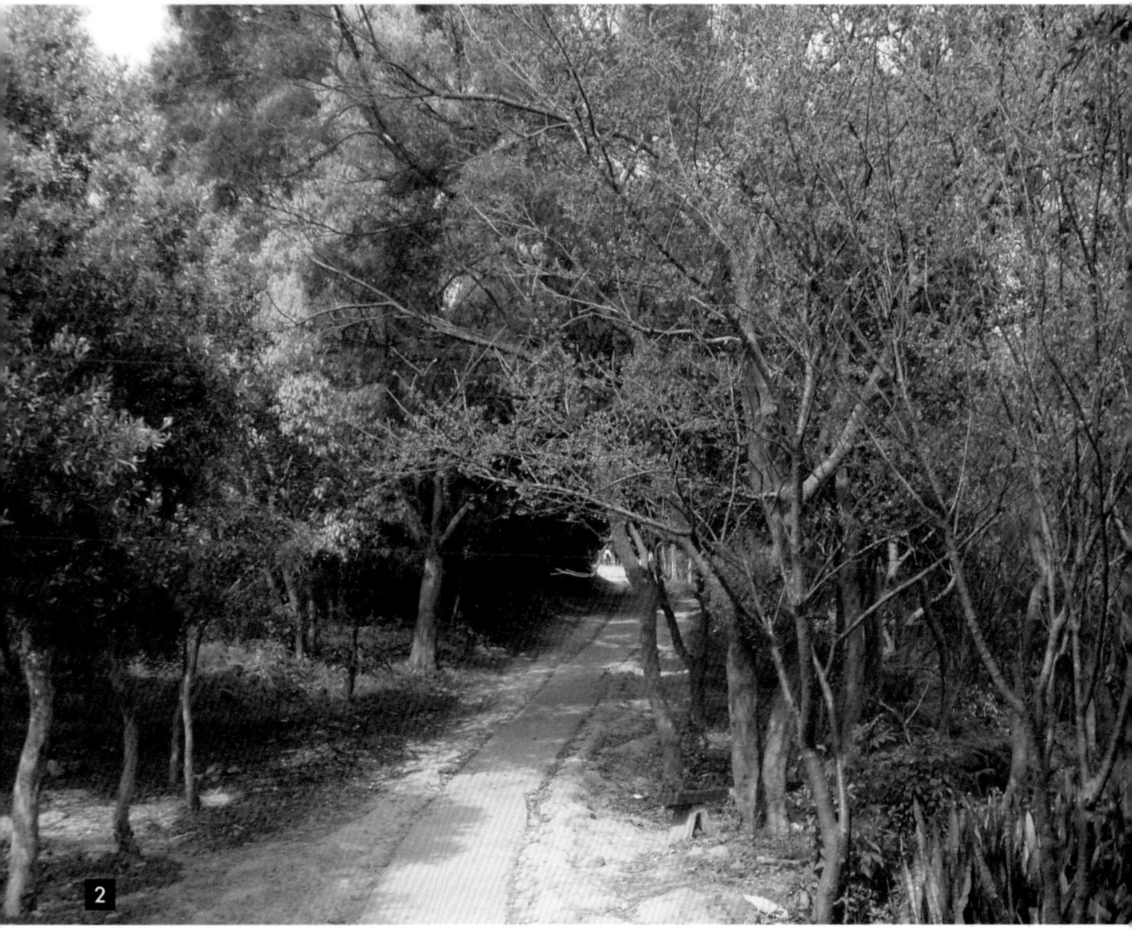

附近景點

【桃園神社】

桃園忠烈祠，位於虎頭山西麓，為日據時代的「桃園神社」，是目前台灣唯一保存完整的日本神社，也是日本本土以外唯一現存的日本神社。原係日據時代昭和十三年（1938年）日人所建立之神社，用以祭祀日本開國祖先「日照皇大神」，台灣光復後，民國三十五年改稱「新竹縣忠烈祠」，供奉鄭成功、劉永福、丘逢甲之遺像及拒清抗日先烈神主牌位。民國三十九年十月，新竹分治，桃園設縣，更名為「桃園縣忠烈祠」。桃園神社歷經歲月滄桑，後經整修，列入國家三級古蹟永久保存。

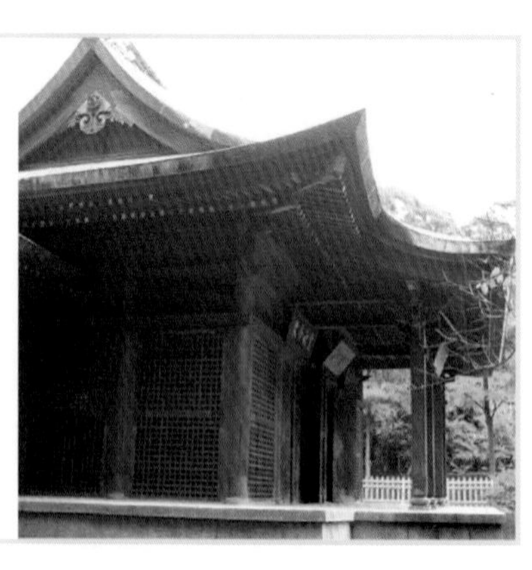

府」的紅漆字。基石的位置不明顯，這裡也不像南「峰」。稍不留意，就會錯過這顆基石。

從南峰基石繼續上行，來到觀景台，可俯瞰桃園市區，續上行，來到太陽亭。一座圓形迴廊式涼亭，中間敞空，迴廊以一根根橫木排列為屋頂，橫木之間有間隔透光；圓狀的迴廊似太陽，一根根的橫木似太陽光芒，所以稱太陽亭，創意頗見巧思。

自太陽亭出發幾十公尺，抵達三分山，山頂一片水泥廣場，成為早覺會的運動場；續前行，約五分鐘，抵達五分山，也是水泥廣場平台。

依資料導引，由五分山繼續前行，走在稜線上的步道，無遮蔭。若是夏日行走，恐怕會吃不消。約十幾分鐘，抵達「幸福花園」，像是早覺會闢地整理的一處小花圃。抵達幸福花園前的小岔路口，有一、兩株山櫻花正盛開，花色艷麗。幸福花園的前方，就是「停機坪」了，約一個足球場大的泥土廣場，大概是做為直昇機起降之用。這裡有兩條稜線來此交會，正前方及右前方各有一條寬闊的泥土產業道路；應取正前方的土路。約幾分鐘，就接上公路（桃11鄉道）了。附近有一座「虎頭山環保公園」，園內種植大片草坪，有觀景平台可以俯瞰桃園市景，展望極佳。

繼續沿著公路上行，約五分鐘，來到桃園市與龜山鄉交界處，界碑旁有一條小徑，進入後，約兩分鐘，就抵達虎頭山三等三角點基石。找到虎頭山的基石，有一種尋寶成功的樂趣。

回程，可以悠閒地在虎頭山公園內逛逛，園內步道縱橫交錯，林蔭怡人，可賞櫻、賞梅、賞楓、賞竹，度過閒適的一天。

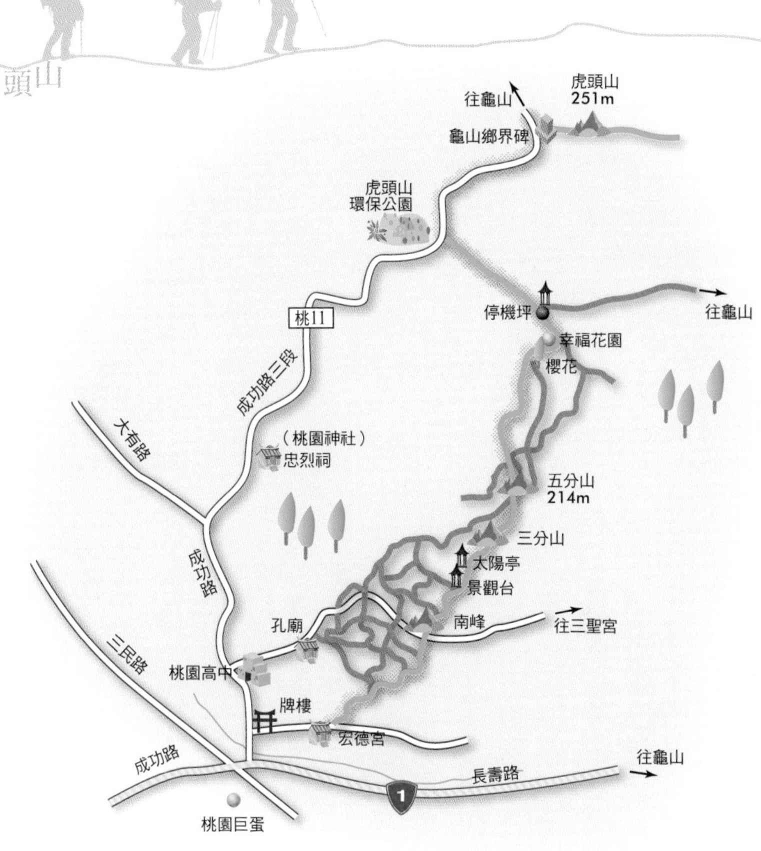

路程時間

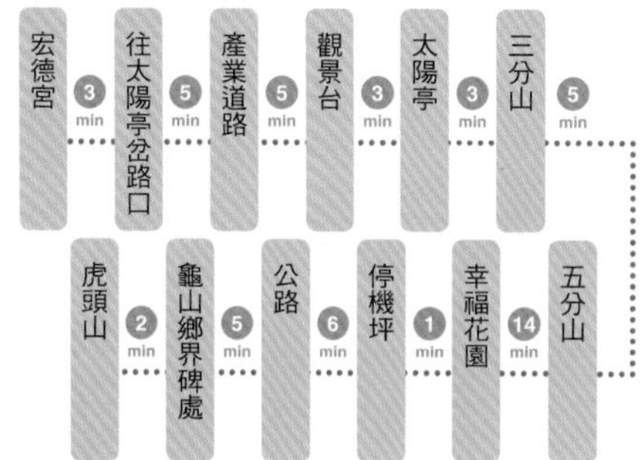

路況評價

- 登高指數：162m
- 路程時間：（來回約2小時）
- 步道路況：
- 綜合評價：

注意及建議事項

虎頭山三角點基石的位置較偏僻，若非喜愛基石者，可在虎頭山公園內遊覽即可。自五分山前往虎頭山基石的途中，全程走於稜線上，幾乎無遮蔭，應避開天氣炎熱的季節。

交通資訊

• 自行開車

中山高下南崁交流道，沿4號省道(春日路)，左轉三民路，至桃園巨蛋，左轉成功路三段，過成功橋右轉，即抵達虎頭山公園入口。

• 大眾運輸

桃園車站搭7、105、125路桃園客運至成功國宅。

1 從金面山俯瞰山腳下的鴻禧山莊及大溪高爾夫球場。

2 登山步道沿途經過的孟宗竹林。

3 從金面山遠眺大溪地區。

4 登頂金面山，有段陡峭的山路，須拉著繩索攀爬上去。

金面山

・山名　金面山／・海拔標高　667m

・登山口高度　320m（阮家土雞城）

・三角點　二等三角點1056號

・GPS座標　283075・2751258／・座落位置　桃園縣大溪鎮

・特色　山形特殊，展望極佳

金面山，又稱鳥嘴尖，為大溪八景之一

金面山位於桃園大溪鎮美華里，因山形像鳥嘴，又稱「鳥嘴尖」，海拔六六七公尺，是大溪第一高山，名列台灣小百岳。因山勢高峻，常有雲煙繚繞，自古以來，「鳥嘴含煙」為「大溪八景」之一。金面山也是大溪鎮十幾條登山步道中最保有天然原味的步道。

金面山的登山口在「金山面」產業道路的沿途中，共有三個登山口，道路終點的阮家土雞城是第三登山口。從這裡出發，可走一條橫向的聯絡道，串連第一、二登山口上山的路線，右去左回，繞一圈〇形，路線內容較為豐富，也可體驗金面山不同的風貌。

從阮家土雞城「第三登山口」的標誌往回走幾步，馬路旁有聯絡道的登山條。進入後，路跡相當清晰好走，穿過竹林不久，遇岔路，往右可爬往「山麻坑山」。續前行，又遇竹林，取右行，穿越竹林之後，山路盤繞向下，不久，接到第二登山口上行的山路。

接著，山路沿著溪畔緩緩上行，頗有古道氣氛。前行五、六分鐘，前方出現一間廢棄的紅磚古厝，為「海伯舊居」，紅磚厝只剩一面紅磚殘牆，其餘已隱沒於蔓藤野草中。由此前行，又遇岔路，右岔路過溪，可接第一登山口上來的山路。繼續取左行。上行，約十二、三分鐘，穿過一片孟宗竹林，抵達草嶺溪上游的小瀑布。瀑布兩側都有山路，分別由第一、二登山口上來的，一在溪左岸，一在溪右岸。左右線殊途同歸。續前行二十多分鐘，抵達「永健二亭」，這裡有山友設置的簡易木桌，供休憩之用，其旁有一棵茄苳老樹。

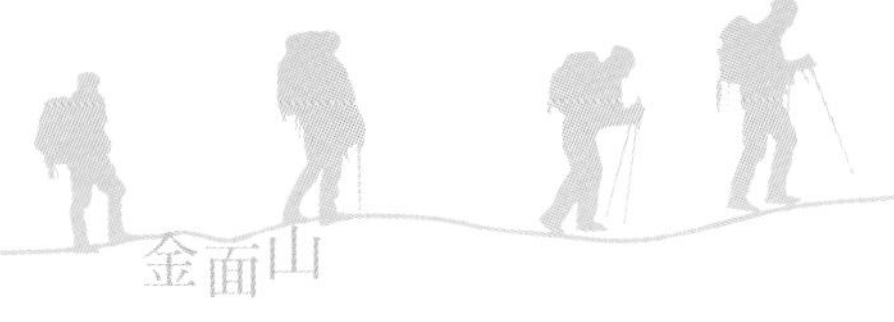

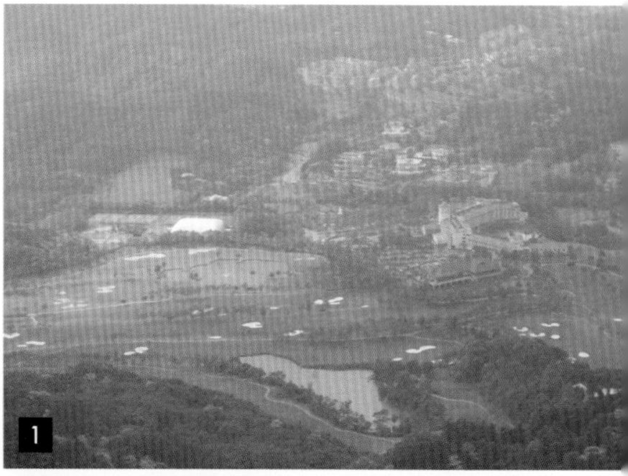

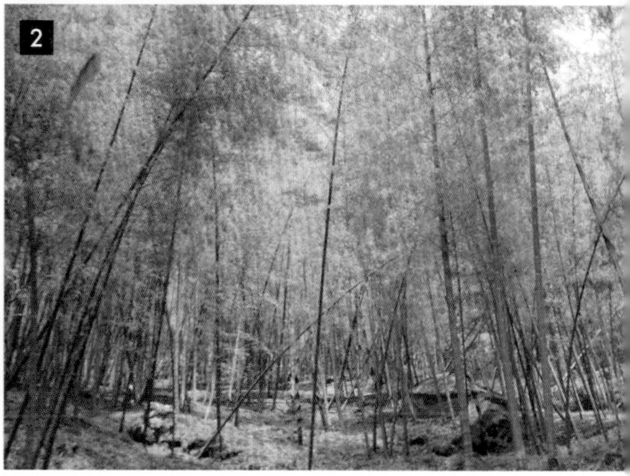

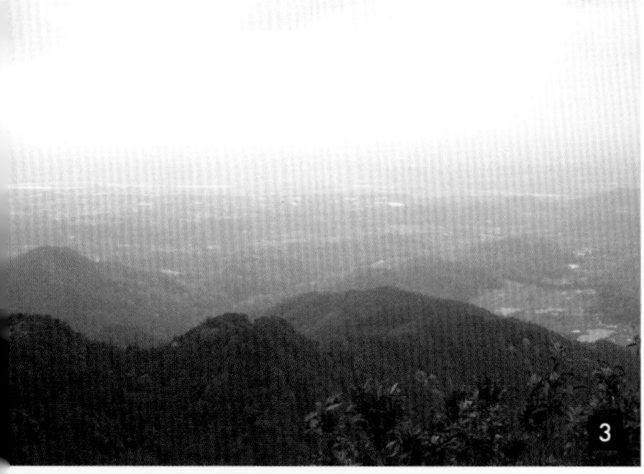

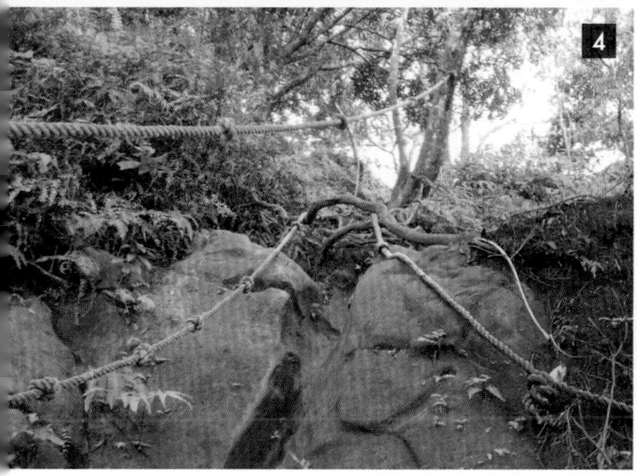

金面山古道

金面山登山步道，又稱「金面山古道」或「金山面仔古道」。「金山面」是當地地名，早在清朝乾隆時代的文獻即有記錄：「乾隆四十二年（1777年）間，……。又蒙各大憲行飭，准以界外番山之金山面……。」嘉二十年（1815年）的文獻記載：「合行出示曉諭，為此示仰金山面一帶附近居民人等知悉……」可見金山面之名，在200年前即已出現。光緒年間，因漢人私墾而形成金山面莊，明治三十四年（1901年）新竹設廳時，成立金山面庄。根據大正十年（1921年）的《台灣地形圖》，就出現了這一條由金山面越嶺通往三峽五寮的山路。因此，金面山登山步道，也是一條歷史悠久的古道。

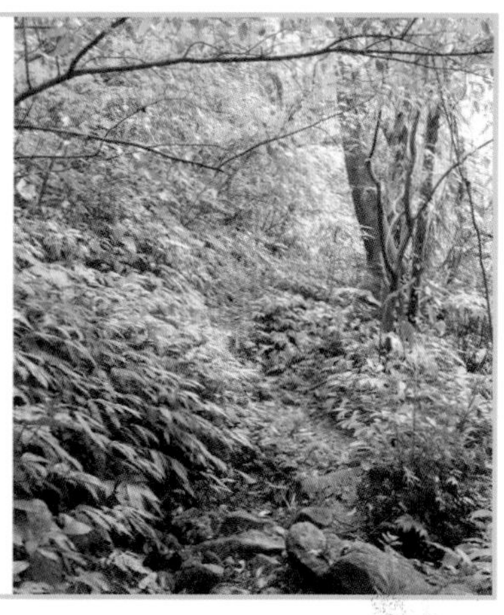

附近景點

【大溪老街】

大溪和平老街是台灣最具特色的老街之一。大溪，舊名「大嵙崁」，位於淡水河上游的大漢溪畔。清領及日據時期，因陸路交通未發達，桃園一帶的物產須靠大漢溪的船運往來於淡水、大稻埕、艋舺、新莊等地，大溪成為重要河港，繁盛一時。沿途帆船載運貨物輸出，舟楫往來萬商雲集，「崁津歸帆」為大溪八景之一。大正九年（1920年）日本政府頒佈「市區改正法」，要求房屋必須整齊一致，並裝飾門面，於是大溪街道各商號競相改建。由於當時流行歐洲巴洛克的建築造型，因此塑造出全台著名的中西合壁式的典雅老街。

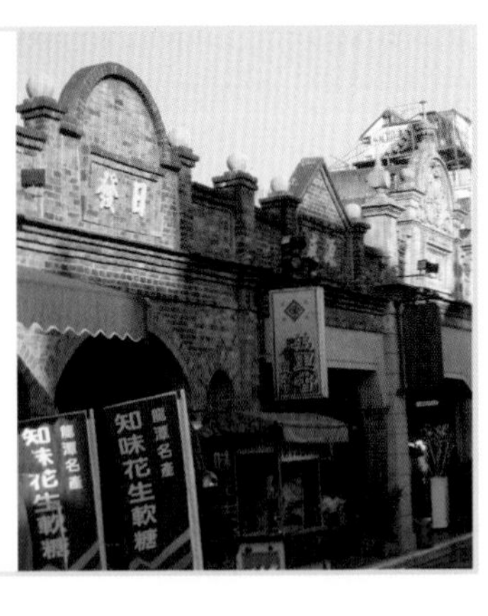

後段的山徑漸陡，約十餘分鐘，抵達鞍部岔路。右岔路可通往三峽五寮尖，是昔日金面山古道的一段；取左行，距離金面山只剩十五分鐘路程而已。不久遇岔路，左右皆可登頂。經過辛苦拉繩攀爬，終於登頂。

登頂眺望，大溪河階美景盡收眼底

金面山，山頂腹地狹小，視野被樹木阻擋，展望不佳。反而是旁側另一個峰頭，視野開闊，可以俯眺大溪地區。前方山腳下是著名的大溪高爾夫球場及鴻禧山莊，草坪綠地、水池、別墅坐落於青山環繞的谷地裡，五月來訪時，附近山巒油桐花盛開，綠意裡白叢點點，景色極美。遠處有大漢溪及武嶺橋，大溪的河階地形一覽無遺。騁目極望，飽覽美景，這一刻，登爬的疲憊盡消。

從另一側的山路下山，沿著稜線走，沿途有不少陡降地形，須拉著繩索攀降。途中會通過一座垂直的大石壁，高約一層樓。過石壁後，仍有不少陡降的路段。約半小時，抵達大溪廣播電台的電塔。繼續走山路，約七、八分鐘，遇岔路，右往「金山面山」。取左繼續下行，遇一片優雅的孟宗竹林。竹林下方就是第三號登山口了。出竹林，接泥土產業道路，不久，就抵達阮家土雞城的停車處，完成這趟○形的金面山之旅。

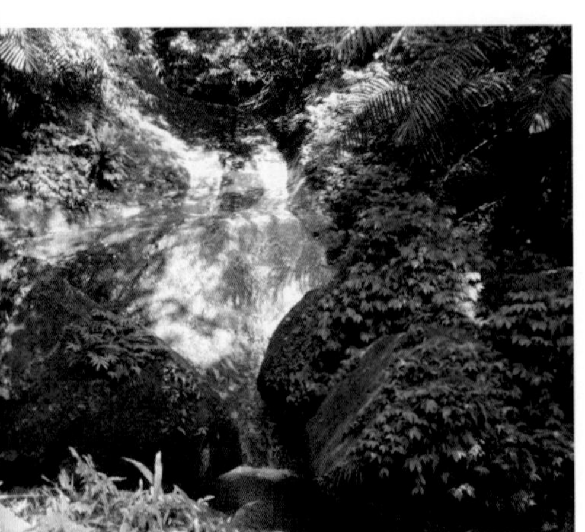

草嶺溪上游小瀑布。登山途中可以取得水源的休憩地。

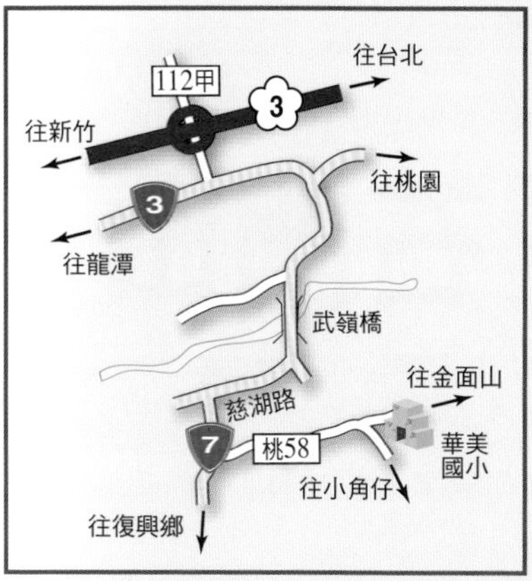

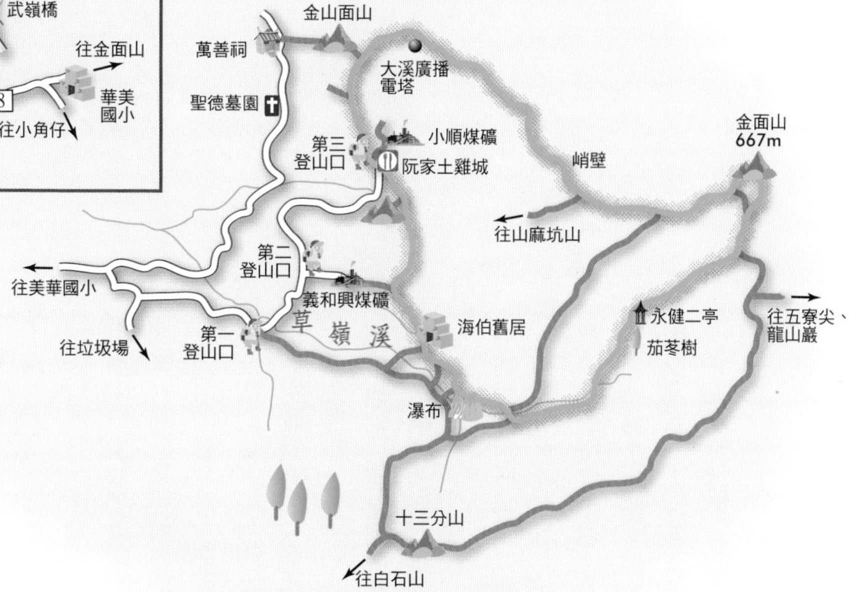

路程時間

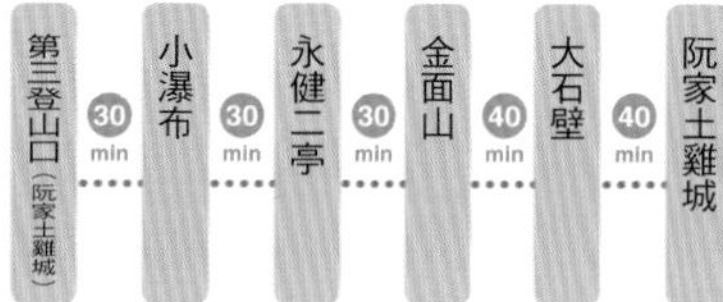

路況評價

- 登高指數：347m
- 路程時間：來回約3小時
- 步道路況：
- 綜合評價：

注意及建議事項

桃58鄉道前往金面山登山口，沿途多岔路，指標不清，請特別注意。登金面山沿途可順登「山麻坑山」、「金山面山」，但路徑雜草較多，路跡不明，須小心注意。若要順登「十三分山」，則可選擇由第一登山口上山，繞經十三分山至金面山，路程較遠，約2.5小時，須衡量個人體力 而行。

交通資訊

• 自行開車

北二高下大溪交流道，往大溪方向，過武嶺橋進入大溪後，走慈湖路再左轉復興路（台七線），左轉後直行約一公里，至小角仔古道登山口，左轉桃58鄉道。順著桃58鄉道直行，約1.3公里，至岔路口，站牌為「美華國小」。不右轉，繼續直行，過美華國小，前行約2公里，抵達「聖德墓園」岔路口，取右行，往「阮家土雞城」方向，約１公里，抵達第一登山口；再前行0.5公里，抵達第二登山口（這裡也有一家阮家土雞城）；繼續前行0.8公里，抵達第三登山口（阮家土雞城）。第二登山口至第三登山之間路狹，須小心駕駛及會車。

• 大眾運輸

無。以開車前往較為方便。

石門山

・山名　石門山／・海拔標高　551m
・登山口高度　249m／・三角點　一等三角點、殖產局三角補點
・GPS座標　272366・2744982／・座落位置　桃園縣龍潭鄉
・主要登山路線　A. 高橋收費站線　B. 勞工育樂中心線
・特色　水庫風光・展望優美

石門水庫旁台灣小百岳名山

石門山位於桃園縣石門水庫大壩西邊，風景秀麗，為桃園地區廣受歡迎的郊山，吸引許多遊客前來，假日時更是人山人海，攤販雲集。石門山有兩個主要的登山口，一在石門水庫高線收費站附近，一在勞工育樂中心，前者是主要的登山口，入口處有一牌樓，附近攤販叫賣聲喧嚷，宛如小型的市集。

由登山口出發，寬闊的泥土路緩緩上行，步道沿途有攤販、卡拉ＯＫ、餐飲店，歌聲人聲喧囂，第一個岔路口商店區，取右行，約十分鐘可抵達勞工教育中心的登山口。取左行，則是水泥上坡路，直到過了最後一家商店之後，山徑突然變得安靜優雅起來。沿途空曠處，可眺見石門水庫大壩風光，而沿途山徑爬坡徐緩，綠蔭優雅，走來相當舒適。山徑迂迴緩升，隔著林間，偶爾可瞥見石門水庫集水區內碧如翡翠的湖水。這也是唯一一條可以欣賞到石門水庫湖光山色的路線。

約前行四十分鐘，抵達錢龍休息站及奉天宮，接著變為寬闊的土石產業道路，不久，抵達小竹坑福德祠，廟後有一棵百年茄苳老樹。由廟旁的山徑上行，約五分鐘，遇左岔路，取左行，爬往石門山，約十分鐘，即抵達石門山。石門山，擁有一等三角點基石，旁邊另有一水源柱椿；此外，二十公尺外的附近另有

小竹坑

石門山東南側下方坑谷附近，昔日長滿竹林，所以地名稱竹坑。竹坑有大小之別，大竹坑位於新竹關西鎮，小竹坑則位於龍潭、關西鎮界，毗臨石門山，因此石門山舊稱小竹坑山。小竹坑曾有聚落農戶，石門水庫興建時，遷村至桃園觀音的大潭新村，舊村為水庫湖水淹沒。

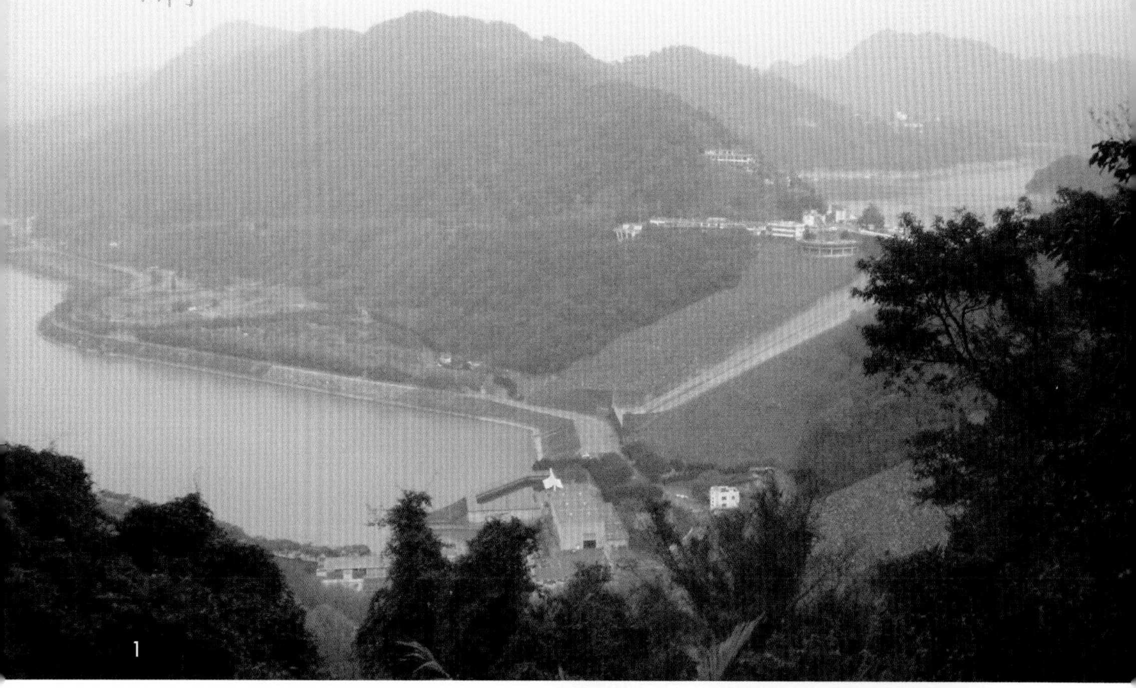

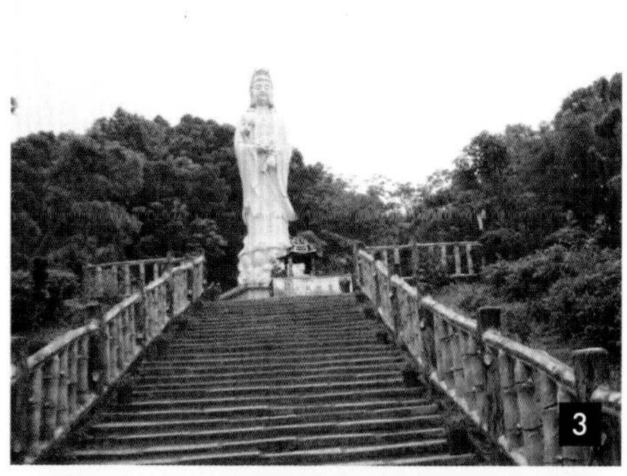

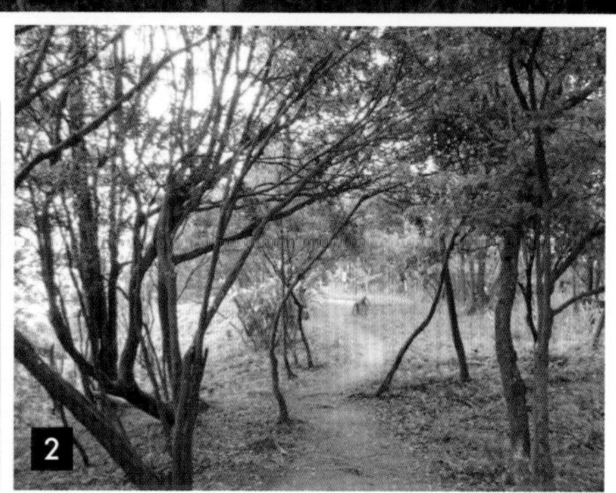

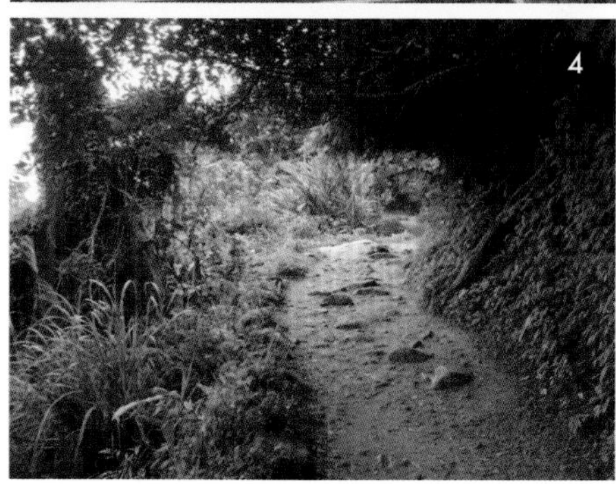

1 石門山步道途中遠眺石門水庫。

2 石門山頂附近幽雅的林徑。

3 觀音聖像，觀景平台展望佳。

4 石門山步道寬闊的泥土山徑。

一顆殖產局三角補點基石。石門山，又稱「小竹坑山」。山頂大半被樹林遮蔽，僅有一隅有視野，可展望龍潭、關西一帶的岡巒平野。

觀音聖像觀景台展望佳，遠眺台北一〇一大樓

石門山頂往勞工育樂中心登山口方向下山，前行不久，遇岔路，皆可通往育樂中心，取左岔路，循著石門山稜線下山，沿途都是質樸的泥土山徑，林間幽靜。途中「景陽崗」附近有不少錯落的岩石，「龍穴崗」有觀景平台，可望見石門水庫後池堰。約三十分鐘抵達觀音聖像。觀音聖像為白色水泥鑄造，高約三層樓。此處視野開闊，展望遼遠。天氣晴朗時，甚至可眺見台北盆地的台北一〇一大樓。

觀音聖像旁有陳氏兄弟經營的休閒區，有桌椅休憩設施，假日還提供各種餐飯供遊客使用，由此下行的步道沿途有不少醒世標語。約十餘分鐘，就抵達勞工育樂中心登山口。這附近有涼亭、藝術雕塑、健康步道、兒童遊戲區等遊憩設施。這個登山口有較大的停車場，也沒有攤販，遊客少，若開車前來爬石門山，可選擇由勞工育樂中心這個登山口進入較為方便。

附近景點

【太平山】

太平山，海拔535公尺，與石門山並峙，是石門山兩座主要的山峰，太平山較接近石門水庫，山頂有一鐵塔，鐵塔旁的步道側邊有一內政部土地測量局四等控制點。太平山距離石門山約20分鐘路程，有多條山徑與石門山步道串連，山路較為紛歧，須多注意登山條及登山社團的小指標。

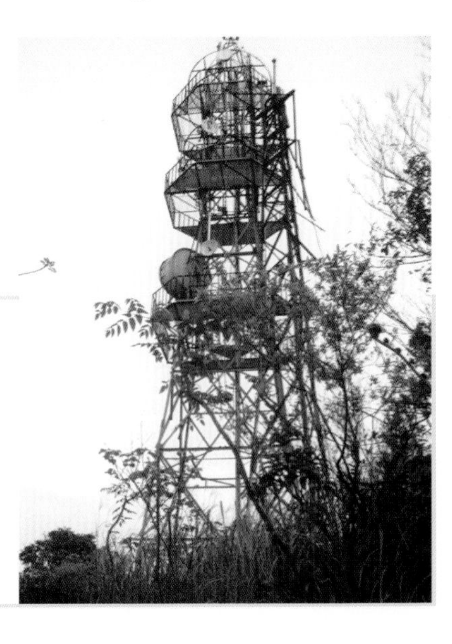

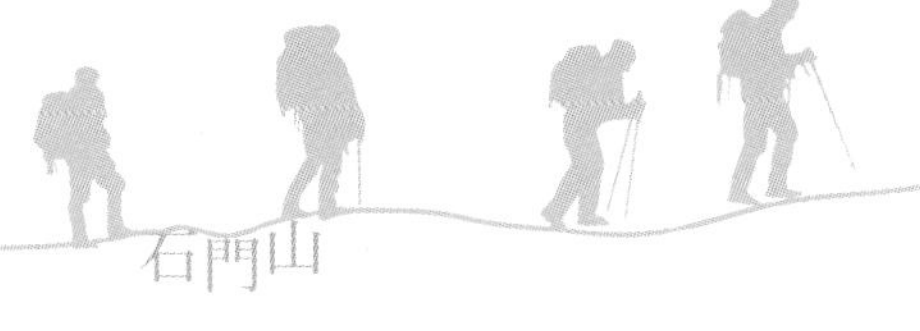

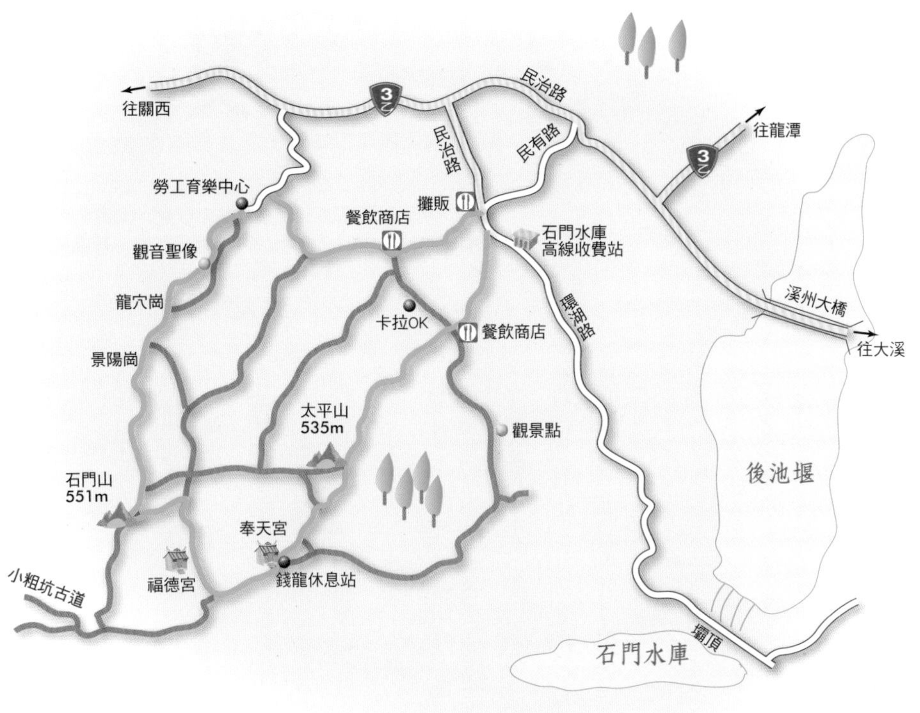

路程時間

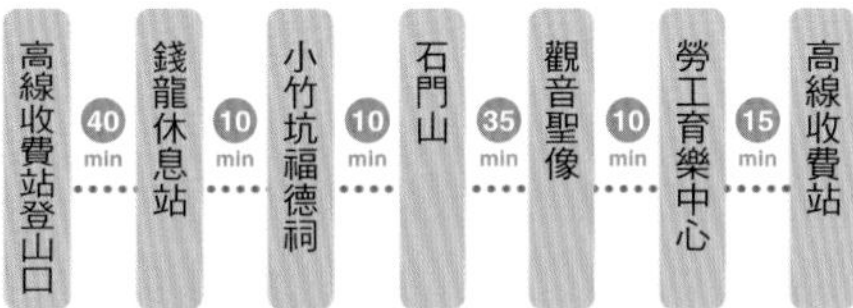

路況評價

- 登高指數：● 302m
- 路程時間：● 約2小時
- 步道路況：●●
- 綜合評價：●●

注意及建議事項

石門山為熱門登山步道，有多個登山入口，步道錯綜紛歧，又缺乏明確的指標，沿途如對路況不熟悉時，應多詢問當地遊客，以免走錯方向而白繞遠路。

交通資訊

• 自行開車

北二高自龍潭交流道下，接113縣道，再轉3乙省道，循石門水庫指標前行，在溪洲大橋前的三岔路口右轉，直行，左轉民有路，即可抵達高線收費站附近的登山口。或者直行至3乙省道指標8.5公里附近左轉往桃園縣育樂中心。

• 大眾運輸

由桃園搭乘桃園客運或中壢搭乘新竹客運往石門水庫，於石門山登山口下車。

1 由稜線山徑爬往溪洲山。

2 鞍部愚公亭，設有石桌、石椅、木亭及盪鞦韆、單槓、吊環、爬竿等健身器材，供民眾使用。

3 溪洲山脈，位於石門水庫北側。

溪洲山

・山名　溪洲山／・海拔標高　577m
・登山口高度　149m（坪林站）
・三角點　三等三角點6296號、殖產局三角補點
・GPS座標　277197・2746570／・座落位置　桃園縣大溪鎮
・主要登山路線　A. 坪林線線　B. 福山巖線
・特色　古道隘勇路、森林小徑

溪洲山雄峙石門水庫北側，為台灣小百岳

桃園溪洲山脈位於石門水庫北側，隔著石門大壩與石門山遙遙相對。溪洲山、石門山都名列台灣小百岳，為桃園名山。溪洲山有好幾個登山口，可以依個人興趣走出好幾種不同的組合路線，可選擇從坪林站登山口出發，然後由福山巖（溪洲廟）附近的登山口下山。兩個登山口之間相距五百公尺而已，大致可繞一圈蝌蚪狀的〇形路線。

坪林站登山口位於石門水庫後堰池下游的溪洲大橋旁，距離石門水庫坪溪收費站不遠。由龍潭走台三乙公路前往石門水庫方向，過溪洲大橋，路邊一排商店最右側的「黃大目豆干」商店旁，有一水泥車道，由此上行沒多久，車道轉為土石路，經過芭蕉園後，隨即穿入森林裡。

幾分鐘後，遇右岔路，可通往石門水庫的溪洲公園。仍取直行，寬闊的土徑沿途有不少古樸舊階。這條山路可翻越溪洲山通往後山的大灣坪，是昔日大灣坪居民往返前山所走的一條古道，又稱「大灣坪古道」。古道路況佳，但得翻越溪洲山，沿途有不少陡路。愈到高處，愈為陡峭，腳踩著之字形的石階路，一階階地爬向溪洲山稜線。

約四十幾分鐘，終於抵達稜線的鞍部。短短時間內，爬升了近三百公尺，令人覺得累喘。鞍部有一座簡易的「愚公亭」，紀念一位整理溪洲山步道及設置休憩設施的山友。

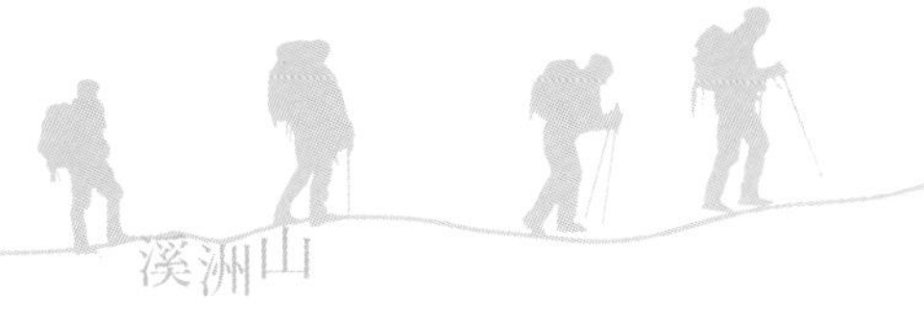

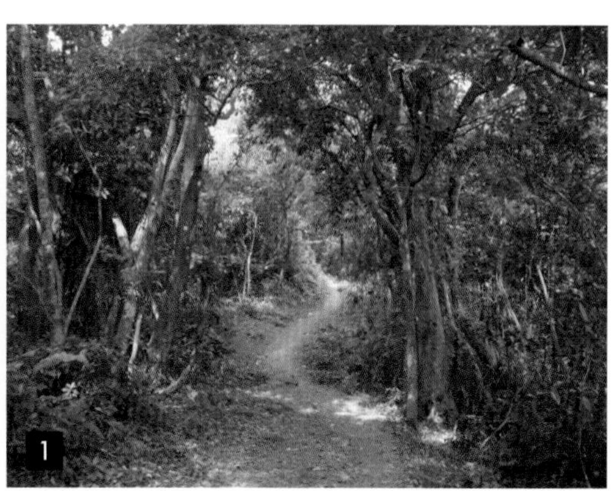

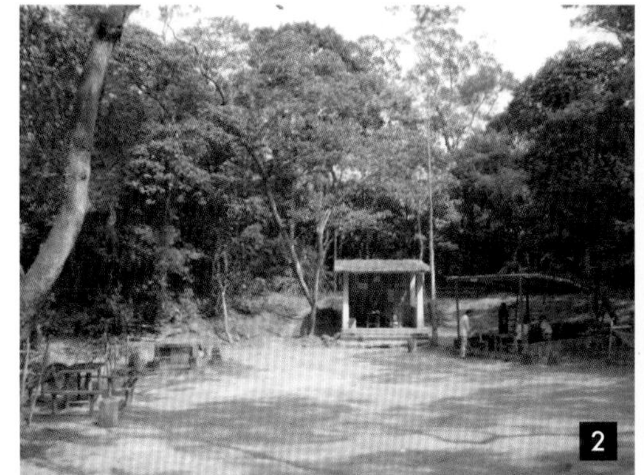

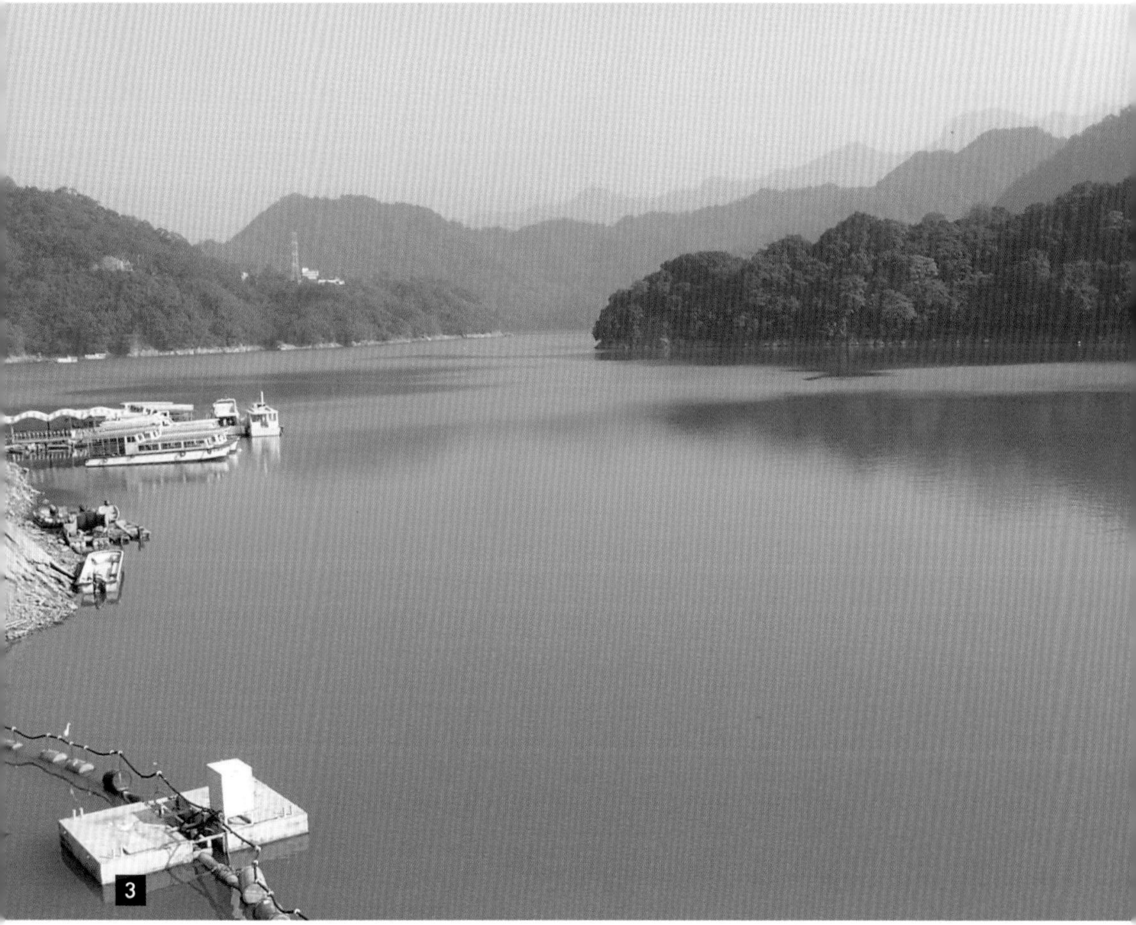

3

溪州、新溪州地名由來

「溪洲」是指山腳下大嵙崁溪（大漢溪）畔的沙洲地，約開墾於道光年間。咸豐十一年（1861年），先民在溪洲建立福山巖，祀奉清水祖師。而接近石門水庫溢洪道一帶的沙洲地開墾較晚，所以被稱為「新溪洲」。溪洲山、新溪洲山都是以當地地名而命名的山。

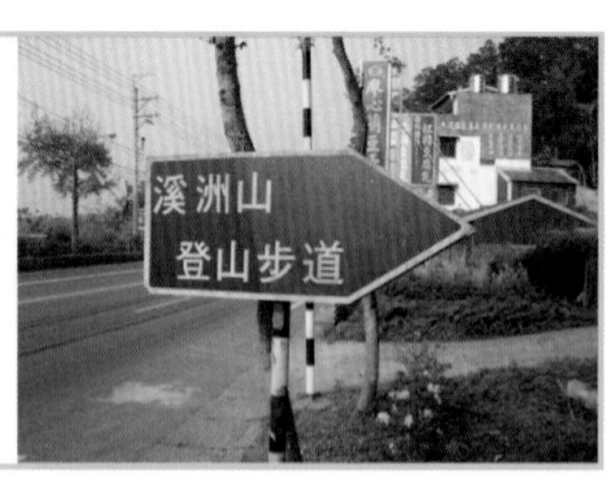

愚公亭鞍部，右登新溪州山，左登溪洲山

鞍部是五條山路交會處，直行，古道越嶺至大灣坪的關帝廟；右側有兩條山徑，分別通往新溪洲山及環湖路，左側山徑爬往溪洲山。可先取右行至新溪洲山，然後折返，再取左行往溪洲山。

新溪洲山離愚公亭不遠，約五分鐘即可抵達。山頂在樹林間，無展望，有一塊日據時代殖產局埋設的三角補點基石。若繼續前行，約九十分鐘，可循稜抵達石門水庫壩頂的雲霄飯店，中途另有岔路可通往溪洲公園，繞一圈回到登山口。這條路線可順遊石門水庫及溪州公園，可兼具爬山及遊覽的目的。

若想續登溪洲山，則返回愚公亭，續取左行，前往溪洲山。路程約一小時，雖然路程較遠，但只爬升一百三十公尺左右而已，一路循稜前行，起伏不大。沿途遇岔路，或左下溪洲廟（福山巖），或右下環湖路，皆取直行。約三十分鐘抵達竹林十字路口，仍取直行，不久，山徑才變為陡上，須拉繩攀登。約二十分鐘，抵達一處裸岩平台，附近有電塔。此處可遠眺石門山方向、石門水庫後池堰、溪洲大橋及龍潭一帶。

溪洲山稜線山徑，昔日的隘勇線

由此而去，山路變為平緩，沿途有幾棵巨碩的相思樹。前行約十二、三分鐘，將抵達溪洲山之前，有一左岔路，路口兩側各有一棵筆筒樹。進入之後，約幾公尺，有一殖產局的三角補點基石。返回主路，續往前約四十公尺，即抵達溪

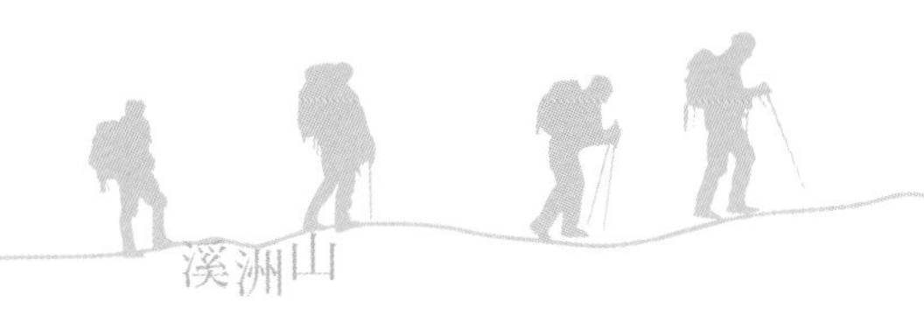

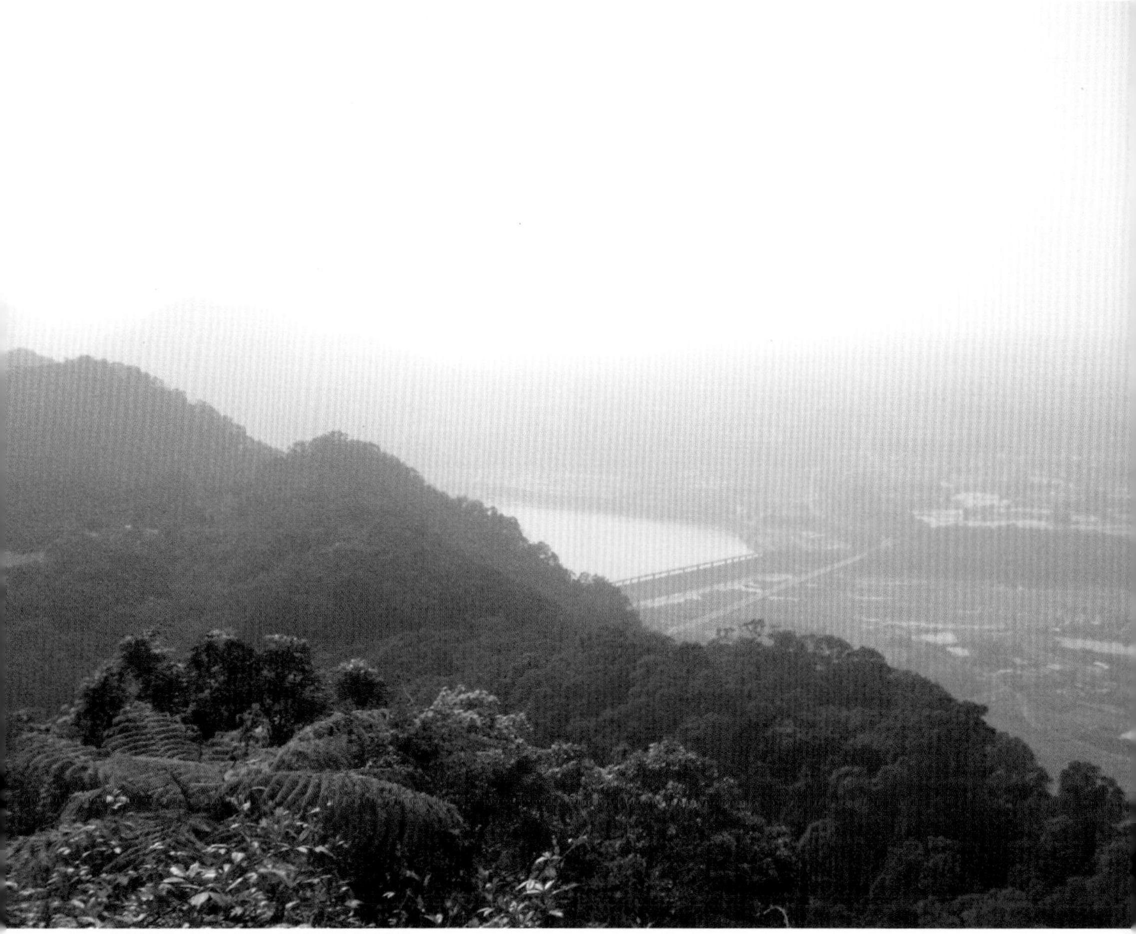

登溪洲山途中，遠眺石門水庫後池堰。

殖產局

「殖產局」是日據時代的行政機構。日本於1895年接收台灣時，台灣總督府民政局下即設有殖產課（後提升為殖產局）。殖產局大約相當於現在的經濟部。當時殖產局下轄拓殖、林務、農務、礦務等課，林業開墾與樟腦製造都由殖產局負責，因此殖產局須進行土地測量，以掌握山地資源。

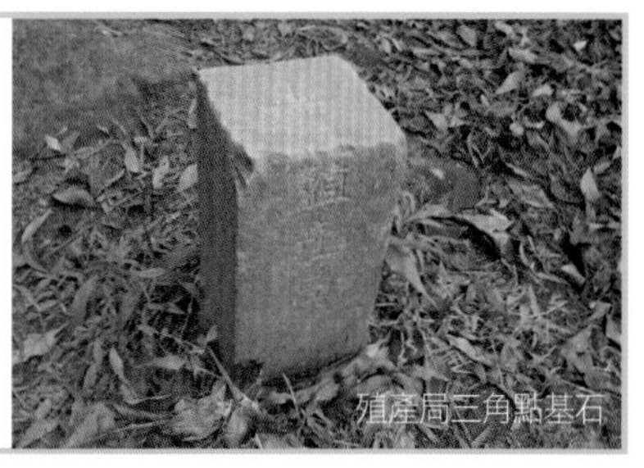
殖產局三角點基石

附近景點

【石門水庫】

石門水庫位於大漢溪中上游段，橫跨龍潭及大溪兩鄉鎮。水庫竣工於民國五十三年六月，壩高133公尺，集水區面積763.4平方公里，設有後池堰、發電廠、石門大圳及環湖道路，是具有灌溉、防洪、發電、觀光等多功能的水庫。壩頂可眺覽湖光山色，亦有碼頭可供乘船遊湖，石門活魚更是當地的特產，頗受饕客的喜愛，為台灣知名的風景區。

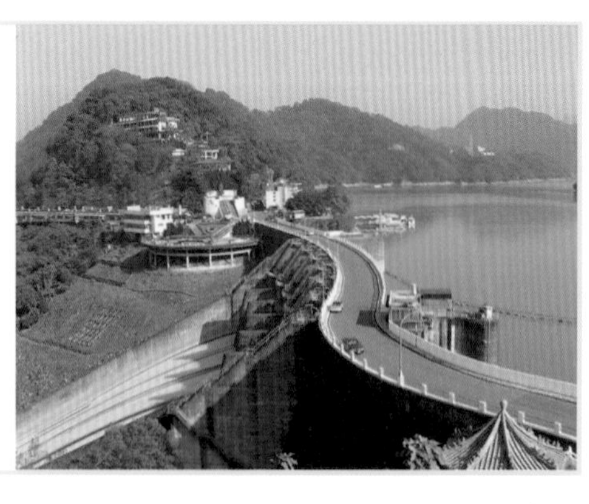

洲山。這裡另有一顆三等三角點基石，編號六二九六。這裡的腹地寬廣，亦有民眾放置木桌木椅，供遊客休息之用。腹地四周都有駁坎殘跡，這格局與苗栗馬那邦山的日軍的草坪營區頗類似。或許這裡也曾經是清代或日據時代隘勇線上的營盤遺址。從溪洲山循著稜線，一路延伸至白石山，這條南北向的山脈是昔日的「白石山隘勇線」，為「漢番」之界。

由溪洲山循原路折返至竹林十字路口，改取北行，往福山巖方向下山。這條山徑以泥土路為主，較少石階路，景觀更原始。前行約十幾分鐘，抵達「時鐘尾仔」岔路口。依指標往福山巖方向下山，又約十五分鐘，即可抵達康莊路五段五二九巷口的登山口。接著沿著公路步行，約六分鐘，返回溪洲大橋旁的坪林站登山口，完成○形路線。

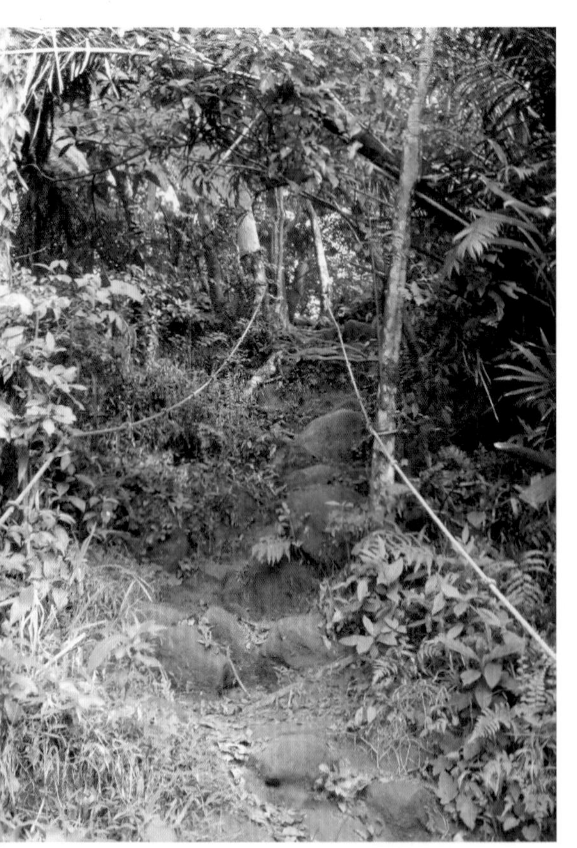

抵達溪州山之前，有一小段陡峭的山徑。

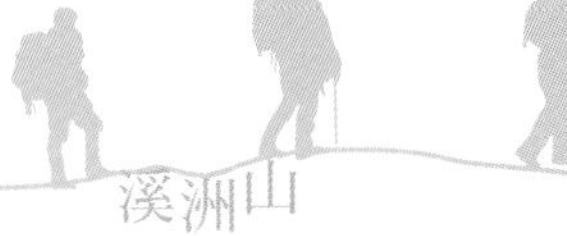

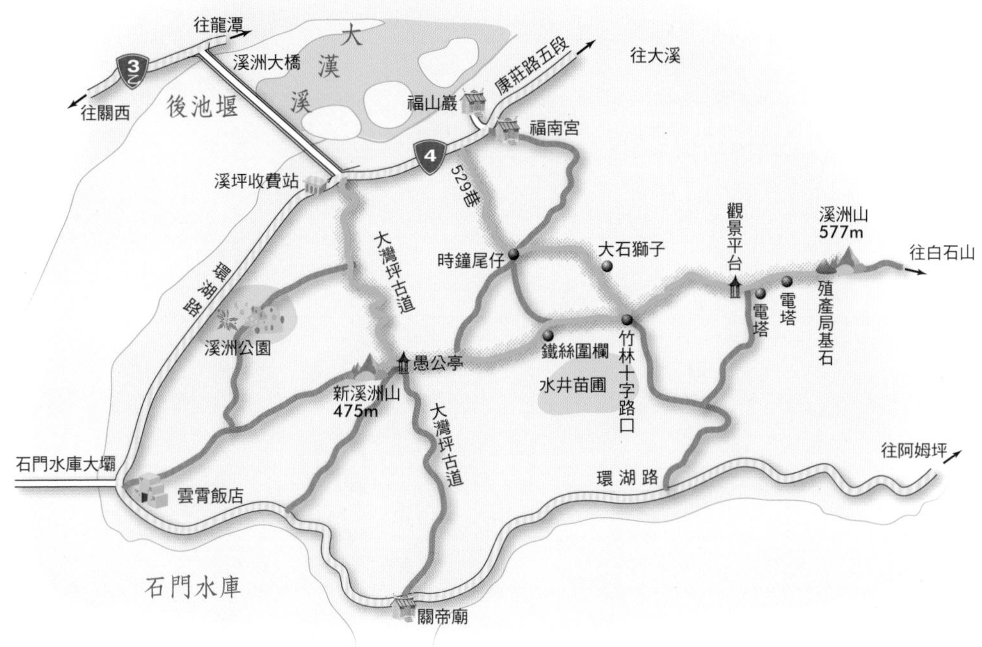

路程時間

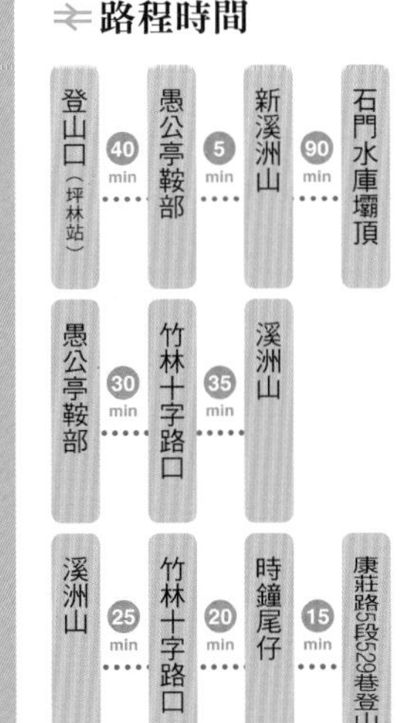

路況評價

- 登高指數：● 428m
- 路程時間：●● 約3小時（坪林站－新溪洲山－溪洲山－福山巖）
- 步道路況：●●（有一小段陡峭路段）
- 綜合評價：●●

注意及建議事項

若純以踏青為主，可考慮由坪林站登至愚公亭，取左行至竹林十字路口，然後由福山巖下山，時間約2小時。或可考慮由愚公亭取右行至新溪州山，再繞往溪洲公園，然後接回坪林站登山口，時間亦約2小時。

交通資訊

• 自行開車

北二高自龍潭交流道下，接113縣道，再轉3乙省道，循石門水庫指標，過溪洲大橋後抵達登山口。

• 大眾運輸

由大溪搭乘桃園客運至坪林站下車。或由中壢搭乘往石門水庫的桃園客運，至溪洲公園站。

1 東眼山眺望台，眺覽附近群山。
2 東眼山自導式步道枕木階（好漢坡）。
3 木炭窯遺跡。

東眼山

・山名　東眼山／・海拔標高　1212m
・登山口高度　920m（遊客中心）／・三角點　三等三角點6261號
・GPS座標　291368・2746677／・座落位置　桃園縣復興鄉
・特色　柳杉林森林浴

東眼山，擁數百公頃柳杉林，為著名森林浴場

東眼山位於桃園縣復興鄉雲霞村，海拔一二一二公尺，從石門水庫阿姆坪遠眺，東眼山的外形酷似一顆東望的閃亮眼睛，故名為「東眼山」。東眼山名列台灣小百岳，屬於林務局管轄的東眼山國家森林遊樂區，園區內擁有數百公頃的柳杉林，適合登山、健行、觀景、賞鳥、森林浴等生態之旅。

東眼山森林遊樂區內擁有多條森林步道，其中的「自導式森林步道」為登東眼山的主要步道。登山口就位於遊客中心旁。從此地出發，迎面即是夾道的柳杉林，棵棵筆直，綠蔭怡人。不久，抵達自導式步道的正式入口，由此爬往東眼山主峰三角點，約一點六公里，路程約六十分鐘。

拾階而上，是有「好漢坡」之稱的枕木階，這是利用昔日鋪設鐵路的廢棄枕木排列而成的。爬上陡坡，進入更茂密的柳杉林中。沿途有觀景平台，可眺望遠近山景。

約二十分鐘，抵達自導式步道支線入口。若只享受森林浴般的森林漫步，則可考慮走這條支線步道，繞行東眼山山腰一圈，沿途一片柳杉天地。支線的入口處，有一座廢棄的木炭窯遺跡。木炭是昔日住民主要的家庭燃料，因此山區常見到這種專供製造木炭的燒炭窯。相思樹則是主要的木炭用材。附近已不見相思樹，而是整片的柳杉林。

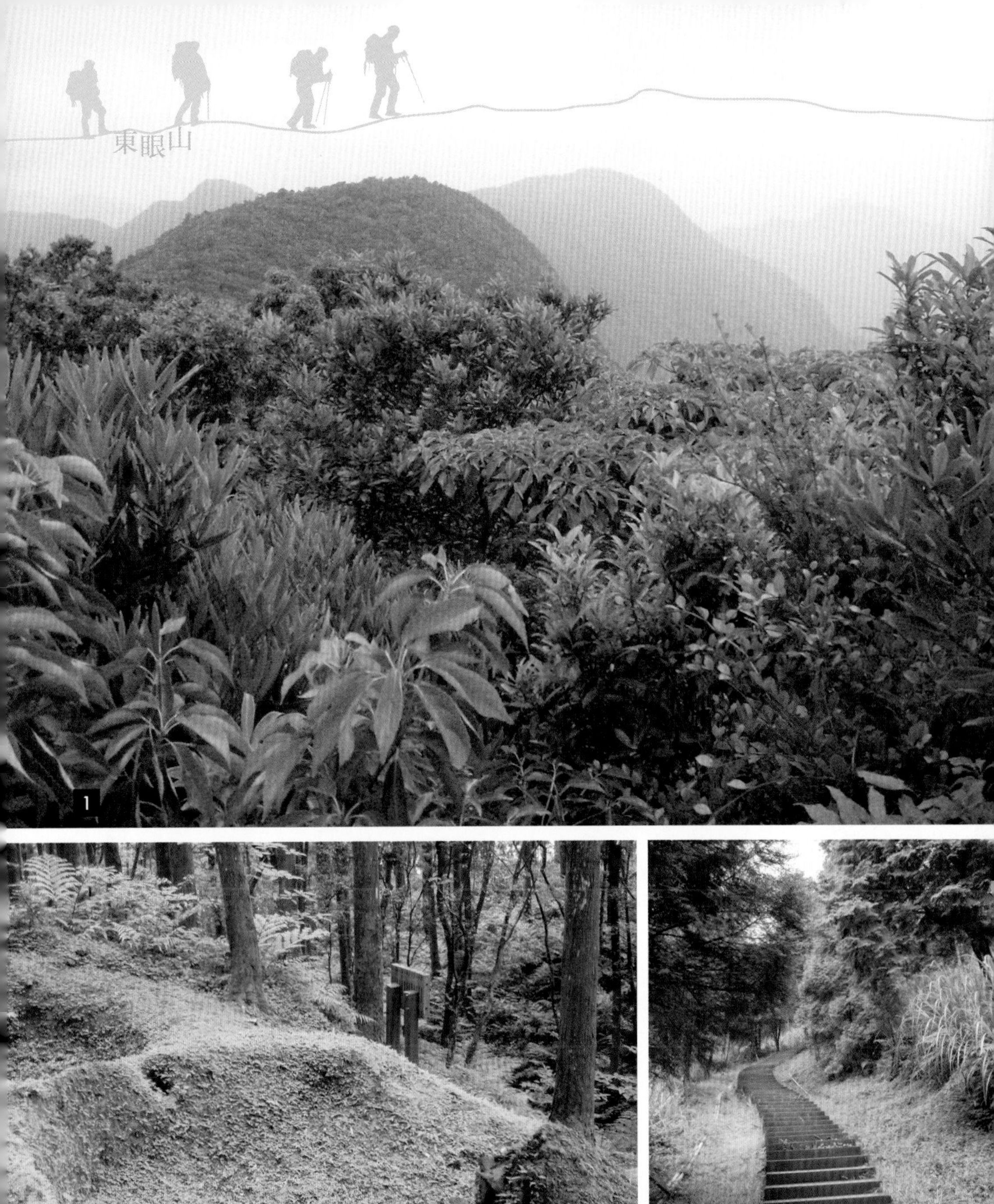
1
3
2

【東眼山的森林步道】

東眼山森林遊樂區園區內有規劃完善的登山健行步道，沿途有各種景觀、森林植相的介紹。

東眼山森林遊樂區的森林步道共有四條：

一、自導式森林浴步道：為東眼山主要步道，較有坡度，可爬到東眼山最高點。主線步道約3.1公里，從遊客中心爬至東眼山三角點，再返抵東眼山餐廳。途中有支線步道約1公里。

二、景觀步道：全長380公尺，路程短，無坡度，可輕鬆享受森林浴。

三、森林知性步道：沿途保存昔日伐木設備、台車、鐵軌等等，走在其間，可體驗昔日的伐木生活。

四、親子峰森林步道：由森林浴場至親子峰，為陡坡土石林間步道。

五、東滿步道：「東滿」意指從「東眼山森林遊樂區」到「滿月圓森林遊樂區」，連接兩座森林遊樂園，全長7公里，屬於登山健腳路線，路途遙遠，單程約需3.5小時。一般遊客建議只走一小段即可，以免發生危險。

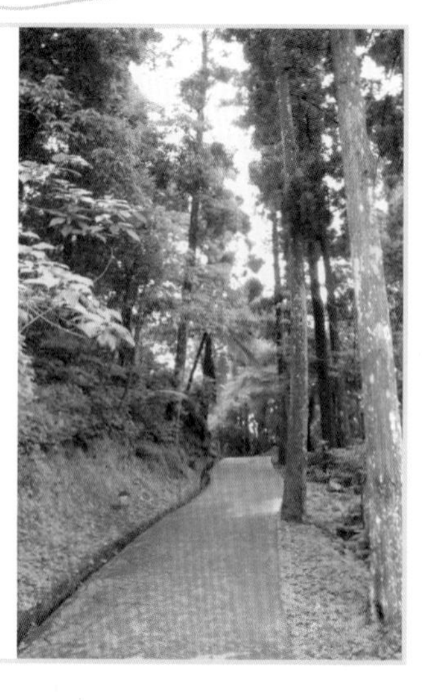

由東眼山遠眺台北盆地，美景盡收眼底

續行自導式步道的主線，距東眼山約剩一公里路程，步道續盤繞而上，仍有不少爬坡路。爬往愈高處，柳杉林漸漸消失，為多樣化的植被景觀所取代。稜線步道因土壤層較薄，土質鬆軟，樹木為增強固著力，出現板根的現象。

續往上走，林幽徑雅，落葉佈滿步道，景與境更清雅。約六十分鐘路程，終於抵達東眼山的三角點。三角點基石位於林間，無展望。其旁則另外搭建一座高架的木造瞭望台，登高望遠，視野可及桃園、復興、三峽、觀音山、林口台地、淡水河、七星山及台北盆地。

續行，可由東眼山三角點走自導式步道的右線下山，距離東眼山餐廳約一點五公里。沿途經過香楠林，陡下之後，便進入柳杉林區域。下行約一公里，遇岔路，剛才木炭窯處腰繞而來的支線步道至此會合。近林間有空曠地，是昔日疏伐林木所遺留下來的集材線遺跡。由於柳杉生長快速，因此在生長過程，須不斷地進行疏伐及打枝，才能使柳杉長成良材。

續往下走約十五分鐘，便抵達東眼山餐廳，附近有供遊客住宿使用的小木屋。續走餐廳後方的「景觀步道」繞返遊客中心。這條景觀步道全長僅三百八十公尺，是園內坡度最平緩的森林步道，沿途有柳杉及闊葉喬木，鳥語蟲鳴，小橋流水，步道旁有桌椅設施可供休憩，是一條適合闔家散步的森林浴路線。約不到十分鐘，就可回到遊客中心。

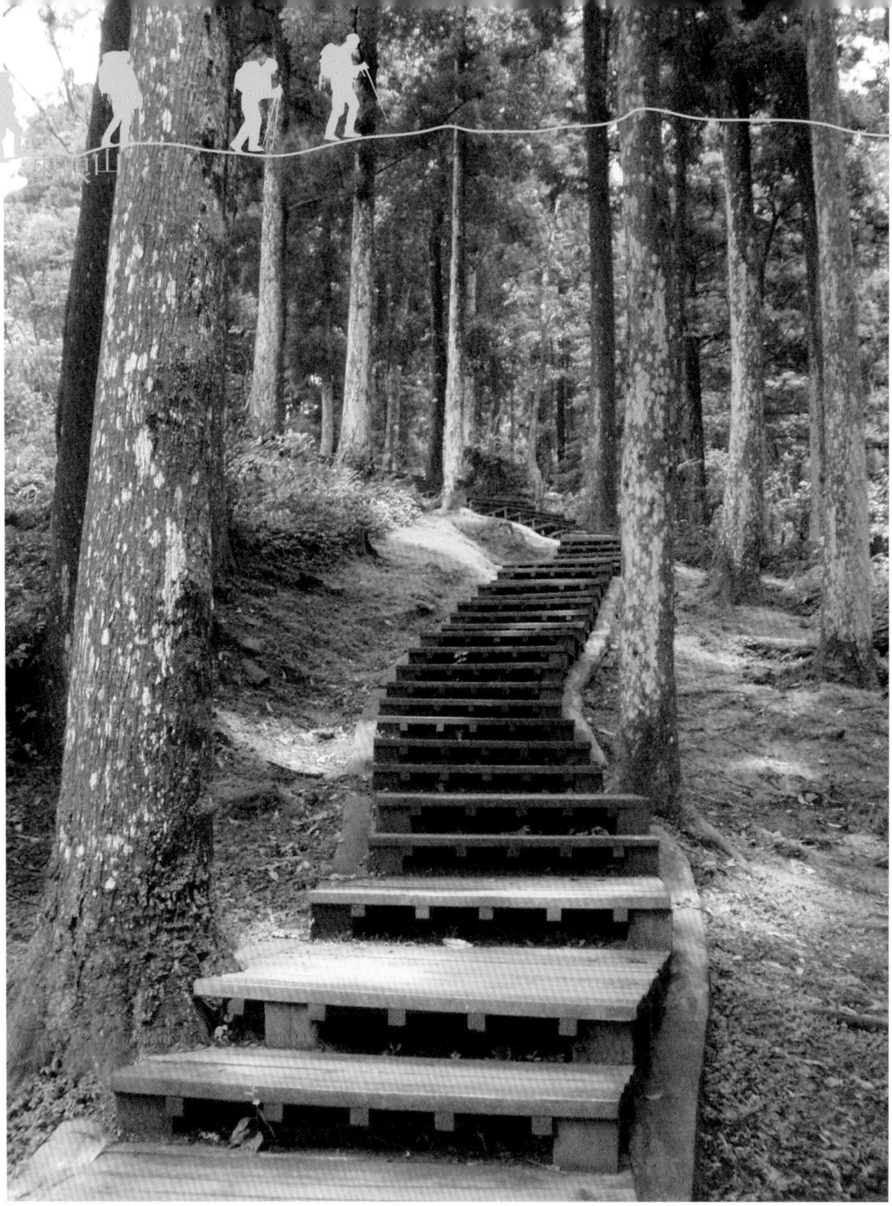

東眼山自導式步道，沿途柳杉林。

東眼山遊客中心

遊客中心位於自導式步道的入口，展出東眼山相關的動植物及地質解說資料，並放映多媒體影片。東眼山曾發現3,000萬年前的動物生痕化石，見證台灣島經由板塊運動，由海中升起的滄海桑田歷史，是相當珍貴的地質景觀。館內亦展示伐木的過程，及各種主要的樹種材質剖面圖，供遊客認識台灣的林業。

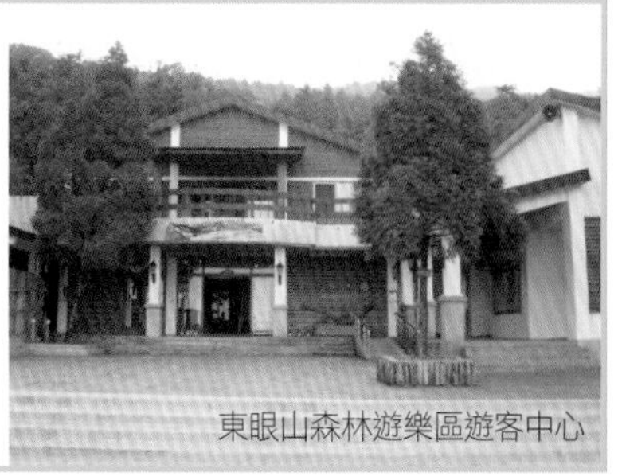

東眼山森林遊樂區遊客中心

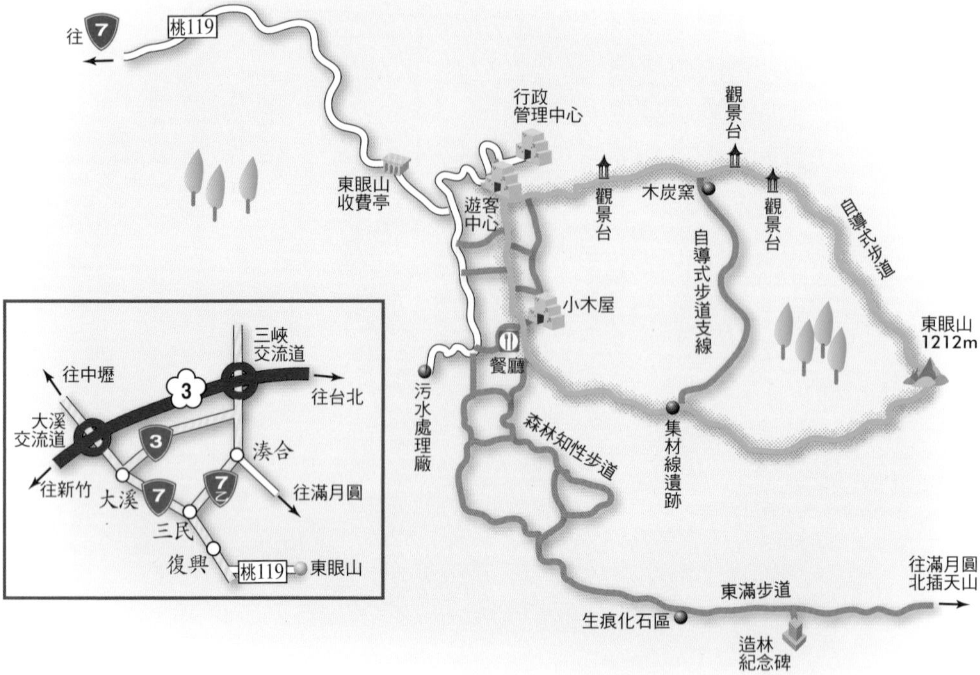

往7
桃119
行政管理中心
觀景台
東眼山收費亭
遊客中心
觀景台
木炭窯
觀景台
自導式步道
自導式步道支線
小木屋
東眼山 1212m
餐廳
污水處理廠
森林知性步道
集材線遺跡
三峽交流道
往中壢
3
往台北
大溪交流道
3
湊合
往新竹
大溪
7
7乙
往滿月圓
三民
復興
桃119
東眼山
往滿月圓、北插天山
東滿步道
生痕化石區
造林紀念碑

路程時間

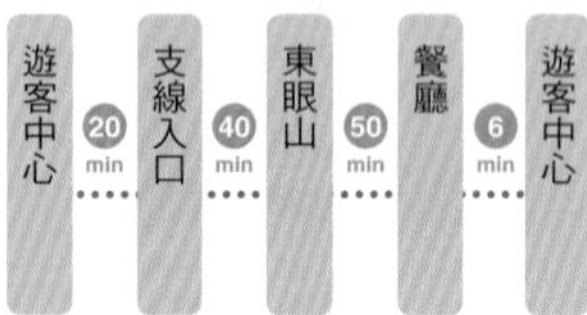

路況評價

- 登高指數：292m
- 路程時間：（來回約2至3小時）
- 步道路況：
- 綜合評價：

注意及建議事項

東眼山登山步道屬於東眼山國家森林遊樂區，步道設施良好，各岔路口均有明確指標。除登東眼山的主要步道之外，園內還有數條森林步道，均是極佳的森林浴場。

交通資訊

• 自行開車

由北二高下大溪交流道，接台3線往大溪，接台7線，經頭寮、慈湖、三民、復興，於台7線17至18K的澤仁橋左轉桃119鄉道，前行約13公里至東眼山森林遊樂區。或由北二高下三峽交流道，循110縣道、台3線、台7乙線，至三民接台7線，然後至復興後，再左轉桃119鄉道至東眼山。

• 大眾運輸

無。自行開車前往較適宜。

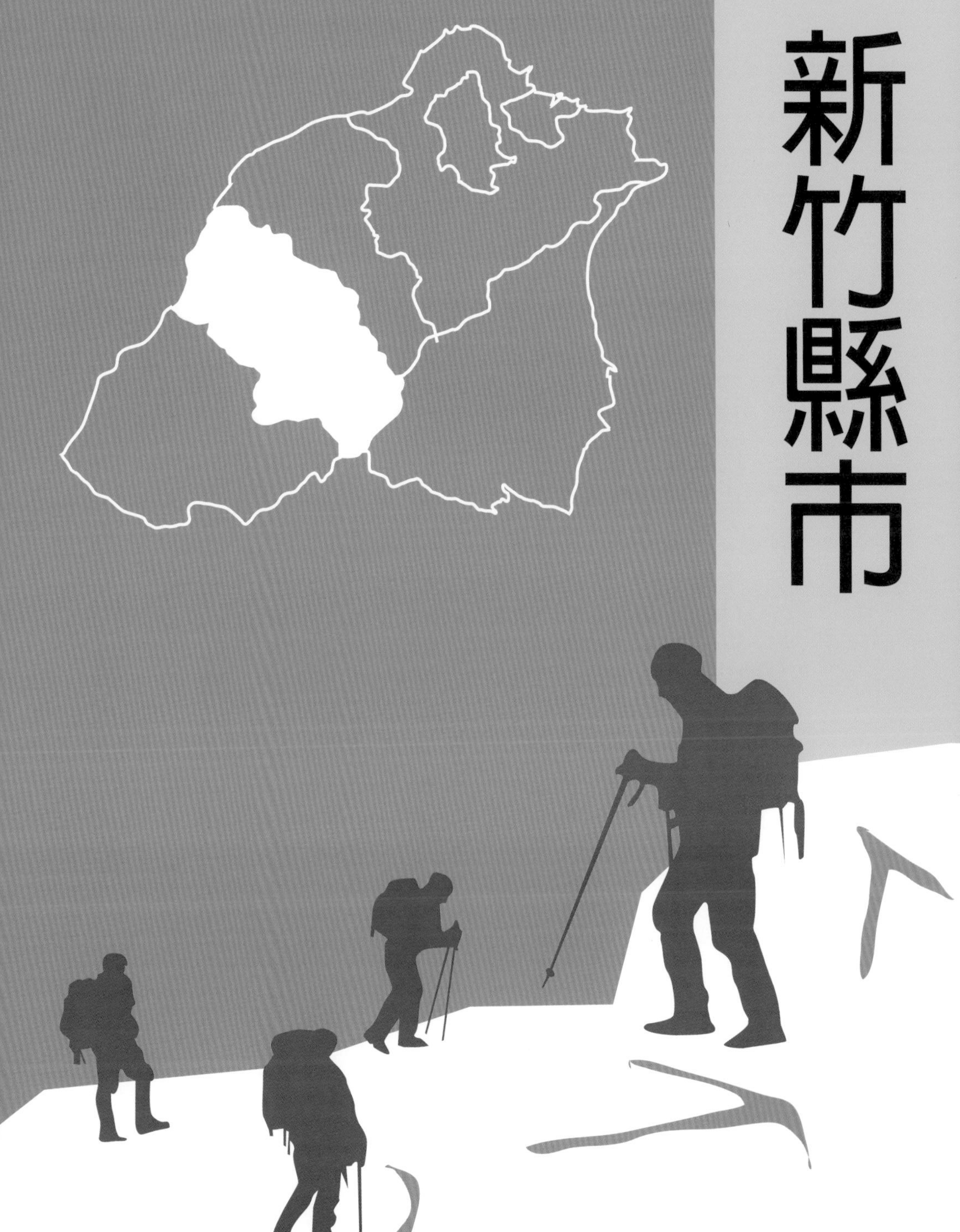
新竹縣市

十八尖山

・山名　十八尖山／・海拔標高　132m
・登山口高度　40m／・三角點　聯勤陸補三等三角點179號
・GPS座標　247619. 2743029／・座落位置　新竹市
・主要登山路線　A. 東入口路線（博愛街5巷）　B. 西入口路線（寶山路145巷）
・特色　都會森林公園、三月賞花月

十八尖山，新竹市區最大的自然公園

十八尖山位居新竹市東南郊，是由十八個峰頭所組成的丘陵地，綿延七、八公里，約略呈新月形，東麓與清華大學為鄰，西麓的學府路上則有交通大學、新竹中學、新竹高商等學校。十八尖山平均高度約在一百公尺左右，主峰高一百三十二公尺，雖然海拔不高，但由於是新竹市區內最大的森林公園，具有代表性，因此入選為台灣小百岳。

十八尖山成為郊山公園歷史相當悠久，日據時代昭和二年（一九二七年）起就已規劃為森林公園，並開闢盤山公路。第二次大戰期間，日軍封閉公園，在十八尖山興建防空要塞及軍事坑道；台灣光復後，國防部接收這些軍事設施，並禁止遊客進入，因此十八尖山得以保有未經開發的原始山林面貌。而隨著新竹市的發展，市民休閒需求大增，後來十八尖山由新竹市政府著手接管，開闢為森林公園，供市民遊憩使用。

十八尖山森林公園佔地約五十三公頃，步道錯綜其內，有兩個主要的入口，東入口位於博愛街五巷，西入口位於寶山路一四五巷。十八尖山的主峰及東峰較接近於東入口，因此可以選擇由東入口上山。

三月賞花季，十八尖山群花爭艷萬紫千紅

由博愛街五巷的車道上山，隨即抵達十八尖山停車場。停車場對面的「獅子亭」旁即是登山步道，選擇漆有白色油漆的筆直石階路上行，是通往主峰的捷

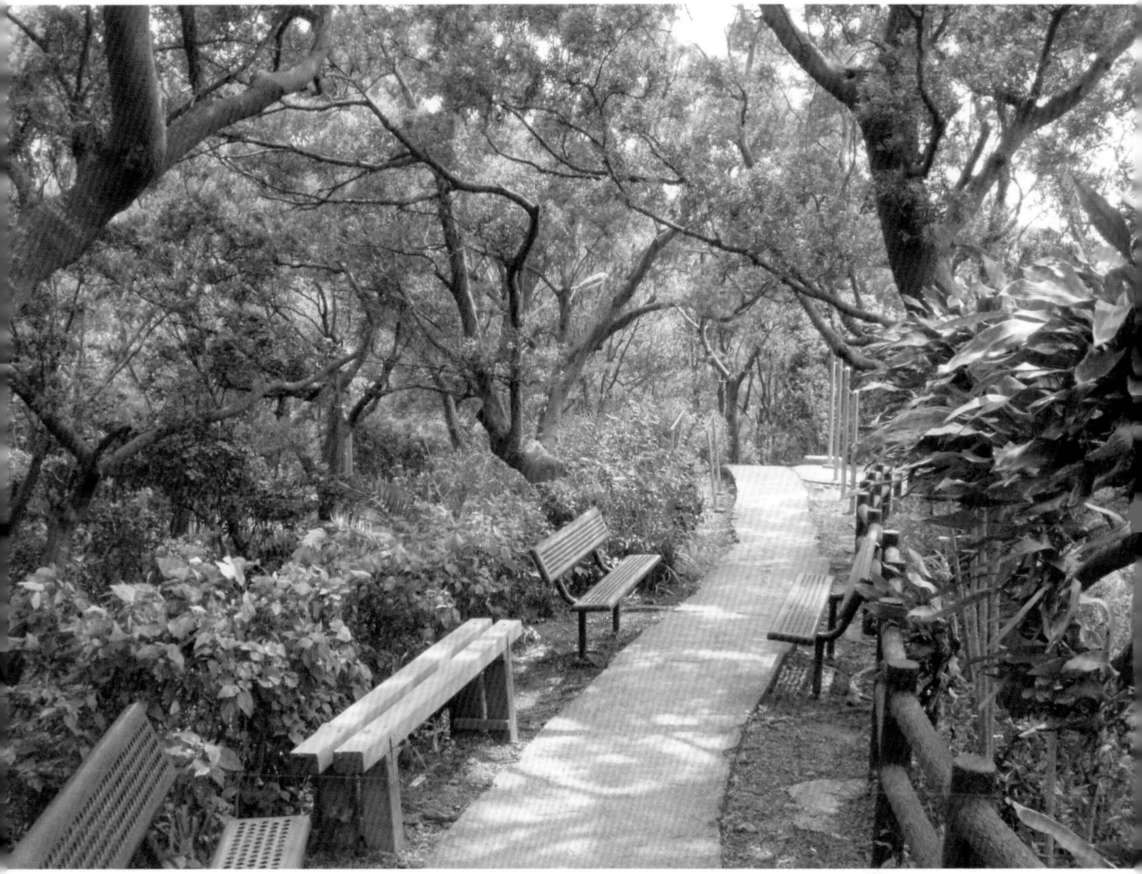

十八尖山步道一景。

十八尖山東峰

十八尖山東峰較靠近東入口，位置不明顯。從東入口進入後，先沿著車道馬路前行，過防空洞區及國家重力基準站後，在一車道大轉彎處，路旁有幾棵椰子樹，右側有一土階步道。進入土階步道，約3分鐘即抵達十八尖山東峰頂，有一顆聯勤陸補三等三角點56號。繼續前行，途中有一「馬界」古界碑，山徑續前行，約5分鐘，即可接回十八尖山車道。

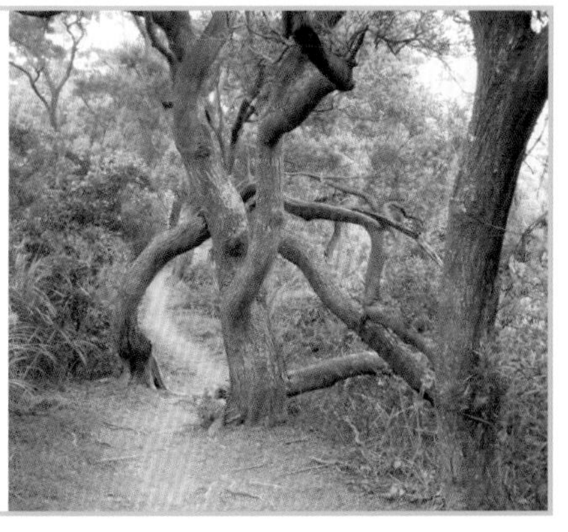

十八尖山東峰不在主步道上，仍保存著傳統的森林泥土山徑。

附近景點

【十八尖山賞花月】

新竹市政府為營造十八尖山為北台灣第二個陽明山，成為市民迎春賞花的景點，每年三月份會盛大推出賞花月，將十八尖山分為百花區、玫瑰花區、茶花區、杜鵑花區、杏花區、桃花區、桂花巷等，並舉辦各種活動，以吸引民眾前往遊覽。假日時有賞花接駁公車，從火車站出發以方便遊客前往賞花。

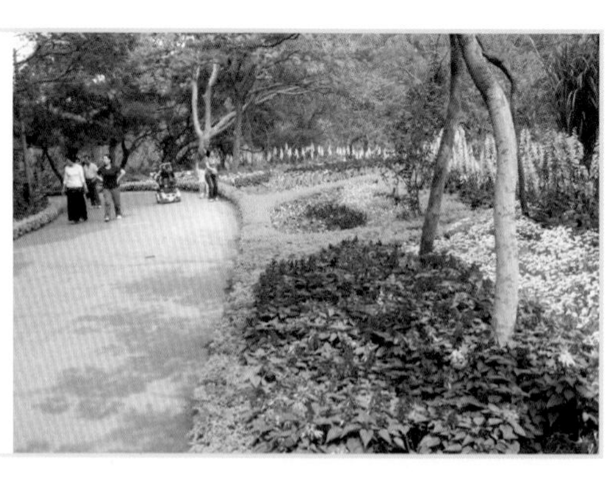

徑。穿過怡人的樹林，約六、七分鐘，抵達「幸福亭」。幸福亭為一座典雅的六角亭，以洗石子為涼亭基座，涼亭石柱為希臘柱式，其前身可能是日據時代森林公園內「愛國婦人亭」的遺跡。繼續前行，前方高處有一涼亭，為黃瓦紅柱的中國式涼亭，名為「介壽亭」。介壽亭海拔一三〇公尺，是十八尖山森林公園的高點之一，展望最佳，天氣晴朗時，可西眺台灣海峽，東南面則可遙望五指山，並遠及大霸尖山、雪山主峰。

過介壽亭，續前行二、三分鐘，抵達「國父百年誕辰紀念亭」，旁有一鐵塔及一座軍事碉堡，十八尖山主峰點基石就立於碉堡的屋頂上。十八尖山主峰海拔一三二公尺，但周遭被樹林遮蔽，展望不如介壽亭。

由紀念亭前行，路旁出現一座石觀音雕像。這是日據時代森林公園的遺跡之一。昭和四年（一九二九年）時，十八尖山園內公路沿途曾設置三十三座高約一公尺的觀音石雕，這是屬於日本「西國三十三觀音靈場」的佛教信仰，供民眾上山踏青時，可沿途膜拜。台灣光復後，其中有不少石雕被塗改破壞，目前僅存二十三座，以西入口上山的步道沿途散佈較多。

由觀音石雕步道繼續前行，接上蜿蜒上山的車道，沿著車道可通往寶山路西入口，沿途有不少岔路小徑，可隨興漫步其間欣賞花木，並享受森林浴，或者可繞回東入口。沿著往東入口的車道返回走，途中可以順訪十八尖山的東峰，但東峰不在正式步道旁，入口無指標，可參考本書地圖中東峰的標示位置。

近年來，新竹市政府重視十八尖山森林公園的規劃，希望將十八尖山營造為北台灣第二個陽明山，每年三月份舉辦十八尖山賞花月，規劃數個花區栽種不同花種，成為市民春遊賞花的好去處。

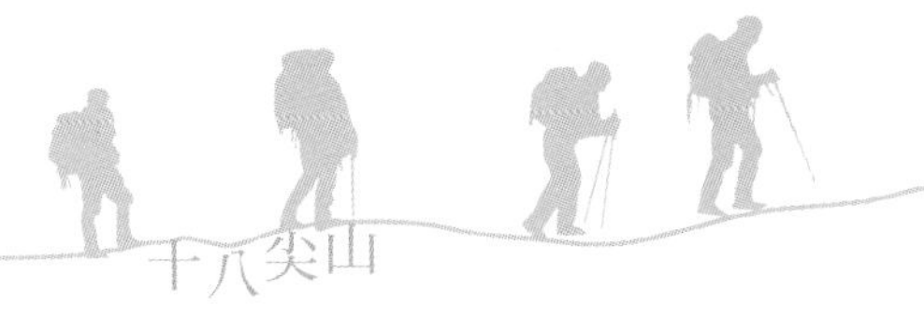

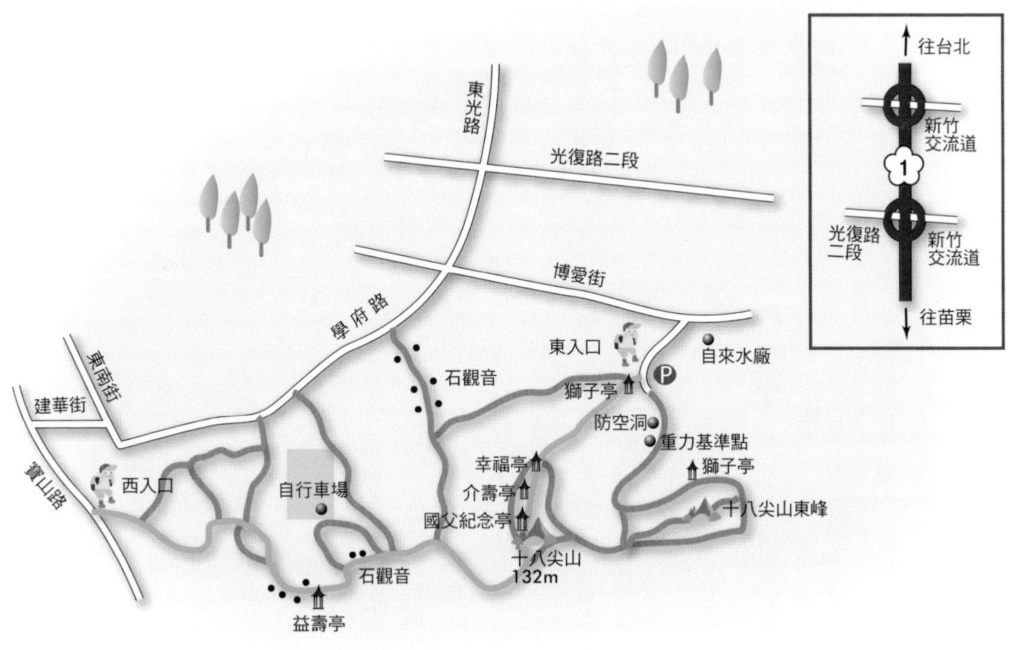

路程時間

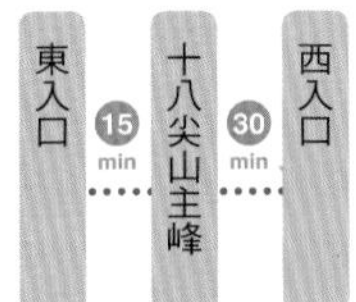

路況評價

- 登高指數：92m
- 路程時間：約1至2小時，視個人走法
- 步道路況：
- 綜合評價：

注意及建議事項

十八尖山屬於都會型森林公園，適合全家老少同遊，每年三月賞花季，杜鵑、桃花、杏花爭艷，萬紫千紅，並有各式稀奇罕見的花種展出，為最佳造訪時節。

交通資訊

• 自行開車

中山高下新竹交流道，接光復路（122縣道）往市區方向，左轉學府路，再左轉博愛街，至自來水廠前，右轉博愛街5巷進入，隨即抵東入口停車場。

• 大眾運輸

東入口：由新竹火車站前搭乘1、1甲、2、5、31路新竹客運，於新竹高商或水源地站下車，自博愛街5巷進入。

西入口：搭乘20路至介壽山口或萬佛寺下車，由寶山路145巷進入。

1 飛鳳山驛樓。
2 梅園白梅綻開，淡雅迷人。
3 石壁潭山步道，全程都是質樸的泥土路。

飛鳳山

・山名　飛鳳山／・海拔標高　423m、459m（觀日亭）
・登山口高度　166m（感應橋）／・三角點　省政府三等控制點S151
・GPS座標　260513．2740075／・座落位置　新竹縣芎林鄉
・特色　飛鳳探梅、飛鳳夕照

飛鳳山，新竹八景之一

飛鳳山位於新竹芎林鄉，因山勢形似飛鳳伸頸斂翼飛降而得名。飛鳳山擁有百年寺廟代勸堂及雲谷寺，與新竹五指山、獅頭山，都是著名的寺廟風景區。

飛鳳山登山口位於飛鳳山牌樓附近的感應橋旁。從這裡出發，可先走往修心宮爬向石壁潭山，然後再繞往飛鳳山。飛鳳山與石壁潭山之間連綿的山勢地形就像一個大畚箕。面對ㄇ字形的山勢，石壁潭山在右側，飛鳳山在左側。先爬往石壁潭山，再繞向飛鳳山最高點的觀日亭，然後由雲谷寺、代勸堂下山，繞一圈ㄇ形，然後回到感應橋。這種走法雖然繞得較遠，但內容較豐富，也較有爬山的感覺。

從感應橋直行產業道路，約三百公尺，抵達修心宮之後，就可看見右側往石壁潭山的登山口指標。這條山徑，長二點八公里，又稱「觀日坪古道」，是昔日農民上山種墾及運送農產品的道路。昔日這片山區以種植柑橘、茶，以及砍伐相思樹、製造木炭為主要產業。

石壁潭山，觀日坪古道

循指標前進，會先進入私人的土地，約十幾公尺遠，隨即看見左側有廢輪胎鋪設的步道，就是石壁潭山的登山口了。入口無明顯標

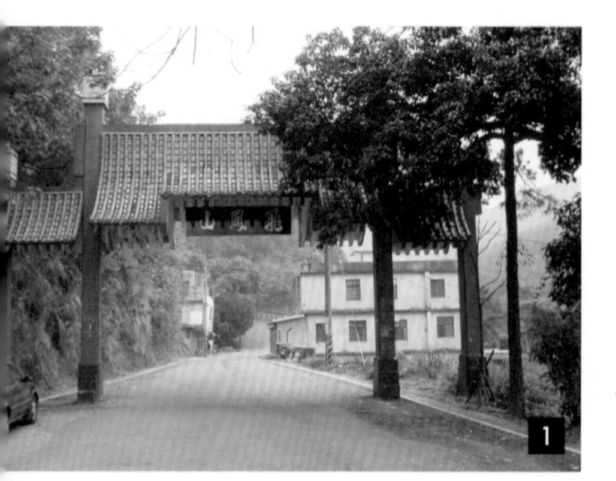

1

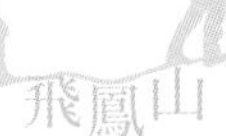

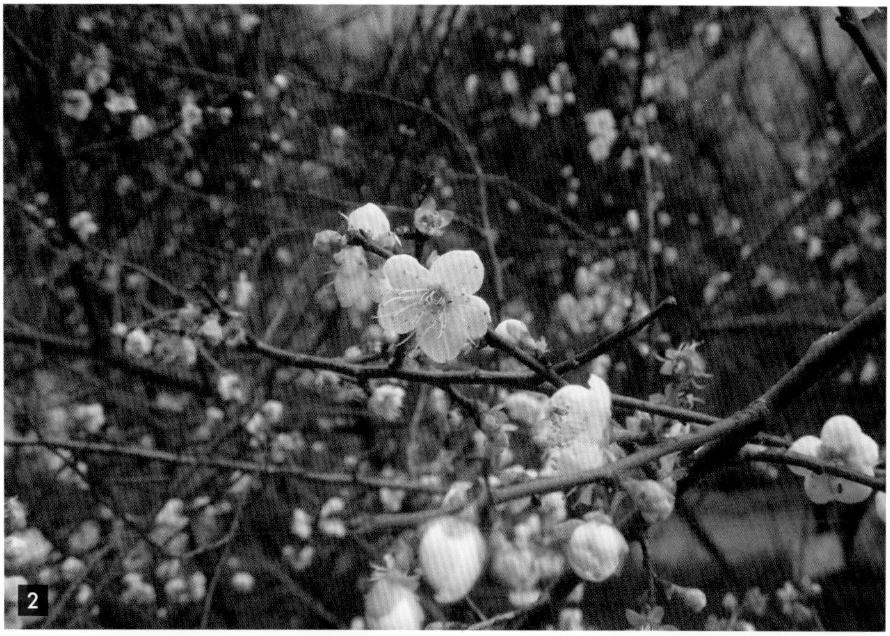

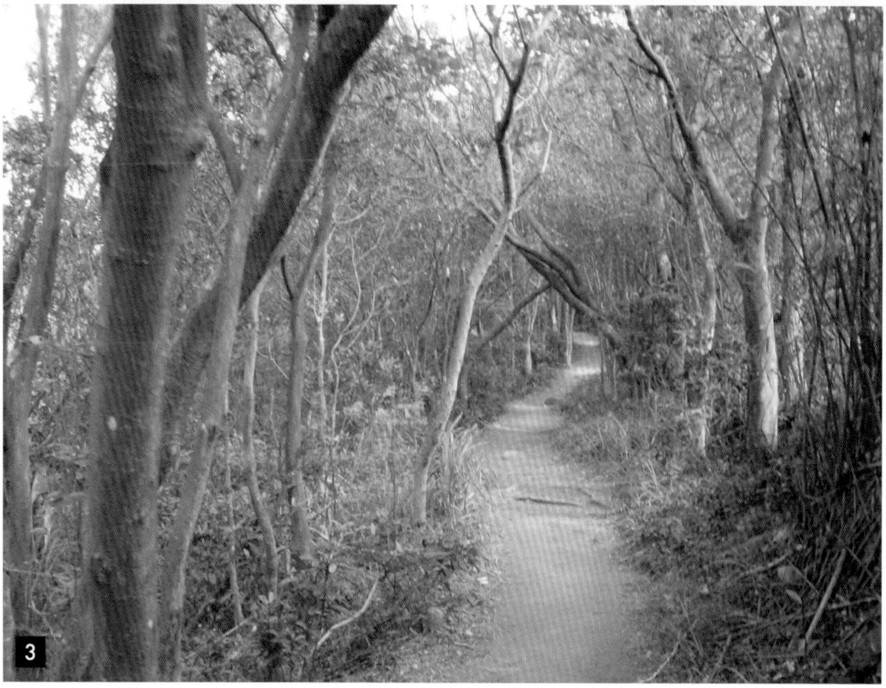

3 飛鳳山步道。

4 觀日坪古道，步道旁有古樸的駁坎。

感應橋的故事

日據時代大正年間，新竹富紳古雲梯年屆中年仍無子嗣，於是前來飛鳳山進香祝禱求子，後來生下一男嬰。古氏於是在飛鳳山山麓捐建一座石橋，命名為感應橋，以利信徒上山進香。感應橋紀念碑建於大正九年（民國九年）。其後，橋身漸年久失修，古雲梯之子繼承父志，於民國四十幾年時，捐款整修感應橋，鄉民又立碑紀念。後來因產業道路的開闢，感應橋才失去功能，目前僅存一小部份的遺跡而已。

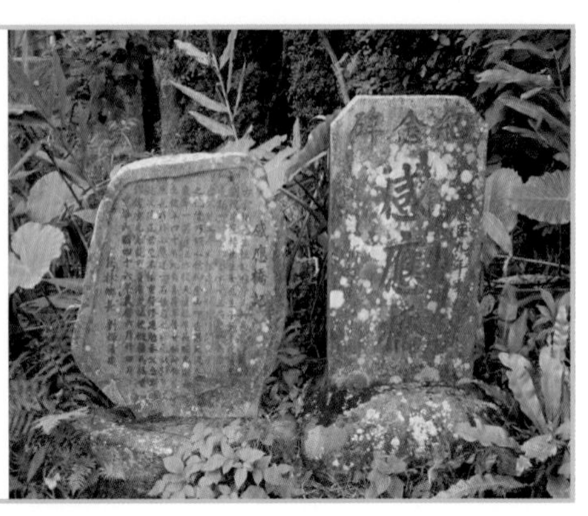

誌，須特別注意。

進入山徑，隨即變為泥土路。路旁有古樸的駁坎，附近也有不少竹林。不久，山徑開始爬向稜線，路徑變陡，樹與樹間綁著繩索，提供登山客攀拉上下。乾燥的土壤，有裸露的石塊及樹根，成為天然階梯，可供踩踏而上。山徑一段陡，一段緩，可適時調節體力，不致於爬得太辛苦，但又很有爬山的感覺。

沿途植物以油桐、楠木、相思樹為主，相思樹尤其特別多。約四十幾分鐘，路右側有一條小徑，入口綁有登山條，石壁潭山的基石就在進入小徑後的小丘上。這基石是日據時代埋設的三等三角點，編號第一百號。基石後方的山坡地種著整片的柑橘。

由此而去，下坡路漸多，質樸的泥土路，來道的相思林，走來十分舒適。抵達一處鞍部後，開始轉為上坡路，這時山徑已從石壁潭山的稜線繞向飛鳳山。不久，抵達「風情萬景」咖啡廳。這間在山上經營的小咖啡廳，只有例假日才營業，遊客可以在此一邊喝咖啡休息，一邊眺覽風景，也可以進入附近山坡果園採摘柑橘。

續前行，不久就抵達觀日亭附近的三岔路口，飛鳳山登山步道與石壁潭山登山步道在此交會。取右行，不多時到達飛鳳山最高點的觀日亭。這裡地勢高，展望佳，可眺望大新竹地區。在此休憩及賞景，然後走飛鳳山登山步道下山。

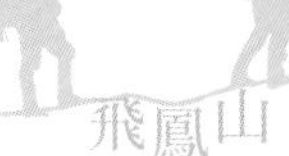

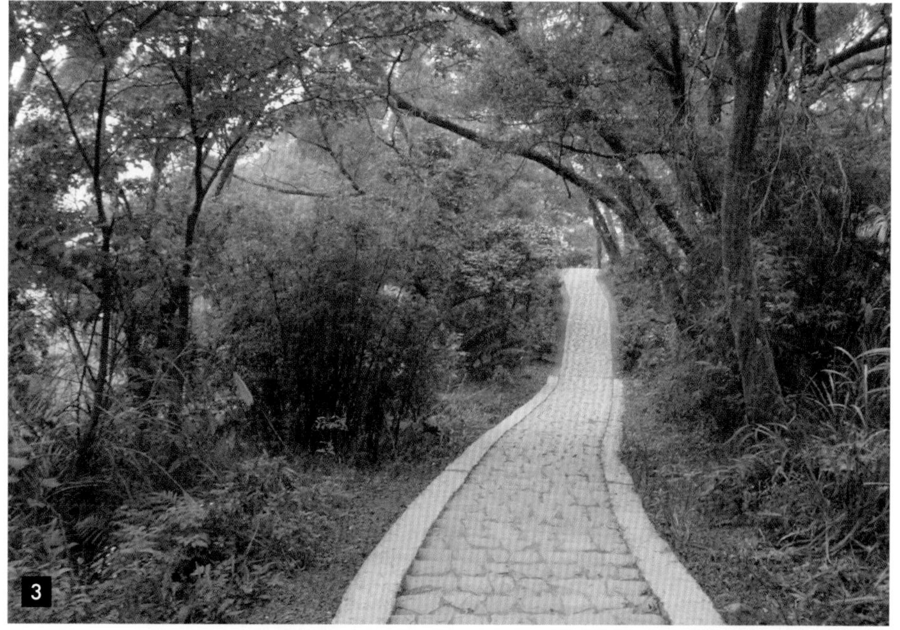
3

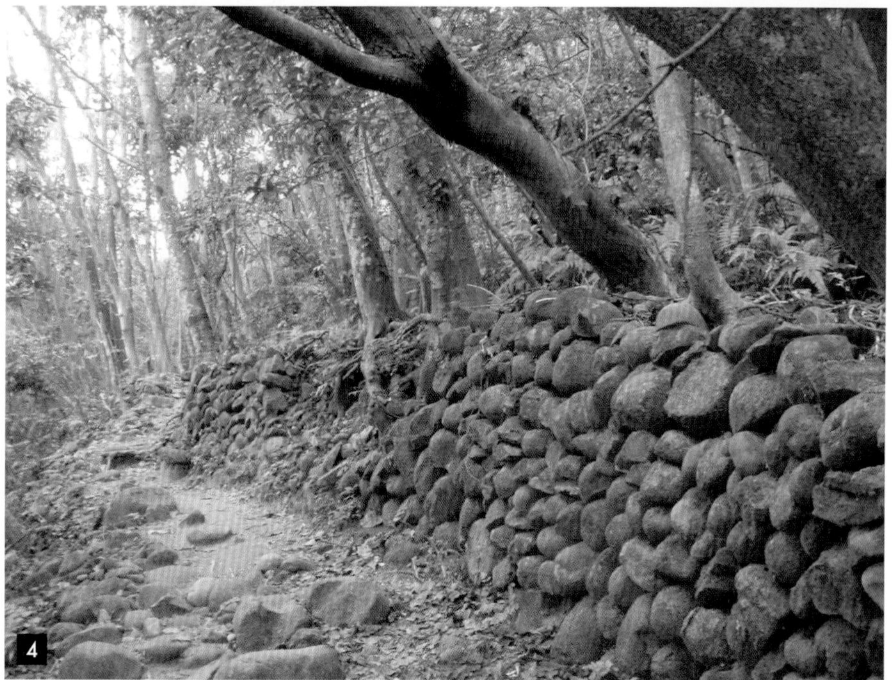
4

附近景點

【文林閣】

文林閣位於芎林鄉文山路與文德路交會口。清朝同治末期，當地的舉人鄧兆熊在此設立私人學堂，並邀集賢士墨客創立「文林社」，吟詩作對，以文會友。光緒二年（1876年），鄧兆熊與地方人士將學堂改為寺廟，建立「文林閣」，亦稱「文祠」，祀奉文昌君，積極培育地方人才，芎林地區因而文風蔚盛。廟內現保存三塊古碑及兩棵百年九芎樹。

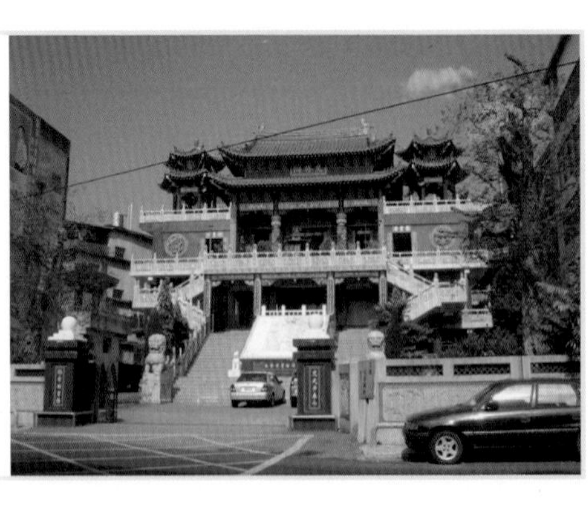

觀日亭．代勸堂．雲谷寺

這條下山的步道，是一般遊客登飛鳳山所走的主要步道，步道設施完善，沿途設有植物解說牌，介紹花草樹木。途中景致不錯，相思崖有滿山大片的相思樹林。缺點則是堅硬的石階匠味濃厚，步道的設施較為人工化，雖然方便遊客，卻也失去了山徑的自然本色。

飛鳳山的三角點基石並未設在最高點的觀日亭，而是在第二涼亭旁的小丘上，位置不明顯。第一涼亭則是觀賞夕陽的好位置，「飛鳳夕照」為昔日新竹八景之一。

抵達代勸堂附近時，步道旁有幾棵巨大的老樟樹，透露出此地寺廟屹立百年的歷史氣氛，樟樹附近有梅園，是飛鳳山著名的景觀，「飛鳳探梅」為昔日新竹八景之一。冬天的時候，可以看見白梅盛開的美景，淡淡花香散發著優雅的韻味。

代勸堂是百年古寺，建於日據時代明治三十二年（一八九九年），祀奉關聖帝君，廟已完全改建，金碧輝煌，反而像是一座新廟宇。雲谷寺建於明治三十七年（一九〇四年），祀奉觀音菩薩，外貌古樸，卻殘破不堪。兩間百年古廟，一個維護過當，一個維護不足，都使人嘆惋。

由雲谷寺循著指標，踩著石階路，就可一路下山回到感應橋。這條下山的石階路，應是昔日的古道，可惜舊石階都已消失，鋪上了現代石材。回到登山口時，感應橋旁三塊古碑仍能帶給遊客一絲絲的懷古幽情。

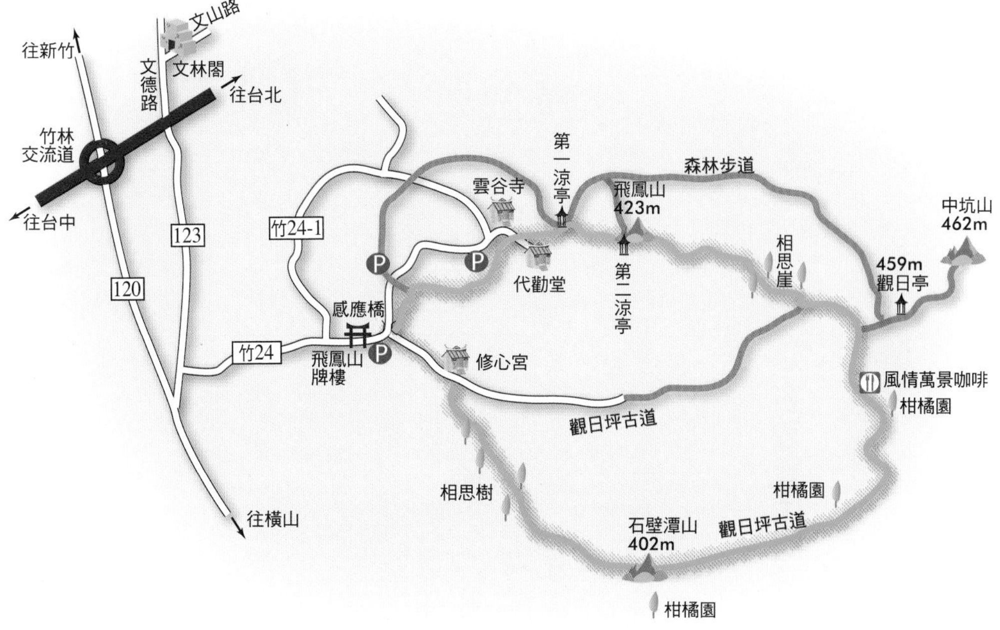

路程時間

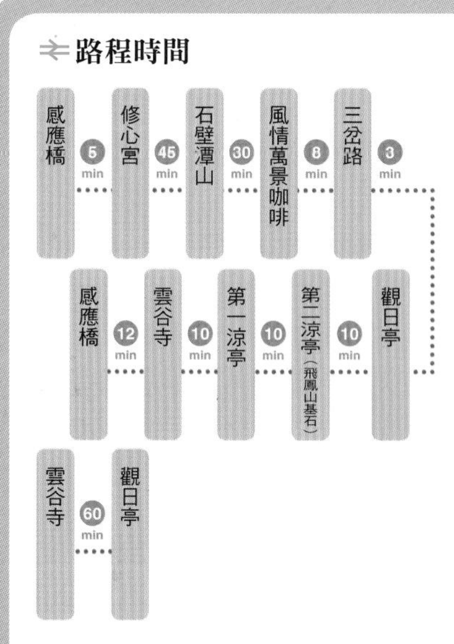

路況評價

- 登高指數：● 293m（登山口：感應橋）
  ● 183m（登山口：雲谷寺）
- 路程時間：● 2.5小時
- 步道路況：●● 石壁潭山步道●飛鳳山步道
- 綜合評價：●

注意及建議事項

石壁潭山路線有部份陡坡，幼兒及老弱不宜。

若有老弱同行，建議直接開車至第三停車場，由雲谷寺及代勸堂起登。約1個小時即可抵達觀日亭。

交通資訊

• 自行開車

北二高竹林交流道下，沿著120縣道，往竹東方向，遇紅綠燈時，可看見飛鳳山的指標，左轉123縣道，然後隨即再右轉竹24鄉道，前行約1.4公里，即抵達飛鳳山牌樓。

• 大眾運輸

新竹火車站搭新竹客運往芎林，在芎林國中站下車。步行約1.4公里，抵達第一停車場感應橋登山口。

石牛山

・山名　石牛山／・海拔標高　671m
・登山口高度　285m／・三角點　三等三角點6247號
・GPS座標　274788・2743163／・座落位置　新竹縣關西鎮
・主要登山路線　A.右線（戴宅）　B.左線（呂宅）
・特色　展望極佳、攀岩

石牛山為關西名山、台灣小百岳

石牛山，位於關西的馬武督，是新竹地區的名山，名列台灣小百岳。從關西走118縣道（羅馬公路），進入馬武督，至34.5K附近的岔路口時，就可看見「石牛山民宿」醒目的招牌，左轉進入石牛坑產業道路，順著指標走，過「石牛山民宿」，繼續向前走，不久就抵達了石福宮。石福宮是石牛山兩條登山路線的交會處。

石福宮是一座百年古廟，前幾年才改建成現在的模樣。石福宮旁有一私人開闢的停車場，佔地頗廣，可停數十輛汽車，計次收費，停車費一百元。從石福宮出發，左右兩條登山路線，左線平緩，右線陡峭，爬過石牛山的山友都建議走左線原路來回，或者右去左回，勿採左去右回，否則下山時會陡峭難下。

若採右去左回，則從停車場出發，沿著水泥產業小路直行，約十分鐘，抵達戴姓農宅。右線的登山口就在民宅旁，山徑繞經民宅後方的檳榔及柑橘園，這時抬頭，視線穿過檳榔樹梢，望見石牛山的稜線在遠遠的高處，稜線之下，有裸露的嶙峋岩石。這高低三百多公尺的落差，迎面而來的上坡路，可預見將會有一番苦戰。

右線登山路線，越溪攀岩挑戰多

穿過農園，進入一小片柳杉林。接著山徑隨即變為陡上，不久，遇溪谷，山徑緊貼著溪岸邊的山壁而行。溪谷落差大，河床陷落成上下五、六層，形成連

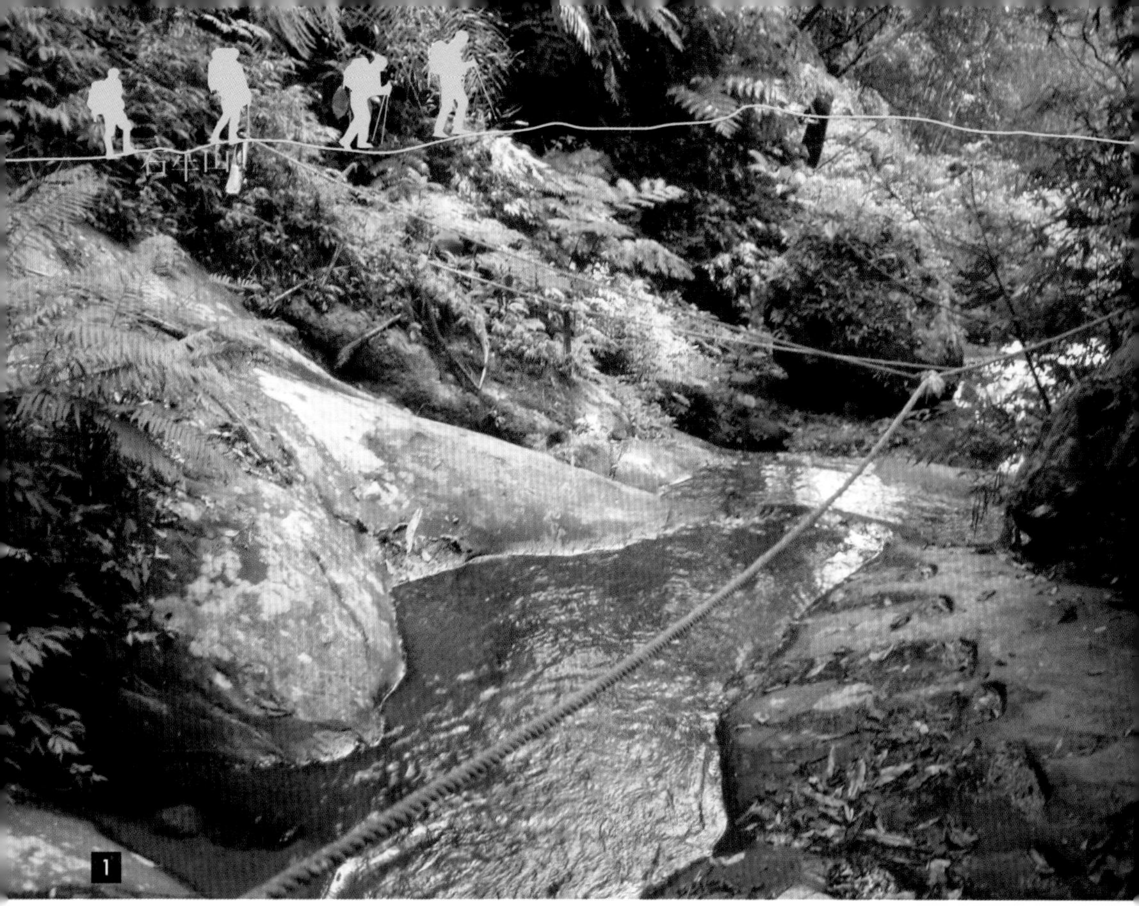

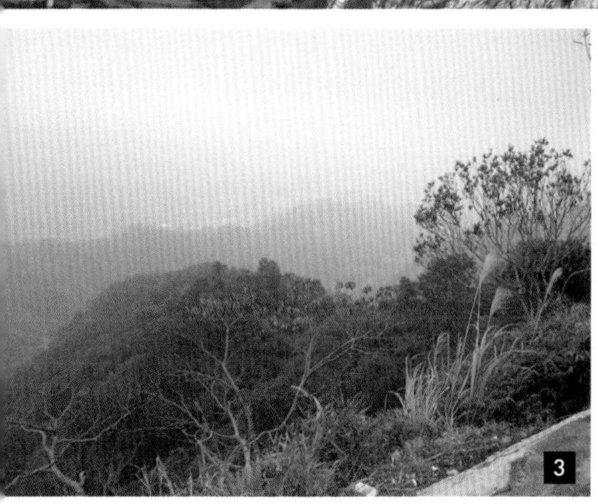

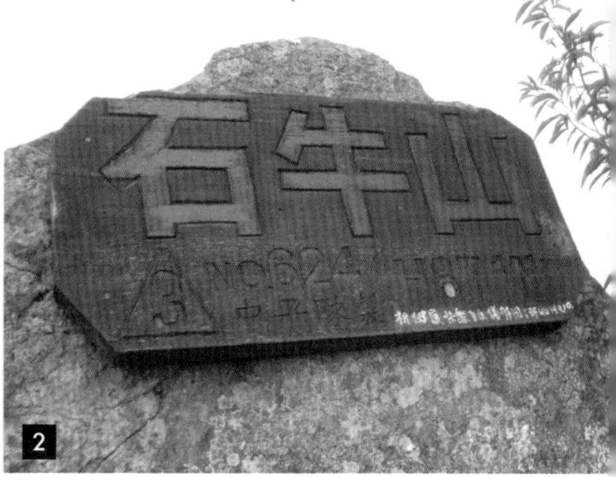

1 通過陡峭的溪谷。山徑與溪谷交錯，須拉著繩索來回越溪。

2 石牛山山頂的巨石，釘著石牛山的標誌，寫著海拔高度671公尺及三角點編號。

3 石牛山頂，以展望極佳著稱，可遠眺石門水庫及雪霸聖稜線。可惜天氣欠佳，景色一片迷濛。

馬武督

馬武督，是泰雅族語，意指「漂流木堆積之地」。早期的泰雅族人越嶺打獵至此，見當地溪流漂流木甚多，適合做為建材及薪火，於是在此建立部落。光緒十二年（1886年），全台撫墾總局建立後，劉銘傳積極開山撫番，林朝棟率領的營勇進入關西山區征討泰雅族人，之後漢人在馬武督建立聚落，日據時代昭和十年（1935年），此地設立關西公學校馬武督分校場（即今日的錦山國小）。著名的台灣前輩作家吳濁流曾在這所學校任教。

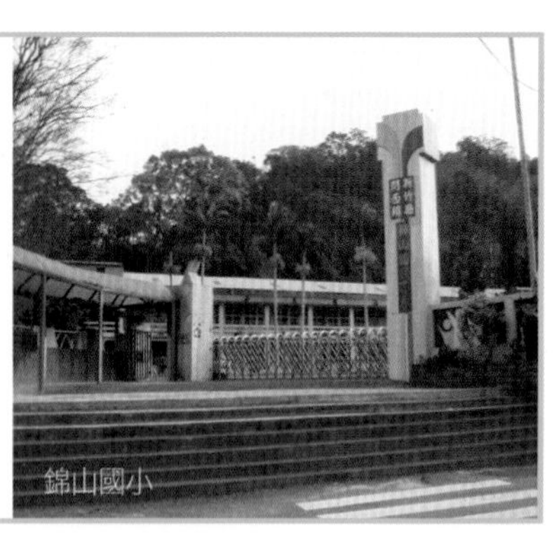
錦山國小

續的小斜瀑，每層河床都有溪水沖刷造成的小池潭。溪畔狹窄，山徑與溪谷交錯而行，拉著繩索來回越溪，才通過溪谷路。不久，又遇見約一層樓高的垂直岩壁，小心翼翼拉繩攀爬而上。上岩壁之後，輕踩獨木橋，跨過陷落的坳坑。

續前行，地形更險峻，前面出現斜壁，錯落的巨石阻擋在前。山徑穿越狹窄的岩洞。岩洞狹小，須以狗爬方式鑽洞過去。鑽洞之後，又是連續陡上地形。突見上方有一橫跨的細長公路護欄，凌空斜跨於岩壁，宛如空中之橋。拉著繩索，小心踩踏而過，走時細板略為晃盪，有驚無險的通過。之後，還是陡上，須拉繩索而行，幾乎不見平路。

終於看到上方林梢亮光一片，心情如釋重負。歷經一個小時的攀爬，總算抵達稜線。此時汗流浹背，全身暖熱，一登上稜線，卻強風凜冽，身體頓時感到一陣寒意，不敢休息過久，繼續循稜前進。

石牛山頂巨岩如牛，眺望石門水庫大霸尖山

稜線路上，已無太多劇烈起伏，約十分鐘，繞過一塊巨岩，就登上了石牛山。石牛山，山頂散落幾塊岩石，其中一塊特別突起的巨岩，岩壁釘著標誌牌，寫著「石牛山，高六七一公尺」。這塊巨岩大概就是所謂的「石牛」，當地人習慣稱大石頭為「石牛」，石牛山以多岩石而得名。

山腳下的山谷，地名為「石牛坑」，土地公廟名為「石福宮」，是取「福庇石牛坑」的意思。日據時代埋設的三等三角點基石（6247號），深埋於泥土中的基柱，土壤被掏空，大部份裸露於外。

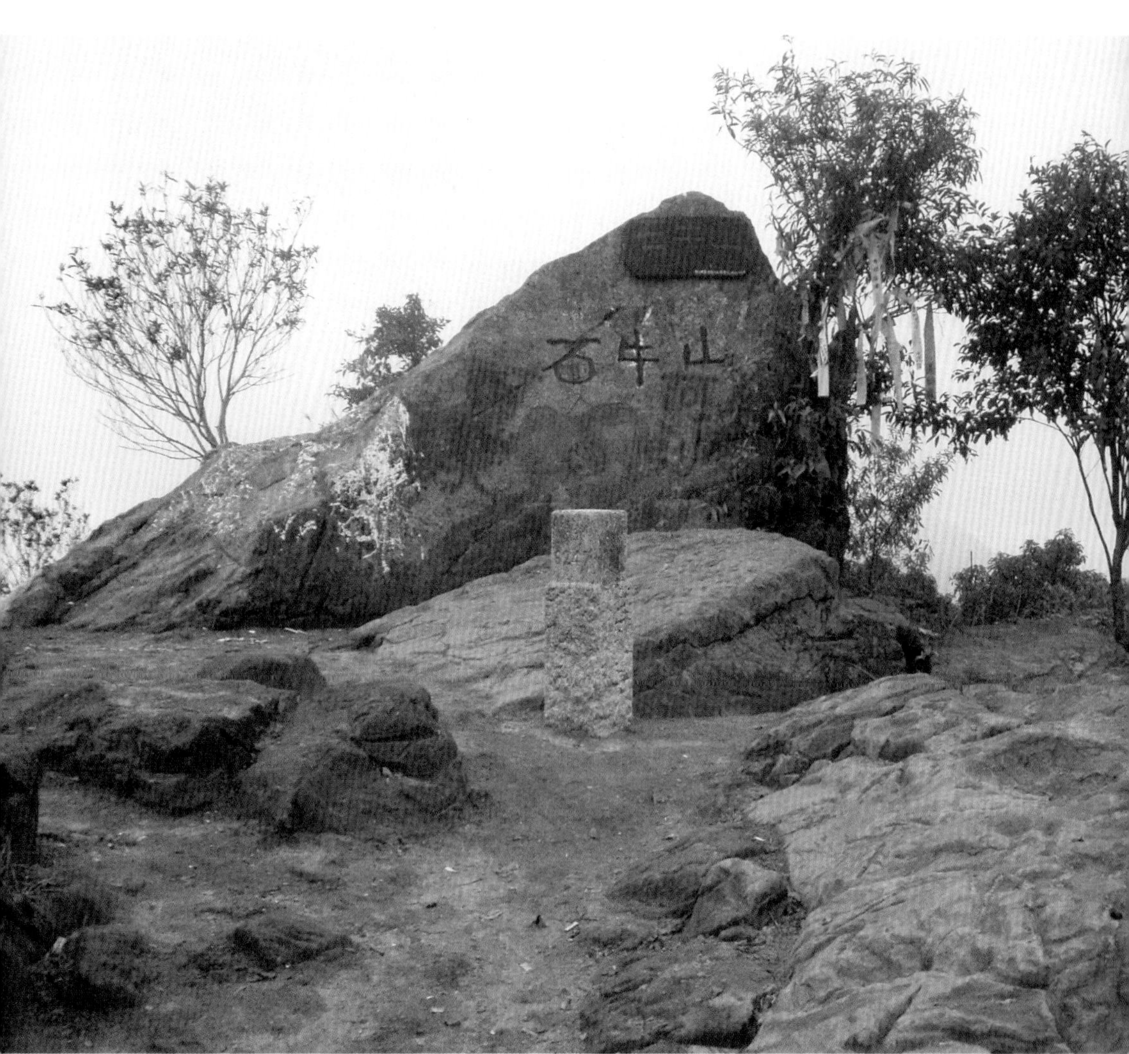

石牛山，海拔671公尺，因山頂有塊巨石如牛而得名。當地地名「石牛坑」。

附近景點

【馬武督糯米橋】

建於日據時代昭和十五年（1940年）。當年由日本工程師監督設計，採溪谷的青心石建造而成，橋高6.5公尺、寬5.5公尺，橫跨牛欄溪上游的馬武督溪，為罕見的3拱造型，是昔日馬武督對外的主要橋樑。古橋典雅，又歷經歲月滄桑，充滿樸拙的風味。這座糯米橋荒廢之後，原本荒蕪不堪，橋上佈滿雜草，最近一兩年才整修完畢。糯米橋的橋身兩側有新砌的石護欄，欄邊還種植花草；橋面也鋪上了新的石材，供遊客行走於橋上。

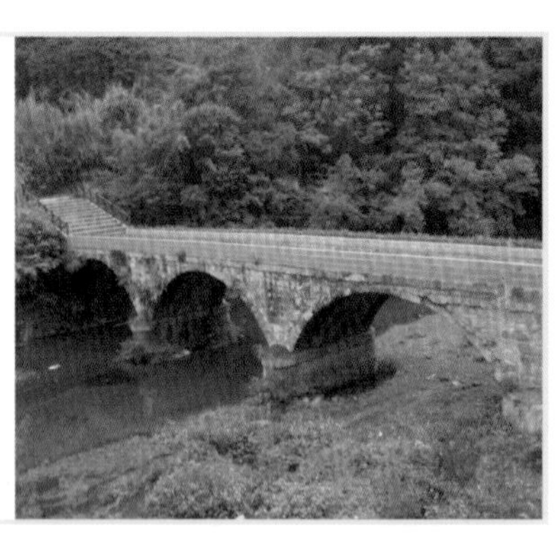

石牛山頂擁有三百六十度視野，以展望遼闊著名，天朗日晴時，從石牛山可以眺望石門水庫湖色山光，據說也可望見雪山山脈的大霸尖山。但遇到天氣不好時，周遭山巒頓時化為一片白茫，美景只能想像而已。

在山頂休憩一陣，然後走左線下山。循陵下行，一會兒就遇到往左線的岔路。一路下行，山徑果然和緩許多，雖然也有不少陡坡，但路況較右線為佳。約三十幾分鐘，經過山麓的農園，就抵達左線的登山口的呂姓農宅旁。再走水泥產業道路下山，約八、九分鐘，回到了石福宮，完成石牛山的○形之旅。

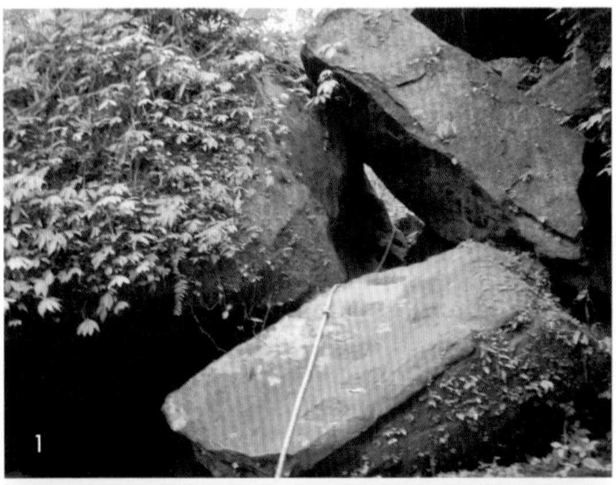

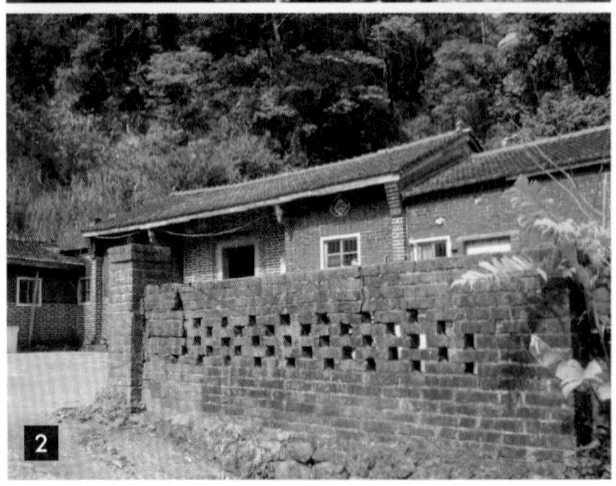

1 爬壁穿過狹窄的岩洞。石牛山的右線登山路線，路況多變，相當具有挑戰性。

2 右線登山口——戴宅。

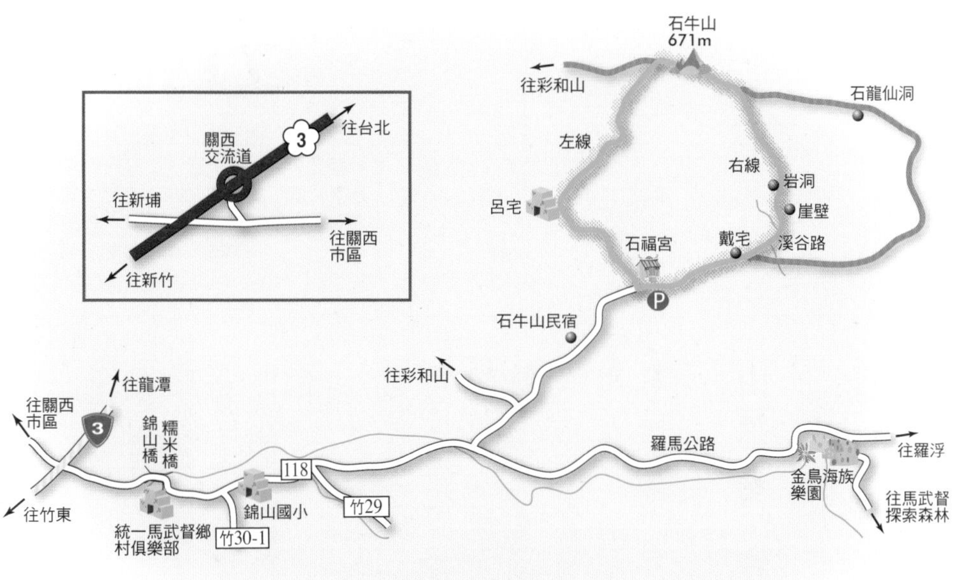

路程時間

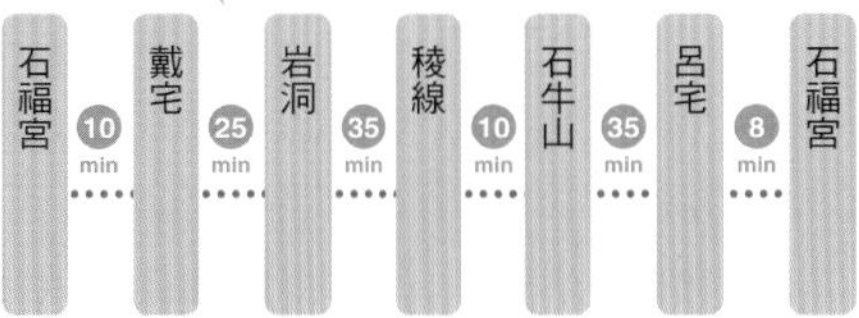

路況評價

- 登高指數：● 386m
- 路程時間：●（來回約2小時）
- 步道路況：● 左線●●右線
- 綜合評價：●

注意及建議事項

右線（載宅登山口）路陡，且通過溪谷及峭壁岩洞，雨後勿行，以免危險。天氣晴朗時，可走O形路線，建議採右去左回。

若有老弱同行，應採左線（呂宅登山口）來回，以策安全。

交通資訊

• 自行開車

北二高下關西交流道後，取左行，沿118縣道進入關西市區，往「桃源仙谷、金鳥樂園」

指標前進，至118縣道 34.5K左轉石牛坑產業道路，進入後約150公尺，遇岔路，取右行。產業道路狹小，小心會車，至石福宮，旁有私人停車場。停車費100元。

• 大眾運輸

搭新竹客運往關西，再由關西站轉塔往桃源仙谷、金鳥樂園的班車，於「李樹下」站下車，前行十幾公尺，左轉岔路，約前行一公里多，抵達石福宮。

五指山

・山名　五指山／・海拔標高　1061m
・登山口高度　720m（竹林禪苑）／・三角點　二等三角點1116號
・GPS座標　258905・2726258／・座落位置　新竹縣竹東、五峰、新埔交界
・主要登山路線　A. 竹林禪苑線　B.盤古廟線
・特色　山形優美，展望極佳

台灣十二名勝之一，五指連雲，氣勢雄壯

新竹五指山，位於北埔、竹東、五峰三鄉鎮的交界，山峰連綿起伏宛如五指，因而得名。五指山自古以來以山形險峙氣勢雄壯而聞名，清代《淡水廳志》將其列為全淡八景之一，號稱「指峰凌霄」，而又以「五指連雲」被列為「塹南八景」之一。日據時代，五指山曾獲選為台灣十二名勝之一。五指山山形特殊，可以五指連峰攀爬，很受山友喜愛，入選為「台灣小百岳」，亦名列「台灣百大名山」。

從日據時代起，五指山即興建寺廟，而逐漸發展成宗教勝地。其中，灶君堂為百年寺廟，位於五指山食指峰下，創立於日據時代明治四十年（一九〇七年），由開山主持楊木生居士所建，其後陸續增修，是台灣罕見的供奉灶神為主神的廟宇。除了灶君堂之外，附近還有玉皇宮、盤古廟、觀音禪寺等，形成寺廟群聚。

由灶君堂沿著產業道路上行，至終點的竹林禪苑。由竹林禪苑起登，經拇指、食指，至五指山的中指主峰，路程約二點一公里，沿途指標及步道設施較完整，是五指山主要的登山步道。

山林郁秀，峰巒疊翠，是最佳森林浴

拾階而上，不久即進入一排排挺立的柳杉林。柳杉又稱「日本杉」，是原產於日本的針葉樹種，於日據時代一九〇六年引進台灣。柳杉樹皮呈紅褐色，條

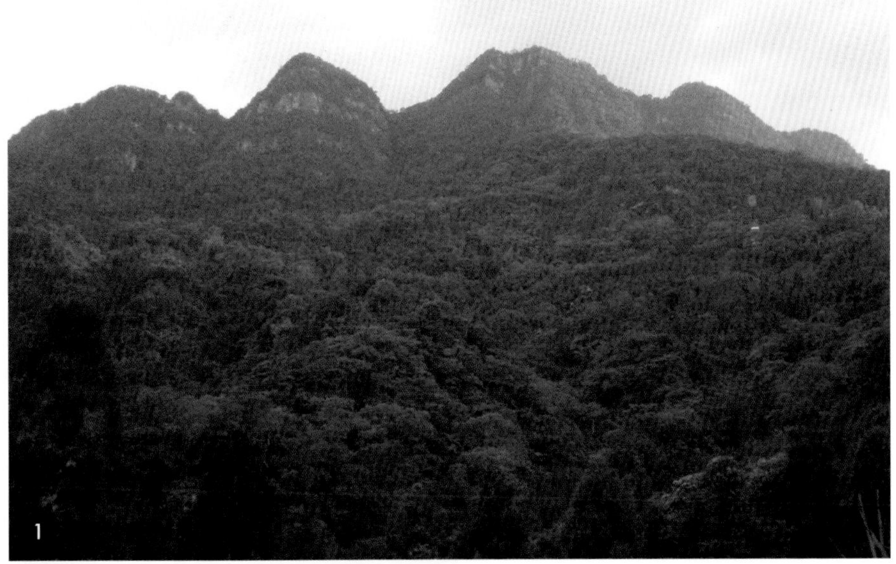

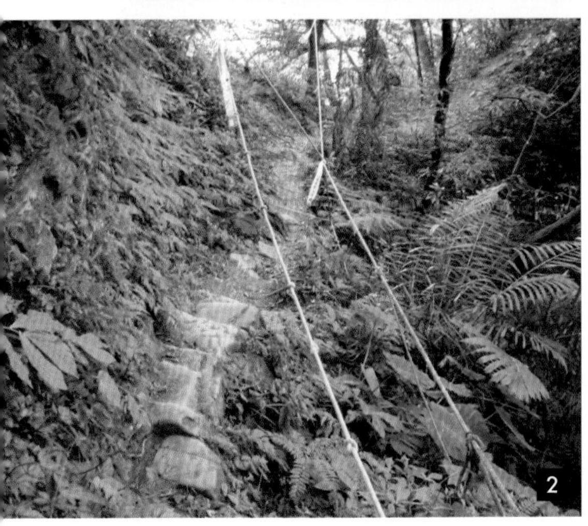

新五指山橫向登山步道

「五指山橫向登山步道」是在北埔鄉外坪村村長及當地居民熱心奔走下，由「參山國家風景區」新建完成的步道。這條新的五指山橫向步道，避開攀登陡峭的五指連峰，而是繞行山腰一圈，由竹林禪苑起登，在灶君堂附近下山，全程約1.3公里。沿途平均坡度約20度，平緩舒適，很適合大眾遊客。沿途有神龜巨石及百年九芎樹等景觀。若喜歡享受森林浴，而又不想辛苦攀登五指連峰，那這條五指山橫向登山步道就是最佳的選擇。

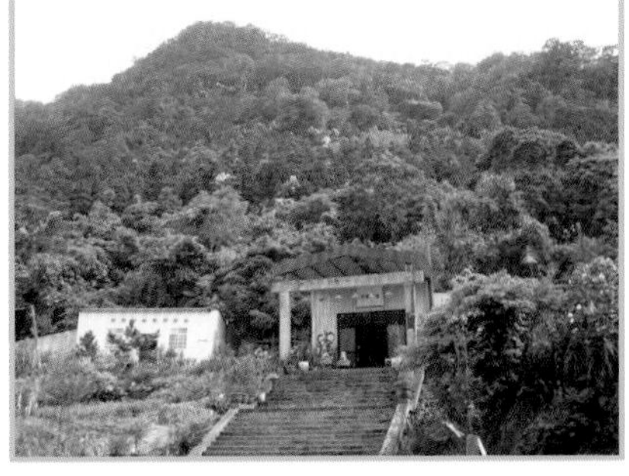

1 五指山，山形獨特優美，宛若五指。以「指峰凌霄」、「五指連雲」而聞名，為清代「全淡八景」及「塹南八景」之一。

2 五指山較危險的一條路線。山徑陡峭，攀爬時要抓牢繩索。體力差、無經驗者，或雨後溼滑時，切勿嘗試。

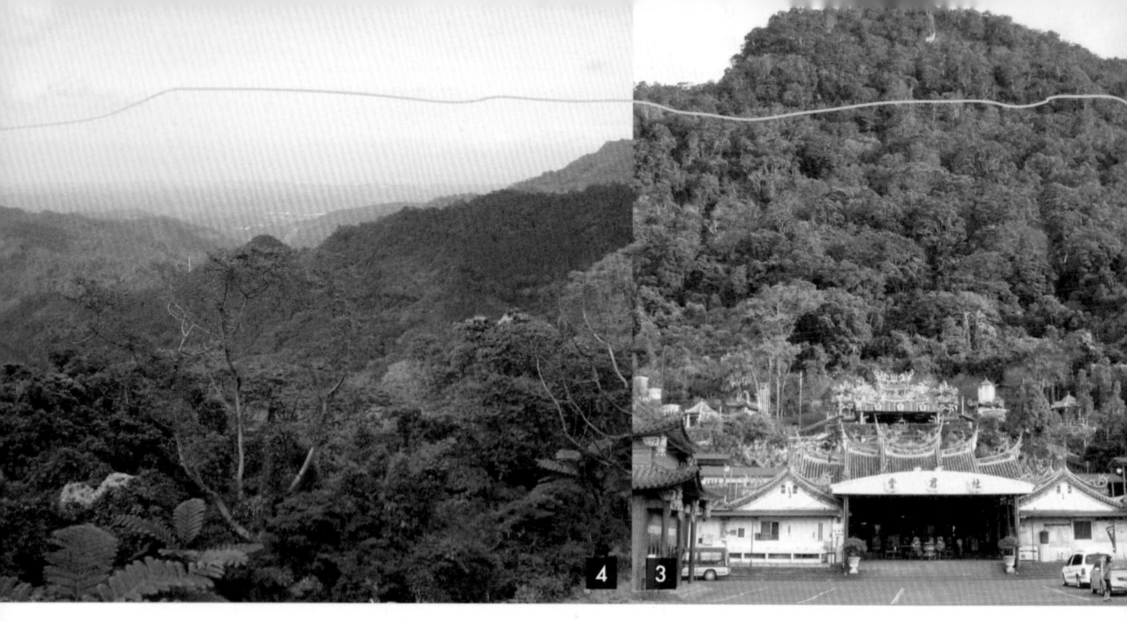

3 灶君堂，背倚五指山，主祀九天司命真君（即灶君爺）。農曆八月初三灶皇爺聖誕日，善男信女，前來進香，場面盛大。

4 灶君堂前眺望新竹地區，展望極佳。

5 五指山柳杉林棧道，是最佳森林浴。

枝上有螺旋狀著生的針葉小葉，樹幹筆直，為良好的支柱用材，因此在日據時代被普遍栽種於台灣各地。

約行五、六分鐘，來到一岔路口。左岔路是新闢的「五指山橫向登山步道」，可繞行山腰一圈，從灶君堂附近下山，全程約一點三公里。這條橫向的步道平緩易行，適合親子同行。

選擇直上，爬向拇指峰。不久，棧道變為傳統的泥徑。沿途景觀更為原始，遇陡峭的路段，或架設棧道，或有繩索輔助，都不難通行。通過一片竹林，再爬上一段曲折陡上的棧道之後，就抵達了拇指峰。拇指峰，由竹林禪苑至拇指峰，費時約五十至六十分鐘，視個人體力而定。

拇指峰通往食指峰，順著棧道階梯，先陡下，再陡上。約二十分鐘，抵達食指峰。食指峰位於樹林間，腹地小，無展望。由食指峰陡下，不久便來到食、中指峰之間的鞍部岔路口。這裡有一條山徑可下山至盤古廟及灶君堂，但山徑陡峭、路況較差，體力差、無經驗者，或天氣不好時，切勿嘗試。

中指峰視野佳，新竹地區盡收眼底

這個岔路口距離中指峰已不遠，再爬一小段上坡路，

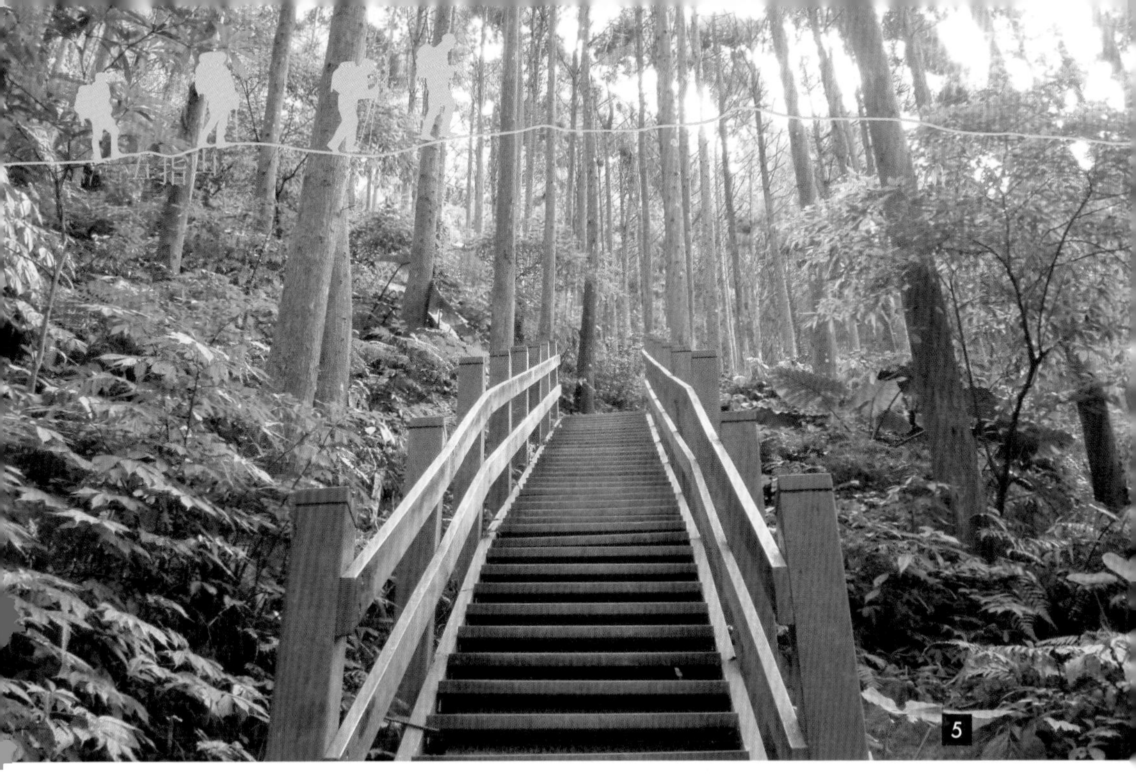

經過一處美麗的杉林造林區之後，就抵達中指峰。中指峰是五指山的主峰，海拔一〇六一公尺。山頂的腹地寬闊，視野展望極佳，遠眺新竹平原方向，由左而右，由近而遠，峨眉、北埔、竹東、新竹、竹北，盡收眼底。周遭則見山巒疊嶂，綿延不絕。

由此而去，至無名指峰約二十分鐘，又十五分鐘，可至小指峰，但路況較差。五指山的中指峰，已是主峰所在，景色及展望最佳，五指山登山步道以中指峰為終點。

下山時，最好循原路回到竹林禪苑，以策安全。若從中指、食指的鞍部，走陡峭山徑下山，則須謹慎以對。由於山徑陡峭，石頭易鬆動，不易落腳，特別是雨後更為濕滑。途中有峭岩巨壁，也有老樹巨幹，景觀更原始，爬山更有挑戰性。中途也有歧路，只要循著主路徑而行，應不致於迷路。這段陡下的山徑，最後可抵達盤古廟，再接灶君堂。

新竹縣政府在灶君堂往竹林禪苑的路旁興建一處原野樂園，占地不大，規劃了二十餘項體能遊樂設施，；此外附近也有一條仙洞步道，路程短，相當平緩，提供遊客多一種遊憩的選擇。

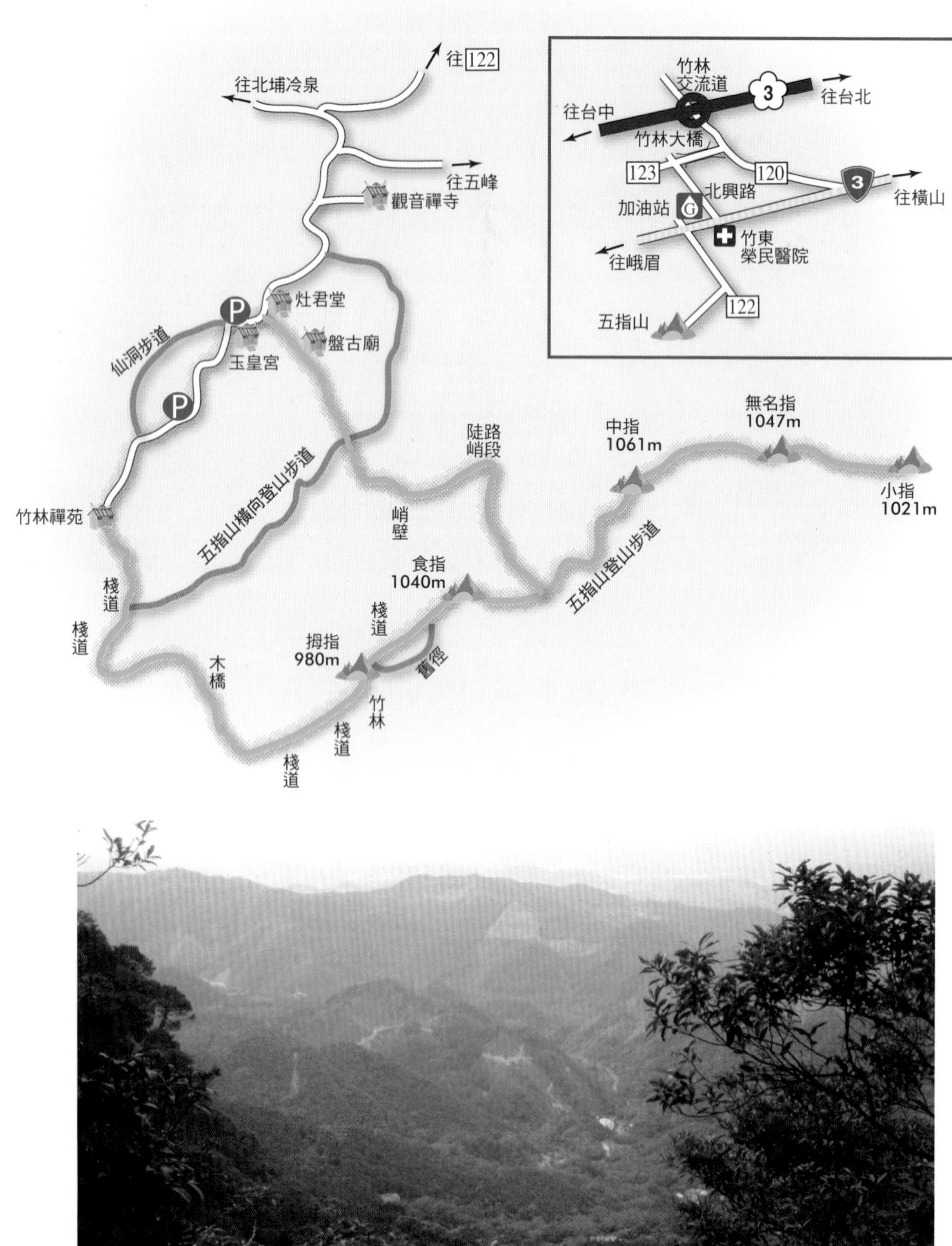

往 122
往北埔冷泉
往五峰
觀音禪寺
灶君堂
盤古廟
玉皇宮
仙洞步道
五指山橫向登山步道
竹林禪苑
棧道
棧道
木橋
棧道
棧道
竹林
拇指
980m
棧道
食指
1040m
峭壁
陡路
峭段
五指山登山步道
中指
1061m
無名指
1047m
小指
1021m
竹林
交流道
3
往台北
往台中
竹林大橋
123
120
3
北興路
往橫山
加油站
竹東
榮民醫院
往峨眉
122
五指山

中途俯瞰遠近山巒美景。

附近景點

【北埔古蹟園區】

北埔為保存相當完整的客家村莊，短短一百公尺的老街上，擁有不少歷史古蹟，例如，國家一級古蹟金廣福公館（含天水堂）、三級古蹟慈天宮、另外姜阿新故宅、忠恕堂、姜氏家廟亦具有百年歷史。慈天宮前方的北埔老街，曾熱鬧的商業中心。

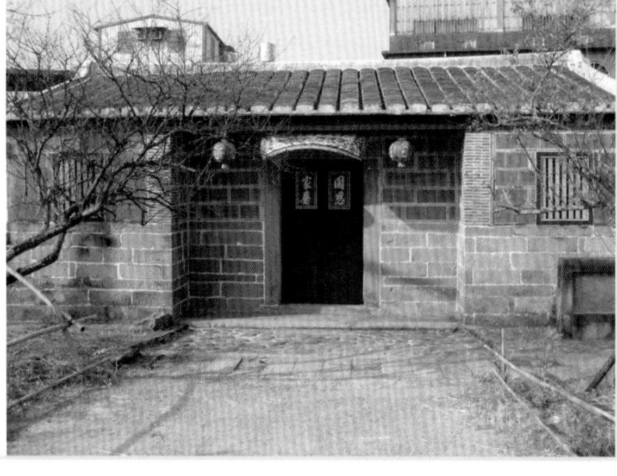

金廣福公館（一級古蹟）

路程時間

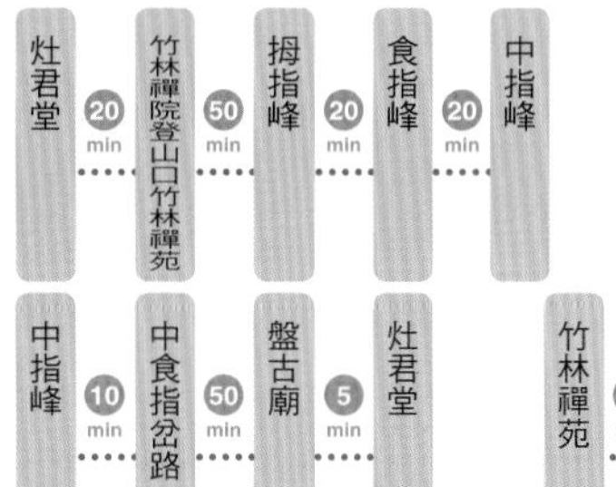

路況評價

- 登高指數：● 342公尺（竹林禪苑－中指峰）
- 路程時間：● 3.5小時（原路來回）
- 步道路況：●●竹林禪苑－中指峰
  ●中指峰鞍部－盤古廟
  ●竹林禪苑－灶君堂（五指山橫向登山步道）
- 綜合評價：●

注意及建議事項

下午兩點鐘以後避免上山，以免下山時天黑危險。

主步道路徑清晰、指標清楚，避免走入舊徑或小徑，以免迷路。

「中指峰鞍部－盤古廟」陡峭起伏，老弱不宜；雨後路滑，切勿行走。

交通資訊

• 自行開車

南下：自新竹交流道下中山高速公路，循122縣道，經竹東往五峰，約於里程30K附近右轉五指山路，循指標約四、五公里可抵達。若走北二高則下竹林交流道，走120縣道，再右轉過竹林大橋，再左轉北興路，至竹東榮民醫院，右轉台三線，再左轉122縣道，至里程30K附近右轉五指山路。

北上：自頭份交流道下中山高速公路，接124縣道東行，至珊珠湖循台三線省道抵北埔，在北埔郵局對面循往五指山指標繼續前行可抵達。

• 大眾運輸

自新竹搭新竹客運至竹東，再由竹東轉搭往五峰、清泉、花園的新竹客運，在五指山口站下車，然後再步行上山。班次時刻，可至新竹客運網站查詢。

1 從羅馬公路遠眺烏嘴山方向，聳矗壯麗的山容令人驚艷。

2 綠光小學，位於馬武督探索森林內，是烏嘴山的登山口。

3 前往虹橋、馬武督瀑布途中，有怡人的柳杉林步道。這段路屬於馬武督探索森林遊樂園內的步道，命名為「元氣步道」，充滿森林芬多精。

烏嘴山

・山名　烏嘴山／・海拔標高　1350m
・登山口高度　715m／・三角點　無
・GPS座標　278794・2740059／・座落位置　新竹縣關西鎮
・主要登山路線　A. 馬武督線　B.水田林道線
・特色　柳杉森林浴、眺望石門水庫、展望絕佳

烏嘴山山容壯麗，馬武督探索森林柳杉迷人

從羅馬公路上遠遠望見烏嘴山聳峙壯麗的山峰時，令人心情飛揚起來。烏嘴山，海拔一三五〇公尺，倘若座落於台北市，足足可將海拔一一二〇公尺的台北市第一高峰七星山給比下去。

續往羅浮方向，至羅馬公路37.5K，過「金鳥樂園」，隨即右轉，往馬武督探索森林。約行一公里，遇收費亭，續前行兩公里，抵達馬武督探索森林第一停車場。登山口就位於停車場對面的遊客中心旁，入口處有一間小土地公廟。廟後方，一大片柳杉林，幾間雅緻的木屋搭建於林間，附近設有木桌、木椅及盪鞦韆，還有戶外森林教室。此地綠樹環抱，環境極為清雅。入口處搭建了一座拱形牌樓，寫著「綠光小學」。小學旁還有一間小木屋商店，販售紀念品及名產等。

馬武督探索森林，舊稱「錦仙森林樂園」。幾年前，作家劉克襄先生來爬烏嘴山，對這裡的印象不太好，他寫道：「遊樂區裡寥落可數的簡陋設施……」，若不是為了爬烏嘴山，作家可是百般不願意花錢購票進來。這種情況如今已不復存在。倒不是因為遊樂區改名之後才改變命運，而是歸功於電視偶像劇《綠光森林》在此拍攝，柳杉林的綠光小學就是這齣戲的拍攝場景。電視劇紅了，這個景點也跟著紅了，綠光小學的場景也被保留下來，供遊客參觀。

虹橋、馬武督瀑布沿途最佳森林浴

登山口的綠光小學，海拔高度約七一五公尺，有柳杉高蔭，夏日時，應是

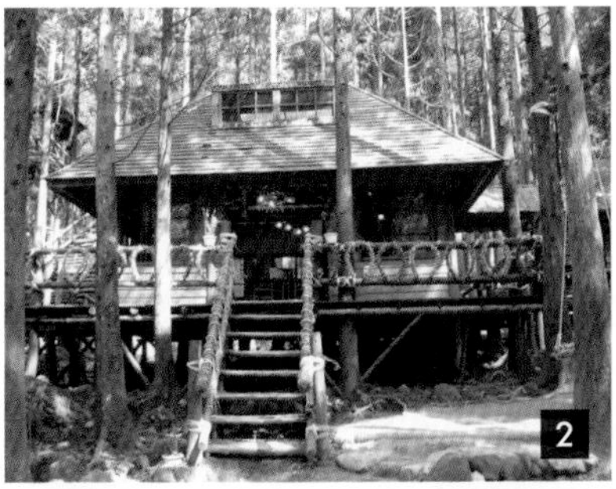

2

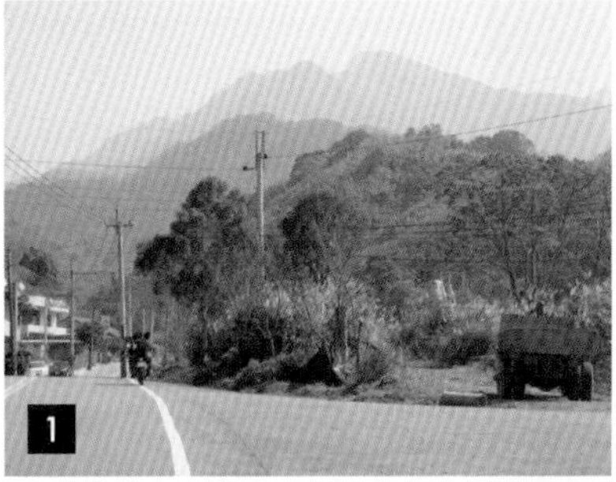

1

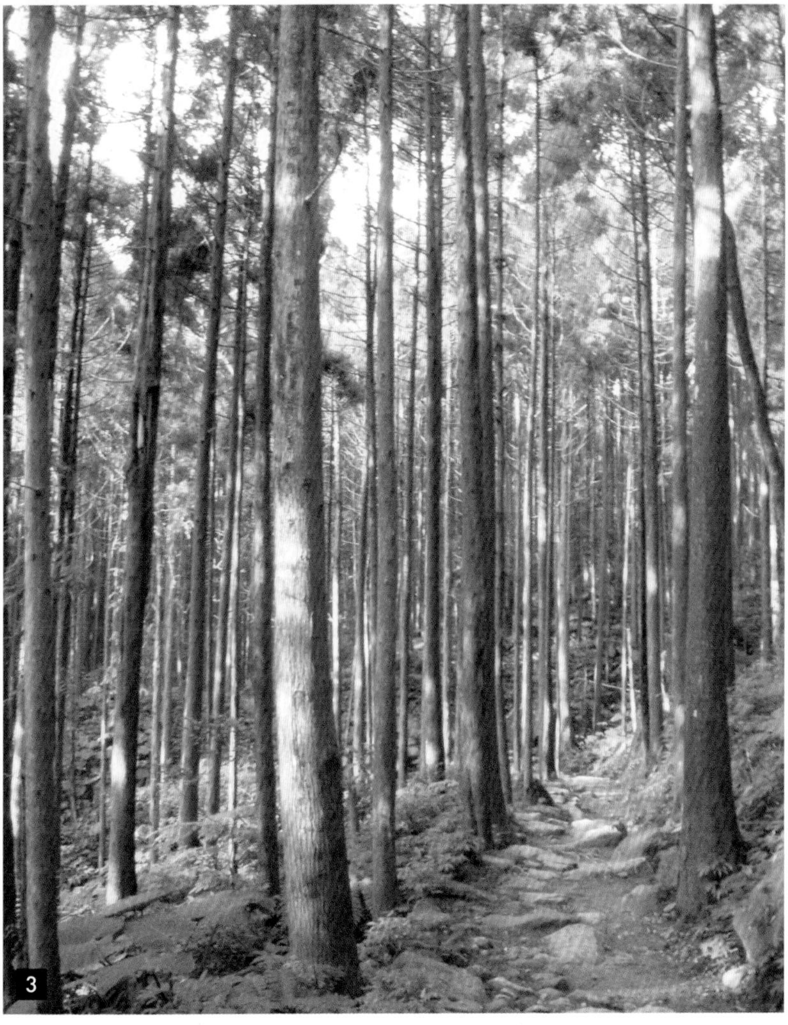

3

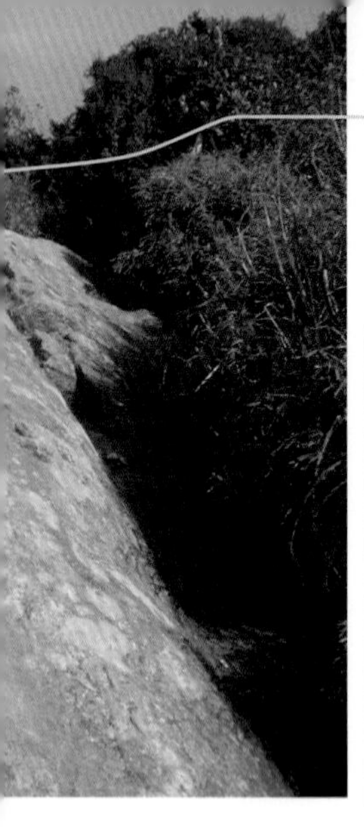

楊梅神木

楊梅原產於中國南部溫暖地帶。根據李時珍的「本草綱目」敘述，楊梅形如水楊子、味似梅，故稱楊梅。楊梅樹常綠，樹冠整齊如傘，約二、三月間開黃紅小花，五、六月間結果。果實具消止煩渴、調和五臟、清滌腸胃等功效。其它樹種如紅檜、榕樹、樟樹、茄苳，常見百年以上樹齡，而楊梅樹卻罕見百年老樹。馬武督探索森林內這兩棵楊梅巨木，是國內最老也可能是全世界最老的楊梅樹。

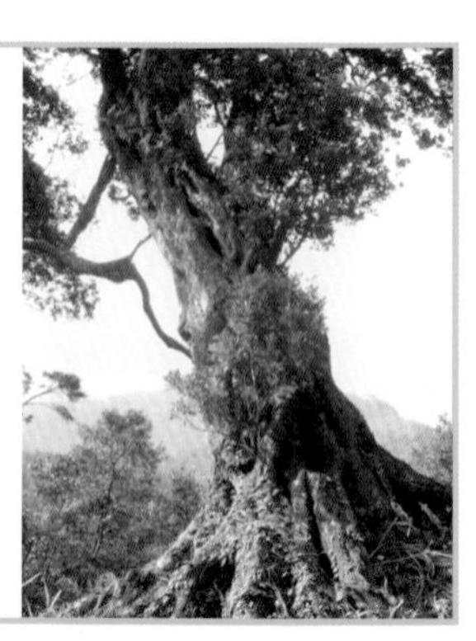

不錯的避暑盛地。從此處出發，登鳥嘴山，得爬升六百多公尺，是一大挑戰。不過，從綠光小學走至虹橋瀑布及馬武督瀑布的這段路，沿途柳杉夾道，空氣鮮芬，路又平緩，走來相當舒適，是極佳的森林浴場。

虹橋瀑布，舊稱「彩虹瀑布」；馬武督瀑布，舊稱「雲霄瀑布」，隨著園區改名，也都跟著換了名字。雨少的日子裡，溪水不豐，兩座瀑布都意態闌珊。約走二十分鐘，就可接連遊覽兩座瀑布。園內步道至馬武督瀑布後，可由附近繞往舞楓池及楊梅神木等景點。

往鳥嘴山的山徑，就在馬武督瀑布旁，小徑入口處綁有登山條，相當明顯。由此而上，便脫離園區步道，變為傳統的山徑。山徑先沿著溪谷上行，不久，轉為連續陡上，爬向鳥嘴山的稜線。

這段陡坡山徑，爬來並不輕鬆，但一路上盡是柳杉林，杉美林幽，可使人忘卻登爬之苦。

鳥嘴山展望絕美，眺望石門水庫好風光

約四十分鐘抵達稜線，另有一條山徑來會。這條山徑可通往馬武督山及尖石鄉的水田林道。有的山友會選擇走這條山路爬鳥嘴山，可以省下入園費，又可順登附近的馬武督山，但路程遠，交通較不便利。

續前行，山路還算平緩，直到過一處鞍部之後，山徑變為陡上。

附近景點

【馬武督探索森林】

園區位於柳杉森林中，遊樂設施包括：烤肉區、生態菇園、劍龍砂堡、綠光小學、元氣森林步道、瀑布區、楊梅神木、觀景台等。

開放時間：全年平日：09：00～17：00
例假日：四月至十月 08：30～18：00、十一月至三月：08：30～17：30

公休：農曆除夕

門票：清潔費每人100元（團體八折），停車費：汽車50元，機車20元

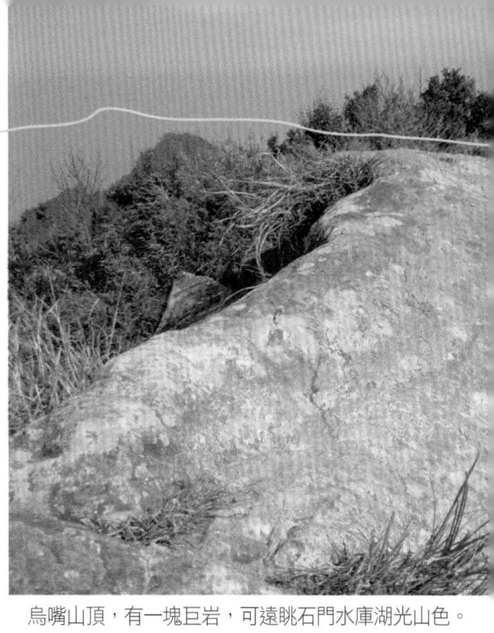

烏嘴山頂，有一塊巨岩，可遠眺石門水庫湖光山色。

不久，抵達臨崖的稜線，岩稜空曠處，可以展望關西一帶的山岳美景。循稜前進，稜線漸狹窄，植被景觀漸有變化，開始出現屬於高海拔的針葉樹種，路旁亦出現箭竹叢。山徑則鋪滿落葉，踩踏鬆軟。約四十分鐘，穿出草徑，眼前突現一塊巨岩，就是烏嘴山了。站立於岩石之上，可遠遠望見石門水庫的輪廓。

關西烏嘴山，又稱「外烏嘴山」，這是因為附近的五峰、尖石鄉都有烏嘴山。關西烏嘴山位置在外側，所以稱「外烏嘴山」。尖石烏嘴山則被稱做「內烏嘴山」。

回程走原路，返至馬武督瀑布，然後循指標往舞楓池及楊梅神木。舞楓池，為溪谷中的水池，深秋楓葉飄落於水池、飄浮於池面，宛若旋舞，因而得名。

過舞楓池，一路柳杉小徑，景致優美。不久，抵達楊梅神木。附近有兩棵楊梅老樹，被命名為「楊梅阿嬤」及「楊梅阿公」，樹齡分別為五百及三百歲，林務局已登錄為珍貴老樹列管保護。楊梅老樹前有觀景台，可眺覽前方山坡大片的柳杉造林區。

由楊梅神木區前行，約二十分鐘可接第二停車場，然後走車道返回遊客中心旁的第一停車場；也可走捷徑，由神木附近的一條柳杉小徑，向下切回綠光小學附近。

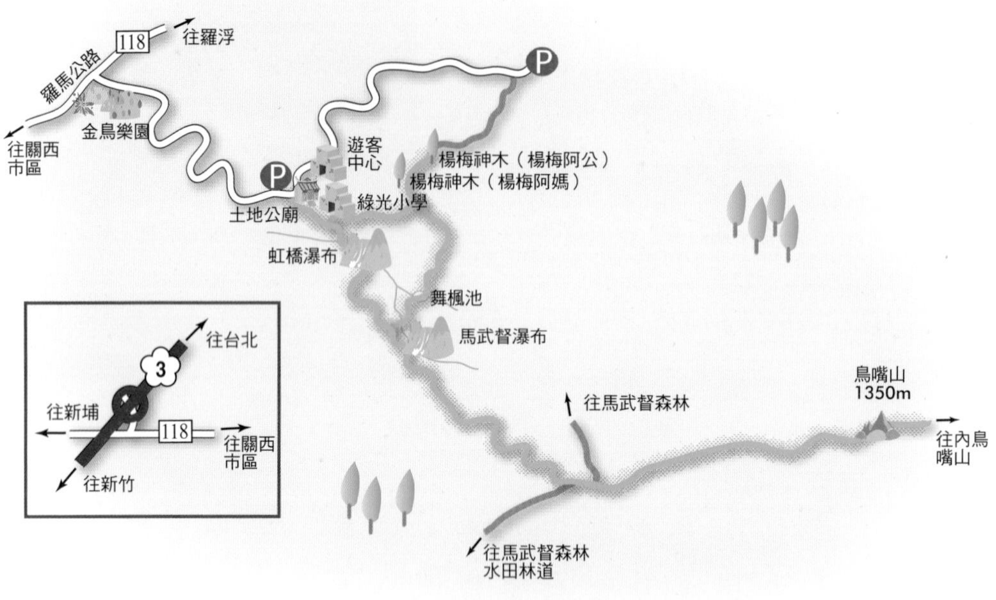

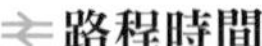

路程時間

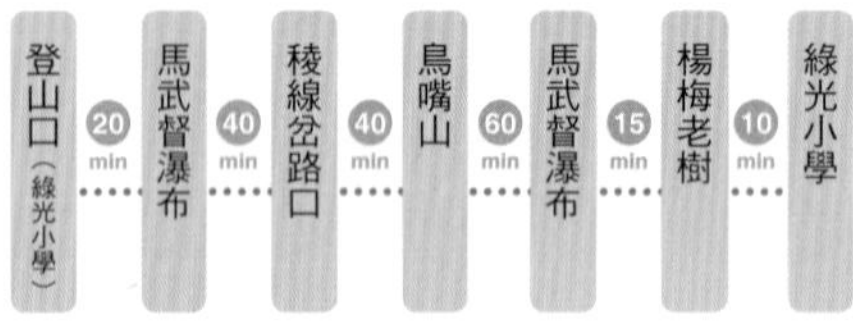

路況評價

- 登高指數：● 635m
- 路程時間：● 約3小時（全程來回）
- 步道路況：●●
- 綜合評價：●

注意及建議事項

鳥嘴山海拔落差大，體力弱者，應考慮預留較多的登山時間；最好在中午以前上山，免得時間延誤時，摸黑下山危險。

山徑大致路跡清晰，但沿途又有不少陡坡起伏的路段，並不適宜年幼兒童同行。

交通資訊

• 自行開車

北二高下關西交流道後，取左行，沿118縣道進入關西市區，往「桃源仙谷、金鳥樂園」等指標前進，至118縣道37.5K，過金鳥樂園後右轉，路口有馬武督探索森林的標誌，上行約1公里左右，過收費亭，再前行約1.9公里，抵達第一停車場。登山口就在土地公廟旁的綠光小學。馬武督探索森林收費：清潔費每人100元，汽車停車費50元。

• 大眾運輸

無。可搭新竹客運往關西，再由關西站轉搭往金鳥樂園的班車，至金鳥樂園下車，須走產業道路3公里才能抵達馬武督探索森林遊客中心。由於是上坡路，至少得步行一個小時以上。宜自備交通工具。可在金鳥樂園岔路口，換搭中型巴士接駁車。詳請請查詢馬武督探索森林網站。

苗栗縣

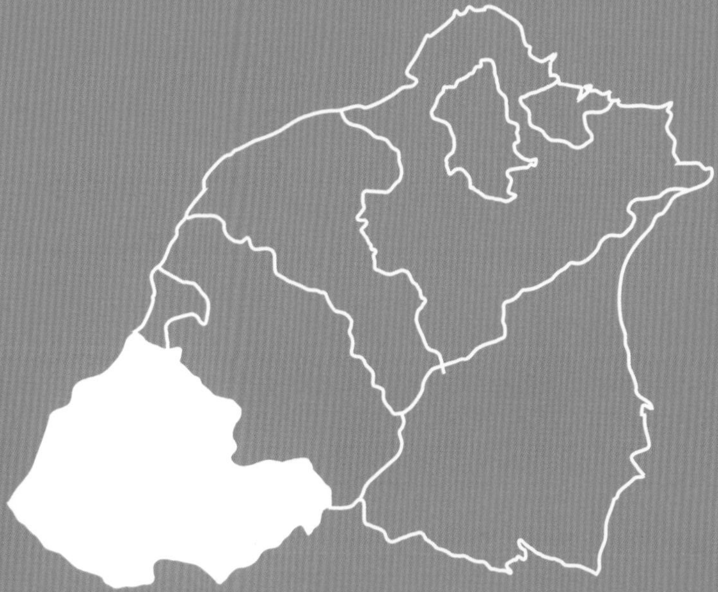

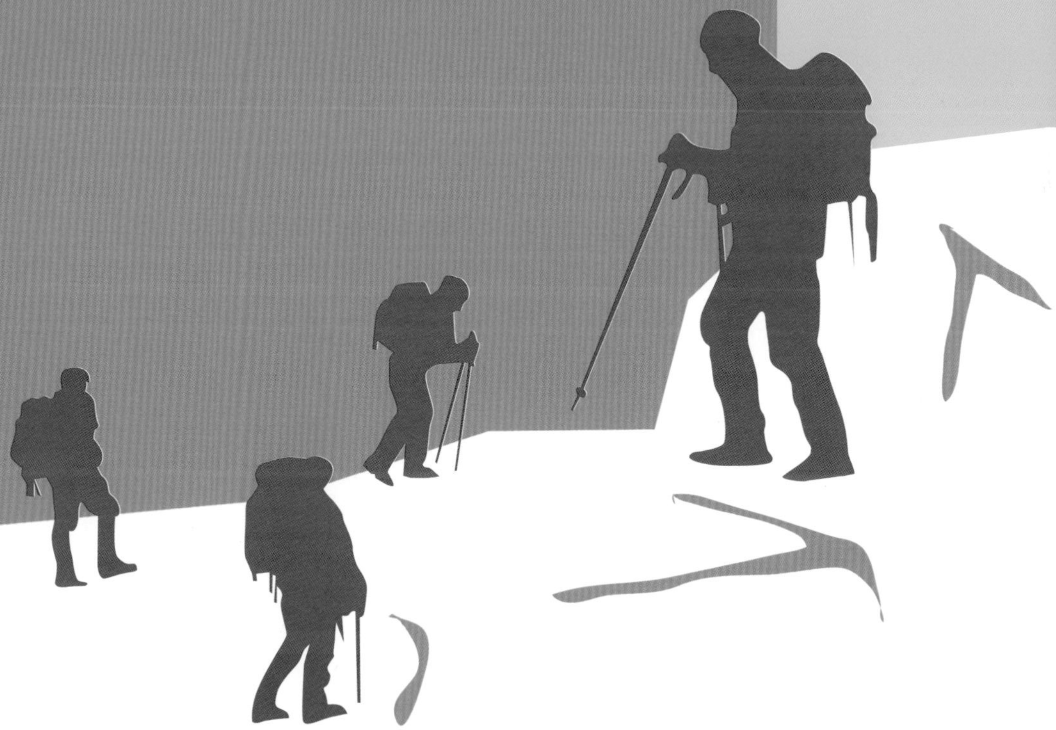

1 獅山古道緊貼著獅山大石壁而行。

獅頭山

・山名　獅頭山／・海拔標高　492m
・登山口高度　275m（獅頭山停車場）／・三角點　三等三角點25號
・GPS座標　249827・2726577／・座落位置　苗栗縣南庄鄉
・特色　巨岩石壁、寺廟古蹟

獅頭山是著名的宗教聖地

獅頭山風景區位於新竹、苗栗之界，由於山形岩壁酷似獅子蹲伏，因而得名。獅頭山屬於「參山國家風景區」，擁有不少古寺名剎，是著名的寺廟聖地。從日據時代初期，佛教僧侶就利用獅頭山現成的天然岩壁洞穴興建寺廟，最早的獅巖洞（元光寺），建於明治二十八年（一八九五年），其後，勸化堂、梵音寺、輔天宮、開善寺陸續興建，寺廟的建築風格，既維持中國寺廟的傳統，也受當時流行的西洋建築風潮影響，使得獅頭山的寺廟建築呈現多元面貌。

獅頭山分為前山（獅頭）及後山（獅尾），前後山之間有山路相通，全長約五公里，即今日所稱的「獅山古道」。獅頭位於前山，登山口在「頭南公路」（124縣道頭份至南庄）22K處，登山口有一典雅的山門，上頭橫鐫「獅頭山」金色大字。現在已新闢公路，可以直接開車抵達獅頭山勸化堂下方的大停車場。登獅頭山就更為方便了。

由獅頭山停車場旁的登山口踏石階上行，不久就抵達獅頭山最著名的山門——「紫陽門」。獅頭山每一座寺廟前，都會有一座山門。信眾穿過山門，才抵達廟的前庭。紫陽門是其中歷史最悠久的，建於大正五年（一九一六年），為穿堂重檐歇山式建築，木構屋頂與磚造壁牆結合，古樸典雅，門側的壁堵雕飾也古色古香。

穿過紫陽門來到輔天宮。輔天宮建於大正四年（一九一五年），為三合院式傳統中國寺廟建築。獅頭山的寺廟都依山壁岩洞而建，輔天宮是唯一的例外，建於山腰平台上。過輔天宮，拾階而上抵達勸化堂。勸化堂是獅頭山最早期的寺

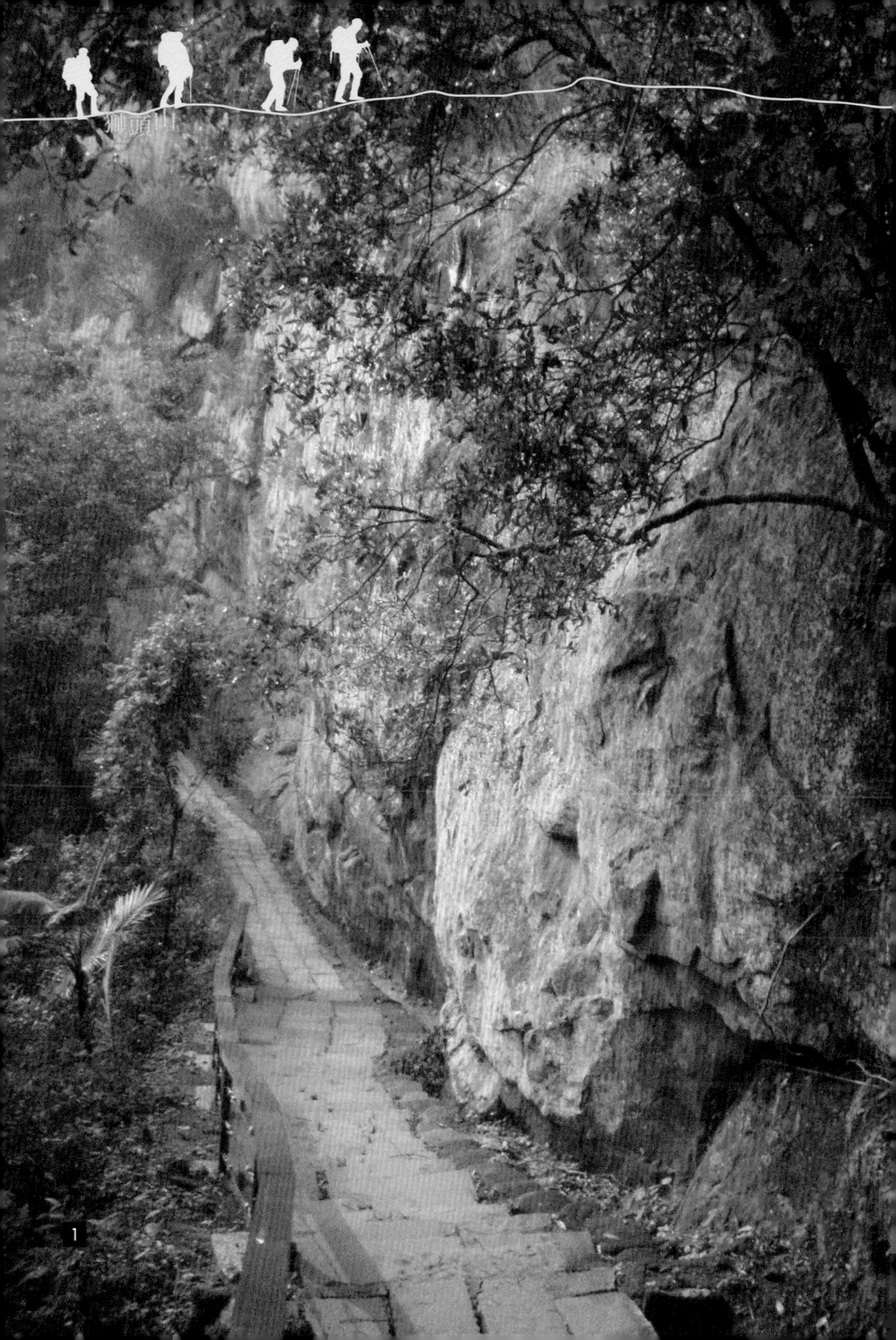
獅頭山
1

獅山古道

獅山古道全長約5公里，沿途共有11座寺廟，座落於前山5座為饒益院、輔天宮、勸化堂、舍利洞、開善寺；後山6座為元光寺、海會庵、靈霞洞、金剛寺、萬佛庵和梵音寺。獅山古道的舊登山口在124縣道（頭南公路）22K處，有一古樸的山門，建於昭和15年（1940年），當時日本人為慶祝日本皇族2600年而建的，同時鋪設自山門至獅岩的石板路，翌年鋪設至高仰亭。後山步道較為平緩，原為山林小路，民國60年拓寬為三尺寬的道路，已失去古味。

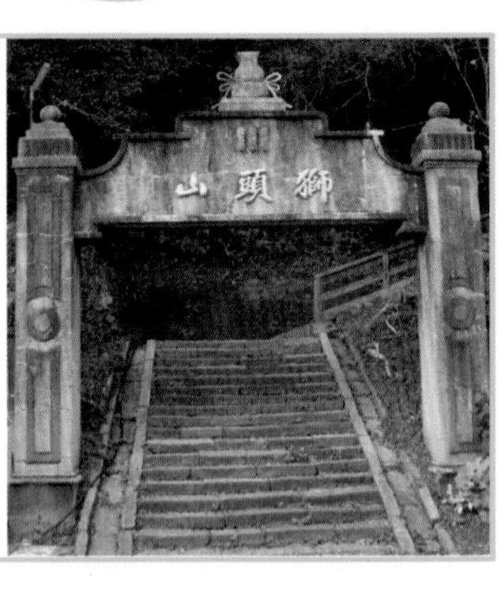

獅頭山舊登山口山門（位於124縣道22K）

廟之一，獅頭山的寺廟都依山壁而建，缺乏一般寺廟具有內外殿的縱深，只能向兩側發展，所以都呈現三合院式的建築格局。

獅山古道，古樸的石板路

續前行，抵達道德門，門旁有一九丁榕老樹。道德門有左右岔路，右線是古道正路，爬往獅大石壁。左岔路則通往舍利洞、開善寺、凌雲洞及觀日亭，然後繞至獅山大石壁與右線相會。左線繞得較遠，途中較可觀的是建於昭和二年（一九二七年）的開善寺，中西合壁式建築，全殿有十二根羅馬式圓柱，而殿內的三聖佛，是當年總督府特准砍伐千年巨樟雕刻而成，漆以金身，法像莊嚴。

從道德門起，進入獅山古道的菁華路段，一階階的石板路，爬往獅山大石壁及獅山古道最高點的望月亭。雖是一路上坡，但以青石鋪成的石板路，歷經一甲子的歲月，古樸有致，而沿途有老樹綠林，景色怡人，使人渾然忘卻登爬之苦。

約十分鐘，抵達獅山大石壁。剛才繞往觀日亭的左岔路至此會合。獅山大石壁為垂直的巨大岩壁，石板路貼緊岩壁下方而行。這樣的巨岩石壁景觀，是獅頭山的地質特色。獅頭山的寺廟就是以這種天然巨岩壁為屏障構築而成。獅山大石壁的位置陡峭而且腹地狹小，所以得以保留原貌，僅岩壁上有佛語刻字而已。

沿著大石壁向上爬，約七、八分鐘抵達望月亭，即是日據時代的「仰高亭」。望月亭，是苗栗與新竹縣的界址，立有一塊界石。

從望月亭續前行，至獅尾約二點五公里，約一小時路程，沿途仍有不少寺

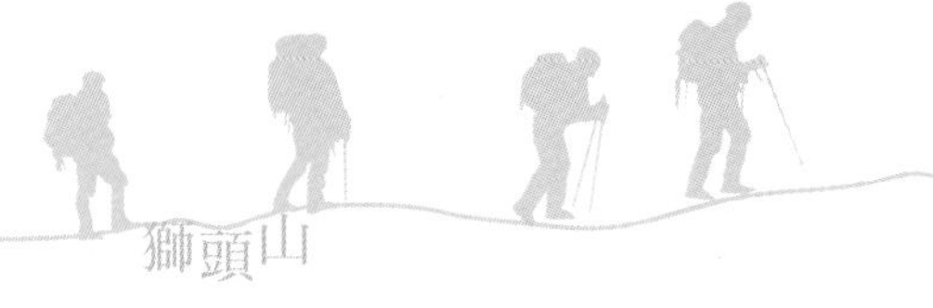

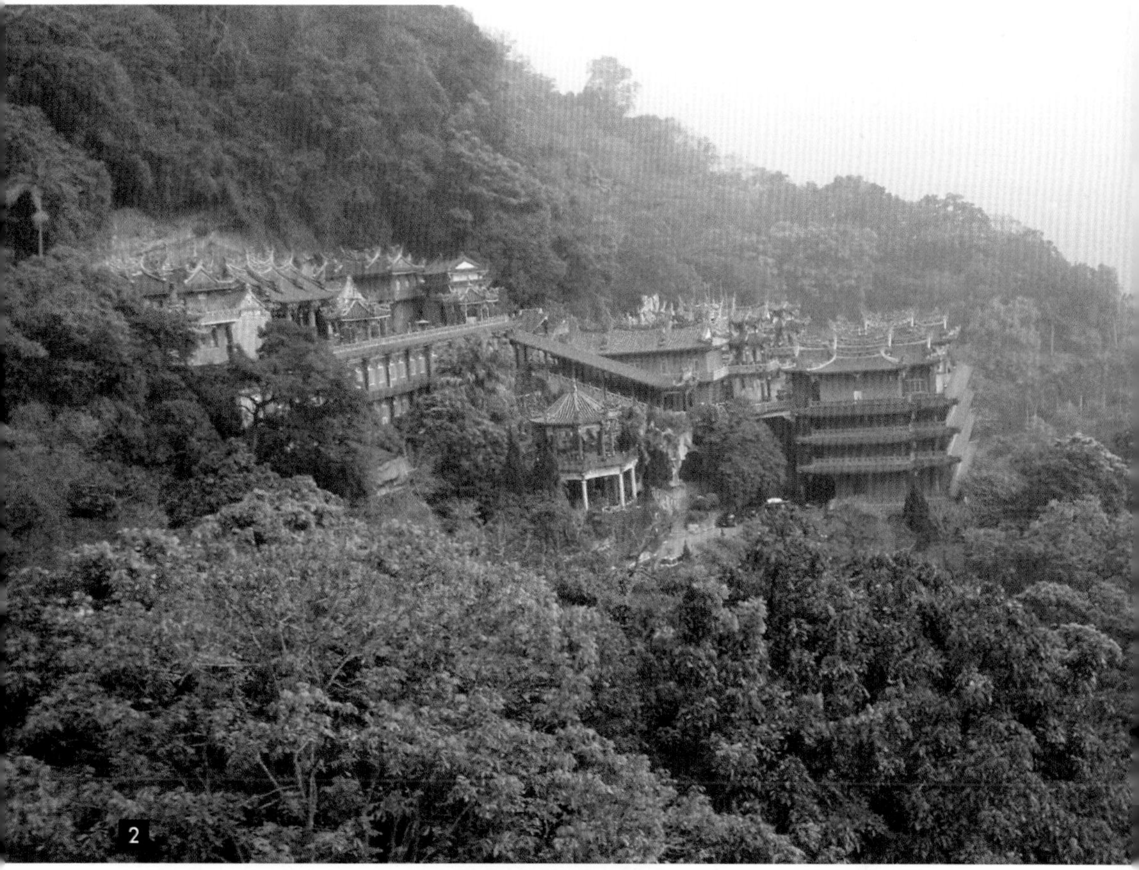

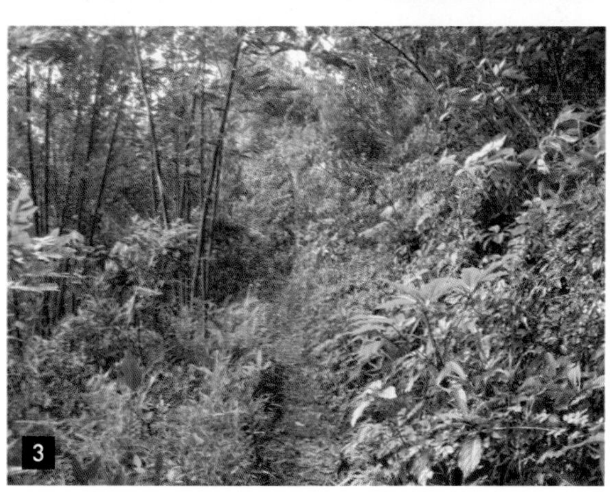

2 獅頭山風景區擁有不少名寺古剎。

3 從望月亭往獅頭山主峰的山徑。

附近景點

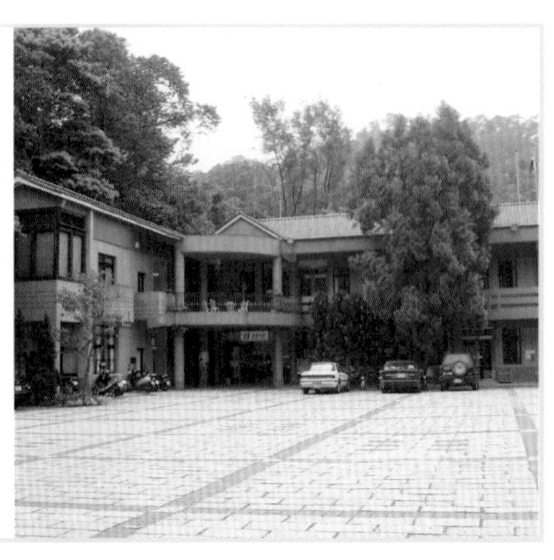

【獅山旅遊服務中心】

位於獅尾，屬於新竹縣峨眉鄉，成立於民國90年7月，其主體建物原為「獅山國小」的校舍。旅遊中心設有視聽室，提供遊客觀賞多媒體影片，並提供獅頭山風景區相關的旅遊簡介及摺頁手冊，此外，設有戶外生態教室，提供本區景觀及動植物生態的模擬，讓遊客對獅頭山國家風景區有一概括式的了解。

交通資訊：中山高下頭份交流道，接124甲、124縣道，再接台3線，往北埔方向，至台3線86.5K處，右轉竹41鄉道，約4.5公里，抵達獅山遊客中心。

廟，例如霞雲洞、金剛寺等，建築都有可觀之處。但後段的古道已於民國六〇年（一九七一年）拓寬為三公尺寬的柏油道路。

獅頭山的主峰入口在望月亭的斜對面，有設立指標，距離約七百公尺而已。傳統的泥土小徑，平緩好走，約七、八分鐘便登頂獅頭山。主峰設置了一座氣象監測站及通訊中繼站，腹地變得狹小，展望也不如望月亭。但摸到了三等三角點基石，才會讓人有登頂獅頭山的感覺。

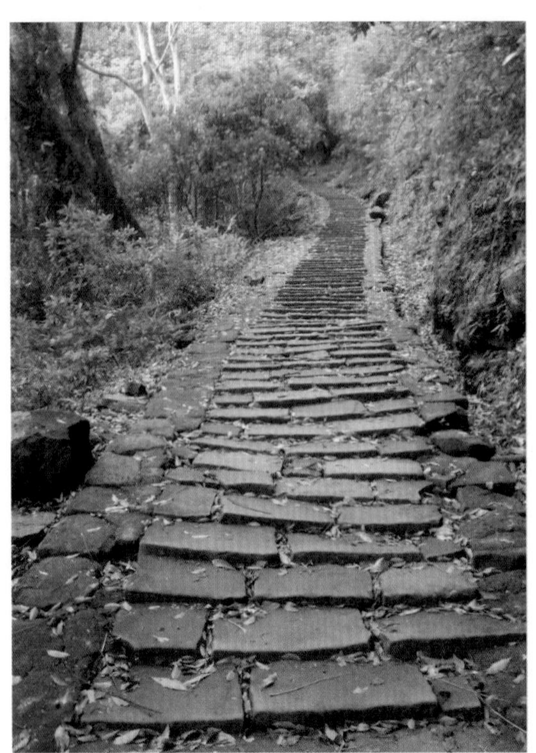

由獅山古道石板路，爬向望月亭及獅頭山主峰。

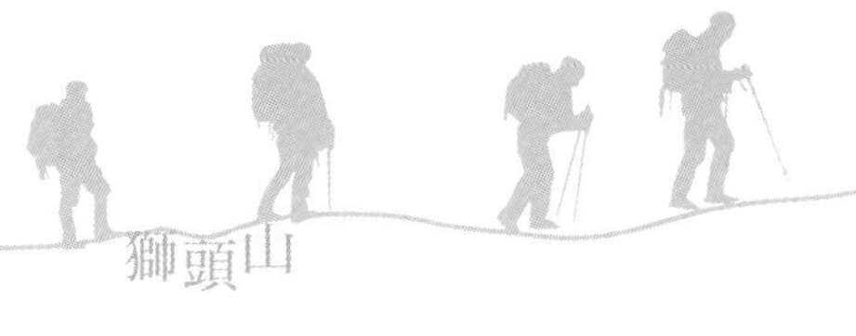

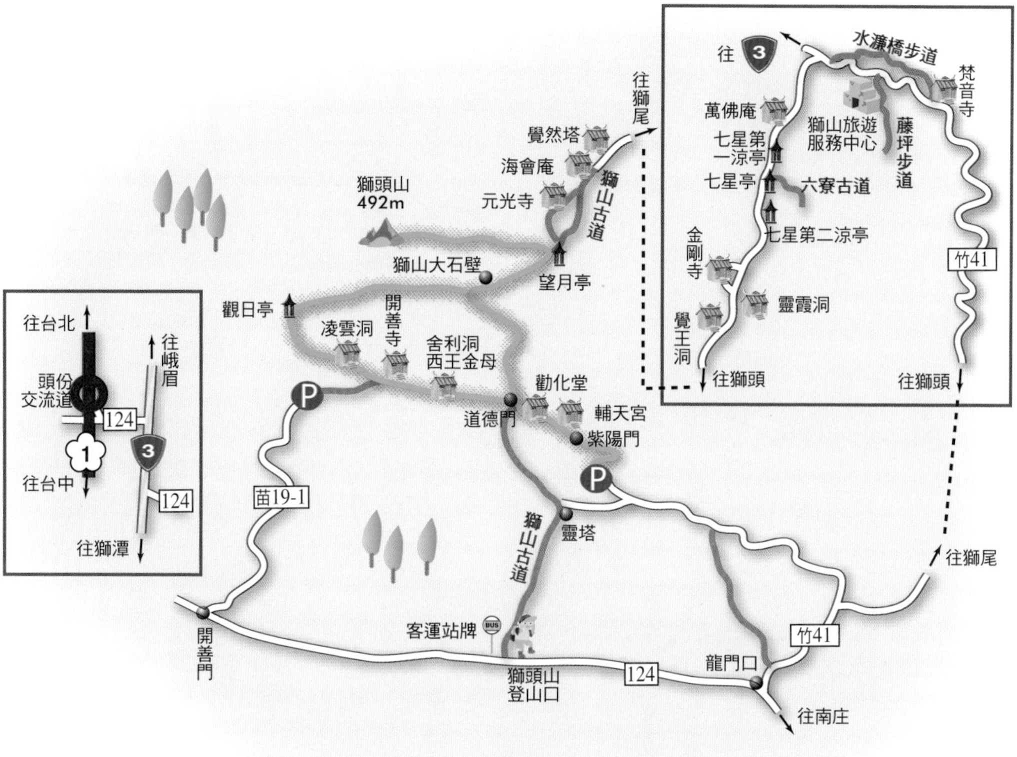

路程時間

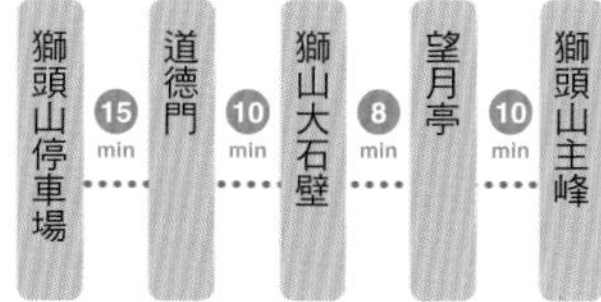

路況評價

- 登高指數：●● 217m
- 路程時間：●（來回約1.5小時）
- 步道路況：●
- 綜合評價：●

注意及建議事項

從停車場至望月亭，全程為石階步道，屬於獅山古道，路況良好。望月亭至獅頭山主峰為傳統泥土山徑，路況大致良好，僅一小段稍有雜草，幼童小心通行。獅山古道後段（望月亭至獅山旅遊服務中心）約2.5公里，路況良好，但來回路程較遠。

交通資訊

• 自行開車

走中山高，頭份交流道下，接124甲、124縣道，再接台三線，往三灣，然後再接124縣道，約在23K附近，右轉竹41，遇岔路，再左轉，上行約1公里，抵達獅頭山停車場。

• 大眾運輸

搭乘新竹客運（竹東站上車）、苗栗客運（竹南或頭份站上車）至獅頭山站下車，再步行上山。

1 仙山山頂眺望大窩山（神仙縱走）。
2 最後登頂攀岩，裸岩較難攀登。
3 八仙古道稜線山徑。
4 陡峭山徑爬向仙山。

仙山

・山名　仙山／・海拔標高　967m
・登山口高度　707m／・三角點　三等三角點4196號（已遺失）
・GPS座標　244407・2715337／・座落位置　苗栗縣獅潭鄉
・特色　山形優美、展望佳、攀爬陡峭岩壁

仙山，因山泉靈驗治病而得名

仙山，舊稱「紅毛館山」，位於苗栗獅潭鄉與南庄鄉的交界處，毗鄰南庄鄉的蓬萊村，蓬萊村舊稱「紅毛館」，因而得名。日據時代，紅毛館山半山腰發現一處山泉，傳說可以治病，吸引許多民眾前來求水治病，於是居民建廟「靈洞宮」加以祀奉，並稱山泉為仙水，紅毛館山因此改名為仙山。仙山為苗栗名山，名列台灣小百岳。

靈洞宮現址位於仙山半山腰，經過歷年擴建，廟宇華麗，香火鼎盛。廟宇附近已形成市集，成為獅潭、南庄之間124縣道途中一處知名的觀光景點。

仙山的登山口位於靈洞宮旁，寬大的石階路上行，步道一分為二，右往「水仙亭」，左往「協靈宮」；取左行，步道隨即又一分為二，直行的石階路為主步道，通往「協靈宮」；左側另有一條小步道，入口處綁著不少登山條。兩條步道都可爬向仙山，遊客多走主步道，左側的小路才是登山客所走的傳統路線。

進入左側小徑，一小段平緩步道繞經靈洞宮的後方，不久石階路轉為陡上，爬向稜線。小徑穿過雅致清幽的樹林，有零星的柳杉生長其間。約七、八分鐘，突遇聳矗的巨石阻擋去路，其上刻字「仙洞門」，卻不見門路。正疑似無路，趨近時才瞥見岩石側間有一僅容身而過的狹洞，穿過狹洞，即有小徑可繞攀至巨岩之上。然後續循稜前行，沿途有不少錯落的岩石，步道變為平緩，出現更多的柳杉林，林間涼風陣陣，清涼舒適。不久，即抵達一座六角形的「望陽台」木亭，亭前有兩條右岔路，都可通往協靈宮。

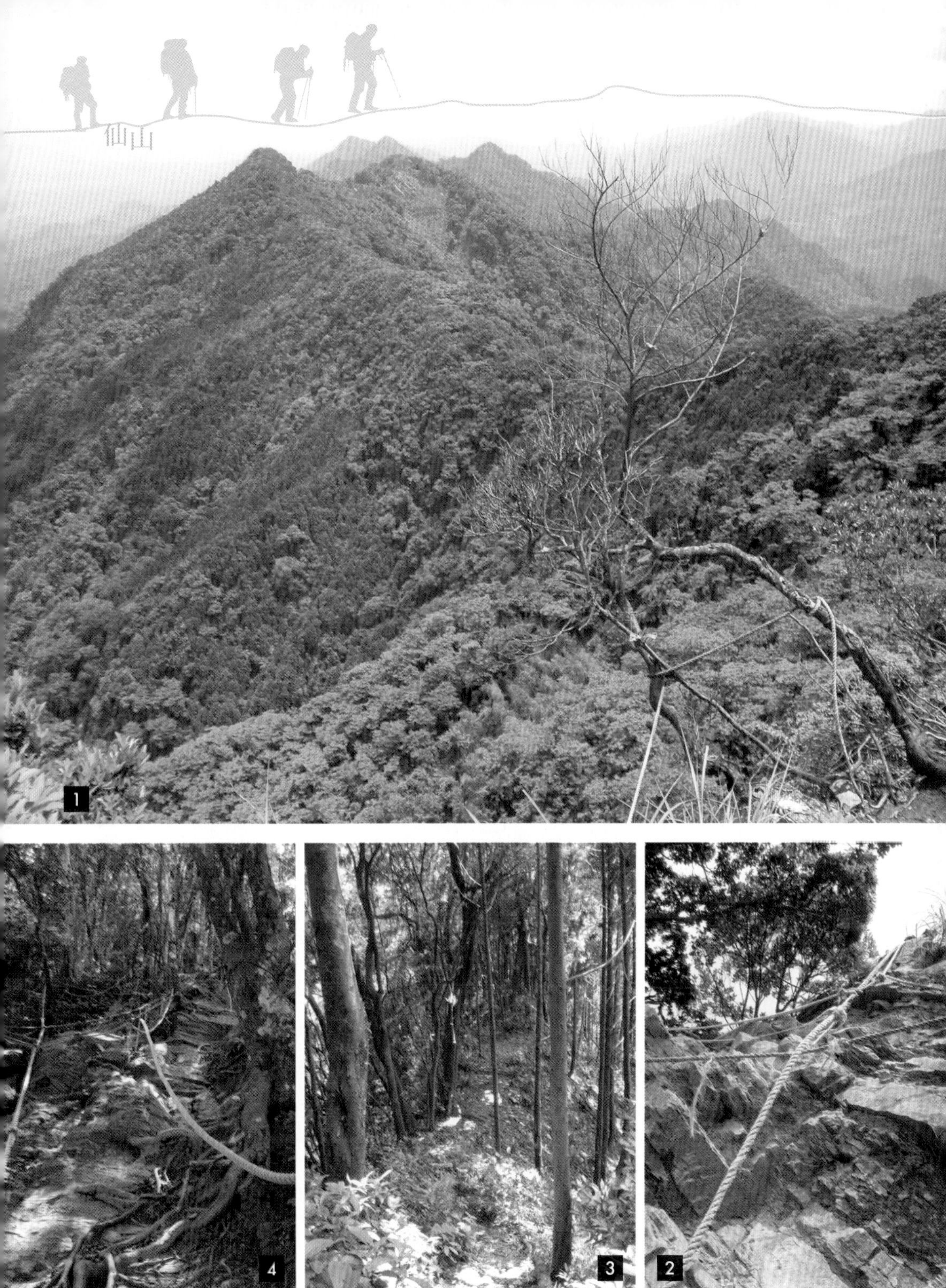
仙山
1
4
3
2

紅毛館

相傳荷蘭人曾居住於此，故名為紅毛館。台灣光復後，政府更名為「蓬萊村」，取其「紅來」之諧音。

八仙古道

八仙古道是指苗栗南庄鄉八卦力至獅潭鄉仙山之間的一條古道。八卦力、獅潭，都是原住民賽夏族的傳統領域。目前獅潭以漢人居多，八卦力則仍然保留較多的賽夏族部落色彩。

神仙縱走

神仙縱走是指神桌山與仙山之間的稜線縱走，神桌山位於苗栗縣三灣、獅潭、南庄之界，由神桌山從走至仙山，途中經過福南山、大窩山等山峰，路程8小時以上。

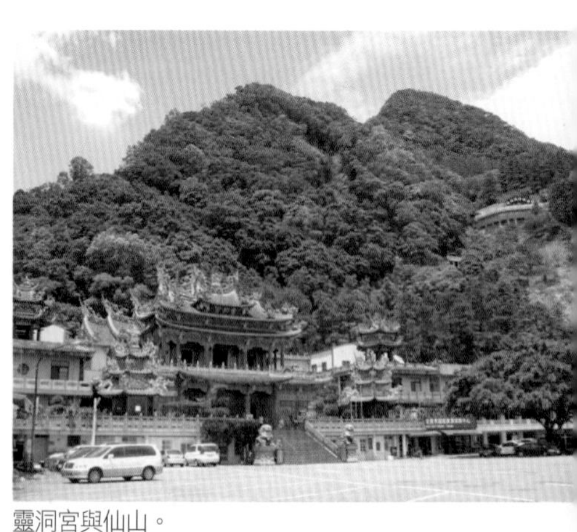

靈洞宮與仙山。

攀岩挑戰精彩刺激，八仙古道林徑幽雅

過望陽台，便是精彩刺激的攀岩路，一路都是陡峭的山壁，石塊、樹根盤纏，雖然陡峭，但不難找到落腳點，又有繩索可攀扶，手腳並用，攀爬不會太難。通過陡峭路段，爬至上方，路徑變為平緩，滿地落葉，踩踏鬆軟舒適，林間氣氛佳。

不久，又遇一陡峭岩壁，即是最後的攻頂，岩塊裸露，落腳點較難，旁邊則有小徑可腰繞，從另一側登頂。謹慎拉繩踩踏，順利攀登上了仙山。仙山主峰為狹小突出的裸岩，登頂的視野突然奔放起來，前方綿延的山巒延伸往南庄、三灣，即是著名的「神仙縱走」，路程約八小時，是山界熱門的一條登山路線。仙山，原本有一顆三等三角點基石，但已遺失。

續前行，可經由「八仙古道」抵達124縣道，再走公路返抵靈洞宮。由仙山陡下，抵達往「神桌山」的岔路，左往神仙縱走路線，右往八仙古道；取右行，循著稜線下坡，約20分鐘，遇右岔路，岔路口有一「山」字水泥柱，進入右岔路，沿著支稜線下行，途中經過大片柳杉林，景美境幽，後段則通過桂竹林。約三十分鐘抵達八仙古道出口，接124縣道41.7K處，取右行，走公路，不久即抵達南庄、獅潭的交界，公路路轉為下坡路，約15至二十分鐘，即可返回靈洞宮。

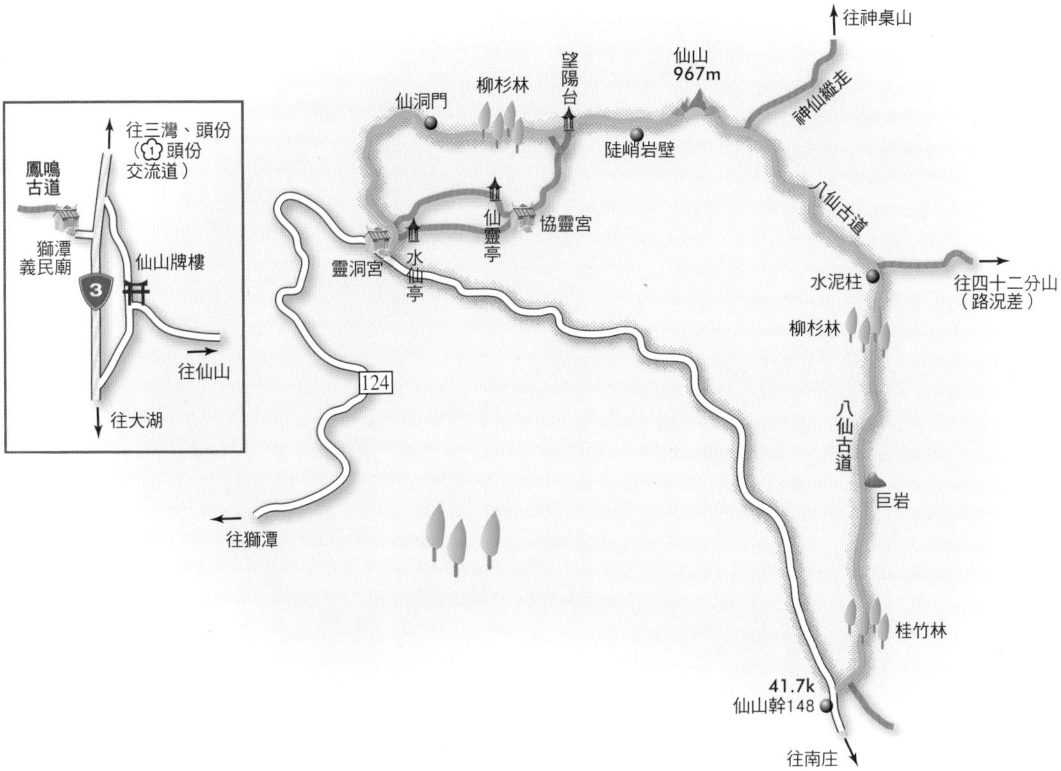

往神桌山
仙山 967m
望陽台
柳杉林
仙洞門
陡峭岩壁
神仙縱走
八仙古道
協靈宮
仙靈亭
水仙亭
靈洞宮
水泥柱
往四十二分山（路況差）
柳杉林
八仙古道
巨岩
桂竹林
41.7k
仙山幹148
往南庄
124
往獅潭

往三灣、頭份（1頭份交流道）
鳳鳴古道
獅潭義民廟
3
仙山牌樓
往仙山
往大湖

路程時間

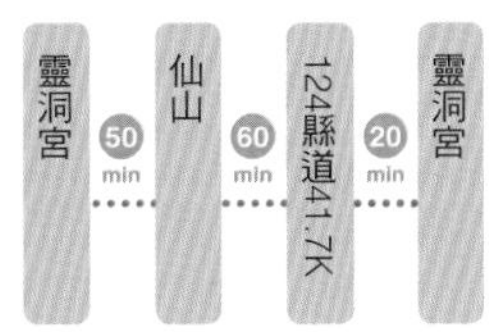

路況評價

- 登高指數：●● 260m
- 路程時間：●（O形來回，約2至2.5小時）
- 步道路況：●
- 綜合評價：●

注意及建議事項

望陽台涼亭至仙山路段山徑陡峭，請小心行走。仙山往八仙古道途中，岔路無明顯指標，務必注意方向，不要誤走往神桌山或四十二分山的岔路。

交通資訊

• 自行開車

由中山高頭份交流道下，接124縣道，至珊珠湖轉台3線南下，經三灣至獅潭。然後由獅潭轉124縣道至43k靈洞宮。

• 大眾運輸

搭乘苗栗客運南庄至仙山，或搭乘新竹客運由獅潭至仙山，惟班次不多，最好事先向苗栗客運及新竹客運洽詢班次時間表。

1 出森林，遇伐林空地，前方山頭即火炎山的主峰。

2 火炎山自然保留區，陡峭的連峰與深壑。

3 俯瞰大安溪廣闊的河床。

火炎山

・山名　火炎山／・海拔標高　602m
・登山口高度　190m／・三角點　三等三角點第159號
・GPS座標　221789・2697043／・座落位置　苗栗縣三義鄉
・特色　特殊地質奇景

火炎山，夕陽餘暉映照，猶如火燄燃燒

三義火炎山是一座很有名的山，因外觀奇特，又位於車流往來頻繁的高速公路旁，行車經過中山高速公路大安溪北上路段的民眾，目光總會被這座山峰所吸引。火炎山，由於地質以厚礫石為主，礫石層之間的土質鬆散，凝結力脆弱，受長年的風蝕雨侵，山壁逐漸崩落，而形成尖銳的山峰、陡峭的山壁，以及佈滿卵石沙土的深谷。整座山石土裸露，草木稀疏，夕陽照映時，土石一片火紅，彷彿燃燒的火燄，因而被稱為「火炎山」。

火炎山登山口位於中山高速公路三義交流道附近台13線約55.3公里處的高架橋下，登山口有「三義火炎山自然保留區」的標誌。火炎山因擁有特殊的地質景觀，民國七十五年（一九八六年）時被林務局列為自然保留地。自登山口起登後，沿途有植物解說牌，介紹火炎山的植物生態。山徑多礫石，林木稀疏，但頗多相思樹。上行約行七、八分鐘，右側有岔路可抵達附近的「伯公岡山」。伯公岡山，又名「伯公坑山」，也稱「南火炎山」，並無明顯的山頭，三角點基石位於林間狹窄的空地上，稍不留意可能就會錯過。

續前行，爬上山稜，步道左側的山坡有崩塌，附近支稜，亦可看見崩落後的外露礫石，山壁顯得脆落，搖搖欲崩。從林間空隙，遠遠望見火炎山南側山腳下的大安溪，寬廣的河床，河水稀少，佈滿礫石。

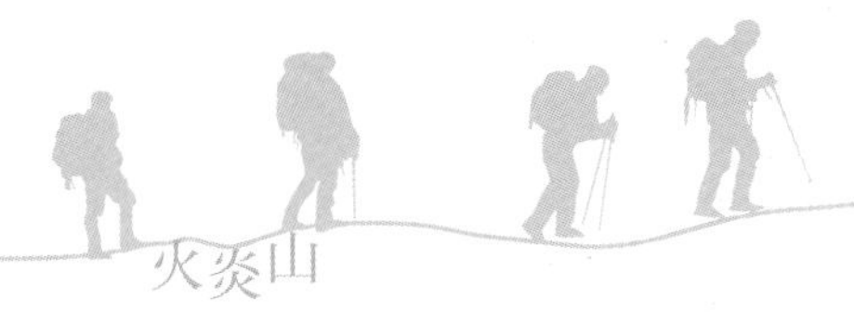

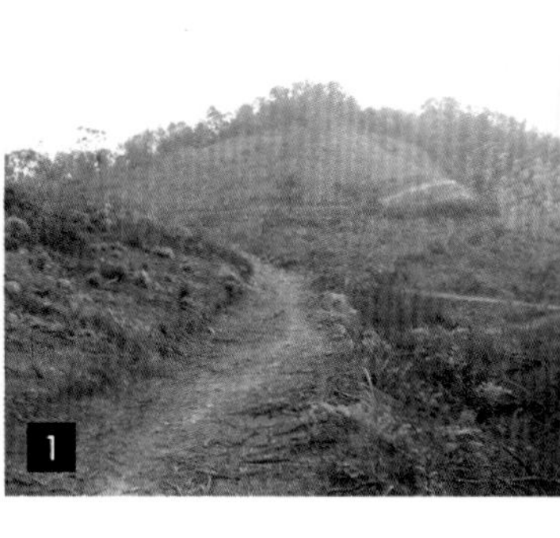
1

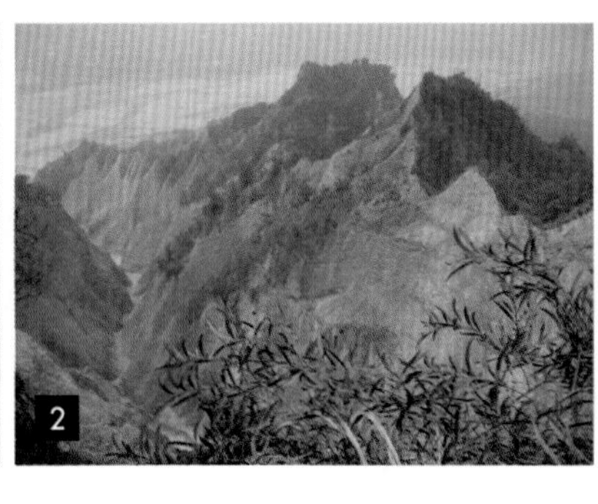
2

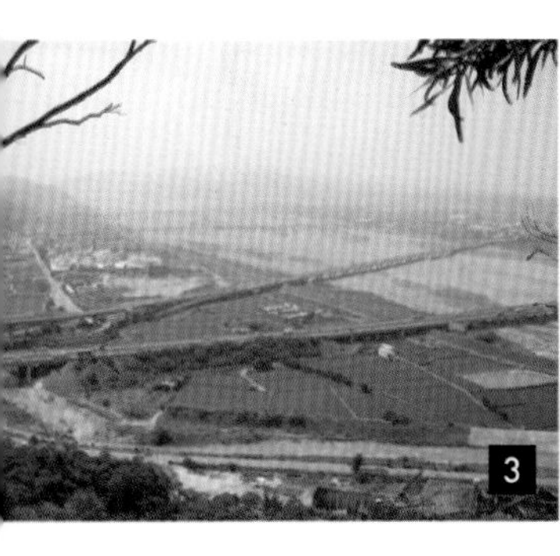
3

火炎山惡地形，原始蠻荒，瑰奇壯觀

一路循稜前進，得翻越大小約十三、四座山頭，才能登上火炎山。山峰多，雖有起伏，得拉繩攀上降下，但上下不深，路程頗富變化。爬過第二座小山頭，逐漸進入火炎山菁華地帶，望見對面支稜幾近垂直的崩落山壁，宛若被利刃狠狠直削切開，紅土礫石破肚露腸。

三、四、五、六、七座山頭都有展望點，尤其第六、七座山頭，處於最佳展望位置，正可眺望兩條支稜鋸齒般的尖銳連峰，陡矗的峭壁，以及卵石溝谷，有如開天闢地的原始蠻荒，景色瑰奇壯觀。

稜線山徑則將火炎山分成兩個截然不同的世界，南側是懸崖深谷，裸石尖峰，如月球表面的惡地形；北側則是充滿綠意的森林，地表還長滿芒萁等草蕨。臨崖處設有簡易柱欄鐵絲網，靠近崖邊，令人膽顫，峭壁幾近垂直，又全為礫石紅土，毫無樹根或岩塊，萬一滑落，則無可攀抓，必然直滾落深谷。

繼續前行，仍沿著稜線前行，還得通過六、七座小山頭，不時得拉繩攀上降下。狹稜處，一兩步之外即是觸目驚心垂直崩壁，而稜線地質脆弱，土質疏鬆，得小心謹慎通過。後段山路，逐漸遠離火炎山自然保留區的地質景觀區，而純以連峰攀爬的登山路程為主。約五十分鐘，山徑出森林間，抵達一處鞍部，附近因伐林而出現空地，也看見一條土石產業道路直抵鞍部。這條土石路為昔日的「南鞍古道」，越嶺往苑里方向而去。

走一段土石產業道路，再接山徑，爬向最後一座山頭。約五分鐘，便登上火炎山。火炎山，海拔六〇二公尺，有一顆三等三角點基石。山頂腹地不大，展望平平而已。

循原路返回鞍部，然後南鞍古道下山。這條古道，因為開採林木而拓寬為土石路，寬闊好走，沿途可看見林間的古道小徑，已草木漸長，逐漸荒廢。沿途岔路處，並無正式的路標，大致沿著主路走，如遇岔路時，則注意登山條的指示，大致取向下及向右行的方向即可。大約五十分鐘左右，即可接上台13線約55公里處，再前行三百公尺，即可返回登山口。

火炎山

火炎山，這名詞代表著一種特殊的地質景觀，通常具有尖銳、鋸齒狀的山峰，陡峭的崩壁，以及狹深的壑谷，而且草木稀疏，山頭裸石突出。火炎山形成的原因，是地質以厚層礫石所組成，礫石之間夾雜的砂岩及泥土薄層凝結力脆弱，在面對大自然風化及侵蝕作用，脆弱面不斷崩落，地形被切割成支離破碎，於是形成陡壁、深谷、卵石、裸峰等特殊的地貌。

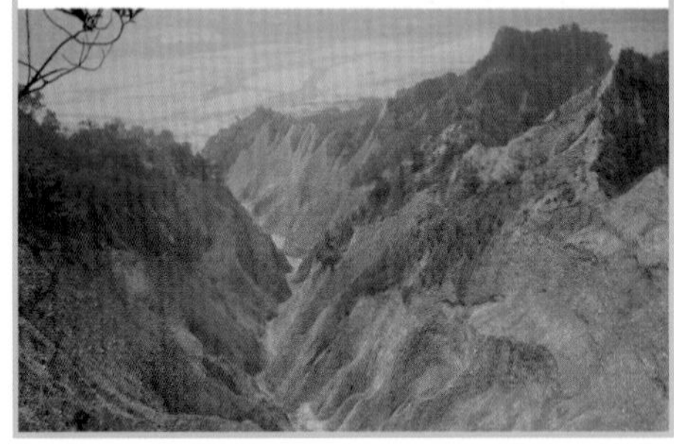

4 循山路爬往稜線。

5 地質脆弱的稜線，須小心通過。

6 土石崩落造成陡峭崖壁。

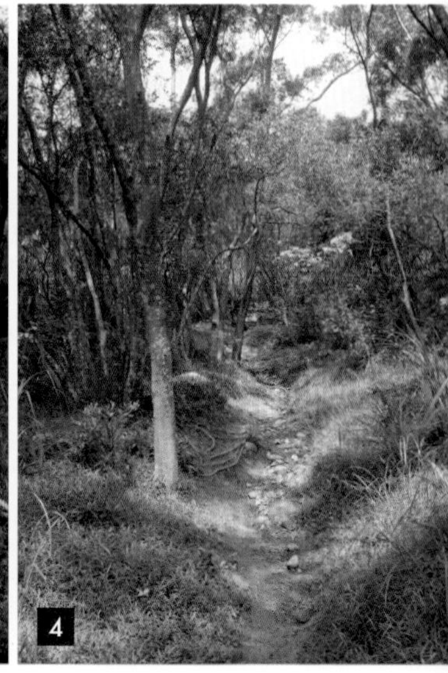

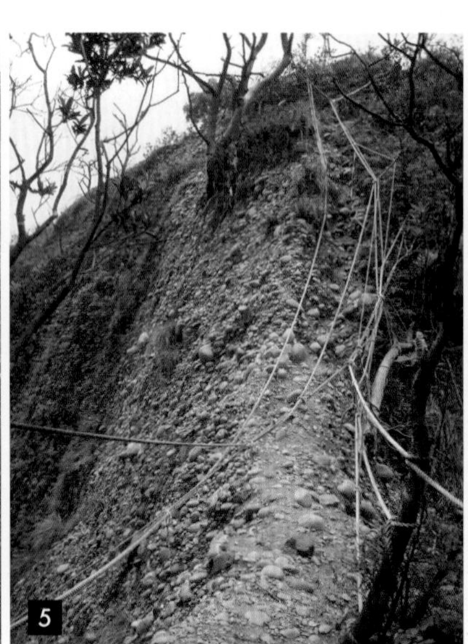

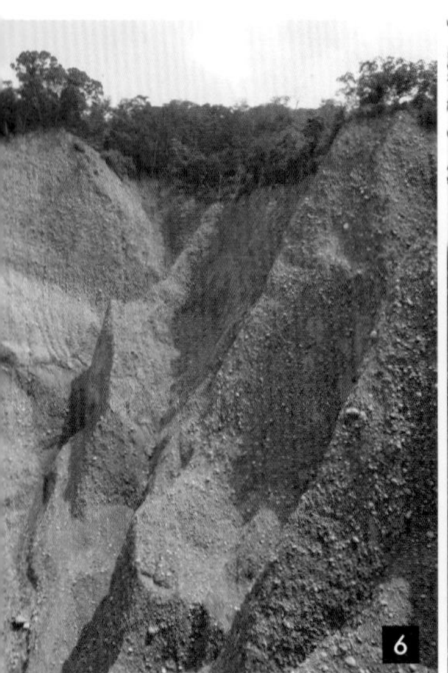

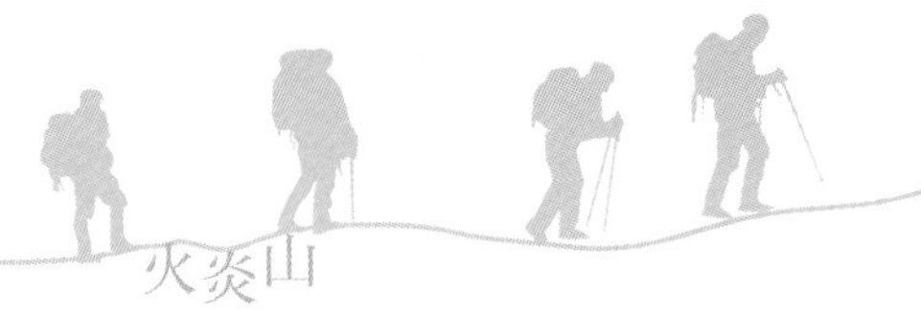

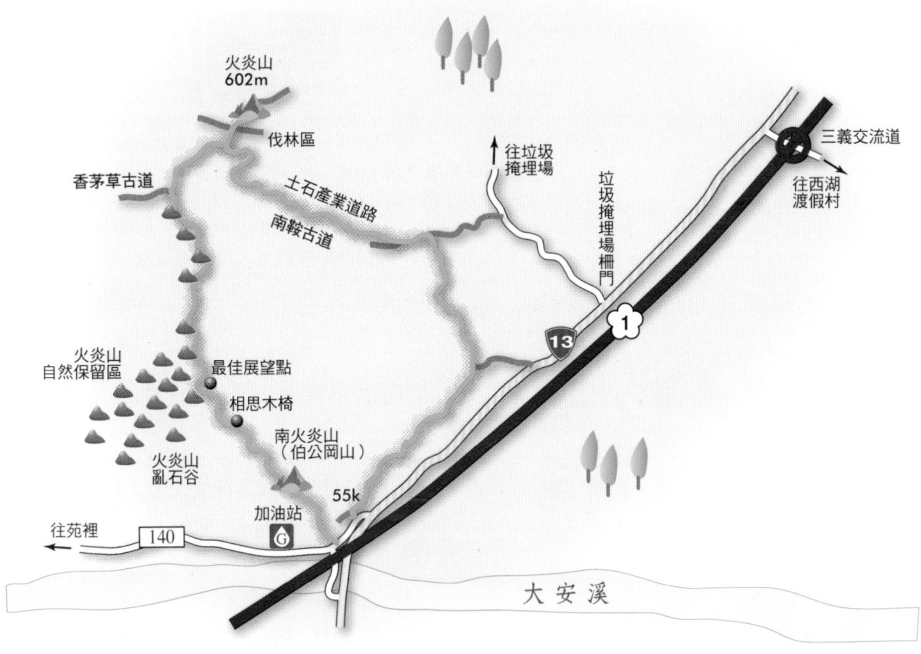

路程時間

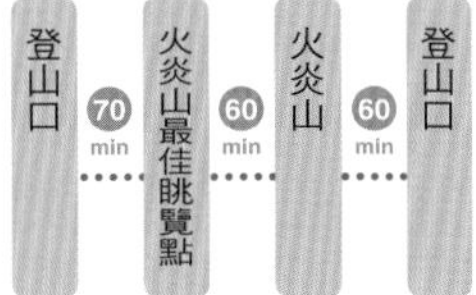

路況評價

- 登高指數：412m
- 路程時間：（約3至3.5小時，O形路線）
- 步道路況：
- 綜合評價：

注意及建議事項

火炎山最近的登山口是從台13線53.9公里處，右轉產業道路，路口柵門有三義垃圾掩埋場的標誌，上行約0.5公里，路左側有土石路，即為南鞍古道入口，由此起登，約1個小時即可登頂。

但火炎山的精華路段不在火炎山主峰，而在位於南稜的火炎山自然保留區美景。走O形路線較為理想，且從55.3公里處的登山口起登較理想，路線也較清楚。火炎山地質較脆弱，部份稜線狹窄臨崖壁，不適合幼童攀登。

交通資訊

• 自行開車

中山高速公路南下，從三義交流道下高速公路，右轉，然後左轉台13線（尖豐公路），前行至指標55K附近，遇高架橋，取右下，繞至高架橋下，台13線與中苗6線（130甲縣道）交會口處。登山口位於編號「P3-4」橋柱旁。

• 大眾運輸

搭乘台鐵縱貫線至三義站，再轉乘新竹客運往台中、后里班車，於伯公坑附近下車。

馬那邦山

・山名　馬那邦山／・海拔標高　1406m
・登山口高度　1012m（上湖登山口）／・三角點　一等三角點
・GPS座標　240425・2695902／・座落位置　苗栗縣大湖鄉
・主要登山路線　A.上湖線　B.天然湖線
・特色　古戰場、楓紅、雲海、眺望雪霸聖稜線

著名的賞楓及古戰場景點

馬那邦山，又名「馬拉邦山」，為泰雅族語Manapan譯音，是指山容壯麗的意思。馬那邦山，為苗栗名山，以秋冬賞楓著名。此外，馬那邦山也是昔日的古戰場，遺留不少歷史遺跡，可說是一座自然景觀與人文內涵豐富的名山。

馬那邦山有兩個主要的登山口，北線在「上湖」，南線在「天然湖」。前往登山口的道路狹窄，不易會車，遊客多停車於第一停車場，然後搭接駁車至登山口。非假日時車子少，勉強可將車子開至北線的「錦雲山莊」附近的停車場。沿著產業道路走往登山口，沿途可俯瞰覽附近台地山坡上明媚的果園風光，遠處山巒疊嶂，隱約可見苗栗鯉魚潭水庫浮現於青山綠叢間。

約四十分鐘，抵達上湖登山口。接著便轉為質樸的泥土路，穿梭於整大片的桂竹林，盤繞而上，坡漸陡，步道沿途地表多冷清草。

古戰場弔魂碑，台灣紅榨槭楓紅

約二十分鐘，抵達「天吊窿」，這是一處蝙蝠棲息的地穴岩洞，離步道旁約十公尺處，洞穴深不見底。續前行約三、四分鐘，抵達稜線岔路口。取右行，循稜前進，不久便抵達古戰場紀念碑。日據時代初期，馬那邦山先後發生兩次泰雅族人抗日事件，造成日軍傷亡慘重，事平之後，日軍在馬那邦山戰場豎立多處紀念碑，以悼念戰歿的士兵。

日軍在此地設立「弔魂碑」，原碑已消失，民國七十三年（一九八四年）

台灣紅榨槭

槭樹科，台灣特有種，落葉喬木，葉對生，闊卵形5裂，先端尾狀漸尖，基部近心形，重粗鋸齒緣。秋季時，馬那邦山近稜處，總是一片艷紅，是著名的賞楓景點。

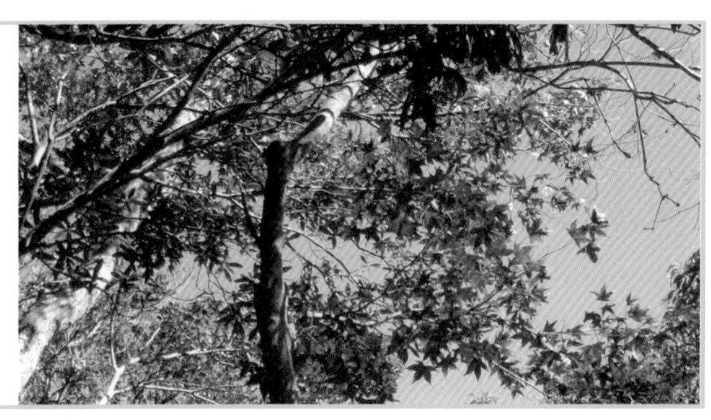

馬那邦山，海拔1406公尺，擁有一等三角點基石，眺望雪霸聖稜線，美不勝收。

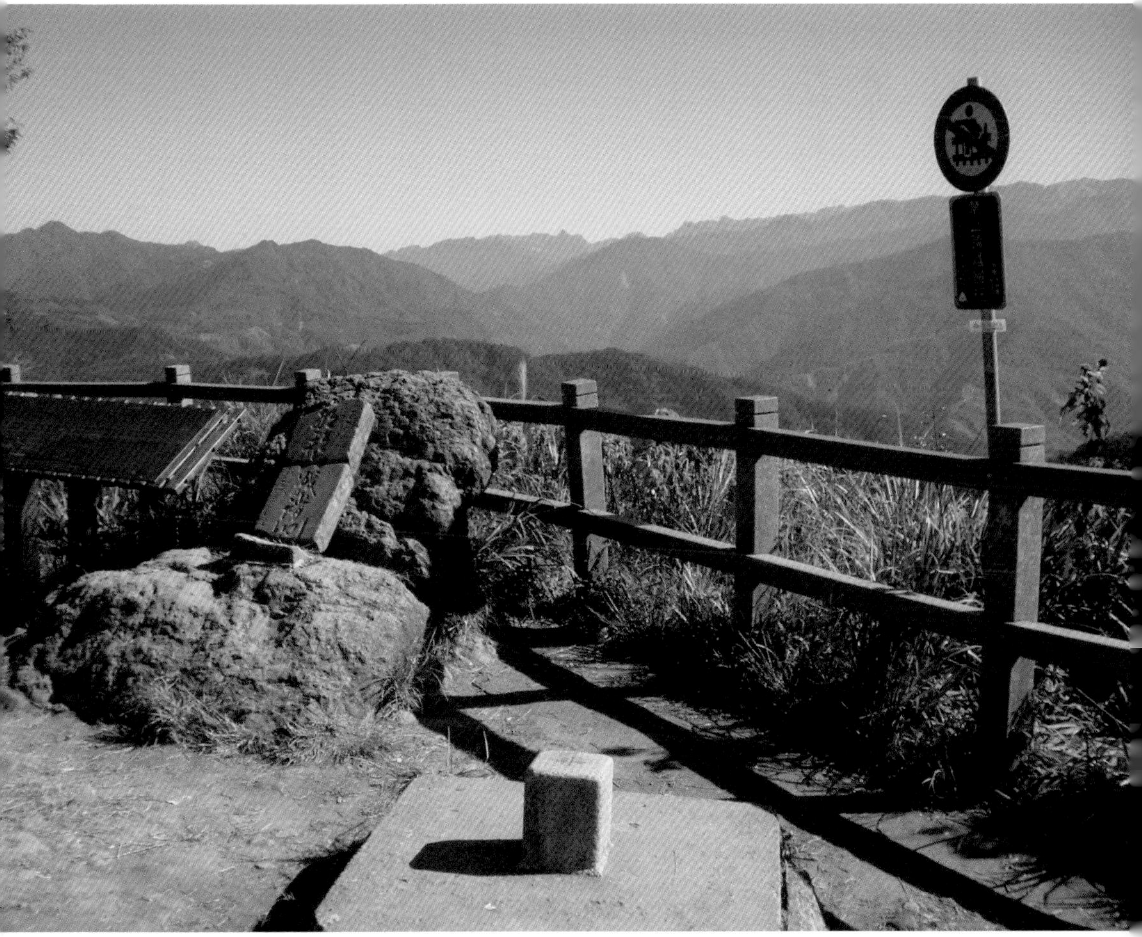

聖稜線

雪山山脈大霸尖山至雪山的稜線，以險峻聞名。「聖稜線」之名，源自日據時代。昭和2年（1927年），日本登山家沼井鐵太郎登上大霸尖山後，望向綿延至雪山主峰的險峻稜線時，不禁發出這樣的讚嘆：「這神聖的稜線啊！誰能真正地完成這大霸尖山至雪山的縱走，戴上勝利的榮冠，敘述完成縱走的真與美？」從此之後，縱走雪霸聖稜線成為許多登山客追求的夢想。

民間團體重修，豎立「馬那邦山古戰場紀念碑」。紀念碑旁的崖台上可遠眺附近細道邦山峭拔險峻的大山壁。由紀念碑前行，不久，抵達一處空曠的平台，是昔日的日軍軍營遺址。營舍位於峭壁之上，居高臨下，視野極佳，可監控附近泰雅族人的行動，而遠方大霸尖山至雪山的聖稜線亦隱約可見。

這處軍營，當時日軍稱為「草坪營區」，為馬那邦山隘勇線上一個重要的據點，日軍在此設立營舍及配置火砲，歷經百年歲月，僅存營舍周圍些許石砌牆殘基。

過軍營遺址，稜線步道途中有優雅的櫸木林，樹樹蒼翠，這裡出現台灣紅榨槭的蹤跡。綠林之間，乍見楓樹紅艷嬌滴。馬那邦山以賞楓著名，然而楓紅的規模並不大。

不久，來到著名的「石門」隘口，一塊巨岩橫阻於陵線上，因地殼變動，斷裂為二，兩岩之間的隙縫，僅容單人通過，因此形成天然的隘口。泰雅族人曾以此隘口為屏障，頑強抵抗日軍。通過石門，不久，平緩的山徑變為陡上的枕木土階路，約有一百七十幾個階梯，盤繞而上。抵達上方後，與天然湖登山口上來的山路交會。再往上走，約幾十公尺，便抵達馬那邦山。

馬那邦山戰諸地，壯闊的雪霸聖稜線

馬那邦山，海拔一四〇六公尺，擁有一顆一等三角點。山頂觀景平台約半個籃球場大，假日時遊客眾多。選擇非假日上山，山頂空無一人。天氣清朗，能見度佳，解說牌上所列的各座高山，都一一能清楚看見，甚至雪山附近的冰斗地

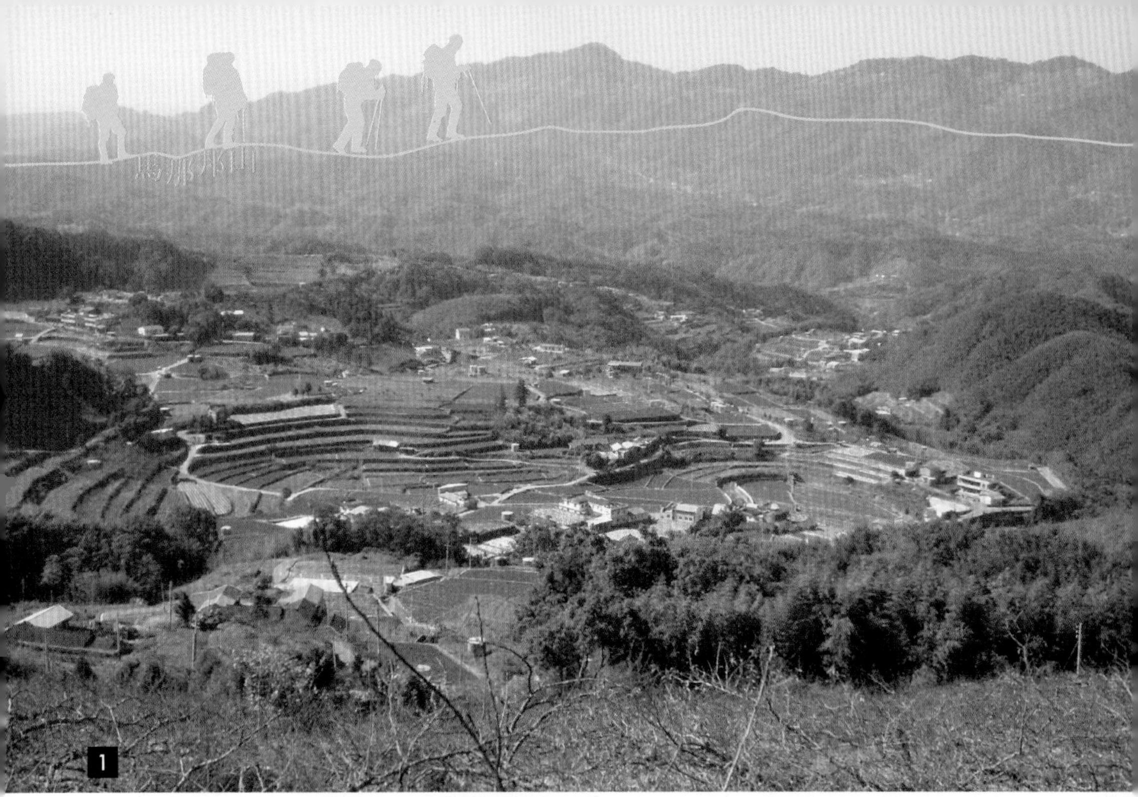

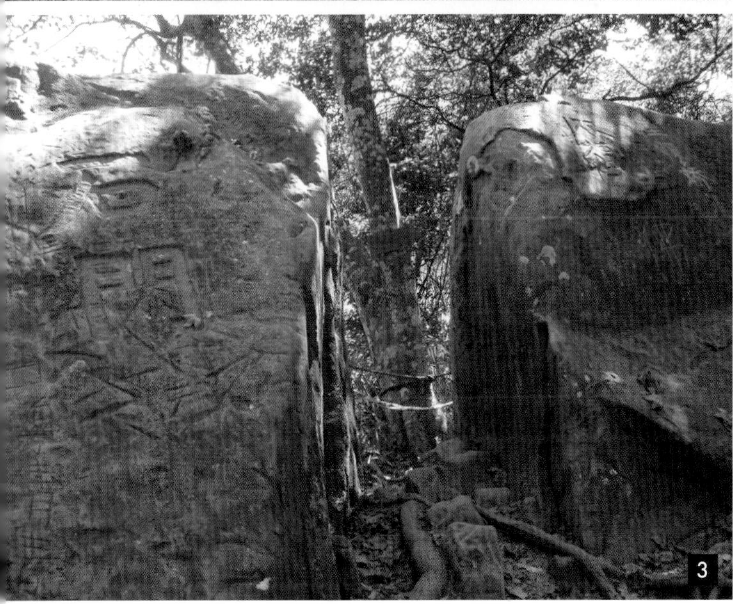

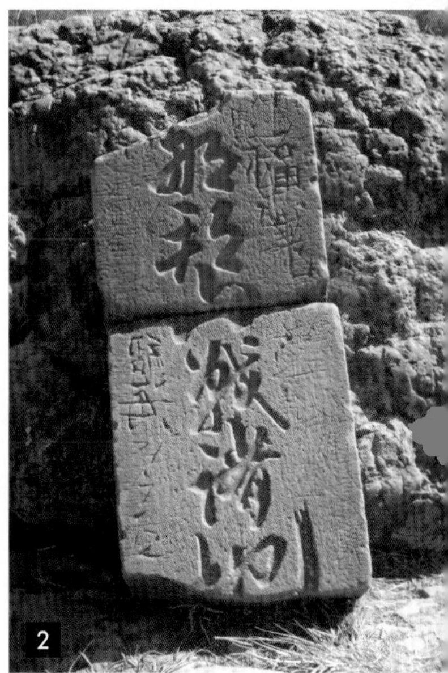

1 前往馬那邦山的產業道路途中，俯瞰東興村的草莓果園。

2「馬那邦山戰諸地」紀念碑

3 石門天然隘口，馬那邦山戰役時，泰雅族人盤據此地，恃險抵抗日軍。

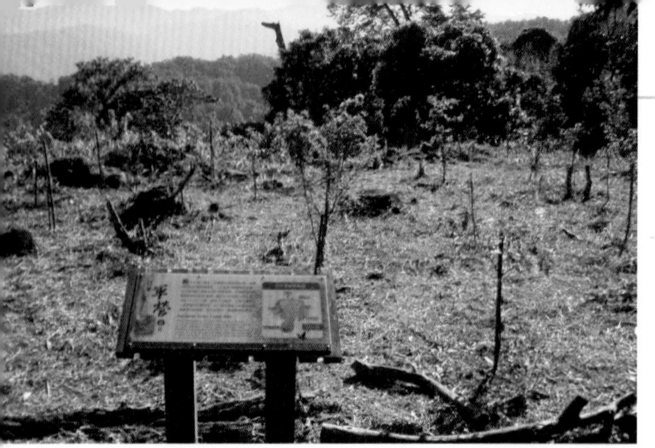

日軍草坪營區遺址。日據時代，日本殖民政府為鎮壓原住民的反抗，仿清朝的隘勇線制度，並在隘勇線上擇地設置軍營基地。有鑑於泰雅族人曾據石門天險，導致日軍傷亡，因此日軍在這處營區設置火砲，駐紮兵力，以監控防範原住民叛變。

附近景點

【大湖草莓】

苗栗大湖以出產草莓盛名，種植草莓的歷史已超過40年，享有「草莓王國」美譽。進入大湖鄉，台三線沿途都有草莓觀光果園，轉入苗55鄉道，淋漓坪、馬那邦山東興村一帶也有農家經營的草莓園，開放供遊客自行摘採。草莓季節約每年12月至翌年4月。

形都隱約浮現。大霸尖山聳矗突出的尖稜更明顯可見。

山頂有塊巨石，一塊日據時代的斷碑傾倚著巨石，紀念明治三十五年（一九〇二年）馬那邦山戰役。石碑斷裂成三截，僅存兩塊上下相疊，蒼勁的草書，刻寫著「（馬）那邦山戰諸地」，最上層的一塊已遺失，只剩「那邦山戰諸地」等字。馬那邦山兩次戰役，一在一八九五年，一在一九〇二年。

獨自佇立山頂，眺覽千山萬巒，遠近岡巒相續，綿延不絕。發源於大霸尖山的大安溪，流經附近，蜿蜒繞山而出，流向台灣海峽，遠處迷濛，不見盡頭，念天地悠悠之情，油然而生。

山頂下方的平台處，另有一座紀念碑，以紀念民國七十二年（一九八三年）攀登印度庇古巴特峰（六七七二公尺）殉難的一位年輕登山家徐慶榮。

下山時，改走另一條山路，往天然湖登山口。這條山徑路況頗富變化。陡峭處，有高架的木棧道；微陡處，有枕木土階；平緩處，則為質樸的泥土路。沿途林相比更為豐富，杉林、櫸木林、竹林，森林更繁茂，綠意更迷人，樹林間不時傳來鳥兒「嘎嘎」或「唧啾」的悅耳鳴聲。

約五十分鐘，抵達「情人二號橋」，續往前走，約五分鐘，即可抵達天然湖登山口。繞回錦雲山莊的連絡小路位於「情人二號橋」前約十公尺的右側竹林。入口被放置砍倒的竹子，設為路障，並有黃色警示條。這僅是障眼法而已。跨過障礙，十公尺外，路徑便恢復清晰。小路穿越杉林，約十分鐘，抵達柑橘園，沿著水泥產業道路走出去，約二十分鐘左右，便繞回到錦雲山莊附近的停車場。假日時倘若不走這條橫向小路，則可在天然湖登山口搭接駁車回到第一停車場。

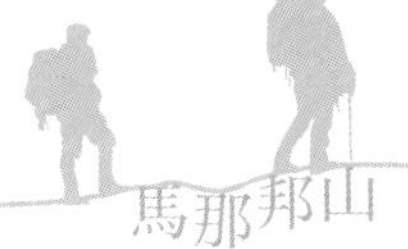

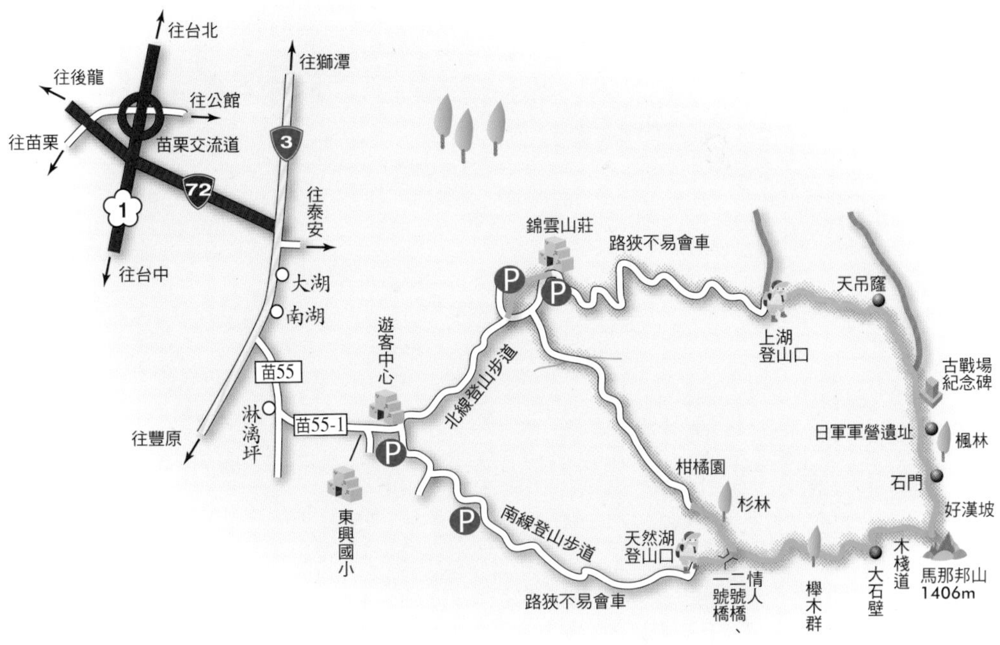

路程時間

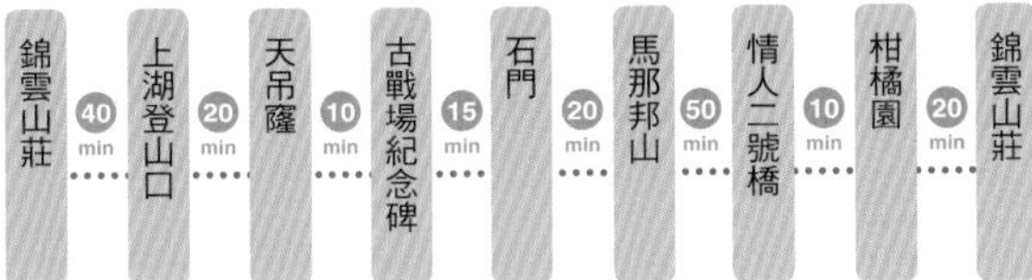

路況評價

- 登高指數：● 394m
- 路程時間：●● 約3小時（O形來回）
- 步道路況：●●
- 綜合評價：●●

注意及建議事項

第一登山口至錦雲山莊的產業道路極狹小，假日上山，建議停車於第一停車場，搭乘遊客中心的接駁車上山。

馬那邦山最佳造訪時機，約在每年十二月至翌年一月，是楓紅時節，也是草莓盛產季節。

交通資訊

• 自行開車

中山高下苗栗交流道，取右往苗栗方向，再左轉72快速道路，至汶水，接台三線，南下至134K附近（南湖國小），可看見馬拉邦山標誌，取左岔路轉入苗55鄉道，前行約1.6公里，至淋漓坪念東商店前左轉55-1鄉道，前行約3、4公里，即可抵達馬那邦山第一停車場。可在此處搭乘民營的接駁車；或繼續上行，抵達錦雲山莊旁的停車場。

• 大眾運輸

無。新竹客運路線只至大湖鄉南湖國小，部份班次可抵達淋漓坪。須步行3、4公里至馬那邦山第一停車場。

1 從苗56鄉道遠眺關刀山。

2 出關古道通往聖衡宮，枕木步道。

關刀山

・山名　關刀山／・海拔標高　889m

・登山口高度　695m／・三角點　三等三角點125號

・GPS座標　229980・2696820／・座落位置　苗栗縣三義鄉

・特色　山形特殊・古道幽徑

關刀山，酷似關刀刀背，名列台灣小百岳

關刀山位於苗栗三義鄉與大湖鄉交界處，因山形雙背斜傾，酷似三國時代關公所使用的「青龍偃月刀」的刀背，而被稱為「關刀山」。關刀山，海拔八八九公尺，名列台灣小百岳，也曾名列歷史事件。一九三五年，台灣中部大地震，震央就在關刀山，造成極嚴重的災情，被稱為「關刀山大地震」。至今，在關刀山附近的龍騰村還可看到當年大地震造成的「龍騰斷橋」遺跡。

前往關刀山，可先抵達舊山線的勝興火車站。然後由車站前的苗49鄉道前行，再左轉苗56鄉道，沿途岔路口，都可看見關刀山的指標，只要跟著指標前行，即可抵達位於三義鄉與大湖鄉交界處的關刀山第一登山口。這裡設有小型停車場及公廁，登山口有「出關古道」的指標。入口旁有一間舊式紅磚砌造的休息亭，是昔日古道上的茶亭，以供往來的商旅休息之用。

關刀山就位於出關古道的路途中。所謂「出關古道」，是日據時代苗栗公館鄉「出礦坑」至「關刀山」的一條古道，全程約二十多公里，後來因產業道路的開闢而荒廢，淪於荒煙漫草中，近年來苗栗縣政府重修部份路段，提供民眾登山踏青。其中，關刀山至聖衡宮之間的這段古道，被命名為「出關古道關聖段」，全程二千五百八十五公尺，路程約六十分鐘。

從茶亭旁的產業道路上行，前往關刀山第二登山口。約一公里的上坡路，雖勉強可以行車，但道路狹小，建議還是停車於第一登山口較為適當。雖是走在產業道路上，但沿途有高樹綠蔭，林木茂盛，是極佳的生態觀察路線，苗栗縣野鳥學會即在此規劃關刀山賞鳥活動，此地常見的鳥類有斑文鳥、白頭翁、粉

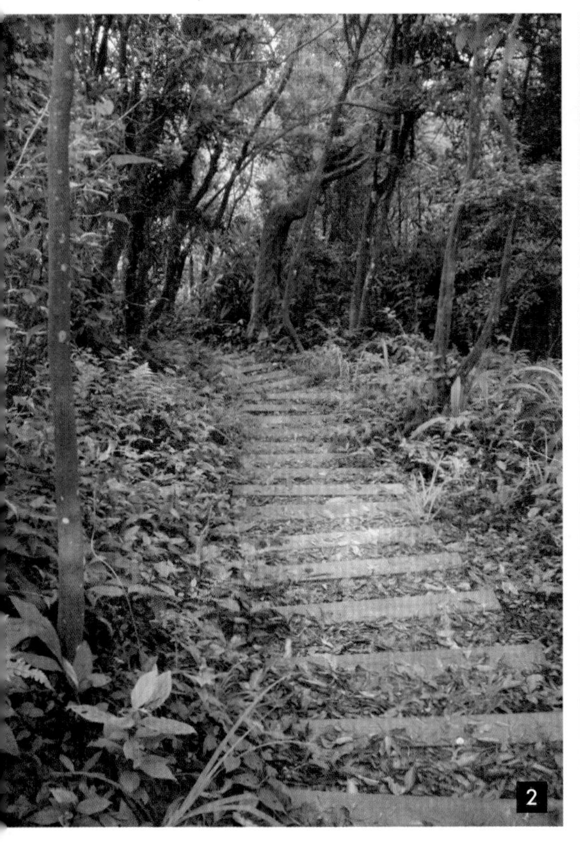

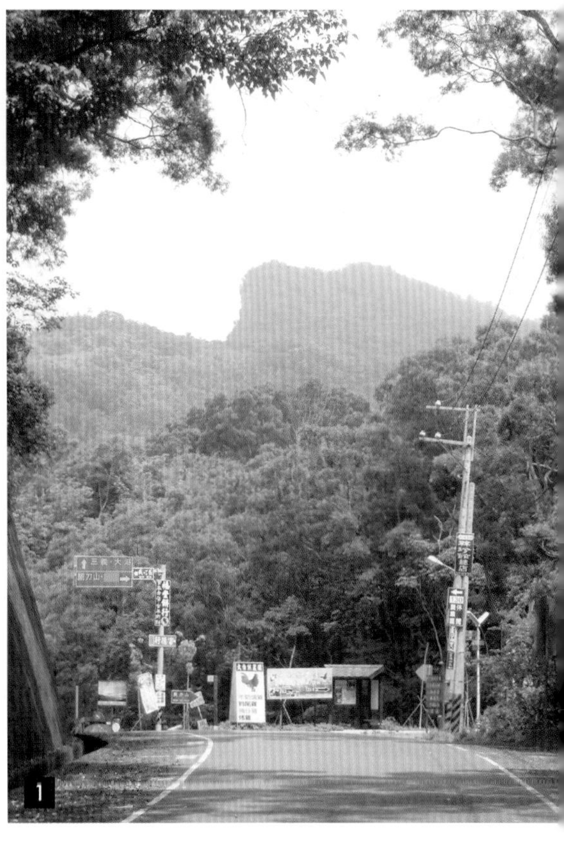

附近景點

【龍騰斷橋】

龍騰斷橋，舊名魚藤坪橋，建造完工於日據時代明治40年(1907年)，橫跨魚藤坪溪谷，為當時台灣總督府一項重要的政績宣傳。1935年4月21日，台灣中部發生大地震，震央就在關刀山，當時新竹州、台中州為主要災害區。舊山線鐵道被震得柔腸寸斷，橋樑、隧道、鐵軌、車站受損嚴重；魚藤坪磚造橋拱亦嚴重龜裂。台灣總督府事後於是在舊橋下游80公尺處建造新的魚藤坪橋。舊魚藤坪橋從此走入歷史，歷經歲月風霜，成了舊山線最具代表性的地標，也成了當年這場大地震最深刻的歷史記憶。

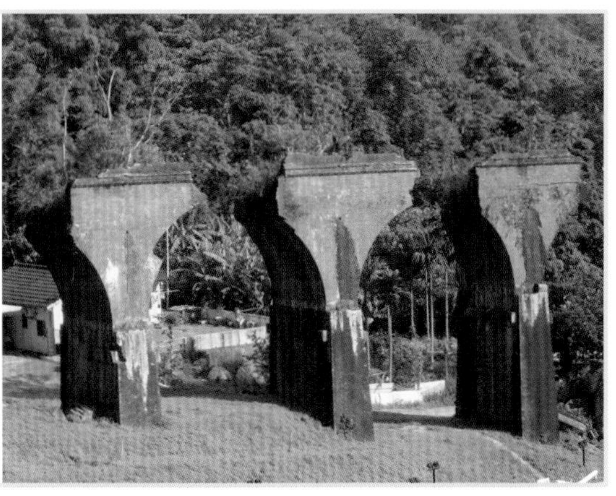

舊山線

「舊山線」是台灣西部縱貫鐵路的一部份，沿途有客家山城美麗的風光。這段鐵路為縱貫鐵路最陡峭的一段，因不利行車，於是台鐵另闢新線。民國87年（1998年），舊山線停駛，而在地方人士及鐵道迷呼籲下，台鐵同意保留舊山線遺跡，發展成為一條吸引遊客的懷舊路線。舊山線主要的遺跡，包括沿途9座隧道、勝興車站，以及魚藤坪斷橋（龍騰斷橋）。舊山線的9座隧道，經歷1935年大地震後，各隧道口都改成水泥結構，僅南北兩口維持舊貌。

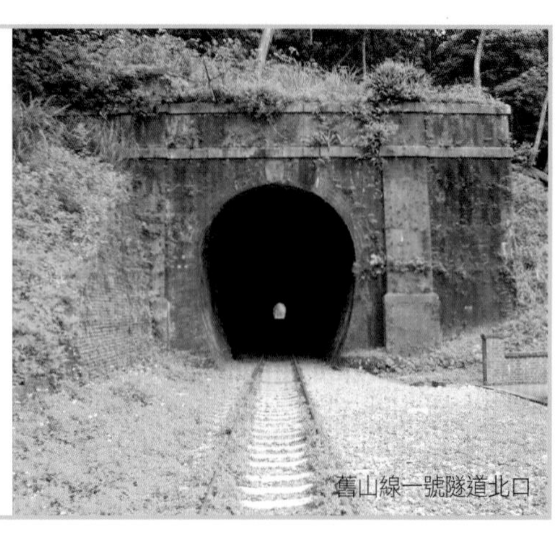
舊山線一號隧道北口

鶯嘴、綠繡眼、褐頭角鶯、五色鳥、黑冠麻鷺、大冠鷲、台灣藍鵲等。

關刀山，路程短，可輕鬆登頂

途中望見右側附近山坡有一座通訊用的反射板時，距離步道入口已不遠。續前行約五分鐘，抵達第二登山口，這裡也是出關古道關聖段的正式入口。入口左側有一廢棄的紅磚砌成的圓形蓄水池。踏著古樸的石階路陡上，隨即轉為平緩，舊石階亦為水泥石階所取代，沿途每隔一百公尺，就可看見出關古道的里程石碑。

約十分鐘，就很輕鬆地登上關刀山。關刀山有一顆三等三角點基石，山頂平緩廣闊，反而看不出關刀的山形，山頂廣場周遭也有樹遮蔽，展望並不理想。山頂附近有兩條山徑，一條可繞回第二登山口，另一條山徑為出關古道的主線。由此而去，古道通往130縣道上的聖衡宮，約二點三公里的路程，上下坡各半。先下坡至兩山之間的低矮鞍部，然後再爬坡往聖衡宮。這段古道，沿途森林茂密，景觀更原始、林蔭更怡然，且以傳統泥土山徑為主，陡峭處鋪設枕木步道，路況還不錯。若只登頂關刀山，路程似嫌輕鬆，若時間及體力允許，不妨可走至聖衡宮，然後再原路折返。

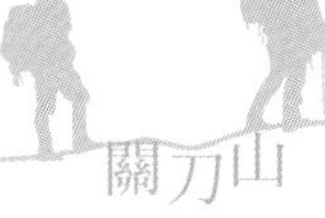

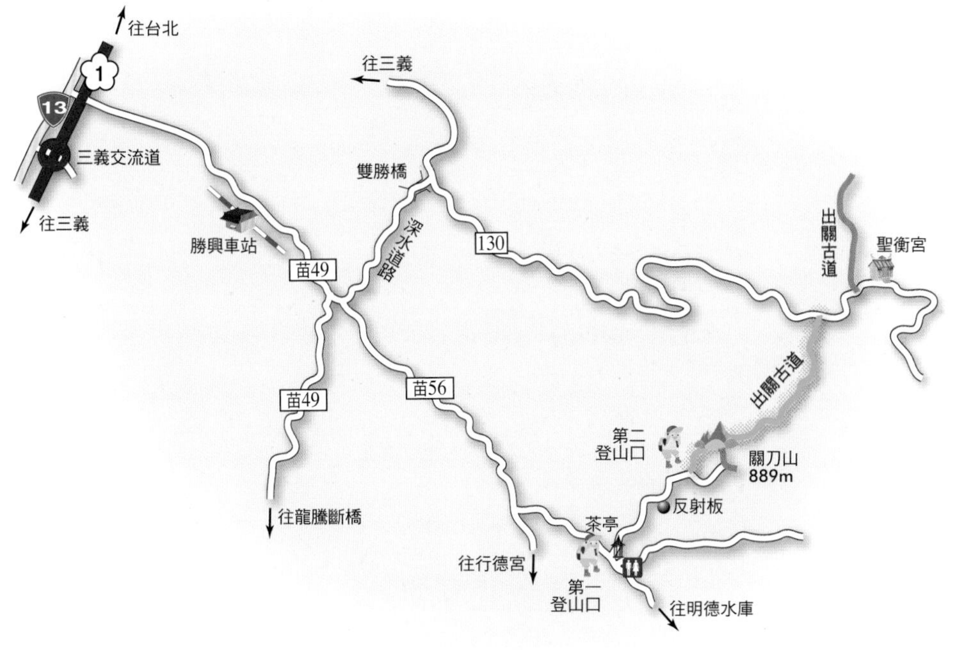

路程時間

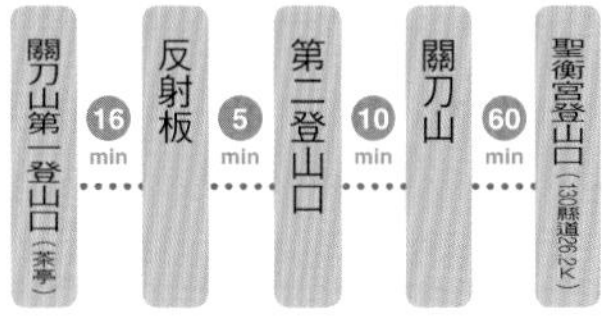

路況評價

- 登高指數：●● 194m
- 路程時間：●（關刀山來回約1小時）
- 步道路況：●
- 綜合評價：●

注意及建議事項

爬關刀山可考慮從苗130縣道聖衡宮的方向出發。這種走法，雖然路程較遠，但關刀山接近古道終點，較有長途跋涉後登頂的成就感。從勝興車站出發，沿途並無指標導引至聖衡宮登山口，可沿著苗49鄉前行，至岔路口，先左轉苗56鄉道，隨即再左轉「深水道路」，直行至130縣道，右轉後，前行至130縣道26.5K的出關古道關聖段入口。

交通資訊

• 自行開車

中山高速公路南下，下三義交流道後右轉，再右轉台13線，過三義木雕街後，右轉苗49鄉道，循勝興車站指標前行。抵達勝興車站後續直行，遇岔路，左轉苗56鄉道，隨即再遇岔路，取右行，前行約2.5公里，遇岔路，路口有關刀山指標，左轉上山，前行約1公里，即抵達關刀山第一登山口。

• 大眾運輸

無。可搭乘台鐵縱貫線至三義車站，假日時三義觀光巴士可經勝興車站至龍騰車站，可於苗49與苗56鄉道交岔路口下車。然後步行3.5公里（約1至1.5小時）至關刀山第一登山口。

國家圖書館出版品預行編目資料

台灣郊山地圖【北部篇】（北桃竹苗）／Tony著.
--初版.一台中市：晨星, 2010.6
面； 公分. -- (台灣地圖 ;029)
參考書目：面
含索引
ISBN 978-986-177-302-5（平裝）

1. 登山

992.77 98013639

台灣地圖029

台灣郊山地圖【北部篇】（北桃竹苗）

作者 黃育智（TONY）
主編 徐惠雅
校對 TONY、洪伊柔、徐惠雅
美術編輯 洪素貞
地圖繪製 洪素貞
封面設計 陳其煇

創辦人 陳銘民
發行所 晨星出版有限公司
台中市407工業區30路1號
TEL：(04) 23595820 FAX：04-23550581
E-mail：service@morningstar.com.tw
http：//www.morningstar.com.tw
行政院新聞局局版台業字第2500號
法律顧問 陳思成律師
初版 西元2010年6月10日
西元2015年9月30日 （五刷）

郵政劃撥 22326758（晨星出版有限公司）
讀者專線 （04）23595819＃230
印刷 上好印刷股份有限公司

定價590元

ISBN 978-986-177-302-5
Published by Morning Star Publishing Inc.
Printed in Taiwan

◆讀者回函卡◆

以下資料或許太過繁瑣，但卻是我們了解您的唯一途徑，

誠摯期待能與您在下一本書中相逢，讓我們一起從閱讀中尋找樂趣吧！

姓名：______________________ 性別：□ 男 □ 女 生日： ／ ／

教育程度：________________

職業：□ 學生 □ 教師 □ 內勤職員 □ 家庭主婦

□ 企業主管 □ 服務業 □ 製造業 □ 醫藥護理

□ 軍警 □ 資訊業 □ 銷售業務 □ 其他________________

E-mail：____________________________________ 聯絡電話：________________

聯絡地址：□□□____

購買書名：台灣郊山地圖〔北部篇〕

・誘使您購買此書的原因?

□ 於 __________ 書店尋找新知時 □ 看 __________ 報時瞄到 □ 受海報或文案吸引

□ 翻閱 __________ 雜誌時 □ 親朋好友拍胸脯保證 □ __________ 電台DJ熱情推薦

□電子報的新書資訊看起來很有趣 □對晨星自然FB的分享有興趣 □瀏覽晨星網站時看到的

□ 其他編輯萬萬想不到的過程：____

・本書中最吸引您的是哪一篇文章或哪一段話呢?____________________________________

・對於本書的評分?（請填代號：1.很滿意 2.ok啦！ 3.尚可 4.需改進）

□封面設計_______ □尺寸規格_________ □版面編排_________ □字體大小__________

□內容__________ □文／譯筆_________ □其他__________

・下列出版品中，哪個題材最能引起您的興趣呢?

台灣自然圖鑑：□植物 □哺乳類 □魚類 □鳥類 □蝴蝶 □昆蟲 □爬蟲類 □其他_________

飼養＆觀察：□植物 □哺乳類 □魚類 □鳥類 □蝴蝶 □昆蟲 □爬蟲類 □其他_________

台灣地圖：□自然 □昆蟲 □兩棲動物 □地形 □人文 □其他_________

自然公園：□自然文學 □環境關懷 □環境議題 □自然觀點 □人物傳記 □其他_________

生態館：□植物生態 □動物生態 □生態攝影 □地形景觀 □其他_________

台灣原住民文學：□史地 □傳記 □宗教祭典 □文化 □傳說 □音樂 □其他_________

自然生活家：□自然風DIY手作 □登山 □園藝 □觀星 □其他_________

・除上述系列外，您還希望編輯們規畫哪些和自然人文題材有關的書籍呢? ______________

・您最常到哪個通路購買書籍呢? □博客來 □誠品書店 □金石堂 □其他

很高興您選擇了晨星出版社，陪伴您一同享受閱讀及學習的樂趣。只要您將此回函郵寄回本社，我們將不定期提供最新的出版及優惠訊息給您，謝謝！

若行有餘力，也請不吝賜教，好讓我們可以出版更多更好的書！

・其他意見：____

晨星出版有限公司 編輯群，感謝您！

請填妥對折裝訂，直接投郵即可，免貼郵票

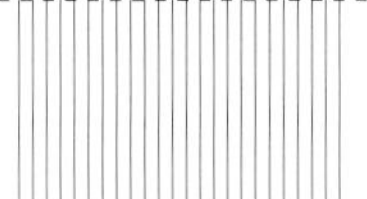

廣告回函
台灣中區郵政管理局
登記證第267號
免貼郵票

407
台中市工業區30路1號
晨星出版有限公司

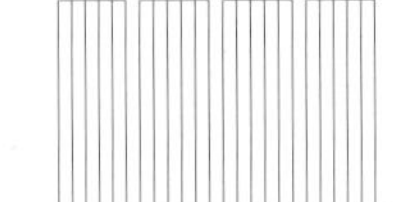

請沿虛線摺下裝訂，謝謝！

更方便的購書方式：

(1) 網站：http://www.morningstar.com.tw
(2) 郵政劃撥　帳號：22326758
　　　　　　　戶名：晨星出版有限公司
　請於通信欄中註明欲購買之書名及數量
(3) 電話訂購：如為大量團購可直接撥客服專線洽詢

◎ 如需詳細書目可上網查詢或來電索取。
◎ 客服專線：04-23595819#230　傳真：04-23597123
◎ 客戶信箱：service@morningstar.com.tw

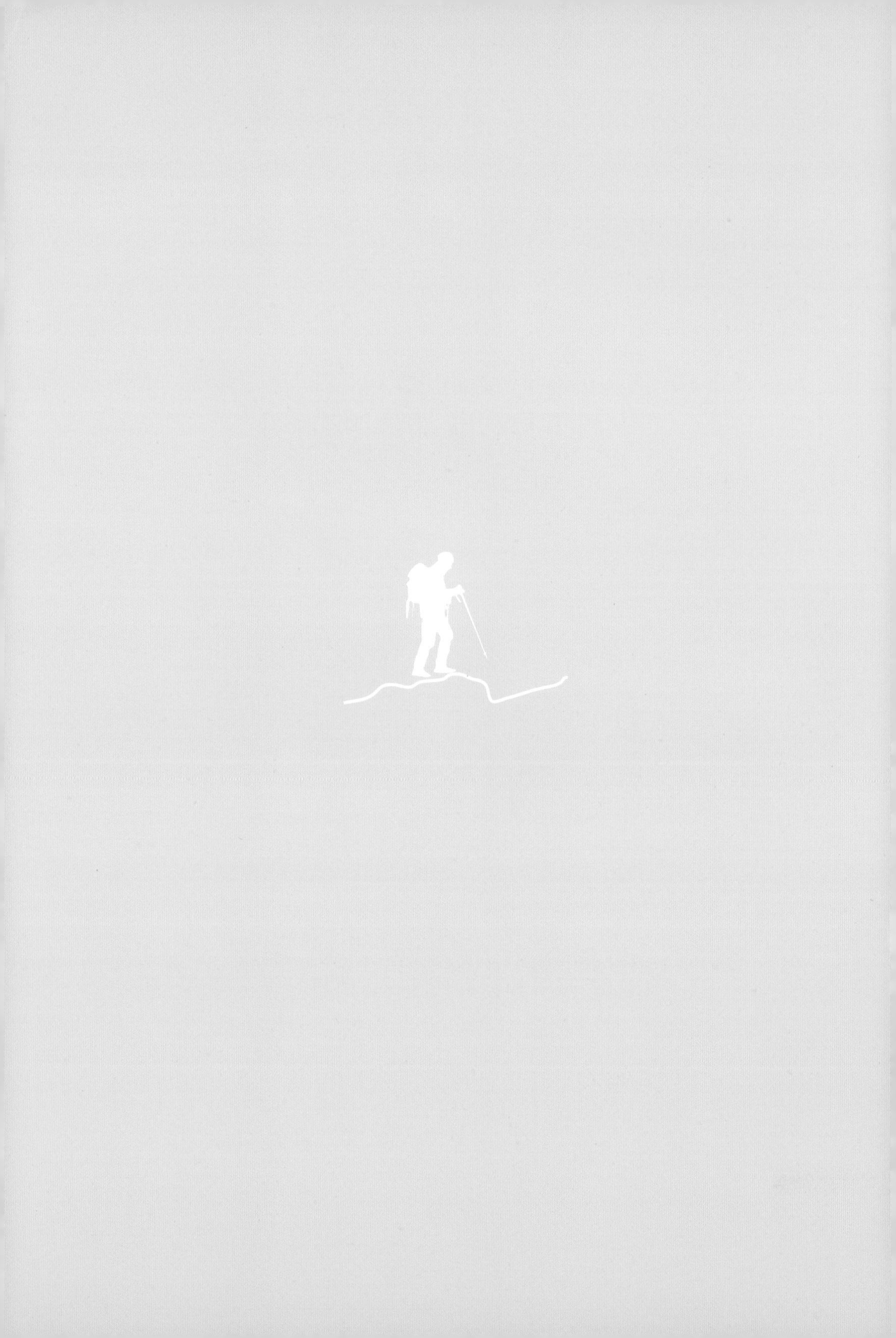

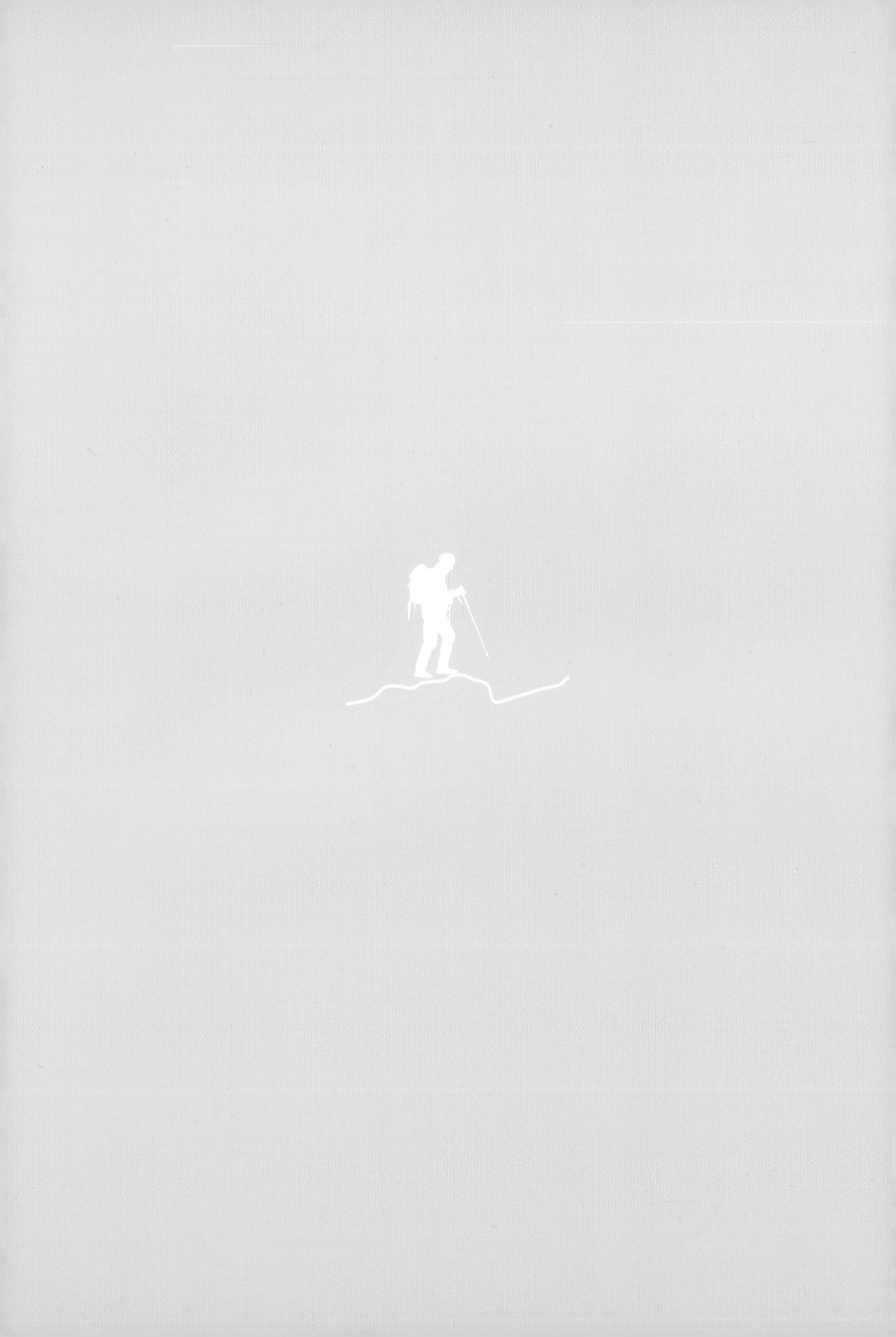